2026

초단기에 끝내는

공무원
면접

법학박사 채한태 저

합격멘토 채한태 유튜브   채한태 헌법 교실 다음 카페

면접 · 심사위원 경력 채한태 박사와
합격의 영광을 함께!

- 실전에서 바로 활용 가능한 **구체적 답변 사례 수록**
- 최신 공무원 면접 트렌드를 완벽 반영한 **전략형 수험서**
- 실제 후기 기반으로 압박면접까지 대비하는 **실전 대응력 강화**
- 5분 스피치 & 개별면접을 한번 수강으로 단기간에 면접 해결

합격의 지름길

초단기에 끝내는 공무원 면접을 내면서

그동안 면접 강의를 20년 이상 강의하면서
공무원 시험에서 수많은 합격생을 배출하는 최고의 전통이라는 금자탑을 이룩하였습니다.
수많은 수험생 여러분의 성원에 힘입어 면접 교재를 전면 개편하여 출간하는 바입니다.
수험생 여러분이 최종 관문인 면접을 단기간에 정리하여 합격할 수 있도록
불철주야 연구하여 미력하나마 수험생 여러분의 합격에 기여하고 싶은 마음이 간절합니다.

그동안의 면접 위원 경험과 노하우를 이 한 권의 교재에 담으려고 노력하였습니다.
각종 공무원 시험에서 출제된 면접 내용과 출제 예상 문제 등을 세심하게 정리하여 수록하였습니다.
본 교재를 통하여 단기간에 면접을 총정리하여 꿈이 이루어지기를 기원합니다.

본서의 특징은 아래와 같습니다.
01 지방직과 국가직 문제를 분석하여 도표 처리하여 정리하였습니다.
02 다양한 문제 유형을 유형별로 구분하여 기술하였습니다.
03 최근의 출제유형을 항목별로 정리하였습니다.
04 합격자들의 답변과 서식을 수록하였습니다.
05 다양한 직렬의 합격자 수기를 기술하여 동기부여에 도움이 되게 하였습니다.

본서의 출간에 성원해 주신 Daum 카페 채한태헌법교실의 4만여 명의 회원 및
편집부 직원 여러분께 감사드립니다.

盡人事待天命

수험생 여러분의 합격을 진심으로 기원합니다.

다산공무원시험 합격연구소

채 한 태 법학박사 배상

👤 채한태 박사님이 자기소개서 첨삭 디테일하게 지도해주셔서 면접 준비가 수월했습니다. 자소서가 중요하다고 하셨는데 실전에서 많은 도움이 되었습니다. 모의 면접에서 저의 장단점을 분석하여 수정·보완해 주신 내용이 정말로 많은 도움이 되었습니다. 박사님 감사합니다.

부산광역시 2025년 9급 합격 김 ○○

👤 안녕하십니까 박사님! 제가..홈페이지에 올리는 거를 잘 못해서.. ㅠㅠ 이렇게라도 합격 수기를 박사님께 드립니다.! 합격 수기 : 강의 들으면서 어떻게 공무원 면접을 해야 할지 알게 되었고, 자기소개서 첨삭 등을 하면서 면접 준비가 탄탄해지는 단계를 밟았던 거 같습니다. 박사님께서 자기소개서 첨삭을 정말 꼼꼼하고 빠르게 해주셔서 면접 준비에 차질이 없어서 정말 감사했습니다.! 자기소개서를 박사님께서 열심히 준비하시라고 하셨는데, 진짜 중요함을 느끼게 되었습니다. 또한, 모의 면접을 하면서 어떤 방식으로 이루어지고, 모의 면접 결과를 받고 저의 부족한 점이 무엇인지 파악하면서 보완하여 면접을 준비할 수 있었습니다. 감사합니다.!

대구광역시 2025년 9급 지방직 합격 김 ○○

👤 안녕하세요. 박사님. 경남창원공단기 지방직 저희 조 전원 합격한 것을 확인했습니다 박사님께서 현장에 답이 있다고 말씀하셔 서 현장을 방문한 것이 많이 도움이 되었습니다. 자세한 내용은 이메일로 면접복원후기로서 보내드렸습니다 정말 좋은 수업 주심에 감사드리며, 많은 후배들에게 박사님 면접추천 하겠습니다. 내년에 시간이 된다면, 창원 공단기에서 합격자초빙 때 꼭 참여하겠습니다.

경남지방직 2025년 창원시 합격 정 ○○

👤 채한태교수님!! 이번에 상주시 일반행정 9급 최종 합격했습니다! 면접 때 교수님께서 도와주신 덕분에 좋은 결과를 얻을 수 있었습니다. 정말 감사합니다!!

경상북도 2005년 9급 상주시 합격 이 ○○

👤 박사님 합격소식을 전해드려요. 최종합격 공지를 방금 봤습니다. 박사님 덕분에 합격까지 올 수 있었습니다. 지도해주셔서 정말 감사드립니다.

국가직 2025년 9급 행정직 합격 김○○

👤 안녕하세요. 박사님 감사합니다. 우리 조원 6명 전원 합격을 했습니다. 박사님이 공무원 연수교육과 지방의원 연수한 사례를 말씀한 내용이 우수받는데 많은 도움이 되었습니다. 그동안 함께 해주신 채한태 박사님께 감사드리며, 보람찬 공직생활을 하겠습니다.

서울특별시 2025년 9급 지방직 합격 박 ○○

👤 교수님! 이번 군무원 면접강의 수강했던 수강생입니다. 오늘 최종합격 확인하고 연락드립니다 교수님 면접수업 덕분에 면접도 잘 마무리하고 좋은 결과 받은 것 같습니다. 면접 내내 칭찬 받으면서 좋은 분위기로 진행할 수 있었고 합격까지 이어진 거 같습니다. 정말 감사합니다 교수님!!! 군무원 준비하는 후배에게도 추천하겠습니다 감사합니다.

군무원 육군 2025년 합격 최 ○○

👤 박사님 안녕하세요~! 면접반 수업 들었던 수강생입니다. 이번에 우수으로 합격했습니다! 면접반 수업 때 공무원에 대한 자부심과 봉사정신을 배우게 해주셔서 감사합니다 ㅎㅎ 박사님의 가르침 잊지 않고 새겨 열심히 공직 생활하겠습니다!!

경기도 2025년 9급지방직 합격 김 ○○

👤 박사님 면접강의덕분에 최종 합격하였습니다. 현장에 답이 있다를 강조하신 박사님말씀을 면접에서 잘 활용하였습니다. 구조·구급·화재진압관련 주요정책 현황 분석 및 교육 많은 도움이 되었습니다. 박사님 감사합니다.

소방공무원 2025년 경기도 합격 이 ○○

👤 박사님 안녕하세요! 메○스터디 국가직 9급 면접 2차반에 박사님 수업들었던 선거행정직 제자입니다. 이번에 박사님 덕분에 합격하게 되었습니다 ㅎㅎ! 감사합니다 박사님!! 혹시 박사님 시간 되실 때 이번에 합격한 친구들과 학원에 방문하여 직접 인사드리고 싶습니다! 박사님 편하신 날짜와 시간 말씀해 주시면 감사하겠습니다.

국가직 2025년 9급 선거행정 합격 장 ○○

👤 안녕하세요, 그동안 수업 전반과 모의면접까지 꼼꼼히 지도해주신 덕분에 좋은 결과를 얻을 수 있었습니다. 경찰실무와 경미심사위원회 위원경력과 경찰간부교육 사례를 생생하게 전해주신 내용이 실전에서 많은 도움이 되었습니다 항상 세심하게 가르쳐 주셔서 진심으로 감사드립니다!

2025년 상반기 순경합격 김○○

👤 안녕하세요, 박사님 대구공단기 세무직지원자 제자입니다. 그동안 수업 전반과 모의면접까지 꼼꼼히 지도해주신 덕분에 좋은 결과를 얻을 수 있었습니다. 항상 친절하게 가르쳐 주셔서 감사드립니다!
대구광역시 2025년 9급 세무직 합격 김 ○○

👤 박사님의 지도에 따라 9급 국가직 한정직에 합격하였습니다. 감사합니다
2025 국가직 일반행정 9급 합격 김○○

👤 이번에 경남 지방직 9급 창원시 행정직에 합격한 제자입니다. 교수님 면접 수업 듣고 면접에 많은 도움이 되었습니다. 공무원 현장 교육 때 경험을 말씀해 주신 것도 면접 때 잘 활용했습니다
2025 경남 지방직 9급 합격 이○○

👤 안녕하세요 박사님 지도해주신 덕분에 경상북도 지방 공무원 채용에 최종 합격했습니다. 은혜에 꼭 보답하겠습니다.
2025 경상북도 지방직 9급 합격

👤 대구 공단기에서 면접 수강한 제자입니다. 박사님 덕분에 영천시 환경직에 합격하였습니다. 감사합니다.
2025 경상북도 영천시 9급 합격 장○○

👤 면접 경험이 없어서 막막했는데 교수님 수업 듣고 자기소개서 작성을 정성으로 꼼꼼하게 지도해주셔서 감사합니다. 실전 면접 때 해주신 첨삭지도가 많은 도움이 되었습니다.
2025 대구광역시 일반 행정 합격 김○○

👤 부산 공단기에서 수업 듣고 합격한 수강생입니다. 박사님이 가르쳐주신 내용을 반복적으로 연습하여 합격했습니다. 감사합니다.
2025 부산시 일반 행정 합격 이○○

👤 선생님 안녕하세요. 일반행정직 지원자 장○○입니다. 선생님 덕분에 합격했습니다. 감사합니다.
2024 서울 지방직 9급 합격 장○○

👤 교수님 수원시 9급 최종 합격했습니다! 지금까지 열심히 지도해 주셔서 감사합니다.
2024 수원 지방직 9급 합격 김○○

👤 박사님 안녕하십니까. 오늘 대구 발표날인데 최종 합격했습니다. 박사님 덕분에 합격한 것 같습니다. 감사합니다.
2024 대구 지방직 9급 합격 김○○

👤 안녕하세요! 학원에서 선생님 면접 수업을 들었던 김○○이라고 합니다. 다름이 아니라 이번 지방직 공무원 시험 최종 합격하여 감사 인사를 드리기 위해 메일 드립니다. 감사합니다!
2024 경남 지방직 9급 합격 김○○

👤 면접은 채한태 박사님 강의가 많이 도움이 되었습니다. 공무원의 공직관에 대한 것들을 너무나 잘 가르쳐주셨습니다. 그리고 수업 시간에 하는 면접 스터디도 많은 도움을 받았습니다. 다시 한번 감사드립니다. 박사님.
저는 늦은 나이에 이번 공무원 시험에 합격했습니다. 그동안 아르바이트도 여러 가지 많이 했었고 직장 생활도 10년 정도 했습니다. 포기하지 않고 6년간 열심히 도전하니까 이번에 좋은 결과가 있었습니다. 제가 영어와 행정법이 조금 부족했었는데 부족한 과목을 두배 세배로 더 열심히 했더니 이번엔 좋은 점수가 나왔습니다. 다른 분들도 포기하지 않고 열심히 노력하시면 다들 좋은 결과 있으실 것 같습니다~ 고맙습니다. 박사님~ ^ ^
2024 경남 지방직 9급 합격 김○○

👤 교수님 안녕하세요. 교수님 면접 수업 들었던 강○○라고 합니다! 저는 면접 끝나고 불안한 마음으로 지내고 있었는데 오늘 최종 합격 연락을 받았습니다. 면접 준비가 너무 막막했는데 수업을 들으면서 그리고 그 외 시간에 꾸준하게 이메일로 질문에 답변해 주셔서 감사했습니다.
2024 경북 지방직 9급 합격 강○○

👤 안녕하세요. 교수님, 2024 면접반 수강생 태○○입니다. 교수님께서 지도해 주신 덕분에 이번 경상북도 지방공무원 채용에 최종 합격하였습니다. 감사합니다! 강의에서 알려주신 귀중한 면접 지식과 예절을 면접 팀원들과 함께 연구하며 제 것으로 녹여내는 과정에서 지방공무원으로서의 정신을 내면화하는 데에 큰 도움이 되었습니다. 교수님의 지도에 따라 경산의 역사문화공원, 박물관, 지역축제, 전통시장, 경산시청, 행정복지센터를 모두 돌아다니며 혹독한 날씨 속에서 힘들고 때로는 선배 공무원들의 웃음을 사기도 하고 진심 어린 격려를 듣기도 했지만, 반드시 성공하겠다는 일념으로 뜻깊은 경험을 할 수 있었습니다. 그리고 마지막 모의 면접에서 해주셨던 평가와 따뜻한 덕담으로 큰 용기를 얻어 어려움을 딛고 서 경상북도청에서 진행된 실전 면접에서도 최고의 기량을 발휘할 수 있었습니다. 그리하여 실전 면접에서 모든 질문에 풍부한 대답을 할 수 있었으며, 교수님께서 강조하신 '헌법 제7조 1항'을 함양한 포부로써 면접을 맺으며 면접관으로 오신 교수님께서 공감해 주시고, 도의원님께서는 씩씩하다며 화이팅을 외쳐 주시고, 도청 공무원분께서는 놀람을 연발하셨던 대답으로 면접을 빛내었습니다. 올해 무더운 여름에 저희의 성공을 위해 애써 주신 노고에 다시 한번 진심으로 감사드립니다!

2024 경북 지방직 9급 합격 태○○

👤 필기 합격 점수 컷트라인에 걸린 것 같아 불안한 마음이 들어서 면접에 올인해야겠다라고 생각하며 채한태 박사님의 열정적인 강의를 듣고 난 뒤 면접의 유형이나 방식을 조금 더 상세하게 배웠습니다. 또한 면접 예상 질문에 대한 답변을 작성하여 메일로 보내드려 피드백을 얻을 수 있었습니다. 그래서 면접을 잘 보아 합격이라는 큰 결실을 맺을 수 있었다고 생각합니다. 다시 한번 감사드립니다. ^ ^

2024 전남교육청 지방조리직 9급 합격 김○○

👤 박사님 안녕하십니까!! 좋은 아침입니다~ ~ 어제 늦게 연락드렸음에도 불구하고 긴 글 읽어주시며 피드백 답변 주셔서 너무 감사드립니다 ~ ~ 피드백 주신대로 수정하고 보완해서 이번 지방직 공무원 시험에 최종 합격할 수 있도록 최선을 다하며 유종의 미를 거두겠습니다!! 항상 건강하시고 좋은 일만 가득하시기를 바랍니다^ ^다시 한번 감사의 말씀 드립니다!!

2024 부산 지방직 9급 합격 김○○

👤 안녕하십니까? 교수님 박○○입니다. 오늘 부산 지방직 최종 합격했습니다. 감사드립니다. 2024 부산 지방직 9급 합격 박○○

👤 교수님의 명품 강의에 힘입어 금일 최종 합격 발표를 받았습니다! 훌륭한 가르침을 주셔서 감사드립니다! 항상 열심히 하는 공무원이 되겠습니다!

2024 부산 지방직 9급 합격 이○○

👤 채한태 박사님께서 어려운 법 과목을 쉽게 설명해 주셔서 합격한 것 같아요. 감사합니다! 2024년 7급 국가직 합격 김○○

👤 교수님 명품헌법 수업을 듣고 많은 도움이 돼서 고맙다는 인사드려요. 방대한 판례를 도표로 정리해 주셔서 시간 절감 되었어요. 2024년 7급 지방직 합격 박○○

👤 명품헌법 기본서와 헌법 종합 기출문제집으로 박사님 수업을 인강으로 반복적으로 수강하여 합격을 했습니다. 박사님 감사드립니다. 2024년 비상계획관 합격 김○○

👤 메가공무원 국회 면접 과정까지 잘 지도해 주셔서 입법부 공무원이 되었습니다. 2024년 국회 8급 합격 김○○

👤 경찰 헌법으로 인강으로 수업을 듣고 고득점으로 합격을 했어요. 2024년 순경 합격 김○○

👤 방대한 공직선거법 출제 내용을 요약해 주어 단기간에 총정리하여 합격했습니다. 감사드려요. 2024년 9급 선관위직 합격 김○○

👤 공직선거법 최근 기출문제를 쉽게 정리하여 고득점으로 합격하게 되어 감사해요. 2024년 9급 선관위직 합격 이○○

👤 명품 헌법 기본서와 헌법 종합 기출문제집으로 공부하여 좋은 결과를 이루었습니다. 채박사님 감사드려요. 2024 경정승진 합격 박○○

👤 명품 헌법으로 공부하여 단기간에 총정리하여 고득점 하였습니다. 적극적으로 추천해요. 2024 순경직 상반기 순경 공채 필기 합격 김○○

👤 헌법을 처음 공부할 때는 기본 강의 이후 기출문제만 반복하다 보니 일정 수준 이상의 점수를 벗어나기가 어려웠습니다. 단순 기출 반복이 아닌 적용된 법이나 원리의 이해를 바탕으로 지문 하나하나의 쟁점을 파악하며 문제 푸는 연습을 하였습니다. 그 결과 모의고사에서도 여러 차례 50점 만점을 받을 수 있었고 헌법이라는 과목에 자신감이 생겼습니다. 특히 앞서 말씀드린 것처럼 매일 전과목을 공부하고 기록하는 방법은 채한태 교수님께서 강조하여 말씀해 주신 방법이기에 반드시 지켜야겠다는 생각으로 매일매일 전과목을 공부했습니다. 채한태 교수님이 면접의 노하우를 지도해 주셔서 면접에서도 합격을 할 수 있습니다. 감사합니다. <u>2023년 경찰(순경직) 서울경찰청 김○○</u>

👤 명품공직선거법 시리즈 강의를 통해서 고득점으로 합격하였습니다. 감사합니다. <u>2023년 9급 선관위직 합격 이○○</u>

👤 헌법은 채한태 박사님 기본강의 들었습니다. 이해하면 외워지는 스타일이라 기출 풀 때 초반 문제 다지기에 집중했습니다. 저는 법 과목은 일단 기본서를 정독하고 판례에 저만의 코멘트를 달며 저의 언어로 법을 이해하며 학습했습니다. 법 과목은 해설도 난해한 용어로 적혀 있고, 두 번 꼬아서 말을 하기에 회독 시 이해 시간을 줄이기 위해 제가 이해한 내용대로 옆에 열심히 필기해 놓으며 저의 것으로 만들려고 노력했습니다. 처음엔 시간이 많이 걸리는 과목이지만 개인적으로 헌법이 제일 재밌는 것 같습니다. (박사님의 훌륭하신 강의 덕분에 95점 받았습니다) 공부는 입력도 중요하지만 출력은 더더욱 중요합니다. 꼭 하프, 모고 등 출력의 과정을 거치시고 자신의 학습수준을 점검하셔서 더욱 효율적으로 공부하시기 바랍니다. 자신이 공부할 때 어떤 스타일인지 메타인지를 키우셔서 적용하시면 빠르게 합격하실 거라 생각합니다. 헌법 시작부터 합격까지 면접도 채한태 박사님의 도움으로 합격을 할 수 있었습니다. 자소서는 채한태 박사님께 첨삭 지도받았습니다. 부족한 부분을 잘 캐치해 주셔서 더 완성도 높은 자소서와, 면접 마인드를 배울 수 있었습니다. 대단히 감사드립니다! 오직 국회만 바라보고 준비해서 많은 부담감이 있었으나 면접일 2일 전부터 이러한 마음을 내려놓고 마인드컨트롤에 집중하였습니다. 긴장을 많이 하는 편이라 인데놀 복용하였습니다. 면접 당일 준비한 답변들 마음속으로 중얼거리며 연습하였습니다. 저는 긴장을 조금이라도 낮추기 위해 면접장 문 열고 들어갔을 때 제가 면접 씬을 찍는 배우라 생각하고 현실의 압박을 내려놓으려 했습니다. 면접관님들께서 미소를 띠며 질문해 주셔서 저도 똑같이 미소를 띠고 답변했습니다. (면접 때 안 웃어도 되지만, 전 인상이 안 웃으면 화나 보인다고 해서 미소를 신경썼습니다) 준비해 간 답변들이 채한태 박사님께서 지도해 주신 것과 같이 '국회사랑, 공직자 마인드, 나라사랑'에 중점을 둔 답변이라서 정말 제가 국회를 사랑하고, 합격한다면 정말 나라와 국민을 위해 헌신하여 일하겠다는 의지와 모습을 최대한 보여드렸습니다. 국회 면접은 제로베이스라고 알고 있었고, 면접장에서 만난 다른 면접자분들 인상이 훌륭하셔서 여기서 돋보이지 않으면 끝이겠구나 판단하였고 최선을 다해서 쉬운 질문이더라도 저라는 사람을 보여드릴 수 있는, 특히 평정표에서 점수를 얻을 수 있는 답변을 하였습니다. 또한 면접관님께서 질문하실 때 눈을 쳐다보고 살짝 고개를 끄덕이는 등 집중하는 시그널, 긍정적인 모습을 보여드리려 노력했습니다. 끝까지 포기하지 않고 왔더니 합격하게 되었습니다. 사실 아직도 실감은 안 나지만 괴로웠던 모든 과정이 끝났다는 게 너무 기쁘고 벅찹니다! 꿈을 이루기까지 많이 힘드시겠지만 조금만 더 힘내시고 꼭 합격하시길 바라겠습니다. 채한태 박사님께 다시 한번 존경과 감사의 말씀 올립니다. 박사님의 자소서 첨삭 지도가 면접 준비 방향을 잡는 데 정말 많은 도움이 되었습니다. 감사드립니다. <u>2023년 국회(속기직) 문○○</u>

👤 명품헌법으로 공부하여 단기간에 고득점으로 합격하였습니다. 다양한 사례와 방대한 판례를 공식으로 만들어 주셔서 감사드립니다. <u>2023년 7급 국가직 김○○</u>

👤 명품헌법 시리즈를 구해서 반복적으로 공부하여 합격하게 되었습니다. 명품헌법은 정리가 잘 되어 있어 시간을 줄일 수 있습니다. <u>2023년 7급 대구시 지방직 이○○</u>

👤 채한태 박사님께서 헌법재판소 판례비교 정리를 잘해주셔서 단기간에 총정리하여 좋은 결과가 왔습니다. 감사드려요. <u>2023년 상반기 비상계획관 김○○ 대령</u>

👤 명품헌법 종합기출문제집 특강과 헌법 기출지문 OX 4700제로 헌법고득점을 하였습니다. 채한태교수님의 도표정리가 많은 도움이 되었습니다. <u>2023년 국회8급 이○○</u>

👤 명품헌법으로 공부하고 고득점하여 꿈을 이루었습니다. 최신판례와 시사적인 내용을 신속하게 정리하여 주어 많은 도움이 되었습니다.
2023년 상반기 순경직 순경 공채필기 합격 최〇〇

👤 명품헌법 채한태 박사님의 강의는 전체적인 개요와 도표를 통한 설명은 자신감을 높일 수 있었습니다. 단기간에 고득점을 할 수 있습니다. 감사드립니다.
2023 사무관 승진합격 김〇〇

👤 방대한 헌법재판소의 판례를 체계적으로 정리해 주시고 판례공식을 알려주어 부담을 줄일 수 있었습니다. 채한태 박사님 강의를 통해서 목표를 이루었습니다.
2023 경정승진 합격 이〇〇

👤 실제 면접과 질문이 똑같아서 놀랐어요. 저는 2023년 국가직 경찰행정에 합격했습니다. 작년에 지방직에서 면탈한 이후 (심지어 점수도 커트라인보다 무려 3점이나 높았습니다 ㅠㅠ) 잔뜩 면접에 겁을 먹은 상태였습니다. 직장도 다녀보고 말은 잘한다고 생각했는데 면접에서 떨어지니 낙오자 느낌이 있었지만 교수님 수업 듣고 합격을 하였습니다. 감사드립니다 .
2023 국가직 경찰행정 김〇〇

👤 제가 지원한 지역은 필기합격이 되었어도 선발인원보다 많이 뽑혀 면접에 엄청난 부담감과 압박감을 느껴 채한태 교수님의 면접강의를 수강하였습니다. 첫 수업 자기소개서 작성에 대한 수업에서 작성법과 공무원면접에서 가장 중요한 요소 5가지를 말해주신 것에 지도 해주신 것을 잘 적용하여 무난하게 합격을 하였습니다.
2023년 지방직 9급 강〇〇

👤 2023년 서울특별시 일반행정 9급 최종합격했습니다!! 필기 공부만 할 때는 면접은 식은 죽 먹기라고 생각했으나 필기합격 후 마주한 면접은 저에겐 또 다른 난관이었습니다. 아무 것도 모르는 상태로 메가면접학원에 등록하였고 채한태 선생님을 만났습니다. 채한태 선생님 지도 덕분에 합격을 할 수 있었습니다.
2023 서울시 지방직 9급 장〇〇

👤 면접관의 마음을 알 수 있는 수업이다. 면접 공부 혼자 2주간 기출 봐도 붙는다지만 요즘은 리스크를 안고 간다고 생각한다. 공무원에게 적극행정을 요구하는 이 시기에 혼자 준비는 어렵다고 생각해 메가면접센터에 등록했다. 채한태 교수님께서는 평정표에 나와있는 요소들을 하나하나 풀어주시면서 여기에 어떠한 답을 해야 하는지 정확하게 짚어주셨다. 단순히 '열심히 하겠습니다, 국가와 국민, 시민 위해 일하겠습니다.'가 아니라 5개의 평정요소를 만족하며 자신을 어필할 수 있는 답을 공무원 행동강령과 이해충돌방지법 부정청탁금지법을 통해 알려주신다. 그러면서 지금까지 내가 돌아보지 못한 윤리관도 깨닫게 되었다. 그리고 공직자가 진정으로 갖추어야 할 덕목을 깨우쳐주셨다. 이 수업은 나에게 인생의 교훈까지 알려준 수업이었다. 그리고 교수님께서는 항상 학생들의 어려움을 들어주셨고 각 수강생들의 성향, 스펙을 보시며 그에 맞는 솔루션을 주셨다. 면접이란 것이 처음이고 자기 생각을 정리하는 게 서투신 분들이 합격을 원하시고 또한 참된 인재로서의 마인드까지 함양하시고자 한다면 채한태 교수님을 추천드립니다.
2023 지방직 9급 〇〇〇

👤 존경하는 채한태 교수님께. 안녕하세요. 저는 교수님의 면접 특강과 연천 봉사활동에 참여하여 많은 것을 배우고 감동받았습니다. 면접 준비에 있어서 교수님의 세심한 피드백과 가르침 덕분에 많은 도움을 받았습니다. 이에 대해 깊은 감사의 말씀을 전하고 싶어 편지를 드립니다. 오늘 서울시 7급 필기 결과가 나왔는데 합격하지 못하여 매우 송구스럽게 생각하고 있습니다. 그러나 그 결과에 상관없이, 교수님의 지도와 가르침으로 얻은 것들은 저에게 큰 자산이 되었습니다. 자기소개서, 지원동기에 대해서 꼼꼼히 봐주시고 5분 스피치를 잘 할 수 있도록 도와주셔서 감사합니다. 뿐만 아니라 봉사활동과 공모전 등 다양한 기회를 알려주시고 참여할 수 있도록 독려해 주셔서 감사합니다. 지금은 필기 시험에 합격하지 못했지만 앞으로 이를 바탕으로 앞으로 더욱 열심히 노력하여 훌륭한 공무원이 되도록 노력하겠습니다. 교수님께서는 제게 멘토가 되어주셨고, 그 은혜에 저는 깊은 감사를 표합니다. 앞으로도 교수님의 가르침을 몸소 실천하며 발전하는 모습을 보여드리겠습니다.
2023 서울시 7급 이〇〇

👤 채한태 교수님 정말 감사합니다. 다 교수님 덕분입니다. 이번에 면접 준비하면서 헌법에서는 예전부터 유명하신 교수님 뵙게 되어서 광장히 좋았습니다. 공무원 강의로 유명하신 교수님 직접 본 적은 처음입니다. 든든합니다. 대단히 감사합니다.
2023년 창원시 지방직 9급 최〇〇

👤 선생님 안녕하십니까!! 면접반 수강생 장○○입니다!! 선생님의 가르침 덕분에 많이 부족한 제가 감사하게도 이번 서울특별시 일행직 9급 공무원에 합격하였습니다 ㅎㅎ 면접이 다소 막막할 때도 있었지만 선생님의 가르침으로 합격할 수 있었습니다! 다시 한번 진심으로 감사드리며 서울특별시에 선한 영향력을 미치는 공무원이 되도록 노력하겠습니다!! 감사합니다!!

2023 서울시 일반행정직 지방직 9급 장○○

👤 교수님 이번 부산공○○에서 면접수업 들은 이○○입니다!!! 교수님께서 잘 가르쳐주셔서 덕분에 무사히 합격할 수 있어서 정말로 감사합니다!!!!!! 사실 저는 다른 분들보다 경력이나 자격증이 없어서 준비하면서 걱정이 많이 되었었습니다. 하지만 교수님께서 공모전과 봉사활동들을 알려주셔서 면접을 볼때 이러한 것들을 위주로 많이 말할 수 있었습니다…!!!!! 다시 한번 정말로 감사드립니다!!!

2023 지방직 9급 이○○

👤 교수님 안녕하십니까. 경남 교육청 면접강의 수강한 박○○입니다. 교수님 덕택에 최종합격했습니다. 오늘 경남 교육청 결과 발표가 나왔고 전원합격 3조 모두 최종합격했습니다! 처음부터 끝까지 도와주셔서 감사합니다! 많은 도움을 주셔서 정말 감사드립니다!^ ^

2023 경남교육청 전원 합격1조 조장 박○○

👤 안녕하십니까. 교수님 덕분에 경기도 고양 일반행정 9급에 합격한 임○○입니다.
1. 강의 전 준비기간에 지역사랑을 실천하기 나는 지방직 시험일 약 7일후 채한태 선생님의 면접 설명회를 들었다. 채한태 선생님의 지방직 면접 설명회에서 '면접 준비기간을 주는 이유는 지역에 대한 사랑을 보여달라는 뜻이다' 선생님의 말씀을 들었다. 그리하여 지역 공공기관에서 봉사활동도 하고 지역 문화재 탐방을 하는 등 강의 한 달 전부터 면접 이야깃거리를 쌓아갔다.
2. 믿고 따라가는 면접 강의 국가직 면접위원이셨던 채한태 선생님의 노하우를 담아 면접의 A~Z까지 알려주셨다. 공직가치의 9개 요소부터 무엇을 중요시해야 하는지, 예를 들어 애국심을 표현하려면 어떻게 해야 하는지, 창의성을 기르려면 어떻게 해야 하는지 포인트 별로 알려주셨다. 또한 면접위원으로 지원자의 인상도 중요하게 생각하셔서 수업시간에 인사하는 방법, 남성 지원자라면 넥타이, 코로나 시국에 맞추어 마스크까지 세심하게 살펴 주셨다.
3. 신속한 피드백 면접강의가 끝나고, 지역별로 각 조를 나눠서 활동을 이어갔다. 조별로 활동을 하면서, 조별 활동을 통해 모의 면접을 한 후 피드백을 선생님께 요청하면 선생님께서는 신속하게 피드백을 해주셨다. A4용지에 피드백을 해 주셨으며, 개선점을 말씀해주시는 모습은 지금도 잊을 수 없다. 또한 모의면접을 통해 통찰력 있는 질문을 해 주셔서 본 면접을 대비하는데 도움이 되었다. 신속한 피드백은 수험생 입장에서 매우 도움이 되며 채한태 선생님의 가장 큰 강점이다.

2022 경기도 지방직 일반행정 9급 임○○

👤 순경준비하던 수험생으로서 시작이 가장 힘든 과목이었습니다. 채한태 교수님 명품 헌법을 들으면서 시작하였습니다. 적지 않은 시험 범위에 걱정이 많이 되었지만, 채한태교수님이 차근차근 명쾌하게 설명해 주시면서 출제예상 판례와 이론 위주의 수업은 시간을 절약해야 하는 저에게 큰 도움이 되었습니다. 첫 2회전을 돌렸어도 여전히 기출을 바로 풀기에는 무리였으나, 올해 1월쯤 시작한 <명품헌법 기출지문 4700제 OX>를 풀고 나서 완전히 달라졌습니다. 문제가 이해가 되고 보이기 시작하였습니다. 그래서 짧은 기간 내 6회전을 바로 돌렸고, 그제서야 헌법 종합 기출문제가 쉽게 풀리기 시작하였습니다. 마지막 달에 해주신 예상 판례 특강을 통해서 마지막 복습 정리를 하여서 출제예상 문제에 좀 더 집중할 수 있었습니다. 많은 수험생 여러분도 채한태 교수님 헌법 커리큘럼을 믿고 따라오시면 합격 점수는 보장해주실 겁니다.

2022년 상반기 서울지방경찰청 순경 공채 합격 서○○

👤 채한태 박사님 명품헌법 기본심화 강의와 헌법재판소판례 특강을 통해서 방대한 헌법을 정복하였습니다.

2022년 상반기 비상계획관 합격 김○○ 대령

👤 명품헌법 시리즈특강을 통해서 고득점을 할 수 있었습니다. 국회직 면접까지 박사님이 지도해주셔서 최종합격할 수 있었습니다.

2022년 국회 8급 합격 이○○

👤 법과목 중에서 헌법분량이 많지만 채한태 선생님이 요약정리해 주셔서 고득점하였습니다.

2022년 법원서기보 합격 박○○

👤 명품 공직선거법 교재와 채한태샘 강의 듣고 합격을 했습니다. 도표정리가 많은 도움이 되었어요.

2022년 9급 선관위직 필기 합격 이○○

👤 방대한 공직선거법 조문을 잘 정리해 주셔서 단기간에 고득점했습니다.

2022년 9급 선관위직 필기 합격 김○○

👤 국가공무원 7급 시험을 준비하고 있는 수험생입니다. 박사님의 명품헌법 기본강의, 기출강의, 최신판례 강의, 모의고사 강의 등을 통해서 헌법 만점을 얻었습니다. 이번 2차 시험에서 헌법 만점을 받을 수 있었습니다. 좋은 가르침에 진심으로 감사드립니다.

2021년 7급 국가직 합격 김○○

👤 채한태 박사님 명품헌법 기본서·종합기출문제집·헌법재판소판례특강을 메가공무원 홈페이지에서 인터넷 강의를 통해 반복적으로 수강하였습니다. 독학으로 알아내기 어려웠던 명쾌한 부분들을 짚어주신 덕분에 고득점으로 합격을 했습니다.

2021년 비상계획관 합격 김○○

👤 박사님의 헌법재판소 판례강의와 기본이론 명품헌법강의는 주제별로 총정리가 잘 되어 있기에 단기간에 원하는 목표를 얻을 수 있었습니다.

2021 경찰승진 합격 최○○

👤 비전공자에게 법적인 마인드 함양과 법해석의 방법을 선생님께서 쉽고 자세하게 설명해 주셔서 법원직 헌법 과목에서 좋은 점수를 득점할 수 있었습니다.

2021 법원직 합격 이○○

👤 헌법이론과 시사적인 내용을 하나로 연결하여 이해하기 쉽게 설명을 해주신 덕분에 단기간에 헌법을 쉽게 이해할 수 있었습니다.

2021 국회직 합격 정○○

👤 사실 저는 현직에 근무하면서 학습시간의 부족으로 퇴근 후 학습시간은 주로 헌법과 법령 위주로 공부하여 면접에 많은 시간을 투자할 시간을 가지지는 못했습니다. 면접과 관련한 기본적 지식은 제가 다녔던 비상계획관 학원 강의를 통해 배운 내용을 주요 키워드 위주로 정리 암기하였으며 면접 PT 작성요령, 답변 방법, 자세, 기타 면접 노하우 등은 채한태 박사님께서 운영하는 면접 특강을 2회 수강하면서 가르쳐주신 방법을 전적으로 믿고 면접 당일 그대로 적용하려 노력하였으며 그 결과 첫 시험치고는 괜찮은 면접 성적을 얻었다고 생각합니다. 채한태 박사님께 문자로 질문하였고 박사님의 친절하신 답변이 많은 도움이 되었습니다. 박사님과의 면접 실습을 통한 저의 약점 보완은 제게 커다란 도움이 되었습니다. 박사님의 노하우 담긴 조언과 개별적인 눈높이 교육은 정말 큰 도움이 되리라 믿습니다. 박사님의 도움이 커다란 힘이 되었음에 깊은 감사를 드립니다.

2020년 상반기 비상계획관 합격 조○○

👤 경찰 간부후보생 시험 합격 후 경찰 승진 준비를 하면서 채한태 박사님 책을 보게 되었습니다. 기초가 부족하고 헌법을 처음 접해 보는 사람에게 무조건 추천해 드리고 싶습니다. 시간이 되신다면 박사님 강의를 병행하면서 짧은 시간에 큰 효과를 거둘 수 있습니다. 박사님 책을 보면서 더욱 수험생 혹은 승진 대상자들을 배려하는 세심한 설명과 자세한 자료를 보면서 매년 더욱 만족하고 있습니다.

2020년 국가직 7급 합격 이○○

👤 저는 법학 전공이 아니지만 공직선거법을 채한태 박사님 강의를 듣고 고득점했어요. 중요 내용을 도표로 정리해 주는 최적화된 강의 감사해요.

2019년 선거직 9급 합격 박○○

👤 명품 공직선거법의 기본서와 단원별 객관식 문제집으로 공부하여 합격의 영광을 얻게 되었어요. 면접까지도 채한태 박사님이 지도해 주셔서 최종 합격했어요. 감사드려요.

2019년 선거직 7급 합격 김○○

👤 채한태 박사님의 명품헌법 강의를 듣고 헌법에 대한 이해와 자신감을 가지게 되었습니다. 헌법에 대해서 어려움을 가지고 계신 분들은 채한태 박사님의 강의를 통해서 해결할 수 있습니다.

2019년 국가직 7급 합격 김○○

👤 어려운 헌법 과목을 가장 이해하기 쉽게 가르쳐 주십니다. 핵심정리와 암기 공식을 제시하여 헌법이 고득점 과목이 되었습니다.

2019년 국회직 8급 합격 이○○

👤 명품헌법 기본서와 채한태 박사님 강의로 방대한 헌법을 단기간에 해결하여 비상계획관 시험에서 합격의 영광을 얻게 되었어요. 질문할 때마다 친절하게 도와주셨던 채한태 박사님 고맙습니다.
2018년 비상계획관 합격 김〇〇

👤 공대생이라 법 과목이 너무나 힘들었으나 쉽고 명쾌하게 강의하시는 채한태 교수님 명품헌법 덕분에 합격할 수 있었습니다.
2018년 소방간부후보생 합격 이〇〇

👤 채한태닷컴에서 동영상으로 명품헌법 기본강의를 반복적으로 공부하여 합격했습니다. 명품헌법 교재는 중요 내용의 밑줄 처리와 색감 처리가 잘 되어 있어 가독성이 탁월합니다. 동영상으로 강의 듣기에도 편리합니다.
2018년 법원직 합격 김〇〇

👤 합격한 선배님의 추천으로 명품헌법 기본서로 강의를 듣고 합격하였습니다. 중요 내용의 도표 정리와 기출문제의 반복적인 설명 등을 채한태 교수님이 잘해주셔서 헌법에서 고득점을 하였습니다.
2018년 국회직 8급 합격 이〇〇

👤 명품헌법과 헌법 종합 기출문제집을 반복적으로 공부하여 단기간에 고득점을 하였습니다. 복잡한 헌법재판소 판례가 주제별로 잘 정리되어 보기에 편했습니다. 실전에서도 문제 푸는 데 많은 도움이 되었습니다.
2018년 서울시 7급 합격 박〇〇

👤 추상적이고 방대한 양의 헌법에 처음엔 힘이 들었지만 채교수님의 체계적인 강의 덕분에 어려운 헌법 용어 및 개념들을 쉽게 이해할 수 있게 되었으며 또한 핵심적인 부분만을 가르쳐주시는 수험적합적 강의 덕분에 짧은 시간에 무리 없이 고득점을 확보할 수 있었다고 생각합니다.
2017년 국가직 7급 출입국관리직 합격 김〇〇

👤 채한태 교수님 강의가 최고라고 생각합니다. 강의는 기본강의 들어보시면 판례도 비슷한 판례를 비교해서 정리도 잘해주시고, 체계도 잘 잡아주십니다. 저는 특히 강의에서 테마별·주제별로 정리해 주시는 부분이 가장 마음에 들었습니다. 그거 그대로 단권화할 때 써먹으시면 됩니다.
2017년 국가직 7급 외무영사직 합격 이〇〇

👤 채한태 박사님의 명품헌법 강의를 통해 어디에서도 배울 수 없었던 남다른 팁과 정리표, 1 : 1 관리 등으로 실전 감각을 유지할 수 있었고 가벼운 마음으로 자신감 있게 합격할 수 있었습니다.
2017년 서울시 7급 합격 김〇〇

👤 간결하고 명쾌하며 풍부한 시사 상식을 접목시키는 박사님의 명품 강의는 시간 가는 줄 모르고 헌법 공부에 몰입할 수 있게 해 주었습니다. 저는 헌법 용어와 개념이 취약했기 때문에 채한태 명품헌법 기본서를 충실하게 공부하며 기출문제집, 모의고사 문제집에 시간을 많이 투자했습니다. 저자가 다른 여러 헌법 서적을 보라는 조언들이 있었지만 저는 부화뇌동하지 않았습니다. 채한태 명품헌법의 강의가 가장 알차고, 기본서는 가장 충실하며, 언제든지 궁금한 점이 있으면 답변을 받을 수 있었기에, 저는 꾸준히 강의를 듣고 기본서를 중심으로 공부하면서 문제집을 공략하였습니다. 든든한 언덕이 되어 주신 채한태 박사님으로부터 헌법을 배울 수 있었던 것은 행운이었습니다.
2015년 상반기 비상계획관 합격 오〇

👤 채한태 교수님 강의 덕분에 기본 개념부터 충분히 인지할 수 있었고 특히 채한태 교수님 카페에 가입하며 메일로 최신 판례를 받아볼 수 있었던 점이 도움이 됐습니다. 헌법은 최신판례가 많이 반영되기 때문에 수험생들이 최신판례 공부를 철저히 한 뒤 시험에 임하는 것이 좋을 것 같습니다. 또한 헌법은 비슷한 개념이 많이 나오는 편인만큼, 유사 개념들을 표로 정리해 특징을 정리하고 헷갈리는 부분들을 점검할 수 있어서 마무리까지 많은 도움이 됐습니다.
2014년 서울시 7급 일반행정직 최연소(당시 21세) 합격 김〇〇

👤 성실한 강의, 헌법의 핵심과 출제경향을 꿰뚫는 강의, 채한태 박사님의 강의를 직접 확인하신다면 헌법에 대한 시야는 확 달라질 것입니다.
2014년 교정직 7급 최연장(당시 51세) 합격 조〇〇

👤 법에 대해서 아무것도 몰랐던 저도 채한태 선생님의 명품헌법을 보고 헌법을 정복할 수 있었습니다. 채한태 선생님의 체계적인 강의와 더불어 이 책을 함께 보신다면 여러분 또한 합격의 길로 들어서실 수 있습니다.
2014년 국가직 7급 세무직 차석 합격 박〇〇

👤 말이 필요하겠습니까. 결과가 보여줍니다. 국가직 헌법 고득점의 1등 공신 역할은 명품헌법이었습니다.

2014년 국가직 우정사업본부 합격 조○○

👤 헌법의 기본이론을 강의를 들으면서 총정리하고 반복하여 공부하여 정복했습니다. 최신판례특강과 모의고사 문제풀이를 통해서 마무리 정리하여 효과를 보았습니다.

2014년 국회사무처 8급 합격 박○○

👤 채한태 박사님의 헌법 강의를 듣지 않았으면, 앞으로 6개월은 더 학습을 해야 할 상황이었습니다. 무조건 특강이든, 수업이든 참석했습니다. 강의는 기본이지만 간간이 들려주시는 시사성 있는 멘트들은 웃음을 자아냈고, 봉사활동 등 말씀을 들으며 많이 배웠습니다. 공부야 시험 보고 나면 합격으로 끝나지만 인생은 오래가니까. 헌법 공부하시는 분들~ 명품을 믿고 그리고 추가 공부!

2014년 비상계획관 합격 오○○

👤 이번에 시험 보면서 교수님이 적중률이 정말 높다는 것을 새삼 실감했어요. 헌법이 어려웠다고한 학생들은 처음 보는 게 많아서 그랬다고 하는데 저는 교수님 덕분에 처음 보는 문제는 하나도 없었던 거 같아요. 봤던 문제, 중요하다고 하셨던 문제가 다 나와서 시간 절약이 많이 된 과목이었어요. 정말 감사드립니다!

2013년 외무영사직 수강생

👤 2013년 외무영사직 수강생법 과목을 처음 접해본 저에게 채한태 박사님의 명품헌법은 그야말로 명쾌한 해답으로 다가왔습니다. 정확하고 깔끔한 강의! 합격생으로서 감히 여러분께 추천드립니다.

2013년 국가직 7급 일반행정직 합격 홍○○

👤 헌법은 당연히 100점을 맞고 합격했습니다. 합격하고 나서 생각해보니 헌법이란 과목을 채한태 박사님께 배운 것은 큰 행운이었습니다. 헌법은 화학과를 나온 저에게도 합격할 때까지 항상 효자 과목이었습니다. 박사님 감사합니다!

2013년 국가직 7급 일반행정직 합격 소○○

👤 제가 수험 2년차에 명품헌법을 처음 접하고 나서 "헌법이 쉽다"라고 감히 생각할 수 있었습니다. 풍부한 사례를 통해 추상적인 헌법을 생활 속에 숨 쉬게 해줍니다. 믿고 따라가신다면 합격의 전략과목 중 하나가 헌법이 될 것입니다. 꼭 합격하시길 바랍니다.

2013년 국가직 회계직 합격 김○○

👤 법 공부를 처음 접했던 저에게 헌법은 굉장히 낯선 과목이었습니다. 채한태 쌤 수업을 들으면서 시사를 예로 들면서 명료하게 진행하시는 것을 느꼈고 헌법 공부를 재밌게 할 수 있었습니다. 더하여 언제나 합격할 수 있다는 자신감을 심어주신 쌤께 진심으로 감사드립니다. 명품헌법 + 채한태 쌤 강의를 통해 훌륭한 공무원이 되기 위한 첫걸음을 시작하시길 바라며, 합격을 기원합니다.

2013년 외무영사직 합격 신○○

👤 수험공부를 하면서 가장 좋았던 책을 꼽으라면 고민 없이 명품헌법을 꼽을 수가 있습니다. 정리와 요약이 잘 되어 있고, 기출문제 표기도 들어 있어서 다른 책을 볼 필요가 없었습니다. 명품헌법 한 권에 단권화를 하여 시험 당일까지 들고 다니시면 무적의 파트너를 만난 기분이실 것입니다. 헌법 공부는 시작부터 마무리까지 명품헌법 한 권으로 잡아낼 수 있으니 걱정 마시고 명품헌법을 나만의 책으로 만들어 보세요.

2013년 외무영사직 합격 임○○

👤 명품헌법은 헌법을 처음 접하는 수험생도 체계적이고 효율적으로 공부할 수 있도록 합니다. 강의만 믿고 따라가시면 헌법 고득점은 보장되어 있습니다. 믿고 따라가십시오! 합격의 문이 열립니다!

2013년 국가직 7급 일반행정직 합격 심○○

👤 헌법은 단연 만점으로 합격했습니다. 비(非)법대생인 저도 이해하기 쉽고 체계적으로 공부할 수 있게 해준 명서입니다. 특히 기출 표시는 2회독부터 그 진가를 발휘하더군요. 정말 유용했습니다. 명품헌법에 있던 문장들을 그대로 시험장에서 봤을 때의 그 희열을 잊지 못할 것입니다. 명품헌법! 경험한 만큼 자신 있게 추천드립니다.

2012년 7급 국가직 일반행정직 합격 이○○

👤 명품헌법 덕분에 저의 전략 과목이었던 헌법은 당연하게 100점 맞고 최종 합격하였습니다. 이해를 시켜주는 교재였기 때문에 처음 공부하는 헌법이 막막하지 않았고, 뜬구름 잡는 듯한 느낌이 없었습니다. 법 과목은 기본기가 중요하다는 것이 공부를 할수록 무슨 말인지 알겠더군요. 앞으로도 계속 예비 공무원들의 합격 길라잡이로서 명성을 이어나갈 것을 확신합니다.

2012년 국가직 7급 세무직 합격 권○○

👤 9급 합격 후 이제 그만 현실에 안주하고 싶던 즈음에 친구의 권유로 박사님께 상담받고 조금 더 도전하자 스스로를 다독이며, 주저 없이 명품헌법을 선택하여 최종 합격까지 무난히 올 수 있었습니다. 돌이켜 생각해 보아도 정말 다행입니다. 처음 공부할 때와는 달리 목표의식이 다소 희박해졌을 때인데 명품헌법을 선택하고 시행착오 없이, 더불어 헌법 공부도 짧지만 강렬하게 할 수 있었습니다. 남들보다 빨리 헌법 고득점을 원하신다면 명품헌법 추천해 드립니다.
2012년 서울시 7급 일반행정직 합격 박○○

👤 명품헌법은 헌법의 사용설명서다!! 헌법을 어디서부터 어떻게 시작해야 할지 모를 때 나의 지침서가 되어 주었기 때문에~ 기본서 위주로 공부한 나한테 꼭 맞는 맞춤서였습니다~ 쉽지만 속이 꽉 찬~ 단권화를 위한 필수 기본서!! 강추합니다~ ~ ^ ^
2010년 국가직 7급 세무직 합격 이○○

👤 저는 처음부터 헌법은 시행착오 없이 바로 명품헌법으로 공부하였습니다. 기본서를 선택하기 위해 여러 가지 책을 살펴보고 강의도 청취해 보았습니다. 그중에서 명품헌법의 틀이 체계적으로 잡혀있었고, 헷갈리기 쉬운 것들이나 같이 묶어서 외우면 편리할 것들이 잘 정리되어 좋았습니다. 이 점에서는 명품헌법을 공부하신 분들은 누구나 인정하더군요. 그리고 다른 책들과는 달리 불필요하다고 생각되는 내용이 없더군요. 명품헌법 보시고 고득점하세요.
2010년 국가직 7급 세무직 합격 김○○

👤 시간이 부족한 7급 수험생에게 헌법은 특히 효율적으로 공부할 필요성이 있는 과목입니다. 명품헌법은 난해한 법 이론과 법조문 및 판례가 보기 쉽게 집필되어 있으며, 사이사이에 핵심요약 정리가 되어 있어 공부하기 편리합니다. 명품헌법 교재와 함께 교수님의 명품 강의는 합격을 위한 필수죠! 간명하게 이해시켜 주신 뒤에 핵심정리 및 암기 공식을 제공. 그리고 매시간마다 치러지는 쪽지시험, 매주 있는 모의시험을 통해 헌법이 효자 과목이 되었던 것 같습니다.
2010년 국가직 7급 세무직 합격 권○○

👤 명품헌법 교재는 법 공부를 처음 공부하는 초학자도 단기간에 쉽게 이해할 수 있도록 정리가 잘 되어 있습니다. 시험 합격하는 데 큰 힘이 되어 준 명품 교재입니다.
2010년 비상계획관 합격 정○○

👤 채한태 박사님 헌법 강의의 가장 큰 특징은 헌법을 처음 접한 사람도 박사님의 강의를 한번만 들으면 자신감을 가지고 공부를 할 수 있도록 과목의 구성이 체계적이며, 단계적으로 헌법을 공부할 수 있도록 지도해 주시며, 무엇보다 어렵고 낯선 헌법 과목을 가장 이해하기 쉽게 가르치시며, 혼신의 불타는 열정을 가지고 한 가지라도 더 알려주고자 하는 대한민국 최고의 명품 강사이십니다. 박사님의 명품헌법 책자 발간을 다시 한번 축하드립니다.
2010년 비상계획관 합격 강○○

면접·심사위원 경력 & 30년 면접 노하우를 자랑하는
채한태 박사와 전원합격!

I 공무원 면접 **필수 준비 사항**

Ⅱ 공무원 면접 **실전 대비 자료**

I

공무원 면접
필수 준비 사항

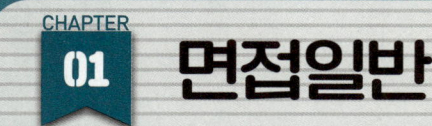

면접일반

1 면접 준비를 시작하면서

1 면접이란?

면접시험은 필기시험만으로 파악하기 힘든 수험생의 잠재적인 능력이나 창의력 또는 업무 추진력, 사고력 등을 알아내기 위한 수단이다.

인사혁신처 인력개발기획과 관계자는, 면접을 잘 보려면 먼저 자신에 대한 철저한 분석이 필요하다고 조언을 하면서, 자신이 누구고, 그동안 무슨 일을 했으며, 공직과 관련한 어떤 경험을 했는지를 조리 있게 정리하고 면접장에 들어갈 것을 주문했다.

최근에는 수험생들에게 청렴성, 성실성, 봉사정신에 관한 질문을 많이 하므로, 면접 준비 시 기술적인 부분과 함께 공직에 필요한 태도와 자세를 갖추는 것이 면접에서 좋은 점수를 얻는 방법일 것이다.

2 면접시간

1 국가직

국가직 7급은 집단토의면접 60분, 역량면접(개인발표 및 개별면접) 60분으로 구성되고, 국가직 9급은 공직가치 및 인성 평가(5분 스피치) 30분, 직무능력 평가 20분으로 진행된다.

국가직 7급 면접의 경우 먼저 조별로 집단토의면접을 실시한 후, 개별 PT 발표를 8~15분 내외하고 이후 PT에 대한 면접관들의 후속 질의응답을 7~10분 내외 진행한다. 집단토의과제 검토시간이 약 10분 별도 부여되며, 개인발표문 사전 작성 시간인 30분은 역량면접시간인 60분 안에 포함된다.

국가직 9급 면접의 경우 5분 스피치 과제 검토시간 10분이 주어지고, 면접실에 입장하여 5분 스피치 실시 후 후속질의 및 공직가치를 검증하는 질문들이 15분간 이어진다. 그리고 이후 직무능력 시사상식, 기본개념 및 용어이해 등 직무능력을 검증하는 면접이 20분 동안 진행된다.

2 서울시

7급 면접시간은 105분 내외이고 8·9급 면접시간은 40분 내외이다. 서울시 7급 면접은 집단 토론 55분, 주제발표 25분, 개별면접 25분으로 구성되며, 9급 면접은 5분 스피치 20분, 개별 면접 20분으로 구성된다. 서울시는 인성시험이 면접 전에 실시된다(자세한 내용은 세부내용에 후술되어 있음).

3 면접장소

1 국가직: 양재동 aT센터

2 서울시: 서울특별시 인재개발원

4 면접자 구성

1 국가직

면접위원에 위촉되는 사람들은 그 방면에 전문적인 지식을 갖거나 실무에 정통한 사람으로 구성되도록 '공무원임용시험령'에 규정되어 있다. 따라서 면접위원으로 위촉되는 사람들은 공무원과 민간인 모두 포함된다. 통상 국가직 9급은 5급(또는 4급), 7급의 경우는 4급(또는 3급) 공무원들이 면접관으로 위촉된다.

2 서울시

서울시의 경우 면접위원은 내부인사 1명(4급 서울시 공무원)과 교수 및 민간 전문가 등 외부인사 2명, 총 3명으로 구성된다.

5 면접진행: 대기시간, 면접 전까지 순서

1 국가직

① 면접 장소에 도착하면 우선은 응시자 대기장으로 이동한다. 응시자는 면접당일 응시표와 신 분증, 검정볼펜을 지참하여야 한다. 응시자 대기장에서 본인의 이름을 확인한 후, 응시자 대기장에 비치된 명찰을 왼쪽 가슴에 착용하고 지정된 좌석에 착석하여 대기한다.

② 응시자 대기장 문이 닫히면 면접 전반에 대한 교육이 시작된다. 면접 진행 순서와 유의사항이 전달되고, 채용후보자 등록에 대한 간단한 설명도 이어진다. 이후 20분 동안 면접시험 평정표 3매와 자기기술서(구, 사전조사서)를 작성한다.

2 서울시

① 서울시 면접시험은 서울시 인재개발원에서 진행되는데 인재개발원에 도착하면 배움관으로 이동

☑ 남부터미널역에서 셔틀버스 운행, 도보로 20분 정도 소요

② 배움관 내 대강당에서 대기를 하는데 강당 밖 진행요원들이 피면접자들의 출석을 체크하고 휴대폰을 수거

③ 각 조별로 같은 순서의 피면접자들이 면접장으로 이동(예를 들어 전체가 10개 조이고 각 조에 10명씩 배정이 되면 각 조의 1번 10명이 처음에 이동하게 됨)

꼭 기억합시다!: PT 작성 전 주의사항은 끝까지 확인하기

PT 작성 시 제목을 쓰지 말고 작성을 시작하라는 지시사항이 있다. 예를 들어 제목을 쓰고 PT를 완성했다면 이를 수정하고 대목차로 바꾸어주는 것이 필요하다. PT용지가 지저분하게 보일 수 있기 때문에 주의가 필요하다.

PT 주제

"원전 하나 줄이기에 대한 나의 입장과 생활 속 에너지 줄일 수 있는 방법" "성매매사범 처벌에 대한 견해" 등

6 면접평정요소

1 국가직

① 평정표는 개인당 3부가 배부되고, 면접장으로 이동 시 면접자가 직접 가지고 들어간다.

② 면접시험의 평가요소는 ㉠ 소통·공감, ㉡ 헌신·열정, ㉢ 창의·혁신, ㉣ 윤리·책임 등으로 '공무원임용시험령' 제5조 제3항에 규정되어 있다. 면접시험에서는 당해 직무수행에 필요한 능력 및 적격성을 검정하며, 평정요소마다 각각 상, 중, 하로 평정하나 각 평정요소별로 배점이 있는 것은 아니다.

③ 면접시험 평정결과 위원의 과반수가 평정요소 4개 중 2개 항목 이상을 "하"로 평정하였거나, 위원의 과반수가 어느 하나의 동일한 평정요소에 대하여 "하"로 평정한 때에는 불합격으로 처리된다.

2 서울시

평정표는 개인당 3부가 배부되고, 면접장으로 이동 시 국가직과 다르게 면접진행요원이 가지고 가게 된다. 따라서 지원자는 평정표 3부 각각의 '본인은 우측응시자와 동일인임을 서약합니다.' 부분만 쓰면 된다.

3 대구·경북 등

① 자기 기술서 15분

② 대구: 2년 전부터 자기기술서 작성 및 30분 가량의 집단토의 도입 (집단토의에서 대구의 지역현안 위주의 상당한 수준의 주제 출제) 경북: 집단토의 도입, 다양한 시사이슈와 지역현안의 질문 전개

③ 15~20분 정도의 개별면접

| 참고 | **국가직 공무원 임용 면접시험 평정표(양식)** |

○○년도 국가공무원 9급 공채 면접시험 평정표(2024년 면접 평정기준 전면 개정)

필적감정용란	기재란	(예시문) : 본인은(응시자 성명)임을 확인함	직 렬(류)	행정직(일반행정 전국 : 일반)
		본인필적 : 본인은 홍길동임을 확인 함	응시번호	60000001
			성 명	홍길동
			생년월일	0416
			자필성명	홍길동

평정요소	평가기법 (면접방식)		위원평정		
	5분 발표	경험·상황면접	상	중	하
▲ 소통·공감: 국민 등과 소통하고 공감하는 능력 - 국민 또는 행정 현장의 애로와 각종 수요에 대해 존중하는 마음으로 경청하고 상대방의 입장을 정확히 이해하려고 노력하며, 자신의 생각과 의견을 명확하게 전달하고 협력적인 태도로 이해관계를 조정함	○	◎	○	○	○
▲ 헌신·열정: 국가에 대한 헌신과 직무에 대한 열정적인 태도 - 자신의 이해관계보다는 소속 부서와 소속 부처 나아가 국가적 이해관계를 우선적으로 고려하고, 자신의 업무에 대한 자부심을 바탕으로 업무의 성과와 질을 높이기 위해 적극적으로 노력함	○	◎	○	○	○
▲ 창의·혁신: 창의성과 혁신을 이끄는 능력 - 다양한 관점으로 현상을 분석하고 새로운 시각으로 대안을 제시하며, 이를 실행하기 위한 계획을 우선순위를 정하여 추진함	○	◎	○	○	○
▲ 윤리·책임: 공무원으로서의 윤리의식과 책임성 - 국민에 대한 봉사자로서 공무원이 갖추어야 할 윤리를 확립하고, 헌법과 법령을 준수하며 맡은 업무를 완성도 있게 수행함	◎	○	○	○	○
계			①②③④⑤⑥	①②③④⑤⑥	①②③④⑤⑥
비고 :					서명란
	면접위원	성 명		서 명	

시험위원 유의사항
- 우수 : 위원의 과반수가 4개 평정요소 모두를 "상"으로 평정한 경우
- 미흡 : 위원의 과반수가 4개 평정요소 중 2개 항목 이상을 "하"로 평정한 경우와, 위원의 과반수가 어느 하나의 동일 평정요소에 대하여 "하"로 평정한 경우
- 보통 : "우수"와 "미흡" 외의 경우

※ ◎ : 주평가기법, ○ : 부평가기법

1 국가직 9급

1 국가직 면접진행절차 (9급)

응시자 교육/ 각종 서식 작성	▶출석 확인 및 면접시험 응시요령 교육 ▶개별면접과제 작성(20분) ▶면접시험 평정표(2매) 작성(예시 참조)	응시자 대기장
▼		
5분발표 과제 검토	▶조별 응시순서에 따라 별도장소에서 5분발표 과제 검토(10분)	발표문 검토장
▼		
신분 확인	▶시험관리관에게 응시표와 신분증을 제출한 후 본인 여부 확인	면접장
▼		
입실	▶면접시험 평정표를 본인기준 오른쪽 면접위원에게 제출한 뒤 착석	면접실
▼		
면접	▶총 40분 이내 : 5분발표(10분 내외) + 경험·상황 개별면접(20분 내외)	면접실

2 면접방법 안내

① 개별면접과제 작성(20분)
② 5분발표 과제 검토 및 면접 실시(50분)

발표문 검토장	면접실
5분발표 과제 검토 (10분)	5분발표 + 개별면접 (40분)

▶ 5분발표 과제 검토(10분)
  - 각 조별 응시순서에 따라 발표문 검토장에서 제시된 관련 과제 검토
▶ 본인 여부 확인
  - 해당 면접조 담당 시험관리관에게 응시표 및 신분증 제출
▶ 면접시험 평정표 제출
  - 면접실에 입실하면 면접시험 평정표를 오른쪽에 있는 면접위원에게 제출한 뒤, 본인 좌석에 착석
▶ 5분발표 및 개별면접(30분)
  - 5분발표 : 5분발표(5분 내외) 및 후속 질의·응답(5분 내외)
  - 개별면접 : 5분발표에 이어서 바로 개별면접 실시(약 20분 내외)
    • 개별면접과제 작성 용지에 작성한 내용과 관련한 질의·응답
    • 공무원임용시험령에서 규정한 4개 평정요소별로 평가

3 기타 주의사항

- '개별면접과제' 및 '5분발표 과제' 등 작성·검토 시 미리 준비한 자료는 참고할 수 없습니다.
- 개별면접과제, 5분발표 과제 등 일체의 시험자료는 외부 반출이 금지되므로 면접종료 후 시험관리관에게 반드시 반납하시기 바랍니다.
- 면접이 끝난 응시자는 설문작성장으로 이동하여 설문자료를 작성한 후 귀가합니다.
  - ☑ 공정한 면접진행을 위해 오전 응시자는 본인의 면접이 종료된 후에도 해당 면접일의 모든 오전 응시자가 면접이 끝날 때까지 지정된 장소에서 대기하여야 합니다.
  - ☑ 귀가 시 응시자 대기장 재출입 및 대기 중인 응시자와 접촉 금지
- 응시자 이외에는 면접시험장 내에 출입할 수 없으며, 입장 후부터 면접이 끝날 때까지 **외부 출입 및 흡연을 금합니다.**
- 응시자 교육시간에 전자·통신기기를 수거한 후부터 면접이 끝날 때까지 **통신, 계산, 또는 검색 기능이 있는 일체의 전자기기**(휴대전화, 태블릿PC, 스마트워치, 스마트밴드, 이어폰, **전자 담배, 전자계산기, 전자사전,** MP3 플레이어 등)를 **소지할 수 없으며**, 이를 위반할 경우에는 부정행위자로 처리됩니다.
- 면접복장은 격식을 차린 옷차림보다는 본인의 역량을 편하게 발휘할 수 있는 단정한 "평상복 옷차림"을 권장합니다.

4 면접 관련 참고사항

- 공정하고 엄정한 면접시험 집행
  - 면접위원의 선입견을 배제하기 위해 2005년부터 응시원서에서 학력란을 폐지하였으며, 응시자의 필기시험 성적을 면접위원에게 제공하지 않습니다.
  - 또한 면접위원 선정(시험출제과)과 면접시험 시행(공개채용1과)을 독립·분리하여 운영하고 있으며, 엄선된 면접위원 명단은 면접당일까지 외부와 일체 격리된 국가고시센터에서 대외비에 준하여 관리하다가 면접당일에 면접시험장소로 인계되며,
  - 면접시험 시행부서 통제 하에 면접위원을 무작위 추첨하여 각 면접조에 배정합니다.
  - 면접조가 최종 확정된 후에도 면접위원과 응시자들에게 각 제척·기피·회피 사유 해당 여부를 확인하고 있으며, 면접시험장에서도 응시자와 면접위원이 접촉할 수 없도록 철저히 통제하여 공정한 시험진행을 위해 노력하고 있습니다.
- 최종 합격자 결정 기준
  - 면접위원 2명의 평가내용을 종합한 면접시험 평정결과(판정등급)와 필기시험 성적에 따라 최종 합격자 결정

최종 합격자 결정 : 공무원임용시험령 제25조 제5항
• (우수) 필기시험 성적순위에 관계없이 '합격' • (보통) "우수" 등급을 받은 응시자 수를 포함하여 선발예정인원에 달할 때까지 필기시험 성적순으로 '합격' • (미흡) 필기시험 성적순위에 관계없이 '불합격'

- 추가 면접 실시
  - 공무원임용시험령 제25조 제4항에 따라 아래의 요건에 해당하는 경우 추가 면접시험(심층면접) 실시

• "우수" 등급을 받은 응시자의 수가 선발예정인원을 초과하는 경우 • "미흡" 등급을 받은 응시자의 수가 탈락예정인원을 초과하는 경우

5 경험면접(전직렬 동일하게 출제함)

경험면접은 임용 이후 근무하고 싶은 부처(기관)와 담당하고 싶은 직무(정책)에 대해 기술하고, 응시 분야 관련 이해도와 교과목 수강(전문도서·자기학습 등 포함), 각종 활동 등 해당 분야의 직무수행 능력 및 전문성 함양을 위해 평소 준비한 노력과 경험 등을 평가(응시자 대기장에서 20분간 작성함)

2 국가직 7급

1 국가직 면접진행절차(7급)

(오전) 응시자 교육 및 각종 서식 작성	▶ 출석 확인 및 면접시험 응시요령 교육 ▶ 개별면접과제 작성(20분) ▶ 면접시험 평정표(3매) 작성(5p 예시 1 참조)	응시자 대기장

▼

(오전) 집단 토의면접	▶ 토의과제 검토·작성(10분) ▶ 집단토의면접 실시(50분)	면접실

▼

중식시간	▶ 응시자대기장에서 점심식사	응시자 대기장

▼

(오후) 개인발표 및 개별면접	▶ 각 조별 응시순서에 따라 개인발표문(4매) 검토·작성(30분)	발표문 작성장
	▶ 시험관리관에게 응시표와 신분증을 제출한 후 본인 여부 확인	면접장
	▶ 개인발표문(3매), 면접시험 평정표(3매)를 본인 기준 중앙 면접위원에게 제출한 뒤, 좌석에 착석	면접실
	▶ 개인발표(15분 내외) + 개별면접(25분 내외): 40분	면접실

2 면접방법 안내

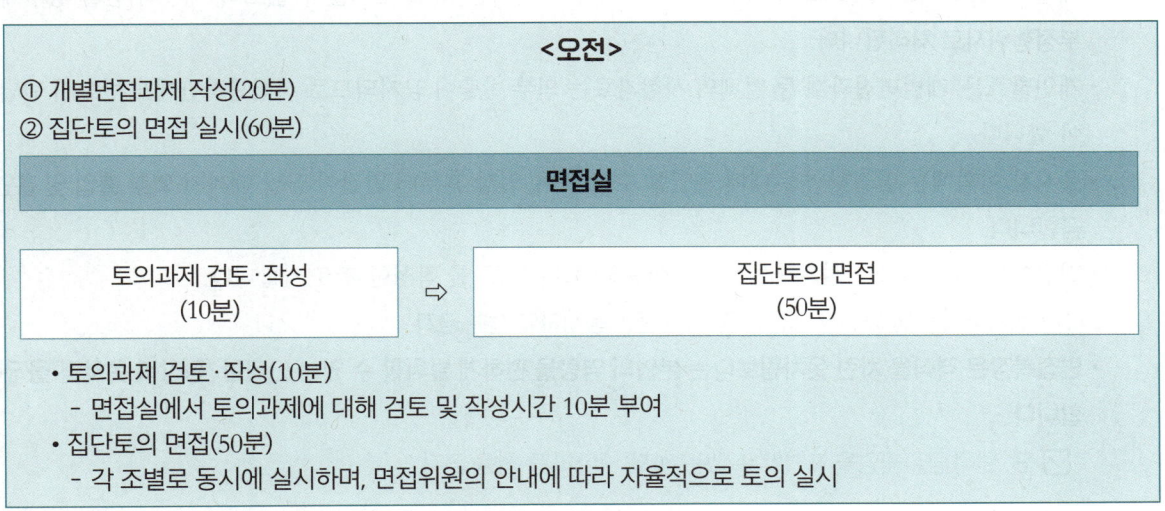

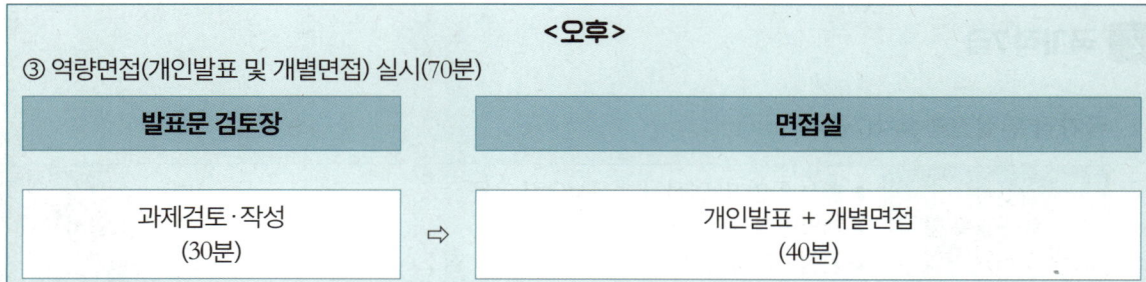

<오후>

③ 역량면접(개인발표 및 개별면접) 실시(70분)

발표문 검토장	면접실
과제검토·작성 (30분) ⇨	개인발표 + 개별면접 (40분)

- 개인발표문 검토·작성(30분)
  - 각 조별 응시순서에 따라 발표문 작성장에서 제시된 관련 과제 검토 후 개인발표문 (6p 예시 2 참조) 작성
- 본인 여부 확인
  - 해당 면접조 담당 시험관리관에게 응시표 및 신분증 제출
- 개인발표문 및 평정표 제출
  - 면접실에 입실하면 개인발표문, 면접시험 평정표를 중앙에 있는 면접위원에게 제출한 뒤, 본인 좌석에 착석
  - * 개인발표문 원본은 본인이 소지하고 발표에 활용
- 개인발표 및 개별면접(총 40분)
  - 개인발표 : 개인발표(약 8분 내외) 및 후속 질의·응답(약 7분 내외)
  - 개별면접 : 개인발표에 이어서 바로 개별면접 실시(약 25분 내외)
  - * 개인발표문, 개별면접과제 작성 용지에 작성한 내용과 관련한 질의·응답
  - * 공무원임용시험령에서 규정한 4개 평정요소별로 평가

3 기타 주의사항

- '개인발표문' 및 '개별면접과제' 등은 미리 준비한 자료를 참고하여 작성·검토할 수 없습니다.
- 응시자 교육시간에 전자·통신기기를 수거한 후부터 면접이 끝날 때까지 **일체의 전자·통신 기기**(휴대전화, 태블릿PC, 스마트시계, 스마트밴드, MP3플레이어, 이어폰 등)를 **소지할 수 없으며**, 이를 위반할 경우에는 **부정행위자로 처리**됩니다.
- 개인발표문, 개별면접과제 등 일체의 시험자료는 외부 반출이 금지되므로 시험관리관에게 반드시 반납해야 합니다.
- 응시자 이외에는 면접시험장 내에 출입할 수 없으며, 입장 후부터 면접이 끝날 때까지 **외부 출입 및 흡연을 금**합니다.
- 면접이 끝난 응시자는 설문작성장으로 이동하여 설문자료를 작성한 후 귀가합니다.
  - ☑ 귀가 시 응시자대기장 재출입 및 대기 중인 응시자와 접촉 금지
- 면접복장은 격식을 차린 옷차림보다는 본인의 역량을 편하게 발휘할 수 있는 단정한 "평상복 옷차림"을 권장합니다.
  - ☑ 단, 현직 공무원임을 표시할 수 있는 배지, 넥타이 등 착용 금지

4 면접 관련 참고사항

- **공정하고 엄정한 면접시험 집행**
  - 면접위원의 선입견을 배제하기 위해 2005년부터 응시원서에서 학력란을 폐지하였고 응시자의 필기시험 성적을 면접위원에게 제공하지 않습니다.
  - 또한 면접위원 선정(시험출제과)과 면접시험 시행(공개채용1과)을 독립·분리하여 운영하고 있으며,
  - 엄선된 면접위원 명단은 면접 당일까지 외부와 일체 격리된 국가고시센터에서 대외비에 준하여 관리하다가 면접 당일에 면접시험장소로 인계되며,
  - 면접시험 시행부서 통제 하에 면접위원을 무작위 추첨하여 각 면접조에 배정합니다.
  - 면접조가 최종 확정된 후에도 면접위원과 응시자들에게 각 제척·기피·회피 사유 해당 여부를 확인하고 있으며, 면접시험장에서도 응시자와 면접위원이 접촉할 수 없도록 철저히 통제하여 공정한 시험 진행을 위해 노력하고 있습니다.
- **최종 합격자 결정 기준**
  - 면접위원 3명의 평가내용을 종합한 면접시험 평정결과(판정등급)와 필기시험 성적에 따라 최종 합격자 결정

최종 합격자 결정: 공무원임용시험령 제25조 제5항
• (우수) 필기시험 성적순위에 관계없이 '합격' • (보통) "우수" 등급을 받은 응시자 수를 포함하여 선발예정인원에 달할 때까지 필기시험 성적순으로 '합격' • (미흡) 필기시험 성적순위에 관계없이 '불합격'

- **추가 면접 실시**
  - 공무원임용시험령 제25조 제4항에 따라 아래의 요건에 해당하는 경우 추가 면접시험(심층면접) 실시

• "우수" 등급을 받은 응시자의 수가 선발예정인원을 초과하는 경우 • "미흡" 등급을 받은 응시자의 수가 탈락예정인원을 초과하는 경우

○○년도 국가공무원 7급 공채 면접시험 평정표(2024년 면접 평정기준 전면 개정)

필적감정용란	기재란	(예시문) : 본인은(응시자 성명)임을 확인함	직 렬(류)	행정직(일반행정 전국 : 일반)
		본인필적 : 본인은 홍길동임을 확인 함	응시번호	40000001
			성 명	홍길동
			생년월일	0701
			자필성명	홍길동

평 정 요 소	평가기법 (면접방식)		위원평정		
	5분 발표	경험·상황면접	상	중	하
▲ 소통·공감 : 국민 등과 소통하고 공감하는 능력 - 국민 또는 행정 현장의 애로와 각종 수요에 대해 존중하는 마음으로 경청하고 상대방의 입장을 정확히 이해하려고 노력하며, 자신의 생각과 의견을 명확하게 전달하고 협력적인 태도로 이해관계를 조정함	○	◎	○	○	○
▲ 헌신·열정 : 국가에 대한 헌신과 직무에 대한 열정적인 태도 - 자신의 이해관계보다는 소속 부서와 소속 부처 나아가 국가적 이해관계를 우선적으로 고려하고, 자신의 업무에 대한 자부심을 바탕으로 업무의 성과와 질을 높이기 위해 적극적으로 노력함	○	◎	○	○	○
▲ 창의·혁신 : 창의성과 혁신을 이끄는 능력 - 다양한 관점으로 현상을 분석하고 새로운 시각으로 대안을 제시하며, 이를 실행하기 위한 계획을 우선순위를 정하여 추진함	○	◎	○	○	○
▲ 윤리·책임 : 공무원으로서의 윤리의식과 책임성 - 국민에 대한 봉사자로서 공무원이 갖추어야 할 윤리를 확립하고, 헌법과 법령을 준수하며 맡은 업무를 완성도있게 수행함	◎	○	○	○	○
계			① ② ③ ④ ⑤ ⑥	① ② ③ ④ ⑤ ⑥	① ② ③ ④ ⑤ ⑥
비고 :					서명란
1조	면접위원	성 명		서 명	

시험위원 유의사항

• 우수 : 위원의 과반수가 4개 평정요소 모두를 "상"으로 평정한 경우
• 미흡 : 위원의 과반수가 4개 평정요소 중 2개 항목 이상을 "하"로 평정한 경우와, 위원의 과반수가 어느 하나의 동일 평정요소에 대하여 "하"로 평정한 경우
• 보통 : "우수"와 "미흡" 외의 경우

※ ◎ : 주평가기법, ○ : 부평가기법

개인발표내용(작성용지)	성 명	김 X X
	면 접 조	X조

3 **서울시**

❙ 서울시

1 **면접진행 절차(7급)**

① 토론면접(총 55분)

- 조별로 토론면접장으로 이동하여, 시험당일 제시되는 과제 검토(10분)
- 응시생 간 상호 자유 토론(45분)
- 면접이 종료되면 시험관리요원에게 토론 과제문 원본 반납

  ☑ 장애인 구분모집은 토론면접을 시행하지 않고 바로 주제발표 및 개별면접으로 진행됨

② 주제발표 및 개별면접(총 50분)

- 면접순서에 따라 응시자별로 자료작성실로 이동, 시험당일 제시되는 주제발표 과제문 검토 및 작성(20분)
- 해당 면접조 담당 시험관리요원에게 응시표, 신분증을 제출하고 본인임을 확인받음
- 면접실에 입실하면 면접시험 평정표(3매), 주제발표문(사본 3매)을 중앙에 있는 면접위원에게 제출한 뒤, 본인 좌석에 착석

  ☑ 개인발표문 원본은 본인이 소지하고 발표에 활용

    - 주제발표(10분 내외): 5분 이내 발표 후 후속 질의
    - 개별면접(약 20분): 4개 평정요소와 관련된 질문·답변
- 면접이 종료되면 시험관리요원에게 주제발표문 원본을 반납하고, 응시표와 신분증, 휴대전화를 수령하여 귀가

2 **면접진행 절차(9급)**

① 5분 스피치 및 개별면접(총 40분)

- 면면접순서에 따라 응시자별 자료검토실로 이동, 시험당일 제시되는 질문지 검토(15분)

  ☑ 발표자료 작성은 별도로 없으며, 필요한 경우 질문지 여백을 활용하여 메모
- 면면접조 시험관리요원에게 신분증, 면접시험 응시표를 제출하고 본인여부 확인
- 면면접실에 입실하면 면접시험 평정표(3매)를 중앙의 면접위원에게 제출한 뒤, 본인 좌석에 착석

  ☑ 5분 스피치 질문지는 본인이 소지하고 발표에 활용

    - 5분 스피치(5분): 5분 발표
    - 개별면접(약 20분): 4개 평정요소와 관련된 질문·답변
- 면접이 종료되면 시험관리요원에게 스피치 질문지 원본을 반납하고, 신분증과 응시표, 휴대전화를 수령하여 귀가

3 면접시 유의사항

① <u>모든 응시자는 지정 시험일에만 면접시험에 응시할 수 있음.</u>

- 개인별 면접시간은 면접진행 상황에 따라 변동될 수 있음.
- 면접시간 지참으로 인한 불이익은 응시자 본인의 책임이며, 면접시험 시작 이후에는 면접에 응시할 수 없음.
- 주제문 작성 또는 5분 스피치, 토론자료 검토시 개인자료를 보거나 참고하여 작성할 수 없음.
- 응시자 교육시부터 면접종료시까지 휴대전화·스마트시계 등 일체의 전자·통신기기 소지를 금함.
- 면접시험이 종료된 응시자는 응시자 대기장 출입 및 대기 중인 응시자와 접촉 금지
- 면접 중 시험장 외부출입 및 흡연을 금하며, 면접장 이탈 등 시험관리요원의 지시를 따르지 않는 경우 부정행위로 간주, 불이익을 받을 수 있음.
- 인성검사 결과는 면접위원에게 참고자료로 제공됨.
  - 나이, 학력, 필기성적 등의 자료는 면접위원에게 제공하지 않음.
- 시험장 내 주차공간이 부족하니 되도록 대중교통 이용하기 바람. (승용차 요일제 준수, 주차료 발생)
  - ☑ 셔틀버스 운행: 참고

4 기타 참고사항

① 면접시험 평정요소

- 『지방공무원임용령』 제44조(임용시험의 방법) 제3항의 평정요소
  - 소통·공감 / 헌신·열정 / 창의·혁신 / 윤리·책임

② 최종합격자 결정방법

- 면접시험 평정결과(판정등급)와 필기시험 성적 등에 따라 최종합격자 결정

- (우수) 필기시험 성적순위에 관계없이 '합격'
- (보통) 우수 등급을 받은 응시자 수를 포함하여 선발예정인원에 달할 때까지 필기시험 성적순으로 '합격'
- (미흡) 필기시험 성적순위에 관계없이 '불합격'

면접시험 평정표(2025년 면접 평정기준 전면 개정)

필기적감재정용란	【예시문】: 본인은 우측 응시자와 동일인임을 서약합니다.	직 렬(류)	
	본인필적 :	성 명	(한글)
			(한자)

응 시 번 호

⓪	⓪	⓪	⓪	⓪	⓪	⓪	⓪
①	①	①	①	①	①	①	①
②	②	②	②	②	②	②	②
③	③	③	③	③	③	③	③
④	④	④	④	④	④	④	④
⑤	⑤	⑤	⑤	⑤	⑤	⑤	⑤
⑥	⑥	⑥	⑥	⑥	⑥	⑥	⑥
⑦	⑦	⑦	⑦	⑦	⑦	⑦	⑦
⑧	⑧	⑧	⑧	⑧	⑧	⑧	⑧
⑨	⑨	⑨	⑨	⑨	⑨	⑨	⑨

주 민 등 록 번 호

평 정 요 소	위 원 평 정		
	상	중	하
가. 공무원으로서의 정신자세			
나. 전문지식과 그 응용능력			
다. 의사표현의 정확성과 논리성			
라. 예의·품행 및 성실성			
마. 창의력·의지력 및 발전가능성			
계	개	개	개
위 원 서 명	성명 (서명)		

타 위원이 "하"로 평정한 항목		판정	우 수	보 통	미 흡
			○	○	○
타 위원이 "하"로 평정한 항목의 개수		담 당 확 인			

□ 시험위원 유의사항
　1. (1) 우수: 위원의 과반수가 4개 평정요소 모두를 "상"으로 평정한 경우
　　　 (2) 미흡: 위원의 과반수가 4개 평정요소 중 2개 항목 이상을 "하"로 평정한 경우와 위원의 과반수가 어느 하나의 동일 평정요소에 대하여 "하"로 평정한 경우
　　　 (3) 보통: "우수"와 "미흡" 외의 경우
　2. 위원은 굵은 선 안의 "상", "중", "하" 해당란에 ○표로 평정하시고, 그 개수를 기재하십시오.

※ ⊙ : 주평가기법, ○ : 부평가기법

참고 **7급 주제발표 작성용지 예시**

| 7급 주제발표
(작성용지 예시) | 성 명 | |
| | 응시번호 | |

4 **경기도**

경기도 9급

1 **일시: 09:00 ~ 17:00**

☑ 면접시험 대상자는 08:30까지 시험장소(응시자 대기실)에 입실하여야 함.

2 **장소: 경기도청 인재채용팀 회의실(붙임1 장소 안내 참조)**

☑ 경기도 수원시 팔달구 효원로 1(매산로3가) 경기도청 인재채용동 3층

3 **대상: 19명(경기도에 응시하여 필기시험에 합격한 자 중 면접시험 등록을 마친 자)**

☑ 시·군에 응시하여 필기시험에 합격한 자는 해당 시·군별 홈페이지에서 별도 확인

4 **세부일정**

임용예정기관	시험시간	시험장소	대상인원	직렬·직급·직류·구분·인원
경기도	09 : 00 ~ 17 : 00	경기도청 인재채용팀 회의실	000	공고문 참조

5 **면접방법: 개별 역량면접**

① 면접시험 평정표 작성(예시 참조)

② 응시자 사전조사서 작성(면접당일 주어지는 질문에 대해 응시자의 경험, 사례, 의견 등을 1 장 이내로
   15분 정도 작성)

③ 개별 역량면접 실시(개별 질문·답변을 통해 역량 평가, 15~20분 정도)

☑ 인성검사 결과와 자원봉사활동 실적 및 리포트는 면접위원에게 참고자료로 제공(응시자 연령, 학력, 필기시험
   성적 등의 자료는 면접위원에게 제공하지 않음)

6 **최종합격자 결정방법(지방공무원 임용령 제50조의3)**

⇒ 면접시험 평정결과(판정등급)와 필기시험 성적에 따라 최종합격자 결정

면접시험 평정결과	최종합격자 결정
우수	필기시험 성적순위에 관계없이 '합격'
보통	"우수" 등급을 받은 응시자 수를 포함하여 선발예정인원에 달할 때까지 필기시험 성적순으로 '합격'
미흡	필기시험 성적순위에 관계없이 '불합격'

7 응시자 준수사항

① 본인에게 지정된 시험일시·장소에서만 면접시험에 응시할 수 있습니다.

② 응시자는 시험당일 응시표와 신분증(주민등록증, 운전면허증, 여권, 주민등록번호가 포함된
장애인등록증 중 하나), 필기구(흑색 볼펜), 수정테이프를 지참하여 출석하여야 합니다.

③ 면접시험장 입장 후 모든 면접이 종료될 때까지 일체의 통신기기(휴대전화, 스마트시계, MP3 플레이어,
이어폰 등) 및 전자기기(전자계산기, 전자수첩 등)를 소지할 수 없습니다.

  ☑ 응시자 교육 시 모든 전자·통신기기 수거 예정

④ 개인별 면접시간은 면접진행 상황에 따라 변동될 수 있습니다.

⑤ 면접시험 등록기간 이후에 '응시에 필요한 자격증'을 취득한 응시자는 면접시험일에 자격증 사본을
반드시 제출하여야 합니다.

⑥ 면접시험 평정결과(판정등급) 중 '우수' 또는 '미흡' 등급을 받은 응시자는 추가면접을 실시할 수 있으며,
추가면접 대상자는 개별(유선) 통보할 예정입니다.

⑦ 그밖의 사항은 경기도 인사과 인재채용팀(☎031-8008-4040)으로 문의하시기 바랍니다.

☑ 글씨는 응시자가 작성하는 부분임

○○년도 제1회 경기도 공개경쟁임용
면접시험 평정표

필기적감재정용란	(예시문): 본인은 우측응시자와 동일인임을 서약합니다.			직렬(류)	속기9급(속기)
	본인필적 : 본인은 우측응시자와 동일인임을 서약합니다.			응시번호	10010001
				성명	(한글) 홍길동
생년월일		년 0 6 월 2 5 일			(한자) 洪吉童

평 정 요 소	위 원 평 정		
	상	중	하
가. 공무원으로서의 정신자세			
나. 전문지식과 그 응용능력			
다. 의사표현의 정확성과 논리성			
라. 예의·품행 및 성실성			
마. 창의력·의지력 및 발전가능성			
계	개	개	개
위 원 서 명	성명　　　　　(서명)		

다른 위원이 "하"로 평정한 항목		판정	우 수	
			보 통	
다른 위원이 "하"로 평정한 항목의 개수			미 흡	
		담 당 확 인		

시험위원 유의사항
1. (1) 우수 : 위원의 과반수가 4개 평정요소 모두를 "상"으로 평정한 경우
   (2) 미흡 : 위원의 과반수가 4개 평정요소 중 2개 항목 이상을 "하"로 평정한 경우와 위원의 과반수가 어느 하나의 동일 평정요소에 대하여 "하"로 평정한 경우
   (3) 보통 : "우수"와 "미흡" 외의 경우
2. 위원은 굵은 선 안의 "상", "중", "하" 해당란에 ○표로 평정하시고, 그 개수를 기재하십시오.

※ ◎ : 주평가기법, ○ : 부평가기법

▎경기도 7급

1 면접시험 일시 및 장소 안내

① 응시자는 면접 시험일 오전 08:30까지 시험장(응시자대기실)으로 출석해야 합니다.

시험시간	시험장소 (응시자 대기실)	대상인원	임용 예정기관	응시대상 직렬·직류·인원
09:30 ~ 18:00	경기도 인재개발원 본관 4층 (413호)	00	경기도	행정7급(일반행정) 행정(장)7급(일반행정)
	경기도 인재개발원 본관 4층 (414호)	00	경기도	전산7급(전산) 7명, 녹지7급(산림자원) 7명, 환경7급(일반환경) 7명, 시설7급 (일반토목) 6명, 시설7급(건축) 4명

② 면접방법: 집단토론(오전) + 개별 역량면접(오후)

③ 면접시험 응시자 준수사항

ㄱ. 모든 응시자는 지정된 시험일·시험장에서만 면접시험에 응시할 수 있습니다.

ㄴ. 응시자는 시험당일 09:30까지 응시표와 신분증(주민등록증·운전면허증·여권·주민 등록번호가 포함된 장애인 등록증 중 1), 필기구(흑색 볼펜), 수정테이프를 지참하여 출석하여야 합니다.

ㄷ. 시험장 내에서는 흡연 할 수 없으며, 시설물을 훼손하지 않도록 주의해야 합니다.

ㄹ. 면접시험장 입장 후 모든 면접이 종료될 때까지 일체의 통신기기(휴대전화, 스마트시계, MP3 플레이어, 이어폰 등) 및 전자기기(전자계산기, 전자수첩 등)를 소지할 수 없습니다.

☑ 응시자 교육시 모든 전자·통신기기 수거 예정

ㅁ. 그밖의 문의사항은 경기도 인사과 인재채용팀(☎ 031-8008-4047)으로 문의하시기 바랍니다.

5 대구광역시

▎제1회 대구광역시 지방공무원 임용(9급)

1 출석시간 및 시험장소

① 응시자는 본인의 응시일정(오전 또는 오후)을 반드시 확인하시기 바랍니다.

② 응시자는 응시표, 신분증, 필기구(검정색 볼펜)를 지참하여 지정된 일시(오전 응시자는 07:30~08:00까지, 오후 응시자는 12:30~13:00까지)에 면접시험 장소의 "응시자 대기장"으로 출석하여야 합니다.

☑ 신분증: 주민등록증, 운전면허증, 여권, 주민등록번호가 포함된 장애인등록증(복지카드) 중 하나

☑ 인성검사에 불참한 응시자는 면접시험에 응시할 수 없으며 불합격 처리됨.

2 면접 진행 절차

① 응시자 교육 및 각종 서식 작성【오전 → 08:00부터 / 오후 → 13:00부터】
  - 출석 확인 및 세부응시요령 교육
  - 휴대폰 등 전자기기 제출(전자기기를 소지하다 적발되어 받는 불이익은 전적으로 응시자 본인에게 있음)
  - 면접시험 평정표(2매) 작성 (예시 참조)
  - 사전조사서예시2 참조 작성(주어진 주제에 대하여 개인별 작성)

② 그룹면접(집단토론) 실시【오전 → 09:00부터 / 오후 → 14:00부터】
  - 안내에 따라 응시표와 신분증을 제출하고 본인임을 확인받음
  - 본인 그룹 확인 및 토론과제 선정 후 그룹별(4~8명씩) 이동
  - 그룹별 토론은 30분 이내로 실시하며 면접위원은 2인 1조로 구성
    - 토론(약 30분): 개인별 토론(25분 이내), 마무리 및 결론발표(5분 이내)
    - 방법: 응시자 간 협의, 역할분담 등 자율적으로 진행, 면접위원 개입 최소
    - 주제: 시사 또는 직무관련 내용(토론 전 과제 검토시간 제공)

③ 개별역량면접 실시【오전 → 10:00부터 / 오후 → 15:00부터】
  - 안내에 따라 해당 면접조 담당 시험관리관에게 이동, 본인 확인
  - 면접시험실에 입실하여 본인 좌석에 착석
  - 면접위원은 2인 1조로 구성하며 개인별로 진행(20분)
    ☑ 지방공무원임용령상의 5개 면접평정 요소와 연계된 질문·답변 방식으로 진행
  - 면접 종료 후 귀가 (대기중인 응시자와는 접촉할 수 없음)

3 기타 주의사항

① 응시자는 본인의 지정된 시험일(시간)에서만 응시할 수 있으며, 반드시 지정된 일시에 해당
  면접시험장소의 "응시자 대기장"에 등록하여야 함.
② 정해진 시간 내에 등록하지 않을 경우, 면접시험에 응시할 의사가 없는 것으로 간주하여 불합격 처리함.
③ '사전조사서'는 자료를 보거나 참고하여 작성할 수 없음
④ 면접종료시까지 휴대폰 등 전자기기를 사용할 수 없으며, 외부출입과 흡연을 금함.
⑤ 면접시험은 필기시험 성적에 관계없이 우수, 보통, 미흡으로 결정함.
    ☑ '심층면접시험'이 필요한 경우 별도 개별 통지
⑥ 면접시험장(응시자 대기장)에서는 음료(물)가 제공되지 않으므로 개인별 준비
    ☑ 면접시간은 면접진행 과정에 따라 변경될 수 있음.

4 면접 관련 참고사항

① 공정하고 엄정한 면접시험 집행
- 면접위원의 선입견을 배제하기 위해 응시자의 필기시험 성적을 사전에 제공하지 않음.
- 면접시험 시행부서 통제하에 면접위원 명단 비공개
- 면접조가 최종 확정된 후에도 면접위원과 응시생들에게 각 제척·기피·회피사유 해당 여부를 확인하고 있으며, 면접시험장에서도 응시생과 면접위원이 접촉할 수 없도록 철저히 통제하여 사전담합 등 원천적으로 봉쇄함.

② 최종 합격자의 결정방법
- 면접시험 평정결과(판정등급)와 필기시험 성적에 따라 최종합격자 결정

최종 합격자 결정: 지방공무원임용령 제50조의3 제1항
• (우수) 필기시험 성적순위에 관계없이 '합격' • (보통) "우수" 등급을 받은 응시자 수를 포함하여 선발예정인원에 달할 때까지 필기시험 성적순으로 '합격' • (미흡) 필기시험 성적순위에 관계없이 '불합격'

③ 추가(심층면접) 실시: 지방공무원임용령 제50조의3 제2항에 따라 아래의 요건에 해당하는 경우 추가 면접시험(심층면접) 실시

• "우수" 등급을 받은 응시자의 수가 선발예정인원을 초과하는 경우 • "미흡" 등급을 받은 응시자의 수가 탈락예정인원을 초과하는 경우

○○년도 제1회 지방공무원

면접시험 평정표

필기적감재정용란	(예시문): 본인은 우측응시자와 동일인임을 서약합니다.									직렬(류)	
	본인필적:									응시번호	
										성명	(한글)
생년월일				년		월		일			(한자)

평 정 요 소	위 원 평 정		
	상	중	하
가. 공무원으로서의 정신자세			
나. 전문지식과 그 응용능력			
다. 의사표현의 정확성과 논리성			
라. 예의·품행 및 성실성			
마. 창의력·의지력 및 발전가능성			
계	개	개	개
위 원 서 명	성명	(서명)	

다른 위원이 "하"로 평정한 항목		판정	우 수	
			보 통	
다른 위원이 "하"로 평정한 항목의 개수			미 흡	
		담 당 확 인		

시험위원 유의사항

1.

(1) 우수: 위원의 과반수가 4개 평정요소 모두를 "상"으로 평정한 경우

(2) 미흡: 위원의 과반수가 4개 평정요소 중 2개 항목 이상을 "하"로 평정한 경우와 위원의 과반수가 어느 하나의 동일 평정요소에 대하여 "하"로 평정한 경우

(3) 보통: "우수"와 "미흡" 외의 경우

2. 위원은 굵은 선 안의 "상", "중", "하" 해당란에 ○표로 평정하시고, 그 개수를 기재하십시오.

※ ◎ : 주평가기법, ○ : 부평가기법

응시자 사전조사서(작성용지)

응시번호		성 명	

1.

2.

| 경북 9급

1 면접시험 유의사항

① 면접시험 대상자는 시험 당일 자기소개서 3부(A4 1매 분량으로 워드 작성 - 붙임 참조), 주민등록초본 1부(2023.8.22. 이후 발급분), 응시표, 신분증(주민등록증, 여권, 운전면허증, 장애인등록증 중 1개), 컴퓨터용 흑색사인펜을 지참하시기 바랍니다.

② 운전 직류 합격자에 한하여 응시자격(면허)증을 제출하며, <u>가산대상 자격증 사본은 제출하지 않음.</u>

③ 제출서류 확인 결과 응시원서 및 답안지 기재사항 등과 상이하거나, 허위증명, 자격 미확인 또는 미취득자로 판명될 경우 합격이 취소 또는 무효처리되며, 관련 법령에 따라 불이익을 받을 수 있습니다.

④ 면접시험 일정을 사전에 확인하여, 시험당일 <u>면접시작 1시간 전까지</u> 면접대기장소에 대기하시기 바랍니다(대상자 09:00까지 입실 완료).

⑤ 면접시험은 집단면접 후 개별면접을 실시합니다.

⑥ 면접 종료시까지 휴대전화기 등 전자기기를 사용할 수 없으며, 외부출입을 금지합니다.

⑦ 주차시설이 부족하므로, 가급적 대중교통을 이용하여 주시기 바랍니다.

면접시험 복장안내
• 응시자의 역량을 마음껏 발휘할 수 있는 편안한 면접분위기 조성을 위해 면접복장 자율화를 실시하오니, 정장을 착용하지 않아도 됩니다.

2 최종합격자의 결정방법

① 면접시험 평정결과와 필기시험 성적에 따라 최종합격자를 결정합니다.

최종 합격자 결정 : 「지방공무원임용령」 제50조의3 제3항
• (우수) 필기시험 성적순위에 관계없이 '합격' • (보통) "우수" 등급을 받은 응시자 수를 포함하여 선발예정인원에 달할 때까지 필기시험 성적순으로 '합격' • (미흡) 필기시험 성적순위에 관계없이 '불합격'

3 추가면접 실시

① 「지방공무원임용령」 제50조의3 제2항에 따라 아래의 요건에 해당하는 경우 면접시험 최종일로부터 15일 이내에 추가면접을 실시합니다.

• "우수" 등급을 받은 응시자의 수가 선발예정인원을 초과하는 경우 • "미흡" 등급을 받은 응시자의 수가 탈락예정인원을 초과하는 경우

② 면접시험 응시자 수가 선발예정인원에 미달하는 경우에는 미달된 인원의 150%의 범위에서 추가로 필기시험 합격자를 결정하여 별도의 면접시험을 실시할 수 있습니다.

③ 추가면접 시행 및 추가합격자 결정이 있는 경우는 별도 공고하고 개별 통보할 예정입니다.

응시직렬	
응시번호	

자기소개서

지원동기 및 각오	
성 장 과 정	
주요경력 및 특기사항	

○○○○년도.   .   .

작 성 자: (인)

☑ 분량은 A4용지 1매 이내(워드프로세서로 작성)이며, 글자 크기는 휴먼명조체 13P임.

☑ 학교명, 출생지, 부모직업 등 개인 신상을 직·간접적으로 파악할 수 있도록 기재할 경우 불이익(감점)을 받을 수 있습니다.

7 부산광역시

| 부산광역시 9급

1 면접시험 시행계획

① 시험시간: 10:00~18:00

② 면접대상: 1,803명

③ 시험장소: 부산광역시청 12층 국제회의장(소회의실 I, II)

④ 지 참 물: 응시표, 신분증, 필기구

2 면접시험 응시자 유의사항

① 필기시험 합격자 중 합격자 제출서류를 기간 내 제출하지 아니한 자는 면접시험에 응시할 수 없습니다.

② 면접시험 응시자는 시험일시 및 장소를 반드시 확인하여 응시표, 주민등록증 또는 공공기관이 발행한 신분증(여권, 운전면허증) 및 필기구를 지참하고 지정된 등록시간에 응시자 등록을 하여야 합니다.

③ 면접시험 등록장소: 부산광역시청 12층 국제회의장

☑ 등록시간 엄수: 오전조(09:00), 오후조(13:30)

- 면접시간 이후 등록자는 면접시험에 응시할 수 없습니다.

④ 면접시험장 내에서는 일체의 통신장비(휴대폰, 무선호출기, MP3 등)와 전산기기를 휴대할 수 없으니 유의하시기 바랍니다.

【○○년도 제1회 부산광역시 공무원임용시험 면접시험 자기소개서】

자기소개서

- 응시직렬:
- 응시번호:
- 성　　명:　　　　　　　　　　　　　　　　　(한자:　　　　　　　)

2○○○.　8.　　.

작성자　○　○　○　(서명)

작성요령

① 위 양식에 의거 자유롭게 기술

　　예시) 성장과정, 좌우명, 학교생활, 자원봉사 활동(구체적으로 기술), 자신의 장·단점, 지원동기 및 기타 사항(사실대로 기술하여야 함)

　　– 내용 중 졸업학교, 부모직업 등 신상사항을 명기할 수 없음.

② 분량은 A4용지 2매 이내로 하고, 워드프로세서를 사용하여 한글로 작성

③ 글자는 휴먼명조(또는 신명조) 12호, 줄간격 150%, 용지여백은 좌우 각각 20mm, 상 25mm, 하 10mm, 머리말·꼬리말은 각각 10mm로 지정

④ 자기소개서의 외곽 테두리(사각 박스형)는 표시하지 않습니다.

　　☑ 제출부수: 2부(스테플러 찍지 말 것, 필요시 클립 사용은 가능)

　　☑ 분량, 워드작성, 글자크기 등을 통일한 것은 모든 응시생들의 형평성을 고려한 사항입니다.

▍국회직 8급

1 면접시험 시행계획

① 면접시험 진행 안내

일정	소요시간	비고
자기기술서 작성	15분	2~3문항
집단토론 문제 검토	20분	1문항
집단토론	조별 면접인원수×5분 내외	
개별면접	20분 내외	

② 응시자 주의사항

응시자는 **시험 당일 지정된 시간까지** 신분증(주민등록증, 여권, 운전면허증 중 하나), 응시표를 지참하고 **지정된 장소**에 출석하여야 하며, 지정된 시간까지 출석하지 않을 경우 불이익을 받을 수 있습니다(국회의사당 본관 후문 면회실 통해 출입).

2 면접시험 서류제출

① 자기소개서 1부(전원)

붙임 양식에 따라 A4 2매 이내로 작성

② 취업지원대상자 등 증명서 1통(해당자에 한함)

「국가유공자 등 예우 및 지원에 관한 법률」 등에 따라 가산특전을 받은 자는 각 **지방보훈청 등에서 발급하는 취업지원대상자 등 증명서**를 제출하여야 합니다.

③ 지방인재 증빙서류(응시원서 접수 시 지방인재로 표기한 합격자에 한함)

붙임 양식에 따라 작성하고 지방인재임을 증빙할 수 있는 증명서 제출

㉠ 졸업증명서, 재학증명서 등

④ 장애인 증빙서류(장애인 구분모집 응시대상자 중 필기시험 합격자에 한함)

장애인복지카드(장애인등록증) 또는 장애인증명서, 국가유공자증

☑ 증명서는 발행기관의 관인 또는 직인이 찍혀 있는 경우에만 인정합니다(지방인재 증빙서류의 경우 출신학교의 인터넷 증명서 발급을 이용한 증명서도 제출 가능).

☑ 필기시험 합격자는 반드시 지정된 기일까지 해당 서류를 제출하시기 바랍니다. 만약, 제출기한 내에 서류를 제출하지 않는 경우 면접시험 포기(불응시)로 간주되며 추후 면접시험에 응시할 수 없습니다(지방인재 증빙서류의 경우 면접시험을 포기하더라도 제출해야 함). 또한 제출한 서류에 미비사항이 있는 경우 그 책임은 응시자 본인에게 있습니다.

자 기 소 개 서

- **•응시번호:**

- **•성   명:**

(내용)..

....

....

....

....

....

....

....

작 성 일: ○○년도.   .   .

작 성 자: ○   ○   ○ (서명)

1. 작성요령
   • 위 양식에 따라 자유롭게 기술(A4 2매 이내)

2. 편집양식
   • 위의 '(내용)' 부분을 삭제한 후 양식 변경 없이 그대로 작성함.

9 소방직 면접

| 소방공무원 시험 반영률 (7개정)

1 공채 기준

① 필기 50%

② 체력 25%

③ 면접 25%

2 경채 기준

① 필기 50%

② 체력 25%

③ 면접 25%

☑ 체력이 포함되는 분야는 동일하게 공채와 동일하게 적용

☑ 일부는 필기 75% 면접 25% 적용됨

3 종합적성인성검사는 공채 경채 공동적용 (면접시험 이전에 응시해야 함)

4 면접평정요소 (5개 항목)

① 문제해결 능력

② 의사소통 능력

③ 공직관

④ 협업능력

⑤ 침착성 및 책임성

5 면접절차

① 사전조사서 작성 (주어진양식에 작성 A4용지 1매)

② 발표면접 (3분 pt): 주제는 면접 당일 제시. 발표 3분, 질의 응답 7분

③ 인성면접: 개별면접 형식 15분 질의 응답

6 소방면접사전조사서 기출문제

① 소방공무원이 구비해야할 가장중용한 덕목을 제시하고 본인의 경험을 제시하시오?

② 공직자로서 청렴성이 중요한 이유?

③ 소방공무원 출동시 시민이 폭언이나 폭행한다면 어떻게 대처 할 것인가?

④ 화재현장에서 동료가 안전규칙을 무시하는 경우대응 방안?

⑤ 동료와 갈등 발생시 대응 방안?

⑥ 공정하지 못한 상황을 경험 했을 때 대응 방안?

7 소방면접 3분 스피치(pt) 기출문제

① 다중 이용 시설 사고 예방과 대응 방안 발표하시오?

② 전기차 수소차 화재 대응 방안?

③ 태풍 홍수 산불 등 자연 재난 시 대응방안?

④ 최근 소방 정책 중 개선이 필요한 정책은 ?

⑤ 드론 로봇을 활용한 재난 대응 방안은?

10 경찰 면접 (순경)

▌경찰공무원 시험 반영 비율

1 공채 기준 (개선안 2025년 1월 1일부터 시행)

① 필기 50%

② 체력 25%(체력 24%. 가산점 1%)

③ 면접 25%

2 면접 평정 요소(5가지 평정 요소)

① 상황판단, 문제해결 능력

② 의사소통 능력

③ 경찰 윤리의식(공정, 사명감, 청렴성)

④ 성실성, 책임성

⑤ 협업 역량

3 면접절차

① 사전 조사서 작성 (주어진 양식에 작성 A4용지 1매)

② 발표면접 (3분 pt): 주제는 면접 당일 제시. 발표 3분, 질의 응답 7분

③ 인성면접 : 개별 면접 형식 15분 질의 응답

☑ 집단 면접 폐지

4 경찰사전조사서 기출문제

① 경찰공무원이 갖추어야 할 직업윤리를 기술하시오?

② 조직 내 부정행위나 비윤리적인 상황 발견 시 대응방안을 기술하시오?

③ 대규모 집회 시 안전 확보 방안 기술하시오?

④ 동료와 갈등 시 해결 방안을 시술하시오?

⑤ 범죄 발생 현장에서 시민이 지시에 불응하는 경우 대응 방안을 기술하시오?

5 경찰공무원 면접 발표 기출문제 (3분 pt)

① 경찰공무원이 갖추어야 할 가장 중요한 덕목을 제시하고 본인의 경험을 기술하시오?

② 다중이용시설 범죄 대응방안 ?

③ 경찰공무원이 출동 시 주취자가 폭언이나 폭행한다면 어떻게 대처할 것인가?

④ 청소년 범죄예방과 경찰의 역할?

⑤ 교통사고 예방 및 안전관리 방안?

⑥ 사이버 범죄 대응 방안?

2 면접 콘텐츠 준비

1 면접 준비 정보 수집: 인터넷, 면접책자, 각 기관 홈페이지 등

1 국가직의 경우, 정부의 성향을 알 수 있도록 정책브리핑이라는 사이트를 이용한다. 여기에는 각 부처의 보도자료 및 정부 측 관련 기사들이 게재되어 있다. 한편 시사토론 등 각 방송사의 시사프로그램 관련 사이트들을 이용하면 최근 1년간의 방송 제목과 관련 기사를 찾을 수 있다. 다만 과도한 정치적인 사안을 피하고, 보수적이거나 진보적인 신문사의 기사들은 배제하는 것이 좋다.

2 서울시의 경우, 서울시 홈페이지를 통해 정보를 얻을 수 있다. 서울시 홈페이지를 살펴보면 각 분야별 정보가 실려 있고 여기서 지원 직렬별 정책사항을 확인할 수 있다. 신문으로는 서울시 및 공무원 관련 기사를 많이 다루는 서울신문을 활용하면 좋다. 7급 면접에서의 PT 자료 준비를 위해서는 국가직과 비슷하게 신문, 시사프로그램 등을 이용할 수 있다.

2 면접스터디 구성/참여

1 구성 및 참여 방법

① 포털사이트 카페를 이용하는 방법

필기시험 합격자 발표가 있으면 공무원 수험 준비 카페 등에서 면접스터디 결성 공지가 게시판에 게재되므로 이를 이용하면 스터디를 구성하거나 참여할 수 있다.

② 학원의 면접 특강을 이용하는 방법

2 면접스터디 효율성 제고 방법

조원들의 조화가 가장 중요하다고 생각한다. 나만 잘났다는 식의 태도는 스터디의 지속을 어렵게 한다. 또한 같은 스터디원끼리만 준비하게 되면 익숙해지고 긴장감이 사라진다. 따라서 면접 준비 후반부 기간에서는 다른 스터디원들과 조인트를 하여 긴장감을 유지하거나 환기시키는 것이 좋다(스터디원 및 본인은 시간이 흐를수록 크게 지치는 모습을 보인다. 그럴 때일수록 알람을 맞춰두고 55분 공부 5분 쉬는 시간 사이클을 확실하게 맞추자.).

3 면접스터디 장단점

① 장점

㉠ 머릿속의 생각을 다른 사람들 앞에서 논리정연하게 발표하는 것은 쉽지 않기에 면접스터디 연습을 통해 개인 발표력을 향상시킬 수 있다.

㉡ 면접 연습 시 면접 자세, 개인이 인식하지 못하는 잘못된 습관 등을 스터디 조원들의 조언을 통해 교정·개선할 수 있다.

㉢ 모의 면접을 통해 실전 대비를 할 수 있기 때문에 면접 당일 실수를 줄일 수 있다.

㉣ 정책, 시사 등은 혼자 정리하기에는 내용이 방대하고 어렵기 때문에 면접 스터디를 활용하여 구성원들이 분담하면 시간을 절약하여 효과적으로 정리할 수 있다.

㉤ 면접 구성원 각자가 알고 있는 정보가 다르므로 서로 정보 교환을 통해 자신이 모르는 부분을 보완할 수 있다.

② 단점

㉠ 운영 원칙이 없는 경우 자칫 친목모임으로 전락할 수 있다.

㉡ 스터디 방향이 잘못 설정된다면 스터디원 모두가 잘못된 방향으로 면접 준비를 할 수 있다.

1주/2주 차	현장 견학, 자료 조사 · 기출문제 분석 및 정답 완성
3주/4주 차	모의 면접 진행 (최소 마지막 주는 정장을 착용하고 실전 연습)

1 현장 견학

① 이동 거리를 분석하여 하루에 견학할 수 있는 곳을 최대한 많이 방문하는 것이 좋다.

② 2~3일 정도 답사 실시 계획을 잡고 하루 4~5곳을 다니면서 개선점이나 느낀 점 등을 토론하고 정리하자.

③ 현장 견학을 하면 체력 소모가 많기 때문에 현장 견학과 자료조사 및 기출문제 분석을 날짜별로 잘 배분하여 효율적으로 시간을 이용하자.

2 자료 조사

분담하여 조사한 후, 제도의 장·단점과 개선점에 대해 토론하여 정리한다.

3 기출문제 분석 및 정답 완성

① 기출문제를 많이 모으고 왜 그러한 문제를 질문하는지 생각하며 스터디원들이 모여 정답을 정리하는 과정이 필요하다.

② 사기업 면접이 아닌 공무원 면접이므로 공익을 중시하되 개인의 생활도 조화시킬 수 있는 답을 찾는 것이 중요하다.

3 면접 전문 강의 수강

1 수강의 장단점

① 장점

면접 준비에 대한 큰 방향을 알 수 있으며, 그에 따라 실패 위험이 줄어든다. 또한 면접 시 예의범절, 자세, 태도, 기타 주의사항들을 현장감 있게 배울 수 있다. 또한 PT 작성에 대한 요령이나 주의사항을 배우게 되고, 면접에 대해 축적된 자료를 바탕으로 가르침을 받게 되므로 믿음과 안정감이 생긴다. 스터디를 강의에서 짜 주므로, 자동적으로 스터디를 하게 됨은 큰 장점 중 하나이다. 면접 강의를 수강하려 할 때는 반드시 강사의 첨삭이 가능한 강의를 듣는 것이 좋다. 그래야 자신의 잘못된 습관을 알 수 있고, 실전 면접이 무엇인지 조금이라도 느끼게 되는 기회가 생긴다.

② 단점

시간에 대한 문제가 있다. 자신의 스케줄을 조정하기 힘들다. 물론 개인적으로 일정을 잘 짜서 학원 강의를 무리 없이 할 수 있다면 큰 문제는 되지 않는다.

2 효율적인 활용방법

면접 강사를 최대한 활용하는 것이 최선이다. 모르는 것이 있거나 확인하고 싶은 것 등이 생기면 고민하지 말고 강사를 찾아가 물어보자. 면접 강의가 끝났어도 그 후에 강사와 연락을 통해 면접에 대한 조언과 피드백을 받는 것이 좋다. 조금이라도 부족하거나 미진한 부분이 있다면 지체 없이 면접 강사를 찾아가 상담하자.

3 면접 당일 준비

1 복장: 남/여 구분

1 남성

① 헤어스타일

최대한 단정하고 깔끔한 헤어스타일이 좋다. 이발은 2~3일 전에는 해두는 것이 좋다.

② 양복 및 와이셔츠

면접 시 양복은 상하 동일한 색상으로 준비하되, 대체로 남색 또는 회색 계통이 무난하다. 와이셔츠는 흰색이나 옅은 푸른색이나 베이지색 등 산뜻한 느낌을 주는 것을 선호한다.

③ 넥타이

양복 및 와이셔츠 색상과 조화를 이루되, 화려한 색상과 무늬가 있는 것보다는 보색계통으로 무늬가 선명한 것이 무난하다.

④ 양말

양복 색과 비슷하거나 검은색이 좋다. 흰색과 같이 양복 색상과 어울리지 않는 양말을 신는다면 기본적인 면접 에티켓에서 벗어나게 된다.

⑤ 구두

면접관들의 시선을 끄는 색상보다는 검정색을 신는 것이 무난하다.

2 여성

① 헤어/메이크업

머리는 최대한 단정하게 올백 스타일로 정리하는 것이 좋다. 승무원들처럼 깔끔하고 단정한 이미지를 주는 것이 좋고, 짙은 색조 화장이나 스모키 화장은 피해야 한다.

② 정장

면접관은 대부분 5급 이상 중견 공무원들이고 공직사회가 조금은 보수적인 경향이 있는바, 치마 정장이 무난하다. 치마의 길이는 무릎 정도가 적당하다.

③ 블라우스

블라우스는 흰색이나 크림색 계열로 한다. 화려한 리본이나 지나친 장신구는 피하고, 깔끔 한 블라우스가 무난하다.

④ 구두

샌들이나 오픈토우(Open Toe) 스타일은 피하되, 검정색에 장식이 없는 구두가 단정해 보인다. 키에 따라 높이가 달라질 수 있으나, 지나치게 높은 구두는 불안정해 보이므로 피하는 것이 좋다.

⑤ 기타

스타킹은 살색 스타킹이 무난하다. 장신구(Accessary)는 피하는 것이 좋고, 만일 하더라도 작은 귀걸이 정도가 적당하다.

2 태도/말투

태도는 곧 예의이다. 예의 있는 태도를 가지자. 말투는 예를 들면, 공격적인 질문이 들어왔을 때 욱하여 따지 듯이 대답하거나 공격적인 어투로 답변을 하면 곤란하다. 표정은 예를 들면, 진정성을 보이는 것이 중요하다. 면접관의 눈을 피하거나 두려워하는 인상을 보이면 안 된다. 그렇다고 너무 면접관의 눈을 계속 응시하는 것은 건방진 인상을 줄 수 있으니 적절한 조절이 필요하다. 또한 당당한 태도가 중요하지만, 모르는 내용이나 잘 못 대답을 하고도 당당한 모습을 보이면 안 된다. 그럴 때는 잘못을 인정하고 죄송한 모습을 보이는 것이 자연스럽다.

💬 물론 미소 및 당당함 연습을 반복적으로 하다 보면 실전에서는 실수를 해도 미소를 지을 수 있고 당당한 표정을 지을 수 있다.(답습적 미소 짓기) 그렇다고 해도 합격하는 데에 큰 지장이 있지는 않은 듯하다. 그러니 실전에서 태도 부분을 실수했다고 해서 너무 낙담하지는 말자!

3 마음가짐

① 누구든 긴장을 하지만, 지나친 긴장은 자신감이 없거나 소심한 인상을 줄 수 있으므로 주의해야 한다.
② 가벼운 스트레칭이나 호흡을 통해 긴장을 풀고 면접실로 들어가는 것이 좋다.
③ 면접실에 들어가기에는 지금까지 자신이 공무원이 되기 위해 노력했던 시간들을 되새기면서, 최선을 다했다는 자신감을 가지고 면접에 임하겠다는 마음가짐이 갖는 것이 중요하다.

4 수험생의 경험

우황청심원액을 2일 전~당일 새벽에 하나씩 먹어도 긴장 엄청 됩니다. 심장 빼고는 온몸이 다 떨릴 거예요(혀도 떨리고 머리는 공황 상태에 빠질 거예요.). 그러니 연습으로 그런 공황상태를 압도하세요!! 머리로 생각해서 답변을 내는 게 아니라 압도적인 연습량으로 혀가 자동적으로 답변을 말할 수 있도록 하시면 됩니다! 질문은 교수님께서 강조하신 거에서 나오니까 그 부분을 수시로 연습할 것.

5 준비물: 신분증, 수험표(컬러), 수험표 케이스 등

1 신분증

신분증의 경우 본인확인을 위해 반드시 지참해야 한다. 신분증 종류는 주민등록증, 운전면허증, 여권 등이 있다. 단, 학생증은 신분증으로 인정되지 않으므로 주의를 요한다.

2 수험표 및 수험표 케이스

① 수험표의 경우 흑백출력을 해서 가지고 가도 감점요인은 아니지만, 컬러출력을 해서 코팅을 해간다면 사소한 부분까지 정성을 기울인다는 이미지를 면접관들에게 심어줄 수 있다. 실례로 면접에 수험표를 코팅해 가지고 간 한 수험생은 면접관으로부터 칭찬을 받았다고 한다.

② 반면 서울시 면접에서는 수험표를 코팅해 간 지원자를 면접관이 질책한 사례가 있다. 코팅한 종이는 다시 사용할 수 없으므로 재활용에 문제가 있고, 한번 쓰고 버리게 되므로 코팅지 사용으로 인한 환경오염을 야기하기 때문이라고 했다.

6 주의사항

면접장 도착은 면접 시간 1시간 전이 좋다. 일찍 도착하면 면접에 늦는 일도 발생하지 않고, 면접에 대해 차분하게 생각할 수 있는 시간을 가질 수 있다.

> **TIP**
>
> 의복은 최대한 "공무원 스타일처럼 할 것" - 즉 정장

4 면접장 행동요령

1 마음가짐: 심호흡, 자신감 부여

이제 면접장에 왔으면 더 이상 갈 곳은 없다고 생각하자. 이미 운명의 게임은 시작하여 취소할 수도 없는바, 오직 앞으로 가는 길밖에는 없다. 그리고 마인드 컨트롤을 통해서 "나는 최고다"라는 마음을 갖도록 하자. 나와 같이 면접을 보는 지원자들이 어떤지가 중요한 것이 아니라 지금 이 순간만큼은 나보다 나은 사람은 없다고 자신감을 갖는 것이 필요하다. 그만큼 열심히 연습했지 않은가!

2 면접장 입/퇴장 시: 인사, 예의 있는 행동

1 입장

사전에 면접진행자가 간단한 입실절차를 설명해주기도 하나, 별도의 공지사항이 없을 경우 다음과 같은 방법으로 입실하면 된다.
① 면접실의 문이 닫혀 있다면 가볍게 노크하고 "들어가도 좋습니까?"라고 한다.
② 면접실에 들어가면 조용히 문을 닫고,
③ 정면을 향해 30도 정도 가볍게 인사한다.
④ 평정표와 개인이 작성한 PT 용지를 중앙에 앉아있는 면접관에게 제출한다.
⑤ 피면접자 자리 우측에 서서 "응시번호 ○○번 ○○○입니다."라고 자신의 수험번호와 성명을 말한다.
⑥ 면접관이 "앉으세요."라고 말하면 가볍게 목례를 하면서 "감사합니다."라고 대답한 다음 자리에 앉는다.

> **TIP**
>
> aT센터 면접장의 경우, 공간 구성상 문이 없을 수도 있음.

2 퇴장

① 면접관이 "수고하셨습니다." 등으로 면접이 끝났음을 알리면 "경청해주셔서 감사합니다."라고 응답하고 정중히 인사한다.
② 면접실 문 근처로 가서 다시 한번 가볍게 목례를 한 뒤 퇴장한다.
③ 혹시 답변 시 실수를 했더라도 면접실을 나올 때까지 표정관리에 주의를 기울여야 한다.

> 😊 미소를 잃지 마라! 매일 3분씩 거울을 보고 미소 짓기 연습을 하라!

3 면접 시 착안사항
: 면접관과 의사전달 돌발질문대처, 압박면접 대응, 득점 포인트 파악, 면접주도권 잡기

면접관과 의사전달, 돌발질문대처, 압박면접 대응, 득점 포인트 파악, 면접주도권 잡기 면접관과의 의사전달을 위해서는 면접관과 아이컨택이 중요하다. 눈을 마주쳐야 그 사람의 말을 정확히 들을 수 있고 나의 말을 제대로 전달할 수 있다. 돌발질문에서는 답변이 떠오르지 않을 때는 "잠시 준비할 시간을 주시겠습니까?"라고 정중하게 양해를 구하고 답변내용을 생각할 시간을 만든 후 질문에 대답하라. 그래도 생각이 나지 않는다면 "제가 긴장하여 대답이 생각나지 않습니다. 차후에 정확하게 확인하도록 하겠습니다. 죄송합니다."라고 대답한다. 압박면접의 경우는 솔직한 대답이 중요하다. 압박면접을 행하는 이유는 피면접자의 대답에 진실성이 부족하거나 피면접자의 태도에 문제가 있기 때문이다. 면접관이 피면접자의 대답이 거짓말이라는 판단을 하면 이를 확인하기 위해 후속질문을 하는 것은 당연한 수순이고 피면접자에게는 이것이 강한 압박으로 다가온다. 득점 포인트 파악은 자신의 면접에 대한 면접자들의 반응을 기초로 면접 분위기를 파악하는 것이라고 보면 좋을 것이다. 자신에게 유리한 면접분위기를 유도하는 것은 면접의 주도권을 잡는 것과 직결되고 결국 높은 득점을 얻는 방법이다. 특히 공무원 평정표상의 평정요소를 염두에 두어 자신 있게 자신의 의견을 개진한다면 면접주도권 확보는 물론 좋은 점수를 얻을 수 있을 것이다.

4 위기상황 대처방법: 평정심 잃지 않기, 의연한 모습 보여주기, 예의바르면서 솔직하게 대응하기

면접 중 긴장하게 되면 평소에 잘 알고 있던 내용도 생각나지 않는 경우가 많다. 이럴 때는 당황 하지 않고 호흡을 가다듬으면서 면접관에게 "죄송한데 지금 너무 긴장해서 잘 생각이 나질 않습니다. 잠시 생각할 시간을 주시겠습니까?"라고 말하면서 정중하게 생각할 시간을 구한다. 아무 말도 하지 않고 침묵으로 일관할 경우 면접관이 다른 질문으로 넘어가거나, 기본적인 에티켓이 없다고 오해를 살 수 있으니 주의가 필요하다.

면접시험은 필기시험처럼 정답이 있는 것은 아니다. 다만 예상 Q&A를 만들어 실전연습을 통해 수험생이 가진 장점과 소신을 솔직 담백하게 풀어나간다면 면접위원들로부터 좋은 점수를 얻을 수 있다.

> **TIP**
>
> 실수를 유발하더라도 평정심 유지가 필요하다.

5 면접 질문 답변(20개) 요령

1 단답형으로 답하지 말 것

질문에 단답형으로 이야기해서 매번 면접관이 그렇게 생각하는 이유가 무엇인지 묻는 것은 좋지 않다. 질문에 대해 간결하게 답하되, 이유도 제시할 것

2 지나치게 큰 소리로 대답하거나, 작은 소리로 대답하는 것은 좋지 않다.

적당한 속도로 이야기할 것. 웃어른과 자연스럽게 대화한다고 생각하자. 웃어른과 대화하는 것이므로 예의를 지켜 공손하게 대답할 것

3 미소를 지으면서 밝은 모습을 유지할 것

고운 말씨나 웃는 모습은 좋은 인상을 남긴다.

4 두괄식으로 결론부터 이야기할 것

미괄식으로 이야기하다 보면 논점을 잃고 장황하게 이야기를 하게 될 가능성이 있다. 결론부터 명확하게 이야기할 것(결론-이유-예시 순으로 발언하면 된다.)

5 공직에 대한 견해를 묻는 질문

직업적 안정성, 철밥통의 이미지 등을 이야기하는 것은 좋지 않다. 공익을 추구하며 법과 절차, 규칙을 지키는 모습과 국민과 소통, 공감을 하려고 노력하는 모습이 매우 멋지다고 생각한다고 말하라.

6 모르는 질문에 대한 답변 요령

모르는 것은 솔직하게 인정하는 것이 좋다. 긴 시간 생각하다 면접관과 침묵이 계속되는 것은 좋지 않다. 아는 데까지는 최대한 이야기를 해보려는 모습을 보이는 것이 중요하다.

7 면접 당일 신문 헤드라인은 꼭 읽고 3가지 정도 요약해서 갈 것

많은 수험생들이 같은 기사 내용을 말할 경우 '그것 말고 다른 것을 말해 보시오, 읽은 내용 중 기억나는 것 3 가지를 말해 보시오' 등으로 질문할 수도 있음

8 정치적인 발언, 종교적인 이야기, 지역색을 드러내는 이야기 등은 하지 말 것

9 **"~은 해 보았나? ~은 들어본 적이 있는가? 주변에 ~가 있는가?"라는 질문**

"아니오. 없습니다."라고 대답하지 말 것. "~을 직접 해 보지는 못했지만, 들어본 적은 있습니다." 등으로 답할 것

> **질문)**
> 천만상상 오아시스에 의견을 제안해 본 적이 있는가?
>
> **안 좋은 답변)**
> 한 번도 의견을 제안해 본 적이 없습니다.
>
> **참고 답변 1)**
> 천만상상 오아시스에는 의견을 내 본 적은 없습니다만, 시민발언대에서 발언한 적은 있습니다. ~ (어떤 내용을 발언했는지 설명)
>
> **참고 답변 2)**
> 천만상상 오아시스에 제안한 적은 없지만, 홈페이지에서 다양한 의견이 올라온 것을 본 적이 있습니다. 시민들의 자유로운 의견을 담아내는 데 좋은 제도라 생각합니다.

10 **함정 면접**

① 면접 시작 전에 면접관에게 인사를 하기 전에, 면접관이 "앉으세요."라고 이야기해도 꼭 정식으로 인사를 하고 앉을 것

② 답변 중에 면접관이 쳐다보지도 않고, 자신의 말에 귀 기울이지 않는 등 무관심한 태도를 보일 수 있다. 지원자가 어떻게 이에 대처하는지를 살피기 위함이니, 주어진 질문에 성실하게 대답해야 한다. 그리고 "스읍" 한숨을 쉬시면서 고개를 절레절레하실 수도 있는데 이도 콘셉트일 가능성이 매우 높다. 침착하게 마음을 잡으라.

11 **압박 질문**

지원자에게 개인적으로 나쁜 감정이 있어 심리적 압박을 가하는 것이 아니다. 공무원은 많은 민원 업무를 처리해야 한다. 얼마나 침착하게 대응하는지를 알아보기 위함이니 끝까지 미소를 잃지 말자.

12 **"만약에 ~한다면 어떻게 하겠는가?"라는 질문에는 그 상황을 가정하고 답변할 것**

> **질문)**
> 만약에 서울시와 국가직 둘 다 합격하면 어떻게 할 것인가?
>
> **안 좋은 답변)**
> 저는 국가직만 합격했습니다. 그럴 일 없습니다.

13 자기소개는 꼭 준비해 가자.

보통 30초~1분의 시간이 주어지지만, 때에 따라 20초, 3분 정도의 시간이 주어지기도 하므로 여러 가지 경우를 대비해 각각 준비해 갈 것. 영문과는 영어로, 중문과는 중국어 등으로 자기 소개할 것을 요구받을 수 있음.

14 기존 정책을 비판하지 말 것

중립적인 의견이 좋다. (중립적인 의견이란? A라는 정책이 있으면 당신은 수업 시간에 그 정책의 현황 장단점 해결책 등을 미리 공부할 것이다. 그럼 당신은 "A라는 정책을 보면 어떤 현황이 있고 장단점은 무엇이 있습니다. 장점으로는 첫째 둘째 단점으로는 첫째 둘째가 있어서 이 정책의 시행에는 다소 일리가 있다고 생각합니다. 등으로 말하는 게 좋아 보인다. 정책의 특성을 말한 후 일리가 있다고 말하는 게 포인트다.)

15 병력이나, 결점을 유도하는 질문에 주의해야 한다.

> **질문)**
> 안색이 안 좋아 보인다. 혹시 아픈 데가 있는가?
>
> **안 좋은 답변)**
> 아닙니다. 아픈 곳 없습니다. 제가 긴장을 하여 그런 것 같습니다.
>
> **괜찮은 답변)**
> 제가 겉으로는 여려 보이지만 매일 1시간씩 꾸준히 운동을 하고 있기 때문에 내실은 아주 건강합니다!

16 면접관들 입장에서 생각하자.

지원자가 말끝을 흐리는 등의 이유로 잘 들리지 않을 때가 있다. 재차 질문을 해도 미소를 잃지 말고 예를 갖춰 대답할 것. 백 번 똑같은 것을 물어도 백 번 모두 성실히 대답한다는 마음가짐이 중요.

> **주의점)**
> 앞에 말씀드렸다시피~, 자기소개서에 썼다시피~ 등의 언급은 삼갈 것
>
> **실제 면접 질문)**
> 기혼이라 했는데, 앞으로 직장 생활을 어떻게 병행할 생각인가?
>
> **면접탈락자 사례답변)**
> 네? 아까 미혼이라고 말씀드렸는데요?
>
> **괜찮은 답변)**
> 질문을 너무 복잡하게 생각하지마라. 안 좋은 상황 + 미래 설계형 질문이다. 이런 건 안 좋은 상황이 별문제가 아니라는 점을 말하고 직장 생활은 가족과 직장에서의 소통을 통해서 조화를 이룰 수 있도록 노력하겠다고 하면 된다.

17 면접을 위해 자신이 특별히 준비했던 것, 가 보았던 곳, 남과는 다르게 경험했던 것 등을 이야기할 수 있는 틈새를 찾자. [두괄식 → 예시순서]

> **실제 면접 질문)**
> 체력이 약해 보인다. 야근도 많을 텐데 견뎌낼 수 있겠나?
>
> **합격자 사례답변)**
> 다른 사람들이 보기에 약해 보일지 모르지만, 저는 군대 시절 최전방 GOP 부대에서 근무했습니다. ~

18 곱고 바른 우리말을 사용하자: 지나친 외래어, 은어, 속어 등의 사용은 좋지 않다.

면접관은 지원자가 어떤 사람인지 파악하기 위해 비속어 사용에 대해 개의치 않는 태연한 모습을 보이거나 면접관이 직접 비속어로 맞대응하여 호응하는 경우도 있다. 지원자의 평소 모습을 알아보기 위한 유도이므로 주의할 것. 당신이 사용하는 언어는 당신의 품위를 나타낸다.

19 지나치게 똑똑한 인상을 풍기거나, 준비한 것이 너무 티가 나는 기계적인 말투, 획일적인 답변은 좋은 인상을 주지 못한다.

> **커트라인 합격생 답변)**
> 이 부분에 대해서는 본인도 굉장히 많은 지적을 받았습니다. 교수님, 학원 사람들, 스터디원, 가족, 친구 모두에게 너무 형식적이고 기계적이라는 말을 약 3주간 들었으나 몸, 목에 힘을 빼고 말하듯이 발음하면 충분히 해결할 수 있으니 참고 바랍니다.

20 부정적인 답변은 금물: 밝고 긍정적인 모습을 보일 것

> **질문)**
> 자신을 어떤 동물에 비유하고 싶나?
>
> **안 좋은 답변)**
> 평소에 행동이 느리기 때문에 거북이라는 별명이 있습니다.
>
> **참고 답변)**
> 어떤 일이든지 끝까지 꾹 참고 묵묵히 해내기 때문에 거북이라는 별명이 있습니다.

21 똑같은 말이라도 어떻게 표현하느냐에 따라 많은 차이가 난다. 늘 좋은 표현으로 가다듬는 연습을 할 것

'순도 99.9%'와 '불순물 0.1% 함유'는 같은 말이지만 느낌은 차이가 많이 난다. 당신이 마케팅 담당자라면 어떤 표현을 선택하겠는가?

22 헌법조문과 관련 법률의 명칭을 사용하여 답변할 것

평등권을 말할 때에는 헌법 제11조의 평등권에 의할 때라고 표현하도록 한다. 최저임금제를 말 할 때에는 최저임금제법에 의할 때 등으로 말하도록 한다.

CHAPTER 02 면접 준비 이론

1 국가직

1 개요

1 최근 면접 경향

면접이 점점 더 강화되는 추세이다. 완전한 블라인드 면접이다. 수험생의 성별, 나이 등을 면접 시작하기 전까지 알 수 없다. 또한 면접시험에서는 필기점수를 반영하지 않기 때문에 면접을 어떻게 보느냐가 최종합격을 결정한다고 볼 수 있다.

2 면접과정(개별면접 시간은 면접대상자에 따라 유동적임)

① 7급 면접

자기기술서 작성 (20분)	▶	집단토의면접(60분)	▶	역량면접(60분)
		• 토의과제검토(10분 별도부여) • 조별 토의(60분)		• PT 사전 작성(30분) • PT 발표(15분) + 질의·응답 (10~7분) • 개별면접(30~20분)

② 9급 면접

자기기술서 작성 (20분)	▶	공직가치 및 인성 평가(30분)	▶	직무능력 평가(20분)
		• 5분 스피치 준비(10분) 〈면접실 입장 후〉 • 5분 스피치 실시 및 후속질의 • 국가관·공직관·윤리관 및 인성 등 검증		• 직무분야별로 필요로 하는 직무 능력 검증 질문

TIP

자기기술서 작성 시부터 면접은 시작되는 것이다. 자기기술서는 최근경험 위주로 기술하라.

2   면접 준비 세부내용

1   자기기술서 작성

① 정의

자기기술서는 피면접자의 성향을 면접관이 파악하기 위해 면접 전에 피면접자가 작성하는 약간의 질문서.

② 목적

자기기술서는 면접관이 면접 전에 면접자에 대해 파악할 수 있는 유일한 자료이다. 따라서 면접관은 이 자료를 바탕으로 심도 있고 체계적인 질문을 할 수 있다. 자기기술서를 통한 질문 방식은 수험자의 과거 경험을 바탕으로 앞으로의 행동을 예측할 수 있고, 한정된 시간 내에 지원자의 성향을 파악하는 데 유용하다.

③ 준비방법

자기기술서 문제는 면접 준비책자의 기출문제나 예시문제를 참고하면 된다. 자기기술서 문제들은 매우 많은 것처럼 보이지만 문제의 성격이 비슷한 문제들이 많은 것이 특징이다. 따라서 키워드 별로 묶어서 문제의 성격을 분석하는 것이 바람직하다. 예를 들어 희생, 창의성, 도전, 타인의 오해, 개인적인 어려웠던 경험과 극복방법 등으로 문제 분야를 나눈다. 이에 대해 각 문제마다 2~4개 정도의 예상 답안을 준비한다. 예상 답변들은 대부분 자신의 경험을 바탕으로 만드는 것이 좋은데 개인 경험에 기초한 답변들이 면접관들의 관심과 설득력을 얻어내기 유리하다.

2   개인 프레젠테이션(PT)

① 목적

일반 면접을 통해 정확한 평가가 어려운 의사발표의 정확성과 논리성 및 기타 발전가능성 등을 종합적으로 평가할 수 있다. 특히 제한된 시간 내에 주어진 문제 또는 상황에 대한 해결 능력을 평가한다.

② 준비방법

ㄱ. 최근 시사 이슈, 각 부처별 중점 추진 과제 등을 선별하여 목차를 구성하는 연습을 한다.

ㄴ. 목차 구성요소

❶ 개요 / 추진배경 / 목적, ❷ 현황 / 문제점, ❸ 추진전략 / 해결방안 / 세부내용, ❹ 향후 계획 / 향후 추진 방향, (❺ 결론)

ㄷ. 후속질문 관련

PT지에 모든 내용을 담지 말 것(미포함 내용을 후속질문의 답변으로 활용하는 것이 좋다.), "❹ 향후 계획 / 향후 추진 방향"을 주로 답변으로 활용한다.

ㄹ. 전조 / 오후조로 나누어서 시간별 모의면접을 진행하는 것도 시간에 대한 실전감각을 익힐 수 있는 방법이다.

3 인성 및 전문지식 면접

① 개요

- 평정 요소별로 면접관이 개별면접을 진행하는데 인성의 경우 평정요소 중에서 공무원으로서의 정신자세, 의사발표의 정확성과 논리성, 예의·품행 및 성실성, 창의성·의지력 및 발전가능성을 측정한다. 전문지식은 평정요소 중에서 전문지식과 그 응용능력, 의사발표의 정확성과 논리성을 평가한다.

면접시험평정표상평정요소(2024면접평정기준전면개정)			
① 소통·공감	② 헌신·열정	③ 창의·혁신	④ 윤리·책임

- 면접 시 면접시험들의 진행에 맞춰서 면접에 임하는 것이 중요하다.

② 목적

ㄱ. 공무원으로서의 정신자세

피면접자의 공직자세, 국가관, 윤리관, 봉사정신, 사명감, 인생관 등을 측정하는 평정요소이다.

피면접자의 내면세계가 살펴볼 수 있는 항목으로 솔직하고 명확한 답변이 요구된다.

ㄴ. 전문지식과 그 응용능력, 의사발표의 정확성과 논리성

상황에 대처하는 순발력, 사회적으로 이슈가 되고 있는 시사내용, 사건 등에 대한 관심과 이해정도, 명석한 판단력 등을 측정하기 위한 평정요소이다. 따라서 사회적, 분야별 이슈에 대한 주관적인 생각보다는 객관화되고 보편타당한 해결책이나 중론을 제시하면서 자신의 의견을 정확하고 논리적으로 피력할 수 있어야 한다.

ㄷ. 창의력·의지력 및 발전가능성

면접을 통해 공무 수행시 개인의 의욕, 결단력 및 패기와 용기를 리더십, 협동성, 창의성 등을 토대로 평정한다.

ㄹ. 예의·품행 및 성실성

면접에 임하는 복장, 자세 및 질문에 대한 답변 태도를 평가하는 일반적인 평정요소로서 개인의 성격과 개성을 파악하여 공직에 적합한 인재상을 찾는다.

③ 준비방법

ㄱ. 인성

먼저 개인신변에 대한 내용(전공, 수험기간 등)에 대해 질문 후 자기기술서의 내용을 토대로 평정요소에 따라 질문이 이어지므로 개인적인 사항과 자기기술서 연습을 연결하여 연습을 하는 것이 필요하다.

ㄴ. 전문지식

필기시험을 준비하면서 공부한 내용을 중심으로 정리할 필요가 있다. 일반행정의 경우 행정학, 헌법, 행정법의 내용 중 중요한 핵심사항과 시사적인 내용을 선별하여 간략하게 정리하는 것이 좋다. 면접에서의 전문지식 질문으로는 항고소송의 종류, 경찰행정의 원칙, 제안제도의 의의 등의 기본적인 내용들이 출제가 되었다. 필기시험에 합격한 수험생들이라면 무난하게 대답할 수 있는 수준으로 긴장만 하지 않는다면 충분히 대답할 수 있을 것이다.

2 | 서울시

1 개요

1 최근 면접 경향

면접이 점점 더 강화되는 추세이다. 서울시 역시 국가직과 마찬가지로 완전한 블라인드 면접이다. 면접자는 수험생의 성별, 나이 등은 면접 시작 전까지 알 수 없다. 또한 면접시험에서는 필기 점수를 반영하지 않기 때문에 면접을 어떻게 보느냐가 최종합격을 결정한다고 볼 수 있다.

2 면접과정(개별면접시간은 면접대상자에 따라 유동적)

① 7급 면접(105분 내외)

집단토론(55~60분)		주제발표(8~15분)		개별면접(25~30분)
• 동일 면접조 응시인원 전 원 (3~7인) 입실 • 토론과제 사전검토(10분) • 자유 토론(45분)	▶	• 발표과제 검토 및 작성 (20분) • 응시생 개별 입실 • 주제발표(5분)	▶	• 주제발표 및 자기소개서 등을 토대로 상세 질의·응답

② 9급 면접(40분 내외)

5분 스피치(20분)		개별면접(20~30분)
• 스피치과제 검토(15분) • 응시생 개별 입실 • 5분 스피치 발표(5분)	▶	• 스피치 발표 및 자기소개서 등을 토대로 상세 질의·응답

3 집단토론(7급 전 직렬)

① 면접당일 과제가 제시된다.

> **과제**
>
> 특정(가상) 상황에 대한 응시자의 의견을 물으며, 공무원으로서의 정신과제, 창의력·의지력 및 발전가능성, 의사표현의 정확성과 논리성 등을 종합평가할 수 있는 과제로 제시되며 과제분량은 1페이지 내외임.

② 면접조별 응시인원 전원(3~7인)이 토론장에 입실한 후, 위의 과제를 10분간 검토한 후, 사회자 없이 응시자 간 상호 자유 토론으로 45~60분간 진행된다. 해결방안을 도출하는 방식이 아닌 응시생 간 의견 교환 및 토론하는 방식으로 진행된다.

4 PT 면접(7급 전 직렬)

① 노크를 하고 안에서 들어오라는 소리를 들으면 입장한다. 문을 닫고 들어가 인사를 한 후 가운데 면접관에게 평정표, 수험표, 신분증을 전달하면 자리에 앉으라고 이야기한다. 이때 가벼운 목례를 하고 착석한다.

② 면접관에 따라 면접순서가 다를 수 있는데 피면접자의 긴장감을 완화하는 차원에서 PT 면접 대신 개별 면접부터 진행하는 경우도 있다.

③ 간단한 개별 질문을 마치고 PT 주제 발표를 지시하면 5분 정도 PT 발표를 한다.

④ PT 발표를 마치면 면접관들이 이에 대해 3~4개 정도의 후속 질문을 한다.

> **주제**
>
> 전문성뿐만 아니라 문제해결능력, 조직적응력, 공직가치관 등을 확인할 수 있는 다양한 주제 출제

5 5분 스피치(8·9급 전 직렬)

① 면접 당일 과제가 제시된다.

> **과제**
>
> 응시자의 과거 경험 또는 특정(가상) 상황에서의 의견·대처방식 등을 물으며, 공무원으로서의 정신과제, 창의력·의지력 및 발전가능성, 의사표현의 정확성과 논리성 등을 종합평가할 수 있 는 과제로 제시되며 과제분량은 1/2페이지 내외임.

② 과제 검토장에 입실하여 15분간 과제를 검토한다. 스피치 내용을 별도로 작성할 필요는 없다.

③ 면접실에 개별 입실하여 5분간 발표한 후 질의·응답하는 방식으로 진행된다.

6 개별 면접

개별 면접은 주제발표 또는 5분 스피치 발표 및 자기소개서에 대한 내용을 질문한다.

2 면접 준비 세부내용

1 자기소개서 작성

① 정의

면접 전 지원자의 성향을 파악하기 위해 지원자에게 약간의 질문에 대한 개인적인 의견 작성을 요구하는 서류

② 목적

자기소개서는 면접관이 면접 전에 면접자에 대해 파악할 수 있는 유일한 자료이다. 따라서 면접관은 이 자료를 바탕으로 심도 있고 체계적인 질문을 할 수 있다. 자기소개서를 통한 질문 방식은 수험자의 과거 경험을 바탕으로 앞으로의 행동을 예측할 수 있고, 한정된 시간 내에 지원자의 성향을 파악하는 데 유용하다.

③ 준비방법

ㄱ. 필기시험 합격 후 5일 이내에 자기소개서를 서울시 인재개발원 홈페이지의 [면접등록하기]란에 입력을 완료해야 한다(자기소개서 미등록 시 면접 포기로 간주된다.).

ㄴ. 필기합격 후 자기소개서 작성 시간이 매우 짧기 때문에 시험 준비 전 미리 자기소개서에 대해 개략적이나마 생각해 두는 것이 좋다. 주변에 도움을 줄 수 있는 사람들이 있다면 자기소개서 첨삭을 받아 완성된 형태로 제출하는 것도 좋은 방법이다.

2 인성시험

① 정의

인성시험은 지원자의 성품, 가지고 있는 태도 및 행동특성에 관한 시험이다.

② 목적

인성시험의 경우 일행직은 평정요소 중 창의력, 의지력 및 발전가능성 부분에 반영되고, 적성시험의 경우 합격 후 부서배치에 참고자료로 활용된다. 인성시험은 서울시와 대구시험 등에서 실시되고 있다.

③ 준비방법

인성시험은 연습을 많이 한다고 해결되는 것도 아니고 어떤 특수한 방법이 존재하는 것도 아니다. 그러나 공무원이라는 조직에 가장 적합한 인재는 어떤 인성을 가져야 할지를 평소에 생각해보는 것이 필요하다. 더불어 자기 자신이 그러한 사람이 되기 위해 노력하는 것이 중요하다. 인터넷을 통해 유사한 인성 모의테스트를 활용하여 자신의 현재 상태를 파악하는 것도 좋은 방법이다. 자신도 미처 발견하지 못한 자신의 모습을 발견할 수 있을 것이다.

3 개인 프레젠테이션(PT) 작성 및 발표 - 7급 면접

① 목적

- 일반 면접을 통해 정확한 평가가 어려운 의사발표의 정확성과 논리성 및 기타 발전가능성 등을 종합적으로 평가할 수 있다.
- 피면접자는 1장으로 구성된 PT 문제를 가지고 작성한다. PT 문제는 모든 직렬에 공통으로 같은 문제가 주어진다. 자신이 작성한 PT 발표 준비시간을 가진 다음 면접장에서 면접관 앞에서 준비한 내용을 발표한다. 면접관은 피면접자의 발표내용과 함께 발표태도 등을 평가한다.

TIP

자신이 작성한 PT 발표 준비시간은 공식적으로 주어지는 것이 아니고 자신의 앞 피면접자가 면접을 끝내고 나올 때까지의 대기시간을 의미한다.

② 준비방법

학원 면접특강 수강을 통해 PT 면접에 대한 전반적인 이해, 작성방법 등을 습득할 수 있다. 스터디를 구성하여 서울신문, 서울시 홈페이지를 통해 서울시 관련 정책 자료를 수집한다. 이를 바탕으로 PT 예제 작성 및 PT 답안 작성을 한 다음 발표 연습을 반복한다.

서울시 PT 준비 유의사항

- 국가직과 달리 서울시는 PT 자료가 1장이다.
- 국가직은 별도 문제지 1장을 포함, 총 5~6매로 PT 작성지가 구성되어 있으나 서울시는 주의사항, 문제, 자료가 1장에 모두 포함되어 있다.
- 참고자료는 없는 것이 아니지만 국가직보다는 부족하다는 느낌을 받을 수 있다.
- 국가직은 자료에 근거하여 자신의 의견을 추론하지만, 서울시는 미리 문제에 대한 충분한 지식을 가지고 있어야 답변 자료 작성이 가능하다.

4 개별면접

① 목적

　　서울시 공무원 임용 면접시험 평정표상의 평정요소를 평가하기 위해 개별면접을 실시한다.

면접시험 평정표상 평정요소

① 공무원으로서의 정신자세
② 전문지식과 그 응용능력
③ 의사표현의 정확성과 논리성
④ 예의·품행 및 성실성
⑤ 창의력·의지력 및 발전가능성

② 준비방법

　ㄱ. 개인 신변, 자기소개서, 봉사활동. 자기 개발 노력, 공무원으로서의 마음가짐·각오 등을 중점적으로 질문한다. 이때 예의 바른 태도로 답변하되 모르는 질문이나 돌발질문에 대해서는 솔직하고 겸손하게 대답을 하는 것이 바람직하다.

　ㄴ. 전문지식과 관련한 질문에 대한 답변 시 정확한 표현 능력과 논리적인 의사표현이 중요하다. 그리고 창의적인 답변을 하는 경우 추가적인 점수를 받을 수 있다.

　ㄷ. 서울시는 국가직과는 달리 범위는 좁지만 깊이가 있다고 볼 수 있다. 서울시 홈페이지 분야별 정보라는 카테고리를 활용하여 복지·장애인·여성 등에 일반 정보를 먼저 숙지하는 것이 필요하다. 또한 서울시에 대한 전반적인 개요(서울시 대표 상징, 행정동 수, 예산 등)도 알아두어야 한다. 일행직은 서울시 분야별 정보나 전반적인 지식에 중점을 두되, 올해의 서울시 10대 뉴스나 상하반기 서울시 10대 뉴스를 참고하자. 여유가 된다면 서울시 100서가 있으니 이를 활용하면 좋을 것이다. 기술직은 서울시 관련 기술, 정책 등에 초점을 맞추는 것이 더 효과적일 수 있다.

> **TIP**
>
> 개별면접시에는 자신의 강점을 부각시키고 약점은 최대한 이슈화시키지 아니한다. 약점을 이슈화하지 않는 방법: 침묵(그냥 말하지 않으면 된다.)

3 지방직 9급

자기기술서 작성 (15분)	▶	집단토의면접(30분) • 토의과제검토(10분 별도부여) • 조별 토의(30분)	▶	개별면접(15~20분) • 개별면접(15~20분)

1 자기기술서 작성

① 정의

자기기술서는 피면접자의 성향을 면접관이 파악하기 위해 면접 전에 피면접자가 작성하는 약간의 질문서

② 목적

자기기술서는 면접관이 면접 전에 면접자에 대해 파악할 수 있는 유일한 자료이다. 따라서 면접관은 이 자료를 바탕으로 심도 있고 체계적인 질문을 할 수 있다. 자기기술서를 통한 질문 방식은 수험자의 과거 경험을 바탕으로 앞으로의 행동을 예측할 수 있고, 한정된 시간 내에 지원자의 성향을 파악하는 데 유용하다.

③ 준비방법

자기기술서 문제는 면접 준비책자의 기출문제나 예시문제를 참고하면 된다. 자기기술서 문제들은 매우 많은 것처럼 보이지만 문제의 성격이 비슷한 문제들이 많은 것이 특징이다. 따라서 키워드 별로 묶어서 문제의 성격을 분석하는 것이 바람직하다. 예를 들어 희생, 창의성, 도전, 타인의 오해, 개인적인 어려웠던 경험과 극복방법 등으로 문제 분야를 나눈다. 이에 대해 각 문제마다 2~4개 정도의 예상 답안을 준비한다. 예상답변들은 대부분 자신의 경험을 바탕으로 만드는 것이 좋은데 개인 경험에 기초한 답변들이 면접관들의 관심과 설득력을 얻어내기 유리하다.

2 인성시험

① 정의

인성시험은 지원자의 성품, 가지고 있는 태도 및 행동특성에 관한 시험이다.

② 목적

인성시험의 경우 일행직은 평정요소 중 창의력, 의지력 및 발전가능성 부분에 반영되고, 적성시험의 경우 합격 후 부서배치에 참고자료로 활용된다. 인성시험은 서울시와 대구시험 등에서 실시되고 있다.

③ 준비방법

인성시험은 연습을 많이 한다고 해결되는 것도 아니고 어떤 특수한 방법이 존재하는 것도 아니다. 그러나 공무원이라는 조직에 가장 적합한 인재는 어떤 인성을 가져야 할지를 평소에 생각해보는 것이 필요하다. 더불어 자기 자신이 그러한 사람이 되기 위해 노력하는 것이 중요하다. 인터넷을 통해 유사한 인성 모의테스트를 활용하여 자신의 현재 상태를 파악하는 것도 좋은 방법이다. 자신도 미처 발견하지 못한 자신의 모습을 발견할 수 있을 것이다.

3 집단토론

① 면접당일 과제가 제시된다.

> **과제**
>
> 특정(가상) 상황에 대한 응시자의 의견을 물으며, 공무원으로서의 정신과제, 창의력·의지력 및 발전가능성, 의사표현의 정확성과 논리성 등을 종합평가할 수 있는 과제로 제시되며 과제분량은 1페이지 내외임.

② 면접조별 응시인원 전원(3~7인)이 토론장에 입실한 후, 위의 과제를 10분간 검토한 후, 사회자 없이 응시자간 상호 자유 토론으로 30분간 진행된다. 해결방안을 도출하는 방식이 아닌 응시생 간 의견 교환 및 토론하는 방식으로 진행된다.

4 개별면접

① 목적

　서울시 공무원 임용 면접시험 평정표상의 평정요소를 평가하기 위해 개별면접을 실시한다.

> **면접시험 평정표상 평정요소**
>
> ① 공무원으로서의 정신자세　　　② 전문지식과 그 응용능력
> ③ 의사표현의 정확성과 논리성　　④ 예의·품행 및 성실성
> ⑤ 창의력·의지력 및 발전가능성

② 준비방법

　ㄱ. 개인 신변, 자기소개서, 봉사활동. 자기 개발 노력, 공무원으로서의 마음가짐·각오 등을 중점적으로 질문한다. 이때 예의 바른 태도로 답변하되 모르는 질문이나 돌발질문에 대해서는 솔직하고 겸손하게 대답을 하는 것이 바람직하다.

　ㄴ. 전문지식과 관련한 질문에 대한 답변 시 정확한 표현 능력과 논리적인 의사표현이 중요하다. 그리고 창의적인 답변을 하는 경우 추가적인 점수를 받을 수 있다.

> **TIP**
>
> 개별면접시에는 자신의 강점을 부각시키고 약점은 최대한 이슈화시키지 아니한다. 약점을 이슈화하지 않는 방법: 침묵 (그냥 말하지 않으면 된다.)

　ㄷ. 서울시는 국가직과는 달리 범위는 좁지만 깊이가 있다고 볼 수 있다. 서울시 홈페이지 분야별 정보라는 카테고리를 활용하여 복지·장애인·여성 등에 일반 정보를 먼저 숙지하는 것이 필요하다. 또한 서울시에 대한 전반적인 개요(서울시 대표 상징, 행정동 수, 예산 등)도 알아두어야 한다. 일행직은 서울시 분야별 정보나 전반적인 지식에 중점을 두되, 올해의 서울시 10대 뉴스나 상하반기 서울시 10대 뉴스를 참고하자. 여유가 된다면 서울시 100서가 있으니 이를 활용하면 좋을 것이다. 기술직은 서울시 관련 기술, 정책 등에 초점을 맞추는 것이 더 효과적일 수 있다.

5 지역별 면접 방식 및 빈출 기출문제

서울시 9급 면접 방식

① 서울시 공고문 붙이기
② 서울시 평가 방식
- ㉠ 5분스피치(5분이내)
- ㉡ 개별면접(20분)
  - 서울의 관광지 소개하기
  - 서울시 지원 동기
  - 봉사활동 경험
  - 서울시 축제
  - 고용 창출 방안
  - 자기소개
  - 저출산 해결방안
  - 서울시의 청년고용정책
  - 사회적기업
  - 4차산업이란
  - 서울시 홈페이지 보고 느낀 점
  - 코로나 대책
  - 환경보호를 위한 서울시 정책
- ㉢ 인성검사(면접 시험 전에 실시, 면접시 참고자료로 사용함)

③ 구체적인 면접 진행 방식
- ㉠ 진행순서
  - 강당에서 전체 모임
  - 조별로 배정된 교실 이동(1조당 9-10명)
  - 면접 평점표 작성
  - 각 번호별로 인재개발원 다솜관으로 이동
  - 5분스피치 자료 검토 및 작성
- ㉡ 면접위원: 3인
  - 대학교수 법학 · 행정학과 교수와 공무원으로 구성
- ㉢ 빈출 5분스피치 기출 주제
  - 노인 무임 승차
  - 행복지수를 올리기 위해 할 수 있는 정책
  - 공익 제보자 개인정보 유출
  - 혐오 표현
  - 서울시 인구 장수 대책
  - 조직 내 지식량 차이에 대한 의사소통 신해
  - 1인 가구 정책5
  - 노인 무임 승차
  - 유기동물

부산시 면접 진행(자기소개서 제출)

① 자기소개 장단점
② 자신인생관
③ 지원동기 및 포부 작성하여 사전 제출

경상남도 면접 진행

자기소개서 제출 내용은 부산시와 동일함

경기도 9급 면접 진행 방식

① **공고문 붙이기**
② **경기도 만점 평가 방식**
　㉠ 최근 2년이내 봉사활동 실적 제출
　㉡ 평정표작성후에 제출(평정표양식 교재참고)
　㉢ 개별면접 평가
　㉣ 사전 조사서 작성
　　• 시간: 15분
　　• 주제: 1개(경험형, 상황형, 공직관)
　㉤ 기출 문제(빈출)
　　• 파주시: 타인에게 행복감을 주었던 경험을 기술하고 공직에서 어떻게 활용할 것인가?
　　• 하남시: 당신이 행사장 고속도로 정체를 어떻게 할 것인가?
　　• 부천시: 인구밀도가 높은 고밀도 해결방안
　　• 화성시: 자신의 단점을 말하고 극복 방안을 말하시오.
③ **개별면접**
　• 사전조사서 토대로 질문
　• 지역 현안
　• 지역축제
　• 관광
　• 고용창출
　• 자기소개 ✓ 부천, 수원, 안양, 과천
　• 부천에서 시행하는 사업 ✓ 부천
　• 창의력 발휘 ✓ 부천
　• 포천 관광지
　• 본인이 한계에 부딪힌 경험
　• 마지막 하고 싶은 말(모든 경기도 시·군)
　• 임용 후 하고 싶은 업무
　• 본인이 아이디어를 제시하여 추진한 경험사례
　• 경기도 상징물
　• 화성시 지원이유
　• 수원시 소개
　• 성남시의 축제
　• 마지막 하고 싶은 말

④ **구체적인 면접 시험 방식**
　㉠ 진행순서
　㉡ 면접 위원: 3인
　　　• 공무원(도,시군 인사위원회)
　　　• 교수(법학 행정학과 교수)

인천시 9급 면접 방식

① **공고문 붙이기 진행 순서**
　• 강당에서 전체 모임
　• 평정표작성후에 제출(평정표양식 교재참고)
　• 오전 집단 면접
　• 중식
　• 오후 개별면접
　✓ 경북은 시험당일 사전조사서 작성 없습니다.
② **평가방식**
　• 집단토론 ✓ 30분 코로나 이후 미실시 중
　• 개별면접(20분)
③ **구체적인 면접 시험 방식**
　㉠ 집단토론
　　　• 시간: 30분
　　　• 조원: 4~7명
　　　• 자유토론 형식
　　　• 기출문제: 2019자연생태계 파괴 옹호론자와 반론자의 입장, 세월호 사건에 정부·유 족·국민 입장
　㉡ 빈출개별면접
　　　• 지원동기
　　　• 자기소개
　　　• 여성차별
　　　• 인천시 농업 발전을 위한 방향성
　　　• 인천시 관광지
　　　• 인천시 축제
　　　• 고용 창출 방안
　　　• 본인의 장/단점
　　　• 인천시 지원 동기
　　　• 봉사활동 경험
　　　• 인천 축제
　　　• 고용 창출 방안
　　　• 자기소개
　　　• 인천해양을 통한 발전 방안

대구광역시 9급 면접 방식

① 대구시 공고문 붙이기

② 대구시 평가 방식
- ㉠ 집단토론 30분: 제시된 과제에 따라 조별 집단 토론
- ㉡ 개별 면접 30분
  - 자기소개서 현장제출(대구광역시본청인사과 직접제출)
  - 사전조사서: 면접 시험 당일 별도로 배분된 질문 용지에 따라 현장에서 제출
    - ✓ 주의: 자료를 보거나 참고할 수 없음
  - 인성검사

③ 구체적인 면접 방식
- ㉠ 진행 순서
  - 강당에서 전체 모임
  - 평정표작성후에 제출(평정표양식 교재참고)
  - 사전 조사서 작성(전체 모임: 2문항 20분)
  - 집단토론: 4~6인(30분)
  - 개별 면접: 20분
  - ✓ 볼펜, 종이 제공합니다.
- ㉡ 면접 위원: 2~3인(2019년도 2인)
  1. 공무원
  2. 교수(법학과: 행정학과 교수)
- ㉢ 면접 특징
  - 사전조사서 내용 질문
  - 자기소개서 내용 질문
  - 대구시 지역 현안 질문
  - 시사적 내용 질문
  - 공적가치
  - 본인의 장/단점
  - 지방직에서 난이도 높음
- ㉣ 대구시 자기소개서: A4 용지 1매
  - 성격(장/단점) 200자 이내
  - 대구시 지원동기 및 각오(목표) 500자 이내
  - 자신을 가장 잘 표현할 수 있는 키워드 2가지와 그 이유: 500자 이내
  - ✓ 워드프로세스 사용, 작성 후 반드시 본인 자필 서명하여야 함.
  - ✓ 출신 학교, 출생지 부모님 직업 등 개인 신상이 노출되지 않도록 작성.
  - ✓ 이메일로 제출(2023년부터)
- ㉤ 대구시 사전 조사서
  - 작성용지: A4 ✓ 국가직은 사전기술서
  - 작성 내용: 후속 질문함.
  - 오전조/오후조 상이함.
  - 작성 주제: 2개(인성형&경험형)
  - 작성 시간: 20분
  - 제출: 강당에서 전체 작성 후 수거

ⓑ 기출사전조사서: 사전조사서 기출문제

> **빈출문제 내용**
> - 지방분권을 활성화하는 방안을 쓰시오.
> - 흥미 있게 본 책이나 신문기사
> - 실패를 성공으로 이끈 경험
> - 4차산업 선도 도시가 되기 위해 대구시가 하는 정책을 기술하고 활성화 방안을 기술하시오.
> - 자기계발로 노력했던 경험을 쓰시오.
> - 대프리카 대구의 여름 숙제 중 하나에 대해서 소개하고 활성화 방안에 대해서 기술하시오.
> - 공무원이 가져야 할 덕목과 공무원으로서의 마음가짐을 기술하시오.
> - 대구시의 관광 활성화 방안
> - 자기의 가장 큰 장점과 그 관련된 경험을 기술하시오.
> - 지방분권화 활성화 방안
> - 최근에 읽은 책이 무엇인지 소감을 서술하시오.
> - 김영란법 시행 이후 사회적인 변화
> - 자원봉사나 최근 했던 경험
> - 존경하는 인물과 이유
> - 대구시 전기 자동차 선도 도시 만들기 위한 방안을 제시하시오.
> - 대구시는 시민 위탁회의, 소통시장 등을 실시하고 있다. 시민들의 참여와 소통을 이끌 방안을 제시하시오.
> - 본인의 삶과 가치관을 실천하기 위해서 했던 경험에 대해 기술하시오.
> - 대구·경북의 상생방안
> - 위법이나 윤리적으로 위반한 경험

ⓧ 집단토의

1. 진행방식-준비시간
   - 집단토론주제 제공: 요약집(A4 1매)
   - 검토시간: 10분
   - 사전조사서 작성
   - 준비시간 종료 후 자료는 회수
   - 조별로 집단 토의실로 이동(4~6인)
   - 토의시간: 30분

2. 집단토론 실시(30분)
   - 메모용 A4 용지 제공: 토론 내용을 메모할 수 있음.
   - 1인당 3~4분 정도 발언 기회 제공됨.
   - 사회자 지정은 자유, 형식제한 없는 자유 토론 방식
   - 최종 발언 제공
   - ✓ 종료 5분 전 벨 울리면 결론 도출

3. 면접 위원
   - 토론에 개입하지 아니하나 개별 면접 시 토론 내용 추가 질문하기도 함.
   - 토론이 원만하지 아니하면 개입하기도 함.

4. 집단토의 기출문제 9급 2018년&2019년도(2020, 2021, 2022년도에는 코로나 이후로 집단토론 폐지함)
   - 대구시가 추진해야 할 고령친화도시 정책 방안
   - 대구시 청년일자리 대책인 프로젝트 정착 방안

- 대구시 생활밀착형 스포츠 선진도시 만들기 위한 인프라와 확충방안
- 대구시 화재 및 지진에 대한 안전대책
- 대구시 축제를 글로벌하는 방안
- 일과 가정 양립 방안(2019년 대구시 7급, 대구 공항 이전 성공적 방안)
- 대구시 미세먼지 방안(2019년도)
- 대구 시청 신청사 건립(2019년도)

◎ 개별면접 빈출질문
- 대구시 역점시범 말해보시오
- 대구시 축제
- 대구시 자랑거리/대구시 소개
- 대구시 고용정책
- 대구시 신체 장애인 보호
- 본인 하고 싶은 업무
- 본인의 장/단점
- 타인에게 칭찬받은 사례
- 자기소개
- 타인을 설득한 사례
- 악성 민원인 응대하는 방안
- 신공항이전 필요성과 반대론자 설득 방안
- 대구·경북 상생 방안
- 코로나 19 대처 방안

ⓐ 대구광역시 출제 예상 시사 이슈 질문&예시

1. 대구 축제에 대해 말해보세요.
   대구 축제로는 대구치맥축제, 동성로축제, 호러축제 등이 있습니다. 그중에서 지난 달에 제가 방문한 대구치맥축제에 대해 말씀드리고자 합니다. 대구치맥축제는 태풍의 영향에도 많은 방문객들을 유치하는 데 성공을 거두었습니다. 또한 환경의 중요성을 인식하여 1회용 플라스틱컵 대신 친환경 위생컵을 사용한 점을 칭찬하고 싶습니다. 그리고 닭을 튀기는 로봇과 드론을 이용한 개막식 연출은 생활밀착형 4차 산업 활용의 가능성을 보여주어 인상 깊었습니다. 제가 입직하면 열정적으로 최선을 다하는 공직자가 되겠습니다. 대구시 축제를 세계화시키는데 기여하도록 하겠습니다.

2. 대구시 문화재에 대해 말해보세요.
   2019년 7월 6일 유네스코에 등재된 달성 도동서원이 있습니다. 조선시대 유학자 김굉필 선생의 덕행과 학문을 기리기 위해 세운 서원으로, 흥선대원군의 서원철폐령에도 철폐되지 않은 47개 사액서원 중의 하나입니다. 1601년 경상감영이 설치된 이래 영남지역의 중심지 역할을 해온 대구에는, 계산동 성당이 있습니다. 근대 골목에 있는 성당은, 대구에서 처음으로 세워진 고딕양식의 서양식 건물로, 1902년에 현재의 성당을 지었다고 합니다.

3. 대구시 고용창출방안에 대해 말해보세요.
   4차 산업 관련 기업을 유치하여 양질의 일자리를 만드는 방법이 있습니다. 일자리 마련의 당위성에 대한 공감을 이끌어내기 위해 기업유치를 위한 TF를 결성하여 적극적인 유치에 앞장서고 있습니다. 일자리 정책에 예산을 분배하고 이를 집행할 고용 창출에 관한 조례를 제정·시행하는 방법이 있습니다.

4. 대구시 3대 현안에 대해서 말해보세요.
   대구시 3대 현안으로는 신청사 건립, 취수원, 군공항 이전 사안이 있습니다.

5. 신청사 건립에 대한 생각을 말해보세요.

2019년 6월에 대구시민을 대상으로 실시한 설문조사 결과에 따르면, 신청사는 '복합 기능을 갖춘 대구의 랜드마크' 가 되었으면 하고 바라는 것으로 나타났습니다. 신청 사는 행정적 기능 외에 문화·교육·편의 등의 복합적 기능을 중시 하여 시민들이 편안하게 접근하고 소통할 수 있는 곳이 되었으면 좋겠습니다.

6. 두드리소가 무엇인가?

두드리소는 경상도 사투리의 정감이 느껴지면서, 민원을 두드리면 언제든지 들어주고 해결해주는 공간입니다. 인터넷, 모바일, 전화 120번으로 신청한 민원에 대해 빠른 방법으로 처리 결과를 알려줍니다.

7. 살피소는 무엇인가?

공무원들이 골목이나 도로 등 민생 현장에서 주민 불편사항을 발견하고 관련부서에 통보하는 것입니다. 지역주민의 안전과 깨끗한 도시환경을 조성하기 위해 현장중심의 행정을 지속적으로 펼치는 것을 보여줍니다.

8. 대구 달빛내륙철도에 대해 아는 것 있는지?

광주와 대구를 1시간 이내로 연결하는 철도 사업입니다. 대구의 옛 명칭인 달구벌 '달'자와 광주의 애칭인 빛고을 '빛' 자를 따서 유래되었습니다. 2022년에 착공하여 2027년에 개통할 예정입니다. 이 사업이 완료되면 인적·물적 교류가 활성화되고 일자리가 창출되어 지역균형발전에 기여할 것으로 예상됩니다.

9. 대구-광주 달빛동맹이 무엇인지?

달빛동맹은 국민대통합을 선도하고, 수도권과 지방의 양극화 문제를 해결하기 위한 광역협력의 모범적인 사례입니다. 대구시와 광주시는 영호남을 대표하는 도시로 지난 2009년 달빛동맹 시대를 열었습니다. 양 도시는 대구 518번, 광주 228번 버스운행을 통해 대한민국 민주화 운동의 정신을 서로 공유하며 달빛동맹 강화에 시너지 효과를 내고 있습니다. 지난 2019년 7월에 개막한 광주세계수영선수권대회 기간에도 대구시민들이 광주를 찾아 대회 성공에 힘을 실어준 아름다운 동맹의 모습을 보여주었습니다.

10. 대구시 대중교통 장단점을 말해보면?

대구시가 2009년부터 시행해 온 대중교통 무료 환승제를 칭찬하고 싶습니다. 대구에서 경산버스까지 무료 환승 혜택을 제공하다가 2019년 8월 20일부터 영천까지 확대된 무료 환승혜택이 공식적으로 도입되었습니다.

11. 대구·경북 상생 방안을 말해보세요.

동대구역에 설치된 '대구·경북 상생 홍보관' 광고를 설치하여 홍보하고 있습니다. 대구·경북 천년의 우정, 번영의 약속이라는 구절이 보여주듯이 대구는 이제 문화와 교육의 인프라에 있어서 허브 역할을 해야 합니다. 우리가 가지고 있는 문화적인 자산, 문화적 인프라는 대구시민들만을 위한 것이 아니라 경북도민들을 위한 것이기도 합니다. 대구·경북이 하나되어 더 높은 곳을 향합니다. 또는 대구·경북이 하나되어 더 먼 곳을 바라봅니다 라는 문구처럼, 대구·경북 상생 프로그램으로 인사 교류나 축제동시개최 등을 다양하게 시도하고 있습니다.

12. 대구·경북 한뿌리 상생사업이란?

대구·경북 한뿌리 상생사업이란 대구·경북이 함께 힘을 모아 상생발전할 수 있는 과제 발굴 및 협력방안 모색 등 활발한 활동을 추진하고 있는 사업입니다. 현재 추진하고 있는 주요 협력과제로는
1) 대구도시철도 연장(1호선, 3호선) 2) 대구·경북 첨 단의료복합단지 조성이 있습니다.
대구도시철도 연장은 대구·경북의 동일경제권 확보로 지역경제 활성화를 통한 대구·경북의 상생발전에 기여할 것으로 기대됩니다. 대구·경북 첨단의료복합단지 조성은 신약이나, 의료기기 개발 등의 고부가가치 산업으로 지역맞춤형 일자리를 창출합니다.

지방직 9급 면접 방식

① **경북 공고문 참고**

② **경북 평가 방식**

   ㉠ 집단 면접: 15~20분(한 조당 3~4명)

   ㉡ 개별면접: 15분

      • 자기소개서 작성(경북)

        1. 본인이 지닌 강점과 공직사회에 기여할 수 있는 방안

        2. 인생에서 가장 중요하다고 생각하는 가치는 무엇인지 기술하시오,

        3. 경북도가 나아가야 할 방향과 그에 부합하는 본인만의 차별화된 업무추진 비전을 제시하시오.

      • 자기소개서(글자수 제한없으나 1매로 작성, 면접 서류와 함께 우편 또는 작성 항목 제출)

③ **면접 시험 방식**

   ㉠ 진행 순서

      • 강당에서 전체 모임

      • 평정표작성후에 제출(평정표양식 교재참고)

      • 오전 집단 면접

      • 중식

      • 오후 개별면접

      ✓ 경북은 시험당일 사전조사서 작성 없습니다.

   ㉡ 면접위원: 2인~3인 – 공무원

      ✓ 대학교수(법학과: 행정학과 교수)

   ㉢ 집단토론

      • 코로나로 인하여 폐지함

      • 진행 형식은 토론 또는 문답식 등으로 자유 토론

      • 개별적으로 토론 내지 집단 토론

      • 진행방식은 면접 위원에 따라 차이가 남

      • 사회자 지정 또는 지원

   ㉣ 집단 토론 기출 문제(2018년도/2019년)

      • 52시간 근로 시간 단축에 대한 찬/반

      • 포항 활동해 지역 본부를 경북 제2청사로 확대하는 긍정, 부정에 입장(경북)

      • 최근 남북 정상회담에 대한 평가

      • 한류 스타에 대한 병역문제에 대한 의견

      • 최저임금제에 대한 견해

      • 대구·경북 상생 방안(2019년)

      • 경북축제활성화 방안(2019년)

      • 귀농·귀촌 활성화 방안(2019년)

   ㉤ 빈출되는 개별 면접(17개 시도: 서울시, 부산시, 대구시, 인천시, 경북, 경남 등)

      • 자기소개서 내용 질문

      • 지원동기

      • 어떤 공무원이 될 것인가

      • 인구 소멸 문제

      • 원하는 업무가 아닌 다른 직무를 맡을 경우

      • 지역 축제

- 관광지 가 본 경험
- 특산물 소개
- 관광자원 소개
- 지역 고용 정책
- 본인 강점과 약점
- 공무원이 음주운전시 중징계 처분에 대한 견해
- 청년 창업
- 저출산 고령화
ⓗ 국회 사무처

6 국회 사무처

국회 8급 공무원 면접

① 면접 개요 진행 순서
- 강당에서 전체 모임
- 평정표작성후에 제출(평정표양식 교재참고)
- 집단 면접
- 개별면접
✓ 볼펜, 종이 제공합니다.

② 면접 세부 사항
ㄱ 사전기술서 작성
- 시간: 15분
- 주제(2개): 경험형과 상황형
- 빈출 기출지문
- 경험형: 본인에게 불리하지만 조직 전체에게 도움이나 성과를 높인 경험을 기술하시오.
- 상황형: 본인이 국회 소속 주무관으로서 예산이나 시간이 부족함에도 어떻게 잘 대응하여 성과를 이룰 것인가?
ㄴ 자기소개서 작성
- A4용지 1매
- 내용: 자유로운 형식을 작성하여 인터넷으로 제출
- 성장과정
- 경력
- 지원동기
- 사회적기여 등으로 기술하면 좋음.
- 제출 시기: 필기 발표 후 4일 이내 제출(인터넷상 제출)
ㄷ 집단 토론 ✓ 2022년에는 개별면접 먼저 하고 다음 날 집단 토론함.
　　　　　　2023년 1차 집단토론, 2차 개별 면접 실시
- 토론 인원: 4~5명
- 토론시간: 약 30분
- 토론 형식: 사회자 없이 수험번호 순서대로 30초 모두발언 후에 자유 토론식으로 찬반 없이 토론함.
- 면접 위원은 토론에 개입하지 아니함.

ⓔ 토론 기출문제

2025년
• 경제 민주화에 관한 본인 의견과 입법적인 해결 방안?

2024년
• 정책 결정시 고려해야 할 요소와 본인의 역할?

2023년
• 예산규모 20억을 가지고 각 과별로 본인의 임무가 주어진 경우 플랫폼을 구축할 때 어떻게 성공적으로 할
  것인가(자료 6쪽 주어짐, 4인 1조 편성 20분간 자료 검토 시간, 토론시간 30분)

2022년
• 2022년 BTS(방탄소년단) 병역 특례 찬반 집단토론

2020~21년
• 코로나로 인하여 집단토론 폐지

2019년도
• 1조~3조
  최근에 청소년들의 장래희망이 운동선수나 연예인 등으로 바뀌고 있다. 이 현상에 대해서 어떻게
  생각하는가?
• 4~7조
  공무원이 친구의 병원 수속 부탁을 들어주는 것이 윤리적인 행동인가?

2018년도
① 고용 창출방안에 대해서 어떻게 생각하는지?
② 최저임금에 대해서 어떻게 생각하는지?

◎ 개별면접 빈출기출문제
• 자기소개
• 행정부 공무원이 아닌 국회 공무원이 가져야 할 덕목은?
• 입법부 공무원과 행정부 공무원의 차이점
• 실패경험
• 성공경험
• 갈등을 극복할 사례
• 공무원 의무
• 10년 후의 모습
• 특기 & 취미
• 존경하는 인물
• 국회의원의 수
• 예산 편성 및 의결
• 국회 상임위원회 구성
• 마지막 하고 싶은 말

CHAPTER 03 면접 준비 실제

1 국가직

1 자기기술서

1 자기기술서 작성방법

① <u>구체적으로 명시할 것</u>

② <u>최근의 경험과 사례를 기술할 것</u>

③ 경험을 하게 된 배경이나 그 교훈을 기술할 것

④ 공직자로서 필요한 덕목과 관련되는 내용을 기술할 것

⑤ 특별한 경험이나 주제를 설정하여 기술할 것

⑥ 대학·직장·군복무 시절 등에서 남을 배려하고, 공동체의 구성원으로서 역할을 한 것 등을 기술하면 높은 평가를 받게 된다.

⑦ 유의사항: <u>공무원 수험준비 과정이나 수험생활 등은 되도록 기술하지 말 것</u>

> **TIP1**
>
> 구체적으로 명시한 사례
> • 대학 다닐 때 → 대학 3학년 1학기 때
> • 군 시절 → (육, 해, 공)군시절 병장 때

> **TIP2**
>
> 군시절, 대학시절, 아르바이트 시절 등에서 총 4개의 경험 정도만 있으면 웬만한 자기 기술서는 돌려막기가 가능함(필자도 리더십이 있는지 갈등을 해결한 사례가 있는 등의 수십 개의 자기기술서를 단 4개의 경험으로 돌려막기를 함.).

국가공무원 9급 면접시험 기출문제(우정직)

직급/직렬 (/   )   응시번호 (   )   성명 (   )

면접 전형을 효과적으로 진행하기 위하여 귀하 자신에 대해 질문을 드립니다. 합격자는 내용의 사실조회가 이루어질 수 있으니 진솔하게 응답하여 주시기 바랍니다.

◆ 경험형

자기가 담당한 과제가 기한과 완성도가 서로 상충된 경우 어떻게 했는지에 대해 쓰시오.

_____

_____

_____

_____

_____

◆ 상황형

당신은 □우체국에서 근무하는 주무관이다. 해당 우체국에서는 우수 고객을 위한 우수 고객 상담실을 만들었다. 그런데 일반 상담 고객들이 길어진 대기시간에 대해 불평을 하고 있다. 반면 우수 고객들은 일반 상담자들과 같은 상담실을 쓰는 것에 항의하고 있다. 당신이라면 어떻게 하겠는가?

_____

_____

_____

_____

작성시 주의사항
- 면접장에서 배부된 자료외에 사전에 준비한 자료는 참고하여 작성하는 것을 금지합니다.
- 배부된 작성용지에 기술하시기 바랍니다.
- 질문지 및 배부된 기타 자료는 외부유출이 금지됩니다.

국가공무원 9급 면접시험 기출문제(행정직 등)

직급/직렬 (/   )   응시번호 (   )   성명 (   )

면접 전형을 효과적으로 진행하기 위하여 귀하 자신에 대해 질문을 드립니다. 합격자는 내용의 사실조회가 이루어질 수 있으니 진솔하게 응답하여 주시기 바랍니다.

◆ 경험형

> 원치 않는 조직이나 단체에 들어간 경험

공무원이 되어 도서벽지에 출장간 경우

공익을 위해 감수하고 상관이나 동료에게 조언을 청했다. 조언의 내용은 도서벽지의 특색을 찾으며 적응하는 것과 새로운 성장의 기회로 삼으라는 내용이었다.

이후 도서벽지의 특색과 매력을 찾으며 적응하고 성장의 기회로 삼았다.

◆ 상황형

> 대학에서 급식 계약 주무관인데 기존 계약 중인 중소기업은 품질과 만족도가 낮지만 기부금을 내고 있고 상관이 재계약을 원하는 입장이다. 다만 새로운 대기업이 품질과 만족도가 높은 상황에서 어떻게 할 것인가?

우선 상관의 지시를 따르되, 정중한 건의를 통해 경쟁이 허가되면 3개월간의 격주간 급식을 통한 경쟁을 통해 평가가 낮은 쪽이 패배하는 것으로 하겠다. 중소기업에게 불인정시 양해를 구하고 보조금을 지급하고 차후 계약을 알선한다. 이후 주기적 평가를 통해 수요자 중심 행정을 도모하기로 한다.

작성시 주의사항
- 면접장에서 배부된 자료외에 사전에 준비한 자료는 참고하여 작성하는 것을 금지합니다.
- 배부된 작성용지에 기술하시기 바랍니다.
- 질문지 및 배부된 기타 자료는 외부유출이 금지됩니다.

국가공무원 9급 면접시험 기출문제(교육행정직)

직급/직렬 (/   )   응시번호 (   )   성명 (   )

면접 전형을 효과적으로 진행하기 위하여 귀하 자신에 대해 질문을 드립니다. 합격자는 내용의 사실조회가 이루어질 수 있으니 진솔하게 응답하여 주시기 바랍니다.

◆ 경험형

원치 않는 조직이나 단체에 소속되어 조언을 통해 극복한 사례

◆ 상황형

대학급식담당 주무관입니다. 기존 계약중인 중소기업 a는 지속적으로 기부금을 내고 있는데 고객들의 평이 낮고 품질이 낮습니다. 상관은 기존 관계를 중시하여 중소기업과 재계약을 주장합니다. 반면 대기업 b는 품질과 고객 평이 우수합니다. 어떻게 하시겠습니까?

작성시 주의사항
- 면접장에서 배부된 자료외에 사전에 준비한 자료는 참고하여 작성하는 것을 금지합니다.
- 배부된 작성용지에 기술하시기 바랍니다.
- 질문지 및 배부된 기타 자료는 외부유출이 금지됩니다.

국가공무원 9급 면접시험 기출문제(통계직)

직급/직렬 (/   )   응시번호 (   )   성명 (   )

면접 전형을 효과적으로 진행하기 위하여 귀하 자신에 대해 질문을 드립니다. 합격자는 내용의 사실조회가 이루어질 수 있으니 진솔하게 응답하여 주시기 바랍니다.

◆ 경험형

> 오해를 사서 갈등을 유발한 적, 이를 해결한 경험?

I. 시기 및 장소: 2022년 2월. 지역에 위치한 중학교(사회복무요원 시절)

II. 상황

　1. 학교 선생님들, 주무관님들과 야구경기 약속을 잡음

　2. 제가 학교 행사에 투입된 상황이라 야구시합이 있다는 걸 알지 못했고 야구장비(신발, 옷)를 챙겨오지 못함

　3. 경기에 참여하지 못했고 선생님에게 '왜 장비 안 챙겨왔냐'며 아쉬워하심

III. 해결방안: 당시 어떤 일을 하고 있었는지 알려드려서 오해를 풂

IV. 결론: 우려 시에는 사전에 미리 고지하여야 오해를 방지할 수 있음을 깨달음

◆ 상황형

> 당신은 A부처 통계 주무관. 식별정보를 관리하고 있다. 통계법에 의하면 식별정보는 제공은 매우 예외적인 사항에서만 허용하고 있다. B부처에서는 사업자 식별정보 제공을 요청하고 있다. B부처에서는 식별정보 조사시 많은 시간과 비용이 소요된다. 이때 B부처의 정보활용이 공익성은 높으나 예외적 사항에 관해서는 불명확하다고 할 때 당신은 어떻게 대처하겠는가? 한편, 과거 유사사례에서 C부처에 대해서는 정보제공 요청을 거절하였다.

I. 나의 선택

　1. B부처에 과거 C부처의 사례를 고지한다

　2. 과거 C부처의 경우와 달리 B부처의 상황이 통계법 예외상황에 해당하는지 조사

　3. 직급 상관님께 도움을 요청

II. 이유

　1. 행정선례를 제시함으로써 그냥 거절하는 것보다 반감을 줄일 수 있기 때문

　2. 법률에 따라 행정처리를 해야 하기 때문에

　3. 경험이 많은 상관님께 도움을 요청함으로써 공무원의 팀워크 확보

III. 기대가치: 공무원으로서의 전문성 확보(법률을 조사함으로써)

작성시 주의사항
- 면접장에서 배부된 자료외에 사전에 준비한 자료는 참고하여 작성하는 것을 금지합니다.
- 배부된 작성용지에 기술하시기 바랍니다.
- 질문지 및 배부된 기타 자료는 외부유출이 금지됩니다.

국가공무원 9급 면접시험 기출문제(선거관리직)(합격생 사례)

직급/직렬 (/   )   응시번호 (   )   성명 (   )

면접 전형을 효과적으로 진행하기 위하여 귀하 자신에 대해 질문을 드립니다. 합격자는 내용의 사실조회가 이루어질 수 있으니 진솔하게 응답하여 주시기 바랍니다.

◆ 경험형

> 본인이 원하지 않는 조직이나 단체에 참여하여 주변의 도움과 조언을 구한 경험에 대하여
> 1) 당시 상황과
> 2) 조언과 도움의 내용을 구체적으로 쓰고 그 결과를 기술하시오.

(1) 상황: 2학년 때 외부 모의재판팀과 교내모의재판팀. 본인은 교내팀에서 하고 싶었으나 외부팀으로 배정됨. 교수님과 친한 선배들께 말씀드렸는데 본인을 차기 학회장으로 생각 중이라고 하심.

(2) 도움: 지금 힘들어도 그 경험이 내년이 되어서도 그 나중에도 도움이 될 것이라고 응원해주시고 신경써주심. (처음 보는 선배님들과의 어색함, 하는 부분에 있어 모르는 전공과목의 어려움)

(3) 결과: 다음 해 학회장이 되었을 때 진행에 있어서 큰 도움이 되고 선배님들과 여전히 좋은 관계를 유지중.

◆ 상황형

> 귀하는 국립대학 급식 납품업체 및 계약 담당 주무관이다. 현재 급식업체의 계약이 만료됨에 따라 재계약을 앞두고 있는 상황이다. 기존 a업체는 중소기업으로 최근 급식 품질이 나빠져서 이용자들의 선호가 낮아진 상태이다. 하지만 a업체는 그동안 일정 수익금을 해당 학교에 기부를 하고 있는 기업이다. 반면에 신규로 진입한 급식업체 대기업 b는 품질면에서 우수하고 가격이 저렴하여 선호가 높다. 상관은 지역사회와의 상생을 위해서 a업체로 재계약을 지시한 상황이었다. 이 상황에서 귀하는 어떤 대응을 하겠습니까?

(1) 상황: b를 가는 것이 업무를 처리하는 데 있어서 도움이 되고 음식이라는 것은 특히 품질이 중요하며 학생들을 대상으로 하는 업체인 만큼 품질면에서라도 b를 선택하는 것이 적합하다.

(2) 결과: 선정과정은 양 업체의 음식을 블라인드 테스트를 하는 것으로 학생들에게 결과를 얻어내고 이를 바탕으로 상사께 보고. 다음 계약 체결시 품질 개선, 가격인하 등 눈에 띄는 변화가 있다면 재계약이 가능하다고 말씀드리면서 주기적으로 a업체 역시 관찰하고 판단하여 상사께 보고 드리겠다.

작성시 주의사항
- 면접장에서 배부된 자료외에 사전에 준비한 자료는 참고하여 작성하는 것을 금지합니다.
- 배부된 작성용지에 기술하시기 바랍니다.
- 질문지 및 배부된 기타 자료는 외부유출이 금지됩니다.

국가공무원 9급 면접시험 기출문제(선거관리직)(합격생 사례)

직급/직렬 (/   )   응시번호 (   )   성명 (   )

면접 전형을 효과적으로 진행하기 위하여 귀하 자신에 대해 질문을 드립니다. 합격자는 내용의 사실조회가 이루어질 수 있으니 진솔하게 응답하여 주시기 바랍니다.

◆ 경험형

> 본인이 원하지 않는 조직에 참여하게 돼서 주위에서 얻은 조언과, 그 결과

Ⅰ. 상황: 대학교 때 그룹발표. 원하지 않은 조원이 배정됨.

Ⅱ. 조언: 그룹발표 경험이 많으신 선배님들께 질문. 선배님들께서는 그 친구가 그룹 활동에 흥미를 느끼도록 하는 것이 중요하다고 하심.

Ⅲ. 나의 대처: 나는 조별발표는 조원들 모두가 참여해야 진정한 조별발표라고 생각. 그래서 그 친구를 참여시키기 위해 노력.

① 그룹발표 준비 모임이 끝나고 치킨 파티 같은 작은 이벤트를 준비

② 아무리 작은 의견이라도 그 친구의 의견을 잘 경청했다.

Ⅳ. 결과: 그 친구도 점점 참여도가 높아졌고, 원래는 그 친구를 위한 이벤트였지만, 다른 조원들도 참여를 하면서 서로 친해졌고 모두 적극적으로 참여하게 되었다. 우리 조가 발표에서 1등.

◆ 상황형

> 내가 지방국립대학 업체계약, 납품 담당하는 주무관임. 급식업체 계약이 끝나서 새로 계약을 해야 하는 상황. 기존 업체 A는 지역 소규모 기업, 수익금의 일부를 우리학교에 기부해왔음. 그런데 음식 품질이 좋지 않아 이용자들이 불만 많아졌음. 새로 신청한 대기업 B는 음식도 맛있고, 저렴. 상관은 지역상생을 위해서 A업체와 계약하라고 함. 어떻게 할 것인가.

Ⅰ. 기존 A 업체를 선택하는 경우

① 장점: 우리 대학에 기부를 하는 사회적 기업 배려, 지역사회 고용창출에 기여할 수 있음

② 단점: 음식 품질이 좋지 않아 이용자들이 불만

Ⅱ. 새로운 신청자 대기업 B를 선택하는 경우

① 장점: 가격이 저렴, 음식도 맛이 좋아 이용자들이 만족

② 단점: 지역의 기업을 선택하지 않음으로써 지역사회에 악영향

Ⅲ. 나의 선택: 공무원은 상명하복이 원칙. 상급자의 말씀에 따라 기존 A 업체를 선택 하겠음

작성시 주의사항
- 면접장에서 배부된 자료외에 사전에 준비한 자료는 참고하여 작성하는 것을 금지합니다.
- 배부된 작성용지에 기술하시기 바랍니다.
- 질문지 및 배부된 기타 자료는 외부유출이 금지됩니다.

국가공무원 7급 면접시험 기출문제(일반행정직, 우정직 등)

직급/직렬 (/   )   응시번호 (   )   성명 (   )

면접 전형을 효과적으로 진행하기 위하여 귀하 자신에 대해 질문을 드립니다. 합격자는 내용의 사실조회가 이루어질 수 있으니 진솔하게 응답하여 주시기 바랍니다.

◆ 경험형

> 오랫동안 친하게 지내는 친구나 동료가 어려운 부탁을 했을 때
> (가) 부탁한 내용과 상황
> (나) 본인의 대처와 결과에 대하여 기술하시오.

_____

_____

_____

_____

◆ 상황형

> 당신은 중앙부처의 주무담당관이다. 지역주민들이 교통체증을 해결하기 위해서 도로확장을 강력히 요구하여 도로를 확장하려고 도시계획을 입안하였다. 그러나 환경단체 등은 120년 이상 보존한 산림이 훼손될 우려가 있다는 이유로 계획취소를 주장하고 있다. 주무관으로서 어떻게 대처할 것인가?

_____

_____

_____

_____

작성시 주의사항
- 면접장에서 배부된 자료외에 사전에 준비한 자료는 참고하여 작성하는 것을 금지합니다.
- 배부된 작성용지에 기술하시기 바랍니다.
- 질문지 및 배부된 기타 자료는 외부유출이 금지됩니다.

국가공무원 7급 면접시험 기출문제(회계직, 세무직, 통계직 등)

직급/직렬 (　　/　　)　　　　응시번호 (　　)　　　　성명 (　　)

면접 전형을 효과적으로 진행하기 위하여 귀하 자신에 대해 질문을 드립니다. 합격자는 내용의 사실조회가 이루어질 수 있으니 진솔하게 응답하여 주시기 바랍니다.

◆ 경험형

본인이 조직과 단체에서 팀 단결과 화합에 방해되는 동료와 관련된 경험에 대해서
(가) 그 당시에 구체적인 상황과 본인과 조직원이 맡았던 역할.
(나) 그 당시 해당 조직원으로서 취했던 행동과 그 결과에 대해서 기술하시오.

_____

_____

_____

_____

◆ 상황형

가령 본인은 중앙부처의 주무담당관이다. ○○어린이집 원장이 국가와 지방자치단체의 보조금을 부당하게 취하였다. 부당수급금은 법률상 강제로 환수해야 하는 것이 규정이다. 본인이 감사담당 주무관으로서 ○○어린이집원장을 수사기관에 고발하려 하였으나 상급자인 팀장이 고발하지 말라고 지시했다. 본인은 어떻게 대처할 것인가?

_____

_____

_____

_____

작성시 주의사항
• 면접장에서 배부된 자료외에 사전에 준비한 자료는 참고하여 작성하는 것을 금지합니다.
• 배부된 작성용지에 기술하시기 바랍니다.
• 질문지 및 배부된 기타 자료는 외부유출이 금지됩니다.

국가직 9급 면접전형 &기출문제

국가직 9급 필기시험은 잘 보셨나요? 준비하시느라 고생하셨습니다. 국가직 9급 면접 준비는 필기시험 발표 후 준비하기보단 미리 준비해 주시는 게 좋은 편입니다.

국가직 9급 면접은 '스펙 위주의 채용 관행을 지양하고, 국민의 눈높이에 맞는 올바른 공직가치관과 직무능력을 갖춘 공무원을 선발하기 위해서 공직가치관과 분야별 직무능력을 심층 검증하는 방향으로 공무원 면접이 강화된다'고 발표하였습니다.

국가직 9급 면접은 자기기술서와 5분 스피치 그리고 개별면접으로 면접전형은 진행됩니다. 그러면 국가직 9급 면접시험 일정 알아보겠습니다.

국가직 9급 면접시험

국가직 9급 면접은 필기시험 합격자 발표 후 2~3주 정도 준비할 수 있는 시간이 있습니다. 하지만 까다로운 국가직 9급 면접은 자기기술서와 5분스피치 개별면접 있습니다. 국가직 9급 면접은 면접 당일에 자기기술서를 작성합니다.

작성하는 국가직 9급 면접 자기기술서는 응시자의 경험, 사례, 의견 등에 대한 개별질문을 통하여 응시자의 역량을 평가하고 면접에 활용하는 자료로 사용됩니다. 역량면접 전 20분간 자기기술서 작성에 필요한 시간이 주어지며, 자기기술서의 답변 내용을 바탕으로 질문이 이어지는 경우가 많은 만큼 주어진 시간을 효율적으로 분배하여 적절한 답변을 작성하는 연습이 필요 합니다. 또한, 답변의 내용에 이어지는 추가질문이 생각보다 구체적인 경우가 많기 때문에 이에 따른 대비가 필요하겠습니다.

국가직 9급 면접은 자기기술서에 의한 추적질문과 이어서 추가질문은 압박과 갈등질문으로 발전합니다. 국가직 9급 면접에서 압박과 갈등 질문에는 정답은 없으나 저평가되는 오답이 있습니다. 소신에 따라 성실하게 순리대로 답변하는 솔직성과 정직성 그리고 성실성을 보여주어야 합니다.

[국가직 9급 면접 / 자기기술서]

자기기술서를 작성하는 시간은 20분으로 경험형 질문과 상황형 질문이 나옵니다. 자기기술서가 중요한 이유는 블라인드 면접이기 때문이죠. 면접관들이 지원자에 대한 정보는 자기기술서가 유일하기 때문에, 이를 통해 면접질문이 이어져 나오고, 지원자들은 그에 대비하여 미리미리 자기 기술서를 작성하는 연습, 이어지는 추가질문에 대한 모범답변을 준비, 숙지하여야 합니다.

[국가직 9급 면접 자기기술서 항목기출]
• 자신이 속한 조직의 문화와 행태 때문에 목표달성이 어려웠던 경우, 어떻게 해결했는지
• 자신의 역량이 공무원이 됐을 때 도움이 되는 것이 있다면 쓰고 그 이유도 구체적으로.
• 단체생활을 하면서 힘들었던 점과 극복하기 위해 필요했던 점
• 타인을 위한 행동이 자신에게 이득이 되었던 경험
• 최근 5년 중 힘들었던 의사결정
• 자신의 손해가 되는 결정에도 불구하고 집단의 이익을 위해 감수한 경험
• 윤리나 법에 어긋나는 상황에 처한 경험과 해결사례
• 본인이 살아오면서 이해관계가 충돌 시 어떻게 해결하였는지에 대한 경험
• 목표달성을 실패한 사례를 들고 실패의 원인과 결과를 기술
• 자신의 성품이나 역량에 대해 남에게 건설적인 충고나 비판을 들어본 경험
• 뚜렷한 규칙이나 기준 등이 없는 상황에 처했을 때 본인이 어떻게 그 일을 처리했는지 기술
• 일하기 까다로운 상대와 친해지기 위해 노력한 경험
• 남을 도와주기 힘든 상황에서 도와준 경험
• 자신의 모범적인 행동이 다른 사람에게 좋은 영향을 준 경험을 말해보시오.
• 자신의 어려움이나 고난을 극복하여 무엇인가를 성취한 경험에 대해 구체적으로 말해보시오.
• 목표를 정해놓고 달성하는 과정에서 실수를 한 경험과 그로 인해서 배운 교훈이 있다면 말해 보시오.
• 설득하기 어려운 상황에서 성공적으로 대화 상대를 설득했거나 타협에 이른 경험을 말해보시오.

- 봉사활동 경험을 구체적으로 말해보시오.
- 갈등이 있는 경우에 갈등을 해소하여 긍정적인 결과를 이루었던 경험에 대해 말해보시오.

[국가직 9급 면접 / 5분 스피치]

9급부터 도입되는 5분 스피치에 대한 주제는 공직가치와 관련된 과제 부여됩니다.

공직관에 대한 이해와 의사표현력을 평가하는 면접시험인 만큼 그에 따른 준비가 필요하겠죠. 스피치 주제로는 헌법가치, 올바른 공직자상, 공정성, 봉사·헌신, 청렴 등 국가관·공직관· 윤리관과 관련한 과제가 나옵니다.

[국가직 9급 면접 / 개별면접]

국가직 9급 면접의 개별면접은 30분 내외로 소요됩니다. 9급 국가직 면접은 4가지 평정요소들에 근거하여 진행됩니다. 본인이 제출한 자기기술서와 평정들에 근거하여 인성질문, 압박질 문, 연계질문, 사회적 시사질문 등 다양한 면접질문으로 지원자를 평가하죠. 개별면접의 경우 5분스피치와 다르게 직무별로 필요로 하는 직무능력 검증이 진행될 것이므로, 해당 직렬에 대한 기초적인 전공지식과 본인이 실제 업무에서 하고자 하는 목표, 가치관 등을 정립하여 면접에 임해야 합니다.

국가직·지방직 9급 기출문제(공통문제)

[국가직·지방직 9급 면접 인성관련 질문]

- 자기소개 해보세요.
- 자신의 장점을 세 가지만 말해보세요.
- 공무원 시험에 지원하게 된 지원동기가 무엇입니까?
- 합격 후 10년 후 자신의 모습이 어떠할 것 같습니까?
- 공무원 공직가치 중 본인이 생각하기에 가장 중요한 것 3가지를 말해보세요.
- 공무원으로서 청렴에 대해서 어떻게 생각하는가?
- 봉사활동 경험이 있으면, 말해보세요.
- 고의로, 혹은 실수로라도 불법행위를 경험한 적이 있습니까?
- 헌법 제7조 1항 (공무원은 국민 전체에 대한 봉사자)의 의미는 무엇입니까?
- 공무원은 60세까지 정년이 보장되어 있는데, 이유가 무엇이라 생각합니까?
- 본인이 해당 부처의 팀장이라고 가정하였을 때,
- 관련 법규를 잘못 해석하여 피해를 본 민원인이 손해배상을 청구하였다. 어떻게 할 것인가?
- 음주단속이나, 범법행위 시 공무원에게 더 엄격한 처벌잣대가 적용되고 있는가?
- (그렇다, 아니다) 그렇게 생각한 이유는 무엇인가?
- 여러 지역청에 문의한 동일질문에 대한 답변이 모두 달라 본청에 추가적으로 민원을 넣었다. 본인이 본청 주무관이라면 어떻게 대처하겠는가?
- 선의의 거짓말을 해본 경험이 있다면 말해보시오.
- 단체나 모임에서 리더십을 발휘한 경험을 말해보시오.
- 상사에게 부당한 명령을 받았을 시에 어떻게 대처할지 말해보시오.
- 사익보다 공익을 우선시한 경험이 있다면 말해보시오.
- 희망 근무 부서, 마지막으로 하고 싶은 말

[국가직·지방직 9급 면접 상황제시형 및 국가관 관련 질문]

- 노숙자 문제가 심각한데 한 가지 실례를 들어 해결책을 말해 보아라.
- 경제정책을 홍보하다가 보면 오히려 역효과가 나서 정책의 실효성이 떨어질 수도 있을 텐데 그런 경우엔 어떻게 할 것인가?
- 현 정부 행정개혁내용 중에서 성공적인 것과 미진했다고 생각되는 부분은?
- 동료공무원이 부정부패를 저지르는 광경을 목격했을 때 어떻게 할 것인가?

- 자신보다 나이가 많은 부하직원을 어떻게 대할지 말해보아라. 역으로 직장상사가 후배라면?
- 상사가 규정에 맞지 않는 부당한 명령을 내렸을 경우 어떻게 할 것인가?
- 국장님과 과장님이 같이 일을 시켰다. 누구의 말을 따를 것인가? 만약 과장님의 일이 훨씬 중대하고 급한 일이라고 판단할 때, 본인은 어떻게 대처할 것인가?
- 상사가 지시를 하고 자리를 떠났는데 그 지시보다 갑자기 급하고 중요한 업무가 발생했을 때는?
- 상사가 위법하지는 않으나, 부당한 지시를 한다면 어떻게 대처를 할 것인가? 혹은 상사가 납득하기 힘든 지시를 한다면?

[국가직·지방직 9급 면접 공직적합성 검증관련 질문]

- 공직에 왜 지원했습니까?
- 본인이 희생한 경험을 말해보세요.
- 공무원에게 가장 중요한 덕목이 무엇입니까?
- 봉사활동을 한 적이 있으면 말해보세요.
- 본인이 생각하는 청렴이란 무엇입니까?
- 본인은 청렴하다고 생각합니까?
- 공무원에 지원한 이유는 무엇입니까?
- 공무원의 자세는 뭐라고 생각합니까?
- 봉사활동은 언제 어디서 했습니까?
- 공무원의 6대 의무에 대하여 말해보세요.
- 상사가 부당한 지시를 한다면 어떻게 하겠습니까?
- 상사가 어리고 자신과 다른 의견일 때 어떻게 대처하겠습니까?
- 상사가 개인적인 일로 자기를 계속 끌어들일 때 어떻게 대처하겠습니까?
- 우리 공무원들은 청렴하다고 생각합니까?
- 사람들이 공무원을 비판하는 이유는 무엇인가?
- 봉사활동을 하면서 특별히 느낀 점은 무엇인가?
- 시간외수당과 외유성 출장에 대해 어떻게 생각하는가?
- 민원인이 억지를 쓸 때 어떻게 하겠습니까?

[국가직·지방직 9급 면접 창의력, 의지력, 발전 가능성 관련 질문]

- 질문 받고 싶은 게 있으면 말해보세요.
- 살면서 어려웠던 점을 말해보세요.
- 지원한 지역에 연고가 있습니까?
- 전공과 행정을 어떻게 접목할 것인가?
- 살면서 힘든 일이 생길 때 누구와 상의하는가?
- 민원인이 계속해서 부적절한 요구를 한다면 어떻게 하겠는가?
- 대인관계나 자기계발 등을 위해서 무슨 노력을 하였습니까?
- 규정이 없는 새로운 업무를 어떻게 처리할 것입니까?
- 살면서 자기가 창의적으로 문제를 해결한 경험이 있습니까?
- 직장이나 학창시절 스트레스를 받아 본 경험이 있습니까? 어떻게 해결했습니까?
- 봉사와 공무원업무의 차이점은 무엇입니까?
- 상사와 갈등이 발생할 경우 어떻게 할 것입니까?
- 민원인이 무리한 요구를 할 때 어떻게 대처할 것입니까?
- 갈등 경험과 그 해결책에 대하여 말해보세요.
- 왜 부전공은 하지 않았나요?
- 부모님을 제외하고 인격형성에 도움을 준 사람은 누구인가?

- 윤리와 도덕의 차이점에 대해 말해보시오.
- 공무원 시험에 지원하게 된 특별한 동기가 있는가?
- 봉사활동의 필요성에 대해 말해보시오.
- 자신이 활동한 봉사활동은 어떤 것이 있습니까?

국가직과 지방직 9급 면접 기출문제는 기본적인 인성관련 질문들 이외에도 창의력, 의지력, 발전가능성관련된 질문들과 본인이 공직적합성이 타당한지 상황제시형의 질문들 및 국가관을 판단하는 질문들이 이루어질 것이기에 이에 대한 국가직·지방직 9급 면접 준비가 필요합니다. 국가직 9급 면접 개별면접의 경우, 기존 인성에 바탕을 둔 질문에서 공직관을 바탕으로 한 상황제시형(사례형) 질문의 비중이 커진 편이라고 합니다. 난이도가 있는 면접인 만큼 제대로 된 국가직·지방직 9급 면접 대비가 이루어져야 하겠습니다.

군무원 기출문제

[육군·해군·공군 군무원 시험의 면접 10대 공통문제]
- 지원동기
- 본인의 장단점
- 군무원과 국방부 공무원의 차이점
- 집에서 떨어져 살아야 되는데 괜찮은지요
- 공직자의 자세
- 국방개혁4.0
- 북한 핵무기에 대한 생각
- 군무원 이직률에 대한 생각
- 한미동맹의 강화방안
- 마지막으로 하고 싶은 말

면접전형 응시자 자기기술서

직급/직렬 (/   )   응시번호 (   )   성명 (   )

면접 전형을 효과적으로 진행하기 위하여 귀하 자신에 대해 질문을 드립니다. 합격자는 내용의 사실조회가 이루어질 수 있으니 진솔하게 응답하여 주시기 바랍니다.

타협하기 힘든 상대를 설득한 경험이 있으면 기술하시오.

(1) 시기: 20××년 카페 아르바이트 시절

(2) 타협하기 힘들었던 상대

    ① 리필이 불가능한 메뉴의 리필을 요청하는 손님들

    ② 원가 문제로 리필을 반대하는 사장님

(3) 해결방안

    ① 손님들이 리필을 요청하는 원인을 파악

       (메뉴가 차 위주로, 함께 먹을 사이드 메뉴의 부재)

    ② 사장님께 이에 대해 말씀 드리고 새로운 메뉴 개발 시도

    ③ '고지율무 컵케이크' 개발

(4) 결과

    ① 컵케이크 메뉴로 인해 리필을 요청하는 손님들 감소

    ② 신메뉴 개발로 가게 매출 증대로 인해 사장님도 약간의 리필은 허용

(5) 경험면접(전직렬 동일하게 출제함)

    경험면접은 임용 이후 근무하고 싶은 부처(기관)와 담당하고 싶은 직무(정책)에 대해 기술하고, 응시분야 관련 이해도와 교과목 수강(전문도서·자기학습 등 포함), 각종 활동 등 해당 분야의 직무수행능력 및 전문성 함양을 위해 평소 준비한 노력과 경험 등을 평가(응시장 대기장에서 20분간 작성함)

TIP

최대한 솔직하게 사례위주로 말하는 것이 효과적이다.

자기기술서에는 제목을 넣을 수도 있다.

㉾ (1) 제목: 한국어로써 감동을!

  (2) 시기

  (3) 나만의 방법…

자기기술서는 14칸이므로 칸을 잘 채우는 요령이 필요하다. 이때 제목으로 칸을 채우거나 의도적으로 (1), (2) 사이에 한 칸씩 공백을 두는 것은 내용을 꽉 채워야 한다는 부담감을 매우 줄여줄 수 있을 것이다.

경험 과제

- 희망부처: 통계청 대변인실
- 관심업무: 보도자료 제작 및 브리핑, 언론 보도 내용의 확인
- 직무 관련 경험 및 노력
  - 통계학 기본지식 습득 - 통계학 학사과정 이수, 전공과목 수강
  - 통계 프로그램(R)을 이용한 자료 제작 및 브리핑 경험
    * SGIS(통계지리정보체계)를 이용한 나만의 인터렉티브 맵 제작·발표
    * 동아리 경품 추첨 행사 시연
  - 언론의 통계 오용·왜곡 사례 파악 및 대안 모색 경험
    * 통계청 주관 '통계 바로 쓰기 공모전' 수상작 탐독 및 출품 준비
- 기타 경험 및 노력
  - 동아리 임원진 활동 - 5학기 동안 다양한 직무 역임(회장, 부회장, 회계부장 등)
  - 행정병 업무 경험 - 장비정비정보체계(DELIIS), 육군군수정보체계(DIMS) 이용
  - 다양한 아르바이트 경험 - 보드게임 행사, 공장, 마트

경찰행정 경험형

1. 공모전
① 법제처 시행령에 대한 개선 사항 국민 아이디어 공모전에 참여(2023.5)
② 문화관광부 관광공모전 참여(2022.7)
③ 선제적 국민 안전 확보를 위한 범죄 예방 아이디어전(공모 준비 중)

2. 현장 방문
① 국립현충원 방문
② 경찰기념공원 방문(순직, 전사 경찰관 추모)
③ 백범김구(초대 경무 국장) 기념관, 효창공원 의열사 방문
④ 동작 경찰서 통합 민원실 방문

3. 정책 파악
① 인사혁신처장님과의 밥 한끼 참여(인사혁신처 유튜브 촬영)
② 챗GPT 관련 서적 읽기
③ 경찰청 공식 블로그에 방문하여 주요 정책 알아보기, UCC 시청
④ 국가 정책 홍보지 공감 읽음

업무능력 관련 자기 계발 및 경험

1. 전문성
① 소통 능력 및 적극성: 학원에서 초, 중등 학생들을 가르친 경험(학생들 각자에게 맞는 학습 지도)
② 관리 능력 및 책임감: 스터디 카페에서 일하면서 고객 응대, 재고관리, 경비관리 등 전반적 관리 업무를 맡음

2. 사회 공헌
① 한 달에 한 번 노인정 방문하여 어르신들 돕기(대학 봉사활동)
② 중증 장애인 단체 향림원에서 봉사(고등학교 '너나드리' 봉사동아리)
③ 서울대학 병원, 분당 국군 수도 병원 안내 도우미 봉사활동
④ 청소년 RCY에서 활동, RCY 총재상 받음
⑤ 초록우산 어린이 재단 정기 후원(1년 전부터 진행 중)

3. 어학 공부
① 영어: 이코노미스트, 포린어페어 정기 구독하고 읽음
② 스페인어: 관심 갖고 공부 중(대학 시절부터 독학 DELE B1 자격증 계획 중)

경험 과제

- 희망부처와 직무: 경기남부경찰청 경무부 경무기획과 경리계 - 경찰 예산 및 회계
- 공모전 참여: 한국언론진흥재단 주최, 문화체육관광부 후원 '뉴스 읽기 뉴스 일기' 참여 (2024.05 예정)
  - 경찰조직 및 공직가치 관련 쟁점 파악하고 일기형식으로 기록(30일 이상)
- 관심정책: 범죄피해자 안전조치 고도화 및 회복지원 강화 - 민간 경호 지원을 통한 협업 기대
- 전문성 함양을 위한 노력
  1. 회계세무학 전공 관련 자격증(전산세무2급) 보유: <원가관리회계>, <재무관리> 등 전공 과목을 수강하고 회계적 지식 함양
  2. 사기업 재경팀 근무: 사내 법인카드 전자 결재 시스템 도입 및 교육 진행 경험, 엑셀 능력 보유(사무자동화산업기사), 자금 관리, 회계 감사 대응, 세금 신고
  3. 검찰총장의 '청렴' 이야기 수강: 청렴한 공직자로서의 자세를 배움
  4. 경찰청장 신년사 탐독: 국민의 평온한 일상을 지키기 위해 노력하는 경찰행정공무원이 되어야겠다고 느낌
  5. 경찰청 SNS 구독: 시행정책 파악(휴대용 신원확인 시스템, 경범죄 범칙금 온라인 조회·납부)

3 자기기술서 기출 및 예제(반복하여 숙지바람)

면접전형 응시자 자기기술서

직급/직렬 (/   )   응시번호 (   )   성명 (   )

면접 전형을 효과적으로 진행하기 위하여 귀하 자신에 대해 질문을 드립니다. 합격자는 내용의 사실조회가 이루어질 수 있으니 진솔하게 응답하여 주시기 바랍니다.

1. 공동의 목표달성을 실패한 사례를 들어 실패의 원인과 결과를 기술하시오.

　1. 제목: 조별 활동 실패 사례와 그 결과

　2. 시기: 2022년 3월

　3. 내용: - 조별 활동 수업 중 협동 조합 설립 내용을 전지에 기술하고 각 조가 평가하는 수업임.

　　　　　- 조원 10명 중 5명이 오지 않고 5명이서 내용을 제출함.

　　　　　- 그 후에도 조원 2명이 계속 오지 않아 조 활동 점수가 현저하게 낮았음.

　4. 결과(생각): - 그 이후 단체 활동에서 개개인의 역할이 중요함을 깨닫게 됨.

　　　　　　　- 다른 조에 비해 상대적으로 조원이 부족한 팀의 성과가 낮은 것을 보고 참여의 중요성 또
　　　　　　　　한 생각해 보게 됨.

2. 본인은 중앙부처나 지방자치단체의 예산 담당 주무관이다. 청년고용 증진을 위해서 중소기업에 10억의 보조금을 지급하려고 한다. 노인일자리를 창출한 중소기업에서도 보조금 지급을 강력히 요구하고 있다. 본인은 주무관으로서 어떻게 할 것인가?

　1. 제목: 주무관으로서의 국가예산 배분 문제 해결

　2. 내용: (1) 관련 법규 참조.

　　　　　(2) 행정 선례

　　　　　(3) 관행 참조

　3. 결과: 고령화 대책관련 정부정책지침에 따라 배정.

면접전형 응시자 자기기술서

직급/직렬 (/   )   응시번호 (   )   성명 (   )

면접 전형을 효과적으로 진행하기 위하여 귀하 자신에 대해 질문을 드립니다. 합격자는 내용의 사실조회가 이루어질 수 있으니 진솔하게 응답하여 주시기 바랍니다.

1. 자신의 시간을 활용하여 모임을 만들어서 성공한 사례

군대 행정반에서 스포츠관람 소모임

1. 시기: 2022년 12월 군대 행정반

2. 내용: 행정반에서 유일하게 동적이고 운동만 좋아해서 겉돌던 후임을 위해 당시 고참이었던 제가 스스로 스포츠관련 영상, 선수, 팀 등을 공부해서 그 후임과 이야기를 나누었던 것이 행정반 전체의 관심거리가 되어서 소모임으로 발전하였고 일과 시간 외 따로 시간을 가져서 스포츠관람을 하기도 하였고 공통 관심사가 생기면서 이야기도 많이 늘어나고 행정반의 화합에도 도움.

3. 교훈: 구성원의 관심사에 조금만 정성을 들인다면 성향이 달라도 소통에 큰 도움이 된다는 것을 알 수 있었음.

2. 귀하가 여행사 담당 주무관이다. 인터넷 사업가와 1인 사업가, 창업자들은 사무실 구비요건 및 자본금 완화를 주장하지만 기존여행사와 여행협회는 소비자 보호를 이유로 등록규제 유지를 주장한다. 주무관의 대처방안은?

규모에 따른 차별적 요건과 여행상품관련 투명성, 안전성 제고

1. 갈등상황

   1) 요구사항: 신규 사업자의 진입을 위한 기존 조건 완화

   2) 반대이유: 안전성, 소비자 보호를 위한 등록규제 유지

2. 해결방안

   1) 신규 사업자를 위한 자유로운 영업활동을 위하여 사무실구비 요건 및 자본금 완화, 동시에 소비자 안전을 보호하기 위해서 여행사의 규모와 여행객관리 능력에 따라 여행소비자의 인원 상한을 규제

   2) 여행상품에 관련된 관련직원의 신원과 여행과정에 대한 좀 더 세부적이고 투명한 정보 필수적 게시

   3) 신규, 소규모 여행사의 여행 전 필수적 안전교육을 강화 - 안전교육을 위한 구성: 일정한 경력을 가진 기존 여행사의 직원, 외교부 공무원의 교육, 자료를 필수적 숙지 요구

3. 결론: 소비자들의 다양한 요구를 수용하고 영업자의 자유로운 진입을 위해서 융통성있는 규제완화가 필요하지만 안전에 관한 문제가 발생할 수 있는 만큼 필수적 정보공개와 안전교육 강화가 요구됨.

면접전형 응시자 자기기술서

직급/직렬 (/   )   응시번호 (   )   성명 (   )

면접 전형을 효과적으로 진행하기 위하여 귀하 자신에 대해 질문을 드립니다. 합격자는 내용의 사실조회가 이루어질 수 있으니 진솔하게 응답하여 주시기 바랍니다.

1. 공동의 목표달성을 실패한 사례를 들어 실패의 원인과 결과를 기술하시오.

　1) 제목: 동아리 신입생 모집

　2) 목표: 전 학기에 비해 3배 이상의 동아리 신입생 모집하기

　3) 시기: 대학교 2학년 때

　4) 원인: - 동아리 홍보를 위해 제작한 대자보와 홍보영상을 제대로 활용하지 못하였음

　　　　　- SNS와 메신저를 통한 동아리 홍보가 미흡하였음

　5) 결과: - 전 학기에 비하여 동아리 신입생 수가 늘기는 하였지만 2배 이상 모집이라는 목표치에는 도달
　　　　　하지 못하였음

　　　　　- 목표치를 달성하지 못해 함께 노력한 동아리 부원들이 많은 실망을 하였음

2. 본인은 중앙부처나 지방자치단체의 예산 담당 주무관이다. 청년고용 증진을 위해서 중소기업에 10억의 보조금을 지급하려고 한다. 노인일자리를 창출한 중소기업에서도 보조금 지급을 강력히 요구하고 있다. 본인은 주무관으로서 어떻게 할 것인가?

　1) 제목: 예산 담당 주무관으로서 보조금 지급에 관한 공정한 결정

　2) 상황: 보조금 지급이 예정된 상황에서 다른 기업이 보조금 지급을 강력히 요구하고 있음

　3) 대처방안

　　① 청년고용 증진을 위한 중소기업과 노인일자리 창출을 위한 중소기업에게 보조금을 지급함

　　　- 이후 성과에 따라 보조금 비율을 달리하도록 결정

　　② 노인일자리 창출을 위한 중소기업에 보조금을 지급하지 못한다면 다른 곳의 지원을 받을 수 있는지
　　　알아보고 연계해 줌

　　③ 노인일자리 창출을 위한 중소기업에 보조금 지급을 대신하여 조세감면 등의 다른 혜택을 누릴 수
　　　있는지 검토함

　　④ TF결성을 통한 공정하고 객관적인 결정.

면접전형 응시자 자기기술서

직급/직렬 (/   )   응시번호 (   )   성명 (   )

※ 경험형 질문 변화
 - 경험·상황면접 : 5분 발표에 이어서 바로 경험·상황면접 실시(약 20분 내외)
   경험·상황면접 과제 작성문을 바탕으로 질의·응답을 통하여 공무원으로서 갖추어야 할 공직가치·전문성 등을
   평가 [공무원임용시험령에서 규정한 5개 평정요소별로 평가(붙임 참조)]
 - 경험면접은 임용 이후 근무하고 싶은 부처(기관)와 담당하고 싶은 직무(정책)에 대해 기술하고, 응시분야 관련
   이해도와 교과목 수강(전문도서 자기학습 등 포함), 각종 활동 등 해당 분야의 직무수행능력 및 전문성 함양을
   위해 평소 준비한 노력과 경험 등을 평가 [경험면접은 국가직 9·7급 전 직렬 동일한 문제가 출제됨]

---

1. 본인의 장점과 이를 통해 공직 사회에서 어떻게 기여할 것인가?
 (1) 장점
　　 ① 끈기, 의지력
　　　　 예 본인은 목표를 세우면 꼭 실현하려는 의지를 가지고 목표를 달성하고자 노력해왔음
　　 ② 성실함
　　　　 예 주변 사람에게 성실하다는 칭찬을 많이 들어왔음
　　 ③ 사교성
　　　　 예 보험회사에서 일하는 동안, 사교성으로 팀장님께 칭찬을 받았으며, 당시에 같이 다니신 분과도
　　　　　　 아직 연락함
 (2) 기여
　　 ① 성실함은 모든 업무에서 가장 기본이 된다고 생각함
　　　　 예 성실함을 바탕으로 주민들의 민원을 빨리 해결하려고 노력하겠다.
　　 ② 끈기와 의지력을 통해 해결하기 힘든 일도 끝까지 해결 혹은 다른 대안을 찾아내 주민의 불편을 해
　　　　 결하는 데에 기여함
　　 ③ 사교성을 통해 주민들과 더욱더 소통할 수 있도록 함

2. <경험형>

- 희망 부처/업무: 세무서 민원실 민원 담당
- 관련 경험 및 노력

  1. 공모전 참여

      ① 청소년축제 아이디어 공모전(2023.5)

  2. 현장 방문

  3. 정책파악

      ① 2023년 국세청 업무계획

      ② 국세청 홈페이지 가입, 유튜브/블로그 등 관련 매체 시청

      ③ K- 공감

  4. 의사소통능력 함양

      ① 자원봉사어른신 도우미(2021)

      ② 대학교 내 방송활동참여(2022)

      ③ 조세박물관 견학

  5. 사무처리능력 함양

      ① 한글, 파워포인트,엑셀 자격증 보유

      ② 컴퓨터활용능력 2급

  6. 사회적 기여

      ① 관공서 인턴및봉사활동(2023)

      ② 청소년마약퇴치운동참여(2022)

      ③ 연탄 나눔 봉사활동(2019)

3. <상황형>

  1. 제목: 주무관으로서 대립상황 속에서의 최선의 결정

  2. 상황: 예정된 보조금 지급 결정에 대한 다른 기업의 강력한 반대

  3. 해결방안

    1) 선배공무원에게 질의

    2) 관련 법규 참조

    3) 공청회, 청문회 등을 통해 다양한 의견 수렴

    4) TF결성을 통한 민주적이고 전문적인 결정

면접전형 응시자 자기기술서 <합격자 사례>

직급/직렬 (/   )   응시번호 (   )   성명 (   )

면접 전형을 효과적으로 진행하기 위하여 귀하 자신에 대해 질문을 드립니다. 합격자는 내용의 사실조회가 이루어질 수 있으니 진솔하게 응답하여 주시기 바랍니다.

1. 귀하는 고용담당주무관으로서 5년간 장애인 취업지원금 진행사업을 했지만 성과가 미진한 상태이다. 새로운 장애인 취업정책을 상관에게 보고하여야 하는 경우 어떻게 보고할 것인가?

　<상황>

　5년간의 장애인 취업지원금 진행사업의 성과 미진, 새로운 사업 보고가 필요한 상황

　<절차>

　1) 5년간의 사업성과 미비한 원인 분석 후 보고

　2) 장애인 홍보 미진 시 고용노동부 내 홍보처와의 협업을 통해 홍보 방법 수정

　　⑩ 공중파 아침 시간대에 광고 편성

　3) 노동의욕이 낮을 경우, 취업의 필요성을 체험할 수 있는 프로그램을 개발하여 교육편성

　　⑩ 적합한 수준의 간단한 업무와 대가를 제공하여 노동의 기쁨을 느낄 수 있도록 함

2. 본인은 중앙부처나 지방자치단체의 예산 담당 주무관이다. 청년고용 증진을 위해서 중소기업에 10억의 보조금을 지급하려 한다. 노인일자리를 창출한 중소기업에서도 보조금 지급을 강력히 요구하고 있다. 본인은 주무관으로서 어떻게 할 것인가?

　- 답안 -

　<절차>

　1. 양 기업 해당 사업 담당자들과의 의견 조율

　2. 분배 가능 시, 통계청 자료를 이용하여, 청년·노인 실업률을 비교하여 금액을 분배

　3. 분배 불가능할 시, 청년 고용 증진 시와 노인 일자리 창출 시의 사회적 편익을 비교하여 편익이 더 큰 쪽에 10억 지급. 다른 쪽에 대해서는 순차적으로 지원금액을 증액할 수 있도록 기획재정부와 협의

면접전형 응시자 자기기술서

직급/직렬 (/   )   응시번호 (   )   성명 (   )

면접 전형을 효과적으로 진행하기 위하여 귀하 자신에 대해 질문을 드립니다. 합격자는 내용의 사실조회가 이루어질 수 있으니 진솔하게 응답하여 주시기 바랍니다.

1. **중앙부처나 지방자치단체의 여성주무관으로서 미취학 자녀가 2명 있다. 자녀가 감기몸살에 걸려서 퇴근해야 하는데 상사는 초과근무를 해서라도 일을 마치고 가라고 한다. 이런 상황에서 어떻게 대처할 것인가?**

   (1) 상황: 오늘 중으로 완수해야 하는 업무임으로 반드시 끝내야 하는 상황

   (2) 대처방안

   ① 아이를 대신 병원에 데려갈 수 있는 지인을 물색하여 부탁

   ② 일을 대신해 줄 수 있는 직장동료가 있다면 자초지종을 설명하여 부탁하고 나서 상사에게 보고하여 허락을 받은 후 퇴근

2. **공동의 목표달성을 실패한 사례를 들어 실패의 원인과 결과를 기술하시오.**

   (1) 시기: 대학교 4학년 1학기 재학중

   (2) 공동의 목표: 종합설계과목 발표작 완성

   (3) 실패원인

   ① 학술동아리에서 선행학습을 하지 않으면 정규수업을 따라갈 수 없는 구조

   ② 조원 3명 중 아무도 학술동아리 가입자가 없어 프로젝트가 진전이 되지 않음

   (4) 결과

   - 결국 미완성인 채로 다른 조의 발표를 지켜볼 수밖에 없었음

   - 정보가 중요하다는 것을 깨달았고 이미 늦었지만 차후에는 조직활동에 적극적으로 참여하여야 하겠다고 다짐하는 계기가 됨

면접전형 응시자 자기기술서

직급/직렬 (/   )   응시번호 (   )   성명 (   )(합격생 사례)

면접 전형을 효과적으로 진행하기 위하여 귀하 자신에 대해 질문을 드립니다. 합격자는 내용의 사실조회가 이루어질 수 있으니 진솔하게 응답하여 주시기 바랍니다.

1. 귀하는 중앙부처 5급 사무관인데 화재가 발생한 상황에서 이에 어떻게 대처할 것인가?

    <상황> 중앙부처의 주무관으로써 화재 발생시의 대책

    <절차>

    ① 119에 바로 신고 후, 알람이 울렸으면 빨리 대피시키고, 울리지 않았다면 부처직원들에게 긴급방송

    ② 부처직원들이 전원 대피했는지 끝까지 확인 후 대피

    <후속조치>

    ① 인명피해 상황을 최우선적으로 확인

    ② 그 외의 재산적 손실 파악 후 상급자에게 보고

2. 본인은 중앙부처나 지방자치단체의 예산 담당 주무관이다. 청년고용 증진을 위해서 중소기업에 10억의 보조금을 지급하려고 한다. 노인일자리를 창출한 중소기업에서도 보조금 지급을 강력히 요구하고 있다. 본인은 주무관으로서 어떻게 할 것인가?

    1) 제목: 사회적 가치를 실현하는 기업을 적극적으로 지원

    2) 행동

        ① 중소기업 노인고용보조금에 대한 조례가 있는지, 지급한 선례가 있는지 조사함

        ② 보조금 지급을 위해 관련 예산 부처와 협의

        ③ 보조금 지급을 못 할 경우 해당 중소기업과 관급계약을 맺거나 제품을 우선 구매함

    3) 이유

        ① 기대 수명이 연장되면서 노인 인구 급증

        ② 수명에 비해 이른 퇴직으로 노인들의 경제적 기반이 취약해졌고 노인 고용 증진이 필요함

        ③ 공익이라는 사회적 가치를 실천하는 기업을 우대함으로써 사회적으로 노인고용 증진을 활성화할 수 있음

면접전형 응시자 자기기술서

직급/직렬 (/   )   응시번호 (   )   성명 (   )(합격생 사례)

면접 전형을 효과적으로 진행하기 위하여 귀하 자신에 대해 질문을 드립니다. 합격자는 내용의 사실조회가 이루어질 수 있으니 진솔하게 응답하여 주시기 바랍니다.

1. 공동의 목표달성 실패를 사례로 원인과 결과를 들어보세요.

　　1) 제목: 사진동아리 '동그라미' 전체 체육대회 흥행 실패

　　2) 시기: 2022년 6월 기말시험 전

　　3) 내용

　　　　① 임원진 6명과 각각 역할을 배분하여 체육대회 준비

　　　　② 참석 가능한 동아리 회원들에게 회비징수

　　　　③ 체육대회 당일 기말시험 공부 등 개인적 사정으로 동아리 회원 대부분이 불참

　　4) 결과

　　　　① 뒤늦게 상황을 전해 듣고 회원들이 참석함

　　　　② 무리한 의사결정과 회원 개인들의 이기주의로 계획했던 대로 체육대회를 이끌지 못함

　　　　③ 의견을 조율할 때 서로 적극적으로 소통하고 약속을 지키는 책임감이 필요함을 느낌

2. 본인에게는 불리하지만 내가 속한 조직이나, 대다수의 사람들의 이득으로 선택한 경험이 있으면 기술하시오.

　　(1) 시기: 2023년 1월 중순 ~ 3월 말

　　(2) 활동내용: 반찬포장&배달 봉사활동을 하던 중 담당 사회복지사님이 복지관에서 연탄배달을 가야 하는데 일손이 부족하니 참여해 달라는 부탁을 받아 예정에 없었지만 흔쾌히 수락함

　　(3) 결과: 하고 있던 봉사활동에 추가적으로 시간을 더 내어 참여했는데 예상보다 연탄이 많이 무거워 힘들었지만 받으시는 분이 따뜻한 겨울을 보낼 것을 생각하니 뿌듯하고 보람되었습니다.

면접전형 응시자 자기기술서

직급/직렬 (/   )   **응시번호 (   )**   **성명 (   )(합격생 사례)**

면접 전형을 효과적으로 진행하기 위하여 귀하 자신에 대해 질문을 드립니다. 합격자는 내용의 사실조회가 이루어질 수 있으니 진솔하게 응답하여 주시기 바랍니다.

1. 타인을 위해서 희생정신을 발휘한 경험에 대해서 기술하시오.

    (1) 시기: 2025년 겨울 어느 퇴근길

    (2) 사건: 폐지를 무단방치

    (3) 나의 행동:

        ① 환경부에 신고

        ② 환경부에서 처리하여 완료

2. 윤리적인 일이나 또는 공정성이 문제가 있을 때, 까다로운 일이기는 하나 해결한 경험이 있으면 기술하시오.

    (1) 시기: 2025년 3월 동아리 축구시합 심판

    (2) 배경: 친한 친구들이 많은 팀에서 유리한 판단을 요청함.

    (3) 갈등했던 윤리적인 문제: 공사 간의 구분 문제

    (4) 해결방안: 공정한 심판을 통한 스포츠 정신 함양

면접전형 응시자 자기기술서

직급/직렬 (/   )   응시번호 (   )   성명 (   )

면접 전형을 효과적으로 진행하기 위하여 귀하 자신에 대해 질문을 드립니다. 합격자는 내용의 사실조회가 이루어질 수 있으니 진솔하게 응답하여 주시기 바랍니다.

1. 본인에게는 불리하지만 내가 속한 조직이나, 대다수의 사람들의 이득으로 선택한 경험이 있으면 기술하시오.

2. 본인은 미취학 자녀가 2명 있다. 사정이 있어서 퇴근해야 하는데 상사는 초과 근무를 해서라도 일을 마치고 가라고 한다. 이런 상황에서 어떻게 할 것인가?

3. 중앙부처나 지방자치단체의 여성주무관으로서 미취학 자녀가 2명 있다. 자녀가 감기몸살에 걸려서 퇴근해야 하는데 상사는 초과 근무를 해서라도 일을 마치고 가라고 한다. 이런 상황에서 어떻게 대처할 것인가?

면접전형 응시자 자기기술서

직급/직렬 (/   )   응시번호 (   )   성명 (   )(합격생 사례)

면접 전형을 효과적으로 진행하기 위하여 귀하 자신에 대해 질문을 드립니다. 합격자는 내용의 사실조회가 이루어질 수 있으니 진솔하게 응답하여 주시기 바랍니다.

1. 본인의 장점과 이를 통해 공직사회에서 어떻게 기여할 것인지에 대해 기술하시오.

- 장점
  1) 성실함: 초, 중, 고, 대학 시절까지 개근상을 받음
  2) 꼼꼼함: 여행계획이나 공부계획 등 무슨 일을 하기 전에 미리 꼼꼼하게 계획해서 실천함

- 기여
  1) 성실함과 근면은 모든 업무에서 가장 중요하다고 생각함
     공무원이 일을 소홀히 하면 주민에게 해가 갈 수 있으므로 나의 성실함이 도움이 될 것임
  2) 시민 한 분 한 분 꼼꼼하게 관리할 것임
     공무원이 되어 문서작업을 할 때에도 꼼꼼하게 처리해야 하므로 나의 꼼꼼한 성격이 공무원 업무에 도움이 될 것임

2. 본인이 공무원이 된다면 맡고 싶은 업무가 무엇인지와 그 이유를 함께 적으시오.

- 업무: 치매 예방관리 사업
- 이유
  ① 대학병원 신경외과 병동에서 간호사로 근무했을 때,
  ② 노인관련 자격증 취득
  ③ 할머니와 할아버지와 함께 거주하여 경로 우대사상을 가지고 있음.

면접전형 응시자 자기기술서

직급/직렬 (/   )   응시번호 (   )   성명 (   )

면접 전형을 효과적으로 진행하기 위하여 귀하 자신에 대해 질문을 드립니다. 합격자는 내용의 사실조회가 이루어질 수 있으니 진솔하게 응답하여 주시기 바랍니다.

1. 소통으로 인하여 조직에 도움을 준 사례를 말하시오.(경험형)

- 시기: 군 시절 선임분대장.
- 내용
   ① 후임들과 소통부족: 카톡으로 소통
   ② 선임들과 소통부족: 서신으로 소통
- 교훈: 조직생활에서 끊임없는 소통과 협력이 조직이 더 나은 상황으로 나아갈 수 있는 원동력이라는
      사실을 느꼈습니다.

2. 지나친 규제로 인하여 여행사 창업이 지지부진하다고 한다. 이에 대한 대책이 있다면 어떤 것이 있을지 설명하시오.(상황형)

(1) 현황 파악
   ① 여행사에 공문 발송
   ② 공청회·청문회 개최를 통한 현황 파악
(2) 대책
   ① 샌드박스를 규제완화
   ② 조세감면
   ③ 보조금 지급 등

면접전형 응시자 자기기술서

직급/직렬 (　　　/　　　)　　　　응시번호 (　　　)　　　　성명 (　　　)

면접 전형을 효과적으로 진행하기 위하여 귀하 자신에 대해 질문을 드립니다. 합격자는 내용의 사실조회가 이루어질 수 있으니 진솔하게 응답하여 주시기 바랍니다.

1. 타인을 위해서 희생정신을 발휘한 경험에 대해서 기술하시오.

2. 본인은 S부처에서 예산 담당 주무관이다. 청년고용 증진을 위해서 중소기업에 10억의 보조금을 지급하려 한다. 엄격한 평가기준을 적용한 결과 A, B 두 기업이 동일한 점수를 획득했다. 한 기업에 국고보조금을 지급할 경우 전체 고용률이 20%, 두 기업에 나눠줄 경우 전체 고용률이 17%이다. 당신은 어떻게 할 것인가?

면접전형 응시자 자기기술서

직급/직렬 (/   )   응시번호 (   )   성명 (   )

면접 전형을 효과적으로 진행하기 위하여 귀하 자신에 대해 질문을 드립니다. 합격자는 내용의 사실조회가 이루어질 수 있으니 진솔하게 응답하여 주시기 바랍니다.

1. 자신의 모범적인 행동으로 인해 다른 사람들에게 긍정적인 영향을 준 사례에 대해 기술하시오.

2. 당신은 M부처의 고용지원 담당 주문관으로 대학생 취업준비생을 대상으로 3년간 1차 취업지원금 지원 사업을 진행했지만 취업률이 올라가지 않는 "답보" 상태이다. 다음 3년간 2차 사업 추진 여부에 대해 상관에게 보고해야 하는데 당신은 어떻게 할 것인가?

면접전형 응시자 자기기술서

직급/직렬 (/   )   응시번호 (   )   성명 (   )

면접 전형을 효과적으로 진행하기 위하여 귀하 자신에 대해 질문을 드립니다. 합격자는 내용의 사실조회가 이루어질 수 있으니 진솔하게 응답하여 주시기 바랍니다.

1. 살면서 경험했던 가장 힘들었던 일에 대해 기술하고 이를 해결하기 위해 어떤 노력을 했는지 기술하시오.

2. 당신은 철도경찰관으로 열차 내 탑승하여 업무를 보던 중 잠을 자고 있는 여성 A의 특정 부위를 몰래카메라로 찍고 있는 남성을 발견할 때 어떻게 대처할 것인가?

면접전형 응시자 자기기술서

직급/직렬 (/   )   응시번호 (   )   성명 (   )

면접 전형을 효과적으로 진행하기 위하여 귀하 자신에 대해 질문을 드립니다. 합격자는 내용의 사실조회가 이루어질 수 있으니 진솔하게 응답하여 주시기 바랍니다.

1. 신뢰를 저버릴 뻔한 상황과 그를 해결하여 신뢰를 지킨 경험에 대해 기술하시오.

2. 당신은 K주무관이다. 공직사회에서 자기개발이나 능력향상을 위하여 학업을 계속하고 있고, 주 2회는 수업 참여를 위해 업무시간을 2시간 할애해서 먼저 퇴근해야 한다. 그런데 상관이 학업이 업무에 방해된다고 불만을 갖고 있다. 이때 당신은 어떻게 행동할 것이며, 그 이유를 자세히 쓰시오.

면접전형 응시자 자기기술서

직급/직렬 (/   )   응시번호 (   )   성명 (   )

면접 전형을 효과적으로 진행하기 위하여 귀하 자신에 대해 질문을 드립니다. 합격자는 내용의 사실조회가 이루어질 수 있으니 진솔하게 응답하여 주시기 바랍니다.

1. 타인을 위해서 희생정신을 발휘한 경험에 대해서 기술하시오.

2. 과거 함께 업무를 했던 K국장이 인사업무 담당자인 나에게 7급 승진명부에 올라와 있는 타 부처의 L주무관의 승진에 힘써달라고 한다. 국장은 평소 업무능력도 뛰어나고 직원들 사이에 평판도 좋지만, L주무관은 업무능력은 높지만 인간관계가 좋지 않은 것으로 판단된다. 이때 당신은 어떻게 행동할 것이며 그에 대한 이유를 자세히 쓰세요.

면접전형 응시자 자기기술서

직급/직렬 (/   )   응시번호 (   )   성명 (   )

면접 전형을 효과적으로 진행하기 위하여 귀하 자신에 대해 질문을 드립니다. 합격자는 내용의 사실조회가 이루어질 수 있으니 진솔하게 응답하여 주시기 바랍니다.

1. 자신을 희생해 지역 사회나 공동체를 도운 경험을 구체적으로 기술하시오.

2. 나는 대학평가를 담당하고 있는 주무관이다. 나의 배우자는 A대학에서 근무하는데, 빈번히 승진 심사에서 탈락하여 오랫동안 힘들어하는 상황이다. 그런데 A대학 관계자와 배우자는 나에게 대학평가 등급을 높게 처리해달라고 지속적으로 부탁하고 있다. 대학평가 기준을 어떻게 조정할지는 내게 재량권이 있다. A대학의 평가를 잘 해준다면 배우자가 승진이 될 수도 있다. 이때 당신은 어떻게 대처할 것이며 그 이유는 무엇인가?

면접전형 응시자 자기기술서

직급/직렬 (/   )   응시번호 (   )   성명 (   )

면접 전형을 효과적으로 진행하기 위하여 귀하 자신에 대해 질문을 드립니다. 합격자는 내용의 사실조회가 이루어질 수 있으니 진솔하게 응답하여 주시기 바랍니다.

1. 최근 가장 열정적으로 이룩했던 성과는 무엇이었는지 기술하시오.

2. 나는 계약 담당 주무관이다. 평소 대인관계가 좋은 B과장은 직무상 정보를 입수해서 자기 배우자를 통해 사적 이익을 취한다는 의혹을 받고 있다. 그런데 우연히 B과장이 누군가와 전화하면서 중요한 계약 정보를 얘기하는 것을 듣게 됐다. 이런 상황이면 당신은 어떻게 대처할 것이며 이유는 무엇인가?

면접전형 응시자 자기기술서

직급/직렬 (/   )   응시번호 (   )   성명 (   )

면접 전형을 효과적으로 진행하기 위하여 귀하 자신에 대해 질문을 드립니다. 합격자는 내용의 사실조회가 이루어질 수 있으니 진솔하게 응답하여 주시기 바랍니다.

1. 의미 있는 목표를 정하여 달성해 본 경험을 기술하시오.

2. A봉사단체에서 저소득층 노인들을 위해 도시락을 나눠주는 봉사를 하기 위해 허가가 불가능한 곳에 도로점용 임시 허가를 받아 임시건물을 설치하였다. 하지만 지역 주민들이 미관손상, 통행 불편 등의 이유로 지속적인 민원을 한다. 어떻게 대처할 것이며 이유는 무엇인가?

면접전형 응시자 자기기술서

직급/직렬 (/   )   응시번호 (   )   성명 (   )

면접 전형을 효과적으로 진행하기 위하여 귀하 자신에 대해 질문을 드립니다. 합격자는 내용의 사실조회가 이루어질 수 있으니 진솔하게 응답하여 주시기 바랍니다.

1. 유혹을 받아 신뢰를 저버릴 뻔한 경험과 대처방법을 기술하시오.

2. 당신이 K부처에 발령됐는데 선임은 10일 동안 자리에 없고 다른 분은 민원업무 처리로 바쁘다. 당신은 본인의 업무와 민원업무를 동시에 처리해야 하는 상황이다. 이런 상황에서 어떻게 할 것이며 그 이유는 무엇인가?

면접전형 응시자 자기기술서

직급/직렬 (　　/　　)　　　　응시번호 (　　)　　　　성명 (　　)

면접 전형을 효과적으로 진행하기 위하여 귀하 자신에 대해 질문을 드립니다. 합격자는 내용의 사실조회가 이루어질 수 있으니 진솔하게 응답하여 주시기 바랍니다.

1. 봉사경험을 구체적으로 기술하시오.

2. 안전관리를 담당하는 TF가 2인1조로 주2회 운영하는 것이 규정이다. 팀장이 비효율적이라고 생각하고, 무사고 10년이 됐다고 하면서 1인1조 주1회로 운영하라고 지시한다. 이때 당신은 어떻게 할 것이며 그 이유는 무엇인가?

면접전형 응시자 자기기술서

직급/직렬 (/   )   응시번호 (   )   성명 (   )

면접 전형을 효과적으로 진행하기 위하여 귀하 자신에 대해 질문을 드립니다. 합격자는 내용의 사실조회가 이루어질 수 있으니 진솔하게 응답하여 주시기 바랍니다.

1. 목표를 정하고 달성하는 과정에서 실수한 경험과 이를 극복한 방법을 기술하시오.

2. K건설사가 시공 중인 주민센터를 중간 점검하던 중 당초 계획과 달리 품질이 저렴한 자재가 사용된 것을 알게 됐다. 다른 자재로 보완이 불가능해 그대로 시공할 경우 건물의 내구연한이 절반으로 줄어드는 상황이다. 이를 시정하려면 건물을 철거하고 새로 시공해야 하는데 이럴 경우 건축회사가 부도 위기에 빠질 수 있고, 지역을 대표하는 회사라서 지역경제가 악화될 수도 있다. 이런 상황이라면 담당 주무관으로서 어떻게 할 것이며 그 이유는 무엇인가?

면접전형 응시자 자기기술서

직급/직렬 (/   )   응시번호 (   )   성명 (   )

면접 전형을 효과적으로 진행하기 위하여 귀하 자신에 대해 질문을 드립니다. 합격자는 내용의 사실조회가 이루어질 수 있으니 진솔하게 응답하여 주시기 바랍니다.

1. 자신의 모범적인 행동으로 인해 다른 사람들에게 긍정적인 영향을 준 사례를 기술하시오.

2. 당신은 K도 교육청의 급식 담당 주무관입니다. 미국과 중국 수입 농산물로 농민들이 어려움을 겪고 있습니다. 교육청에서 Local Food를 추진하여 지역 농 산물을 구매하기로 했고, 이것이 지역민들의 공감대를 얻고 있습니다. 하지만 K도 농산물의 가격은 다른 지역 농산물에 비해 높은 편입니다. 예산은 부족한 상황인데 이때 당신은 담당 주무관으로서 어떤 절차를 거쳐 해결할 것인지 구체적인 방안을 제시하고, 그 이유를 작성하시오.

면접전형 응시자 자기기술서

직급/직렬 (/   )   응시번호 (   )   성명 (   )

면접 전형을 효과적으로 진행하기 위하여 귀하 자신에 대해 질문을 드립니다. 합격자는 내용의 사실조회가 이루어질 수 있으니 진솔하게 응답하여 주시기 바랍니다.

1. 윤리적인 일이나 또는 공정성이 문제가 있을 때, 까다로운 일이기는 하나 해결한 경험이 있으면 기술하시오.

2. 도와주기 힘든 상황에서 다른 사람을 도왔던 경험에 대해 기술하시오.

면접전형 응시자 자기기술서

직급/직렬 (/   )   응시번호 (   )   성명 (   )

면접 전형을 효과적으로 진행하기 위하여 귀하 자신에 대해 질문을 드립니다. 합격자는 내용의 사실조회가 이루어질 수 있으니 진솔하게 응답하여 주시기 바랍니다.

1. 본인 인생의 전환점이 되는 사건과 전환점으로 생각하는 이유에 대해 기술하시오.

2. 자신의 전문 분야에서 새로운 흐름과 그것에 적응하기 위해 본인만의 노력을 한 경험을 기술하시오.

면접전형 응시자 자기기술서

직급/직렬 (/   )   응시번호 (   )   성명 (   )

면접 전형을 효과적으로 진행하기 위하여 귀하 자신에 대해 질문을 드립니다. 합격자는 내용의 사실조회가 이루어질 수 있으니 진솔하게 응답하여 주시기 바랍니다.

1. 전공과 관련하여 변화에 대응하여 자기 계발을 한 경험을 기술하시오.

2. 다른 사람이 부탁했을 때 그에 대해 어떤 마음으로 대응했는지에 대해 기술하시오.

면접전형 응시자 자기기술서

직급/직렬 (/   )   응시번호 (   )   성명 (   )

면접 전형을 효과적으로 진행하기 위하여 귀하 자신에 대해 질문을 드립니다. 합격자는 내용의 사실조회가 이루어질 수 있으니 진솔하게 응답하여 주시기 바랍니다.

1. 공동(팀) 목표를 위해 계획을 세웠는데 실패했던 경험과 그로 인해 얻은 교훈을 기술하시오.

2. 도덕이나 법을 위반할 수밖에 없는 상황에 직면했을 때, 그 상황에 대처했던 경험을 기술하시오.

면접전형 응시자 자기기술서

직급/직렬 (/   )   응시번호 (   )   성명 (   )

면접 전형을 효과적으로 진행하기 위하여 귀하 자신에 대해 질문을 드립니다. 합격자는 내용의 사실조회가 이루어질 수 있으니 진솔하게 응답하여 주시기 바랍니다.

1. 조직의 문화와 행태로 목표 달성에 곤란을 겪는다면 어떻게 대응할지 기술하시오.

2. 남들이 문제로 인식하지 않는 문제를 문제로 인식하고 해결한 경험을 기술하시오.

면접전형 응시자 자기기술서

직급/직렬 (/   )   응시번호 (   )   성명 (   )

면접 전형을 효과적으로 진행하기 위하여 귀하 자신에 대해 질문을 드립니다. 합격자는 내용의 사실조회가 이루어질 수 있으니 진솔하게 응답하여 주시기 바랍니다.

1. 공동의 목표 달성을 실패한 사례를 들어 실패의 원인과 결과를 기술하시오.

2. 전공과 관련하여 본인의 역량 및 별도로 자기 계발을 하고 있는 것을 기술하시오.

2 **개인 프레젠테이션**

1 PT 작성 및 발표 요령

- PT는 면접시험에서 매우 중요하다.

- PT는 형식상 작성과 내용상 작성, 발표의 3가지 형태를 철저하게 준비를 해야 좋은 평가를 받을 수 있다.

① PT 작성

　ㄱ. 형식상 작성법

　　　ⓐ 글씨는 정자로 또박또박 쓸 것

　　　ⓑ 글씨는 큰 글자체로 할 것

　　　ⓒ 번호부여를 통일적으로 할 것

예 Ⅰ. 서론
　 Ⅱ. 본론
　　　1. (1) …
　　　　 (2) …
　　　　 (3) …
　　　2. (1) …
　　　　 (2) …
　　　　 (3) …
　　　3. (1) …
　　　　 (2) …
　　　　 (3) …
　 Ⅲ. 결론

　ㄴ. 내용상 작성법

　　　ⓐ 면접시험 시 평정표의 항목에 충실하게 기술할 것

　　　　• 내용의 논리성과 정확성

　　　　• 소통·공감

　　　　• 헌신·열정

　　　　• 윤리·책임

　　　　• 창의·혁신

　　　ⓑ 내용을 명확하게 구체적으로 기술할 것

　　　ⓒ 경험한 내용을 그 배경과 결과를 구체적으로 기술할 것

　　　ⓓ 사례를 2개 이상 제시할 것

　　　ⓔ 논거를 제시하는 경우에는 이성적 차원에서 기술할 것

　　　ⓕ 현황을 제시하고, 장·단점을 기술한 후에 대안을 제시할 것

　　　ⓖ 객관적인 통계수치나 데이터를 이용해 자신의 주장을 뒷받침할 것

　　　ⓗ PT에서 언급한 내용에 대한 후속 질문에 대비하며 기술할 것

ⓘ 면접관에게 제출용은 핵심키워드 중심으로, 자신의 발표용은 부가내용까지 기술할 것

ⓙ PT 목적에 맞춰라. 설득과 전달이라는 목적이 대부분이다.

ⓚ 악필이라도 정성껏 작성할 것

② PT 발표요령

ㄱ. 발표하기 전

ⓐ 전체적인 발표내용을 머릿속에서 정리할 것

ⓑ <u>발표소요시간과 핵심적인 강조내용을 정리할 것</u>

ⓒ 목소리를 맑게 만들 것

• 따뜻한 물을 준비하여 수시로 발표 전에 마실 것

• 사탕을 준비하여 목을 풀어줄 것

ⓓ 정신적으로 불안한 감정을 안정적으로 마인드 컨트롤할 것

ㄴ. 면접 발표장 입장

ⓐ 면접관에게 인사를 공손하게 할 것. 면접관은 일반적으로 3인으로 구성되어 있음(변동가능성도 있으나, 3인 구성이 예상됨).

ⓑ PT 작성한 서류 전달

ⓒ 면접관의 지시에 따를 것. 앉으라고 말을 하면 앉을 것

ⓓ 간단한 자기 소개 - 성명, 수험번호

ㄷ. PT 발표

ⓐ 시선과 손·발·자세는 안정적으로 할 것

ⓑ 시선은 중간에 앉은 면접관을 기준으로 하여 좌 면접관과 우 면접관을 순차적으로 응시할 것

ⓒ PT 작성한 서류는 목차 정도만 참고하여 볼 것

ⓓ <u>목소리는 지나치게 작거나 크게 하지 말 것</u>

ⓔ 지나치게 느리거나 빠르게 말하지 말 것

ⓕ 올바른 경어를 사용할 것

ⓖ 중간에 실수하는 경우에는 "다시 발표하겠습니다."라고 고지하고 다시 시작할 것(당황하지 말고 다시 잘하면 오히려 위기관리능력의 자세를 면접관에게 주어 좋은 인상을 받을 수 있음)

ⓗ 발표가 종결되면 "이상입니다."라고 종결을 알릴 것

③ 5분스피치 기출문제

ㄱ. 9급 국가직

ⓐ 자료문: 국민 추천제

ⓑ 질문: 국민 추천제로부터 이끌어 낼 수 있는 공직가치와, 이를 통해 자신이 생각하는 공직자의 자세를 자유롭게 말하시오.

ⓒ 질문: 내부 고발한 공무원 보호 방안(2023년 일반행정)

ⓓ 주제: 1. 협업사례에 관한 사례(2024년 9급 국가직 공통)

2. 실패한 경험과 극복한 경험을 발표하시오. (2024년 9급 국가직 공통)

3. 공직가치에서 청렴성을 발휘한 경험을 발표하시오. (2024년 9급 국가직 공통)

4. 공직가치와 본인이 발휘한 공익성을 발표하시오. (2024년 9급 국가직 공통)

ㄴ. 서울시 9급

1. 노인무임승차에 대한 찬반 의견

2. 공익제보자 개인정보 유출 방지 대책

3. 혐오표현에 대해 어떻게 생각하는가?

4. 서울시 인구감소에 대한 본인의 의견

5. 노키즈존에 대한 찬반

6. 조직 내 지식량 차이에 대한 의사소통 실패

7. 여성인구가 증가하고 있다. 여초현상에 대한 대응책

8. 1인 가구에 대한 배려 정책

9. 유기동물에 대한 대책

10. 시민 봉사를 위한 실천방안

11. 음주단속알림 어플리케이션의 단속

12. 응급실에서 의료진 폭력에 대한 대책

13. 행복지수 올리기 위한 서울시 정책

14. 서울시 정책 중에서 마음에 드는 정책

15. 본인이 열정적으로 노력한 것

ㄷ. 서울시 7급

1. 기업경제자유와 환경파괴문제가 충돌하고 있다. 본인은 어떻게 해결할 것인가?

2. 청년 고용의 활성화 방안?

3. 관광 활성화 방안?

4. 서울시 공공부문 메타버스 활용 방안과 유의점에 대해서 발표하시오.

5. 플랫폼 경제의 부작용과 대응 방안에 대해서 발표하시오.

ㄹ. 서울시 9급 5분 스피치

1. 빅데이터 이용에 있어서 공무원에게 필요한 자세와 유의점.

2. 저출산 해결 방안

3. 아이키우기 좋은 서울시 만들기 위한 방안

4. 재활용사업의 성공을 위해 서울시가 조치하고 노력한 점

5. 전통시장 앞 주차문제 해결 방안

ㅁ. 부산시 9급 5분 스피치

   1. 관광 활성화 방안

   2. 지역 경제 활성화 방안

ㅂ. 국가직 9급 5분 스피치

   [개인 발표]

   1. 마을기업 활성화 방안_일행직

   2. 불법촬영물 근절을 위한 대책 방안_일행직

   3. 정밀의료산업 활성화 방안_세무, 검찰, 감사직 등

   4. 일자리안정자금 개선 방안_세무, 검찰, 감사직 등

ㅅ. 국가직 7급 스피치

   1. 도심 내 물류센터 건설 위한 규제완화 한 경우에 교통체증 및 교통약자 교통권문제 발생. 대응책은?

   2. 유통기한을 소비기한으로 바꾸는 정책 추진과 관련하여 현황, 문제점, 개선대책?

   3. 지역축제 활성화 방안?

ㅇ. 지방직 7급 일반직 스피치

   1. 지역경제 활성화 방안?

   2. 저출산 해결방안?

   3. 귀농귀촌 성공방안?

개인발표내용 (작성용지)	성 명	
	응시번호	(방송통신) (합격자 사례)

○○경찰서장님은 주민센터나 동사무소를 다니며 노인분들께 20분 정도 보이스피싱 강의를 한다. 이렇게 교육을 받은 노인은 보이스피싱을 절대 당하지 않는다.

또한 이렇게 교육을 받은 노인들은 다른 사람들에게 교육받은 내용을 전달한다. ○○서장님은 다른 경찰서로 자리를 옮겼다. 경찰서를 옮긴 서장님은 은행을 돌아다니시며 노인분들을 대상으로 교육을 한다.

최근 보이스피싱 수법이 변화하면서 직접 현금을 인출해달라고 하는 요구가 늘었기 때문이다.

여기서 유추할 수 있는 공직가치와 그 공직가치를 실현하는 방법

1) 상황
   (1) 서장님은 동사무소나 주민센터를 다니시며 노인분들께 보이스피싱 예방교육을 하심
   (2) 보이스피싱 역할 교육

2) 유추할 수 있는 공직가치: 책임성, 공익성, 애국심, 봉사정신

3) 공직가치를 뽑은 이유 및 실현방법
   1. 책임성: 이 서장님은 시키는 일만 하시는 것이 아니라 본인 스스로 상황을 파악하고 상황에 맞는 활동 하시는 등 사명감을 가지고 일을 하고 계심.
      제가 공무원으로 임용되면 책임감을 가지고 방송통신과 관련된 SW등을 공부하겠습니다.
   2. 공익성: 서장님은 사회적 약자를 위해 노력하고 계시는 모습을 보고 공익성을 유추 과학기술의 발전으로 빈부격차가 심해지는 경향을 보이고 있음. 최근 정부에서 규제 샌드박스 등을 풀어야 한다는 이야기가 나오지만 최근 정부에서 포용 국가 이야기가 많이 나오는 만큼 규제 샌드박스로 규제는 풀되 빈부격차가 심해지지 않도록 세심한 정책적 배려가 필요하다고 생각합니다.
   3. 애국심: 서장님은 자신의 위치에서 본인의 직분을 충실히 수행하고 계심. 애국심이 거창한 것이 아니라 자신의 자리에서 최선을 다하는 것이 애국심이라고 생각을 하고 저도 공무원이 된다면 국가를 대표한다는 마음으로 최선을 다하겠습니다.
   4. 봉사정신: 서장님은 사회적 약자를 위해서 노력을 하고 계십니다. 저도 공무원으로 임용되면 공무원모임 중 봉사모임이 있는데 그런 곳에 가서 봉사활동을 하도록 하겠습니다.

개인발표내용 (작성용지)	성 명	
	응시번호	(국가직 9급) (합격자 사례)

다음 제시문에서 a부처에서 시행하고 있는 이 제도가 내포하고 있는 공직가치와 이를 위해 필요한 공직자의 자세에 대해 자유롭게 발표하시오.

<a 부처에는 공직사회 분위기 쇄신을 위해 임용된 특별한 이력의 공직자가 있다. 바로 국립○○연구소 법의관과 영국 ○○대병원 교환교수를 거쳐, ○○병원 병리과장으로 재직해 온 의과학자인 乙부장이다. 20년간 병리학을 연구했던 그는 세포유전자 치료 및 유전자 재조합 의약품 연구·검증에 실적을 거둔 권위자이다. 이는 국민참여형 선진인사시스템인 국민추천제로 임용된 대표적인 사례로 여겨진다.>

1) 질문과정에서 이런 개방형 시스템에서, 기존에 업무를 하시던 분과 새로 오신 분들과의 갈등이 생길 수 있는데 어떻게 하겠냐고 여쭤보셔서 처음엔 기존에 하시던 분이 주가 되어서 새로 오신 분들이 보조하는 형태로 점점 배워나가는 식으로 진행하면서 계속 과정을 지켜보면서 그 비율?을 조정하겠다는 식으로 말씀 드렸는데 좀 더듬으면서 했지만 크게 이후에 별다른 질문은 하지 않으셨습니다.

2) 공직사회에서 전문성이 중요한 이유를 여쭤보셔서 전반적인 공무원 쪽보다는 제가 지원하는 선거행정직 쪽으로 약간 범위를 좁혀서 대답했습니다. 특히 홍보 쪽에서 국민들에게 선거라는 제도에 대해서 누구보다 알기 쉽게 설명해야 하고 이해시켜야 하는 업무를 맡고 있기 때문에 공무원이 가지고 있는 전문성은 공신력과 국가에 대한 신뢰도를 제고시킬 것이라는 느낌으로 대답했습니다.

개인발표내용 (작성용지)	성 명	
	응시번호	(국가직 9급)

제시문에서 시행하고 있는 제도에서 도출할 수 있는 공직가치, 공직자의 자세에 대해서 말해보세요.

(국민추천제)

1. 이 제도에서 도출할 수 있는 공직가치

　① 전문성　　② 적극성　　③ 신뢰　　④ 열정, 헌신

2. 공직자의 자세

　공직자가 전문성, 적극성, 열정, 헌신을 갖고 일하고 국민에게 신뢰를 받는 것이야말로 헌법 7조 공무원은 국민에 대한 봉사자라는 조항을 잘 실현하고 있는 것이라고 생각.

3. 나의 각오

　WTO 승소 판결을 이끄신 공무원들을 보며 나도 모르게 가슴이 찡함. 열정적이고 헌신해서 국가와 국민을 위해 일하는 선거관리위원회 공무원이 되겠음.

개인발표내용 (작성용지)	성 명	
	응시번호	(국가직 9급) (합격자 사례)

Q. 세종실록(사료가 일부 있었습니다.)에서 유추할 수 있는 공직가치와 앞으로 나아갈 공무원의 자세

I. 유추할 수 있는 공직가치
    1. 청렴성(관리의 부패를 막으려 했다는 점)
    2. 민주성(공개행정과 적극행정을 실행했다는 점)
    3. 애국심(나라를 사랑한다는 점)
    4. 책임감(백성의 목소리를 듣고 세법개정을 했다는 점 - 전문성과도 연관됨)
    5. 공익성(백성을 위했다는 점)

II. 활성화 방안
    1. 개인적 차원: 공직가치를 실현한 독립운동가나 이전 공무원들의 행정선례, 예규집을 참고함
    2. 사회적 차원: 공무원을 대상으로 교육을 실시해서 우수자, 미흡자로 나눈 후 차등보상 지급
                (우수자에겐 인센티브, 미흡자에겐 재교육의 기회 제공)
    3. 국가적 차원
      (1) 의사결정을 위해 위원회를 구성
         (9인-홀수 명으로 구성해야 민주적 정당성 실현이 잘 되는 것으로 알고 있습니다)
      (2) 다양한 논의의 장을 만듦(SNS, 신문, 홈페이지, 웹툰 이용)
      (3) 공청회, 청문회를 열어 의견수렴

III. 기대가치
    1. 공무원으로서의 전문성 확보
    2. 국민으로부터 신뢰획득 - 정책의 연속성 보장
    3. 통계직공무원으로서 전문성을 높여 정확성이 높은 자료로 정책예산 절감에 기여하겠습니다.

개인발표내용 (작성용지)	성 명	
	응시번호	(국가직 9급)

다음 사례에서 추출할 공직가치와 공무원의 자세는?

<최근 임용된 의학직 공무원은 의학박사 등을 지내고 교수를 지낸 인물입니다. 또 국민 공모를 통해 임명되었습니다. 공직가치를 통해 공직혁신을 일으키고 있습니다.>

개인발표내용 (작성용지)	성 명	
	응시번호	(국가직 9급)

지문을 읽고 공직가치를 적는 것

지문과 같은 공직가치를 지킴으로써 공직 혁신에 참여하겠다.

전문성 - 전문가를 채용한 것

다양성 - 외부인사를 채용한 것

민주성 - 국민참여를 통해 선발한 것

그를 위한 공무원의 자세

전문성의 사례: 자기계발하기, 직무와 전문분야 연결하여 배치하기

다양성의 사례: 편견 갖지 않고 소수자 배려하기

민주성의 사례: TF결성하기

개인발표내용 (작성용지)	성 명	
	응시번호	(국가직 7급) (합격자 사례)

스타트업 기업 활성화 방안

지문: 구글, 알리바바와 같은 스타트업 기업의 성공사례, 창업 후 3년 뒤 생존한 기업이 38%, 가장 어려운 점은 투자금 문제, 투자금은 75% 정도는 본인자금, 우수인재 영입의 어려움, 구직자들이 스타트업을 꺼리는 이유로 대기업과의 임금격차, 고용의 불안정성, 해결방안으로 이스라엘의 요즈마펀드, 프랑스의 기업과 장기 근로자의 1:2 비율로 적립제, 미국의 R&D 지원 방안 현황과 문제점은 주어진 자료를 요약

해결방안

1. 스타트업 기업 지원 기금 마련
   1) 정부가 주도 → 민간의 참여
   2) 기금 투자자들에게 배당금 지급
   3) 대기업 참여 독려를 위해 상생기업 인증 실시

2. 우수인력 확보 방안
   1) 스타트업 기업, 연구기관, 대학, 마이스터고 등이 참여한 박람회 개최, 인턴쉽 프로젝트
   2) 희망하는 자에 한해 장기 재직시 월급의 일정부분을 스타트업 기업에 투자 회사가 성장할 시 그 가치만큼 평가해 되돌려 줌

3) 스타트업 기업을 창업하거나 장기재직을 희망하는 대학생에게 장학금과 학자금 대출 이자 감면

개인발표내용 (작성용지)	성 명	
	응시번호	(고용노동부)

1. 목민심서에서 유추할 수 있는 공직가치
　　정직, 책임감, 자기계발

2. 발전시키기 위해서 할 일
　　정직과 책임감을 가진 사람들의 자서전이나 책을 읽거나 인터넷에서 그러한 정보를 읽는다.

개인발표내용 (작성용지)	성 명	
	응시번호	

문제: 정약용 <경세유포>에서 유추할 수 있는 공직가치와 이를 실현하기 위한 공직자의 자세

신속성과 정확성

| 개인발표내용
(작성용지) | 성　명 | |
| | 응시번호 | |

주제발표내용 (작성용지)	성　　명	
	응시번호	

◆ 공공정책의 개요 및 기대효과
- 최근 3년간 A시 내 쓰레기 발생률 30% 증가
- 기존의 매립장은 이미 과포화 상태
- 새로운 매립장 건설을 통한 A시의 쓰레기 처리문제 해결

◆ 갈등 유발 요인
- 오물, 오수 발생으로 인한 B구 주민의 건강악화 문제
- 대형차량 통행으로 인한 교통문제 발생
- B구의 주된 수입원인 관광객 수 감소 우려
  - 쓰레기 매립장 설치로 인한 주변 환경오염
  - 대형차량 통행으로 인한 소음문제
- B구 주민들과 A시 간의 의사소통 부족
  - 시 지원책의 실효성 부족 문제

◆ 갈등으로 인한 사회적 영향
- 지역이기주의 현상 전염의 위험성
- 공공정책에 대한 국민의 신뢰도 저하 우려

◆ 갈등의 예방·해결을 위한 향후 추진 계획
- 주기적인 건강검진 실시 및 질병 발생 시 병원비 지급
- 매립 차량 통행용 우회도로 건설 및 통행시간 사전 공지
- 매립지 공원화를 통한 새로운 관광명소 개발
- '정부 3.0' 활용을 통한 주민과 정부 간 의사소통 문제 해결

[[예제 1] 한반도 신뢰프로세스]

주제발표내용 (작성용지)	성 명	
	응시번호	

Ⅰ. 검토배경

　1. 한반도 안보의 불안정성 상존: 북한의 위협 존재

　2. 경제발전을 통한 통일시대 구현의 한계 직면: 안보와 성장의 상보적 관계 인식(창조적 사고의 필요성)

　3. 남북관계의 대결·반복 구도의 전환 필요: 남북 간 신뢰 형성을 통한 한반도 안보여건 조성

Ⅱ. 추진목적

　1. 튼튼한 안보를 바탕으로 한 지속가능한 성장 기반 마련

　2. 한반도 안정화 추구를 통한 남북 간 상생 관계 정립

　3. 신뢰구축을 통한 통일시대 지향

Ⅲ. 추진전략

　1. 확고한 안보의식 확립에 따른 북한 리스크 축소

　2. 지속적인 경제성장을 통한 북한의 체제변화 유도

　3. 정부 간 협업, 국제적 공조를 통한 일관된 대북정책 추진

Ⅳ. 향후계획

　1. 북한 도발에 대한 철저한 대응과 국제사회의 책임 있는 일원 형성 유도

　2. 남북경협의 지속적 추진을 통한 공생발전 방안 모색

　3. 통일시대의 달성을 위한 국제적인 공조 유지

Ⅴ. 결론

　신뢰에 바탕을 둔 남북관계 재정립 → 안보에 기반을 둔 성장을 유도 → 한반도 안정화 기여 → 행복한 통일시대 기반 구축을 통한 국민행복, 희망의 새 시대 달성

주제발표내용 (작성용지)	성 명	
	응시번호	

◆ 현황
- 전년 대비 온누리상품권 판매액 82.1% 감소
- 인터넷쇼핑 및 홈쇼핑의 확산으로 전통시장의 매출 감소

◆ 전통시장의 문제점
- 접근성 및 주차공간 부족
- 실외에 위치-날씨에 영향을 많이 받음
- 가격 정찰제의 부재
- 원산지 표시 미비

◆ 해결방안
- 지자체와 연계한 제도 개선
  - 공영 주차장 활용 및 버스 운영
  - 시장별 테마설정 및 축제 개설
- SNS를 통한 홍보·마케팅: "하루"마케팅
- 대기업과의 상생 반전 도모: MOU 체결
- 외국인 관광객 유치
  - 통역 도우미 배치
  - 한국 전통시장 체험상품 개발
  - 가격정찰제 도입 및 원산지 표시 관리

◆ 결론
- 지자체와 대기업의 협력을 통한 문제점 해결
- 전통시장 고유의 매력을 살려 이를 활성화

【(예제 3) 고졸자 취업지원 활성화 방안】

주제발표내용 (작성용지)	성 명	
	응시번호	

◆ 핵심 및 개요
- 고졸자의 취업 향상방안
- 전문계고 졸업자 우선채용 방안 검토

◆ 문제점 및 현상 분석
- 교육열과 학력차별문제-상대적인 학력 인플레와 청년 실업률 증가
- 정책의 부작용-고졸자를 위한 학력제한 철폐정책이 대졸자에 혜택
- 학력임금격차가 큰 현실-기득권층의 불만
- 전문계고의 단순취업률만 높이려는 현상

◆ 해결방안
- 공공기관의 채용 모집요강 현실화-사기업 참여 유도
- 사후 전문가 양성교육 프로그램 개발
- 특성화 고교의 맞춤형 인재양성을 위한 교육프로그램 개선
- 산·학·관 연계강화-협의체 구성
- 취업역량 강화 프로그램 개발 및 인턴제도 운영 활성화

◆ 결론
- 공공부문이 솔선수범해서 채용 가이드라인 제시
- 고졸체용은 능력사회의 지름길, 지속성을 위한 각계 관심 필요

주제발표내용 (작성용지)	성 명	
	응시번호	

◆ 현황
- 정부의 수산물 수입금지 조치: 8개 현의 모든 수산물 대상

◆ 문제점
- 입법적 한계
  - 식품 위해 사고 대응은 국내 발생 시로 한정
  - 방사능 오염 식품에 관한 별도의 법률의 부재
- 방사능 문제와 관련한 정보 부족
- 근거 없는 정보 확산으로 인한 국민 불안감 고조

◆ 해결방안
- 방사능 유출 사고 관련 법 개정
  - 주변국 사고 포함
  - 타 식품오염과 차별화하여 제정
- 신속하고 정확한 정보공개: 정부 3.0 활용
- 소비자, 관련업계, 정부가 함께하는 소통의 장 구축
- T/F팀 구축을 통한 관리: 식약처 + 보건복지부 + 산업통상자원부

◆ 결론
- 정부, 관련업계, 소비자 간 소통을 통한 신뢰관계 구축
- 정부의 주요목표 중 하나인 불량식품 문제 해결

【[예제 5] 노인복지시설의 현황실태조사 협조요청 기획안 마련】

주제발표내용 (작성용지)	성 명	
	응시번호	

◆ 서론
- 조사의 취지와 그 배경-노인복지시설의 현실 파악 및 개선
- 조사에 소요되는 시간과 인원
- 정확한 실태파악을 위해서 유의해야 할 사항과 조사항목

◆ 본론
- 전국적 조사를 위해 각 지역의 담당 공무원에게 업무협조 요청
  - 특별시, 광역시, 도 기준
- 원활한 업무를 위해 협조가 필수적임을 알림
- 각 지역 공무원 등의 현장방문조사
  - 노인복지시설의 수
  - 노인복지시설의 노후성
  - 노인복지시설 담당자들의 인원 파악 및 업무과중정도 조사
- 건의사항과 개선점을 물어서 통계수치화해 보건복지부로 보냄
- 자료수집 후 국회의원에게 제출하기 위해 문서화, 통계수치화

◆ 결론
- 협조해 준 담당 공무원에게 감사 공문 발송
- 차후의 개선방안과 법률안이 있을 경우 통보해 줌
- 유기적 협조가 이루어질 수 있도록 온라인화

【[예제 6] 지역축제 남발의 문제점 및 지역축제 활성화 방안】

주제발표내용 (작성용지)	성 명	
	응시번호	

◆ 현황
- 올 가을 개최되는 지역 축제가 1,000여 개에 이를 것으로 예상됨

◆ 문제점
- 지역 간 행사중복 (**예**코스모스 축제)
- 먹거리 위주의 축제 내용
- 축제에 대한 홍보 부족

◆ 해결방안
- 유사 축제의 통합 (**예**도자기 축제)
- 볼거리, 즐길 거리 확충
  - 지역 문화재 활용
- 지역축제 홍보 활성화
  - 정부 3.0 활용: 개인별 맞춤 축제정보 제공
  - T/F 팀 구축: 지자체와 관광공사 연계
  - (가칭) 지역축제 119콜센터 운영

◆ 결론
- 지역축제 활성화를 통한 지역균형발전
- 전통·지역문화 융성 중 하나인 문화융성 달성

【[예제 7] 방탄소년단과 관련된 경제효과분석 및 한류확산 제고방안】

주제발표내용 (작성용지)	성 명	
	응시번호	

◆ 현황

　• 최근 방탄소년단과 관련된 세계적인 인기와 더불어 한류 재점화

　• 직접적 경제효과뿐만 아니라 관련 산업에의 파급효과도 큼

　• 이를 계기로 한류를 더욱 확산시키기 위한 대안 마련의 필요성

◆ 싸이, 방탄소년단의 경제적 효과

　• 직접적 효과: 500억 원(음반, 음원매출액, 콘서트 매출액 등)

　• 간접적 효과: 총 1조 3천억 원(연관 산업 매출액, 일자리 창출 등)

◆ 한류확산 제고방안

　• 정책적 측면

　　- 문화체육관광부 내 전담부서 위상제고

　　- 관련 산업 재정지원

　　- 부처 간 협력 증대

　• 산업적 측면

　　- 콘텐츠산업 관련 일자리 창출 및 업무환경 개선

　　- 관광산업과의 연계

　　- 콘텐츠산업 전문가 양성을 위한 과정 마련

　• 인식적 측면

　　- 국민 스스로 자긍심을 가지고 민간 외교관 역할 수행

　　- 해외 거주 국민들이 그 지역에서 한류를 홍보할 수 있도록 함

【(예제 8) 학생들의 역사인식 부족에 따른 문제점과 그 해결방안】

주제발표내용 (작성용지)	성 명	
	응시번호	

◆ 현황
- 고교 교과과정에서 국사수업 비중이 5%에 불과
- 국사의 선택과목화로 인한 역사인식 부족

◆ 문제점
- 역사적 인식 부족으로 인한 자기정체성의 상실
- 역사에 대한 무관심

◆ 해결방안
- 역사교육 방식의 변화
  - 체험학습 및 답사실시
  - 역할극 및 스토리텔링 방식
- SNS 및 애플리케이션을 활용한 흥미유발
- 기존의 글 중심의 역사교과서 교체
- 학술단체와 정부부처, 교사 간 지속적 정보교류
- 수능필수과목으로의 도입
  - 필수 교과시간 배정
  - 역사 논술제도 도입
- 한국사 능력시험의 활성화
  (취업 및 승진에의 필수 혹은 가산점 부여)

◆ 결론
- 역사에 대한 인식을 토대로 더 나은 국가로의 발전
- 식견 있는 미래세대 양성

【(예제 9) 저가관광 개선 및 고부가가치관광 활성화 방안】

주제발표내용 (작성용지)	성 명	
	응시번호	

◆ 저가관광 발생원인
- 관광 타겟: 저렴한 관광을 선호하는 아시아 사람들
- 여행사 수익원: 상점 커미션이 국내 여행사의 유일한 수익

◆ 저가관광의 문제점
- 우리나라의 이미지 실추
- 무자격 관광가이드의 역사왜곡

◆ 해결방안
- 여행사 수익원 다양화
- 우수 관광인력의 확보
  - 관광통역안내사 시험 확대 실시
  - 가이드에 대한 주기적 검증
- MICE 산업의 활성화
  - 컨벤션센터 주변의 관광 인프라 확충
  - 국민들의 MICE 산업에 대한 관심 유도 및 인식 제고

◆ 결론
- 다양한 관광 상품 개발을 통해 저가관광 탈피
- 고부가가치 관광산업 활성화를 통한 국가 이미지 제고

주제발표내용 (작성용지)	성 명	
	응시번호	

◆ 현황
- 국민건강증진법 시행규칙 개정안의 시행
  - 공공장소 금연의 단계적 시행
  - 모든 일반 및 휴게음식점, 제과점으로 확대

◆ 논란의 원인
- 찬성 측 - 사생활의 자유 + 생명권
  - 흡연실의 실효성 부족: 시설미비 등
- 반대 측 - 흡연자에 대한 역차별
  - 영업주의 영업자유 침해

◆ 해결방안
- 업종별 도입 시기 차등화
- 흡연실 설치기준 강화 및 설치 의무화
- 간접흡연의 위험성에 대한 지속적 홍보 활동
- 길거리에도 흡연을 할 수 있는 별도의 공간 설치

◆ 결론
- 흡연자, 비흡연자 모두를 만족시킬 수 있는 정책의 필요
- 장기적으로 흡연자 자체를 줄이기 위한 노력 필요

【(예제11) 나홀로 아동과 돌봄 서비스】

주제발표내용 (작성용지)	성 명	
	응시번호	

◆ 현황

- 하루 1시간 이상 혼자 보내는 아이: 초등학생의 9.6%
- 하루 5시간 이상 혼자 보내는 아이: 초등학생의 3.7%
- 현행 돌봄 서비스의 문제점
- 서비스의 양적 부족: 아동의 2/3가 수혜받지 못함
- 서비스의 공급과 수요의 불일치
  - 공급: 특기적성 위주의 교육
  - 수요: 급식과 보육이 필요한 아이들이 많음
- 각 부처 서비스의 중복: 이용 아동 중복과 사각지대 존치

◆ 해결방안

- 돌봄 서비스에 급식지원과 사례관리 프로그램 포함
  - 교육 외 다양한 보호 서비스 구축
- 관련 부처가 협력해 TF팀 구축: 서비스의 통합
  - 보건복지부 + 교육부 + 여성가족부
  - 서비스 사각지대 최소화
- 지역사회 수요에 근거한 돌봄망 구축
  - 지자체별 꾸준한 수요조사 및 관리

◆ 결론

- 관련부처와 지자체의 협력을 통한 사각지대 최소화
- 국민이 웃을 수 있는 행복국가 건설

주제발표내용 (작성용지)	성　명	
	응시번호	

◆ 현황
- 국민 중 50% 이상이 스마트폰 중독증세 경험
- 초중고 평균 6.5% 정도의 학생이 스마트폰 과다사용군

◆ 문제점
- 학업부진
- 대인관계능력 저하 및 심리적 불안감·충동성·외로움

◆ 해결방안
- 학교와 연계한 국가 차원의 제도 마련
  - 기존에 시행되고 있는 스마트폰 중독 치유제도 활성화
  - 스마트폰 셧 다운 제도 도입
  - 스마트폰 없는 날 설정
- 오프라인 대인관계 활성화
  - 청소년 동아리 지원 확대
  - 방과 후 활동 활성화
- 국민으로부터의 관심과 호응 유도
  - 공모전 개최를 통해 국민들의 관심 유발
  - NGO나 사회적 기업과 함께 캠페인 개최

◆ 결론
- 올바른 스마트폰 사용문화 정착
- 스마트폰이 아닌 건전한 놀이문화의 정착

【[예제 13] 이공계 인력확보와 과학기술정책 개선을 위한 방안】

주제발표내용 (작성용지)	성 명	
	응시번호	

◆ 현황
- 10여 년 전부터 시작된 이공계 기피 현상의 심화
- 카이스트 등록률이 역대 최저인 84% 기록

◆ 원인
- 정년이나 보수 등 직업적 안정성이 떨어짐
- 열악한 연구 환경
- 낮은 사회적 대우
- 대학과 기업 사이의 미스매치
  - 공대생 비율은 OECD 평균의 2배인 23%
  - 기업들은 인력부족 및 학생들의 역량부족을 주장

◆ 해결방안
- 학과와 정원을 장기적 수요에 맞게 조정: 미래부 + 교육부
- 공과대학 인증제 확대 실시: 국제기준에 맞춘 인증제도
- 이공계 출신 특채 증강 및 가산점부여 확대
- 다양한 커리어 패스 개발 및 지원
- 근무여건 개선
  - 이공계 별도의 최저 임금제 도입
  - 정년 연장 및 제도적 보장

◆ 결론
- 우수인재의 이공계 진입 촉진을 통해 국가경쟁력 제고 필요

【[예제 14] 군 가산점제도 찬성·반대】

주제발표내용 (작성용지)	성 명	
	응시번호	

◆ 서론
- 국방부가 폐기된 '군가산제법안'을 국회 재제출 예고

◆ 논란의 원인
- 치열한 찬반 논쟁 및 이해관계의 대립
- 찬성 측: 형평성 차원, 강군육성(군인의 사기증진 차원)
- 반대 측: 여성·장애인 등에 대한 역차별 문제

◆ 해결방안
- 군 가산점 비율 하향 조정: 5%(위헌판결) → 1~2%
- 가산점 등급제 도입
  - 군 복무기간 및 군대별 차등
- 여성의 군 복무 기회 확대
- 장기 군 복무자에 대한 별도의 모집전형 신설
  (예 4년 이상 복무한 경우 지원 가능)
- 외국의 모범사례 참고
  (예 미국-군복무학점 인정, 취업우대)

◆ 결론
- 국가를 위해 애쓴 젊은이들에게 정당한 보상 필요
- 역차별의 문제를 최소화할 수 있는 방안 검토

【(예제 15) 불량식품 문제의 발생 원인과 그 해결방안】

주제발표내용 (작성용지)	성 명	
	응시번호	

◆ 현황
- 불량식품을 4대 악 중 하나로 설정
- 청소년의 10%가 불량식품 복용 후 부작용을 경험

◆ 원인 및 문제점
- 불량식품의 위험성에 대한 소비자의 인식 부재
- 식품 기업에 대한 불신
- 식품첨가물에 대한 정보 부족
- 식품위생법령 도입의 지체 및 관리행정체계 미비

◆ 해결방안
- 소비자의 적극적 참여: 식품표시 확인 및 신고 습관 확립
- 생산자의 철저한 안전관리 노력: 생산자 이름표기 확대 적용
- 강력하고 효율적인 정부관리 제도
  - 식품의약품안전처의 권한 강화
  - 규제 준수 기업에 대한 '인센티브제' 적용
  - 규제 위반 시 '이익 몰수제' 확대 적용
- 지속적인 교육과 캠페인: 어린이 식생활 교육
- 신고센터의 활성화 및 국민의 신고의식 고취를 위한 노력

◆ 결론
- 정부, 생산자, 소비자가 함께 협력해 불량식품 근절 노력
- 국민들이 안심하고 먹을 수 있는 환경 제공

주제발표내용 (작성용지)	성 명	
	응시번호	

◆ 서론
- 전국에 1,082개의 야영장 존재
- 운영 실태에 대한 파악 미비

◆ 현황 및 문제점
- 야영장 조성을 위한 불법 산지 훼손 및 용도변경
- 오수 무단 방류 및 쓰레기 무단 투기
- 등반 중 음주로 인한 안전사고 다발
- 하산 후 음주자의 고성방가로 인한 민원 증가

◆ 해결방안
- 야영장에 관한 법률 제정
- 사설야영장에 대한 단속 강화: 야영장 등록제 실시
- 국민들의 인식 개선을 위한 캠페인 실시
  - 인기 TV프로그램 활용: 아빠 어디가, 무한도전, 1박2일 등
  - 다양한 공모전 실시: UCC, 수필, 표어 등
- 자연공원 내 음주 금지구역 신설
  - '벌점제' 도입
  - 벌점 누적 시 캠페인 참여 및 환경미화 자원봉사 활동
- 야영장 및 자연공원 입구에 안내판 설치 의무화

◆ 결론
- 청결하고 깨끗한 야영장을 통해 국민들의 놀이공간 확충

【(예제 17) 고용률 증진을 위한 효과적인 해결방안】

주제발표내용 (작성용지)	성 명	
	응시번호	

◆ 현황
- 세계경제침체로 최근 10년간 취업준비자가 61% 증가
- 구직단념자 10년간 69% 증가
- 나홀로 취업준비자 10년간 146% 증가

◆ 문제점
- 소비 감소로 인한 국내 경기 침체
- 기업의 투자 재원 감소로 인한 산업경쟁력 위축
- 구직자의 대기업 쏠림현상으로 인한 중소기업 인력난

◆ 해결방안
- 맞춤형 취업서비스 제공
  - 인력풀 생성
  - 직업체험학교 활성화
- 중소기업 취업촉진을 위한 TF팀 조직: 중소벤처기업부 + 고용노동부
  (취업정보 제공 및 중소기업에 대한 지속적 홍보 병행)
- 시간제 근로의 확대 및 정착을 위한 분위기 형성
- 해외 취업 활성화
  - 현지 기업과의 직접 연계
  - 해외취업설명회 확대 실시

◆ 결론
- 취업준비자 감소 및 적절한 인력배치를 통한 경제 안정화 유도

【(예제 18) 가계부채 증가의 원인과 그에 대한 해결방안】

주제발표내용 (작성용지)	성 명	
	응시번호	

◆ 현황
- 가계부채가 1,300조 원에 육박
- 가계 재무건전성 악화

◆ 가계부채 증가의 원인
- 부동산 경기 침체 - 하우스 푸어
- 과도한 물가 상승률과 낮은 근로소득
- 감독기관의 감독 부재 - 사금융시장의 위법사례 증가

◆ 해결방안
- 새로운 재테크수단 마련
- 소득에 따라 부채상환비율 차별화
- 사금융권의 이자최고한도 하향조정
- 자산관리 교육프로그램 마련
  - 국선자산관리상담사제도
  - 주기적인 교육프로그램 실시
- 관리·모니터링 강화

◆ 결론
- 가계부채를 지속적으로 관리하여 안정적인 경제 기반 마련

【(예제 19) 중소기업혁신 Cluster단지 조성 - 원주의료Cluster】

주제발표내용 (작성용지)	성 명	
	응시번호	

◆ 업무의 목표: 각 지역의 고유특성에 맞는 혁신 Cluster단지 조성
- 지역균형개발
- 업무 효율성 제고
- 경제성장에 이바지

◆ 업무분담
- 중소벤처기업부: 우수기업선정 및 지원체계 개발
- 기획재정부: 예산지원
- 원주시: Cluster단지 제공
- 국토교통부: 공단조성 및 기반망 확충
- 산림청 - 휴양단지개발

◆ 협조방안
- 중소벤처기업부: 내부 주무부서
- 기획재정부: 미래의 고부가가치산업이 BT
- 원주시: 의료서비스와 휴식·레저형도시에서 창출되는 부가가치 수치화
- 국토교통부: 수도권 인구와 기업의 분산효과와 고속도로 확충
- 산림청: 휴양형 산림지 확보와 숲속의 집 증설

◆ 마무리

주제발표내용 (작성용지)	성 명	
	응시번호	

◆ 추진 배경
- 원전에너지 절약을 통해 지속 가능한 서울을 만들기 위함
- 전력 공급의 다양화를 통해 에너지 위기에 대처하기 위함

◆ 현황
- 서울시의 경우 온실가스로 인한 환경오염이 90%에 달함

◆ 원전 하나 줄이기에 대한 입장
- 찬성: 지속 가능한 서울을 위해 찬성함
- 방법
  - 서울 시내 1만여 곳 건물 옥상에 태양력 발전기 설치
  - 클라우드 컴퓨팅 시스템 구축
  - 스마트그리드(스마트계량기) 활성화
  - 스마트 워크센터 지원 및 홍보
  - 저전력, 고효율 기기 보급(LED 전등 등)
  - 공공기관의 3~15% 감축 의무화
  - 에코마일리지 홍보
  - 산업체 휴가분산제 실시

◆ 생활 속 에너지 줄일 수 있는 방법
- 안 쓰는 전기기구 콘센트 뽑기
- 가까운 거리는 걷기, 대중교통 이용하기

【(예제 20) 무상보육 해결을 위한 갈등관리】

주제발표내용 (작성용지)	성 명	
	응시번호	

Ⅰ. 추진배경

　　1. 정책현실의 변화: 복지중심 시대 도래

　　2. 무상보육실시에 대한 재정난 봉착

　　3. 중앙정부와 지방정부의 갈등 심화

Ⅱ. 문제점

　　1. 지방정부의 재정난에 따른 무상보육 실시 어려움

　　2. 중앙정부와 지방정부의 첨예한 갈등

Ⅲ. 해결방안

　　1. 지방정부의 자체적 해결

　　　(1) 증세

　　　(2) 적자재정 편성: 지방채 발행

　　2. 중앙정부와의 협력 해결

　　　(1) 보조금

　　　(2) 타협가능안 제시: 무상보육 재정 해소 대신 타 사업의 축소

Ⅳ. 향후 추진방향

　　1. 단기적: 중앙정부-지방정부의 무상복지 재정난 타협안 마련

　　2. 장기적: 지방정부와 중앙정부의 갈등 완화를 통한 무상복지 재정난의 해소 노력

Ⅴ. 결론

　　1. 단기적: 무상복지 재정난의 준 해결 시도 ⇒ 함께 만드는, 누리는 서울-맞 춤형 복지의 중첩부분

　　　　 탐색

　　2. 장기적: 국민행복, 희망의 새 시대-희망 서울 달성 노력 ☞ 정부 3.0(협업)-시정 2.0(공생) 정책

　　　　 범위 확대

3 집단토론: 실제 면접장에서 사회자 되는 법(특히 커트라인 근처라면 반드시 사회자가 되어야 한다.)

1조 김○○, 박○○, 이○○, 정○○, 신○○, 조○○ 등 5명~6명 등 모르는 사람들과 한 조가 된다. 본인의 경우에는 조를 배정받고 앉아 있는 동안 조원들에게 일일이 인사를 건넸다. "안녕하세요? 저희 같은 조네요!! 열심히 해서 다들 합격해 봐요!!" 그 후 자기기술서도 쓰고 토론 주제 스크랩도 받았다. 회수 후 30분 정도 후에 토론하러 가는데 중간에 화장실을 가거나 휴식을 할 수 있는 시간을 주기 때문에 가볍게 1조 분들을 모두 모아서 "여러분! 이제 토론하는데 사회자가 있어야 하지 않을까요? 제가 사회자 완전 열심히 준비해서 진짜 엄청 잘할 자신 있는데 한번 믿어 봐 주실래요?"라고 말했다. 보편적인 사람이 이 말을 거절할 수 있겠는가? 당신이 처음 인사를 할 때부터 이미 사회자는 당신이 맡은 것이나 다름없다. 인사에서는 친밀성을, 사람들을 모아서 사회자가 하고 싶다고 할 때는 자신감을 보여준 셈이다. 다수의 시선을 받으며 어느 정도 기세를 잡은 당신을 상대로 "아뇨? 저도 사회자 하고 싶어요."라고 할 만한 자신감을 가진 사람은 매우 적으므로 사회자 연습을 열심히 하면 된다.

사회자에 대한 논평

스크랩을 굳이 외우지 않아도 무방하다. 왜냐하면 앞 토의자분들이 다 말하기 때문에 그냥 필기만 해도 자료들이 알아서 모인다. 발언 시간에 구속받지 않는다.
사회자는 공식만 암기하면 된다. 딱히 복잡하게 응용할 필요도 없다. 전적으로 암기다. 사회자가 발언할 건 대략 이러하다.

인사하기 및 토의 규칙 정하기
인사 → 블라인드 면접 → 토의 시간 → 토의 내용 → 추가 질문 및 발언 기회 → 토의자 발언 순서 토의 규칙의 큰 틀에 해당한다. 자세한 대본은 교수님께 배울 수 있다.

모두 발언=인사말에 해당, 1차 토의, 2차 토의
각 발언이 끝나면 사회자가 말하면 된다. 1차 토의가 끝나고 "저는 사회자이자 토의자로서 간략하게 말씀드리겠습니다." 하고 다른 토의자분들이 말한 걸 대부분 빌려 써도 전혀 문제되지 않는다. 그리고 요약하라. 요약하는 방법은 교수님께서 공식을 알려주신다. 공식을 암기하면 사회자가 너무 쉽다는 걸 알게 된다. 2차 토의도 1차 토의와 같다. 단 "저는 사회자이자 토의자로서 간략하게 말씀드리겠습니다." 이 대사는 할 필요가 없다.

마무리 발언
"이 토의를 통해 '주제' 문제가 해결되기를 바랍니다. 토의에 참여해 주신 여러분 정말 감사합니다!"하고 끝내면 끝!

4 실제 토론하는 요령 예시(2017.8.30. 대구시 9급)

• 토의주제: 스쿨존 사고예방대책

• 형식

  1) 모두발언(10초) -

  2) 1차 토의(현황 및 원인) -

  3) 2차 토의(대책) -

• 정부적 측면: 소통적 측면, 입법적 측면, 재정적 측면 (1~2개 선택하고 집중하시오.)

  - 첫째

  - 둘째

  - 셋째

• 시민적 측면

  - 첫째

  - 둘째

5 전문지식 및 인성면접

1. 공무원으로서의 정신자세

001. 공무원이 되고자 하는 이유는?

002. 공무원이 된다면 공직 생활을 어떻게 해나갈 생각인가?

003. 만일 최종합격을 하지 못한다면 어떻게 할 것인가? 계획은 있는가?

004. 공직자로서의 보람은 무엇이라고 생각하는가?

005. 공무원 보수가 민간기업보다 낮은데 공무원을 지망한 이유는?

006. 합격 후 근무하고 싶은 부서 또는 업무는?

007. 당신의 장점과 단점은 무엇인가?

008. 봉사활동 경험은 있는가?

009. 공무원은 민간기업체 사원과 어떤 면에서 다른가?

010. 오늘날 가장 시급히 해결해야 할 사회적 문제가 무엇이라고 생각하는가? 그러한 문제를 해결하는 데 있어서 공무원의 역할은?

011. 공무원에게 공직윤리가 강조되는 이유는?

012. 공직자에게 청렴성이 요구되는 이유는?

013. 공무원은 어떤 의무를 가지고 있는가?(공무원법 12대 의무)

014. 공직자의 올바른 자세와 버려야 할 자세는?

015. 민원인이 막무가내로 따지고 욕설한다면 어떻게 할 것인가?

016. 공무원에게 특히 강조되는 공직윤리는 무엇인가?

017. 상사가 아는 것은 당신보다 부족한데도 말도 안 되는 이상한 논리로 당신에게 지시한다면 어떻게 할 것인가?

018. 상사의 부당한 지시에 대한 거부절차를 말해 보시오.

019. 상사의 명령이 자신의 의견과 다를 경우에는 어떻게 할 것인가?

020. 직상 상사와 업무에 관한 의견충돌이 있을 때 어떻게 해결할 것인가?

021. 자신의 상사가 위법·부당한 명령을 하였다면 어떻게 처신하겠는가?

022. 약속이 있는데 갑자기 일이 생긴다면?

023. 6시가 퇴근인데 퇴근시간이 지나도록 상사가 퇴근하지 않는 경우 어떻게 할 것인가?

024. 중요한 선약이 있는데 갑자기 과장님이 회식을 제안하였다. 이 경우 당신은 어떻게 할 것인가?

025. 화가 많이 난 민원인이 전화로 불만을 토로한다면 어떻게 하겠는가?

2. 전문지식과 그 응용능력

001. 복지확충을 위한 증세에 대한 본인의 견해는?

002. 저출산과 초고령화 사회문제가 나타나는 이유와 그에 대한 대책은?

003. 트위터 선거운동 법적규제에 대한 견해는?

004. 출구전략이란 무엇인가?

005. FTA에 대해 설명해 보시오.

006. 한-EU FTA체결에 따른 이득과 문제점은 무엇이 있겠는가?

007. 사회지도층 자녀 및 연예인들의 병역비리에 대한 당신의 견해는?

008. 군가산점 혜택부여에 대해서 어떻게 생각하는가?

009. 인터넷 실명제 위헌 판결에 대한 본인의 견해는?

010. 타임오프제에 대해서 알고 있는가?

011. 우리나라 보육정책의 문제점과 그 대책은?

012. 공무원 노조는 합법이다. 노조에 대한 귀하의 생각은?

013. 비정규직 문제에 대한 해결책은?

014. 한류와 혐한류에 대한 당신의 견해는?

015. 유가급등은 경제성장의 큰 걸림돌이다. 에너지 절약방안에 대해서 말해보라.

016. 최근 읽어본 책이 있는가?

017. 동북공정의 해결방안을 생각해 봤는가?

018. 지자체 공무원 정원감축조정에 대한 견해를 밝히시오.

019. 공무원 구조조정·성과연봉제에 대한 견해를 밝히시오.

020. 인터넷 포퓰리즘에 대한 당신의 견해는?

021. 사회간접자본 민간투자사업에 대해 아는가?

022. 양극화 현상에 대해 설명해보시오.

023. 중대범죄자의 얼굴 및 신상공개에 대한 견해는?

024. 무상급식에 대한 당신의 견해는?

025. 민주주의와 집단 이기주의에 대해서 어떻게 생각하는가?

026. 일자리 창출을 위한 방안을 말해보시오.

027. 빅데이터에 대해 설명해 보라.

028. 연합학력평가 문제유출로 사회적 물의를 빚은 바 있다. 이런 악순환이 반복되는 원인을 무엇이라 생각하는가?

029. 성범죄자에게 전자발찌를 착용시키는 것에 대한 견해는?

030. 자살문제에 대한 해결방안은?

031. 전작권(전시 작전통제권) 전환 연기를 두고 논란이 되고 있다. 이에 대한 견해는?

032. 시군구 통합의 필요성에 대해 어떠한 견해를 가지고 있는가?

033. 국가브랜드를 높이기 위한 방안은?

034. 챗GPT를 설명해 보시오.

035. 공무원의 정치적 중립에 대해 설명해 보라.

036. 공행정과 사행정의 차이점은?

037. 균형성장론과 불균형성장론에 대해 설명하시오.

038. 복효적 행정이란?

039. 진보와 보수에 대해 말해보라.

040. 신중앙집권과 신지방분권의 조화에 대해 말해보라.

3. 의사발표의 정확성과 논리성

001. 의대정원 증원에 대해 어떻게 생각하는가?

002. 잡쉐어링(Job Sharing)에 대한 자신의 견해는?

003. 녹색성장에 대해 아는 대로 말하시오.

004. 탄소포인트제에 대해 설명해 보시오.

005. 공무원 스마트워크 근무에 대해 아는가?

006. R&D 경영이란?

007. 아동성폭력을 예방하기 위한 방법으로 무엇이 있겠는가?

008. 광역화장장 혹은 핵폐기물 처리장과 님비현상에 대해 알고 있는가?

009. 독도 영유권 문제에 대한 대처방안은?

010. 상사와 의견이 상충될 경우 어떻게 설득하겠는가?

011. 개인정보 유출의 심각성에 대해 어떻게 생각하는가?

012. 양심적 병역거부자의 대체복무 허용에 대해 어떻게 생각하는가?

013. 내부고발자 제도에 대해 어떻게 생각하는가?

014. 자신이 경험한 예산낭비의 사례를 들고 그 해결책을 제시하시오.

015. 당신의 별명은?

016. 존엄사와 안락사의 차이는?

017. 최근 가장 관심을 갖고 있는 화제는?

018. 일부 공기업과 지방의원들의 해외 출장이 관광성 외유로 도마 위에 올라 주민소환으로까지 확대되고 있다. 주민소환제란 무엇인가?

019. NGO에 대해 설명해 보시오.

020. 최근 묻지마 범죄가 사회적으로 문제가 되고 있다. 이러한 현상에 대한 본인의 생각은?

021. 국민과 공무원 간의 관계를 주인·대리인 이론으로 설명하고 공무원의 도덕적 해이를 방지하는 대책에 대해 아는 대로 말하시오.

022. 정규직과 비정규직의 차이점?

023. 일본이 왜곡했다고 하는 우리 민족사의 사실에는 어떤 것들이 있는가?

024. 일본의 역사 왜곡에 어떻게 대응해야 한다고 생각하는가?

025. 다민족·다문화 가정 모두가 함께 행복한 방안은?

026. 발생주의·복식부기 회계제도가 공공부문에 본격적으로 도입·시행되고 있다. 그 효과는 무엇인가?

027. 공교육이 위협을 받는 원인은 무엇이라고 생각하는가?

028. 의료 민영화의 장점과 단점은?

029. 가정폭력 해결 방안은?

030. 우리나라 인구가 감소하는 이유는 무엇이라고 생각하는가?

4. 예의·품성 및 성실성

001. 친하게 지내는 친구가 있는가? 지금 당장 전화로 몇 명 정도를 불러낼 수 있는가? 친구들과는 주로 어떤 화제에 대해 이야기 하는가?

002. 취미는 무엇인가?

003. 당신의 장점과 단점은 무엇인가?

004. 공무원에게 공직윤리가 강조되는 이유는?

005. 술이나 담배는 어느 정도 하는가?

006. 한 달 용돈은 어느 정도 쓰는가?

007. 공무원에게 있어서 적정한 축의금은 어느 정도라고 생각하는가?

008. 평소 존경하는 인물이 있다면?

009. TV프로에서 가장 즐겨보는 프로그램은?

010. 자신의 건강을 생각해서 하고 있는 것은 무엇인가?

011. 본인 스스로가 알고 있는 안 좋은 습관은?

012. 야근을 하던 도중에 동료가 일찍 퇴근하면서 시간외수당을 받기 위해 함께 야근한 것으로 처리해 달라고 한다면 어떻게 하겠는가?

013. 대인관계에서 가장 중요한 것은 무엇이라고 생각하는가?

014. 첫 월급을 타면 어디에 쓰고 싶은가?

015. 근무 중 동료의 덮어줄 정도의 가벼운 비리를 알게 되었다. 본인만이 알고 있는 경우 어떻게 하겠는가?

016. 함께 일하고 싶지 않은 상사는 어떤 유형인가?

017. 주변의 다른 사람들이 본인을 어떻게 평가하는지 들어 본 적 있는가?

018. 생활신조가 있다면?

019. 나보다 어린상사 또는 나보다 나이 많은 부하에 대한 대처 방안?

020. 당신의 상관A보다 더 높은 상관B가 당신의 상관A에게 보고하지 말고 일을 처리한 후 직접 보고하라고 지시한다면 어떻게 하겠는가?

021. 상사가 부당한 지시를 내린다면?

022. 상관과 업무적으로 충돌이 생긴다면 어떻게 하겠는가?

023. 성희롱에 대해 어떻게 생각하는가?

024. 마지막으로 하고 싶은 말이 있다면 해보라.

5. 창의력·의지력 및 발전가능성

001. 본인은 어느 직위까지 도달할 수 있을 것이라 생각하는가?

002. 여가 시간에는 주로 무엇을 하는가?

003. 자기계발을 위해 하는 일이 있는가?

004. 부서 내 상사로부터 성희롱을 당했다면 어떻게 처리하겠는가?

005. 상사와 부하직원 간의 주된 갈등은 무엇이라고 생각하는가?

006. 직장 상사가 갖추어야 할 덕목과 필요한 자질이 있다면?

007. 직장에서 고민거리가 생기면 누구와 먼저 상의하겠는가?

008. 탄탄한 팀워크를 유지하기 위해 가장 중요한 것은 무엇인가?

009. 정치·경제·사회·문화 중 어느 분야에 주로 관심을 가지고 있는가?

010. 마지막으로 하고 싶은 말은?

011. 지금까지 가장 힘든 때가 있었다면 무엇인가?

012. 민원인이 무리한 요구를 한다면 어떻게 대응할 것인가?

013. 당신이 생각하는 창의력이란 무엇인가?

2 서울시·지방직

1 자기소개서

자기소개서

※ 면접시험 등록기간 내 '인터넷 원서접수센터(http : //gosi.seoul.go.kr)'에 입력

응시직류·직급	전송기술직 7급	응시번호	20231234	성명	홍길동

1. 성장과정 (200자 이내)

600년 역사의 서울에서 태어나 자랐습니다. 지금은 궁궐과 종묘, 사직의 근간이며 청계천이 흐르는 종로구에서 살고 있습니다. 가훈은 [남을 배려하자.]입니다. [최선을 다하자]는 저의 좌우명과 함께 매사에 실천하기 위해 노력하고 있습니다. 법학을 전공하였으며 육군에서 통신병이 되어 통신에 관심을 갖게 되었습니다.

2. 성격(장·단점) (200자 이내)

장점은 끈기가 있다는 것입니다. 시작한 일은 종료 또는 만족할 때까지 합니다. 아르바이트에서 손님의 무리한 요구, 시비로 일을 그만두지 않고, 맡은 일을 해냄이 성장에 도움이 될 것이라고 생각하여 끝까지 그 기간을 마칩니다. 노래를 좋아하고 원하는 수준에 이르기 위해 집 근처 연습실에서 연습합니다. 단점은 너무 신중하여 의사결정이 늦는 경우가 있습니다.

3. 서울시 지원동기 및 공무원으로서 이루고 싶은 목표 (500자 이내)

제가 태어나 자라고 조선시대와 대한민국을 거쳐 600년 역사의 서울시와 시민을 위해 봉사하는 보람을 얻기 위해 지원하였습니다. 공무원의 성실과 청렴성은 저의 성격과 일맥상통하는 부분이기에 공무원에 지원하였습니다. IT 산업과 정보화시대의 필수적인 부분인 통신 분야는 향후 서울시의 주력분야가 될 것입니다. 서울시 통신 공무원이 된다면 유비쿼터스 기술 기반 업무를 하고 싶습니다. 현재 서울시에서는 정보소통 혁신으로 열린 시정을 목표로 하고 있습니다. 시민이 주인 되는 정보소통 서비스, 공간정보 기반 신행정서비스, 스마트 정보화 격차 해소 등을 시행하고 있습니다. 이를 위해서 전문성을 키우는 것이 중요하다고 생각합니다. 통신과 관련하여 기술사 자격증까지 취득하겠습니다. 서울시민을 위해 봉사한다는 마음으로 각종 민원업무에도 친절과 성실의 자세로 시민께서 원하실 때까지 업무를 수행할 것입니다.

근무희망기관(부서)	정보기획단의 스마트사업팀	희망업무	유비쿼터스 기술 기반 업무

4. 최근의 봉사활동 경험 및 느낀 점(육하원칙에 의거 기술) (600자 이내)

사회적 약자를 돕기 위한 봉사활동을 하였고 그것을 통해 많은 것을 배웠습니다. 2019년 10월경에 안양시 ○○동 주민 센터에서 독거어르신 도시락배달 방문봉사를 하였습니다. 힘들게 사시는 어르신들의 어려움을 조금이라도 느껴보고 그분들께 작은 힘이라도 보태드리기 위해 봉사를 하게 되었습니다. 그분들은 저를 손자를 대하듯이 친절히 맞아주셨고 음료수도 주셨으며 덕담도 해주셨습니다. 저 또한 사회에서 힘들게 사시는 분들을 위해 더욱 봉사를 해야 함을 느낄 수 있었습니다. 2019년 1월경에 서울 강남구에 위치한 ○○종합사회복지관에서 기초생활수급자 및 저소득어르신 목욕봉사를 하였습니다. 그곳에서는 차량을 이용한 목욕방문봉사를 하였습니다. 어려운 생활 속에서 사시고 몸이 불편하신 분들을 곁에서 목욕시켜 드리고 싶어서 이번 기회에 지원하게 되었습니다. 어려운 분들께 봉사하면 서 보람을 느끼게 되었습니다. 서울시 공무원이 된다면 봉사활동을 정기적으로 꾸준히 하여 지역 상황을 더욱 잘 파악하고 지역사회에 공헌을 하겠습니다.

② 인성시험

1 **1~22번**: 도형 선택(5지 선다. 정답은 없음. 가장 마음에 드는 도형 선택)

   실례: 공무원이 안정, 균형에 비중이 있다고 생각하여 도형을 선택할 때 불안정한 도형보다는 안정적인 도형을 선택. 예를 들어 역삼각형 도형보다는 정삼각형 도형을 선택. 또한 모서리가 각진 사각형 도형보다는 둥글둥글한 원형 도형을 선택.

2 **23~228번**: 인성 테스트(Yes or No 선택. 정답 없음)

   실례: 자신은 정직하다고 생각하는가 등의 문제, 자신이 손해를 입더라도 조직이 더 큰 이익을 받는다면 그것을 감수하겠는가? 자신은 영업이나 마케팅 업무에 소질이 있을 것 같은가? 자신은 기계를 수리하는 엔지니어 업무에 적합할 것 같은가?

3 **229~250번**: 5척 척도 테스트(매우 그렇다, 그렇다, 보통이다, 아니다, 매우 아니다)

   주의: 매우 그렇다가 제일 왼쪽에 위치하고 그다음의 오른쪽에 그렇다가 위치하는 순서로 답이 위치해야 하는데, 일부 문제(약 5~7문제)는 답안 순서가 바뀌어져 그렇다, 매우 그렇다, 보통이다, 아니다, 매우 아니다 식으로 되어 있음.

③ 개별면접

1 **공무원으로서의 정신자세[중요하므로 5회독 이상 반복연습]**

대표질문	주변에서 모범이 될 만한 공무원을 본 적이 있는가?
답변	제가 다니는 학교는 공립이어서 기숙사를 관리하시는 분도 공무원이십니다. 그중 한 분이 최근 학교 신문에 소개되셨습니다. 그분은 국제학사라는 내·외국인 공용 기숙사를 담당하고 계시는데, 처음 그곳을 담당하셨을 때 외국인들과 언어소통이 잘되지 않아 곤란을 많이 겪으셨다고 하셨습니다. 그래서 점심시간과 업무를 마친 후 여가시간을 활용하여 어학 능력을 키우기 위해 노력하셨다고 합니다. 그 후 불과 6개월이 지난 지금은 국제학사의 중국인 친구들과 일상적인 대화를 나눌 수 있을 정도라고 하십니다. 연세가 높으심에도 불구하고 맡은 바 업무를 잘 해내기 위하여 자신의 여가시간을 활용하여 공부한 그 분의 그 열정을 본받고 싶었습니다.
유사질문	주위에 공무원이 되도록 영향을 준 사람이 있습니까?
후속질문	공무원이 되면 어떻게 자기계발을 할 것인가?
주의점	미리 생각해 두지 않으면 즉석에서 답하기 어려운 질문이다. 실제 면접 전에 답변을 생각해 두어야 한다.

대표질문	공무원을 지원한 이유는 무엇입니까?
답변	저는 서울시와 서울 시민들의 도움으로 대학 교육을 받을 수 있었고, 또 지금 이 자리에 올 수 있었습니다. 때문에 대학을 진학한 후 지난 수년간 항상 제가 받은 도움을 어떻게 하면 갚을 수 있을까를 고민하였습니다. 또, 행정학도로서 제가 쌓은 지식을 바탕으로 사람들을 위한 정책을 세우고, 집행할 수 있는 기회를 가질 수 있기를 소망하였습니다. 공무원이 된다는 것은 직접 시민들과 소통하고 다양한 업무를 경험할 수 있는 기회이며, 시민을 위한 정책을 세우고 집행함으로써 보답할 수 있는 길이라고 생각되어 서울시 공무원에 지원하게 되었습니다.
유사질문	본인의 어떤 점이 공직에 잘 어울린다고 생각하나?
후속질문	시민들의 도움으로 대학 교육을 받을 수 있었다는 말은 무슨 뜻인가?
주의점	직업이 안정적이어서, 다른 갈 곳이 없어서, 주변에서 부추겨서 지원했다라고 답하지 않도록 주의해야 한다.

대표질문	바람직한 공무원으로서의 자세란?
답변	제가 생각하는 바람직한 공무원상은 안으로는 청렴, 봉사의 틀 안에서 직무에 대한 전문성을 키워 나가고 밖으로는 국민들과 소통하며 공무원으로서의 본분을 잊지 않는 사람입니다.
유사질문	본인이 생각하는 공무원상을 한번 말해보세요.
후속질문	항시 본인이 공무원임을 잊지 않는 것은 어떤 의미입니까?
주의점	본인의 바람직한 공무원의 품성을 나타낼 만한 경험을 묻는 식의 후속질문이 들어오기 쉬우니 대비하여야 한다.

대표질문	상사가 부당한 명령을 내렸다면 어떻게 할 것인가?
답변	상사님은 분명 저보다 더 오랜 경험을 가지고 계실 것입니다. 제가 생각하기에 명령이 부당하게 느껴질 수도 있겠지만, 명백하게 위법한 명령이 아니라면 상사님의 경험과 식견을 믿고 우선 명령을 따르겠습니다.
유사질문	상사가 위법한 건 아니지만 완전히 엉뚱한 명령을 한다면 따를 것인가?
후속질문	상사의 경험을 맹신하고 있는 것은 아닌가? 위법하지만 않다면 상사의 명령은 무조건 따르는 게 바람직한 공무원인가?
주의점	공무원은 위계서열이 중요한 조직이다. 상사에게 거역한다는 식의 답변은 피하는 것이 좋을 것이다.

대표질문	언론에서 자주 기사화되고 있는 공무원 비리에 대해 어떻게 생각하는가?
답변	공무원이 비리를 저지르는 것은 분명 잘못된 일입니다. 비리 문제를 강력히 엄벌하여 더 이상 그러한 일이 벌어지지 않도록 해야 합니다. 하지만 대부분의 공무원들이 청렴하게 공직을 수행하고 있음에도 소수의 비리 공직자를 공직자 전부가 부패한 것처럼 매도하여 보도하는 것 역시 옳지 않다고 생각합니다. 공무원은 무엇보다도 국민의 신뢰가 필요한 직업인데, 이러한 기사가 자주 나간다면 국민들이 공무원을 신뢰하기 어렵게 될 것이고, 결과적으로 정책 순응도가 떨어지게 될 것입니다. 언론사에서 공직의 나쁜 사례만을 부각시키기보다는 모범적이고 바람직한 공무원분들을 선정하여 기사를 싣는다면 좋을 것 같습니다.
유사질문	최근 뉴스에 난 비리 공무원 사례를 본 적이 있는가? 어떻게 생각하나?
후속질문	본인이 알고 있는 모범적인 공무원의 사례가 혹시 있는가?
주의점	지원자는 공직에 대한 믿음과 확신을 보여주어야 한다. 자신이 속하게 될 공직 조직에 대한 강한 비판은 하지 않는 것이 좋다.

대표질문	상사나 동료가 위법하게 금품을 수수하는 것을 목격했다면?
답변	제가 만약 위법하게 금품을 수수하는 상사나 동료를 보았다면 일단 그 상사나 동료를 찾아가서 제가 그러한 현장을 보았다는 사실을 말한 뒤, 그러한 일이 잘못되었다는 점을 인식시키고 스스로 상급자 또는 감사기관에 위법한 일을 저질렀음을 알리도록 설득하겠습니다. 하지만 만약 그 상사나 동료가 저의 설득에 끝내 응하지 않는다면 그때는 제가 상급자 또는 감사기관에 위법 사실을 신고하도록 하겠습니다.
유사질문	상사나 동료가 부당하게 업무를 처리하는 것을 목격한다면 어떻게 할 것인가?
후속질문	왜 상급자나 감사기관에 바로 알리지 않는 것인가?
주의점	조직 내부의 잘못을 바로 외부에 고발하기보다는 자체적으로 극복하게끔 노력하는 것이 우선되어야 한다.

대표질문	변화하는 세상에 대응하는 공무원으로서의 바람직한 자세란?
답변	빠르게 바뀌고 있는 세상에 대응하기 위해 공무원 역시 자신의 업무에 대한 전문성을 키워야 한다고 생각합니다. 저는 직무에 대한 전문성을 키우기 위해 직무 관련 업무 편람을 열심히 공부하고 관련분야의 독서를 많이 하겠습니다. 그리고 먼저 업무를 맡으셨던 상사분이나 동료들에게 궁금한 점이 있으면 확실히 알 때까지 여쭤보겠습니다. 그 외에도 점점 국제화되고 있는 현실에 발맞춰 영어공부를 꾸준히 하도록 하겠습니다.
유사질문	앞으로 공직을 어떻게 수행할 것인가?
주의점	지원자가 미래에 대해 생각해 본 적이 있는지를 확인하는 어렵지 않은 질문이다. 무난하게 답하자.

대표질문	민원인이 부당 또는 위법한 요구를 한다면?
답변	<u>우선 민원인의 요구를 경청하여 진정 원하는 바를 파악한 후에 민원인의 요구가 법적으로 어떠한 점에서 위법, 부당한지를 차근차근 설명해 드리겠습니다.</u> 대신 민원인이 원하는 결과를 구할 수 있는 다른 방법이 있는지를 찾아보겠습니다.
유사질문	민원이 들어줄 수 없는 요구를 한다면?
후속질문	민원인의 요청을 들어주지 않았을 때 그가 욕설 또는 폭력을 행사하려 한다면?
주의점	중요한 점은 민원인의 의견에 경청해야 한다는 점이다.

대표질문	공무원 노조에 대해 어떻게 생각하는가? 가입할 것인가?
답변	<u>공무원 역시 근로자이기 때문에 근로자의 의사를 집중하고 대변할 수 있는 노조는 필요한 단체라고는 생각합니다.</u> 하지만 저는 공무원이 된다고 하더라도 아직은 사회의 초년생이고 업무와 이 공무원 조직에 대해 정확히 알지 못하는 상태입니다. 따라서 당장에 가입을 하기보다는 시간을 두고 지켜본 후에 가입 여부를 결정하겠습니다.
유사질문	공무원 노조가 꼭 필요하다고 생각하는가?
후속질문	한 명의 온전한 공무원이란 어떤 사람인가?
주의점	공무원의 노조 활동은 민감한 사항이다. 중도적인 입장을 보여주도록 하자.

대표질문	합격한다면 앞으로의 근무 각오는?
답변	제가 공무원이 된다면 항상 국민들을 존중하는 마음을 가지고, 크고 작은 일 모두에 최선을 다하겠습니다, 그리고 행정인으로서 전문성을 갖추기 위해 노력하고, 조직 내에서는 <u>항상 규범을 준수하고 솔선수범하는 자세를 잊지 않겠습니다.</u>
유사질문	앞으로 공직을 어떻게 수행할 것인가?
후속질문	과거 조직이나 단체에서 일했던 경험이 있는가?
주의점	어렵지 않은 질문이다. 차분히 자신의 각오를 말하도록 하자.

대표질문	친인척이나 친구가 업무와 관련하여 부당한 요구를 해 온다면?
답변	공과 사를 구분하는 것은 매우 중요합니다. 친한 친구나 친인척이 비록 위법하지는 않더라도 무언가 바라서 특혜를 준다면 이것은 다른 국민, 민원인들을 차별하는 일이 될 것입니다. 섭섭해할 수도 있겠지만, 저의 입장을 분명히 밝히고 거절하는 것이 바람직하다고 생각합니다.
유사질문	지인이 특혜를 요구한다면?

후속질문	만약 그 친구나 친척이 굉장히 사정이 어려워서 도움이 꼭 필요한 상황이라면?
주의점	면접관이 '가정형편이 어려운', '평소 은혜를 입은' 등으로 수식어를 붙여 부당한 요구를 들어준다는 식의 답변을 유도할 수도 있다. 조심해야 한다.

대표질문	휴일에 업무와 관련된 사항으로 상사로부터 출근 명령이 떨어진다면?
답변	휴일에 쉬고 있는데 출근 명령이 떨어진다면 분명 즐겁지만은 않을 것입니다. 하지만 상사님께서도 이러한 부하들의 마음을 잘 아시는 데도 불구하고 저를 부르신다는 것은 그만큼 일이 중요하고 급하다는 뜻일 것입니다. 또, 공직은 공익을 수행하는 일이기 때문에 중요하고 급한 일이란 국민의 이익 또는 어려움과 직결된다고 생각합니다. 공무원으로서 저는 국민들을 위하여 제가 꼭 필요한 일이라면 작은 불편 정도는 각오하고 있는 만큼, 바로 출근하여 임무를 수행하기 위해 최선을 다하겠습니다.
유사질문	휴가 중 여자 친구와 휴양지에 있는데 급한 일로 업무에 복귀하라는 전화를 받았다면?
후속질문	부인이나 여자 친구가 못마땅해한다면 어떻게 할 것인가?
주의점	공직에 임하는 각오를 묻기 위한 질문이다. 그러므로 공무 수행을 우선시하겠다는 자세를 보여 주되, 자신의 그러한 업무 때문에 주변 사람들이 입는 피해, 불편도 고려하는 모습을 보여야 한다.

대표질문	친구가 대기업에서 돈도 잘 벌고 잘나간다면 본인의 기분은 어떻겠는가?
답변	우선 친구를 축하해 주겠습니다. 사람에게는 저마다의 꿈과 가치가 있습니다. 저는 공무원으로서의 사명감을 가지고 훌륭히 공직을 수행하리라는 뜻을 가지고 이 길을 택했기 때문에 친구가 단지 돈을 잘 벌고 잘나간다 하여 흔들리거나 부러워하지는 않을 것입니다.
유사질문	타 업종에서 높은 연봉을 제시하며 이직제의를 해온다면 어떻게 할 것인가?
주의점	공무원을 천직으로 여기는 마음가짐을 보여주어야 하는 질문이다.

대표질문	본인의 장점을 말해보시오.
답변	저의 장점은 친화력입니다. 사람을 처음 소개받았을 때나, 스터디 모임으로 모르던 사람들과 함께 할 때면 그들에게서 오래 알고 지낸 친구처럼 편하며 친근함을 느낀다는 말을 종종 듣습니다. 공직에 들어간 뒤에도 이러한 친화력을 발휘하여 시민들에게는 더 가까이 다가가고, 동료, 상사들과의 관계를 원만히 하여 조직력 향상에 기여하겠습니다.
유사질문	본인의 강점을 말해보시오. 본인이 남들보다 경쟁력 있는 것이 무엇이 있는지 말해보시오.
후속질문	친화력을 발휘한 사례를 구체적으로 말해보라.
주의점	구체적 사례를 후속으로 물어볼 가능성이 높다. 미리 대비하여야 한다.

대표질문	본인의 단점을 말해보시오.
답변	저의 단점은 조금 내성적인 성격입니다. 하지만 저는 오래전부터 저의 이러한 내성적인 성격이 사회생활을 할 때 불리하게 작용할 수 있을 거라 생각하고 극복하기 위하여 지금까지 많이 노력해 왔습니다. 대학 수업시간이면 기회가 있을 때마다 적극적으로 발표를 하여 많은 사람들 앞에 서는 경험을 하였고, 학과 내 토론 소모임에도 활발히 참여하여 저의 생각을 논리적으로 전달할 수 있는 능력을 길러왔습니다.
유사질문	본인의 약점을 말해보시오. 무언가 어려움을 극복하기 위해 노력한 일이 있으면 말해보시오.
후속질문	학과 내 토론 소모임은 무엇을 토론하는 곳이었나?
주의점	단점을 극복하기 위했던 노력, 단점 때문에 낭패를 봤던 사례 등을 후속으로 물어볼 가능성이 높다. 미리 대비하여야 한다.

대표질문	상사나 동료가 일을 하지 않고도 시간 외 수당을 받기 위해 야근한 것으로 처리해 달라고 한다면?
답변	실제로 야근을 한 것이 아니라면 분명히 거절의 의사를 전하겠습니다. 공무원이 받는 보수는 모두 국민의 세금을 재원으로 하는 것이기 때문입니다. 항상 청렴해야 하는 공무원이 국민의 세금을 부당하게 쓰는 것은 공직관에 어긋나는 일이라 생각합니다.
유사질문	상사가 부당한 명령을 하거나 친한 동료가 부당한 부탁을 해온다면 어떻게 할 것인가?
주의점	청렴과 관련된 사항에 관해서는 강직한 모습을 보여야 한다.

대표질문	칼퇴근 문화에 대한 자신의 생각은?
답변	제 업무가 남아있지 않거나, 동료나 상사님께 도움을 드릴 업무가 더 남아있지 않다면 퇴근하겠습니다. 휴식을 취하거나 자기계발을 하는 것이 다음 날 업무를 수행하는 데 더 효율적일 수 있기 때문입니다. 또, 일이 없는 데도 남아있는 것은 국민의 세금을 비효율적으로 쓰는 일이기 때문에 일이 없다면 퇴근하는 것이 좋다고 생각합니다.
유사질문	퇴근 시간이 되었는데 윗사람이 남아 있는 경우에 어떻게 할 것인가?
주의점	국민의 세금 부담을 생각한다면 불필요한 시간외근무 역시 줄여야 할 대상이다. 일이 없음에도 상사가 퇴근할 때까지 퇴근하지 않고 끝까지 남겠다는 식의 답변은 이제 더 이상 정답이 아닐 수 있다.

대표질문	공무원으로서 가장 중요하다고 생각하는 덕목은?
답변	청렴, 성실, 전문성 등 다른 많은 중요한 덕목들이 있겠지만 저는 그중 친절이 가장 중요하다고 생각합니다. 서류를 발급받을 일이 있어 관공서를 방문했을 때, 담당 공무원분께서 웃으면서 인사로 맞아주셨고, 업무를 보는 내내 미소를 잃지 않으시고 친절하게 일을 처리해주셨습니다. 그 때 모습이 몇 년이 지난 지금도 저에겐 좋은 이미지로 남아있습니다. 공무원으로서 내적인 가치 역시 중요하겠지만 국민을 상대하는 직업인만큼 국민들에게 좋은 인상을 남길 수 있는 친절함을 간과해서는 안 될 것입니다.
유사질문	공직을 수행하는 데 가장 중요한 가치는?
주의점	공무원으로서 필요한 덕목, 품성에 관한 질문은 대부분 사례, 경험을 묻는 후속 질문이 따라온다.

대표질문	공직생활과 개인생활 중 중요시되는 것은?
답변	둘 모두 중요하다고 생각합니다. 공무원 역시 인간이기 때문에 개인생활을 포기할 수는 없다고 생각합니다. 사생활이 안정되지 못하면 공직에서의 임무 역시 안정적으로 수행하기란 분명 힘든 일일 것입니다. 하지만 공직생활과 개인 생활이 충돌한다면 저는 공직생활에 우선순위를 두겠습니다. 공무원은 공익을 수행하기 때문에 어느 정도의 희생은 감수해야 한다고 생각합니다. 저의 작은 희생으로 공무를 올바르게 수행할 수 있다면 기꺼이 견뎌내겠습니다.
유사질문	중요한 업무 중에 가정에 급한 일이 생기면 어떻게 할 것인가?
후속질문	부인이 가정에 충실하지 못한 모습을 못마땅해한다면?
주의점	개인생활을 공직생활보다 우선시하는 답변도 옳지 않지만, 전적으로 개인생활을 배제하겠다는 식의 답변도 피해야 한다.

대표질문	공직 윤리가 필요한 이유는 무엇이라고 생각합니까?
답변	공무원의 업무는 공익과 직결되어 있습니다. 따라서 공무원 한 명의 작은 비윤리적인 행위도 국민의 입장에서는 크게 느껴질 수밖에 없습니다. 그렇기 때문에 국민의 공직에 대한 신뢰를 유지하기 위해서라도 일반적인 도덕 기준보다 더 수준 높은 윤리 기준이 필요한 것입니다.
유사질문	공직 윤리가 일반적인 도덕 기준보다 더 강도 높은 윤리 수준을 요구하는 이유는?
주의점	일반적인 도덕 기준보다 더 높은 공직 윤리의 사례를 후속으로 물어볼 수 있다. 대비해 두어야 하겠다.

대표질문	상사가 자신의 일을 떠넘기거나, 다른 직원의 일까지 맡긴다면?
답변	일단 상사님이 시키는 일을 하겠습니다. 상사님은 저보다 더 경험이 많으시고 업무에 대한 이해도가 높으시기 때문에, 특별한 이유 없이 저에게 일을 맡기시진 않으실 것입니다. 하지만 현실적으로 상사님이나 다른 직원의 능력 또는 직책과 분리할 수 없는 업무라면 그러한 어려움을 상사님께 정중히 말씀드려서 조치를 받도록 하겠습니다.
유사질문	상사가 엉뚱한 명령을 내린다면?
후속질문	일회성이 아니라 계속해서 상사가 자신의 일을 떠넘기거나 다른 직원의 일을 시킨다면?
주의점	공무원에겐 복종의 의무가 있다. 명백하게 위법하지 않은 상황에서 상사의 명령을 의심하거나, 거역하는 태도는 피해야 한다.

대표질문	공무원의 보수나 복지수준이 사기업에 비해 낮다며 이를 높여달라는 요구가 있다. 이에 대해서는 어떻게 생각하는가?
답변	생계가 어렵거나 외부의 직업에 비해 박탈감이 극심하여 업무 동기가 약화될 만큼이라면 지원수준을 늘리는 것도 업무효율을 높인다는 점에서 고려할 만하다고 생각합니다. 그러나 그 정도로 어렵거나 박탈감을 느끼는 경우가 아니라면 공무원으로서 국민의 세금부담도 고려해야 하기 때문에 어느 정도 부족함이 있는 부분은 감수하는 것이 옳다고 생각합니다.
유사질문	사기업에 비해 낮은 공무원의 보수에 대해 어떻게 생각하나?
후속질문	합격하기 위해 들인 노력에 비해 처우가 부족하다면?
주의점	공직에 임하는 각오를 묻는 질문이다. 복지, 처우에 관하여 민감하게 반응하지 말 것

대표질문	공무원은 업무 중 실수로 인해 변상을 해야 하거나, 처벌을 받게 될 수도 있다. 어떻게 할 건가?
답변	공무원이 징계를 받거나 변상을 하는 경우란 위법하거나 중대한 과실, 고의인 경우라고 알고 있습니다. 질문하신 상황이라면 저의 잘못이 클 것입니다. 오해나 특별한 사정이 있다면 상사님께 말씀드리고 조언을 얻겠지만, 그런 경우가 아니라면 처벌을 받아들이고 반성하여 교훈으로 삼고, 다시 그런 실수를 반복하지 않도록 노력하겠습니다.
유사질문	업무 중 실수로 인하여 징계를 받게 되었다면 어떻게 할 것인가?
주의점	잘못에 대해서는 깨끗이 인정하는 자세를 보이는 것이 좋다.

대표질문	본인의 복장이나 헤어스타일을 두고 상사가 지적을 한다면?
답변	상사님이 판단하시기에 저의 복장이나 머리가 공무원으로서 국민들에게 신뢰를 주기에 적합하지 않기 때문에 지적하신 것일 것입니다. 상사님의 충고를 받아들여 좀 더 단정한 복장과 머리로 바꾸겠습니다.

유사질문	본인의 외양을 두고 상사가 고치라고 한다면 어떻게 할 것인가?
주의점	위법하지 않은 이상 상사의 명령, 조언에는 따르겠다는 답변을 하는 것이 좋다. 상사에 믿음과 존경을 보여주면 더 좋다.

대표질문	창조적 파괴란 무엇인가?
유사질문	조직에서 변화가 어려운 이유는 무엇이라 생각하는가? 변화가 필요한 이유는 무엇인가?
주의점	변화의 중요성을 묻는 질문이다. 변화가 필요한 이유가 무엇인지 답할 것

대표질문	신자유주의란 무엇인가?
유사질문	신자유주의의 문제점은 무엇인가?
주의점	신자유주의의 개념이 무엇이고 어떠한 문제점이 있는지 설명할 것

2 헌신·열정

대표질문	존엄사에 대해 어떻게 생각하는가?
유사질문	존엄사가 논란이 되고 있는 이유는 무엇인가?
주의점	자신의 의견을 설득력 있게 이야기할 것

대표질문	영어 조기 교육에 대해 어떻게 생각하는가?
유사질문	자녀에게 몇 살부터 영어 교육을 시킬 것인가?
주의점	어떤 정책에 대한 장단점을 이야기하고 자신의 견해를 덧붙일 것

대표질문	CCTV 설치에 대해 어떻게 생각하는가?
유사질문	CCTV 설치로 인한 장점과 단점은 무엇인가?
주의점	사회적 이슈에 대한 균형 잡힌 시각이 중요

대표질문	늘어나는 자살에 대해 어떻게 생각하는가?
유사질문	자살의 원인은 무엇이며 예방책은?
주의점	자살에 대한 사회적인 원인을 이야기하고 구체적인 대책을 설명할 것

대표질문	서머타임제에 대한 당신의 의견은?
유사질문	여름철에 표준 시간을 1시간 앞당기는 것에 대해 어떻게 생각하나?
후속질문	서머타임제가 시행된다면 퇴근 후 무엇을 할 것인가?

대표질문	공무원의 근로3권 제한을 어떻게 생각하나?
유사질문	공무원의 근로3권을 제한하는 것이 옳다고 생각하나?
후속질문	동료들이 허락되지 않은 집회에 같이 가자고 권유한다면 어떻게 할 것인가?

대표질문	셧다운제도에 대한 본인의 생각은?
유사질문	신데렐라법에 대해 어떻게 생각하는가?
후속질문	청소년기에 게임 때문에 밤을 새웠던 경험이 있는가?

대표질문	후쿠시마 원전 방사능유출이 문제시되고 있는데, 우리나라 원전에 대한 본인의 생각은?
유사질문	원전의 안정성 문제로 말들이 많다. 어떻게 생각하고 있나?
후속질문	에너지를 절약하기 위한 방안으로 어떤 것이 있을까?

대표질문	양심적 병역거부의 정의와 그에 대한 견해를 말하시오.
유사질문	양심의 자유와 병역의무가 충돌하는 경우 어느 것이 우선할까요? 대체복무제에 대해서 어떻게 생각하십니까?
주의점	후속질문으로서 현 안보상황을 저해하지 않는 대체복무제에 대해서 준비해 두면 좋을 것 같다.

대표질문	업무 중 부당하거나 위급한 상황을 목격했을 때 제3자의 입장에서 어떻게 행동할 것인가?
유사질문	부당하거나 위급한 상황이면 언제나 관여하면 되는가? 부당하거나 위급한 상황이라고 해서 제3자로서 관여하는 것은 어디까지 허용되는가?
후속질문	답변에서 고려할 수 있는 사익과 공익을 사례를 통해 구체적으로 제시하면?
주의점	헌법에서 배웠던 비례의 법칙을 떠올리면 된다.

대표질문	여자의 군복무에 대한 당신의 견해는?
유사질문	본인이 생각하기에 남녀평등이란?
주의점	후속질문으로 군복무 가산점에 대한 생각도 물어볼 수 있겠다.

대표질문	합목적성과 합법성의 충돌 시 무엇이 우선돼야 한다고 생각합니까?
유사질문	본인이 생각하기에 과정과 결과 둘 중 어느 것이 더 중요한가?
후속질문	기업형 노점상과 생계형 노점상은 어떻게 구별하나?
주의점	원칙과 융통성 발휘에 관한 질문과 일맥상통한다.

대표질문	당신은 지원한 업무에서 요구하는 전문성을 어느 정도 가지고 있습니까?
유사질문	본인의 특성은 공직에서 요구하는 전문성과 부합한다고 생각합니까? 본인은 지원한 공직 분야와 관련된 경험을 가진 것이 있습니까?
주의점	본인이 가고 싶은 분야에 전문성이 없다면, 관심이 높다는 것을 보여주고, 앞으로 어떤 방법으로 전문성을 갖출 것인지를 준비하면 되겠다.

대표질문	니트족이란 무엇인가?

대표질문	일부 기업들의 경우 3년 이내에 신입사원 중 40% 정도가 회사를 떠나는 이른바 파랑새 신드롬 때문에 고민에 빠지고 있다는데, 이것은 어떤 현상입니까?
유사질문	타 업종에서 높은 연봉을 제시하며 이직제의를 해온다면 어떻게 할 것인가?
주의점	상기의 질문처럼 묻기보다는 공무원 면접에서는 민간부문과 비교하여 물어올 가능성이 높다.

대표질문	우리나라의 저출산, 고령화 현상이 진행되면서 많은 문제점이 발생하고 있다. 이러한 현상이 우리 사회에 어떠한 영향을 미칠까?
유사질문	저출산의 원인은 무엇인가? 저출산 문제를 해결하기 위한 대책은 무엇이 있을까? 인구 고령화로 인한 문제점은 무엇인가?

대표질문	창조적 인간이란 무엇인가?
유사질문	21세기에 창조적 인간이 중요시되는 이유를 설명해 보라.

대표질문	에코플레이션이란 무엇인가?
유사질문	환경을 보존하면서도 제조 물가 상승을 막을 수 있는 방법은 없는가?

대표질문	국민고통지수란 무엇인가?

대표질문	재판에 있어서의 배심원 제도에 대해서 아는가?

3 소통과 공감

대표질문	정책지침과 국민의 요구가 상충될 때 어떻게 하겠습니까?
유사질문	공무원의 양심에 따른 공정한 업무수행과 정책지침이 충돌하는 경우는 어떻게 하시겠습니까?
후속질문	정책지침과 국민의 요구가 상충되고 있는 대표적인 사례를 들고, 해결방안을 제시해 보세요.
주의점	공무원 면접에서 충분히 물어볼 만하고, 빈출되는 질문이다. 행정은 항상 조화를 중요시한다는 점을 기억하자.

대표질문	누군가를 설득해 본 적이 있습니까?
유사질문	지금 당장 설득과제 하나를 드리겠습니다. 설득해 보십시오.
주의점	너무 거창하지 않아도 좋다. 가족 간, 친구 간, 학창시절, 군대시절, 동아리 등 차근차근 떠올려 보자.

대표질문	봉사활동 경험이 있는데 어떤 일을 했었는지 구체적으로 이야기해 보세요.
유사질문	봉사활동을 한 것이 공무원이 되는 데 어떤 영향을 미쳤나요?
후속질문	봉사활동을 하면서 개선해야 할 점이 있었나요? 솔직히 시험 때문에 봉사활동을 한 것은 아니었나요?
주의점	<u>반드시 준비해야 하는 질문이다. 봉사활동을 했다면 육하원칙에 의거하여 정확하게 답변하고, 공무원이 되는 데 어떤 영향을 미쳤는지, 본인이 한 봉사활동과 관련된 정책을 공부해 가면 더 좋겠다.</u> 봉사활동을 하지 않았다면 거짓말하지는 말고, 앞으로 어떻게, 지속적으로 하겠다는 계획을 보여주면 되겠다.

대표질문	본인의 리더십?
유사질문	본인은 사람들 사이에서 주도하는 스타일인가? 따르는 스타일인가?
후속질문	본인의 리더십에 영향을 미친 사람이 있는가? 믿음을 준 사람이 조직 전체를 위기에 빠지게 한다면 어떻게 하겠는가? 끝까지 믿음을 준 사람이 제 능력을 보여준 경험이 있는가?
주의점	공무원 면접에서 상기의 유사질문이 자주 나오는 편인데, 좋은 참고 답변들을 보면 주도하는 스타일을 선호하는 것 같다. 본인이 만약 따르는 스타일이라도, 주도해 보려고 했던 노력을 보여주면 좋겠다.

대표질문	본인의 리더십?
유사질문	본인은 사람들 사이에서 주도하는 스타일인가? 따르는 스타일인가?
후속질문	본인의 리더십에 영향을 미친 사람이 있는가? 믿음을 준 사람이 조직 전체를 위기에 빠지게 한다면 어떻게 하겠는가? 끝까지 믿음을 준 사람이 제 능력을 보여준 경험이 있는가?
주의점	공무원 면접에서 상기의 유사질문이 자주 나오는 편인데, 좋은 참고 답변들을 보면 주도하는 스타일을 선호하는 것 같다. 본인이 만약 따르는 스타일이라도, 주도해 보려고 했던 노력을 보여주면 좋겠다.

대표질문	살면서 갈등을 겪은 적이 있는가?
유사질문	갈등관계에 있는 사람과 어떻게 업무를 같이 하겠습니까? 사람이 살다보면 친구나 형제, 자매나 말싸움이나 다툼이 있을 수도 있는데 그런 경험이 있었을 때 어떻게 해결했나요?
주의점	상기의 '누군가를 설득해 본 적이 있습니까?'라는 질문과 같이 거창할 필요는 없다. 생활 속 사례를 찾아보자

대표질문	남성들의 육아휴직에 대한 생각 / 여성들의 육아휴직에 대한 생각
후속질문	남녀가 육아휴직을 하면, 대체인력이 필요할 것이고, 국가 재정에도 부담이 될 텐데 어떻게 생각하는가?
주의점	요즘 저출산율이 문제라서 빈출되는 질문이다. 남녀평등의 관점에서 바라보고 답변하면 무난할 것 같다.

대표질문	자기를 간단히 PR해보세요.
유사질문	2분 내에 자기소개를 해보십시오. 당신의 장점과 단점은 무엇입니까?
후속질문	본인의 별명은 무엇입니까? 어떤 의미를 가지고 있습니까?
주의점	국가직, 지방직, 모든 직렬을 막론하고 빈출되는 질문이다. 꼭 제대로 준비하기를 바란다. 시간이 짧게 주어졌을 때, 길게 주어졌을 때를 모두 상정하여 준비하고, 자신의 과거, 현재, 미래를 포함하고, 상대방이 관심을 가질 만한 사물에 빗대면 좋고, 공직과 연관되는 내용까지 담아낸다면 더 좋겠다.

대표질문	페이스북을 사용해 보았는가?
유사질문	공무원의 SNS 사용에 대해서 어떻게 생각하는가? SNS 사용의 장점과 단점에 대해 말해 보세요.

주의점	SNS는 공무원의 정치적 중립과 관련되어 빈출된다. 행정은 정치와 밀접한 관련을 가지기에 '정치에 귀를 기울이되, 행정은 불편부당하게 한다.'는 생각을 가지고 답변하면 되겠다.

대표질문	서울 강남, 서초, 사당 지역이 상습적으로 침수되고 있다. 원인과 해결방안은?
유사질문	서울시는 현재 어떤 재난 대책을 가지고 있나? 서울안전지킴이 앱에 대해서 알고 있나?
주의점	침수 피해뿐만 아니라 태풍, 정전사태 등 이슈가 된 사건도 함께 준비하는 것이 좋겠다.

대표질문	당신은 발표력이 좋다고 생각하는가?
유사질문	발표력이 좋지 않다고 생각하면 개선을 위한 어떠한 노력을 했습니까?
후속질문	지금 아무 주제를 선택하여 1분간 발표해 보세요.
주의점	좋다고 하면, 시킬 수도 있으니 잘하지는 못하지만 그것을 극복하려고 했던 노력을 이야기해 주면 무난하게 넘어갈 것 같다.

대표질문	본인은 원칙과 융통성 중에 무엇을 중시하는가? 공무원은 때에 따라선 융통성을 발휘해야 할 때가 있다. 지금까지 살아오면서 융통성을 발휘하여 본 경험은?
주의점	공무원은 항상 원칙을 준수하고, 그다음에 융통성을 발휘해야 하는 것이 무난할 듯하다.

대표질문	공무원의 보수가 낮음에도 불구하고 공무원이 갖는 사회적 가치는 무엇이라고 생각하나?
유사질문	민간 기업이 공무원보다 보수가 훨씬 높을 텐데, 공무원을 선택한 이유는?
후속질문	청렴을 고수하다 보면 가족들이 싫어하지 않겠는가?
주의점	공무원의 직업적 특성을 상기하자.(청렴, 봉사, 희생 등)

대표질문	글로벌화되는 시대에 맞추어 공무원으로서 해야 할 일은?(혹은 갖춰야 할 것은?)
유사질문	급속도로 변화하는 시대에 공무원으로서 본인은 어떤 노력을 할 것인가?
주의점	참고답변에다가 본인이 현재 하고 있는 노력을 보여줄 수 있는 에피소드를 들어주면 더 좋겠다.

대표질문	대민업무를 맡게 된다면 어떤 마음가짐으로 일하겠는가?
유사질문	공직의 업무와 자신의 성격과의 관계를 생각해 본 적이 있습니까?
후속질문	행정인턴을 하면서 공무원들의 행동 중 '저건 아니다.'라고 할 만한 것이 있었습니까?

주의점	행정아르바이트 경험이 없다면, 본인이 직접 자치센터의 서비스를 받아본 경험이나 주변에 있는 공무원을 보고 느낀 점을 이야기해 주어도 좋다.

대표질문	공공기관의 홈페이지 이용률이 낮은데, 그 원인과 대책을 말해보라.
유사질문	모바일 행정에 대해서 들어본 적이 있는가?
후속질문	서울시 홈페이지에 있는 제안제도를 이용해 본 적이 있는가?
주의점	목표로 하는 기관의 홈페이지에 대해 알아보는 것은 기본이다. 서울시를 예를 들면 제안제도를 굳이 채택되지는 않더라도 꼭 해보도록 하자.

대표질문	대형마트 강제 휴무제와 SSM 진입규제에 대해 어떻게 생각하는가?
유사질문	전통시장을 이용해 본 적이 있는가? 전통시장의 강점과 약점은? 문을 닫는 전통시장이 늘고 있다. 활성화 방안은?
주의점	언론에서 핫이슈가 되었던 상황이고, 아직도 논쟁이 계속되고 있어 다시 물어 볼 가능성이 있다. 면접에서 되도록 정책을 긍정적으로 보되, 보수언론, 진보언론을 균형 있게 보면서 본인의 생각을 정리해보자.

대표질문	출산율이 좀처럼 높아지지 않고 있다. 그 원인과 대책을 말해 보아라.
유사질문	결혼하면 자녀계획은?
후속질문	본인이 생각하는 맞춤식 지원이란 어떤 것이 있겠는가?
주의점	면접에서 형식적이지만 결혼할 생각, 자녀 계획을 물어보는 경우가 왕왕 있다. 이때 할 생각이 없더라도 '하겠다.'고 하고, 자녀는 '많이 낳겠다.'고 하는 것을 좋아한다.

대표질문	의사소통이 안 돼서 힘들었던 경험이 있습니까?
유사질문	상대하기 어려운 사람과 함께 일한 적이 있습니까?
주의점	너무 복잡하고 개인적인 사례를 들 경우, 자칫 면접관이 이해하기 어려울 수 있으니 좀 더 쉬운 사례를 들어도 좋겠다.

대표질문	묻지마 범죄로 인해 시민들이 불안해하고 있다. 묻지마 범죄의 원인과 해결방안을 말해 보아라.
유사질문	마을공동체 사업을 간단히 설명해 보라.
주의점	국민들의 관심이 매우 높은 질문이다. 신문에 원인, 해결 방안에 대해 논의가 잘 되어 있으니 찾아보기 바란다.

대표질문	얼마 전 인터넷 실명제가 헌재의 위헌 판결을 받았다. 인터넷 실명제에 대한 본인의 생각을 말해 보세요.
후속질문	인터넷 사용자 의식을 전환할 수 있는 방안을 몇 가지 들어보면?
주의점	헌재의 판결을 존중해주는 편이 좋고, 인터넷 사용자 의식 전환 방안 몇 가지 정도는 생각해 두는 편이 좋겠다.

대표질문	현재 중국과 한편으로는 이어도 문제, 불법 조업 단속 중 중국 어민 사망 사건으로 인해 외교적 갈등이 커지고 있지만, 또 다른 한편으로는 한중 FTA 체결이 임박해 있다. 이 상황을 어떻게 바라보는가?
유사질문	일본의 독도 망언에 대한 본인의 생각은?
주의점	시사성이 대단히 높은 질문이다. 한중일 FTA, 동아시아 군비 경쟁, 영토 분쟁 등 다양한 문제가 연결되어 있으니 언론매체나 공감코리아 같은 자료를 찾아보는 것이 좋겠다.

대표질문	최근 아동을 대상으로 한 성범죄가 기승을 부리고 있다. 그 원인과 해결 방안을 제시해 보아라.
후속질문	단지 제도상의 미비만이 문제인가? 다른 문제는 없나?
주의점	시사성이 매우 높은 질문이다. 언론매체에 잘 정리가 되어 있으니 꼭 읽어 보기 바란다.

대표질문	까다로운 민원인을 어떻게 처리할 것인가?
유사질문	민원인이 부당한 요구를 할 때, 어떻게 대처하겠는가? 진상 민원인 대처 방안
주의점	언제나 이런 종류의 질문에는 정형화된 답변이 있다. 경청하고, 규정을 설명 드리고, 그래도 설득이 되지 않으면 상관의 도움을 구하는 방향으로 답변하는 것이 가장 무난하다.

대표질문	현재 우리나라는 사실상 사형제 폐지국가로 분류되고 있다. 하지만 최근 발생한 일련의 흉악 범죄로 사형 집행 논의가 대두되고 있다. 사형제에 대해 어떻게 생각하는가?
주의점	찬성하는지 반대하는지 본인의 의사를 결정하고, 일관성 있게 근거를 제시하면 되겠다.

대표질문	공무원의 내부고객과 외부고객에 대해서 말해보세요.
유사질문	내부고객(동료, 친구, 상사, 가족 등)을 만족시키는 방법을 말해보시오.
후속질문	조직 생활을 하면서 갈등이 발생할 수 있는데, 어떻게 대처하겠습니까?
주의점	정확히 알고 있지는 않아도, 본인이 현재 공무원이라고 가정하고, 상식적으로 생각해 보면 충분히 답변 가능한 질문이다.

대표질문	요즘 부동산 경기가 침체되면서 하우스 푸어가 증가하고 있다. 이에 일각에서는 구제책을 마련하고 있는데, 이에 대해서 어떻게 생각하는가?
유사질문	에듀푸어, 렌트푸어에 대해서 들어본 적이 있는가?
후속질문	세금으로 구제해주는 방식 말고 다른 방법을 생각해 본 적 있나?
주의점	역시 찬성과 반대를 명확히 말하고, 그에 따른 근거를 논리적으로 제시하자.

대표질문	요즘 외국인 관광객들이 급증하고 있다. 외국인 관광객의 입장에서 보았을 때 우리나라는 관광하기에 어떤 것이 부족하다고 생각하는가? 극복 방안은?
유사질문	외국인 관광객들이 '한국에 오면 먹을 것이 없다.'라는 말을 하는 것을 언론을 통해 알고 있다. 어떤 의미이며 개선 방안은?
주의점	현재 충분히 물어볼 수 있는 질문이고, 신문, TV뉴스 보도에 원인, 해결 방안이 잘 제시되어 있으니 참고하기 바란다.

대표질문	상대방과 의견이 충돌할 때 의견을 절충하거나 상대방의 의견에 동조한 적이 있는가?
유사질문	자신의 관점과 다른 사람 관점의 궁극적 차이는 어디에 있다고 보는가?
후속질문	만약 점수 배분에 불만을 토로하는 조원이 있다면 어떻게 대처하겠는가?
주의점	일반적인 답변으로도 무난하지만, 실제 에피소드까지 곁들인다면 더 좋은 답변이 될 수 있다.

4 윤리·책임

대표질문	자신 스스로와의 약속을 지키지 못한 경우를 말해보고, 이에 대해 어떻게 대처하는지 말해보라.
유사질문	자신이 의지력을 발휘해 관철시킨 경험이 있는가? 자신은 스스로와의 약속을 잘 지키는 편인가?
주의점	평소에 약속을 잘 지키지 않는 사람으로 보이지 않도록 신경 써서 대답하여야 한다.

대표질문	야근을 하게 된다면 마음자세는?
유사질문	주말에도 출근하여 일을 하여야 한다면 어떻게 하겠는가? 중요한 기념일에 상사가 야근을 요구한다면 어떻게 하겠는가?
주의점	어려운 일이나 야근을 하더라도 긍정적인 자세로 임할 수 있다는 점을 드러내야 한다.

대표질문	대기실에서 기다리는 동안 무슨 생각을 했는가?
유사질문	면접순서를 기다리면서 떨리지 않았는가? 면접장에 기다리는 대기자들을 보며 무슨 생각을 하였는가?
주의점	큰 의미가 있는 질문이라 보기 어렵기 때문에 너무 대답을 잘 하려 할 필요는 없고 자신의 생각대로 솔직하게 대답하면 된다.

대표질문	친구나 선배가 본인을 어떻게 평가하는지 한번 말해보시오.
유사질문	친구나 주변 사람들에게 불리는 별명이 무엇인가?
주의점	자신의 장단점을 묻는 질문과 같은 범주의 질문이기 때문에 장단점을 묻는 질문과 같이 준비하면 된다.

대표질문	스트레스를 받을 때 해소법
유사질문	스트레스를 많이 받는 편인가?
주의점	특별한 의미가 있는 질문은 아니기 때문에 일상적으로 무난하게 대답한다.

대표질문	청렴한 행동을 한 경험이 있는가?
유사질문	자신이 정직하다고 생각하는가(정직한 행동을 한 경험)?
주의점	공무원에게 꼭 필요한 덕목인 청렴한 행동을 한 경험을 묻는 질문으로 거창한 것을 생각하지 말고 자신의 작은 행동들을 기억해 답변을 준비한다.

대표질문	좌절했던 경험
유사질문	가장 힘들었던 경험은 무엇인가? 어려움을 극복한 사례를 말해보라.
주의점	좌절했던 경험의 내용 그 자체보다는 좌절했던 순간을 어떻게 극복했고, 이겨낼 수 있었는지 그 극복 과정에 초점을 맞추어 답변을 준비해야 한다. 좌절은 누구에게나 찾아오지만 그것에 대한 대처방법은 모두 다르기 때문이다.

대표질문	지방직과 국가직에 동시에 합격하면 어떻게 할 것인가?
유사질문	다른 공무원시험에 합격하였는가?
주의점	대부분 대답을 잘할 것이지만, 적절하고 현실적인 이유 정도는 준비해 두는 것이 좋다.

대표질문	원하지 않는 부서로 발령 난다면?
유사질문	자신이 하기 싫은 업무를 맡게 된다면 어떻게 하겠는가? 비인기 부서에 배정이 된다면 어떻게 하겠는가?
주의점	합격 후 실제로 자신이 원하는 부서에 배치되는 경우는 많지 않을 것이다. 원하는 부서에 배치되지 않더라도 긍정적으로 받아들이고 자기 발전의 계기로 삼겠다는 모습을 보여주어야 한다.

대표질문	민원인을 대하는 태도
유사질문	무리한 요구를 하는 민원인을 어떻게 대하겠는가?
주의점	공무원이 민원인을 대할 때는 낮은 자세로 임해야 하는데 그러한 마음가짐을 보여주면 되는 질문이다.

대표질문	감명 깊게 읽은 책
유사질문	감명 깊게 본 영화 대사나 구절이 있는가?
주의점	까다로운 질문은 아니지만 갑자기 질문을 받을 경우 당황할 수 있다. 평소 자신이 감명 깊게 본 책의 구절을 기억해 두면 더 좋고, 읽은 책이 어떠어떠한 측면에서 감명을 받았는지 적절한 이유를 밝히면 좋다.

대표질문	가장 기뻤던 순간은 언제인가?
유사질문	가장 보람을 느꼈던 순간은 언제인가? 가장 잘한 일이라 생각하는 것은 무엇인가?
주의점	너무 거창한 경험을 기억하려 애쓰지 말고 자신의 생활에서 기쁨이나 보람을 느꼈던 경험을 잘 정리해 두면 된다.

대표질문	아르바이트를 한 경험을 말해보시오.
유사질문	직장생활을 한 경험을 말해보시오.
주의점	평범한 질문이지만 자신이 아르바이트를 하면서 어떤 점을 배울 수 있었고 이러한 경험을 공직에서 어떻게 활용하겠다는 입장을 정리해 두면 된다.

대표질문	자신의 첫인상이 안 좋다면 어떻게 하겠는가?
유사질문	자신의 첫인상에 대해서 어떻게 생각하는가?
주의점	첫인상이야 자신의 힘으로 어쩔 수 없지만, 자신의 인상이 차갑다면 이를 누그러뜨리기 위한 노력을 하고 있다는 점과 실제로는 차가운 사람이 아니라는 점을 드러내면 된다.

대표질문	수험생활을 하면서 어떤 점을 느꼈나?
유사질문	수험기간이 얼마나 되나?
주의점	수험생활은 누구나 힘든 기억이지만 그러한 힘든 상황을 긍정적으로 받아들였던 모습과 이를 공직에 대한 열망으로 연결시키면 좋을 것이다.

대표질문	취업준비를 통해 다른 직업을 가지려 해본 적이 있는가?
유사질문	(직장생활 경험이 있는 경우) 그만두고 공무원이 되려는 이유는 무엇인가? 언제부터 공무원이 되고자 하였는가?
주의점	공무원이 되고자 하기까지 여러 가지 일을 한 경우 자칫 우유부단한 성격이나 한 가지 일을 진득이 하지 못하는 사람으로 보일 수 있기 때문에, 꼭 공무원만을 준비하지 않았더라도 변덕스럽고 참을성 없는 사람으로 보이지 않도록 주의해야 한다.

대표질문	외국인을 도와준 적이 있는가?
유사질문	남을 잘 돕는 편인가?
주의점	외국인을 도와준 경험이 있으면 좋겠지만 그러한 경험이 없더라도 평소 자신이 가지고 있는 외국인을 바라보는 자신의 생각을 말하는 정도이면 좋다.

대표질문	주도적으로 일을 하는 편인가? 남이 시키는 대로 하는 편인가?
유사질문	자신은 리더형 인간이라고 생각하는가? 자신은 순종적이라고 생각하는가?
후속질문	리더십을 발휘한 경험을 말해보라.
주의점	정답은 없는 질문일 수 있지만, 어느 쪽을 선택해서 대답을 하든 너무 한쪽으로만 편향된 사람으로 보이지 않도록 주의해야 한다.

대표질문	다른 사람에게 조언을 해본 경험이 있으면 말해보시오.
유사질문	다른 사람에게 도움을 준 경험이 있는가?
후속질문	자신이 조언을 하여 결과적으로 더 상황이 악화되었다면 어떻게 하겠는가?
주의점	자신의 일상적인 작은 경험도 괜찮으니 솔직하게 답변하면 된다.

대표질문	어려운 일에 부딪혔을 때 자신만의 문제 해결 방법을 말해 보시오.
유사질문	자신은 위기 대응능력이 뛰어나다고 생각하는가?

주의점	공직생활을 하면서 여러 가지 위기에 직면했을 때 잘 극복할 수 있는 역량을 가지고 있는지 엿보는 것으로 작은 것이라도 극복한 경험을 말하면 좋다.

5 창의·혁신

대표질문	상사가 자신의 공을 가로챈다면 어떻게 하겠는가?
유사질문	불공평한 처우를 받는다면 어떻게 하겠는가? 못된 상사를 만난다면 어떻게 하겠는가?
주의점	다른 사람을 통해 이야기하겠다는 등의 답변은 좋지 않다.

대표질문	살면서 가장 어려운 때가 있었다면 언제입니까? 그 극복은?
유사질문	어떤 일을 자신이 이루어낸 경험이 있는가? 열정적으로 일했던 경험이 있는가? 자신의 끈기를 보일 수 있는 경험을 말해 보시오. 자신은 의지력이 강한 사람인가?
주의점	지원자가 얼마나 의지력이 있는지 사람인지 확인하는 질문이다. 구체적인 사례를 들고 이를 극복한 경험을 이야기할 것

대표질문	자신이 노력한 것보다 낮은 평가를 받았을 때 어떻게 하겠는가?
유사질문	남들보다 승진이 늦다면 어떻게 하겠는가?
주의점	평가 결과에 의문을 갖거나 확인해 보겠다는 등의 답변은 좋지 않다.

대표질문	창의성을 발휘해서 일해 본 경험이 있는가?
유사질문	발상의 전환을 통해 효과를 보았던 적이 있습니까?
주의점	거창한 경험을 말할 필요는 없다. 생활 속에서 경험한 이야기를 구체적으로 준비하자.

대표질문	공직에 들어온다면, 5년 내지 10년 후의 자신의 모습은 어떤 것이라 생각하나?
유사질문	장기적인 인생의 목표는 무엇인가?
주의점	미래에는 자신의 업무에서 전문가가 되어 있겠다는 의지를 나타내자.

대표질문	생활신조나 좌우명이 있는가?
유사질문	본인에게 도움이 되는 격언이 있다면 무엇인가?
주의점	꿈을 잃지 않게 하고 삶의 용기와 지혜를 주었던 말을 하자.

대표질문	삶에서 가장 중요한 것은 무엇이라고 생각하는지 3가지만 말해 보시오.
유사질문	당신에게 소중한 것은 무엇인가? 당신이 지향하는 가치는 무엇인가?
주의점	지원자가 어떤 가치관을 가진 사람인지 묻는 질문이다. 자신이 중요하게 생각하는 것을 설득력 있게 이야기하자.

대표질문	결혼 후 근무는 어떻게 하겠는가?
유사질문	결혼 후 맞벌이에 대해 어떻게 생각하나? 일과 가정 중 무엇이 우선인가? 여성이 직장 생활하는 것을 남편이 반대한다면 어떻게 하겠는가? 직장 생활과 육아를 어떻게 병행할 것인가?
주의점	하나를 위해 다른 하나를 무조건 희생하는 것은 좋지 않다. 개인 생활과 직장 생활 모두 조화를 이룰 수 있도록 노력하는 것이 중요하다.

대표질문	직장 생활 중 슬럼프는 어떻게 극복하겠는가?
유사질문	스트레스를 관리하는 자신만의 방법이 있는가?
주의점	단순히 노력하고 열심히 일하면서 극복하겠다는 답변보다 슬럼프를 극복하는 자신의 효과적인 방법을 말하자.

대표질문	가장 존경하는 인물은 누구인가?
유사질문	자신의 삶에 큰 영향을 끼친 인물이 있는가? 자신의 멘토는 누구인가? 가장 만나보고 싶은 인물은 누구인가?
주의점	많은 지원자들이 부모님을 존경한다고 답한다. 빈번히 들었기 때문에 부모님 말고 다른 분을 들라고 하기도 한다. 부모님 외에 존경하는 분을 말하되 왜 존경하는지, 자신의 가치관에 어떻게 영향을 미쳤는지 이야기하도록 하자.

대표질문	엄격한 상사와 일하고 싶은가, 온화한 성품을 가진 상사와 일하고 싶은가?
유사질문	어떤 상사 밑에서 일을 배우고 싶은가? 이상적인 상사란? 본인은 어떤 상사가 되고 싶은가?
주의점	~한 상사와 일하고 싶지는 않다는 등의 부정적이거나 비판적인 답변은 피하자.

대표질문	나이 어린 상사와 일할 수 있겠는가?
유사질문	입사가 늦은 편인데 조직에 적응할 수 있겠습니까?
주의점	나이 어린 상사라 하더라도 갈등을 유발하지 않고 원만하게 잘 지낼 수 있다는 의지를 확고하게 나타내고 실제 경험한 사례를 들어 설명하는 것도 좋다.

대표질문	좋아하는 사람과 싫어하는 사람을 말해 보시오.
유사질문	조직에서 어떤 사람이 되고 싶은가?
주의점	개인적인 감정으로만 좋아하는 인간형과 싫어하는 인간형을 말하지 않도록 하자.

대표질문	리더십이란 무엇인가?
유사질문	리더십이 중요한 이유는 무엇인가?
주의점	리더는 카리스마로 구성원을 복종시켜야 한다는 등의 강압적인 느낌을 주는 답변은 좋지 않다.

대표질문	성공을 무엇이라 생각하는가?
유사질문	당신은 어떤 가치관을 가지고 있습니까?
주의점	사회생활을 떠난 가치를 말하는 것은 좋지 않다.

대표질문	더 좋은 조건의 직장이 생기면 갈 것인가?
유사질문	두 곳에 합격한다면 어느 곳을 선택할 것인가?
주의점	공무원이 되고자 하는 지원 의도와 얼마나 신념이 확고한 것인지를 보이자.

대표질문	직장 상사가 괴롭힌다면 어떻게 할 것인가?
유사질문	상사가 부당한 대우를 한다면 어떻게 할 것인가?
주의점	상사에게만 잘못이 있다는 식의 답변은 하지 말 것

대표질문	살면서 타인에게 도움을 준 적이 있나요?
유사질문	사회적으로 유익한 일을 한 적이 있는가? 봉사를 한 경험은?
주의점	작은 것이라 하더라도 경험을 진솔하게 구체적으로 이야기하자.

대표질문	해보지 않은 분야의 일을 맡게 된다면?
유사질문	혼자서 결정하기 어려운 사안이 있을 때 어떻게 하겠나?
주의점	해보지 않은 일에 대해 무조건 해낼 수 있다는 답변은 곤란하다.

6 지방직 교육행정직 출제 예상문제 20선

문제1	심각한 교권 침해, 이에 대한 해결 방안은?
답변	(1) 교권인식 교육 강화, 학생들에게 교사들의 인권과 교권의 중요성에 대해서 지속적으로 지도하는 방법입니다. 최근까지 학교에서 교권침해와 관련한 교육은 연 1회 실시되는 것이 전부였습니다. 또한, 교권침해 사안이 발생하더라도 사제지간이라는 이유로, 또 성인인 교사가 미성년자를 상대로 신고를 하는 것이 부적절하다는 시선으로 보며 교권보호위원회 신청이 외면되어 왔습니다. 학생들에게 꾸준하게 교권침해와 관련된 교육을 실시하는 것이 방법입니다. (2) 교권보호위원회 처벌 강화 교권보호위원회는 교사와 학부모로 구성되어 있습니다. 학부모는 대부분 학생들의 입장을 대변하는 입장이므로 설령 피해가 심각하다 하더라도 미숙한 학생들의 탓이라고 넘어가는 경우도 잦습니다. 학부모, 교사의 비중을 줄이고 외부 위원의 수를 늘리고, 처벌을 강화하는 것이 학생들에게 경각심을 줄 수 있습니다. (3) 교권인식에 관한 학생들의 자발적인 참여 유도 단순히 학생들에게 교권침해와 관련된 교육을 진행하는 것보다 학생회나, 교권침해와 관련된 토론 활동 프로그램을 진행하는 것이 좋습니다. 학생이 학교 구성원으로서 교사들의 고충을 이해하고 서로 이해할 수 있는 방향으로 나아갈 수 있을 것입니다. (4) 가정과 학교의 협력 강화 중, 고등학교 학생을 키우는 부모님 세대는 사실 교사에 대한 불신이 있는 세대입니다. 사명감이 더 있다고는 말 못 하지만, 적어도 학생 인권을 지켜 주기 위해서 노력합니다. 가정에서도 이러한 변화가 있다는 것을 인지하시고, 자녀들에게 교권 보호를 위한 지도를 따로 해주는 것이 좋겠습니다. (5) 안심 전화번호 제도 채택 안심 전화번호를 통하여 교사의 사생활 비밀 자유 보장 (6) TF결성 TF결성의 필요성, 민주성, 전문성, 공정성을 통한 교권 확립

문제2	수월성 교육[1]에 대해 어떻게 생각하는가?
답변	저는 찬성의 입장입니다. 그 이유는, 수업에 적극적인 아이와 수업에 부진한 아이들의 전반적인 수업 이해도가 다르기 때문입니다. 그래서 저는 수준별 학급을 편성해서 맞춤형 교육을 강화할 것입니다. 이를 통해 적극적인 아이와 부진한 아이 모두 만족할 수 있는 수업이 되도록 열심히 보좌할 것입니다.

1) 남들보다 뛰어나고 우월한 능력을 가진 피교육자에 대하여, 그 능력을 개발하려는 교육이나 교육 프로그램.

문제3	학생들 간의 학교폭력 문제, 학교 폭력 근절 방안은?
답변	(1) 학교 폭력 근절 방안으로 학생과 학부모 모두에게 인성 교육을 실시하겠습니다. 헌법 제10조의 인간 존엄성 교육, 생명 교육 등을 통해 학생과 학부모 함께 학교폭력을 경계하고 주의할 수 있도록 하겠습니다. (2) 최근에 도입된 학교폭력조기감지 시스템을 적극적 홍보하여 학교폭력 피해를 최소화 시키겠습니다. (3) 사후 관리를 위해, 교내에 학교폭력 전담 기구 및 전담 전문가를 설치, 확대하도록 하겠습니다. 이를 통해 피해 학생을 보호하고, 가해 학생을 선도해 즐거운 학교를 만드는 데 노력하겠습니다.

문제4	학교 내에서 발생하는 갑질 문화, 근절 방안은?
답변	(1) 조직문화와 리더십 개선 : 조직 내에서 강력한 갑질 방지 정책을 시행하고, 리더들에게 리더십 교육을 실시하여 공정한 리더십을 강조합니다. (2) 의사소통 개선 : 갑질로 인한 갈등을 예방하기 위해 개방적인 의사소통 문화를 구축하고, 갈등 해결 방법에 대한 교육을 제공합니다. (3) 법과 제도의 강화 : 갑질 행위에 대한 법과 제도를 강화하여 피해자들의 권리를 보호하고 제재를 가합니다. (4) 인식과 교육 : 갑질에 대한 인식과 이해를 높이기 위해 사회적 교육 캠페인을 실시하고, 사람들에게 갑질의 심각성을 알립니다.

문제5	2022년 통계청 자료에 따르면, 사교육비가 총 26조에 달한다. 사교육비 절감에 대한 방안은?
답변	(1) 공교육 과정 중심의 공정한 수능을 점진적·단계적으로 확실히 실현한다. 공교육 과정에서 성실하게 학습한 학생들이 수능에서 공정하게 평가받을 수 있도록 변별력은 갖추되, 공교육 과정에서 다루지 않는 내용으로 사교육에서 문제풀이 기술을 익히고 반복적으로 훈련한 학생들에게 유리한 소위 '킬러문항'은 핀셋으로 제거한다. (2) 사교육 카르텔 근절을 위해 범정부가 단호한 의지로 집중 대응한다. 수능 킬러문항과 관련하여 학생·학부모의 불안감을 자극하는 허위·과장 광고 등에 대한 부조리 신고를 접수·처리하기 위해 사교육 카르텔·부조리 신고 센터를 설치한다. (3) 학생들 누구나 학원의 도움 없이 입시를 준비할 수 있도록 공정한 입시 체제를 구축한다. 논술·구술 등 대학별고사가 교육과정 수준과 범위를 벗어나지 않도록 꼼꼼히 점검하고 재발을 방지한다. 학교 수행·지필평가도 교육과정 내에서 이뤄지도록 교차검토를 강화하고 및 선행학습 영향평가를 확실하게 시행하도록 한다. 자사고·외고·국제고가 존치되면서 사교육이 유발되지 않도록 후 기 학생 선발 및 자기주도학습전형을 유지하고 입학전형 영향평가도 개선 한다. 현장 교사 중심의 무료 대입 상담 등 공공 컨설팅 및 대입 정보 제공을 확대한다. (4) 중·고등학교 교과보충 및 선행학습 사교육 수요를 경감하기 위해 누구나 누릴 수 있는 맞춤형 학습을 지원한다. 근본적으로 정규 교실 수업을 혁신하는 「공교육 경쟁력 제고방안(6.21. 발표)」과 연계하여 중·고등학교의 교과 사교육을 경감한다. (5) 초등 단계의 돌봄, 예체능 등 다양한 사교육 수요를 국가 책임 교육·돌봄으로 흡수한다. 돌봄 사교육 수요를 흡수할 수 있도록 늘봄학교 및 초1 에듀케어를 확대하고, 체육·예술 프로그램을 대폭 확대한다. 수영장 등 체육·예술 시설을 점진적으로 확충하고, 지역대학과 태권도협회 등 민간단체, 그리고 지역사회가 참여하여 학생들에게 다양한 체육·예술 활동을 지원하도록 한다. 소프트웨어(SW)·인공지능(AI) 등 다양한 신산업 분야를 체험할 수 있도록 디지털 새싹캠프를 확산하고, 의대입시반 등 신규 사교육 분야에 대해서는 실태 점검을 거쳐 학부모에게 정보를 제공한다. '방과후1＋1' 등 자유수강권 지원을 확대하고, 방과후 과정 업체위탁 점검을 거쳐 제도 개선도 추진한다. (6) 유아 학부모의 교육 수요를 만족시키기 위해 유아 공교육을 강화한다. 초등 입학을 대비한 사교육 수요에 대비하여 유－초 연계 이음학기를 운영하고, 영어·예체능 등 수요가 높은 방과후 과정 운영을 위해 재정 지원을 확대한다.

문제6	특목고와 자율형 사립학교 존치에 관한 의견은?
답변	특목고와 자율형 사립학교를 존치하는 것에 찬성합니다. 그 이유는 2가지가 있습니다. 우수한 인재를 양성해 국가 발전을 이룩할 수 있습니다. 특히 과학고 같은 경우에는 4차 산업이 무궁하게 발전하고 있는 지금, 과학적인 인재를 양성한다면, 국가발전을 넘어 인류의 발전에도 기여할 수 있습니다. 일반적인 인문계 학교보다 더 넓은 범위에서 다양한 교육을 받을 수 있기 때문입니다.

문제7	공직자 이해 충돌 방지법[2]이 필요한 이유는?
답변	이해충돌방지법은 공직자 부패행위에 대한 실효적인 관리장치이자 예방조치라면서 법 적용 대상 기관에서는 소속 공직자의 이해충돌 상황을 효과적으로 관리할 수 있도록 기관별 이해충돌방지 담당관을 지정하여야 한다. 그리고 공직 사회에서의 청렴 실현을 위한 최근에 제정된 법률이다.

문제8	공무원은 재산상 이득을 목적으로 한 가상화폐, 주식 보유 및 거래가 금지된다. 그 이유는?
답변	영리 업무 및 겸직 금지 조항에 따라 이 내용에는 주식 투자 관련 내용은 없으나, 국가공무원법과 지방공무원법 복무규정을 보면 공무원 본인의 직무와 관련이 있는 기업에 대한 투자는 할 수가 없습니다.

문제9	민원인이 규정에 없는 내용을 지속적으로 요구한다. 이에 대한 대처 방안은?
답변	먼저 경청을 통해 민원인께서 요구하시는 사항의 핵심을 파악하겠습니다. 그리고 민원 사무 처리기준 규정과 행정 선례 등을 1차적으로 제시하며, 민원인 분의 요구 사항을 정중히 거절하겠습니다. 그 다음으론, 직근 상관님께 해당 사건에 대해 보고하겠습니다.

문제10	'학생 인권 조례'[3]에 대한 본인의 생각은?
답변	학생 인권 조례는 학생의 인권 보장을 위해 필요합니다. 하지만, 헌법 제11조 평등권과 교사들의 교권보호를 위해서 관련 법 또한 추가적으로 제정되어야 한다고 생각합니다. 학생과 교원 모두가 즐거워야 좋은 교육 현장을 만들 수 있기 때문입니다.

문제11	공직 가치 중 가장 중요한 것은 무엇이며, 그에 대한 사례는? (본인 사례를 제시할 것. 사례는 봉사활동, 자기계발 사례를 제시할 것)
답변	공직 가치 중 가장 중요한 것은 청렴성입니다. 고등학교 2학년 겨울이었습니다. 학생회 급식 선도 활동 중에, 소위 일진이라 불리는 친구들이 급식 질서를 무시하고, 새치기를 하였습니다. 함께 선도를 서던 부원들은 후폭풍이 무서워 그 학생들을 제재하지 못하고 있던 상황에, 저는 그 학생들로 인해서 다른 질서를 지키는 학우들이 피해를 받는 것을 원하지 않았습니다. 그래서 그 학생들 보고 질서를 지키기를 권고했고, 제가 엄중히 대처하자 그제서야 질서를 지켰습니다. 다른 학우들에게 힘과 인맥을 이용해 위협을 가하는 친구들이긴 하였으나, 저는 엄연히 학교의 질서를 지키는데 노력해야 하는 학생회 부원으로서 반드시 할 일을 해야 한다고 생각했습니다.

문제12	살면서 보람을 느낀 경험은 무엇인가? (본인 사례를 제시할 것. 봉사활동, 자기 계발로 제시할 것)
답변	대학교 2학년 2학기 때 경북 안동에서 농촌 봉사 활동을 할 때였습니다. 이때 사과 농사를 지으시는 어르신들께서 일손 부족을 해결해 주어 감사하다고 말씀해 주셨습니다.

2) 공직자가 직무를 수행할 때 자신의 사적 이해관계로 공정하고 청렴한 직무수행을 저해하는 것을 방지하기 위한 내용을 담은 법안
3) 학생의 존엄과 가치가 학교교육과정에서 보장되고 실현될 수 있도록 각 교육청에서 제정한 조례로, 2010년 10월 경기도교육청이 처음으로 공포한 바 있다.

문제13	교육 종사자의 성 비위 사건, 다른 공무원보다 더 엄중히 처벌해야 하는가?
답변	교육 종사자의 성 비위 사건은 더욱 엄중히 처벌되어야 합니다. 이유는 교육 종사자는 고도의 품위 유지의 청렴성이 요구되기 때문입니다.

문제14	현장에서 4차산업(챗GPT, 인공지능, 드론, 메타버스 등)의 활용 방안은?
답변	전국 최초로 도입된 AI플랫폼 아이톡톡을 활용해서 빅데이터 인공지능을 통한 성공적인 미래 교육을 위해 경남 교육청과 서울시 교육청이 한국형 교육 데이터 세트 구축을 위한 공동 연구 개발 업무 협약을 맺었습니다. 이처럼 다른 지자체와 협업을 통해 함께 4차산업 시대에 걸맞은 스마트 교육을 실현할 수 있습니다.

문제15	저출산 및 고령화, 해결 방안은?
답변	1. 저출산 해결방안 　(1) 적극적인 출산 장려 정책이 우선되어야 한다. 이를 위해서는 아이 낳기 좋은 사회를 만들기 위해 적절한 출산 정책을 마련하고 가정과 지방자치 단체, 사회가 함께 육아를 책임지는 사회로 변해야 한다. 　(2) 보육 시설 확충, 출산비 지원, 육아 휴직 확대 및 자녀 교육비 지원 등을 통해 자녀를 낳고 키우는 데 어려움이 없는 환경을 만들어주어야 한다. 2. 고령화 해결방안 　(1) 고령화 사회 문제 해결을 위해서 연금 제도의 개선, 노인 장기 요양 보험 제도 등 다양한 정책과 제도를 마련하여 노인 복지를 강화해야 한다. 　(2) 평생 교육 및 직업 훈련, 재취업 기회 제공, 일자리 나누기, 임금피크제도 등을 통해 노년층의 경제 활동을 장려하고 활용해야 한다.

문제16	초중고등학교의 폐교 문제, 이에 대한 해결 방안은?
답변	폐교를 공공연수원, 수련원, 공공교육기관과 같이 공공성이 있는 시설 기관으로 개축하여 사용하도록 하겠습니다. 그리고 문화에 소외된 지역 주민들에게 다양한 문화 생활 제공하기 위해 마을 도서관이나 마을 극장으로 바꾸어 그 지역의 문화성을 높일 수 있도록 노력하겠습니다. 마지막으로, 이순신 장군의 마지막 꿈은 귀농이라고 하였습니다. 버려진 폐교를 귀농, 귀어, 귀촌, 귀임의 교육장으로 만들어 마을 적응을 돕도록 하겠습니다.

문제17	신림동 칼부림(묻지마 살인)에 대한 생각은?
답변	우선 이번 일로 유명을 달리하신 고인분께 심심한 조의를 표합니다. 해당 사건을 보며 범죄 발생 전에 좀 더 유해영상 삭제 및 검색기록 분석, 감시를 철저히 하였다면 미연에 이러한 비극을 방지할 수 있지 않았을까 하는 아쉬움이 많이 남습니다. 그렇기에 저는 우선 범죄의 사전예방이라는 경찰의 의무를 다하지 못한 책임이 있기에, 유족 및 국민에 대한 사과가 가장 우선되어야 하며, 사이버수사대를 동원해 해당사건 관련영상 및 모방 범죄를 유발할 수 있는 유해영상 삭제가 신속히 이루어져야 한다고 생각합니다. 그리고 재발방지를 위해 관련지역에 전보다 순찰을 강화하고, 국민 모두를 대상으로 호신용 도구의 사용법 및 범죄 발생 시 대처법 등 안전교육이 이루어져야 한다고 생각합니다.

문제18	일본 방사능 오염 방류에 대한 생각은?
답변	국제 원자력 기구인 IAEA의 보고서 결과를 존중하며, 국제적으로 규정된 규범을 준수하는 사항이라면 따라야 한다고 생각합니다. 다만, 현재 많은 국민 분들이 불안해하고 있기 때문에 이를 해결하기 위해서는 일본의 투명한 정보 공개와 엄격한 방류 관리 조치, 국제 원자력 기구의 감시와 감독 강화가 우선시되어야 한다고 생각합니다. 그리고 오염수 방류에 따른 환경 문제와 관련하여 민, 관이 함께 고민하고 해결해 가는 TF를 결성하여 적극적이고 지혜롭게 해결해 가는 자세가 필요하다고 생각합니다.

문제19	MZ세대의 의원 면직률 증가, 그 이유는?

답변	(1) MZ세대는 성장환경이 개인주의와 자유주의를 중시하는 문화이기에 조직 문화에 있어서 개인의 자유를 더 중시하는 경향이 있는 것 같습니다.
	(2) 수평적 문화를 선호하다 보니, 공직사회의 의무인 복종의 의무에 따른 계급 문화에 어려움을 느끼고 있는 것 같으며, 이로 인해서 기성세대와의 소통에서 또한 갈등을 겪는 것 같습니다.
	(3) 저는 소통과 공감을 잘한다고 많은 친구들과 가족이 말해주었습니다. 소통을 통해 세대 간의 다름을 이해하고, 의사소통하면서 공직 생활을 하겠습니다.
	(4) 임금 수준 현실화 및 복지 정책 확대
	  • 공무원의 임금을 최저 임금 이상으로 인상.
	  • 복지 정책의 확대로 사기 진작을 해야 한다.
	  • 탄력 근무 제도
	  • 재택 근무 활성화

문제20	장마로 인한 수해사고, 이에 대한 공무원의 자세는?
답변	우선 해당 사고로 유명을 달리하신 고인 분들께 조의를 표합니다. 이번 오송 지하차도 사고의 가장 큰 원인은 지역 순찰 및 하천, 펌프 시설 점검 등의 적극 행정이 부족하였고, 사고에 따른 경보 발령과 같은 매뉴얼은 있었으나, 그것을 제대로 활용하지 못한 부분에 있어 자료 조사와 분석이 매우 부족했다고 생각합니다. 앞으로 이러한 일을 방지하기 위해서, 재난 예방을 위한 사전 점검과 같은 적극행정 자세와 실시간 재난 정보를 수집하고 분석하는 자세가 우선되어야 한다고 생각합니다. 그리고 재난 예방을 위한 예비비나 추가 경정 예산과 같은 예산확보는 물론이고, 24시간 재난 상황 대응팀의 편제가 절실하다고 생각합니다. 그리고 민간과 협업하여 지역사회와 함께 문제를 예방하고 해결해 나가려는 자세가 중요합니다. 재난 상황 속에 있는 민원인들의 신고를 적극 접수하고 재난 방지와 관련하여 민간 업체와 협업한다면, 훨씬 그 예방의 효과가 뛰어날 것입니다.

CHAPTER 04 면접 준비 정리

1 면접 준비 관련 최종점검(면접 Time Table)

1 국가직

준비기간	세부내용	확인
D-30	• 면접특강 수강, 면접스터디 가입 및 활동	☑
D-30~20	• 면접시험 준비 : PT 면접/인성면접 준비를 위한 정책 자료 수집 및 작성	
	• 자기기술서 작성을 위한 개인의 경험 회고 및 메모	
D-20~8	• 면접스터디원들과 실전면접 연습 : PT 작성/발표, 자기기술서 작성/발표	
D-7~4	• 모의 면접 실시 : 면접특강 또는 他 면접 스터디와 공동 실시	
D-3~2	• 면접복장, 헤어스타일, 준비물 점검	
	• 면접자료 최종점검 및 단순화 작업(자기기술서, PT 자료)	
	• 최근 정책이슈 점검(인터넷, 신문 등)	
D-1	• 면접장소 점검	
	• 면접자료 확인	
D-DAY	• 면접장소 도착	
	• 면접대기장소 이동 : 신분증 확인 및 휴대폰 수거	
	• 평정표 및 자기기술서(20분) 작성	
	• PT 작성 장소 이동 및 PT 작성	
	• PT 면접 → 인성면접 → 전문지식면접 순으로 면접 진행	

2 서울시

준비기간	세부내용	확인
D-40	• 자기소개서 작성 제출	☑
D-40~21	• 면접특강 수강, 면접스터디 가입 및 활동	
	• 인성 시험 준비	
	• 면접시험 준비 : PT 면접/개별면접 준비를 위한 정책 자료 수집 및 작성	
	• 서울시 관광지 탐사하기	
D-21	• 인성 시험	
D-20~8	• 면접스터디원들과 실전면접 연습 : PT 작성/발표, 개별면접 발표	
D-7~4	• 모의 면접 실시 : 면접특강 또는 他 면접 스터디와 공동 실시	
D-3~2	• 면접복장, 헤어스타일, 준비물 점검	
	• 면접자료 최종점검 및 단순화 작업(자기소개서, PT 자료, 개별면접자료)	
	• 최근 정책이슈 점검(인터넷, 신문 등)	
D-1	• 면접장소 점검	
	• 면접자료 확인	
D-DAY	• 면접장소 도착	
	• 면접대기장소 이동 : 신분증 확인 및 휴대폰 수거	
	• PT 작성 장소 이동 및 PT 작성	
	• 토론·PT 면접 → 개별면접 순으로 면접 진행	(영어면접폐지)

2 면접 준비를 마무리하면서(합격자 격려의 말)

1. 국가직

필기시험을 합격한 기쁨을 얼마 누리기도 전에, 면접이라는 또 다른 장애물이 눈앞에 놓인 기분이 들 것이라고 생각합니다. 저 또한 필기시험 문자를 받고 감격하면서 "이제 끝이다!"라고 생각한 지 채 하루도 되지 않아 면접이 걱정되기 시작했습니다. 필기는 점수로 나오고 문제가 왜 틀렸는지 명확히 알 수 있지만, 면접은 아무래도 주관적인 경향이 강하기 때문에 더 불안했던 것 같습니다.

저 같은 경우에는 성적이 그렇게 높지 않았던 편이어서 면접에서 성적 때문에 떨어지지 않을까 걱정이 많았습니다. 하지만 면접관님들은 성적이나 개인 신상에 대해 정보를 전혀 가지고 있지 않습니다. 오히려, 성적이 높아 면접을 안이하게 생각했던 사람이 불합격하는 경우를 보았습니다. 그렇기 때문에 면접에도 필기를 공부했던 시간만큼 최선을 다해주셨으면 합니다. (면접에서 떨어지면 멘붕이 옵니다.) 다만 필기 공부와 다른 점은 면접을 준비할 때는 다양한 사람들을 만나보고, 주변 사람들의 말에 귀를 기울여야 한다는 점입니다. 특히 자기 기술서는 주변 친구들이나 가족들과 대화를 나누다 소재가 생각나는 경우가 많습니다. 저의 경우, 사조서에 쓸 소재를 모으기 위해서 스무 살 이후에 경험했던 일들을 종이에 적어가며 시간 순으로 쭉 정리했는데 이것도 많은 도움이 되었습니다.

또한, 저는 "~입니다.", "~했습니다."와 같은 말투가 입에 붙지 않고, "~인데요."라는 말투를 많이 쓰는 버릇을 고치는 게 어려웠습니다. 익숙해지기 위해 자원해서 먼저 PT 발표를 하고, 평소에도 그 말투를 쓰는 등의 노력을 했던 것 같습니다.
면접 준비를 하다보면 필기 이상으로 힘든 부분들이 생기기도 하는 것 같습니다. 하지만 필기 시험을 위해 노력해왔던 것처럼 끝까지 포기하지 말고 최선을 다하시면 반드시 합격할 수 있을 것이라고 생각됩니다. 파이팅하시고, 꼭 합격하세요!

2. 서울시 및 16개 지방직

우선 필기에 합격하고 면접을 준비하는 과정까지 오신 것을 축하드립니다. 필기시험을 통과 하신 여러분들은 앞으로 공직 수행 시 필요한 기본적인 소양은 이미 갖추셨기에 공무원으로서의 자격은 충분하다고 생각됩니다. 따라서 면접은 단지 그 자격을 확인하는 과정이라고 생각한다면 부담이 다소 적어질 수 있습니다.

면접을 안일하게 생각하는 것은 안 되지만, 그렇다고 너무 부담을 갖거나 겁먹을 필요는 전혀 없습니다. 면접관들은 여러분들을 떨어뜨리려고 면접장에 온 것이 아닌, 오히려 우리를 선택하기 위해 온 것이라 생각하시기 바랍니다. 그러한 마음가짐을 통해서 면접으로부터 압박감을 벗어나 자신감을 갖고 면접에 임할 수 있습니다.

면접일이 다가올수록 특히 면접 당일은 극도로 불안하거나 초조해질 수 있습니다. 그래서 면접을 피하고 싶고 도망치고 싶은 충동 또한 느낄 수 있습니다. 이런 생각과 유혹이 든다면 지금까지 힘들게 필기시험을 준비했던 과정을 떠올리시기 바랍니다. 마음껏 쉬지도, 놀지도 못 한 채 아침 일찍부터 저녁 늦게까지 계속 공부에 매진해야 했던 자신의 모습을 생각해 보세요. 수험 생활의 연장을 원하시나요? 아니면 이번 면접을 통과하여 당당하게 수험생 딱지를 떼고 싶은가요? 면접을 준비하는 사람이면 누구나 불안과 초조를 느낄 것이고 이 또한 지나갈 것입니다. '주사위는 이미 던져졌다'라는 말처럼 면접을 준비하는 여러분들은 이제 돌아갈 길은 없습니다. 그저 묵묵히 자신을 믿고 앞으로 나가셔야 합니다.

면접에서는 예상하지 못한 변수가 항상 등장합니다. 아무리 열심히 준비했어도 면접 연습에서 전혀 생각하지 못한 질문이나 상황이 나타납니다. 그렇다고 면접 준비를 게을리하거나 하지 않을 수 없습니다. 면접 준비는 많이 할수록 면접을 통과할 확률이 더욱 높아질 것입니다. 예를 들어 인사를 하지 말라고 하거나, 서서 발표하라고 하거나, PT 작성 시간이 예정된 시간보다 빨리 진행되는 등의 상황이 발생할 수 있습니다. 또한 면접관들은 생각처럼 친절하거나 호의적이지 않을 수 있습니다. 이러한 예상치 못한 변수가 나타난다면 당황하지 말고 평정심을 유지하는 노력이 필요합니다. 당황스러운 상황을 극복하는 것이 바로 면접을 통해 측정하고자 하는 궁극적인 목표일 수 있습니다.

다시 한번 어려운 필기시험을 통과하고 면접의 자리까지 오신 여러분께 축하와 격려의 말씀을 드립니다. 공무원 면접은 그 어느 면접보다 공정하다고 생각합니다. 따라서 누구나 준비만 철저히 한다면 통과할 수 있다고 봅니다. "덤벼라 세상아"라는 말이 있습니다. 저는 이것을 "덤벼라 면접아"라고 달리 말하고 싶습니다. 면접은 넘을 수 없는 장벽이 아니라 넘기 위한 하나의 통과의례입니다. 그렇게 마음을 먹는 순간 최종합격은 여러분들에게 아주 가까이 다가왔을 것입니다.

3 공무원의 자세, 민주성, 청렴성

1 공무원 헌장(구 공무원 윤리헌장)

1 공무원 헌장은 어떻게 만들어졌나?

우리나라에서 공무원에 대한 가치적 요구가 명문화된 것은 1980년에 제정된 <공무원윤리헌장> 과 1982년에 제정된 <공무원윤리헌장 실천강령>이 거의 유일했다고 볼 수 있습니다. 그러나 이 두 규정은 오랫동안 바뀌지 않아 시대의 변화된 가치와 규범 환경을 반영하지 못한다는 지적을 받아왔습니다. 심지어 젊은 공무원들은 이에 대한 내용을 잘 알지 못하거나 그 내용을 쉽게 받아들이기 어렵다고 느끼는 경우가 많아 규정 자체가 사문화되는 경향이 있었습니다. 또한 공직가치 측면에서 볼 때 대부분의 내용이 소명의식이나 역사의식과 같은 거시적 관점의 내용으로 구성되어 있어 직무판단기준으로 활용할 수 있는 구체적인 방향성을 제공하지 못한다는 한계가 있었습니다. 따라서 시대변화에 맞는 바람직한 공무원상을 설정하기 위하여 공직가치를 재정립하고 이를 반영하여 현행 규정을 재검토하는 것이 시급하다는 결론을 내렸습니다.

구분	의미	핵심 공직가치
국가관	국가·사회에 대한 가치기준	애국심, 민주성, 다양성
공직관	올바른 직무수행 자세	책임감, 투명성, 공정성
윤리관	공직자가 갖춰야 할 개인윤리	청렴성, 도덕성, 공익성

이상에서 도출된 3개 분야 9개의 핵심 공직가치들은 여러 논의단계를 거치면서 공무원 헌장에 반영되었습니다. 이를 자세히 살펴보면 공무원 헌장 전문에는 대한민국 공무원이 궁극적으로 지향해야 하는 과업과 비전 및 목표를 제시하였으며, 본문에는 핵심 공직가치들을 직무 수행과정에 비추어 이해할 수 있도록 4개의 항목으로 나누어 제시하였습니다. 따라서 공무원 헌장은 여러 다양한 공직가치들을 아우르면서 국가, 사회, 공직, 개인 차원의 가치들을 모두 종합한 것이라고 이해할 수 있습니다. 개정 공무원 헌장의 내용을 기존 공무원윤리헌장과 비교해 보면 다음과 같습니다.

구분	기존('80.12.29. 제정, 대통령훈령)	개정
명칭	• 「공무원윤리헌장」	• 「공무원 헌장」
구성	• 전문, 본문, 공무원의 신조	• 전문, 본문으로 간소화
내용	• 공직수행의 판단기준 및 방향성 부재 • 거시적 관점의 가치로 구체성 미비	• 국가관, 공직관, 윤리관을 종합 제시 • 미래지향적이고 보편타당한 가치 내포

한편, 공무원 헌장을 보다 구체화시켜 그 실효성을 확보하기 위해 공무원 헌장 실천강령도 동시에 개정하였으며, 이를 통해 공무원 헌장이 지향하는 구체적인 방향성을 제시하였습니다.

2 조문

> **공무원 헌장**
>
> 우리는 자랑스러운 대한민국의 공무원이다.
> 우리는 헌법이 지향하는 가치를 실현하며 국가에 헌신하고 국민에게 봉사한다.
> 우리는 국민의 안녕과 행복을 추구하고 조국의 평화 통일과 지속 가능한 발전에 기여한다. 이에 굳은 각오와 다짐으로 다음을 실천한다.
>
> 하나. 공익을 우선시하며 투명하고 공정하게 맡은 바 책임을 다한다.
> 하나. 창의성과 전문성을 바탕으로 업무를 적극적으로 수행한다.
> 하나. 우리 사회의 다양성을 존중하고 국민과 함께하는 민주 행정을 구현한다.
> 하나. 청렴을 생활화하고 규범과 건전한 상식에 따라 행동한다.

2 공무원 헌장 실천강령(구 공무원 윤리헌장 실천강령)

하나. 공익을 우선시하며 투명하고 공정하게 맡은 바 책임을 다한다.
- 부당한 압력을 거부하고 사사로운 이익에 얽매이지 않는다.
- 정보를 개방하고 공유하여 업무를 투명하게 처리한다.
- 절차를 성실하게 준수하고 공명정대하게 업무에 임한다.

하나. 창의성과 전문성을 바탕으로 업무를 적극적으로 수행한다.
- 창의적 사고와 도전 정신으로 변화와 혁신을 선도한다.
- 주인 의식을 가지고 능동적인 자세로 업무에 전념한다.
- 끊임없는 자기 계발을 통해 능력과 자질을 높인다.

하나. 우리 사회의 다양성을 존중하고 국민과 함께하는 민주 행정을 구현한다.
- 서로 다른 입장과 의견이 있음을 인정하고 배려한다.
- 특혜와 차별을 철폐하고 균등한 기회를 보장한다.
- 자유로운 참여를 통해 국민과 소통하고 협력한다.

하나. 청렴을 생활화하고 규범과 건전한 상식에 따라 행동한다.
- 직무의 내외를 불문하고 금품이나 향응을 받지 않는다.
- 나눔과 봉사를 실천하고 타인의 모범이 되도록 한다.
- 공무원으로서의 명예와 품위를 소중히 여기고 지킨다.

3 공무원 복무규정(국가공무원, 지방공무원)

1 국가공무원 복무규정

제1장 총칙

제1조(목적)

이 영은 「국가공무원법」 제55조부터 제59조까지, 제59조의2 및 제60조부터 제67조까지의 규정에 따른 국가공무원의 복무에 관한 사항을 규정함을 목적으로 한다.

제2조(선서)

① 국가공무원(이하 "공무원"이라 한다)은 「국가공무원법」(이하 "법"이라 한다) 제55조에 따라 취임할 때에 소속 기관의 장 앞에서 선서를 하여야 한다.

② 제1항의 선서는 별표 1의 선서문에 따른다.

③ 선서의 방법, 절차 및 그밖에 필요한 사항은 총리령으로 정한다.

제2조의2(책임 완수)

공무원은 국민 전체의 봉사자로서 직무를 민주적이고 능률적으로 수행하기 위하여 창의와 성실로써 맡은 바 책임을 완수하여야 한다.

제3조(근무기강의 확립)

① 공무원은 법령과 직무상 명령을 준수하여 근무기강을 확립하고 질서를 존중하여야 한다.

② 공무원(「국가공무원법 제3조 제3항의 공무원의 범위에 관한 규정」에 따른 공무원은 제외한다)은 집단·연명(連名)으로 또는 단체의 명의를 사용하여 국가의 정책을 반대하거나 국가정책의 수립·집행을 방해해서는 아니 된다.

제4조(친절·공정한 업무 처리)

① 공무원은 공사(公私)를 분별하고 인권을 존중하며 친절하고 신속·정확하게 업무를 처리하여야 한다.

② 공무원은 직무를 수행할 때 종교 등에 따른 차별 없이 공정하게 업무를 처리하여야 한다.

제4조의2(비밀 엄수)

공무원이거나 공무원이었던 사람은 직무상 알게 된 다음 각 호의 사항을 타인에게 누설하거나 부당한 목적을 위하여 사용해서는 아니 된다. 다만, 법령에 따라 공개하는 경우는 제외한다.

1. 법령에 따라 비밀로 지정된 사항

2. 정책 수립이나 사업 집행에 관련된 사항으로서 외부에 공개될 경우 정책 수립이나 사업 집행에 지장을 주거나 특정인에게 부당한 이익을 줄 수 있는 사항

3. 개인의 신상이나 재산에 관한 사항으로서 외부에 공개될 경우 특정인의 권리나 이익을 침해할 수 있는 사항

4. 그밖에 국민의 권익 보호 또는 행정목적 달성을 위하여 비밀로 보호할 필요가 있는 사항

제5조(당직 및 비상근무)

① 휴일 또는 근무시간 외의 화재·도난 또는 그밖의 사고의 경계와 문서 처리 및 업무 연락을 하기 위한 일직·숙직·방호원(防護員) 또는 그밖의 당직 근무자는 모든 사고를 방지하여야 하며, 사고가 발생하였을 때에는 신속하게 필요한 조치를 하여야 한다.

② 행정기관의 장은 전시·사변, 천재지변 또는 그밖에 이에 준하는 비상사태가 발생한 경우 또는 이에 대비하기 위한 훈련을 하는 경우에는 이에 따른 근무상 필요한 조치를 하여야 한다.

③ 당직 및 비상근무에 관하여 필요한 사항은 총리령으로 정한다.

제6조(출장공무원)

① 상사의 명을 받아 출장하는 공무원(이하 "출장공무원"이라 한다)은 해당 공무 수행을 위하여 전력을 다하여야 하며, 사적인 일을 위하여 시간을 소비해서는 아니 된다.

② 출장공무원은 지정된 출장기일 안에 그 업무를 완수하지 못할 사유가 발생하였을 때는 전화, 전보 또는 그밖의 방법으로 소속 기관의 장에게 보고하고 그 지시를 받아야 한다.

③ 출장공무원은 그 출장 용무를 마치고 사무실로 돌아왔을 때는 지체 없이 소속 기관의 장에게 결과 보고서를 제출하여야 한다. 다만, 경미한 사항에 대한 결과 보고는 말로 할 수 있다.

④ 소속 장관은 대한민국 재외공관에 근무하는 공무원에게 30일의 범위에서 귀국출장을 명할 수 있다. 다만, 특별한 사유가 있을 때에는 국무총리의 사전 승인을 받아 그 출장기간을 연장할 수 있다.

⑤ 소속 기관의 장은 임신 중인 공무원과 태아의 건강을 보호하기 위하여 해당 공무원의 장거리 또는 장기간 출장을 제한할 수 있다.

제6조의2(겸임근무)

① 법 제32조의3에 따라 겸임근무하는 사람은 복무에 관하여 본직기관의 장의 지휘·감독을 받는다. 다만, 겸임 업무와 관련한 복무에 관하여는 겸임기관의 장의 지휘·감독을 받는다.

② 겸임근무하는 사람이 겸임 업무와 관련하여 징계 사유에 해당하게 되었을 때에는 그 겸임기관의 장은 그 겸임근무자의 본직기관의 장에게 그 사실을 통보하여야 한다.

제7조(파견근무)

① 법 제32조의4에 따라 다른 기관에서 파견근무하는 사람은 복무에 관하여 파견받은 기관의 장의 지휘·감독을 받는다.

② 다른 기관에서 파견근무하는 사람이 그 파견 기간 중에 징계 사유에 해당하게 되었을 때에는 파견받은 기관의 장은 그 파견근무자의 소속 기관의 장에게 그 사실을 통보하여야 한다.

제8조(해직된 공무원의 근무)

소속 기관의 장은 사무 인계 또는 남은 업무 처리를 위하여 필요한 경우에 해직된 공무원을 15일을 한도로 계속 근무하게 할 수 있다.

제8조의2(복장 및 복제 등)

① 공무원은 근무 중 그 품위를 유지할 수 있는 단정한 복장을 하여야 한다.

② 공무원은 직무를 수행할 때 제3조에 따른 근무기강을 해치는 정치적 주장을 표시하거나 상징하는 복장 또는 관련 물품을 착용해서는 아니 된다.

③ 특수한 직무에 종사하는 공무원의 제복 착용에 필요한 사항은 법률에 특별한 규정이 있는 경우를 제외하고는 해당 중앙행정기관의 장이 정한다.

④ 공무원 신분증의 발급과 휴대 등에 필요한 사항은 총리령으로 정한다.

제8조의3(복무 실태의 확인·점검)

① 인사혁신처장은 각급 행정기관에 대하여 그 소속 공무원의 근무시간, 출퇴근, 당직, 휴가, 출장 등 복무 실태를 확인하기 위하여 필요한 자료의 제출을 요구할 수 있다. 다만, 긴급하다고 인정되는 경우에는 인사혁신처 소속 공무원으로 하여금 각급 행정기관의 복무 실태를 확인·점검하도록 할 수 있다.

② 인사혁신처장은 제1항에 따른 확인·점검 결과를 해당 행정기관에 통보하고, 시정 또는 보완이 필요하다고 인정되는 경우에는 그 시정 또는 보완 등 필요한 조치를 요구할 수 있다.

제2장 근무시간
제2장의2 공무국외출장 등
제3장 휴가
제4장 영리 업무 및 겸직
제5장 정치 운동 및 노동 운동

제27조(정치적 행위)

① 법 제65조의 정치적 행위는 다음 각 호의 어느 하나에 해당하는 정치적 목적을 가진 것을 말한다.

1. 정당의 조직, 조직의 확장, 그밖에 그 목적 달성을 위한 것

2. 특정 정당 또는 정치단체를 지지하거나 반대하는 것

3. 법률에 따른 공직선거에서 특정 후보자를 당선하게 하거나 낙선하게 하기 위한 것

② 제1항에 규정된 정치적 행위의 한계는 제1항에 따른 정치적 목적을 가지고 다음 각 호의 어느 하나에 해당하는 행위를 하는 것을 말한다.

1. 시위운동을 기획·조직·지휘하거나 이에 참가하거나 원조하는 행위

2. 정당이나 그밖의 정치단체의 기관지인 신문과 간행물을 발행·편집·배부하거나 이와 같은 행위를 원조하거나 방해하는 행위

3. 특정 정당 또는 정치단체를 지지 또는 반대하거나 공직선거에서 특정 후보자를 지지 또는 반대하는 의견을 집회나 그밖에 여럿이 모인 장소에서 발표하거나 문서·도서·신문 또는 그밖의 간행물에 싣는 행위

4. 정당이나 그밖의 정치단체의 표지로 사용되는 기(旗)·완장·복식 등을 제작·배부·착용하거나 착용을 권유 또는 방해하는 행위

5. 그밖에 어떠한 명목으로든 금전이나 물질로 특정 정당 또는 정치단체를 지지하거나 반대하는 행위

제28조(사실상 노무에 종사하는 공무원)

법 제66조에 따른 사실상 노무에 종사하는 공무원은 과학기술정보통신부 소속 현업기관의 작업 현장에서 노무에 종사하는 우정직공무원(우정직 공무원의 정원을 대체하여 임용된 일반임기제공무원 및 시간선택제일반임기제공무원을 포함한다)으로서 다음 각 호의 어느 하나에 해당하지 아니하는 공무원으로 한다.

1. 서무·인사 및 기밀 업무에 종사하는 공무원

2. 경리 및 물품출납 사무에 종사하는 공무원

3. 노무자 감독 사무에 종사하는 공무원

4. 「보안업무규정」에 따른 국가보안시설의 경비 업무에 종사하는 공무원

5. 승용자동차 및 구급차의 운전에 종사하는 공무원

2 지방공무원 복무규정

제1조(목적)

이 영은 「지방공무원법」에 따라 지방공무원의 복무에 관한 사항을 규정하는 것을 목적으로 한다.

제1조의2(근무기강의 확립)

① 지방공무원(이하 "공무원"이라 한다)은 법령과 직무상 명령을 준수하여 근무기강을 확립하고 질서를 존중하여야 한다.

② 공무원(제8조에 따른 공무원은 제외한다)은 집단·연명(聯名)으로 또는 단체의 명의를 사용하여 국가 또는 지방자치단체의 정책을 반대하거나 국가 또는 지방자치단체의 정책 수립·집행을 방해해서는 아니 된다.

제1조의3(복장 및 복제 등)

① 공무원은 근무 중 그 품위를 유지할 수 있는 단정한 복장을 착용하여야 한다.

② 공무원은 직무를 수행할 때 제1조의2에 따른 근무기강을 해치는 정치적 주장을 표시 또는 상징하는 복장을 하거나 관련 물품을 착용해서는 아니 된다.

제9조(정치적 행위)

① 법 제57조에 따른 정치적 행위는 다음 각 호의 어느 하나에 해당하는 정치적 목적을 가진 것을 말한다.

1. 정당을 조직하거나, 정당의 조직을 확장하거나, 그밖에 그 목적을 달성하기 위한 것

2. 특정정당이나 정치단체를 지지 또는 반대하는 것

3. 법률에 따른 공직선거에서 특정 후보자를 당선하게 하거나 낙선하게 하기 위한 것

② 제1항에 규정된 정치적 행위의 한계는 제1항에 따른 정치적 목적을 가지고 다음 각 호의 어느 하나에 해당 하는 행위를 하는 것을 말한다.

1. 시위운동을 기획·조직·지휘하거나 이에 참가 또는 원조하는 것

2. 정당 또는 그밖의 정치단체의 기관지인 신문 및 간행물을 발행·편집·배부하거나 이와 같은 행위를 원조 하거나 방해하는 것

3. 특정정당 또는 정치단체를 지지 또는 반대하거나 공직선거에 있어서 특정후보자를 지지 또는 반대하는 의견을 집회나 그밖에 다수인이 모인 장소에서 발표하거나 문서·도서·신문 또는 그밖의 간행물에 게재 하는 것

4. 정당 또는 그밖의 정치단체의 표지로 사용되는 기(旗)·완장·복식 등을 제작 또는 배부하거나, 이를 착용· 착용권유 또는 착용을 방해하는 행위 등 어떠한 명목이든 상관없이 금전 또는 물질로 특정정당이나 정치 단체를 지지 또는 반대하는 것

제10조(영리업무의 금지)

공무원은 다음 각 호의 어느 하나에 해당하는 행위를 함으로써 공무원의 직무상 능률을 저해하거나, 공무에 대하여 부당한 영향을 주거나, 해당 지방자치단체의 이익과 상반되는 이익을 취득하거나, 해당 지방자치단체 에 대하여 불명예스러운 영향을 초래할 우려가 있는 경우에는 이에 종사할 수 없다.

1. 공무원이 상업·공업·금융업 또는 그밖의 영리적인 업무를 스스로 경영하여 영리를 추구함이 현저한 업무 를 행하는 것

2. 공무원이 상업·공업·금융업 또는 그밖의 영리를 목적으로 하는 사기업체(私企業體)의 이사·감사·업무를 집행하는 무한책임사원·지배인·발기인 또는 그밖의 임원이 되는 것

3. 직무와 관련이 있는 타인의 기업에 투자하는 행위

4. 그밖에 계속적으로 재산상의 이득을 목적으로 하는 업무를 행하는 것

제11조(겸직 허가)

① 공무원이 제10조의 영리업무에 해당하지 아니하는 다른 직무를 겸직하려는 경우에는 지방자치단체의 장 의 사전 허가를 받아야 한다.

② 제1항의 허가는 담당직무 수행에 지장이 없는 경우에만 할 수 있다.

4 공무원 행동강령

1 내용

공무원 행동강령이란 부패방지법에 근거하여 대통령령으로 제정, 법적 구속력을 갖춘 공무원 윤리규범을 말한다.

부패방지위원회에서 부패방지법 제8조에 근거하여 2003년 2월 18일 대통령령 제17906호로 공포된 '공무원의 청렴유지 등을 위한 행동강령(공무원 행동강령)'은 5월 19일부터 모든 국가 기관에서 본격 시행되었다. '공무원 행동강령'은 국무총리 지시사항인 '공직자 10대 준수사항' 등 기존 윤리규정과는 달리 부패방지법에 근거하여 대통령령으로 제정되어 최초로 법적 구속력을 갖춘 종합적이고 구체적인 공무원 윤리규범이다. 부패방지위원회가 각 기관에 하달한 '공무원 행동강령 운영지침'을 기준으로 중앙행정기관, 지방자치단체, 교육자치단체 등 각 기관은 자체 특성을 반영한 '기관별 행동강령'을 제정하였다. 이에 따라 각급 기관 공무원은 소속 기관의 '공무원 행동강령'을 준수해야 한다.

> **공무원 행동강령의 주요 내용**
>
> - 공정한 직무수행: 공정한 직무수행을 해치는 지시에 대한 처리, 이해관계직무의 회피, 특혜의 배제, 예산의 목적 외 사용 금지, 정치인 등의 부당한 요구에 대한 처리, 인사 청탁 등의 금지 절차 등
> - 부당이득의 수수 금지: 이권 개입 등의 금지, 직위의 사적 이용 금지, 알선·청탁 등의 금지, 직무
> - 관련 정보를 이용한 거래 등의 제한, 공용물의 사적사용·수익의 금지, 금품 등을 받는 행위의 제한, 금품 등을 주는 행위의 금지 절차 등
> - 건전한 공직풍토의 조성: 외부강의·회의 등의 신고, 금전의 차용 금지, 경조사의 통지와 경조금품의 수수 제한 등

아울러 행동강령의 이행관리를 위하여 기관장이 4급 이상 공무원인 모든 행정기관에 행동강령 책임관을 지정하여 소속 공무원에 대한 교육과 직무수행에 있어서 강령 위반 여부가 분명하지 아니한 사항의 상담, 위반사례의 신고 접수 처리 등을 맡게 하였다. 또한 행동강령을 위반하였을 경우 소속기관의 장과 차관급 이상 공무원의 경우에는 국민권익위원회에 신고할 수 있으며, 국민권익위원회는 사실확인 후 언론공개, 인사자료 활용 등 적극적으로 대처하게 된다.

그밖의 공무원의 경우 소속기관의 장 또는 행동강령책임관에게 신고, 소속기관의 장은 사실확인 후 징계조치 등을 할 수 있다. 이와 함께 수수가 금지된 금품은 즉시 반환을 원칙으로 하되, 금품 등이 멸실·부패·변질 등의 우려가 있거나 그 제공자 또는 제공자의 주소를 알 수 없거나 제공자에게 반환하기 어려운 사정이 있을 때에는 소속기관의 장이 정하는 바에 따라 그 금품 등을 처리할 수 있다.

5 공무원의 의무

1 내용

공무원의 6대 의무

1. 성실 의무: 모든 공무원은 법령을 준수하며 직무를 성실히 수행하여야 한다.
2. 상관의 지휘·감독에 따를 의무: 공무원은 상관의 위법한 지시에 대해 의견을 제시하거나 이행을 거부할 수 있으며, 이를 이유로 불이익 처분을 받지 아니한다.
3. 친절공정 의무: 공무원은 국민, 주민전체의 봉사자로서 친절하고 공정하게 집무하여야 한다.
4. 비밀엄수 의무: 공무원은 재직 중은 물론 퇴직 후에도 직무상 알게 된 비밀을 엄수하여야 한다.
5. 청렴 의무: 공무원은 직무와 관련하여 직접 또는 간접을 불문하고 사례 또는 향응을 수수할 수 없으며, 직무상의 관계
6. 여하를 불문하고 그 소속 상관에게 증여하거나 소속 공무원으로부터 증여를 받아서는 안 된다.
7. 품위유지 의무: 공무원은 직무의 내외를 불문하고 그 품위를 손상하는 행위를 하여서는 안 된다.

4대 금지의무

1. 집단 행위의 금지 의무: 공무원은 노동운동이나 그밖에 공무 외의 일을 위한 집단 행위를 하여서는 아니 된다. 다만, 사실상 노무에 종사하는 공무원은 예외로 한다
2. 직장이탈 금지의무: 공무원은 소속 상관의 허가 또는 정당한 사유가 없으면 직장을 이탈하지 못한다. 수사기관이 공무원을 구속하려면 그 소속 기관의 장에게 미리 통보하여야 한다. 다만, 현행범은 그러하지 아니하다.
3. 영리업무 및 겸직금지의무: 공무원은 공무 외에 영리를 목적으로 하는 업무에 종사하지 못하며 소속 기관장의 허가 없이 다른 직무를 겸할 수 없다.
4. 정치운동 금지 의무: 공무원은 정당이나 그밖의 정치단체의 결성에 관여하거나 이에 가입할 수 없다. 공무원은 선거에서 특정 정당 또는 특정인을 지지 또는 반대하기 위한 행위를 하여서는 아니 된다.

> ## 기타
>
> 1. 취임 시 선서의무: 공무원은 취임할 때 소속 기관장 앞에서 대통령령 등으로 정하는 바에 따라 선서(宣誓)하여야 한다.
> 2. 종교중립의무: 공무원은 종교에 따른 차별 없이 직무를 수행하여야 한다.
> 3. 영예제한의무: 공무원이 외국 정부로부터 영예나 증여를 받을 경우에는 대통령의 허가를 받아야 한다.
>
>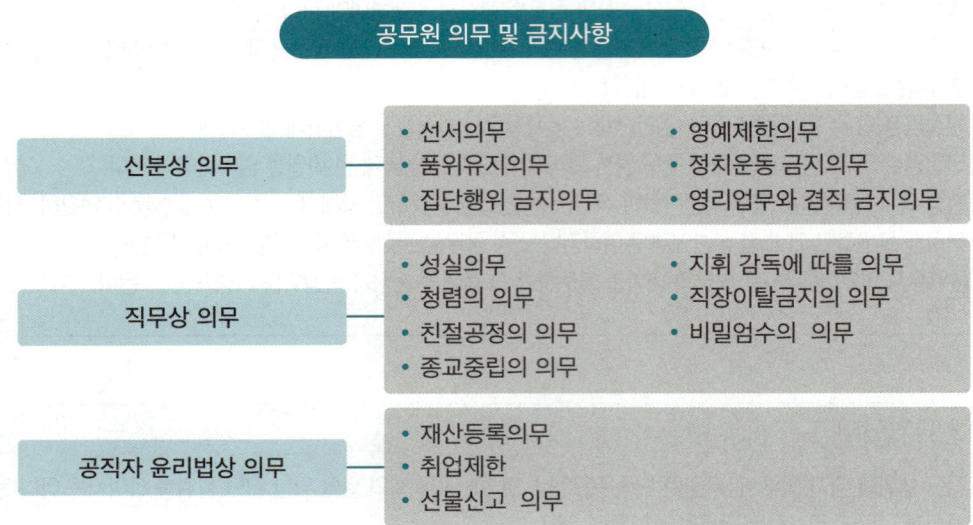
>
> 과거 공직사회에는 8대 의무, 4대 금지사항 등 12개 주요 의무가 있었으나, 공직자윤리법이 제정되고 2009년 종교중립의 의무가 신설되면서 16개로 증가하여 현재에 이르고 있다. (국가공 무원법상 13개 + 공직자윤리법상 3개)

2 조문

국가공무원법

제55조(선서)

공무원은 취임할 때 소속 기관장 앞에서 대통령령 등으로 정하는 바에 따라 선 서(宣誓)하여야 한다. 다만, 불가피한 사유가 있으면 취임 후에 선서하게 할 수 있다.

제56조(성실 의무)

모든 공무원은 법령을 준수하며 성실히 직무를 수행하여야 한다.

제57조(지휘 감독에 따를 의무)

공무원은 상관의 위법한 지시에 대해 의견을 제시하거나 이행을 거부할 수 있으며, 이를 이유로 불이익 처분을 받지 아니한다.

제58조(직장 이탈 금지)

① 공무원은 소속 상관의 허가 또는 정당한 사유가 없으면 직장을 이탈하지 못한다.

② 수사기관이 공무원을 구속하려면 그 소속 기관의 장에게 미리 통보하여야 한다. 다만, 현행범은 그러하지 아니하다.

제59조(친절·공정의 의무)

공무원은 국민 전체의 봉사자로서 친절하고 공정하게 직무를 수행하여야 한다.

제59조의2(종교 중립의 의무)

① 공무원은 종교에 따른 차별 없이 직무를 수행하여야 한다.

② 공무원은 소속 상관이 제1항에 위배되는 직무상 명령을 한 경우에는 이에 따르지 아니할 수 있다.

제60조(비밀 엄수의 의무)

공무원은 재직 중은 물론 퇴직 후에도 직무상 알게 된 비밀을 엄수(嚴守)하여야 한다.

제61조(청렴의 의무)

① 공무원은 직무와 관련하여 직접적이든 간접적이든 사례·증여 또는 향응을 주거나 받을 수 없다.

② 공무원은 직무상의 관계가 있든 없든 그 소속 상관에게 증여하거나 소속 공무원으로부터 증여를 받아서는 아니 된다.

제62조(외국 정부의 영예 등을 받을 경우)

공무원이 외국 정부로부터 영예나 증여를 받을 경우에는 대통령의 허가를 받아야 한다.

제63조(품위 유지의 의무)

공무원은 직무의 내외를 불문하고 그 품위가 손상되는 행위를 하여서는 아니 된다.

제64조(영리 업무 및 겸직 금지)

① 공무원은 공무 외에 영리를 목적으로 하는 업무에 종사하지 못하며 소속 기관장의 허가 없이 다른 직무를 겸할 수 없다.

② 제1항에 따른 영리를 목적으로 하는 업무의 한계는 대통령령 등으로 정한다.

제65조(정치 운동의 금지)

① 공무원은 정당이나 그밖의 정치단체의 결성에 관여하거나 이에 가입할 수 없다.

② 공무원은 선거에서 특정 정당 또는 특정인을 지지 또는 반대하기 위한 다음의 행위를 하여서는 아니 된다.

　　1. 투표를 하거나 하지 아니하도록 권유 운동을 하는 것

　　2. 서명 운동을 기도(企圖)·주재(主宰)하거나 권유하는 것

　　3. 문서나 도서를 공공시설 등에 게시하거나 게시하게 하는 것

　　4. 기부금을 모집 또는 모집하게 하거나, 공공자금을 이용 또는 이용하게 하는 것

　　5. 타인에게 정당이나 그밖의 정치단체에 가입하게 하거나 가입하지 아니하도록 권유 운동을 하는 것

③ 공무원은 다른 공무원에게 제1항과 제2항에 위배되는 행위를 하도록 요구하거나, 정치적 행위에 대한 보상 또는 보복으로서 이익 또는 불이익을 약속하여서는 아니 된다.

④ 제3항 외에 정치적 행위의 금지에 관한 한계는 대통령령 등으로 정한다.

제66조(집단 행위의 금지)

① 공무원은 노동운동이나 그밖에 공무 외의 일을 위한 집단 행위를 하여서는 아니 된다. 다만, 사실상 노무에 종사하는 공무원은 예외로 한다.

② 제1항 단서의 사실상 노무에 종사하는 공무원의 범위는 대통령령 등으로 정한다.

③ 제1항 단서에 규정된 공무원으로서 노동조합에 가입된 자가 조합 업무에 전임하려면 소속 장관의 허가를 받아야 한다.

④ 제3항에 따른 허가에는 필요한 조건을 붙일 수 있다.

6 공무원 선서

1 조문

국가공무원 복무규정 별표: 선서문(1983)

<신설 1983.3.30>

선서

본인은 공직자로서 긍지와 보람을 가지고 국가와 국민을 위하여 신명을 바칠 것을 다짐하면서 다음과 같이 선서합니다.

1. 본인은 법령을 준수하고 상사의 직무상 명령에 복종한다.
1. 본인은 국민의 편에 서서 정직과 성실로 직무에 전념한다.
1. 본인은 창의적인 노력과 능동적인 자세로 소임을 완수한다.
1. 본인은 재직 중은 물론 퇴직 후에라도 직무상 알게 된 기밀을 절대로 누설하지 아니한다.
1. 본인은 정의의 실천자로서 부정의 발본에 앞장선다.

2 선서문 개정(2010)

→ 공무원 선서문을 공직 핵심가치 중심으로 간결하게 변경

<개정 2010.7.15>

선서

나는 대한민국 공무원으로서 헌법과 법령을 준수하고, 국가를 수호하며, 국민에 대한 봉사자로서의 임무를 성실히 수행할 것을 엄숙히 선서합니다.

7 공직가치

1 핵심 공직가치 정리

구분	의미	핵심 공직가치
국가관	국가·사회에 대한 가치기준	애국심, 민주성, 다양성
공직관	올바른 직무수행 자세	책임감, 투명성, 공정성
윤리관	공직자가 갖춰야 할 개인윤리	청렴성, 도덕성, 공익성

2 공직가치별 행동준칙(예시)

① 애국심

대한민국의 헌법과 법률을 준수하고 국가와 국기에 담긴 정신과 의미를 수호한다. 우리 역사를 이해하고 전통과 문화를 창조적으로 발전시킨다.

우리의 말과 우리의 글을 사랑하고 갈고 닦아 나간다. 대한민국과 국민의 명예를 훼손하는 언행을 하지 않는다.

② 민주성

국민이 자유롭게 참여하고 의견을 이야기할 수 있도록 하여 공개행정을 실천한다.

국민에게 중대한 영향을 미치는 정책이 소수의 이해관계자들에 의하여 결정되지 않도록 한다.

③ 다양성

국내·외의 다양한 문화를 이해하고 존중한다.

국민의 입장이 서로 다를 수 있음을 이해하고 소통과 협력으로 갈등을 해소할 수 있도록 최선을 다한다.

업무수행에 있어서 선입견과 편견을 개입시키지 않고 국적·인종·성·연령 등 어떠한 이유로든 차별하지 않는다.

④ 책임감

맡은 업무에 대해 높은 수준의 전문성을 유지하며 어떠한 압력에도 굴하지 않고 소신 있게 처리한다.

의사결정은 사실과 증거에 기반하여 이뤄지도록 하며, 모든 업무에 대하여 정확한 기록을 유지하고 관리한다.

근무시간 중에는 직무에만 전념하고 사적인 일로 시간을 낭비하지 않는다.

⑤ 투명성

국민의 알 권리를 존중하며, 공공정보를 적극적으로 개방하고 공유한다. 어떠한 목적으로라도 정보와 통계 자료를 가공하거나 조작하지 않는다.

⑥ 공정성

모든 업무는 신중히 검토하고 행정절차에 따라 공정하게 처리한다.

상사의 부당한 압력이나 개인의 정치적 입장에 따라 정책이 결정되지 않도록 한다.

⑦ 청렴성

공직자의 청렴이 국민 신뢰의 기본임을 이해한다.

어떠한 경우에도 금품과 향응을 받지 않으며 권한과 신분을 이용하여 이권에 개입하지 않는다.

⑧ 도덕성

준법정신을 생활화하고 공중도덕을 준수한다.

공무원으로서 명예를 훼손하거나 품위가 손상되는 행위를 하지 않는다.

⑨ 공익성

봉사활동과 기부 등을 통해 생활 속에서 국민에 대한 봉사자로서의 역할을 다한다. 이웃과 타인에게 피해가 되는 행위를 하지 않고, 공공재산과 주변 환경을 훼손하지 않는다.

8 공직자 (이해충돌방지법/부정청탁 및 금품 등 수수 금지법)

1 이해충돌방지법

제1장 총칙

제1조(목적)

이 법은 공직자의 직무수행과 관련한 사적 이익 추구를 금지함으로써 공직자의 직 무수행 중 발생할 수 있는 이해충돌을 방지하여 공정한 직무수행을 보장하고 공공기관에 대한 국민의 신뢰를 확보하는 것을 목적으로 한다.

제2조(정의)

이 법에서 사용하는 용어의 뜻은 다음과 같다.

1. "공공기관"이란 다음 각 목의 어느 하나에 해당하는 기관·단체를 말한다.

　가. 국회, 법원, 헌법재판소, 선거관리위원회, 감사원, 고위공직자범죄수사처, 국가인권위원회, 중앙행정기관(대통령 소속 기관과 국무총리 소속 기관을 포함한다)과 그 소속 기관

　나. 「지방자치법」에 따른 지방자치단체의 집행기관 및 지방의회

　다. 「지방교육자치에 관한 법률」에 따른 교육행정기관

　라. 「공직자윤리법」 제3조의2에 따른 공직유관단체

　마. 「공공기관의 운영에 관한 법률」 제4조에 따른 공공기관

　바. 「초·중등교육법」, 「고등교육법」 또는 그밖의 다른 법령에 따라 설치된 각급 국립· 공립 학교

2. "공직자"란 다음 각 목의 어느 하나에 해당하는 사람을 말한다.

　가. 「국가공무원법」 또는 「지방공무원법」에 따른 공무원과 그밖에 다른 법률에 따라 그 자격·임용·교육훈련·복무·보수·신분보장 등에 있어서 공무원으로 인정된 사람

　나. 제1호라목 또는 마목에 해당하는 공공기관의 장과 그 임직원

　다. 제1호바목에 해당하는 각급 국립·공립 학교의 장과 교직원

3. "고위공직자"란 다음 각 목의 어느 하나에 해당하는 공직자를 말한다.

　가. 대통령, 국무총리, 국무위원, 국회의원, 국가정보원의 원장 및 차장 등 국가의 정무 직공무원

　나. 지방자치단체의 장, 지방의회의원 등 지방자치단체의 정무직공무원

　다. 일반직 1급 국가공무원(「국가공무원법」 제23조에 따라 배정된 직무등급이 가장 높은 등급의 직위에 임용된 고위공무원단에 속하는 일반직공무원을 포함한다) 및 지방공무원과 이에 상응하는 보수를 받는 별정직공무원(고위공무원단에 속하는 별정직 공무원을 포함한다)

　라. 대통령령으로 정하는 외무공무원

　마. 고등법원 부장판사급 이상의 법관과 대검찰청 검사급 이상의 검사

　바. 중장 이상의 장성급(將星級) 장교

　사. 교육공무원 중 총장·부총장·학장(대학교의 학장은 제외한다) 및 전문대학의 장과 대학에 준하는 각종 학교의 장, 특별시·광역시·특별자치시·도·특별자치도의 교육감

　아. 치안감 이상의 경찰공무원 및 특별시·광역시·특별자치시·도·특별자치도의 시·도경찰청장

　자. 소방정감 이상의 소방공무원

　차. 지방국세청장 및 3급 공무원 또는 고위공무원단에 속하는 공무원인 세관장

　카. 다목부터 바목까지, 아목 및 차목의 공무원으로 임명할 수 있는 직위 또는 이에 상 당하는 직위에 임용된 「국가공무원법」 제26조의5 및 「지방공무원법」 제25조의5에 따른 임기제공무원. 다만, 라목·마목·아목 및 차목 중 직위가 지정된 경우에는 그 직위에 임용된 「국가공무원법」 제26조의5 및 「지방공무원법」 제25조의5에 따른 임기제공무원만 해당한다.

　타. 공기업의 장·부기관장 및 상임감사, 한국은행의 총재·부총재·감사 및 금융통화 위원회의 추천직 위원, 금융감독원의 원장·부원장·부원장보 및 감사, 농업협동 조합중앙회·수산업협동조합중앙회의 회장 및 상임감사

　파. 그밖에 대통령령으로 정하는 정부의 공무원 및 공직유관단체의 임원

4. "이해충돌"이란 공직자가 직무를 수행할 때에 자신의 사적 이해관계가 관련되어 공정하고 청렴한 직무수행이 저해되거나 저해될 우려가 있는 상황을 말한다.

5. "직무관련자"란 공직자가 법령(조례·규칙을 포함한다. 이하 같다)·기준(제1호라목 부터 바목까지의 공공기관의 규정·사규 및 기준 등을 포함한다. 이하 같다)에 따라 수행하는 직무와 관련되는 자로서 다음 각 목의 어느 하나에 해당하는 개인·법인·단체 및 공직자를 말한다.

　가. 공직자의 직무수행과 관련하여 일정한 행위나 조치를 요구하는 개인이나 법인 또는 단체

　나. 공직자의 직무수행과 관련하여 이익 또는 불이익을 직접적으로 받는 개인이나 법인 또는 단체

　다. 공직자가 소속된 공공기관과 계약을 체결하거나 체결하려는 것이 명백한 개인이나 법인 또는 단체

라. 공직자의 직무수행과 관련하여 이익 또는 불이익을 직접적으로 받는 다른 공직자. 다만, 공공기관이 이익 또는 불이익을 직접적으로 받는 경우에는 그 공공기관에 소속되어 해당 이익 또는 불이익과 관련된 업무를 담당하는 공직자를 말한다.

6. "사적이해관계자"란 다음 각 목의 어느 하나에 해당하는 자를 말한다.

　가. 공직자 자신 또는 그 가족(「민법」 제779조에 따른 가족을 말한다. 이하 같다)

　나. 공직자 자신 또는 그 가족이 임원·대표자·관리자 또는 사외이사로 재직하고 있는 법인 또는 단체

　다. 공직자 자신이나 그 가족이 대리하거나 고문·자문 등을 제공하는 개인이나 법인 또는 단체

　라. 공직자로 채용·임용되기 전 2년 이내에 공직자 자신이 재직하였던 법인 또는 단체

　마. 공직자로 채용·임용되기 전 2년 이내에 공직자 자신이 대리하거나 고문·자문 등을 제공하였던 개인이나 법인 또는 단체

　바. 공직자 자신 또는 그 가족이 대통령령으로 정하는 일정 비율 이상의 주식·지분 또는 자본금 등을 소유하고 있는 법인 또는 단체

　사. 최근 2년 이내에 퇴직한 공직자로서 퇴직일 전 2년 이내에 제5조제1항 각 호의 어느 하나에 해당하는 직무를 수행하는 공직자와 국회규칙, 대법원규칙, 헌법재판소규칙, 중앙선거관리위원회규칙 또는 대통령령으로 정하는 범위의 부서에서 같이 근무하였던 사람

　아. 그밖에 공직자의 사적 이해관계와 관련되는 자로서 국회규칙, 대법원규칙, 헌법재판소규칙, 중앙선거관리위원회규칙 또는 대통령령으로 정하는 자

7. "소속기관장"이란 공직자가 소속된 공공기관의 장을 말한다.

제3조(국가 등의 책무)

① 국가는 공직자가 공정하고 청렴하게 직무를 수행할 수 있는 근무 여건을 조성하기 위하여 노력하여야 한다.

② 공공기관은 공직자가 사적 이해관계로 인하여 공정하고 청렴한 직무수행에 지장을 주지 아니하도록 이해충돌을 효과적으로 확인·관리하기 위한 조치를 하여야 한다.

③ 공공기관은 공직자가 위반행위 신고 등 이 법에 따른 조치를 함으로써 불이익을 당하지 아니하도록 적절한 보호조치를 하여야 한다.

제4조(공직자의 의무)

① 공직자는 사적 이해관계에 영향을 받지 아니하고 직무를 공정하고 청렴하게 수행하여야 한다.

② 공직자는 직무수행과 관련하여 공평무사하게 처신하고 직무관련자를 우대하거나 차별하여서는 아니 된다.

③ 공직자는 사적 이해관계로 인하여 공정하고 청렴한 직무수행이 곤란하다고 판단하는 경우에는 직무수행을 회피하는 등 이해충돌을 방지하여야 한다.

제2장 공직자의 이해충돌 방지 및 관리

제5조(사적이해관계자의 신고 및 회피·기피 신청)

① 다음 각 호의 어느 하나에 해당하는 직무를 수행하는 공직자는 직무관련자(직무관련자의 대리인을 포함한다. 이하 이 조에서 같다)가 사적이해관계자임을 안 경우 안 날부터 14일 이내에 소속기관장에게 그 사실을 서면(전자 문서를 포함한다. 이하 같다)으로 신고하고 회피를 신청하여야 한다.

1. 인가·허가·면허·특허·승인·검사·검정·시험·인증·확인, 지정·등록, 등재· 인정·증명, 신고·심사, 보호·감호, 보상 또는 이에 준하는 직무

2. 행정지도·단속·감사·조사·감독에 관계되는 직무

3. 병역판정검사, 징집·소집·동원에 관계되는 직무

4. 개인·법인·단체의 영업 등에 관한 작위 또는 부작위의 의무부과 처분에 관계되는 직무

5. 조세·부담금·과태료·과징금·이행강제금 등의 조사·부과·징수 또는 취소·철 회·시정명령 등 제재적 처분에 관계되는 직무

6. 보조금·장려금·출연금·출자금·교부금·기금의 배정·지급·처분·관리에 관계되는 직무

7. 공사·용역 또는 물품 등의 조달·구매의 계약·검사·검수에 관계되는 직무

8. 사건의 수사·재판·심판·결정·조정·중재·화해 또는 이에 준하는 직무

9. 공공기관의 재화 또는 용역의 매각·교환·사용·수익·점유에 관계되는 직무

10. 공직자의 채용·승진·전보·상벌·평가에 관계되는 직무

11. 공공기관이 실시하는 행정감사에 관계되는 직무

12. 각급 국립·공립 학교의 입학·성적·수행평가에 관계되는 직무

13. 공공기관이 주관하는 각종 수상, 포상, 우수기관 선정, 우수자 선발에 관계되는 직무

14. 공공기관이 실시하는 각종 평가·판정에 관계되는 직무

15. 국회의원 또는 지방의회의원의 소관 위원회 활동과 관련된 청문, 의안·청원 심사, 국정감사, 지방자치단체의 행정사무감사, 국정조사, 지방자치단체의 행정사무조사와 관계되는 직무

16. 그밖에 국회규칙, 대법원규칙, 헌법재판소규칙, 중앙선거관리위원회규칙 또는 대통령령으로 정하는 직무

② 직무관련자 또는 공직자의 직무수행과 관련하여 직접적인 이해관계가 있는 자는 해당 공직자에게 제1항에 따른 신고 및 회피 의무가 있거나 그밖에 공정한 직무수행을 저해할 우려가 있는 사적 이해관계가 있다고 판단하는 경우에는 그 공직자의 소속기관장에게 기피를 신청할 수 있다.

③ 다음 각 호의 어느 하나에 해당하는 경우에는 제1항 및 제2항을 적용하지 아니한다.

1. 제1항 각 호에 해당하는 직무와 관련하여 불특정다수를 대상으로 하는 법률이나 대통령령의 제정·개정 또는 폐지를 수반하는 경우

2. 특정한 사실 또는 법률관계에 관한 확인·증명을 신청하는 민원에 따라 해당 서류를 발급하는 경우

④ 제1항 각 호에 해당하는 직무와 관련된 다른 법령·기준에 제척·기피·회피 등 이해충돌 방지를 위한 절차가 마련되어 있어 공직자가 그 절차에 따른 경우, 제1항에 따른 신고· 회피 의무를 다한 것으로 본다.

⑤ 제1항 및 제2항에 따른 신고 및 회피·기피의 절차와 방법, 신고·회피·기피의 기록· 관리 등에 필요한 사항은 국회규칙, 대법원규칙, 헌법재판소규칙, 중앙선거관리위원회규칙 또는 대통령령으로 정한다.

제6조(공공기관 직무 관련 부동산 보유·매수 신고)

① 부동산을 직접적으로 취급하는 대통령령 으로 정하는 공공기관의 공직자는 다음 각 호의 어느 하나에 해당하는 사람이 소속 공공기관의 업무와 관련된 부동산을 보유하고 있거나 매수하는 경우 소속기관장에게 그 사실을 서면으로 신고하여야 한다.

1. 공직자 자신, 배우자

2. 공직자와 생계를 같이하는 직계존속·비속(배우자의 직계존속·비속으로 생계를 같이 하는 경우를 포함한 다)

② 제1항에 따른 공공기관 외의 공공기관의 공직자는 소속 공공기관이 택지개발, 지구 지정 등 대통령령으로 정하는 부동산 개발 업무를 하는 경우 제1항 각 호의 어느 하나에 해당하는 사람이 그 부동산을 보유하고 있거나 매수하는 경우 소속기관장에게 그 사실을 서면으로 신고하여야 한다.

③ 제1항 및 제2항에 따른 신고는 부동산을 보유한 사실을 알게 된 날부터 14일 이내, 매수 후 등기를 완료한 날부터 14일 이내에 하여야 한다.

④ 제1항 및 제2항에 따른 신고 내용·절차 및 방법 등에 필요한 사항은 대통령령으로 정한다.

제7조(사적이해관계자의 신고 등에 대한 조치)

① 제5조제1항에 따른 신고·회피신청이나 같은 조 제2항에 따른 기피신청 또는 제6조에 따른 부동산 보유·매수 신고를 받은 소속기관장은 해당 공직자의 직무수행에 지장이 있다고 인정하는 경우에는 다음 각 호의 어느 하나에 해당하는 조치를 하여야 한다.

1. 직무수행의 일시 중지 명령

2. 직무 대리자 또는 직무 공동수행자의 지정

3. 직무 재배정

4. 전보

② 소속기관장은 제1항에도 불구하고 다음 각 호의 어느 하나에 해당하는 경우에는 해당 공직자가 계속 그 직무를 수행하도록 할 수 있다. 이 경우 제25조에 따른 이해충돌방지담당관 또는 다른 공직자로 하여금 공정한 직무수행 여부를 확인·점검하게 하여야 한다.

1. 직무를 수행하는 공직자를 대체하기가 지극히 어려운 경우

2. 국가의 안전보장 및 경제발전 등 공익 증진을 위하여 직무수행의 필요성이 더 큰 경우

③ 소속기관장은 제1항 또는 제2항에 따른 조치를 하였을 때에는 그 처리 결과를 해당 공직자와 기피를 신청한 자에게 통보하여야 한다.

④ 제6조제1항 및 제2항에 따른 부동산 보유 또는 매수 신고를 받은 소속기관장은 해당 부동산 보유·매수가 이 법 또는 다른 법률에 위반되는 것으로 의심될 경우 지체없이 수사기 관·감사원·감독기관 또는 국민권익위원회에 신고하거나 고발하여야 한다.

⑤ 제1항부터 제4항까지의 규정에 따른 조치·확인·점검·통보, 신고·고발의 기록·관리 및 절차와 방법 등에 필요한 사항은 국회규칙, 대법원규칙, 헌법재판소규칙, 중앙선거 관리위원회규칙 또는 대통령령으로 정한다.

제8조(고위공직자의 민간 부문 업무활동 내역 제출 및 공개)

① 고위공직자는 그 직위에 임용되거나 임기를 개시하기 전 3년 이내에 민간 부문에서 업무활동을 한 경우, 그 활동 내역을 그 직위에 임용되거나 임기를 개시한 날부터 30일 이내에 소속기관장에게 제출하여야 한다.

② 제1항에 따른 업무활동 내역에는 다음 각 호의 사항이 포함되어야 한다.

　1. 재직하였던 법인·단체 등과 그 업무 내용

　2. 대리, 고문·자문 등을 한 경우 그 업무 내용

　3. 관리·운영하였던 사업 또는 영리 행위의 내용

③ 소속기관장은 제1항에 따라 제출된 업무활동 내역을 보관·관리하여야 한다.

④ 소속기관장은 다른 법령에서 정보공개가 금지되지 아니하는 범위에서 제2항의 업무활동 내역을 공개할 수 있다.

⑤ 제1항부터 제4항까지에서 규정한 사항 외에 업무활동 내역 제출, 보관·관리 및 공개에 필요한 사항은 대통령령으로 정한다.

제9조(직무관련자와의 거래 신고)

① 공직자는 자신, 배우자 또는 직계존속·비속(배우자의 직계존속·비속으로 생계를 같이하는 경우를 포함한다. 이하 이 조에서 같다) 또는 특수관계 사업자(자신, 배우자 또는 직계존속·비속이 대통령령으로 정하는 일정 비율 이상의 주 식·지분 등을 소유하고 있는 법인 또는 단체를 말한다. 이하 같다)가 공직자 자신의 직무 관련자(「민법」 제777조에 따른 친족인 경우는 제외한다)와 다음 각 호의 어느 하나에 해당하는 행위를 한다는 것을 사전에 안 경우에는 안 날부터 14일 이내에 소속기관장에게 그 사실을 서면으로 신고하여야 한다.

　1. 금전을 빌리거나 빌려주는 행위 및 유가증권을 거래하는 행위. 다만, 「금융실명거래 및 비밀보장에 관한 법률」에 따른 금융회사등, 「대부업 등의 등록 및 금융이용자 보호에 관한 법률」에 따른 대부업자등이나 그밖의 금융회사로부터 통상적인 조건으로 금전을 빌리는 행위 및 유가증권을 거래하는 행위는 제외한다.

　2. 토지 또는 건축물 등 부동산을 거래하는 행위. 다만, 공개모집에 의하여 이루어지는 분양이나 공매·경매·입찰을 통한 재산상 거래 행위는 제외한다.

　3. 제1호 및 제2호의 거래 행위 외의 물품·용역·공사 등의 계약을 체결하는 행위. 다만, 공매·경매·입찰을 통한 계약 체결 행위 또는 거래관행상 불특정다수를 대상으로 반복적으로 행하여지는 계약 체결 행위는 제외한다.

② 공직자는 제1항 각 호에 따른 행위가 있었음을 사후에 알게 된 경우에도 안 날부터 14일 이내에 소속기관장에게 그 사실을 서면으로 신고하여야 한다.

③ 소속기관장은 제1항 또는 제2항에 따라 공직자가 신고한 행위가 직무의 공정한 수행을 저해할 수 있다고 판단되는 경우에는 해당 공직자에게 제7조제1항 각 호 또는 같은 조 제2항의 조치를 할 수 있다.

④ 제1항부터 제3항까지에서 규정한 사항 외에 거래 신고의 기록·관리 등에 필요한 사항은 대통령령으로 정한다.

제10조(직무 관련 외부 활동의 제한)
공직자는 다음 각 호의 행위를 하여서는 아니 된다. 다만, 「국가공무원법」 등 다른 법령·기준에 따라 허용되는 경우는 그러하지 아니하다.
1. 직무관련자에게 사적으로 노무 또는 조언·자문 등을 제공하고 대가를 받는 행위
2. 소속 공공기관의 소관 직무와 관련된 지식이나 정보를 타인에게 제공하고 대가를 받는 행위. 다만, 「부정청탁 및 금품 등 수수의 금지에 관한 법률」 제10조에 따른 외부 강의 등의 대가로서 사례금 수수가 허용되는 경우와 소속 기관장이 허가한 경우는 제외한다.
3. 공직자가 소속된 공공기관이 당사자이거나 직접적인 이해관계를 가지는 사안에서 자신 이 소속된 공공기관의 상대방을 대리하거나 그 상대방에게 조언·자문 또는 정보를 제공하는 행위
4. 외국의 기관·법인·단체 등을 대리하는 행위. 다만, 소속기관장이 허가한 경우는 제외한다.
5. 직무와 관련된 다른 직위에 취임하는 행위. 다만, 소속기관장이 허가한 경우는 제외한다.

제11조(가족 채용 제한)
① 공공기관(공공기관으로부터 출연금·보조금 등을 받거나 법령에 따라 업무를 위탁받는 산하 공공기관과 「상법」 제342조의2에 따른 자회사를 포함한다)은 다음 각 호의 어느 하나에 해당하는 공직자의 가족을 채용할 수 없다.
  1. 소속 고위공직자
  2. 채용업무를 담당하는 공직자
  3. 해당 산하 공공기관의 감독기관인 공공기관 소속 고위공직자
  4. 해당 자회사의 모회사인 공공기관 소속 고위공직자
② 다음 각 호의 어느 하나에 해당하는 경우에는 제1항을 적용하지 아니한다.
  1. 「국가공무원법」 등 다른 법령(제2조제1호라목 또는 마목에 해당하는 공공기관의 인사 관련 규정을 포함한다. 이하 이 조에서 같다)에서 정하는 공개경쟁채용시험 또는 경력 등 응시요건을 정하여 같은 사유에 해당하는 다수인을 대상으로 하는 채용시험에 합격 한 경우
  2. 「국가공무원법」 등 다른 법령에 따라 다수인을 대상으로 시험을 실시하는 것이 적당하지 아니하여 다수인을 대상으로 하지 아니한 시험으로 공무원을 채용하는 경우로서 다음 각 목의 어느 하나에 해당하는 경우
    가. 공무원으로 재직하였다가 퇴직한 사람을 퇴직 시에 재직한 직급(고위공무원단에 속하는 공무원은 퇴직 시에 재직한 직위와 곤란성과 책임도가 유사한 직위를 말한다. 이하 이 호에서 같다)으로 재임용하는 경우
    나. 임용예정 직급·직위와 같은 직급·직위에서의 근무경력이 해당 법령에서 정하는 기간 이상인 사람을 임용하는 경우

다. 국가공무원을 그 직급·직위에 해당하는 지방공무원으로 임용하거나, 지방공무원을 그 직급·직위에 해당하는 국가공무원으로 임용하는 경우

라. 자격 요건 충족 여부만이 요구되거나 자격 요건에 해당하는 다른 대상자가 없어 다수인을 대상으로 할 수 없는 경우

③ 제1항 각 호의 어느 하나에 해당하는 공직자는 제1항을 위반하여 자신의 가족이 채용되도록 지시·유도 또는 묵인을 하여서는 아니 된다.

④ 제1항 및 제3항에도 불구하고 다른 법률에서 이 법의 적용을 받는 공공기관이 제1항 각 호의 어느 하나에 해당하는 공직자의 가족을 채용할 수 있도록 허용하고 있는 경우에는 그 법률의 규정에 따른다.

제12조(수의계약 체결 제한)

① 공공기관(공공기관으로부터 출연금·보조금 등을 받거나 법령에 따라 업무를 위탁받는 산하 공공기관과 「상법」 제342조의2에 따른 자회사를 포함한다)은 다음 각 호의 어느 하나에 해당하는 자와 물품·용역·공사 등의 수의계약(이하 "수의 계약"이라 한다)을 체결할 수 없다. 다만, 해당 물품의 생산자가 1명뿐인 경우 등 대통령령으로 정하는 불가피한 사유가 있는 경우에는 그러하지 아니하다.

1. 소속 고위공직자

2. 해당 계약 업무를 법령상·사실상 담당하는 소속 공직자

3. 해당 산하 공공기관의 감독기관 소속 고위공직자

4. 해당 자회사의 모회사인 공공기관 소속 고위공직자

5. 해당 공공기관이 「국회법」 제37조에 따른 상임위원회의 소관인 경우 해당 상임위원회 위원으로서 직무를 담당하는 국회의원

6. 「지방자치법」 제41조에 따라 해당 지방자치단체 등 공공기관을 감사 또는 조사하는 지방의회의원

7. 제1호부터 제6호까지의 어느 하나에 해당하는 공직자의 배우자 또는 직계존속·비속(배우자의 직계존속·비속으로 생계를 같이하는 경우를 포함한다. 이하 이 조에서 같다)

8. 제1호부터 제7호까지의 어느 하나에 해당하는 사람이 대표자인 법인 또는 단체

9. 제1호부터 제7호까지의 어느 하나에 해당하는 사람과 관계된 특수관계사업자

② 제1항제1호부터 제6호까지의 어느 하나에 해당하는 공직자는 제1항을 위반하여 같은 항 각 호의 어느 하나에 해당하는 자와 수의계약을 체결하도록 지시·유도 또는 묵인을 하여서는 아니 된다.

제13조(공공기관 물품 등의 사적 사용·수익 금지)

공직자는 공공기관이 소유하거나 임차한 물 품·차량·선박·항공기·건물·토지·시설 등을 사적인 용도로 사용·수익하거나 제3 자로 하여금 사용·수익하게 하여서는 아니 된다. 다만, 다른 법령·기준 또는 사회상규에 따라 허용되는 경우에는 그러하지 아니하다.

제14조(직무상 비밀 등 이용 금지)

① 공직자(공직자가 아니게 된 날부터 3년이 경과하지 아니한 사람을 포함하되, 다른 법률에서 이와 달리 규정하고 있는 경우에는 그 법률에서 규정한 바에 따른다. 이하 이조, 제27조제1항, 같은 조 제2항제1호 및 같은 조 제3항제1호에서 같다)는 직무수행 중 알게 된 비밀 또는 소속 공공기관의 미공개정보(재물 또는 재산상 이익의 취득 여부의 판단에 중대한 영향을 미칠 수 있는 정보로서 불특정 다수인이 알 수 있도록 공개되기 전의 것을 말한다. 이하 같다)를 이용하여 재물 또는 재산상의 이익을 취득하거나 제3자로 하여금 재물 또는 재산상의 이익을 취득하게 하여서는 아니 된다.

② 공직자로부터 직무상 비밀 또는 소속 공공기관의 미공개정보임을 알면서도 제공받거나 부정한 방법으로 취득한 자는 이를 이용하여 재물 또는 재산상의 이익을 취득하여서는 아니 된다.

③ 공직자는 직무수행 중 알게 된 비밀 또는 소속 공공기관의 미공개정보를 사적 이익을 위하여 이용하거나 제3자로 하여금 이용하게 하여서는 아니 된다.

제15조(퇴직자 사적 접촉 신고)

① 공직자는 직무관련자인 소속 기관의 퇴직자(공직자가 아니게 된 날부터 2년이 지나지 아니한 사람만 해당한다)와 사적 접촉(골프, 여행, 사행성 오락을 같이 하는 행위를 말한다)을 하는 경우 소속기관장에게 신고하여야 한다. 다만, 사회상규에 따라 허용되는 경우에는 그러하지 아니하다.

② 제1항에 따른 신고 내용 및 신고 방법, 기록 관리 등 필요한 사항은 국회규칙, 대법원규칙, 헌법재판소규칙, 중앙선거관리위원회규칙 또는 대통령령으로 정한다.

제16조(공무수행사인의 공무수행과 관련된 행위제한 등)

① 다음 각 호의 어느 하나에 해당하는 자(이하 "공무수행사인"이라 한다)의 공무수행에 관하여는 제5조, 제7조, 제14조, 제21조 (제5조 및 제14조에 관한 사항에 한정한다. 이하 이 조에서 같다), 제22조제1항·제3항 및 제25조제1항을 준용한다.

　1. 「행정기관 소속 위원회의 설치·운영에 관한 법률」 또는 다른 법령에 따라 설치된 각종 위원회의 위원 중 공직자가 아닌 위원

　2. 법령에 따라 공공기관의 권한을 위임·위탁받은 개인이나 법인 또는 단체(법인 또는 단체에 소속되어 위임·위탁받은 권한에 관계되는 업무를 수행하는 임직원을 포함한다)

　3. 공무를 수행하기 위하여 민간부문에서 공공기관에 파견 나온 사람

　4. 법령에 따라 공무상 심의·평가 등을 하는 개인이나 법인 또는 단체(법인 또는 단체에 소속되어 심의·평가 등을 하는 임직원을 포함한다)

② 제1항에 따라 공무수행사인에 대하여 제5조, 제7조, 제14조, 제21조, 제22조제1항·제3항 및 제25조제1항을 준용하는 경우 "공직자"는 "공무수행사인"으로, "소속기관장"은 다음 각 호의 구분에 따른 자로 본다.

　1. 제1항제1호에 따른 위원회의 위원: 그 위원회가 설치된 공공기관의 장

　2. 제1항제2호에 따른 개인이나 법인 또는 단체: 감독기관 또는 권한을 위임하거나 위탁한 공공기관의 장

　3. 제1항제3호에 따른 사람: 파견을 받은 공공기관의 장

4. 제1항제4호에 따른 개인이나 법인 또는 단체: 해당 공무를 제공받는 공공기관의 장

제3장 이해충돌 방지에 관한 업무의 총괄 등

제17조(공직자의 이해충돌 방지에 관한 업무의 총괄)

국민권익위원회는 이 법에 따른 다음 각 호의 사항에 관한 업무를 관장한다.

1. 공직자의 이해충돌 방지에 관한 제도개선 및 교육·홍보 계획의 수립 및 시행
2. 이 법에 따른 신고 등의 안내·상담·접수·처리 등
3. 제18조제1항에 따른 신고를 한 자(이하 "신고자"라 한다) 등에 대한 보호 및 보상
4. 제1호부터 제3호까지의 업무 수행에 필요한 실태조사 및 자료의 수집·관리·분석 등

제18조(위반행위의 신고 등)

① 누구든지 이 법의 위반행위가 발생하였거나 발생하고 있다는 사실을 알게 된 경우에는 다음 각 호의 어느 하나에 해당하는 기관에 신고할 수 있다.

　　1. 이 법의 위반행위가 발생한 공공기관 또는 그 감독기관

　　2. 감사원 또는 수사기관

　　3. 국민권익위원회

② 신고자가 다음 각 호의 어느 하나에 해당하는 경우에는 이 법에 따른 보호 및 보상을 받지 못한다.

　　1. 신고의 내용이 거짓이라는 사실을 알았거나 알 수 있었음에도 불구하고 신고한 경우

　　2. 신고와 관련하여 금품이나 근로관계상의 특혜를 요구한 경우

　　3. 그밖에 부정한 목적으로 신고한 경우

③ 제1항에 따라 신고를 하려는 자는 자신의 인적사항과 신고의 취지·이유·내용을 적고 서명한 문서와 함께 신고 대상 및 증거 등을 제출하여야 한다.

제19조(위반행위 신고의 처리)

① 제18조제1항제1호 또는 제2호의 기관(이하 "조사기관"이라 한다)은 같은 조 제1항에 따라 신고를 받거나 이 조 제2항에 따라 국민권익위원회로부터 신고를 이첩받은 경우에는 그 내용에 관하여 필요한 조사·감사 또는 수사를 하여야 한다.

② 국민권익위원회가 제18조제1항에 따른 신고를 받은 경우에는 그 내용에 관하여 신고자를 상대로 사실관계를 확인한 후 대통령령으로 정하는 바에 따라 조사기관에 이첩하고, 그 사실을 신고자에게 통보하여야 한다.

③ 국민권익위원회는 제2항에 따라 신고자를 상대로 사실관계를 확인한 후에도 불구하고 제2항에 따른 이첩 여부를 결정할 수 없는 경우에는 그 결정에 필요한 범위에서 피신고자의 의사에 반하지 아니하는 때에 한정하여 피신고자에게 의견 또는 자료 제출 기회를 부여할 수 있다.

④ 조사기관은 제1항에 따른 조사·감사 또는 수사를 마친 날부터 10일 이내에 그 결과를 신고자와 국민권익위원회에 통보(국민권익위원회로부터 이첩받은 경우만 해당한다)하고, 조사·감사 또는 수사 결과에 따라 공소 제기, 과태료 부과 대상 위반행위의 통보, 징계처분 등 필요한 조치를 하여야 한다.

⑤ 국민권익위원회는 제4항에 따라 조사기관으로부터 조사·감사 또는 수사 결과를 통보받은 경우에는 지체 없이 신고자에게 조사·감사 또는 수사 결과를 통보하여야 한다.

⑥ 제4항 또는 제5항에 따라 조사·감사 또는 수사 결과를 통보받은 신고자는 대통령령으로 정하는 바에 따라 조사기관에 이의신청을 할 수 있으며, 제5항에 따라 조사·감사 또는 수사 결과를 통보받은 신고자는 국민권익위원회에도 이의신청을 할 수 있다.

⑦ 국민권익위원회는 조사기관의 조사·감사 또는 수사 결과가 충분하지 아니하다고 인정되는 경우에는 조사·감사 또는 수사 결과를 통보받은 날부터 30일 이내에 새로운 증거자료의 제출 등 합리적인 이유를 들어 조사기관에 재조사를 요구할 수 있다.

⑧ 제7항에 따른 재조사를 요구받은 조사기관은 재조사를 종료한 날부터 7일 이내에 그 결과를 국민권익위원회에 통보하여야 한다. 이 경우 국민권익위원회는 통보를 받은 즉시 신고자에게 재조사 결과의 요지를 통보하여야 한다.

제20조(신고자 등의 보호·보상)

① 누구든지 다음 각 호의 어느 하나에 해당하는 신고 등(이하 "신고등"이라 한다)을 하지 못하도록 방해하거나 신고등을 한 자(이하 "신고자등"이라 한다)에게 이를 취소하도록 강요하여서는 아니 된다.

  1. 제18조제1항에 따른 신고

  2. 제1호에 따른 신고에 관한 조사·감사·수사·소송 또는 보호조치에 관한 조사·소송 등에서 진술·증언 및 자료제공 등의 방법으로 돕는 행위

② 누구든지 신고자등에게 신고등을 이유로 불이익조치(「공익신고자 보호법」 제2조제6호에 따른 불이익조치를 말한다. 이하 같다)를 하여서는 아니 된다.

③ 이 법의 위반행위를 한 자가 위반사실을 자진하여 신고하거나 신고자등이 신고등을 함으로 인하여 자신이 한 이 법의 위반행위가 발견된 경우에는 그 위반행위에 대한 형사처벌, 과태료 부과, 징계처분, 그밖의 행정처분 등을 감경하거나 면제할 수 있다.

④ 제1항부터 제3항까지에서 규정한 사항 외에 신고자등의 보호 등에 관하여는 「공익신고자 보호법」 제11조부터 제13조까지, 제14조제2항부터 제8항까지, 제16조부터 제20조까지, 제20조의2, 제21조, 제21조의2 및 제22조부터 제25조까지의 규정을 준용한다. 이 경우 "공익신고자등" 및 "공익신고자"는 각각 "신고자등" 및 "신고자"로, "공익신고등" 및 "공익신고"는 각각 "신고등" 및 "신고"로, "공익침해행위"는 "이 법의 위반행위"로 본다.

⑤ 국민권익위원회는 제18조제1항에 따른 신고로 인하여 공공기관에 재산상 이익을 가져오거나 손실을 방지한 경우 또는 공익을 증진시킨 경우에는 그 신고자에게 포상금을 지급할 수 있다.

⑥ 국민권익위원회는 제18조제1항에 따른 신고로 인하여 공공기관에 직접적인 수입의 회복·증대 또는 비용의 절감을 가져온 경우에는 그 신고자의 신청에 의하여 보상금을 지급하여야 한다.

⑦ 신고자등과 그 친족(「민법」 제777조에 따른 친족을 말한다) 또는 동거인은 신고등과 관련하여 다음 각 호의 어느 하나에 해당하는 피해를 입었거나 비용을 지출한 경우 국민권익 위원회에 구조금의 지급을 신청할 수 있다.

1. 육체적·정신적 치료 등에 든 비용

2. 전직·파견근무 등에 따른 이사비용

3. 원상회복 관련 쟁송절차에 든 비용

4. 불이익조치 기간의 임금 손실액

5. 그밖에 중대한 경제적 손해(「공익신고자 보호법」 제2조제6호아목 및 자목에 따른 손해는 제외한다)

⑧ 제5항 및 제6항에서 규정한 사항 외에 포상금·보상금의 신청 및 지급 등에 관하여는 「부패방지 및 국민권익위원회의 설치와 운영에 관한 법률」 제68조제1항·제2항·제4항· 제5항, 제69조, 제70조, 제70조의2 및 제71조를 준용한다. 이 경우 제68조제1항 본문 중 "위원회 또는 공공기관에 부패행위 신고"는 "제18조제1항에 따른 신고"로, 같은 항 단서 중 "부패행위 신고"는 "제18조제1항에 따른 신고"로, 제70조의2제1항 전단 중 "제2조제1호가 목 중 「정부조직법」에 따른 각급 행정기관, 같은 호 다목에 따른 기관"은 "제2조제1호가목에 해당하는 공공기관"으로 본다.

⑨ 제7항에 따른 구조금의 지급 등에 관하여는 「공익신고자 보호법」 제27조제2항부터 제5항까지의 규정을 준용한다. 이 경우 "공익신고자등"은 "신고자등"으로 본다.

제21조(위법한 직무처리에 대한 조치)

소속기관장은 공직자가 제5조제1항, 제6조, 제8조제1항· 제2항, 제9조제1항·제2항, 제10조, 제11조제3항, 제12조제2항, 제13조, 제14조 또는 제15조를 위반한 사실을 발견한 경우에는 해당 공직자에게 위반사실을 즉시 시정할 것을 명하고 계속 불이행할 경우 해당 공직자의 직무를 중지하거나 취소하는 등 필요한 조치를 하여야 한다.

제22조(부당이득의 환수 등)

① 소속기관장은 공직자가 제5조의 신고 및 회피 의무 또는 제6조의 신고 의무를 위반하여 수행한 직무가 위법한 것으로 확정된 경우에는 그 직무를 통하여 공직자 또는 제3자가 얻은 재산상 이익을 환수하여야 한다.

② 소속기관장은 공직자가 제13조의 공공기관 물품 등의 사적 사용·수익 금지 의무를 위반한 경우에는 공직자 또는 제3자가 얻은 재산상 이익을 환수하여야 한다.

③ 제1항 또는 제2항에도 불구하고 다른 법률에서 공직자 또는 제3자가 얻은 부당이득의 몰수, 환수 등에 대하여 규정하고 있는 경우에는 그 법률에 따른다.

제23조(비밀누설 금지)

다음 각 호의 어느 하나에 해당하는 업무를 수행하거나 수행하였던 공직자는 재직 중은 물론 퇴직 후에도 그 업무처리 과정에서 알게 된 비밀을 누설하여서는 아니 된다. 다만, 제2호의 업무로서 제8조제4항에 따라 공개하는 경우에는 그러하지 아니하다.

1. 제5조부터 제7조까지의 규정에 따른 사적이해관계자의 신고 및 회피·기피 신청 또는 부동산 보유·매수 신고의 처리에 관한 업무
2. 제8조에 따른 고위공직자의 업무활동 내역 보관·관리에 관한 업무
3. 제9조에 따른 직무관련자와의 거래 신고 및 조치에 관한 업무
4. 제15조에 따른 퇴직자 사적 접촉 신고 및 조치에 관한 업무

제24조(교육 및 홍보 등)

① 공공기관의 장은 공직자에게 이해충돌 방지에 관한 내용을 매년 1회 이상 정기적으로 교육하여야 한다.
② 공공기관의 장은 이 법에서 금지하고 있는 사항을 적극적으로 알리는 등 국민들이 이 법을 준수하도록 유도하여야 한다.
③ 공공기관의 장은 제1항 및 제2항에 따른 교육 및 홍보 등을 하기 위하여 필요하면 국민권익위원회에 지원을 요청할 수 있다. 이 경우 국민권익위원회는 적극 협력하여야 한다.

제25조(이해충돌방지담당관의 지정)

① 공공기관의 장은 소속 공직자 중에서 다음 각 호의 업무를 담당하는 이해충돌방지담당관을 지정하여야 한다.
  1. 공직자의 이해충돌 방지에 관한 내용의 교육·상담
  2. 사적이해관계자의 신고 및 회피·기피 신청, 부동산 보유·매수 신고 또는 직무관련자 와의 거래에 관한 신고의 접수 및 관리
  3. 사적이해관계자의 신고 및 회피·기피 신청 또는 부동산 보유·매수 신고에도 불구하고 그 직무를 계속 수행하게 된 공직자의 공정한 직무수행 여부의 확인·점검
  4. 고위공직자의 업무활동 내역 관리 및 공개
  5. 퇴직자 사적 접촉 신고의 접수 및 관리
  6. 이 법에 따른 위반행위 신고·신청의 접수, 처리 및 내용의 조사
  7. 이 법에 따른 소속기관장의 위반행위를 발견한 경우 법원 또는 수사기관에 그 사실의 통보
② 이 법에 따라 소속기관장에게 신고·신청·제출하여야 하는 사람이 소속기관장 자신인 경우에는 해당 신고·신청·제출을 이해충돌방지담당관에게 하여야 한다.

제4장 징계 및 벌칙

제26조(징계)

공공기관의 장은 소속 공직자가 이 법 또는 이 법에 따른 명령을 위반한 경우에는 징계처분을 하여야 한다.

제27조(벌칙)

① 제14조제1항을 위반하여 직무수행 중 알게 된 비밀 또는 소속 공공기관의 미공개 정보를 이용하여 재물 또는 재산상의 이익을 취득하거나 제3자로 하여금 재물 또는 재산상의 이익을 취득하게 한 공직자(제16조에 따라 준용되는 공무수행사인을 포함한다. 이하 이 조 및 제28조제2항제1호에서 같다)는 7년 이하의 징역 또는 7천만원 이하의 벌금에 처 한다.

② 다음 각 호의 어느 하나에 해당하는 자는 5년 이하의 징역 또는 5천만원 이하의 벌금에 처한다.

  1. 제14조제2항을 위반하여 공직자로부터 직무상 비밀 또는 소속 공공기관의 미공개 정보임을 알면서도 제 공받거나 부정한 방법으로 취득하고 이를 이용하여 재물 또는 재산상의 이익을 취득한 자

  2. 제20조제4항에 따라 준용되는 「공익신고자 보호법」 제12조제1항을 위반하여 신고자등의 인적사항이나 신고자등임을 미루어 알 수 있는 사실을 다른 사람에게 알려 주거나 공개 또는 보도한 자

③ 다음 각 호의 어느 하나에 해당하는 자는 3년 이하의 징역 또는 3천만원 이하의 벌금에 처한다.

  1. 제14조제3항을 위반하여 직무수행 중 알게 된 비밀 또는 소속 공공기관의 미공개정보를 사적 이익을 위 하여 이용하거나 제3자로 하여금 이용하도록 한 공직자

  2. 제20조제2항을 위반하여 신고자등에게 「공익신고자 보호법」 제2조제6호가목에 해당하는 불이익조치를 한 자

  3. 제20조제4항에 따라 준용되는 「공익신고자 보호법」 제21조제2항에 따라 확정되거나 행정소송을 제기하 여 확정된 보호조치결정을 이행하지 아니한 자

  4. 제23조를 위반하여 그 업무처리 과정에서 알게 된 비밀을 누설한 사람

④ 다음 각 호의 어느 하나에 해당하는 자는 2년 이하의 징역 또는 2천만원 이하의 벌금에 처한다.

  1. 제20조제1항을 위반하여 신고등을 방해하거나 신고등을 취소하도록 강요한 자

  2. 제20조제2항을 위반하여 신고자등에게 「공익신고자 보호법」 제2조제6호나목부터 사목까지의 어느 하나 에 해당하는 불이익조치를 한 자

⑤ 제1항 및 제2항제1호의 경우 징역과 벌금은 병과(倂科)할 수 있다.

⑥ 제1항 및 제2항제1호의 죄를 범한 자(제1항의 경우 그 정을 아는 제3자를 포함한다)가 제1항 및 제2항제1 호의 죄로 인하여 취득한 재물 또는 재산상의 이익은 몰수한다. 다만, 이를 몰수할 수 없을 때에는 그 가액 을 추징한다.

제28조(과태료)

① 다음 각 호의 어느 하나에 해당하는 자에게는 3천만원 이하의 과태료를 부과한다.

  1. 제11조제3항을 위반하여 자신의 가족이 채용되도록 지시·유도 또는 묵인을 한 공직자

2. 제12조제2항을 위반하여 같은 조 제1항 각 호의 어느 하나에 해당하는 자와 수의계약을 체결하도록 지시·유도 또는 묵인을 한 공직자

3. 제20조제4항에 따라 준용되는 「공익신고자 보호법」 제19조제2항 및 제3항(같은 법 제22조제3항에 따라 준용되는 경우를 포함한다)을 위반하여 자료 제출, 출석, 진술 또는 진술서 제출을 거부한 자

② 다음 각 호의 어느 하나에 해당하는 자에게는 2천만원 이하의 과태료를 부과한다.

1. 제5조제1항을 위반하여 사적이해관계자를 신고하지 아니한 공직자

2. 제6조제1항 또는 제2항을 위반하여 부동산 보유·매수를 신고하지 아니한 공직자

3. 제9조제1항 또는 제2항을 위반하여 거래를 신고하지 아니한 공직자

4. 제10조를 위반하여 직무 관련 외부활동을 한 공직자

5. 제13조를 위반하여 공공기관의 물품 등을 사적인 용도로 사용·수익하거나 제3자로 하여금 사용·수익하게 한 공직자

6. 제20조제4항에 따라 준용되는 「공익신고자 보호법」 제20조의2의 특별보호조치결정을 이행하지 아니한 자

③ 다음 각 호의 어느 하나에 해당하는 자에게는 1천만원 이하의 과태료를 부과한다.

1. 제8조제1항을 위반하여 업무활동 내역을 제출하지 아니한 고위공직자

2. 제15조제1항을 위반하여 직무관련자인 소속 기관의 퇴직자와의 사적 접촉을 신고하지 아니한 공직자

④ 소속기관장은 제1항부터 제3항까지의 과태료 부과 대상자에 대하여서는 그 위반사실을 「비송사건절차법」에 따른 과태료재판 관할법원에 통보하여야 한다.

2 부정청탁 및 금품 등 수수 금지법(부정청탁 및 금품 등 수수의 금지에 관한 법률)

제1장 총칙

제1조(목적)

이 법은 공직자 등에 대한 부정청탁 및 공직자 등의 금품 등의 수수(收受)를 금지함으로써 공직자 등의 공정한 직무수행을 보장하고 공공기관에 대한 국민의 신뢰를 확보하는 것을 목적으로 한다.

제2조(정의)

이 법에서 사용하는 용어의 뜻은 다음과 같다.

1. "공공기관"이란 다음 각 목의 어느 하나에 해당하는 기관·단체를 말한다.

가. 국회, 법원, 헌법재판소, 선거관리위원회, 감사원, 국가인권위원회, 고위공직자범 죄수사처, 중앙행정기관(대통령 소속 기관과 국무총리 소속 기관을 포함한다)과 그 소속 기관 및 지방자치단체

나. 「공직자윤리법」 제3조의2에 따른 공직유관단체

다. 「공공기관의 운영에 관한 법률」 제4조에 따른 기관

라. 「초·중등교육법」, 「고등교육법」, 「유아교육법」 및 그밖의 다른 법령에 따라 설치된 각급 학교 및 「사립학교법」에 따른 학교법인

마. 「언론중재 및 피해구제 등에 관한 법률」 제2조제12호에 따른 언론사

2. "공직자등"이란 다음 각 목의 어느 하나에 해당하는 공직자 또는 공적 업무 종사자를 말한다.

가. 「국가공무원법」 또는 「지방공무원법」에 따른 공무원과 그밖에 다른 법률에 따라 그 자격·임용·교육훈
   련·복무·보수·신분보장 등에 있어서 공무원으로 인정된 사람

나. 제1호나목 및 다목에 따른 공직유관단체 및 기관의 장과 그 임직원 다. 제1호라목에 따른 각급 학교의
   장과 교직원 및 학교법인의 임직원 라. 제1호마목에 따른 언론사의 대표자와 그 임직원

3. "금품등"이란 다음 각 목의 어느 하나에 해당하는 것을 말한다.

가. 금전, 유가증권, 부동산, 물품, 숙박권, 회원권, 입장권, 할인권, 초대권, 관람권, 부동산 등의 사용권 등 일
   체의 재산적 이익

나. 음식물·주류·골프 등의 접대·향응 또는 교통·숙박 등의 편의 제공

다. 채무 면제, 취업 제공, 이권(利權) 부여 등 그밖의 유형·무형의 경제적 이익

4. "소속기관장"이란 공직자등이 소속된 공공기관의 장을 말한다.

제3조(국가 등의 책무)

① 국가는 공직자가 공정하고 청렴하게 직무를 수행할 수 있는 근무 여건을 조성하기 위하여 노력하여야 한다.

② 공공기관은 공직자등의 공정하고 청렴한 직무수행을 보장하기 위하여 부정청탁 및 금품등의 수수를 용인
   (容認)하지 아니하는 공직문화 형성에 노력하여야 한다.

③ 공공기관은 공직자등이 위반행위 신고 등 이 법에 따른 조치를 함으로써 불이익을 당하지 아니하도록 적
   절한 보호조치를 하여야 한다.

제4조(공직자등의 의무)

① 공직자등은 사적 이해관계에 영향을 받지 아니하고 직무를 공정하고 청렴하게 수행하여야 한다.

② 공직자등은 직무수행과 관련하여 공평무사하게 처신하고 직무관련자를 우대하거나 차별해서는 아니 된다.

제2장 부정청탁의 금지 등

제5조(부정청탁의 금지)

① 누구든지 직접 또는 제3자를 통하여 직무를 수행하는 공직자등에게 다음 각 호의 어느 하나에 해당하는 부
   정청탁을 해서는 아니 된다.

1. 인가·허가·면허·특허·승인·검사·검정·시험·인증·확인 등 법령(조례·규칙 을 포함한다. 이하 같다)에서
   일정한 요건을 정하여 놓고 직무관련자로부터 신청을 받아 처리하는 직무에 대하여 법령을 위반하여
   처리하도록 하는 행위

2. 인가 또는 허가의 취소, 조세, 부담금, 과태료, 과징금, 이행강제금, 범칙금, 징계 등 각종 행정처분 또는
   형벌부과에 관하여 법령을 위반하여 감경·면제하도록 하는 행위

3. 모집·선발·채용·승진·전보 등 공직자등의 인사에 관하여 법령을 위반하여 개입하거나 영향을 미치도록
   하는 행위

4. 법령을 위반하여 각종 심의·의결·조정 위원회의 위원, 공공기관이 주관하는 시험· 선발 위원 등 공공기
   관의 의사결정에 관여하는 직위에 선정 또는 탈락되도록 하는 행위

5. 공공기관이 주관하는 각종 수상, 포상, 우수기관 선정 또는 우수자·장학생 선발에 관하여 법령을 위반하여 특정 개인·단체·법인이 선정 또는 탈락되도록 하는 행위

6. 입찰·경매·개발·시험·특허·군사·과세 등에 관한 직무상 비밀을 법령을 위반하여 누설하도록 하는 행위

7. 계약 관련 법령을 위반하여 특정 개인·단체·법인이 계약의 당사자로 선정 또는 탈락되도록 하는 행위

8. 보조금·장려금·출연금·출자금·교부금·기금 등의 업무에 관하여 법령을 위반하여 특정 개인·단체·법인에 배정·지원하거나 투자·예치·대여·출연·출자하도록 개입하거나 영향을 미치도록 하는 행위

9. 공공기관이 생산·공급·관리하는 재화 및 용역을 특정 개인·단체·법인에게 법령에서 정하는 가격 또는 정상적인 거래관행에서 벗어나 매각·교환·사용·수익·점유하도록 하는 행위

10. 각급 학교의 입학·성적·수행평가·논문심사·학위수여 등의 업무에 관하여 법령을 위반하여 처리·조작하도록 하는 행위

11. 병역판정검사, 부대 배속, 보직 부여 등 병역 관련 업무에 관하여 법령을 위반하여 처리하도록 하는 행위

12. 공공기관이 실시하는 각종 평가·판정·인정 업무에 관하여 법령을 위반하여 평가, 판정 또는 인정하게 하거나 결과를 조작하도록 하는 행위

13. 법령을 위반하여 행정지도·단속·감사·조사 대상에서 특정 개인·단체·법인이 선정·배제되도록 하거나 행정지도·단속·감사·조사의 결과를 조작하거나 또는 그 위법사항을 묵인하게 하는 행위

14. 사건의 수사·재판·심판·결정·조정·중재·화해, 형의 집행, 수용자의 지도·처 우·계호 또는 이에 준하는 업무를 법령을 위반하여 처리하도록 하는 행위

15. 제1호부터 제14호까지의 부정청탁의 대상이 되는 업무에 관하여 공직자등이 법령에 따라 부여받은 지위·권한을 벗어나 행사하거나 권한에 속하지 아니한 사항을 행사하도록 하는 행위

② 제1항에도 불구하고 다음 각 호의 어느 하나에 해당하는 경우에는 이 법을 적용하지 아니한다.

1. 「청원법」, 「민원사무 처리에 관한 법률」, 「행정절차법」, 「국회법」 및 그밖의 다른 법령·기준(제2조제1호 나목부터 마목까지의 공공기관의 규정·사규·기준을 포함한다. 이하 같다)에서 정하는 절차·방법에 따라 권리침해의 구제·해결을 요구하거나 그와 관련된 법령·기준의 제정·개정·폐지를 제안·건의하는 등 특정한 행위를 요구하는 행위

2. 공개적으로 공직자등에게 특정한 행위를 요구하는 행위

3. 선출직 공직자, 정당, 시민단체 등이 공익적인 목적으로 제3자의 고충민원을 전달하거나 법령·기준의 제정·개정·폐지 또는 정책·사업·제도 및 그 운영 등의 개선에 관하여 제안·건의하는 행위

4. 공공기관에 직무를 법정기한 안에 처리하여 줄 것을 신청·요구하거나 그 진행상황· 조치결과 등에 대하여 확인·문의 등을 하는 행위

5. 직무 또는 법률관계에 관한 확인·증명 등을 신청·요구하는 행위

6. 질의 또는 상담형식을 통하여 직무에 관한 법령·제도·절차 등에 대하여 설명이나 해석을 요구하는 행위

7. 그밖에 사회상규(社會常規)에 위배되지 아니하는 것으로 인정되는 행위

제6조(부정청탁에 따른 직무수행 금지)

부정청탁을 받은 공직자등은 그에 따라 직무를 수행해서는 아니 된다.

제7조(부정청탁의 신고 및 처리)

① 공직자등은 부정청탁을 받았을 때에는 부정청탁을 한 자에게 부정청탁임을 알리고 이를 거절하는 의사를 명확히 표시하여야 한다.

② 공직자등은 제1항에 따른 조치를 하였음에도 불구하고 동일한 부정청탁을 다시 받은 경우에는 이를 소속 기관장에게 서면(전자문서를 포함한다. 이하 같다)으로 신고하여야 한다.

③ 제2항에 따른 신고를 받은 소속기관장은 신고의 경위·취지·내용·증거자료 등을 조사하여 신고 내용이 부정청탁에 해당하는지를 신속하게 확인하여야 한다.

④ 소속기관장은 부정청탁이 있었던 사실을 알게 된 경우 또는 제2항 및 제3항의 부정청탁에 관한 신고·확인 과정에서 해당 직무의 수행에 지장이 있다고 인정하는 경우에는 부정

  1. 청탁을 받은 공직자등에 대하여 다음 각 호의 조치를 할 수 있다.

  2. 직무 참여 일시중지

  3. 직무 대리자의 지정

  4. 전보

  5. 그밖에 국회규칙, 대법원규칙, 헌법재판소규칙, 중앙선거관리위원회규칙 또는 대통령령으로 정하는 조치

⑤ 소속기관장은 공직자등이 다음 각 호의 어느 하나에 해당하는 경우에는 제4항에도 불구하고 그 공직자등에게 직무를 수행하게 할 수 있다. 이 경우 제20조에 따른 소속기관의 담당관 또는 다른 공직자등으로 하여금 그 공직자등의 공정한 직무수행 여부를 주기적으로 확인·점검하도록 하여야 한다.

  1. 직무를 수행하는 공직자등을 대체하기 지극히 어려운 경우

  2. 공직자등의 직무수행에 미치는 영향이 크지 아니한 경우

  3. 국가의 안전보장 및 경제발전 등 공익증진을 이유로 직무수행의 필요성이 더 큰 경우

⑥ 공직자등은 제2항에 따른 신고를 감독기관·감사원·수사기관 또는 국민권익위원회에도 할 수 있다.

⑦ 소속기관장은 다른 법령에 위반되지 아니하는 범위에서 부정청탁의 내용 및 조치사항을 해당 공공기관의 인터넷 홈페이지 등에 공개할 수 있다.

⑧ 제1항부터 제7항까지에서 규정한 사항 외에 부정청탁의 신고·확인·처리 및 기록·관리·공개 등에 필요한 사항은 대통령령으로 정한다.

제3장 금품 등의 수수 금지 등

제8조(금품 등의 수수 금지)

① 공직자등은 직무 관련 여부 및 기부·후원·증여 등 그 명목에 관계없이 동일인으로부터 1회에 100만원 또는 매 회계연도에 300만원을 초과하는 금품등을 받거나 요구 또는 약속해서는 아니 된다.

② 공직자등은 직무와 관련하여 대가성 여부를 불문하고 제1항에서 정한 금액 이하의 금품 등을 받거나 요구 또는 약속해서는 아니 된다.

③ 제10조의 외부강의등에 관한 사례금 또는 다음 각 호의 어느 하나에 해당하는 금품등의 경우에는 제1항 또는 제2항에서 수수를 금지하는 금품등에 해당하지 아니한다.

  1. 공공기관이 소속 공직자등이나 파견 공직자등에게 지급하거나 상급 공직자등이 위로· 격려·포상 등의 목적으로 하급 공직자등에게 제공하는 금품등

  2. 원활한 직무수행 또는 사교·의례 또는 부조의 목적으로 제공되는 음식물·경조사비· 선물 등으로서 대통령령으로 정하는 가액 범위 안의 금품등. 다만, 선물 중 「농수산물 품질관리법」 제2조제1항제1호에 따른 농수산물 및 같은 항 제13호에 따른 농수산가공품(농수산물을 원료 또는 재료의 50퍼센트를 넘게 사용하여 가공한 제품만 해당한다)은 대통령령으로 정하는 설날·추석을 포함한 기간에 한정하여 그 가액 범위를 두배로 한다.

  3. 사적 거래(증여는 제외한다)로 인한 채무의 이행 등 정당한 권원(權原)에 의하여 제공되는 금품등

  4. 공직자등의 친족(「민법」 제777조에 따른 친족을 말한다)이 제공하는 금품등

  5. 공직자등과 관련된 직원상조회·동호인회·동창회·향우회·친목단체·종교단체·사회단체 등이 정하는 기준에 따라 구성원에게 제공하는 금품등 및 그 소속 구성원 등 공직자등과 특별히 장기적·지속적인 친분관계를 맺고 있는 자가 질병·재난 등으로 어려운 처지에 있는 공직자등에게 제공하는 금품등

  6. 공직자등의 직무와 관련된 공식적인 행사에서 주최자가 참석자에게 통상적인 범위에서 일률적으로 제공하는 교통, 숙박, 음식물 등의 금품등

  7. 불특정 다수인에게 배포하기 위한 기념품 또는 홍보용품 등이나 경연·추첨을 통하여 받는 보상 또는 상품 등

  8. 그밖에 다른 법령·기준 또는 사회상규에 따라 허용되는 금품등

④ 공직자등의 배우자는 공직자등의 직무와 관련하여 제1항 또는 제2항에 따라 공직자등이 받는 것이 금지되는 금품등(이하 "수수 금지 금품등"이라 한다)을 받거나 요구하거나 제공받기로 약속해서는 아니 된다.

⑤ 누구든지 공직자등에게 또는 그 공직자등의 배우자에게 수수 금지 금품등을 제공하거나 그 제공의 약속 또는 의사표시를 해서는 아니 된다.

제9조(수수 금지 금품등의 신고 및 처리)

① 공직자등은 다음 각 호의 어느 하나에 해당하는 경우에는 소속기관장에게 지체 없이 서면으로 신고하여야 한다.

  1. 공직자등 자신이 수수 금지 금품등을 받거나 그 제공의 약속 또는 의사표시를 받은 경우

  2. 공직자등이 자신의 배우자가 수수 금지 금품등을 받거나 그 제공의 약속 또는 의사표시를 받은 사실을 안 경우

② 공직자등은 자신이 수수 금지 금품등을 받거나 그 제공의 약속이나 의사표시를 받은 경우 또는 자신의 배우자가 수수 금지 금품등을 받거나 그 제공의 약속이나 의사표시를 받은 사실을 알게 된 경우에는 이를 제공자에게 지체 없이 반환하거나 반환하도록 하거나 그 거부의 의사를 밝히거나 밝히도록 하여야 한다. 다만, 받은 금품등이 다음 각 호의 어느 하나에 해당하는 경우에는 소속기관장에게 인도하거나 인도하도록 하여야 한다.

1. 멸실·부패·변질 등의 우려가 있는 경우
2. 해당 금품등의 제공자를 알 수 없는 경우
3. 그밖에 제공자에게 반환하기 어려운 사정이 있는 경우

③ 소속기관장은 제1항에 따라 신고를 받거나 제2항 단서에 따라 금품등을 인도받은 경우 수수 금지 금품등에 해당한다고 인정하는 때에는 반환 또는 인도하게 하거나 거부의 의사를 표시하도록 하여야 하며, 수사의 필요성이 있다고 인정하는 때에는 그 내용을 지체 없이 수사기관에 통보하여야 한다.

④ 소속기관장은 공직자등 또는 그 배우자가 수수 금지 금품등을 받거나 그 제공의 약속 또는 의사표시를 받은 사실을 알게 된 경우 수사의 필요성이 있다고 인정하는 때에는 그 내용을 지체 없이 수사기관에 통보하여야 한다.

⑤ 소속기관장은 소속 공직자등 또는 그 배우자가 수수 금지 금품등을 받거나 그 제공의 약속 또는 의사표시를 받은 사실을 알게 된 경우 또는 제1항부터 제4항까지의 규정에 따른 금품등의 신고, 금품등의 반환·인도 또는 수사기관에 대한 통보의 과정에서 직무의 수행에 지장이 있다고 인정하는 경우에는 해당 공직자등에게 제7조제4항 각 호 및 같은 조 제5항의 조치를 할 수 있다.

⑥ 공직자등은 제1항 또는 같은 조 제2항 단서에 따른 신고나 인도를 감독기관·감사원·수사기관 또는 국민권익위원회에도 할 수 있다.

⑦ 소속기관장은 공직자등으로부터 제1항제2호에 따른 신고를 받은 경우 그 공직자등의 배우자가 반환을 거부하는 금품등이 수수 금지 금품등에 해당한다고 인정하는 때에는 그 공직자등의 배우자로 하여금 그 금품등을 제공자에게 반환하도록 요구하여야 한다.

⑧ 제1항부터 제7항까지에서 규정한 사항 외에 수수 금지 금품등의 신고 및 처리 등에 필요한 사항은 대통령령으로 정한다.

제10조(외부강의등의 사례금 수수 제한)

① 공직자등은 자신의 직무와 관련되거나 그 지위·직책 등에서 유래되는 사실상의 영향력을 통하여 요청받은 교육·홍보·토론회·세미나·공청회 또는 그밖의 회의 등에서 한 강의·강연·기고 등(이하 "외부강의등"이라 한다)의 대가로서 대통령령으로 정하는 금액을 초과하는 사례금을 받아서는 아니 된다.

② 공직자등은 사례금을 받는 외부강의등을 할 때에는 대통령령으로 정하는 바에 따라 외부강의등의 요청 명세 등을 소속기관장에게 그 외부강의등을 마친 날부터 10일 이내에 서면으로 신고하여야 한다. 다만, 외부강의등을 요청한 자가 국가나 지방자치단체인 경우에는 그러하지 아니하다.

③ 삭제

④ 소속기관장은 제2항에 따라 공직자등이 신고한 외부강의등이 공정한 직무수행을 저해할 수 있다고 판단하는 경우에는 그 공직자등의 외부강의등을 제한할 수 있다.

⑤ 공직자등은 제1항에 따른 금액을 초과하는 사례금을 받은 경우에는 대통령령으로 정하는 바에 따라 소속기관장에게 신고하고, 제공자에게 그 초과금액을 지체 없이 반환하여야 한다.

제11조(공무수행사인의 공무 수행과 관련된 행위제한 등)

① 다음 각 호의 어느 하나에 해당하는 자 (이하 "공무수행사인"이라 한다)의 공무 수행에 관하여는 제5조부터 제9조까지를 준용한다.

　　1. 「행정기관 소속 위원회의 설치·운영에 관한 법률」 또는 다른 법령에 따라 설치된 각종 위원회의 위원 중 공직자가 아닌 위원

　　2. 법령에 따라 공공기관의 권한을 위임·위탁받은 법인·단체 또는 그 기관이나 개인 공무를 수행하기 위하여 민간부문에서 공공기관에 파견 나온 사람

　　3. 법령에 따라 공무상 심의·평가 등을 하는 개인 또는 법인·단체

② 제1항에 따라 공무수행사인에 대하여 제5조부터 제9조까지를 준용하는 경우 "공직자등"은 "공무수행사인"으로 보고, "소속기관장"은 "다음 각 호의 구분에 따른 자"로 본다.

　　1. 제1항제1호에 따른 위원회의 위원: 그 위원회가 설치된 공공기관의 장

　　2. 제1항제2호에 따른 법인·단체 또는 그 기관이나 개인: 감독기관 또는 권한을 위임하거나 위탁한 공공기관의 장

　　3. 제1항제3호에 따른 사람: 파견을 받은 공공기관의 장

　　4. 제1항제4호에 따른 개인 또는 법인·단체: 해당 공무를 제공받는 공공기관의 장

제4장 부정청탁 등 방지에 관한 업무의 총괄 등

제12조(공직자등의 부정청탁 등 방지에 관한 업무의 총괄)

1. 국민권익위원회는 이 법에 따른 다음 각 호의 사항에 관한 업무를 관장한다.

2. 부정청탁의 금지 및 금품등의 수수 금지·제한 등에 관한 제도개선 및 교육·홍보계획의 수립 및 시행

3. 부정청탁 등에 관한 유형, 판단기준 및 그 예방 조치 등에 관한 기준의 작성 및 보급

4. 부정청탁 등에 대한 신고 등의 안내·상담·접수·처리 등

5. 신고자 등에 대한 보호 및 보상

6. 제1호부터 제4호까지의 업무 수행에 필요한 실태조사 및 자료의 수집·관리·분석 등

제13조(위반행위의 신고 등)

① 누구든지 이 법의 위반행위가 발생하였거나 발생하고 있다는 사실을 알게 된 경우에는 다음 각 호의 어느 하나에 해당하는 기관에 신고할 수 있다.

　　1. 이 법의 위반행위가 발생한 공공기관 또는 그 감독기관

　　2. 감사원 또는 수사기관

   3. 국민권익위원회
② 제1항에 따른 신고를 한 자가 다음 각 호의 어느 하나에 해당하는 경우에는 이 법에 따른 보호 및 보상을
   받지 못한다.
   1. 신고의 내용이 거짓이라는 사실을 알았거나 알 수 있었음에도 신고한 경우
   2. 신고와 관련하여 금품등이나 근무관계상의 특혜를 요구한 경우
   3. 그밖에 부정한 목적으로 신고한 경우
③ 제1항에 따라 신고를 하려는 자는 자신의 인적사항과 신고의 취지·이유·내용을 적고 서명한 문서와 함께
   신고 대상 및 증거 등을 제출하여야 한다.

제13조의2(비실명 대리신고)
① 제13조제3항에도 불구하고 같은 조 제1항에 따라 신고를 하려는 자는 자신의 인적사항을 밝히지 아니하고
   변호사를 선임하여 신고를 대리하게 할 수 있다. 이 경우 제13조제3항에 따른 신고자의 인적사항 및 신고
   자가 서명한 문서는 변호사의 인적사항 및 변호사가 서명한 문서로 갈음한다.
② 제1항에 따른 신고는 국민권익위원회에 하여야 하며, 신고자 또는 신고를 대리하는 변호사는 그 취지를 밝
   히고 신고자의 인적사항, 신고자임을 입증할 수 있는 자료 및 위임장을 국민권익위원회에 함께 제출하여야
   한다.
③ 국민권익위원회는 제2항에 따라 제출된 자료를 봉인하여 보관하여야 하며, 신고자 본인의 동의 없이 이를
   열람하여서는 아니 된다.

제14조(신고의 처리)
① 제13조제1항제1호 또는 제2호의 기관(이하 "조사기관"이라 한다)은 같은 조 제1항에 따라 신고를 받거나
   제2항에 따라 국민권익위원회로부터 신고를 이첩받은 경우에는 그 내용에 관하여 필요한 조사·감사 또는
   수사를 하여야 한다.
② 국민권익위원회가 제13조제1항에 따른 신고를 받은 경우에는 그 내용에 관하여 신고자를 상대로 사실관
   계를 확인한 후 대통령령으로 정하는 바에 따라 조사기관에 이첩하고, 그 사실을 신고자에게 통보하여야
   한다.
③ 조사기관은 제1항에 따라 조사·감사 또는 수사를 마친 날부터 10일 이내에 그 결과를 신고자와 국민권익
   위원회에 통보(국민권익위원회로부터 이첩받은 경우만 해당한다)하고, 조사·감사 또는 수사 결과에 따라
   공소 제기, 과태료 부과 대상 위반행위의 통보, 징계 처분 등 필요한 조치를 하여야 한다.
④ 국민권익위원회는 제3항에 따라 조사기관으로부터 조사·감사 또는 수사 결과를 통보받은 경우에는 지체
   없이 신고자에게 조사·감사 또는 수사 결과를 알려야 한다.
⑤ 제3항 또는 제4항에 따라 조사·감사 또는 수사 결과를 통보받은 신고자는 조사기관에 이의신청을 할 수 있
   으며, 제4항에 따라 조사·감사 또는 수사 결과를 통지받은 신고자는 국민권익위원회에도 이의신청을 할 수
   있다.

⑥ 국민권익위원회는 조사기관의 조사·감사 또는 수사 결과가 충분하지 아니하다고 인정되는 경우에는 조사·감사 또는 수사 결과를 통보받은 날부터 30일 이내에 새로운 증거자료의 제출 등 합리적인 이유를 들어 조사기관에 재조사를 요구할 수 있다.

⑦ 제6항에 따른 재조사를 요구받은 조사기관은 재조사를 종료한 날부터 7일 이내에 그 결과를 국민권익위원회에 통보하여야 한다. 이 경우 국민권익위원회는 통보를 받은 즉시 신고자에게 재조사 결과의 요지를 알려야 한다.

제15조(신고자등의 보호·보상)

① 누구든지 다음 각 호의 어느 하나에 해당하는 신고 등(이하 "신고등"이라 한다)을 하지 못하도록 방해하거나 신고등을 한 자(이하 "신고자등"이라 한다)에게 이를 취소하도록 강요해서는 아니 된다.

　1. 제7조제2항 및 제6항에 따른 신고

　2. 제9조제1항, 같은 조 제2항 단서 및 같은 조 제6항에 따른 신고 및 인도

　3. 제13조제1항에 따른 신고

　4. 제1호부터 제3호까지에 따른 신고를 한 자 외에 협조를 한 자가 신고에 관한 조사·감사·수사·소송 또는 보호조치에 관한 조사·소송 등에서 진술·증언 및 자료제공 등의 방법으로 조력하는 행위

② 누구든지 신고자등에게 신고등을 이유로 불이익조치(「공익신고자 보호법」 제2조제6호에 따른 불이익조치를 말한다. 이하 같다)를 해서는 아니 된다.

③ 이 법에 따른 위반행위를 한 자가 위반사실을 자진하여 신고하거나 신고자등이 신고등을 함으로 인하여 자신이 한 이 법 위반행위가 발견된 경우에는 그 위반행위에 대한 형사처벌, 과태료 부과, 징계처분, 그밖의 행정처분 등을 감경하거나 면제할 수 있다.

④ 제1항부터 제3항까지에서 규정한 사항 외에 신고자등의 보호 등에 관하여는 「공익신고자 보호법」 제11조부터 제13조까지, 제14조제4항부터 제6항까지, 제16조부터 제20조까지, 제20조의2, 제21조 및 제22조부터 제25조까지의 규정을 준용한다. 이 경우 "공익신고자등"은 "신고자등"으로, "공익신고등"은 "신고등"으로, "공익신고자"는 "신고자"로, "공익침해행위"는 "이 법의 위반행위"로 본다.

⑤ 국민권익위원회는 제13조제1항에 따른 신고로 인하여 공공기관에 재산상 이익을 가져오거나 손실을 방지한 경우 또는 공익의 증진을 가져온 경우에는 그 신고자에게 포상금을 지급할 수 있다.

⑥ 국민권익위원회는 제13조제1항에 따른 신고로 인하여 공공기관에 직접적인 수입의 회복·증대 또는 비용의 절감을 가져온 경우에는 그 신고자의 신청에 의하여 보상금을 지급하여야 한다.

⑦ 국민권익위원회는 제13조제1항에 따라 신고를 한 자, 그 친족이나 동거인 또는 그 신고와 관련하여 진술·증언 및 자료제공 등의 방법으로 신고에 관한 감사·수사 또는 조사 등에 조력한 자가 신고 등과 관련하여 다음 각 호의 어느 하나에 해당하는 피해를 입었거나 비용을 지출한 경우에는 신청에 따라 구조금을 지급할 수 있다.

　1. 육체적·정신적 치료 등에 소요된 비용

　2. 전직·파견근무 등으로 소요된 이사비용

　3. 제13조제1항에 따른 신고 등을 이유로 한 쟁송절차에 소요된 비용

4. 불이익 조치 기간의 임금 손실액

5. 그밖의 중대한 경제적 손해(인가·허가 등의 취소 등 행정적 불이익을 주는 행위 또는 물품·용역 계약의 해지 등 경제적 불이익을 주는 조치에 따른 손해는 제외한다)

⑧ 제5항부터 제7항까지의 규정에 따른 포상금·보상금·구조금의 신청 및 지급 등에 관하여는 「부패방지 및 국민권익위원회의 설치와 운영에 관한 법률」 제68조부터 제70조까지, 제70조의2 및 제71조를 준용한다. 이 경우 "신고자"는 "제13조제1항에 따라 신고를 한 자"로, "신고"는 "제13조제1항에 따른 신고"로 본다.

제15조의2(이행강제금)

① 국민권익위원회는 제15조제4항에 따라 준용되는 「공익신고자 보호법」 제20조제1항에 따른 보호조치결정을 받은 후 그 정해진 기한까지 보호조치를 취하지 아니한 자에게는 3천만원 이하의 이행강제금을 부과한다. 다만, 국가 또는 지방자치단체는 제외한다.

② 제1항에 따른 이행강제금의 부과 기준, 절차 및 징수 등에 필요한 사항은 「공익신고자 보호법」 제21조의2 제2항부터 제7항까지의 규정을 준용한다.

제16조(위법한 직무처리에 대한 조치)

공공기관의 장은 공직자등이 직무수행 중에 또는 직무수행 후에 제5조, 제6조 및 제8조를 위반한 사실을 발견한 경우에는 해당 직무를 중지하거나 취소하는 등 필요한 조치를 하여야 한다.

제17조(부당이득의 환수)

공공기관의 장은 제5조, 제6조, 제8조를 위반하여 수행한 공직자등의 직무가 위법한 것으로 확정된 경우에는 그 직무의 상대방에게 이미 지출·교부된 금액 또 는 물건이나 그밖에 재산상 이익을 환수하여야 한다.

제18조(비밀누설 금지)

다음 각 호의 어느 하나에 해당하는 업무를 수행하거나 수행하였던 공직자등은 그 업무처리 과정에서 알게 된 비밀을 누설해서는 아니 된다. 다만, 제7조제7항에 따라 공개하는 경우에는 그러하지 아니하다.

1. 제7조에 따른 부정청탁의 신고 및 조치에 관한 업무
2. 제9조에 따른 수수 금지 금품등의 신고 및 처리에 관한 업무

제19조(교육과 홍보 등)

① 공공기관의 장은 공직자등에게 부정청탁 금지 및 금품등의 수수 금지에 관한 내용을 정기적으로 교육하여야 하며, 이를 준수할 것을 약속하는 서약서를 받아야 한다.

② 공공기관의 장은 이 법에서 금지하고 있는 사항을 적극적으로 알리는 등 국민들이 이 법을 준수하도록 유도하여야 한다.

③ 공공기관의 장은 제1항 및 제2항에 따른 교육 및 홍보 등의 실시를 위하여 필요하면 국민 권익위원회에 지원을 요청할 수 있다. 이 경우 국민권익위원회는 적극 협력하여야 한다.

제20조(부정청탁 금지 등을 담당하는 담당관의 지정)

공공기관의 장은 소속 공직자등 중에서 다음 각 호의 부정청탁 금지 등을 담당하는 담당관을 지정하여야 한다.

1. 부정청탁 금지 및 금품등의 수수 금지에 관한 내용의 교육·상담

2. 이 법에 따른 신고·신청의 접수, 처리 및 내용의 조사

3. 이 법에 따른 소속기관장의 위반행위를 발견한 경우 법원 또는 수사기관에 그 사실의 통보

제5장 징계 및 벌칙

제21조(징계)

공공기관의 장 등은 공직자등이 이 법 또는 이 법에 따른 명령을 위반한 경우에는 징계처분을 하여야 한다.

제22조(벌칙)

① 다음 각 호의 어느 하나에 해당하는 자는 3년 이하의 징역 또는 3천만원 이하의 벌금에 처한다.

　1. 제8조제1항을 위반한 공직자등(제11조에 따라 준용되는 공무수행사인을 포함한다). 다만, 제9조제1항·제2항 또는 제6항에 따라 신고하거나 그 수수 금지 금품등을 반환 또는 인도하거나 거부의 의사를 표시한 공직자등은 제외한다.

　2. 자신의 배우자가 제8조제4항을 위반하여 같은 조 제1항에 따른 수수 금지 금품등을 받거나 요구하거나 제공받기로 약속한 사실을 알고도 제9조제1항제2호 또는 같은 조 제6항에 따라 신고하지 아니한 공직자등(제11조에 따라 준용되는 공무수행사인을 포함한다). 다만, 공직자등 또는 배우자가 제9조제2항에 따라 수수 금지 금품등을 반환 또는 인도하거나 거부의 의사를 표시한 경우는 제외한다.

　3. 제8조제5항을 위반하여 같은 조 제1항에 따른 수수 금지 금품등을 공직자등(제11조에 따라 준용되는 공무수행사인을 포함한다) 또는 그 배우자에게 제공하거나 그 제공의 약속 또는 의사표시를 한 자

　4. 제15조제4항에 따라 준용되는 「공익신고자 보호법」 제12조제1항을 위반하여 신고자등의 인적사항이나 신고자등임을 미루어 알 수 있는 사실을 다른 사람에게 알려주거나 공개 또는 보도한 자

　5. 제18조를 위반하여 그 업무처리 과정에서 알게 된 비밀을 누설한 공직자등

② 다음 각 호의 어느 하나에 해당하는 자는 2년 이하의 징역 또는 2천만원 이하의 벌금에 처한다.

　1. 제6조를 위반하여 부정청탁을 받고 그에 따라 직무를 수행한 공직자등(제11조에 따라 준용되는 공무수행사인을 포함한다)

　2. 제15조제2항을 위반하여 신고자등에게 「공익신고자 보호법」 제2조제6호가목에 해당하는 불이익조치를 한 자

　3. 제15조제4항에 따라 준용되는 「공익신고자 보호법」 제21조제2항에 따라 확정되거나 행정소송을 제기하여 확정된 보호조치결정을 이행하지 아니한 자

③ 다음 각 호의 어느 하나에 해당하는 자는 1년 이하의 징역 또는 1천만원 이하의 벌금에 처한다.

　1. 제15조제1항을 위반하여 신고등을 방해하거나 신고등을 취소하도록 강요한 자

　2. 제15조제2항을 위반하여 신고자등에게 「공익신고자 보호법」 제2조제6호나목부터 사목까지의 어느 하나에 해당하는 불이익조치를 한 자

④ 제1항제1호부터 제3호까지의 규정에 따른 금품등은 몰수한다. 다만, 그 금품등의 전부 또는 일부를 몰수하는 것이 불가능한 경우에는 그 가액을 추징한다.

제23조(과태료 부과)

① 다음 각 호의 어느 하나에 해당하는 자에게는 3천만원 이하의 과태료를 부과한다.

1. 제5조제1항을 위반하여 제3자를 위하여 다른 공직자등(제11조에 따라 준용되는 공무수 행사인을 포함한다)에게 부정청탁을 한 공직자등(제11조에 따라 준용되는 공무수행사 인을 포함한다). 다만, 「형법」 등 다른 법률에 따라 형사처벌을 받은 경우에는 과태료를 부과하지 아니하며, 과태료를 부과한 후 형사처벌을 받은 경우에는 그 과태료 부과를 취소한다.

2. 제15조제4항에 따라 준용되는 「공익신고자 보호법」 제19조제2항 및 제3항(같은 법 제

3. 22조제3항에 따라 준용되는 경우를 포함한다)을 위반하여 자료 제출, 출석, 진술서의 제출을 거부한 자

② 다음 각 호의 어느 하나에 해당하는 자에게는 2천만원 이하의 과태료를 부과한다.

1. 제5조제1항을 위반하여 제3자를 위하여 공직자등(제11조에 따라 준용되는 공무수행사 인을 포함한다)에게 부정청탁을 한 자(제1항제1호에 해당하는 자는 제외한다). 다만,

2. 「형법」 등 다른 법률에 따라 형사처벌을 받은 경우에는 과태료를 부과하지 아니하며, 과태료를 부과한 후 형사처벌을 받은 경우에는 그 과태료 부과를 취소한다.

3. 제15조제4항에 따라 준용되는 「공익신고자 보호법」 제20조의2를 위반하여 특별보호조치결정을 이행하지 아니한 자

③ 제5조제1항을 위반하여 제3자를 통하여 공직자등(제11조에 따라 준용되는 공무수행사인을 포함한다)에게 부정청탁을 한 자(제1항제1호 및 제2항에 해당하는 자는 제외한다)에 게는 1천만원 이하의 과태료를 부과한다. 다만, 「형법」 등 다른 법률에 따라 형사처벌을 받은 경우에는 과태료를 부과하지 아니하며, 과태료를 부과한 후 형사처벌을 받은 경우에는 그 과태료 부과를 취소한다.

④ 제10조제5항에 따른 신고 및 반환 조치를 하지 아니한 공직자등에게는 500만원 이하의 과태료를 부과한다.

⑤ 다음 각 호의 어느 하나에 해당하는 자에게는 그 위반행위와 관련된 금품등 가액의 2배 이상 5배 이하에 상당하는 금액의 과태료를 부과한다. 다만, 제22조제1항제1호부터 제3호 까지의 규정이나 「형법」 등 다른 법률에 따라 형사처벌(몰수나 추징을 당한 경우를 포함한다)을 받은 경우에는 과태료를 부과하지 아니하며, 과태료를 부과한 후 형사처벌을 받은 경우에는 그 과태료 부과를 취소한다.

1. 제8조제2항을 위반한 공직자등(제11조에 따라 준용되는 공무수행사인을 포함한다). 다만, 제9조제1항·제2항 또는 제6항에 따라 신고하거나 그 수수 금지 금품등을 반환 또는 인도하거나 거부의 의사를 표시한 공직자등은 제외한다.

2. 자신의 배우자가 제8조제4항을 위반하여 같은 조 제2항에 따른 수수 금지 금품등을 받거나 요구하거나 제공받기로 약속한 사실을 알고도 제9조제1항제2호 또는 같은 조 제6 항에 따라 신고하지 아니한 공직자 등(제11조에 따라 준용되는 공무수행사인을 포함한다). 다만, 공직자등 또는 배우자가 제9조제2항에 따라 수수 금지 금품등을 반환 또는 인도하거나 거부의 의사를 표시한 경우는 제외한다.

3. 제8조제5항을 위반하여 같은 조 제2항에 따른 수수 금지 금품등을 공직자등(제11조에 따라 준용되는 공무수행사인을 포함한다) 또는 그 배우자에게 제공하거나 그 제공의 약속 또는 의사표시를 한 자

⑥ 제1항부터 제5항까지의 규정에도 불구하고 「국가공무원법」, 「지방공무원법」 등 다른 법률에 따라 징계부가금 부과의 의결이 있은 후에는 과태료를 부과하지 아니하며, 과태료가 부과된 후에는 징계부가금 부과의 의결을 하지 아니한다.

⑦ 소속기관장은 제1항부터 제5항까지의 과태료 부과 대상자에 대해서는 그 위반 사실을 「비송사건절차법」에 따른 과태료 재판 관할법원에 통보하여야 한다.

제24조(양벌규정)

법인 또는 단체의 대표자나 법인·단체 또는 개인의 대리인, 사용인, 그밖의 종업원이 그 법인·단체 또는 개인의 업무에 관하여 제22조제1항제3호[금품등의 제공자가 공직자등(제11조에 따라 제8조가 준용되는 공무수행사인을 포함한다)인 경우는 제외한다], 제23조제2항, 제23조제3항 또는 제23조제5항제3호[금품등의 제공자가 공직자등(제 11조에 따라 제8조가 준용되는 공무수행사인을 포함한다)인 경우는 제외한다]의 위반행위를 하면 그 행위자를 벌하는 외에 그 법인·단체 또는 개인에게도 해당 조문의 벌금 또는 과태료를 과한다. 다만, 법인·단체 또는 개인이 그 위반행위를 방지하기 위하여 해당 업무에 관하여 상당한 주의와 감독을 게을리하지 아니한 경우에는 그러하지 아니하다.

II

공무원 면접
실전 대비 자료

맞춤형 면접전략 소개
: 고령자, 연소자, 학생, 여성, 장애인, 旣이력자등

1 고령자

나이가 많은 것은 이제 핸디캡이 아니다. 공무원 시험 자격요건에서 연령에 대한 제한이 사라졌다. 나이가 많다는 것은 경험이나 연륜이 많다는 것으로 공직에 임용 시 신뢰감을 줄 수 있는 장점이 있다. 면접스터디를 진행하면서 주위의 고령자 지원자들을 보면 말투, 대답 등에 있어 상당한 안정감과 깊이를 느낄 수 있었다. 그러한 부분은 면접에 임할 때 노련함으로 나타날 수 있다. 다만 연륜으로 인해 나타나는 여유로운 면접 태도는 면접관에게 건방지거나 거슬리게 비춰질 수 있다. 따라서 면접에 임할 때는 진지함과 성실함을 가지는 것이 필요하다.

2 연소자

연소자는 고령자에 비해 상대적으로 면접자들에게 신뢰감을 주기가 쉽지 않다. 특히 지나친 자신감이나 강한 자기 주장은 면접관들에게 경솔한 인상을 줄 수 있다. 이러한 부분은 면접스터디를 통해서 자신보다 나이가 많은 준비생들에게서 조언을 구한다면 어느 정도 보완할 수 있을 것이다. 연소자는 예의바른 태도로 조직에 생동감을 불어넣고 창의적인 생각을 할 수 있는 부분을 강조한다면 좋은 평가를 얻을 수 있을 것이다.

3 학생

학생의 경우 학교공부와 면접준비를 병행하기가 쉽지 않을 수 있다. 하지만 우선순위를 생각한다면 면접준비에 전력을 다할 것을 권한다. 잘못 받은 성적은 나중에 재수강을 통해 만회할 수 있지만 면접시험은 단 한번의 기회이고 이를 통해 개인의 인생까지 바뀔 수 있기 때문이다. 만일 면접장에서 임용유예에 대한 질문을 받는다면 유예 없이 바로 임용을 받아 공직수행을 하고 싶다는 적극적인 자세를 보이는 것이 필요하다. 학점관리 등의 학사문제는 최대한 학교측과 협조를 통해서 원만하게 해결하겠다고 답변을 하면 좋을 것이다.

4 여성

간혹 여성 면접자들은 자신의 감정조절을 못하는 경우가 있는데 이는 면접의 당락을 좌우하는 중요한 문제이다. 예를 들어 면접을 진행시 예상치 못한 상황에서 면접관 앞에서 눈물을 보이거나 감정에 호소하는 경우가 있다. 이는 면접관들에게 동정과 연민을 얻기보다는 나약함과 무능함으로 비춰질 가능성이 높다. 오히려 해결이 쉽지 않은 상황을 당당함과 여성 특유의 온화함으로 이끌어간다면 좋은 결과를 얻을 수 있을 것이다.

5 장애인

장애인들은 자신의 장애사항을 의식하지 않는 것이 중요하다. 자신의 장애로 인해 면접관들이 관대하게 면접을 진행할 것이라고 기대하는 것은 금물이다. 공직관, 전공지식, 태도 등은 장애와는 무관하다. 오히려 정상인들보다 더 성실하고 적극적으로 면접에 임한다면 장애는 가산요소가 될 수 있다. 장애는 공직수행에 걸림돌이 아닌 약간의 불편함이라는 인식을 심어주는 노력이 필요하다.

6 既이력자

既이력자는 면접 시 지원동기 부분을 신중하게 준비하는 것이 필요하다. 기존의 직업을 그만두고 공직을 선택한 이유를 개연성 있게 설명하는 것이 필요하다. 현실적인 상황과 함께 공직을 선택할 수밖에 없었던 불가피함을 강조하는 것이 좋다. 다만 기존의 직업에 대해서 이를 통해 쌓아온 경험과 지식이 공직생활에 일조할 수 있음을 언급할 수 있다. 그러나 기존의 직업에 대한 비판이나 공직 선택의 피상적인 답변은 피하는 것이 바람직하다.

CHAPTER 02 면접 시 돌발 질문

 생각해 보세요. 답은 정해져 있지 않으나, 생각해 보지 않으면 당황할 수 있습니다. 밝고 긍정적인 답을 하세요.

지엽적인 내용이니 기본 내용이 철저하게 돼 있다면 시작하라.

괜한 곳에 에너지 낭비하는 건 좋은 전략이 아니다.

공부가 부족해서 잘 모르겠다고 하자.

QUESTION

001. 결혼을 하려는데 부모님이 상대방을 반대한다면?

002. 결혼할 사람과 종교가 달라도 할 수 있습니까?

003. 합격해야 하는 이유 3가지?

004. 면접관에게 질문하고 싶은 것?

005. 본인이 면접관이라면 무엇을 질문하고 싶은가?

006. 수험기간 중 가장 잠을 적게 잔 것은 몇 시간인가?

007. 초등학생의 일기검사는 인권침해에 해당하는가?

008. 집을 팔려고 하는데 보러 온 사람이 친구의 아버지다. 집을 사게끔 2분 동안 설득해 보라.

009. 혼수자본이 무엇인지 예를 들어서 설명한다면?

010. 공무원 지원을 하지 않았다면 지금 어떤 일을 하고 있을 거라 생각하는지?

011. 공무원이 되어 모교를 방문해 강연할 기회가 있다면 어떤 주제로 얘기하고 싶나?

012. 여성으로서 남성과의 경쟁 시 밀리게 된다면 어떻게 할 것인가?

013. 면접 오는 길에 교통사고가 났다면 어떻게 하겠는가?

014. 자원봉사의 특성에 대해 얘기한다면?

015. 존경하는 인물과 그 이름으로 삼행시 짓기.

016. 첫 월급을 받으면 하고 싶은 일은?

017. 본관, 조부님과 부모님 성함 한자로 쓰기.

018. 어떤 TV 프로그램을 즐겨 보나? 즐겨 보는 이유?

019. 하루에 얼마나 인터넷을 하는가? 주로 접속하는 사이트?

020. 자신을 동물에 비유한다면 어떤 동물에 비유하겠는가?

021. 아침에 신문이나, 혹은 뉴스를 보고 왔는가? 가장 이슈가 된 내용은?

022. 가장 최근에 영화나, 연극을 본 경험은, 혹은 즐겨보는 드라마는?

023. 결혼은 했는가? 안 했다면 애인은 있는가? 없다면 자신이 생각하는 배우자상은?

024. 지금까지 살아오면서 규율이나 질서를 어겨본 적이 있는가?

025. 본인이 닮고 싶은 사람과 닮기 싫은 사람이 있다면?

026. 대중교통 이용 중 폭행을 일삼는 승객을 보았을 때 본인은 어떻게 하겠는가?

027. 발표 경험은 있는가? 있다면 아무 주제나 하나 정해서 1분간만 해 보세요.

028. 연말·연초의 계획은 세우는 편인가? 그럼 평소 계획을 수립하고 기록하는 편인가?

029. 휴가 일정이 상사와 겹쳤다. 한 사람만 갈 수 있다면 당신은 어떻게 하시겠습니까?

030. 본인은 부모님으로부터 받은 최고의 선물이 무엇이라고 말할 수 있는가?

031. 글을 읽을 때나 상대 말을 들을 때 핵심을 잘 파악하는 편인가? 그럼, 핵심을 파악하는 것이 왜 중요하다고 생각하는가?

032. 현재 우리는 도덕성 상실시대에 살고 있다, 혹시 그런 경험을 겪은 적이 있는가?

033. 본인이 외국인에게 서울의 관광지 한 곳을 추천한다면? 그곳을 간단히 설명한다면?

034. 문제해결에 있어서 원인과 그 대안 중에 무엇에 중점을 두겠는가?

035. 일 잘하는 사람과 인간관계가 좋은 사람 중 누구와 일하겠는가?

036. 친척 또는 친구가 보증을 서달라면 어떻게 하겠는가?

037. 현재 우리나라 국회의원 수는 몇 명인가?

038. 지금 우리나라는 성장과 분배 중 어느 것을 추구해야 하나?

039. 미국에서는 손님 접대 시 여성이 커피 대접하는 것이 불문율이라는데 어떻게 생각하나?

040. 주민자치센터에서 근무하면서 경제를 부흥시킬 수 있는 방안은 무엇인가?

041. 로또 당첨되면 어떻게 하겠는가?

042. 자신을 사물에 비유한다면 어떤 사물에 비유하고 싶은가?

043. 자신을 색깔에 비유한다면 어떤 색에 비유하고 싶은가?

044. 자신을 과일에 비유한다면?

045. 시장이 된다면 어떤 일을 하고 싶은가?

046. 100만원밖에 없는데 부모님 수술비로 3,000만원이 필요하다면?

047. 만약 10억이 생긴다면?

048. 지금 면접장 분위기가 어떠한가?

049. 화장실에서 큰일을 보았는데 휴지가 없다면?

050. 무인도에 가지고 갈 3가지?

051. 내일 지구가 멸망한다면 오늘 무슨 일을 하겠는가?

052. 당신은 운이 좋다고 생각하는가?

053. 합격한다면 무슨 일을 하고 싶은지 3가지를 말해 보시오.

054. 과정과 결과 둘 중 어느 것이 더 중요한가?

055. 상견례와 직장의 급한 일과 겹쳤다. 어떻게 하겠는가?

056. 지금 소원이 있다면? 시험에 합격하는 것 말고.

057. 좋아하는 꽃은 무엇인가?

058. 보자기를 물건 싸는 용도가 아닌 다른 용도로 설명해 보라.

059. 공무원이 외부에서 철밥통으로 인식되는 이유?

060. 면접 준비는 학원을 다녔습니까?

061. 인간성 좋은 상사, 능력 있는 상사 중 어떤 상사를 선호하는가?

062. 명절 당직 일정이 상사와 겹쳤다. 한 사람만 갈 수 있다면 어떻게 하겠는가?

063. 즐겨 부르는 노래가 있나? 한번 불러 볼 수 있는가?

064. 업무 시간에 직장 상사가 자리에 없는데 외부에서 바꿔 달라고 한다. 어떻게 전화 응대 할 것인지 시연해 보시오.

065. 애국가 4절을 불러보라.

066. 태극기를 그려 보라.

067. 홈페이지를 방문한 적이 있는가? 홈페이지 주소는? 처음 뜨는 화면은? 홈페이지에 대해 건의하고 싶은 것은?

068. '악법도 법이다.'라는 말이 있는데 어떻게 생각하는가?

069. 추운 겨울에 트럭을 타고 가는데 차 안에는 한 자리밖에 없다. 길을 가다 정거장에서 환자, 의사, 여자가 있는 경우 누구를 태울 것인가?

070. 우리나라(또는 서울, 자신이 살고 있는 지역)를 영어로 소개해 보시오.

071. 출근길 지하철에서 30분간 연설한다면?

072. 국가직 공무원과 지방직 공무원을 비교해 보시오.

073. 본인은 전통 찻집과 화려한 커피숍 중 어느 스타일입니까?

074. 유머 하나 해 보시오.

075. 사랑과 의리 사이에서 갈등해 본 적 있나? 본인은 무엇을 선택했나(선택할 것인가)?

076. 아내, 자식, 어머니가 물에 빠졌을 때 누구를 먼저 구할 것인지 순서를 말해 보시오. 그 이유는?

077. 지금 앉아 있는 의자를 주제로 1분 동안 표현해 보시오.

078. 만원을 주겠다. 오늘 하루 만원을 어떻게 불리겠는가?

079. 시각장애인에게 구름을 설명한다면?

080. 시각장애인에게 노란색을 설명한다면?

081. 상견례 가는 길에 택시가 흙탕물을 튀어서 옷이 엉망이 되었다. 20분 정도 여유가 주어진다면?

082. 피겨스케이팅 링크 얼음으로 팥빙수를 만든다면 몇 인분을 만들 수 있겠는가?

083. 하루 동안 투명 인간이 된다면 어디서 무엇을 할 것인가?

084. 굴뚝 청소를 하고 내려온 청소부의 얼굴이 깨끗하다. 왜라고 생각하나?

085. 매일 전 세계에서 몇 명의 아기가 태어날까?

086. 자신이 연극의 총책임자인데, 공연 당일 여주인공이 갑자기 오지 않을 경우, 어떻게 대처하겠는가?

087. 만약 산타가 된다면 전 세계 어린이에게 어떻게 선물을 나누어 주겠는가?

088. 해외 출장을 갔는데 지갑을 잃어버렸다. 어떻게 하겠는가?

089. 회사에 찾아온 손님에게 커피를 쏟았다. 어떻게 하겠는가?

090. 대통령과 서울특별시장, 도지사의 연봉은 얼마나 될까?

091. 지구가 멸망 위기에 처해 생존 캡슐에 다른 직업을 가진 3명만 탑승할 수 있다. 어떤 사람을 태울 것인가? 그 이유는?

092. 전공이 국문학이라고요, 시 한 편 낭송해 보세요.

093. 트위터나 페이스북은 사용하나요? 그럼 트위터 계정은 있나요?

094. 아이들을 웃게 하는 방법은?

095. 빅데이터는 무슨 뜻입니까?

096. 자신의 가치를 돈으로 환산한다면?

097. 외모 중 자신 있는 부위는?

098. 김영란법이 무엇인가요?

099. 10만원이 나온다면 그 화폐에 가장 적절하다 생각하는 인물은?

100. 친구와 애인 둘 다 위급한 상황이라면 어디로 갈 것인가?

101. 왜 지원자들은 검은색 혹은 남색 정장만 입는가?

102. 당신이 여자(남자)친구가 없는 이유는?

103. 노래방에서 혼자서 몇 시간이나 놀 수 있습니까?

104. 본인이 바라는 회식문화 아이디어가 있다면 말해보라.

105. 집에 화재가 난다면 반드시 가지고 나올 물건 3가지는?

106. 오늘 코스피 지수는?

107. 지난 주말 무엇을 하고 지냈는가?

108. 한라산을 육지로 옮기려면 시간과 비용이 얼마나 들겠는가?

109. 맨홀 뚜껑이 원형인 이유는?

110. 오늘날의 당신이 있기까지 비용이 모두 얼마가 들었다고 생각하나?

111. 우리나라에서 하루에 양말을 두 번 갈아 신는 사람은 몇 명인가?

112. 차 바퀴는 왜 4개인가? 5개라면 어떻게 하겠는가?

113. 선물과 뇌물의 차이는 무엇이라 생각하나?

114. 5만원을 길거리에서 습득한다면 어떻게 할 것인가?

115. 당신은 지금 호랑이에게 쫓기고 있는데 바로 앞이 낭떠러지입니다. 그럼 어떻게 하겠습니까?

116. 올해 최저임금은 시간당 얼마인가?

117. 집에서부터 면접장까지 오는 데 총 몇 걸음을 걸었는가?

118. 정부조직법을 읽어보셨나요?

119. 지방자치단체장의 임기는 얼마인가?

120. 친구에게 돈을 빌린 적이 있나요?

121. 학창 시절 과외를 받아본 적이 있나요?

122. 아르바이트를 해본 적이 있다면 번 돈은 어디에 사용했나요?

123. 본인을 색깔에 비유한다면?

124. 동성혼에 대하여 어떻게 생각하는가?

125. 통일이 된다면 가장 하고 싶은 일은 무엇인가?

126. 행복의 기준이 무엇이라고 생각하는가?

127. 신용카드와 현금결제 중 어느 것을 더 선호하나?

128. 남성들의 성형수술에 대해서 어떻게 생각하나?

129. 봉사활동을 한 곳의 주변 풍경을 묘사해 보라.

130. 가장 존경하는 인물은 누구인가?

131. 말을 물가에 데리고 갔는데 말이 물을 안 먹으려 한다면 어떻게 하겠는가?

132. 돈 많이 버는 직업과 정말로 원하는 직업 중 무엇을 선택하겠는가?

133. 길가에 버려져 헤매는 강아지를 발견한다면?

134. 다시 태어난다면 남자로 태어나고 싶은가? 여자로 태어나고 싶은가?

135. 핸드폰 기기를 자주 바꾸는 편인가?

136. 잠들기까지 얼마나 시간이 걸립니까?

137. 친한 친구에게 10만원을 빌려줬는데 친구가 갚지 않는다면?

138. 음식을 주문할 때 다른 사람과 같은 것을 주문하는 편입니까?

139. 유통기한이 이틀 지난 우유를 먹겠습니까?

140. 유명인과 식사를 할 수 있다면 누구와 해보겠습니까?

141. 출근 첫날 지각을 했다면 뭐라고 변명하겠나?

142. 행정규제를 타파해야 한다면 그 논거는?

143. 자신이 가장 아끼는 소지품은?

144. 식당에서 아르바이트를 하는데 손님이 음식에서 머리카락이 나왔다고 항의하면?

145. 외국 여행을 가게 된다면 어디에 가고 싶은가?

146. 면접을 마치고 무엇을 하고 싶은가?

147. 죽기 전에 꼭 해봐야 할 일이 무엇이라고 생각하는가?

148. 미국이 선진국이 된 이유를 말해보라.

149. 본인은 사행심을 가지고 있다고 생각하는가?

150. 사람들이 도박을 하는 이유가 무엇인가?

151. 면접 장소에 어떻게 왔는가?

152. 운전면허증이 있는가?

CHAPTER 03 국가직 면접 참고자료

1 개인 프레젠테이션(PT) 실전문제

💬 배경지식이 더 필요한가? 타 교재를 추가하지 말고 이 자료를 읽어 보자.

1 성범죄자 효율적인 관리 방안

□ **현황**
- 4대 폭력 근절 추진 : 성폭력, 학교폭력, 가정폭력, 불량식품
- 성폭력이 가장 불안하고 우려하는 폭력 대상으로 인식
- 경찰청 '성폭력 특별수사대' 출범 : 신고 접수 시 수사부터 재판까지 일원화된 절차 진행

□ **문제점**
- 성범죄자 관리 시스템 미흡 : 성범죄 전과자 취업 제한, 관련 정보의 공유를 통한 체계적 관리 등으로 재발방지 노력
- 성범죄 방지를 위한 화학적 거세 방안 : 비용문제 및 인권 문제 직면

□ **대응방안**
- 성폭력 예방 교육 강화 : 온라인 교육, 청소년 성문화센터 운영
- 성폭력 피해자 지원 : 여성경찰관 배치, 국선변호사 선임 등
- 성폭력 피해자 가족 의료비 지원 확대
- 성범죄자 신상정보 공개 강화
- 성범죄자 취업제한대상 확대
- 기타 : 친고죄 폐지, 공소시효 배제 대상 확대 등

2 가정폭력방지 및 피해자 보호 대책

□ **현황**
- 여성의 전화 상담 내용 중 가정폭력 상담이 가장 많음
- 우리나라의 가정폭력은 외국에 비해 현저히 높은 추세

□ **문제점**
- 가정폭력의 만성화는 살인사건으로까지 이어짐
- 상당한 사회적 비용지출 발생
- 가정폭력에 대한 처벌 및 관련법령의 미흡
- 가정폭력에 대한 안일한 시각과 경찰신고 등에 대한 적극 대응 부족

□ **대응방안**
- 체포우선주의 도입 고려
- 가정폭력 발생 경보기 대여 : 가정폭력 발생 시 경보기를 호출 시 경찰의 신속한 현장 조치 가능

3 학교폭력 문제 해결방안

□ **현황**
- 학교폭력으로 인한 사회적 문제 심각 : 자살, 음성서클의 조직화·대규모화(일진회 등)
- 학교폭력의 유형 변화 : 스마트폰 등을 이용한 사이버 폭력 증가
- 사회에서 근절할 4대 惡의 하나로 학교폭력 규정

□ **문제점**
- 학교폭력 가해자에 대한 처벌 미흡
- 학교폭력의 은폐, 왜곡 가능성 : 다수의 가해자 VS 소수의 피해자
- 사회적 인식 부재 : 학교폭력을 피해자의 개인문제로 치부
- 학교폭력은 피해학생 및 피해자 가족 문제로 확산 : 이혼, 자살 등 발생
- 학교폭력 근본대책의 변화 필요 : 가해자 처벌 문제에서 벗어나 피해자 및 피해자 가족 보호·지원대책으로 방향 전환

□ **대응방안**
- 교원 양성 과정에서 학교폭력 부분에 대한 지도역량 강화
- 인성교육 우수 교원 및 학교에 대한 인센티브 부여
- 학교폭력예방 인프라 구축 : 학교폭력신고센터 설치, 학교폭력 예방 사이버 상담센터 운영
- 학교폭력에 대한 학부모 교육 확대
- 복수담임제 도입 및 특성검사를 통한 문제학생 관리 강화

4 식품안전관리를 위한 대응방안

□ **현황**
- 불량식품은 건강을 담보로 한 범죄측면에서 민감한 사회적 갈등요소로 부각
- 복잡한 유통 경로, 관리 책임의 다원화 → 부처 간 정보 공유 및 협력 제한

□ **문제점**
- 처벌 강도의 미약 : 적발 시 약한 행정처분, 인허가의 용이성으로 영업재개 가능
- 불량식품 유통구조의 취약 : 인터넷 등을 통해 불법적인 유통 가능
- 처벌에 비해 부당이득 큰 구조 : 반복적인 위반 사례 발생
- 품목·업소 중심 관리에 따른 재범자 관리 소홀
- 관계 부처 간 정보 공유 부족

□ **대응방안**
- 인터넷에 식품 위해정보 실시간 제공
- 유통매장에 위해상품 판매 자동차단 시스템 도입
- 불량식품 위반자 처벌 강화 : 엄격한 부당이득 환수 재범 시 영구 퇴출 등
- 우수판매업소 지정 의무화 및 인센티브 부여

5 환경유해물질 관리방안

□ 현황
- 유해 화학물질 관리, 환경성 질환 발생 등으로 환경에 대한 우려 급증
- 환경유해물질 중 석면 피해 심각
- 유해화학물질 규제 강화 및 신규대체물질 개발 유도

□ 문제점
- 국내 유통 화학물질 관리 부처의 다원화
- 사고 대응 매뉴얼의 복잡성
- 유해화학물질 취급시설 관리 미흡

□ 대응방안
- 발생질환에 따른 맞춤형 환경보건센터 운영
- 유해대기오염물질 실시간 감시체계 구축
- 석면피해구제제도 시행
- 화학물질 사고 예방 – 대응 – 사후관리 체계 구축
- 예방 : 화학물질 사고 연속 3회 발생시 영업 취소(삼진 아웃제), 유해물질 정보의 공개 의무화
- 대응 : 현장수습조정관 제도 운영
- 사후관리 : 가해자 부담원칙 적용

6 한류확산을 위한 지원대책

□ 현황
- K-pop을 중심으로 한류 열풍 전 세계 확산
- YouTube 등 소셜미디어가 한류확산의 플랫폼 역할
- 콘텐츠 산업 및 관련 산업의 동반성장 견인 : 산업연관성 증대

□ 문제점
- 한류의 지속가능성에 대한 회의론 부각
  - 다양한 콘텐츠 부족 : 한류＝K-pop이라는 공식 만연
  - (K-pop) 획일화로 인한 차별성 부족
  - (드라마) 소재의 식상 직면
- 아시아 지역의 반한류, 혐한류 : 국가 간의 정치·사회적 문제 기인(중국, 일본)
- 지적재산권 보호 미흡 : 중국 불법 복제

□ 대응방안
- 국가 간 협력 체계 구축 : 국제 행사 시 한국문화페스티벌 개최
- 한국문화 체험교육 확대 : 해외 한국어 보급, 개도국 문화 공적개발원조(ODA) 확대
- 해외 문화교류 전문성 강화
- 국가별 맞춤형 한류서비스 제공

7 안정적인 전력수급대책 마련

□ **현황**
- 산업용 전력수요가 절반 이상으로 최고
- 전력소비량은 매년 증가 추세이나 발전설비규모는 이를 미충족 : 발전 설비 확충 필요
- 낮은 단가의 전기요금

□ **문제점**
- 전력수요 증가 : 주택증가, 이상기온(폭염, 한파)으로 냉난방부하 증대, 他에너지 대비 상대적으로 낮은 요금
- 전력공급 부족
  - 전기요금 현실화 및 전기요금 체제 개편 노력 부족
  - 전력공급 능력 급감 : 원전 안전기준 강화, 발전기 고장증가 등으로 공급 예비력 급락
  - 발전소 확충 미흡

□ **대응방안**
- 공공기관, 기업체의 전력소요 감축 의무화
- 선택형 요금 피크제 시행
- 신재생연료 설비 확충
- 고효율기기 보급 : LED 전환, 고효율제품에 대한 인센티브 부여
- 스마트 계량기 보급
- 연료비 연동제 시행 : 국제 연료가격 변동 적기 반영

8 건전한 지방재정 운영 방안

□ **현황**
- 지자체 부채 현황
- 지자체 재정자립도 추이 : 중앙정부에 대한 재정 의존도 심화
- 지방재정 악화
  - 국고보조사업 형태로 시행되는 사회복지사업의 확대 → 실질적 지방분권이 한계
  - 전시성 사업의 무계획적 시행
  - 기타 : 지자체-민간업체 간 유착, 예산 부정사용

□ **문제점**
- 취약한 부채관리 시스템 : 민자사업 임대료 등 감사대상 제외, 재정위기 야기 단체장 제재 미흡
- 지자체 자립력 약화 : 지방의 중앙에 대한 의존 심화로 도덕적 해이 발생, 지자체간 국가 예산 쟁탈전 발생

□ **대응방안**
- 원스톱 예산낭비신고 체제 구축
- 지자체 특별 회계심사 강화 : 상시 모니터링 감사 시스템
- 지자체 민간보조금 공정성 강화
- 지방재정 정보 공개 확대 : 지방재정운영 및 주민 관심사업 원가정보 공개

9 다문화가정 안정적 정착 방안

□ **현황**
- 국제결혼에 따른 다문화 가정의 급속한 증가
- 국제결혼 대상은 주로 농촌지역의 고령 미혼남성

□ **문제점**
- 다문화 가정 증가에 따른 문제점 : 상당수가 저소득층 농촌가정으로 교육, 경제력 등에서 양극화의 한 원인으로 등장
- 국내 체류 외국인 증가에 따른 문제점 : 불법체류자의 증가로 인한 범죄 발생
- 다문화 가정에 대한 사회적 인식의 미흡
  - 다문화 가정의 외국인을 우리 사회 구성원으로 인정하고 공존하는 인식 부족
  - 국제결혼의 대책이 경제적 지원에만 집중 : 신분상 안정성, 사회적 편견과 차별 해소, 자녀 교육 등 근본 문제 해결은 미흡

□ **대응방안**
- 다문화가정 지원센터 활성화 : 방문교육, 결혼 이민자 통역 서비스, 다문화 가족 자녀 언어교육 지원(이중언어 교육 지원 등)
- 생애주기별 맞춤형 서비스 제공
  - 입국 전 : 결혼이민자 초청자의 실질적 경제능력 심사 강화, 결혼 전 신상 정보 제공 의무화
  - 입국 후 : 결혼이민자에 대한 다양한 방법의 한국어 교육 지원
  - 정착기 : 자녀 교육지원, 경제·사회적 자립 지원
- 사회적 지원 환경 조성
  - 다양한 문화 프로그램 조성 및 다문화 기반시설 확충
  - 학교 및 직장 내 다문화 교육 실시

10 중소기업 업종선정 개선방향

□ **현황**
- 대기업 중심 경제발전 정책에 따른 대기업과 중소기업간 갈등 심화
- 동반성장위원회의 중소기업 적합업종 선정 및 공표 : 대·중소기업 상생 및 골목상권 보호 목적(제조업에서 서비스업으로 확대)

□ **문제점**
- 정책의 실효성에 대한 의문점 제기
- 동반성장위의 적합업종 선정 논란 : 직업선택의 자유 침해, 적용대상 기준의 모호성(자수성가형 기업, 프랜차이즈 기업까지 포함)
- 국내기업에 대한 역차별 : 국외기업 적용배제

□ **대응방안**
- 중소기업 적합업종제도 권고대상 수정 필요 : 자수성가형 기업, 프랜차이즈 기업 제외
- 서비스업 적합업종 선종도 확대
- 실태조사 확대를 통해 적합업종 위반 시 제재 강화

11 사회복지시설 운영의 투명성 강화

☐ 현황
- 사회복지시설의 정부보조금 관련 비리 발생
- 사회복지시설 인권침해문제 발생 : 광주인화학교 사태(교직원의 학생 성폭행 사건)

☐ 문제점
- 재정운용의 불투명성
- 사회복지시설의 인권유린 심각

☐ 대응방안
- 사회복지 운영의 투명성 강화 대책 마련 : 후원금 관리 강화 등
- 사회복지시설 내 인권보호 대책 마련 : 인권보호 감시단 운영, 시설 관계자 인권교육 실시
- <u>사회복지시설 보조사업 성과평가 실시(지자체)</u>
- 사회복지시설의 위법·부당 행위 시 보조사업 지원 배제

12 사회복지예산의 효율적 집행 노력

☐ 현황
- 사회복지예산 누수심각
  - 노인장기요양보험의 예산누수 : 노인요양시설 보험급여 불법 청구 등
  - 어린이집 보조금 및 사회복지시설 예산누수 : 어린이집 원생 허위 등록 후 보조금 수령 등

☐ 문제점
- 복지서비스 제공을 전적으로 민간에서 대행(지대추구 발생) : 정부 및 지자체 관리감독의 미흡
- 복지서비스 제공이 일부계층 편중 : 낮은 복지체감도 발생
- 복지사업 중복실시

☐ 대응방안
- <u>사회복지예산 관련 통합관리망 구축(행복e음)</u>
- 사회복지예산 부정·비리 신고센터 운영 : 노인장기요양기관 부당청구 신고, 위반사항 온라인 공표
- 사회복지예산 부정 의심시설에 대한 회계감사 등 실시

13 사회적 기업의 안착화 방안

☐ 현황
- 취약계층에 대한 일자리 제공, 급증하는 사회서비스 수요에 대한 공급확대 차원에서 운영 실시

☐ 문제점
- 까다로운 인증요건 및 체계적 복잡성 : 고용조건의 경직성, 채용자에 대한 증빙에 초점
- 사회적 기업의 재정 취약
- 대기업의 사회적 기업에 대한 배려·지원 미흡

☐ 대응방안
- 인증요건의 보완(인력중심에서 사업중심 평가)
- 재정지원보다는 간접지원 집중 : 사회보험료, 공공시장 판로개척 등
- 대기업 중심 1社 – 1사회적 기업 매칭 : 기업이미지 개선 및 취약계층 일자리 창출
- <u>사회적 기업 인센티브 : 기술·창업자금 우선 지원, 취약계층 장기고용시 인센티브 지원</u>
- 공공기관 사회적 기업 제품 우선 구매

14 고졸자 취업 활성화 방안

□ 현황
- 학력 인플레이션 심화, 인력수급 미스매칭 발생(고학력자 하향취업)
- 고졸자 고용여건 불변 및 학력과 비정규직의 반비례 관계 지속
- 최근 공공기관 및 금융권·대기업 등 중심 고졸자 채용확대 움직임

□ 문제점
- 사회 전반의 고학력화로 노동시장 진입 연령 증가 : 생산활동 인구 감소
- 학력지상주의 팽배 : 비자발적 청년실업 지속, 산업현장 인력난 심화
- 학력에 따른 구직기회 구분으로 학력이 사회적 차별요소로 인식

□ 대응방안
- 마이스터교, 특성화고 운영 확대 : 근무 교원에 대한 인센티브 부여, 전문가 등의 멘토링 기회 제공
- 특성화고·마이스터고 졸업자 채용한 중소기업에 인센티브 부여(산업기능 요원 우선 배정 등)
- 산관학 협력 취업 매칭 시스템 운영
- <u>고졸채용자의 대졸채용자와의 차별 금지</u>
- 고졸자 채용·진로박람회 개최 및 취업 후 학력보완 기회 제공

15 장애인 취업 확대방안 마련

□ 현황
- 등록장애인구 급증
- 장애인 경제활동참여 저조 및 낮은 소득수준
- 장애인 의무고용제 확대 시행 중

□ 문제점
- 중증장애인 고용문제 해결 시급
- 장애인 일자리의 질적 개선 요구
- 정부-기업-장애인협회 간 협력 네트워크 구축 : 장애특성에 맞춘 취업역량 강화 프로그램 제공 및 장애인 맞춤형 노동환경 인프라 조성
- 장애인에 대한 사회적 인식 개선 필요

□ 대응방안
- 장애인 의무고용제 실시 : 고용성과에 따른 페널티 또는 인센티브 부여
- 장애인 고용시설 자금 및 장비 지원
- 단계별 장애인 취업지원 : 상담 및 직업훈련-취업알선-고용
- <u>장애인 고용 우수 기업에 인센티브 부여</u>

16 여성인력 경제활동 제고방안

□ **현황**
- 저출산 , 고령화 사회 진입에 따른 생산 가능인구 감소
- 여성의 낮은 경제활동 참가

□ **문제점**
- 출산과 육아에 따른 여성의 경력단절 현상 지속
- 사회시스템 부족에 따른 여성경제활동 부진
- 경력단절여성에 대한 지원 미흡

□ **대응방안**
- 경력단절여성 취업지원 : 전문취업센터 운영, 취업장려금 지급
- 일하는 여성을 위한 보육정책 마련 : 아이돌보미 서비스 등
- 일과 가정이 양립가능한 기업환경 조성 : 시간제 일자리 확대 등

17 청년일자리 확충 방안

□ **현황**
- 청년실업률은 전체 실업률에 대비 2배 이상
- 정부 고용률 70% 달성 위한 일자리 로드맵 발표

□ **문제점**
- 지역 산업구조 불균형 : 대기업의 서울 등 대도시 집중
- 공공부문 인력 채용 지속 : 장기적 공공부문 생산성 저하 및 조직구조불균형 초래

□ **대응방안**
- 취업계약제 시행 : 특성화고·마이스터고와 산업체 간 취업계약 체결
- 취업인턴제 추진 : 특성화고·마이스터고 재학생의 기업현장 실습 및 전문 교과 이수 인정
- 우수인력 해외진출 : 전문가 멘토링, 맞춤형 교육훈련 등을 통해 인재 양성 및 해외 진출
- 공공기관 청년 채용 확대 : 경찰, 소방 등 일자리를 단계적 확대 실시

18 비정규직 차별화 해소 대책 추진

□ **현황**
- 소득양극화, 대·중소기업 간 격차에 따른 지속가능한 공생 발전과 사회통합을 위해 비정규직 문제에 대한 적극 대응이 요청
- 비정규직 비율은 하향 안정화 추세이나 선진국에 비해 매우 높은 수준

□ **문제점**
- 내부 노동시장 경직성, 비용절감 중심 인력관리에 따른 등 노동시장의 구조적 문제 발생
- 내부노동시장의 경직성으로 비정규직 및 사내도급·외주화 등 대응
- 현행 비정규직 차별시정제도의 제한적 보호범위 및 위반에 대한 낮은 수준 처벌제도
- 대기업의 비정규직 정규직 전환을 둘러싼 중소기업 비정규직 근로조건 격차 및 차별 확대
- 비정규직의 노동시장 내 낮은 상향 이동 가능성 및 정규직 전환 유도책 미흡

□ **대응방안**
- 차별시정 강화 : 차별시정 신청기간 확대, 차별개선 가이드라인 마련 등
- 정규직 전환 이행 확대 : 세제지원 인센티브 부여, 인력부족 업종 중심 정규직 전환 유도, 공공기관 기간제 근로제의 무기계약직 전환 추진
- 상생협력의 노사문화 확산
- 근로조건 보호 : 1년 미만 기간제 근로자 수습기간 설정 대상에서 제외

19 대형 유통업체 불공정 거래 근절 방안

□ 현황
- 대형 유통업체 중심 국내 유통시장 독과점화 지속
- 규제강화에도 불구, 대형 유통업 불법행위 근절 미흡

□ 문제점
- 대형유통업체의 각종 불공정거래행위에도 납품업체는 거래중단을 우려하여 이를 묵인·수용 불가피
- 대규모 유통업법 고시로는 근본적인 개선 곤란 : 관련 법규 강화 필요

□ 대응방안
- 불공정 거래 적발 시 과징금 상향 조정
- 대형유통업체와 납품업체의 직접적인 대화채널 구축
- 인테리어비용 분담 : 기초시설 공사비용만 유통업체 부담

20 서민생활 안정을 위한 물가관리 대책

□ 현황
- 소비자 물가의 지속적인 낮은 상승률 기록

□ 문제점
- 소비자 물가지수와 체감물가지수 간의 괴리 : 서민들의 체감경기는 악화

□ 대응방안
- 농산물 유통구조 개선 : 농산물 직거래 등 다양한 유통채널 구축, 비축·계약 재배를 통한 안정적 생산·유통 구조 마련
- 소비자단체의 물가 정보 제공
- 주요 생필품에 대한 물가관리 책임 실명제 도입

21 외국인 의료관광 선진화 방안 마련

□ 현황
- 세계 의료시장의 변화 : 해외 환자 유치 활성화 및 의료관광산업의 폭발적 증가
- 외국인 유치 의료관광 산업의 성장
- 21세기 새로운 블루오션 산업 : 신정부 창조경제 활성화 견인

□ 문제점
- 까다로운 의료관광 절차 : 복잡한 비자발급 절차 및 과도한 개인정보 요구
- 의료관광 전문인력 부족 : 의료관광 전문교육은 병원코디네이터 양성에 집중, 사설교육기관 난립 및 단기 자격증 취득에 따른 전문성 결여
- 의료체계상 미비 : 한국의 의료서비스 행태에 대한 불만 및 외국인 환자에 대한 보험상품 전무

□ 대응방안
- 의료관광 전용비자 도입
- 의료사고 대비 시스템 구축 : 메디컬 콜센타 설치, 외국인 대상 민간보험 가입 추진
- 의료전문통역사 양성 및 고용 의무화
- 의료관광과 일반관광 연계 : 의료관광 어플리케이션 개발, 관광책자 보급, 의료관광 패키지 카드 도입

22 관광산업 경쟁력 제고 방안 마련

□ 현황
- 국내 내수관광시장 활성화 한계 직면 : 해외관광시장과 내수관광시장의 불균형 지속
- 국내 산업관광시장에 기업 참여율 저조
- 산업자원 활용한 관광경쟁력 제고 필요

□ 문제점
- 제조업 중심 단순시찰형 산업관광 주류
- 산업관광 인프라 부족 및 상품개발 미흡

□ 대응방안
- 농어업 산업관광 프로그램 운영 : 그린투어 활성화(농어촌경관·문화 및 농수산업 시설 연계)
- 정보통신기술에 기반한 관광 프로그램 운영
- 고부가가치 관광산업 육성 : 전통문화체험 관광, 한류 관광 등
- 숙박시설의 다양화
- 관광활성화를 위한 제도 개선 : 대체휴일제 시행, 관광경찰제도 도입

23 사회취약층에 대한 문화수혜 제고방안

□ 현황
- 문화이용권(문화바우처) 사업 실시 : 문화소외계층의 문화향유 기회 제공
- 문화이용권 확대 사용 : 문화·여행·스포츠관람 이용권이 단일 카드로 발급
- 문화이용권 예산 지속 증가

□ 문제점
- 문화이용권 사업 집행의 쏠림현상
- 문화이용권 사용에 대한 홍보 부족

□ 대응방안
- 문화이용권 접근성 강화 : 문화이용권 사용 가맹점 표시 의무화
- 문화이용권 사용에 대한 홍보 확대

24 국가재난관리 시스템 제고방안

□ 현황
- 국정과제 포함
- 행자부 국민안전 종합대책 발표

□ 문제점
- 재난관리를 위한 종합 DB화 미구축
- 국가 재난관리 업무 이원화로 비효율성 발생 : 위기관리 초동대응 곤란
- 국가재난관리에 대한 감시체계의 비전문성

□ 대응방안
- 모바일 시스템에 기반한 스마트 재난관리체계 구축 : 문자, SNS를 통한 신고
- 재난관리 분야 공무원 충원 및 소방공무원 현장안전보호 제고
- 응급상황정보에 대한 실시간 공동활용 시스템 마련

25 자살방지 대응방안 마련

☐ **현황**
- 급격한 자살률 증가 : OECD 국가 중 최고
- 청소년, 공인(연예인, 정치인) 등 자살 증가

☐ **문제점**
- 자살현상 확산효과(베르테르 효과)
- 생명경시풍조 팽배
- 청소년 자살 증가로 인한 미래 국가잠재력 저하

☐ **대응방안**
- 자살예방센터 운영
- 자살예방 캠페인·공익광고를 통한 자살현상 억제 노력
- 자살 시도자에 대한 사후관리 : 응급실, 지역정신보건기관 주축

26 이공계 우수인력 양성 대책

☐ **현황**
- 이공계 지원자 감소 추세
- 우수 과학기술인력의 타분야 선호

☐ **문제점**
- 과학기술분야 선택에 대한 낮은 선호도
- 이공계 지원자 수준 저하 : 우수인재의 의치대 선호
- 과학기술인에 대한 낮은 보수와 대우
- 이공계 인력양성 정부정책 미흡

☐ **대응방안**
- 과학기술인 협동조합 지원 : 조합원들의 권익보호 및 다양한 일자리 제공
- 과학기술인에 보상체계 확대 : 국가유공자에 과학기술인 포함

27 공직 투명성 제고방안

☐ **현황**
- 신정부 정부운영 원칙으로 공무원 부패 척결 및 공직기강 확립 제시
- OECD 국가 중 부패인식지수가 낮은 그룹에 속함
- 공직사회에 대한 불신이 여전히 상존

☐ **문제점**
- 결과중심문화, 개인 윤리의식 부재로 공직부패 발생
- 청렴의식, 공직기강 정착 미흡, 관대한 처벌규정

☐ **대응방안**
- 공무원 부패방지 행동강령 준수 강화
- 공공기관 정규적인 청렴도 측정 실시
- 청렴문화조성 기반 마련 : 청렴부서에 대한 인센티브 부여, 사이버 청렴교육 실시, 청탁등록시스템 구축

28 무상보육정책 실효성 확보 방안

□ **현황**
- 영유아 보육 관련 비용 증가 등 보육부담 가중 : 저출산 문제 원인
- 저출산 문제 해결의 핵심은 양육부담 경감 및 양육시스템 개선

□ **문제점**
- 양육수당 지원의 비현실성
- 공공보육시설의 심각한 부족

□ **대응방안**
- <u>민간 보육시설의 공공 보육시설로의 편입 추진</u>
- 무상보육서비스 질적 개선 : 양질의 보육요원 충원 등
- 직장 내 보육시설 확충

29 서민주거문제 해결방안

□ **현황**
- 하우스 푸어, 렌트 푸어 증가
- 주택시장의 지속적인 침체 및 전세가격의 급등 지속

□ **문제점**
- 주택수급 불균형으로 인한 시장침체 지속
  - 주택 수요 감소 : 주택구입 수요가 전세로 전환 → 전세가격 상승 → 주택 가격 하락 → 주택 거래 감소
  - 주택공급 증가 : 집값 상승기 착공 시작한 신도시, 보금자리 주택 공급
- 주택가격 하락 → 하우스 푸어 증가, 전세가격 상승 → 서민경제 부담 가중

□ **대응방안**
- 하우스 푸어 문제 해결 : 주택담보대출 상환기간 연장, 주택담보대출비율(LTV)에 예외 적용
- 렌트 푸어 문제 해결 : 주택소유자가 전세보증금을 본인의 주택담보대출로 조달하고 대출이자는 세입자가 납부
  * 주택소유자에게 세제 감면의 인센티브 부여
- <u>도심내 임대주택공급 전환 노력</u>

30 전통시장 활성화 대책 마련

□ **현황**
- 전통시장 및 종사자 감소
- 전통시장 매출규모 감소 추세

□ **문제점**
- 전통시장 편의시설 부족
- 전통시장 상인들의 카드사용 및 현금 영수증 발급에 부정적 인식
- 온누리 상품권 가맹률 저조 및 불법거래 기승

□ **대응방안**
- <u>전통시장 시설 현대화 추진 : 주차장·진입도로 확충 등</u>
- 전통시장 내 카드결제 단말기, 스마트폰 결제시스템 설치
  - 결제단말기 할인가 공급 및 카드수수료 인하 추진
- 전통시장 상인들에 대한 정보화 교육 실시

31 고령친화산업 활성화 방안 수립

□ **현황**
- 고령친화산업 대두 : 고령자의 이용 편의를 위한 제품 생산을 통해 삶의 질 제고
- 고령친화제품 표준화 필요성 증대

□ **문제점**
- 영세한 업체들이 주류 : 고령자 특성에 관한 정보 부재
- 고령친화우수사업자 지정제도 내실화 부재 : 예산 미확보로 시범사업만 실시, 일부 사업에만 치중
- 고령친화제품에 대한 인식 부족

□ **대응방안**
- 고령친화산업지원법령 제정 : 민간참여 활성화, 고령소비자를 위한 안전기준 마련
- 고령친화제품의 표준화, 우수제품 지정·표시 확대
- 고령친화산업 전문인력 육성
- 우수사업자에 대한 인센티브 부여

32 스포츠 활성화를 통한 삶의 질 제고

□ **현황**
- 국민의 삶의 질과 행복 수준이 저하
- 보편적인 문화복지 환경 조성 및 예술인·체육인 등의 자립기반 마련 요청
- 문화를 통한 국민의 삶의 질과 행복 수준 제고와 경제성장에 따른 사회갈등 해소 필요

□ **문제점**
- 늘어나는 스포츠 활동에 대해 증가하는 수요 대응 및 시장 확대 필요
- 보는 스포츠에서 즐기는 스포츠로 변화 필요

□ **대응방안**
- 스포츠 클럽의 사회적 기업 형태로 운영
- 스포츠·체력 인증제 도입
- 학생들의 1인1스포츠 활동 확대
- 어르신을 위한 생활체육 전담지도사 배치, 공공체육시설 이용료 감면
- 저소득층을 위한 문화·여행·스포츠관람 통합 패키지 카드 발급
- 장애인시설에 문화예술강사 파견 확대

33 게임중독현상 치유방안 마련

□ 현황
- 스마트기기 이용 확산 및 정보통신기술 발달
- 게임중독으로 인한 사회적 문제가 심각
- 최근 국회에서 4대 중독에 게임중독 포함
  * 4대 중독 : 알코올, 마약, 도박, 게임
- 게임중독은 초등학생 및 청소년에 악영향

□ 문제점
- 게임 및 중독 유발 가능성인자 파악 곤란
- 게임중독으로 인한 개인적, 사회적 문제 발생
- 게임중독 관리의 어려움 : 개인의 행복추구권·사생활 자유침해 논란

□ 대응방안
- 게임시간 선택제 및 셧다운제 시행 : 심야 인터넷게임 제한
- 게임중독 전문상담 실시 : 전문강사 학교 파견 및 주기적인 게임중독 실태조사
- 유해정보 차단 소프트웨어 보급 확대

34 세입예산의 확보의 안정성 제고

□ 현황
- 국세수입 확충 3대 원칙 제시 : 비과세·감면 정비, 지하경제 양성화, 금융 소득 과세 강화

□ 문제점
- 근본적인 세입 확충의 어려움
- 세출 구조조정 계획 대비 실제 예산 감축액은 크지 않을 것이라 전망
- 지하경제 양성화를 위한 금융정보분석원(FIU)의 금융정보 제공 확대 방안에 대한 국세청(관세청)과 금융위의 첨예한 대립

□ 대응방안
- 고액 국세채권 징수권의 소멸시효 기간 연장
- 차명계좌신고포상금 제도 도입
- 해외금융계좌 신고의무 위반자 명단 공개 및 정보제공자 포상
- 자진신고자 감면 및 은닉재산 발본색원
- 지하경제 양성화 추진 : 현금영수증 의무발급 업종 확대

35 국가평생학습체계 마련 방안

□ **현황**
- 산업·노동시장 연계 강화 차원 전략 트랙 개발 및 성인교육기회 확충
- 대학의 평생 학습체제 참여 유도 노력

□ **문제점**
- 정규 학위과정 성인교육을 위한 대학 체제개편을 유도했으나 학생모집 미흡 : 적정 수준의 지원 필요
- 성인친화형 교육과정 내실화를 위한 질적 관리 요청

□ **대응방안**
- 일과 학습이 연계된 대학평생교육 실시
- 산·관·학 연계 평생학습 네트워크 구축 : 우수인재 서울시 기업 채용
- 온라인 평생학습종합전달체계 구축
- 지역 맞춤형 평생교육 지원 : 소외지역 주민 대상 등
- 생애단계별 맞춤형 학습지원 : 청년, 중장년, 경력단절여성, 군인, 노인 등

36 통신비용 부담 경감 추진

□ **현황**
- 스마트폰 사용으로 통신비 급증
- 선진국 평균의 2배 이상 통신비용

□ **문제점**
- 패키지 요금제 등으로 인한 미사용 요금까지 부담
- 불공정 판매 : 보조금으로 인한 착시효과
- 미환급금에 대한 정보 부족

□ **대응방안**
- 선택요금제 사용 실시 : 사용유형에 맞는 선택요금제
- 알뜰폰 사용 권장
- 보조금 현실화 또는 통신비 지원
- 통신비 미환급금 반환
- 가입비 폐지

QUESTION

001. 전공은 무엇인지?

002. 수험기간은 어느 정도?

003. 재학 중 수험준비를 했는지 아니면 졸업 후에 했는지?

004. 부모님과 진로에 대한 갈등이 있었는지? 있었다면 어떤 갈등이었고 어떻게 해결했는가?

005. 본인의 과거 경험 중 공직과 맞다고 생각하는 경험은?

006. 본인의 약점과 이를 극복하려고 어떤 노력을 했는지?

007. 본인이 부당하거나 부도덕한 상황을 목격한 경우 개선하려고 노력한 적이 있는지?

008. 개인 인생에서 가장 보람 있었던 것은?

009. 여지껏 살아오면서 가장 후회가 되는 일은?

010. 봉사활동 이외에 일상생활에서 선행을 한 적이 있는지?

011. 과외를 해본 적이 있는지?

012. 누군가로부터 건설적인 충고나 비판을 들은 적이 있는지?

013. 말과 행동에 일관성을 지키지 못한 적이 있는지?

014. 정책추진 시 공식적인 측면과 비공식적인 측면 중 더 중요한 것이 무엇인지?

015. 월급이 적은데 왜 공무원을 하려고 하는지?

016. 어떤 일을 협력해서 한 경험이 있는지?

017. 자신도 힘든 상황에서 본인이 희생해서 남을 도운 적이 있는지?

018. 당직을 서야 하는데 여자들은 서지 않고 남자만 서게 된다면 어떻게 할 건지?

019. 까다로운 상대와 타협에 이르는 과정에서 나만의 방법을 사용한 적이 있다면? 그때 사용한 타협안은 무엇이었는지?

020. 공무원으로서 겪을 것 같은 일을 생각해본다면?

021. 자신의 봉사활동 경험을 이야기해본다면?

022. 부처 업무와 관련된 기업에서 일이 모두 성사된 다음 과장을 비롯한 과원들에게 돈봉투를 돌린다면 어떻게 할 것인지?

023. 공항에 근무 중인데 중국관광을 다녀오는 일부 관광객이 술을 여러 병씩 가지고 입국 시 어떻게 할 것인지?

024. 공적인 업무와 가족의 일 중에서 무엇이 더 중요한지?

025. 환경과 개발의 관계를 어떻게 생각하는지?

026. 공무원이 되려면 어느 부처에서 일하고 싶은지?

027. 공무원에게 가장 필요한 것은 무엇인지?

028. 막무가내로 규정에도 없는 사항을 요구하는 민원인에게 어떻게 대할 것인지?

029. 자신의 취미는 무엇인지?

030. 지금까지 인생을 살아오면서 가장 힘들었던 경험은 무엇인지?

031. 사회생활 경험이 없는 것 같은데 살면서 갈등 상황을 겪은 적이 있는지?

032. 감명 깊게 읽은 책은 무엇인지?

033. 조직전체가 비리행위에 연루된 경우 당신은 어떻게 대처할 것인지?

034. 이번 시험에서 다른 사람에게 합격을 양보할 생각이 있는지?

035. 면접관인 나를 담당 국장이라 생각하고 실장님에게서 예산을 어떻게 확보할 것인지를 짧게 발표해 보라.

036. 의대정원 증원에 대한 견해를 이야기해 보시오.

037. 당신은 불법주정차 단속요원이다. 불법으로 주정차 된 차량 단속 시 민원인은 잠깐 세워둔 정도는 문제가 되지 않는다고 항의한다. 이 경우 민원인을 진정시키고 과징금을 부과하려고 할 때 민원인을 어떻게 설득할 것인지?

038. 봉사활동의 사회적인 역할은 무엇인지?

039. 이전 직장경험이 있는지? 혹시 사기업에 취업할 생각은 안 드는지?

040. 본인이 원하는 부서가 아닌 전혀 다른 곳으로 발령이 난다면 어떻게 하겠는가?

041. 행정업무의 효율 개선에 부정적인 시각이 있는데 이러한 부정적 시각의 원인과 대안은 무엇인지?

042. 공직에 들어오게 된다면 어떤 부분을 혁신하고 싶은지?

043. 자신은 몇 급까지 승진할 수 있다고 생각하는지?

044. 15년 후 자신의 모습을 구체적으로 묘사한다면?

045. 임용되면 응시자보다 나이 많은 부하직원을 어떻게 대하겠는가?

046. 민원이 흥분한 상태로 전화했을 때 대처방법

047. 근무 중 입수한 기밀정보를 지인이 원한다면 어떻게 할 것인지?

048. 오후 6시 이후 업무가 많아 야근을 해야 하는데 이때 집에 급한 일이 생긴다면?

049. 촉박한 시간 내에 문제를 해결한 경험이 있는지?

050. 인생에서 가장 힘들었던 시기는 언제인지?

051. 스트레스는 어떻게 해소하는가?

052. 창의성을 발휘한 경험은 있는지?

053. 단체나 모임에서 리더십을 발휘한 경험이 있는지?

054. 자기계발을 위해 어떠한 노력을 했는지?

055. 여러 청중 앞에서 발표한 경험이 있는지?

056. 수험기간 동안 하루 공부시간은 얼마나 되는지?

057. 공직입문을 결심한 이후 면접과정에 이르기까지 과정을 이야기해 보시오.

058. 자료를 찾을 때 주로 이용하는 매체는 무엇인지?

059. 면접을 위해서 지원부처에 알아본 것에는 어떤 것이 있는지?

060. 지원하고자 하는 부처의 조직은 어떻게 구성이 되어 있는지?

061. 지원하고자 하는 부처에 들어가는 경우 어떤 가치를 추구하고 싶은지?

062. 일을 잘하는 사람이 지적과 징계를 많이 받곤 하는데 왜 그렇다고 생각하는지?

063. 개인 발표 주제에 대해 어떻게 생각하는지?

064. 현재 행정조직의 문제점과 대안은?

065. 군가산점제도의 부활 논의가 있는데 이에 대해 어떠한 의견을 갖고 있는지?

066. 공무원의 청렴에 대해서 어떻게 생각하는지?

067. 지역사회발전을 위해서 무엇을 할 수 있는지?

068. 출산장려정책에는 어떤 것들이 있는지?

069. 공무원노조에 대한 본인의 생각은?

070. 청년실업에 대한 대책은 무엇인가?

071. 사회 문제 중에서 개선할 부분이 있다면?

072. 학창시절에 경험에 대해서 이야기를 해보시오. 학창시절에 열정적으로 이룩한 성과가 있다면?

073. 학창시절 남들이 발견하지 못한 문제를 찾아서 해결한 적이 있는지?

074. 세무서장과 과장이 동시에 일을 시켰는데 과장의 일이 중요하다고 생각된다면 어떻게 처리해야 하는지?

075. 선거와 관련해서 정치인들이 부당한 요구를 한다면 어떻게 할 것인지?

076. 자신의 단점을 지속적인 노력을 통해 개선한 적이 있는지?

077. 누구도 시키지 않은 일을 자신이 나서서 해결한 적이 있는지?

078. 최근 자신이 잘못했다고 생각했던 점과 그것을 고친 경험이 있는지?

079. 다른 사람이 책임져도 되는 일을 같이 책임지고자 노력한 적이 있는지?

080. 면접준비를 따로 준비했는지? 면접준비를 하면서 느낀 점은?

081. 봉사활동 경험을 6하 원칙에 따라 설명해보시오.

082. 금융위기가 발생 시 국민들이 해야 할 일은?

083. 통일세를 찬성하는지? 찬성한다면 국민세금부담이 커지는데 괜찮겠는지?

084. 상사의 불법적 지시가 있을 경우 어떻게 하겠는가?

085. 대학 전공과 응시직렬이 다른데 왜 이 직렬을 선택했는가?

086. 일반행정과 교육행정직의 근무지 차이를 아는지?

087. 영어로 자신을 소개해보시오.

088. 다른 사람의 부조리에 대한 해결책을 제시해보시오.

089. 학교를 아직 졸업하지 않은 상태인데, 남은 학기는 어떻게 보낼 것인지?

090. 대학은 언제 졸업했는지? 그럼 수험기간은 얼마이고 공백기에는 무엇을 했는지?

091. 본인은 참모형 리더인지? 지휘형 리더인지?

092. 올림픽 메달리스트들의 병역면제에 대해서 어떻게 생각하는지?

093. 기여입학이 무엇인지 아는지?

094. 최근에 본 영화는 무엇인지?

095. 성범죄를 막을 수 있는 방법에는 무엇이 있는지?

096. 갈등조정 문제에는 대부분 예민한 사안이 많은데 반대하는 사람들을 설득해 본 적이 있는지?

097. 공무원 공부는 어떤 이유로 시작하게 되었는지?

098. 자신이 선택한 직렬이 적합하다고 생각하는지?

099. 공무원이 되기 위해 수험공부 이외에 별도로 한 것이 있는지?

100. 우리나라가 윤리의식이나 준법정신이 높다고 생각하는지?

101. 무단횡단 말고 어떤 기본 규칙들을 준수해야 한다고 생각하는지?

102. 살면서 보람을 느꼈던 때는?

103. 살면서 가장 힘들었던 적이 있는지?

104. 친구는 많이 사귀고 있는지?

105. 여자는 결혼을 하면 친구들을 잘 안 만난다고 하는데 어떻게 생각하는지?

106. 아르바이트 경험말고 내가 이것만은 꼭 해야겠다고 목표를 정한 것이 있는지?

107. 최근에 슬퍼서 울어본 적이 있는지? 있다면 어떤 이유로 울게 되었는지?

108. 잘 못하거나 자신이 없는 것에 말해보시오.

109. 다른 사람이 법이나 윤리를 어기는 행동을 목격한 적이 있는지?

110. 군대에서 분대장을 했다고 했는데 본인은 어떻게 리더십을 발휘하여 분대를 이끌었는지?

111. 사회상규에 위배되는 명령지시가 있다면 어떻게 하겠는가?

112. 공무원에 최종합격하면 어떤 공무원이 되고 싶은지?

113. <u>공기업과 사기업의 차이를 말해보시오.</u>

114. 새터민에 대한 자신의 생각을 말해보시오.

115. 수형자의 자살에 대해서 어떻게 생각하는지?

116. 창의성을 발휘한 경험이 있는지?

117. 직장생활 경험이 있다면 직장생활에서 느낀 문제점과 그것에 대한 대처방안은?

118. 자신의 의견을 상대방에게 설득하지 못했을 때 어떻게 하겠는가?

119. 단체나 모임에서 리더십을 발휘한 경험이 있는지?

120. 자신의 단점을 지속적인 노력을 통해서 개선한 적이 있는지?

121. 사익보다 공익을 우선시한 경험이 있는지?

122. 자기 계발을 위해 노력했던 점을 소개하시오.

123. 선의의 거짓말을 해본 적이 있는지?

124. 요즘 취업이 어려워서 사기업 취업이 안 되어서 공직을 택한 것은 아닌지?

125. 필기시험 준비과정에서 가장 준비가 어려웠던 과목은?

126. 취약 과목을 극복하기 위해서 본인은 어떻게 노력을 했는지?

127. 자신의 포부에 대해서 말해보시오.

128. 가고 싶은 부처는 어디이고 그 이유는 무엇인지?

129. 공직사회에 들어갔을 때 자신만의 전문지식, 특성, 장점을 어떻게 발휘하고 싶은지 말해 보시오.

130. 대인관계 등 조직사회에서 처음 일을 시작할 때 가장 중요하다고 생각하는 것은 무엇인지?

131. 동아리 활동은 어떤 것을 해보았는지?

132. 자신이 공무원이 되기 위해 노력한 점은 무엇인지?

133. 조직에서 융화가 잘 안되는 사람이 있다면 어떻게 대처할 것인지?

134. 10년 후 자기 모습에 대해서 말해보시오.

135. 일과 가정을 둘 다 돌보는 것이 쉽지 않은데 어떻게 할 것인지?

136. 최근에 관공서에 가본 적이 있는지? 느낀 점은 무엇인지?

137. 기부문화에 대해서 어떻게 생각하는지?

138. 공무원 사회에서 청렴과 능력 중에 어떤 것이 더 필요하다고 생각하는지?

139. 공무원의 단점은 무엇인지?

140. 조직생활을 하면 여러 어려운 점을 겪게 되는데 가장 어려울 것으로 생각하는 것은 무엇인지?

141. 만약 악성 민원인이 찾아와서 난동을 부린다면 어떻게 대응할 것인지?

142. 공직생활을 하면 타지에서 살아야 하는데 어떤 것을 먼저 할 것인지?

143. 공무원과 국가 그리고 국민의 관계에 있어서 공무원의 가치는 무엇인지?

144. 대학시절로 돌아간다면 꼭 해보고 싶은 것은 무엇인지? 후회되는 것은 무엇인지?

145. 노인 일자리 창출에 대해서 본인이 생각하고 있는 점은 무엇인지?

146. 만일 불합격을 한다면 내년에 다시 도전을 할 것인지?

147. 만약 원하지 않는 부서나 지역에 근무하게 된다면 어떻게 할 것인지?

148. 만일 재개발을 하다가 문화재가 나왔다면 문화재 관리라는 가치와 개발이라는 가치의 충돌을 어떻게 해결할 것인지?

149. 상사와 동료가 갈등하고 있을 때 어떻게 해결하겠는가?

150. 장애우의 처우 문제에 대해서 어떻게 생각하는지?

151. 개발에 대한 이해관계가 서로 다른 경우 어떻게 조정할 것인지?

152. 녹지에 대한 규제를 풀어주는 것이 바람직한지?

153. 거리나 공공장소에서 피해를 입히는 행동을 경험한 적이 있는지?

154. 계획을 세워서 성과를 창출한 적이 있는지?

155. 주로 남의 의견을 따르는 편인지? 아니면 자기 의견을 관철시키는 편인지?

156. 공자가 정명이라는 말을 했는데 정명은 무슨 뜻이고 공무원으로서 정명은 무엇이라고 생각하는지?

157. 재정운영보고서에 자산에 대해 설명해보시오.

158. 손실보상과 손해배상의 차이를 설명해보시오.

159. 순우리말 애로라지, 미리내, 시나브로가 무슨 뜻인지?

160. 공무원 노조 가입 제한이 되는 대상을 말해보시오.

161. 층간소음 해결 방안은?

162. FTA로 인해 관세는 축소지지만 교역증가로 인한 내국세 부가징수는 증가할 경우 이에 대한 대책은 무엇인지?

163. 계승해야 할 전통윤리는 어떤 것이라고 생각하는지?

164. 공무원 연금 개선방안에 대해서 말해보시오.

165. 공중도덕을 지키지 않는 사람들에 대한 자신의 의견은? 이들을 계도해본 적이 있는지?

166. M-Z 세대의 특성을 말해보시오.

167. 면접시험이 끝나면 가장 하고 싶은 일은 무엇인지?

168. 문제해결에 있어 원인과 대안 중 무엇에 중점을 두겠는가?

169. 부모님으로부터 받은 최고의 선물은 무엇인지?

170. 부정을 저지르고도 윗사람들이 그렇게 하니까 나도 어쩔 수 없다는 태도에 대해서 어떻게 생각하는지?

171. 북한 핵 문제와 6자 회담에 대한 자신의 견해는?

172. 상사가 일을 전혀 맡기지 않는다면 어떻게 하겠는가?

173. 양심적 병역거부란 무엇인가? 이에 대한 개인적인 의견은?

174. 동시에 여러 개의 업무가 주어진다면 어떻게 할 것인지?

175. 일을 잘하는 사람과 인간관계가 좋은 사람 중 누구와 일을 하겠는가?

176. 자신에게 과도한 업무가 주어진 때와 동료에게 과도한 업무가 주어진 때 각각 어떻게 대처하겠는가?

177. 주말에 아주 중요한 약속이 있는데, 비상근무가 생겼다면 어떻게 하겠는가?

178. 직업의 의미에 대해서 3가지만 말해보시오.

179. 청년실업문제의 원인과 해결방안은?

180. 최근 베스트셀러에 대해 아는 대로 말해보시오.

181. 활기찬 직장을 만들기 위해 필요한 방안은?

182. 저출산 문제에 대한 대책에 대해서 이야기해 보시오.

183. 공직관 중에서 자신이 중요하게 생각하는 것은 무엇인지?

184. 자신의 공직관을 반영하여 현재 추진 중인 정부정책 중에서 가장 중요하다고 생각하는 것은 무엇인지?

185. 요즘 젊은 사람들은 자기주장이 강한데, 상사와 의견 충돌이 있을 때 어떻게 해결할 것인지?

186. 자신이 타인에게 어떤 모습으로 비춰지길 바라는지?

187. 면접스터디는 어떻게 준비했는지? 도움이 되었는지?

188. 살면서 가장 희열을 느꼈던 순간은 언제인지?

189. 조직생활을 하면서 목표 달성을 위해 간혹 희생이 필요한데 희생이란 어떤 것을 의미하고 본인의 경우 어떻게 희생의 의미를 받아들일 것인지?

190. 내부고발자제도에 말해보시오.

191. 하위직 공무원 정년연장에 대한 자신의 의견은?

192. 국민들은 공무원들이 좀 더 일을 잘하길 원하는데 공무원의 입장에서 국민들의 요구를 어떻게 생각하는지?

193. 공무원의 공공서비스가 국민의 기대에 미치지 못하는 이유는?

194. 친척이나 지인이 비리와 관련된 청탁을 한다면 어떻게 대처할 것인지?

195. 나이가 어린 동기들과 차이를 어떻게 극복하겠는가?

196. 부당하지는 않지만 불합리한 업무지시를 받으면 어떻게 처리할 것인지?

197. 사회복지와 보호관찰의 유사점과 차이점은 무엇인지?

198. 도로를 건설하는데 주민들의 반대로 직진로는 안되고 우회로만 가능한 상황이다. 우회로 건설 시 건설비용이 상당하여 큰 손실이 나는데 어떻게 대처하겠는가?

199. 정부 3.0을 구현하기 위한 방안은 무엇인지?

CHAPTER 04 서울특별시 면접 참고자료

1 면접장소: 서울시 인재개발원

(1) 주소: 서울시 서초구 남부순환로340길 58 (서초동 391)

(2) 전화번호: 02) 3488-2321~6

(3) 가는 방법

지하철 3호선 남부터미널역 5번 출구에서 남부터미널을 오른쪽으로 끼고 우면삼거리 방향으로 150m 정도 이동. 현대슈퍼빌 앞 셔틀버스 정류소에서 탑승

☑ 도보 이동: 현대슈퍼빌 앞을 지나 우면삼거리에서 횡단보도 건너 우면산 등산로 이용(10분~15분 소요)

💬 면접시간 1시간 전에 도착하는 것이 좋습니다. 많이 떨리기 때문에 낯선 장소에서 분위기도 익숙해지고, 마지막으로 중요 사항을 정리하고 마음을 가다듬을 충분한 시간이 필요합니다.

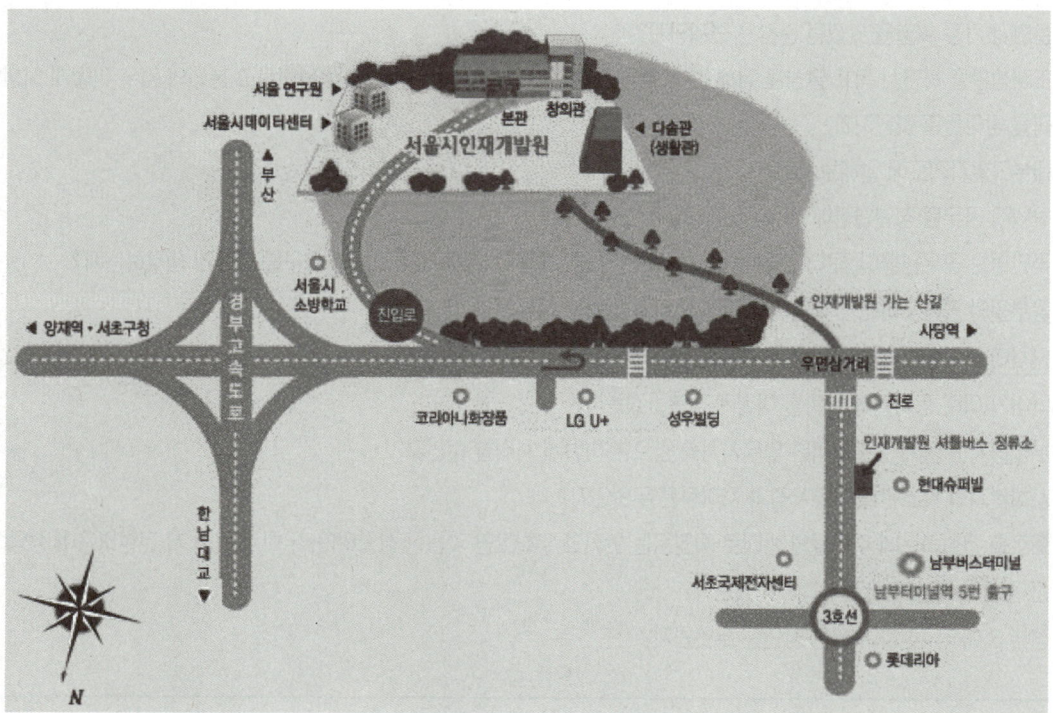

2 서울특별시 관련 정보

1 기본정보

구분	세부내용	비고
시정비전	'함께 만드는 서울, 함께 누리는 서울'	
5대 시정 목표	• 당당하게 누리는 복지 : 시민 누구나 적정수준의 복지를 권리로 당당하게 누림 • 함께 잘 사는 경제 : 모두를 배려하고 포용하며 동반 성장 • 더불어 창조하는 문화 : 창조력과 상상력을 키우고 문화 활력을 높여가는 서울 • 시민이 주인되는 시정 : 시민의 참여와 의견을 반영 • 완전하고 지속 가능한 도시 : 사람과 자연이 함께 어울리고 살아갈 수 있는 기본이 바로 선 서울	
시정기조	소통과 신뢰 (시민 참여와 협치)	
모토	희망 서울	
서울의 꽃	개나리 (협동)	
서울의 나무	은행나무 (무한한 발전)	
서울의 새	까치 (길조)	
아리수	서울시 수돗물 이름 ('크다'라는 의미의 우리말 '아리'와 한자 수(水)의 결합)	고구려에서 한강을 부르던 말
브랜드	"Hi! Seoul" • Hi는 가장 많이 쓰는 영어 인사말. 밝고 친근한 서울의 메시지를 전달, High와 동음으로 서울이 나아가야 할 비전 제시 • Soul은 "혼", 영어식 발음이 Seoul과 유사한 점에 착안하여 이미지를 동일화하여 "SOUL OF ASIA", 세계의 중심으로 도약한다는 비전 제시	
휘장(CI)	서울의 산, 해, 한강. - 역사와 활력의 인간 도시, 자연과 인간의 조화	
서울시민의 날	10월 28일 (서울 정도 1000년을 기약하는 타임캡슐을 묻는 등 기념사업을 진행)	
Hi Seoul 노래	"서울의 빛"	

서울 상징색	단청빨간색	• 무병과 화평을 바라는 기원의 색, 시민 선호도 가 가장 높은 색 • 600년간 왕의 공간에 사용된 궁의 색
서울 기조색	'한강은백색'	빛을 받아 반짝이는 은빛 찬란한 한강의 색
서울 상징	해치 • 해태의 원말 • 시비와 선악을 판단하여 안다고 하는 상상의 동물 • 나쁜 기운을 막아주고 행운과 기쁨을 주는 존재로 서울을 지켜주는 수호자	관광지 가이드 맵, 쇼핑 백, 해치 택시(꽃담황토 색) 등에 사용
서울특별시	Seoul Metropolitan Government (국가적 개념의 도시)	
서울시 자치구	25개 자치구	
서울 4대문	• 동대문 – 흥인지문 (보물 1호) • 서대문 – 돈의문 • 남대문 – 숭례문 (국보 1호) • 북대문 – 숙정문	
서울 5대궁	경복궁, 경희궁, 창경궁, 창덕궁, 덕수궁	

2 15대 중점 과제

구분	내용
① 시민복지기준선 마련	전국 최초의 '서울시민복지기준선(Seoul Standard)'을 마련해 시민 누구나 적정 수준의 복지를 권리로써 당당하게 누리는 보편적 복지를 실현하기 위함.
② 수요자 맞춤형 임대확충	돈은 적게 들고, 크기는 수요자별 요구를 충족시킬 수 있는 다양한 유형의 임대주택을 개발·공급해 서민 집 걱정을 덜어 주기 위함.
③ 공공의료강화	생활권 내에 필수 의료 서비스를 제공하여 지역·계층 간 건강격차를 해소, 생애주기별 예방 중심의 건강관리 체계를 구축하는 데 초점
④ 여성희망도시	여성들이 임신, 출산은 물론 육아 고민 없이 당당히 일하고 위험·폭력으로부터 안전한 도시환경을 조성, '여성에게 희망을 주는 도시, 서울'을 만들어 간다는 계획 2020년까지 전체 어린이집의 30%까지 국공립어린이집 비율을 확대하여 이용인원을 현재보다 2배로 늘릴 계획. 전국 최초로 '직장맘 지원센터'를 설치하고 '여성창업플라자'에서 창업을 지원. 성범죄와 폭력 없는 안전한 도시환경 조성을 위해 지하철 내 CCTV, 지하철 보안관, 택시안심귀가 서비스도 확대해 나갈 예정

⑤ 희망경제실현	우수인력이 몰리는 서울의 특성을 서울의 자산, 미래 경제기반으로 육성하고 서울형 미래 혁신직업을 발굴해 청년이 꿈을 펼칠 수 있는 창조적 경제토양을 만들어 나갈 계획 기업과 대학을 연동한 맞춤형 프로그램 운영을 통해 핵심인재를 육성. 청년 일자리 허브센터를 설립하여 맞춤형 일자리 연구, 아이디어 공모, 사업화 등을 추진해 청년일자리의 산실로 키워갈 예정
⑥ 좋은 일자리 창출	고용 없는 성장이 장기화되고 있는 상황에서 벗어나기 위해 일자리와 더불어 사회적 가치를 동시에 추구하는 새로운 개념의 좋은 일자리를 만들기 위함. 서울시 출연과 시민 소액투자로 사회투자기금 3000억원을 조성해 사회적 기업, 마을기업 및 청년벤처기업에 지원, 지속 가능한 일자리를 창출 저소득층, 생계형 자영업자, 실직자 등 서민을 대상으로 무보증 소액 대출(마이크로크레딧)을 도입해 일자리 창출은 물론 사회적 가치 창출을 위한 투자기반을 강화 노동자와 기업이 상호 존중하는 사회문화를 만들어 갈 방침
⑦ 문화창조활동 확대	시민들이 문화를 향유하는 데 그치지 않고 시민들의 문화적 창조활동이 활발히 이루어져서 골목골목까지 확산되는 서울을 만들어 갈 계획
⑧ 교육비 부담 절감	교육을 사회 공동체의 책임으로 인식하고 공적 투자를 확대하여 학부모와 학생이 교육비 걱정을 덜고 공부에만 전념할 수 있는 교육환경을 만들기 위함.
⑨ 사람중심도시 조성	공동체를 상실하고 이웃이 삶의 터전을 잃어버리고 떠나게 하는 '대규모 개발위주의 도시계획이 아닌 사람을 소중히 하는 도시계획'으로 서울을 기본에 충실한 지속가능한 도시로 만들어갈 계획. 도시문제를 야기시켜 왔던 전면 철거방식의 재생사업은 주민들이 현재 살고 있는 마을공동체를 보전하는 방식의 작은 도시계획으로 전환하여 서울이 가진 고유한 지역적 특성을 살리고 서민과 영세상인 등을 배려하는 소규모 보전형 도심재생을 추진해 갈 계획. 주거지 정비사업도 조사단계에서부터 주민의견 수렴하여 사업추진여부를 사전에 판단하고, 기존의 철거개량방식에서 양호한 주택지를 대상으로 한 개량보존방식과 소규모 노후주택지를 대상으로 한 가로주택 정비사업에 대한 지원 확대
⑩ 생산도시로 전환	적극적인 에너지 절약 시민운동을 전개하고 건물에너지 합리화 사업
⑪ 편리한 서울 교통 마련	안전, 약자배려, 편리를 시민이 행복한 교통서비스 3대 가치로 삼고 사람을 최우선으로 배려하는 서울교통을 만들어갈 방침
⑫ 안전도시 조성	기후변화와 생활형 안전사고 증가에 대비하기 위해 도시방재 패러다임을 '성장, 개발, 인프라' 중심에서 '사람, 자연, 지역' 중심으로 전환해 시민들이 안심하고 생활할 수 있는 안전도시를 만들어갈 계획
⑬ 마을공동체 육성	국민소득 2만달러 시대를 살고 있으나, 무한경쟁 사회 속에서 성장 일 변도의 도시정책으로 황폐화된 삶의 인간적 가치를 회복하고 주민 참여로 더불어 사는 마을공동체 가치를 만들어 가기 위한 계획. 지역 특성, 지역의 물적·인적자원 등을 조사하여 종합지원계획을 수립해 마을공동체 25개소를 육성하고 주거, 보육 등 각 사업은 주민의 자율에 맡기는 것을 원칙으로 주민 스스로 기획하고 공동체를 실현해 나갈 수 있도록 마을을 기반으로 한 연계시스템 구축
⑭ 열린시정 운영	투명, 먼저공개, 권리, 소통을 핵심키워드로 하는 시민 소통은 박원순 시정의 핵심 목표 시민 알권리를 위한 서울정보소통센터를 개설하고 행정정보를 요구받기 전에 먼저 공개, 시민참여 감사 확대로 시정에 대한 시민 신뢰성을 확보할 계획. 청책(聽策)워크숍, 마실, 인터넷·SNS 등을 통해 직접 현장에서 시민의 의견을 듣고 정책에 적극 반영하는 경청행정
⑮ 건전재정 운영	재정운영에 있어 시민의 직접 참여 등을 통한 꼼꼼한 살림살이로 재정 건전성 확보

QUESTION

001. 서울시 자치구는 몇 개인가?

002. 서울시 휘장의 의미를 설명하라.

003. 서울시 예산 규모는?

004. 서울시 인구는?

005. 서울시 지원 동기는?

006. 서울시 캐릭터는 무엇인가?

007. 서울시 공무원이 된다면 어떤 부서에서 일하고 싶은가?

008. 시장이 된다면 어떤 일을 추진하고 싶은가?

009. 시프트 제도에 대해 설명해 보시오.

010. 서울을 문화 도시로 만들기 위한 방안은?

011. 다산콜센터의 장점은 무엇인가?

012. 서울시 시화, 시목, 시조는 각각 무엇인가?

013. 서울의 상징색을 아는 대로 말하시오.

014. 서울시 시정 비전과 시정 목표를 알고 있는가?

015. 주변에 아는 서울시 공무원이 있는가?

016. 서울시의 장점, 단점을 말해 보시오.

017. 서울시가 추진하는 사업 중 가장 마음에 드는 것은?

018. 공적인 이익과 사적인 이익이 충돌한 경험이 있는가? 어떻게 대처했나?

019. 서울시 정책 중 잘된 것과 잘못된 것이 있다면?

020. 공무원 노조에 관한 본인의 생각은 무엇인가?

021. 우리나라 지방자치제도의 장단점을 말해 보시오.

022. 서울시 조례에 본인이 넣고 싶은 조항이 있다면 무엇인가?

023. 생계가 어려운 할머니가 쓰레기를 무단 투기했다. 당신이 담당 공무원이라면 어떻게 처리하겠는가?

024. 지하철 막말남 사건에 대해 알고 있는가?

025. 자신을 서울시 공무원으로 뽑아야 하는 이유를 설명하시오.

026. 아이돌봄센터 활성화 방안은?

027. 바람직한 서울시 공무원상은 어떤 것인가?

028. 민원인이 억지를 부리면 어떻게 대하겠는가?

029. 공무원에게 청렴성과 전문성 중 어느 것이 중요하다고 생각하는가?

030. 금연 구역 확대에 대해 어떻게 생각하는가?

031. 자연재해에 대한 예방책은?

032. 다문화가정이 늘고 있다. 이들을 위한 정책을 아는 대로 설명하시오.

033. 양극화 해소 방안은?

034. 아리수 음용률을 높이는 방안이 있다면?

035. 출산율을 높일 수 있는 방안은?

036. 서울시 재정자립도를 높일 수 있는 방안은?

037. 강남과 강북 불균형 해소 방안은?

038. 에너지를 절약할 수 있는 방안은?

039. 예산을 절약할 수 있는 방안은?

040. 최근에 감명 깊게 읽은 책은?

041. 자전거 이용을 늘릴 수 있는 방안은?

042. 어르신 일자리 확충 방안은?

043. 독도 문제에 대해 어떻게 생각하는가?

044. 서울시 외국인 관광객의 유치를 늘릴 수 있는 방안은?

045. 전통 시장 활성화 방안은?

046. 서울시의 도시 경쟁력은 무엇이라 생각하는가?

047. 본인이 살고 있는 지역에 대해 소개해 보시오.

048. 서울시 도시기반시설에 대해 어떻게 생각하는가?

049. 한강시민공원에 가 본 적이 있는가? 개선할 부분이 있다면?

050. 서울시 홈페이지를 이용해 본 적이 있는가? 고치고 싶은 부분이 있다면?

051. 대기 오염도를 낮출 수 있는 방안은?

052. 서울 5대궁은 가 본 적이 있나?

053. 서울시 복지 정책에 대해 아는 대로 설명해 보시오.

054. 대형마트 강제 휴무 추진에 대해 어떻게 생각하는가?

055. 천만 상상 오아시스에 제안해 본 적이 있는가?

056. 서울시가 시민들과 소통하기 위해 추진하고 있는 정책에 대해 말해 보시오.

057. 서울 시민의 날은?

058. 외국인에게 소개해 주고 싶은 서울의 관광 명소는?

059. 서울시, 국가직 둘 다 합격한다면 어느 것을 선택할 것인가?

060. 한강 르네상스 사업에 대해 어떻게 생각하는가?

061. 고객과 민원인의 차이는 무엇인가?

062. 영화 도가니를 본 소감은?

063. 서울에서 외국인 관광객들이 느끼는 불편한 점은 무엇이며 이에 대한 개선책은?

064. 인터넷 실명제에 대해 어떻게 생각하는가?

065. 서울의 브랜드 가치를 높일 수 있는 방안은?

066. 지방에 사는데 왜 서울시에 지원했나?

067. 노숙인들을 위한 효과적인 정책은 무엇이라 생각하는가?

068. 신청사에 대한 언론의 비판에 대해 어떻게 생각하는가?

069. 자영업자 연쇄 도산에 대한 대책은?

070. 서울시와 타 광역자치단체의 갈등 해결 방법은?

4 서울특별시 주요 현안

(1) 복지

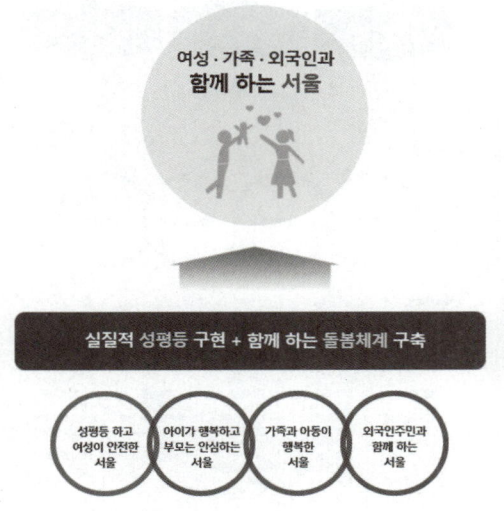

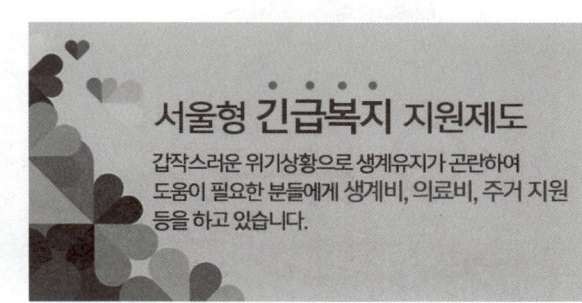

(2) 경제

(3) 안전

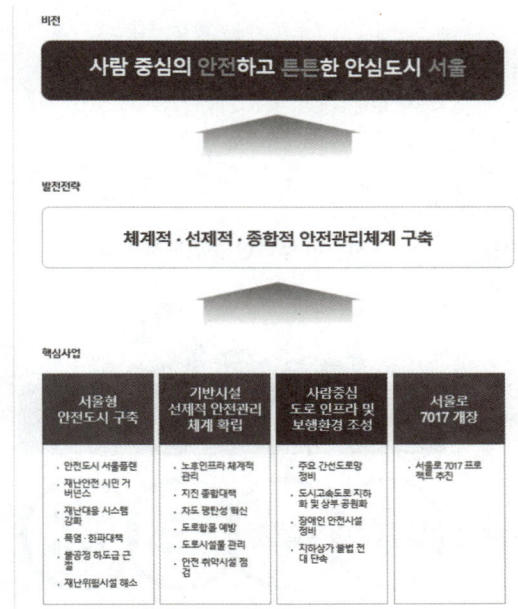

(4) 주택

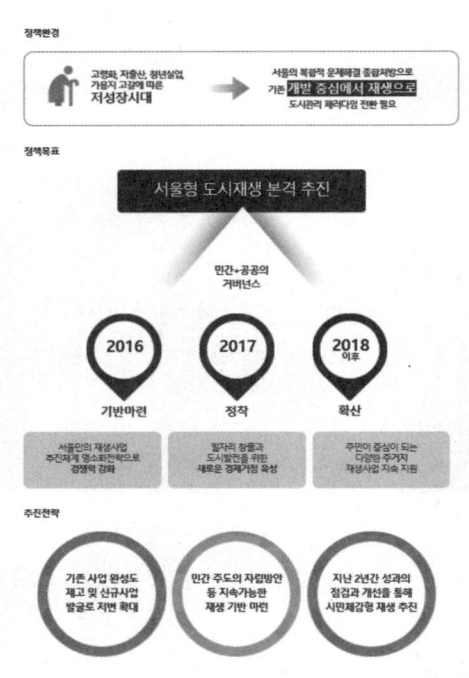

(5) 환경

(6) 문화

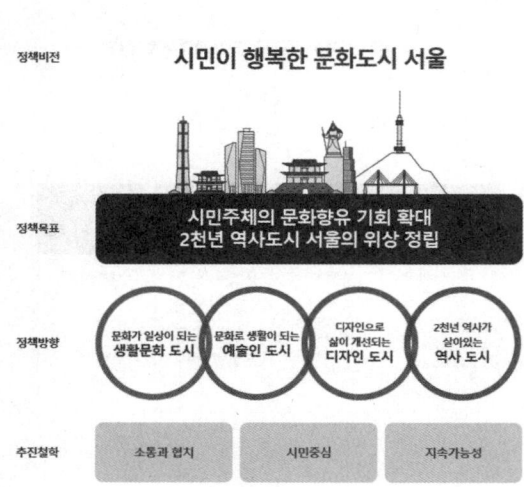

(7) 건강

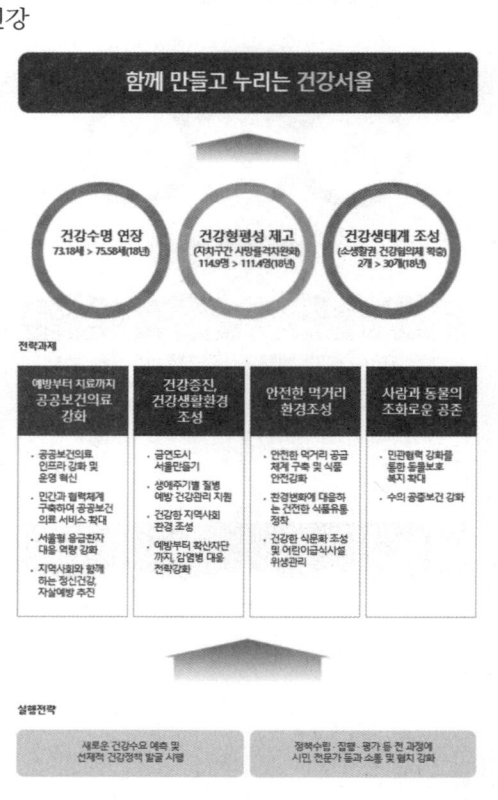

(8) 교통

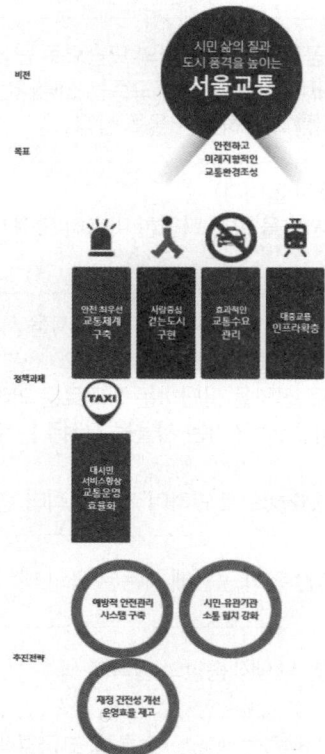

(9) 건설

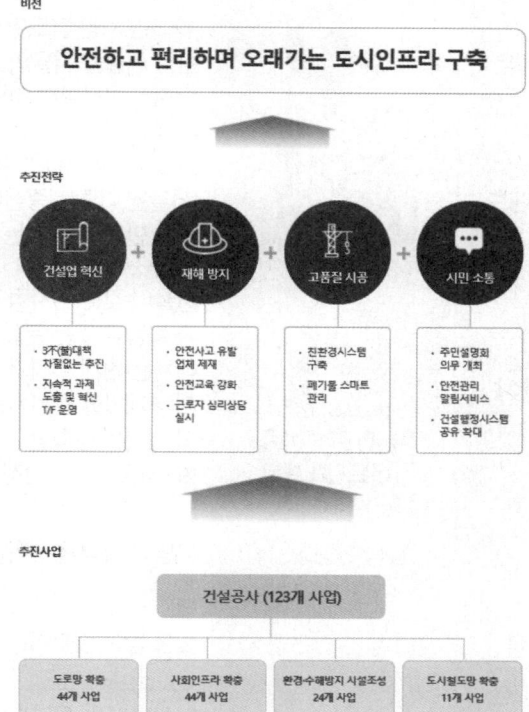

(10) 세금

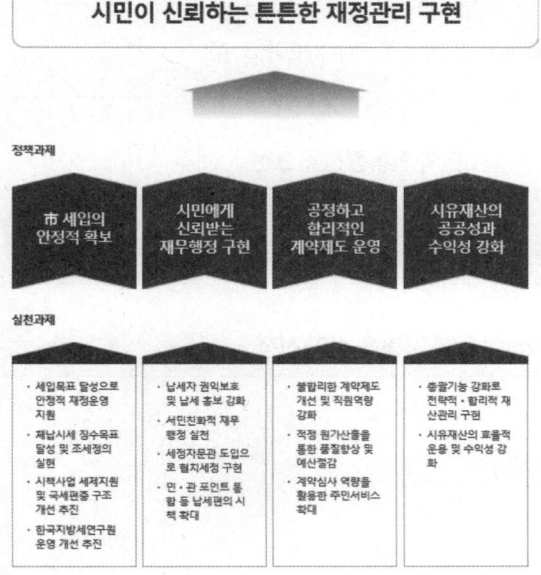

(11) 행정

서울시민의 정책 수혜 극대화

시정 성과 홍보 · 시정 신뢰 제고 · 시정 협력 확대

수요자 중심 홍보	체계적 대응	공감적 소통
· 수요자 중심의 보도 기획 및 자료 제공 · 맞춤형 방송 기획 및 취재지원 강화 · 시책 홍보효과 제고를 위한 전략적 인터뷰 추진	· 시정보도 온라인 확산 및 신속한 대응 · 부정적·왜곡보도에 대한 적극적 대응 · 보도관리시스템 개선·활용을 통한 정책관류	· 언론과의 소통 강화로 시정 이해도 제고 · 외신 홍보 콘텐츠 다각화 및 취재 지원 강화

 기획·지원  정확·신속  우호·협력

휘장		1995년 처음 검토된 이후 1996년 시민공모를 거쳐 지금의 모습으로 탄생 한글 서울을 서울의 산, 해, 한강으로 나타내면서 전체적으로는 신명나는 사람의 모습으로 형상화한 것으로 인간 중심도시를 지향하는 서울을 상징
브랜드		SEOUL, MY SOUL(마음이 모이면 서울이 됩니다) '서울을 이루는 중심에는 사람이 있고 서울을 향한 다양한 마음이 모여 더 좋은 서울을 만들어 간다'는 의미
해치		서울이 갖는 역사적 전통성과 문화적 고유이미지를 표현하면서 서울 시민에게 꿈과 희망을 주는 문화적 감성으로 개발된 서울의 대표 상징 마크(2008년 발표) 해치는 현재 우리가 쓰는 해태의 원말로, 선악을 판단하는 정의로운 의미 이외에 화재나 재앙을 물리치는 신수로서의 의미도 있음. 이는 서울을 지켜주는 수호자로서의 의미도 함축함 ※「서울특별시 상징물조례」일부 개정(2009)으로 인하여 기존 캐릭터 '왕범이' 삭제
색	상징색(단청빨간색)	무병과 화평을 바라는 기원의 색 600년간 왕의 공간에 사용된 궁의 색
	기조색(한강은백색)	빛을 받아 반짝이는 은빛 찬란한 한강의 색 백색숭앙의 민족의 색
	대표색(10가지)	단청빨간색, 한강은백색, 꽃담황토색, 서울하늘색, 남산초록색, 고궁갈색, 기와진회색, 돌담회색, 은행노란색, 삼베연미색
서체	서울남산체	강직한 선비정신과 단아한 여백을 담고 있으며 조형적으로는 한옥의 열림과 기와의 곡선미를 표현 서울의 대표적인 자산인 한강과 남산을 응용
	서울한강체	
노래	Hi Seoul 노래 "서울의 빛"	제1회 Hi Seoul 페스티벌(2003) 기간 발표 가수 : 보아(BoA)
꽃	개나리	1971년 선정 이른 봄 일제히 꽃이 피며 서울시민의 협동정신을 표현
나무	은행나무	1971년 선정 거목으로 성장하는 특성은 수도 서울의 무한한 발전을 보여줌
새	까치	1964년 나라새에 선정 전래설화에서 길조로 등장하여 많은 사랑을 받아 선정

지방직 면접 참고자료

CHAPTER 05

1 자기소개서(예시)

응 시 직 렬: 사회복지9급
임용예정기관: 연천군
응 시 번 호: 12345678
성   명: 홍길동

자기소개서

1. 성장과정 및 가족사항: "언제나 처음처럼 하나 된 마음으로"

'언제나 처음처럼, 하나 된 마음으로' 이 말이 아버지께서 정하신 저희 가정의 가훈입니다. '언제나 처음처럼'이라는 말은 초심을 잊지 말자는 뜻이 있고, '하나 된 마음으로'라는 말은 언제나 가족의 화합을 중요하게 생각하셔서 정하신 것입니다. 언제나 사람과의 화합, 존중, 배려라는 덕목을 중요하게 생각하는 가풍 아래 1남 1녀 중 둘째로 태어났습니다.

저의 유년시절은 항상 사람들과 함께였습니다. 유년시절, 방학에는 농사를 짓는 할머니 댁에 가서 친척 형님들, 누나와 여름에는 물놀이를 하고, 겨울에는 뒷산에서 마대자루로 눈썰매를 타며 즐거운 시간을 보냈던 추억이 있습니다. 부모님께서는 체험학습, 현장학습을 중요하게 생각하시어 주말과 방학에는 가족끼리 유적지를 답사하고 그 지역의 명소도 관광하며 공부의 동기부여와 당위성을 말이 아니라 스스로 깨달을 수 있도록 지도해주셨습니다.

기술자로서 자부심을 가지고 성심을 다하시는 아버지께서는 "사람이 고마운 줄 모르면 그게 사람이 아닌거야"라고 말씀하시며 항상 감사하게 생각하고 나누고 베풀며 살라고 말씀하셨습니다.

어머니께서는 음으로 양으로 가족의 건강과 화목을 위해 헌신하시며 "사람은 더불어 함께 사는 것이지, 절대 독불장군으로 못 산다"라고 말씀하시며 이웃과 주위 사람들과 친지들과 친하게 지내며 생활할 것을 강조하셨습니다.

2. 학창시절 과정: "친구는 인생에서 소중한 재산이자 희망"

저는 초등학교부터 고등학교까지 개근상을 받았습니다. 고등학교 때는 글씨를 잘 쓴다고 하여 3년간 서기를 하기도 했습니다. 대학교 때는 동아리 활동과 학생회 활동을 하면서 선배를 존중하고 후배를 이끌어 줌으로써 사회생활의 위계

질서도 배우고 협동하고 봉사하는 방법을 배웠습니다. 지도교수님의 배려로서 일본에서 실습도 하고 스카우트 활동도 하면서 가까이에서 많은 것을 배울 수 있었습니다. 학창시절에 친했던 친구들과 지금까지 연락하고 친하게 지내고 있습니다. 친구는 인생에서 소중한 재산이자, 희망이라고 생각합니다. 기쁨은 나누면 배가 되고, 슬픔은 나누면 반이 된다고 하였습니다. 사람은 홀로 살 수 없기 때문에 공부도 중요하지만 친구와의 우정도 중요하게 생각하여 함께 봉사활동도 하고 방학에는 즐겁게 여행도 하며 진한 우정의 추억을 쌓았습니다.

3. 성격(장·단점): "화려하지 않지만 완성도를 높이는 사람"

제 성격의 첫 번째 장점은 주어진 일에는 끝까지 책임을 다하는 성실함입니다. 위에서 말씀드렸듯 초등학교 때부터 고등학교 때까지 개근상을 받았습니다. 고등학교 때 3년간 서기를 하면서 담임선생님으로부터 성실하게 맡은 바 책임을 잘 수행한다는 칭찬을 들었습니다.

두 번째 장점은 주변 사람들에게 부담을 주지 않는 원만한 성격입니다. 지금도 중·고등학교 친구들은 물론 대학교 선·후배들까지 연락하며 모임도 가지고 있습니다. 모임할 때에는 총무 등의 역할을 하면서 주위의 사람들로부터 신임을 얻고 있습니다. 때로는 모임을 주선하기도 하면서 진행하여 나가는 데 있어 추진력 있다는 말도 많이 들었습니다.

제 단점은 꼼꼼한 성격이기 때문에 때로는 다른 사람보다 시간이 조금 더 소요된다는 것입니다. 그러나 사회복지전담공무원의 업무 특성상 금전적인 관리, 수급자의 공정한 관리 등을 해야 하기 때문에 업무적인 면에서는 오히려 좋은 면이 있다고 생각합니다. 모든 일을 건성으로 하지 못하기 때문에 중용한 일은 여러 차례 검토합니다. 꼼꼼하게 하기 때문에 다른 사람보다 실수나 오류를 범하는 확률이 많이 적지만 의사결정이 늦는 것이 문제가 될 수 있어 지금은 의사결정을 조금 더 빨리 내리기 위해 노력하고 있습니다.

4. 인생관: "세월은 흐르는 것이 아니라 쌓이는 것"

서양 속담에 "로마는 하루아침에 이루어지지 않는다."는 말이 있습니다. 작은 물방울이 모여 호수가 되고 바다가 되듯이 자기에게 주어진 현재의 순간순간이 결집되어 인생이 된다고 생각합니다. 그렇기 때문에 어느 한순간도 소중하지 않고 의미 있지 않은 시간은 없습니다. 로마를 하루아침에 이룩할 수 없듯 결과보다는 과정을 향유하면서 언제나 성실히 준비하는 사람이 되고자 합니다.

누구에게나 하루에 주어지는 시간은 24시간인데 이 시간을 얼마나 의미있고 보람있게 사용하느냐가 중요합니다. '오늘 하루는 어제 죽은 이가 그토록 살고 싶었던 하루'라는 말처럼 시간은 과거로 소급되지 않는다는 것을 마음에 새기며 하루하루 열심히 최선을 다해 살도록 노력하겠습니다.

5. 최근의 봉사활동 경험 및 느낀 점: "연탄배달은 아름다운 경험"

20○○년 12월 연탄배달 봉사활동을 하였습니다. 대상자가 모두 ○○동에 살고 있어 ○○동 주민센터에 모여서 2조로 나누어 움직였습니다. 총 2천장인데 저희 조가 동 주민센터에서 거리가 가까워 2,000장을 세 가정에 나누어 배달하였습니다. 어느 가정은 골목이 좁아 차가 들어갈 수 없어서 40여 명이 일렬로 서서 릴레이 달리기 식으로 운반을 했습니다. 하지만 대부분의 가정은 일렬로 서서 던져서 주고받을 수 있는 거리였습니다. 만약 인원이 조금이라도 적었더라면 정말 힘든 활동이 되었을 것입니다. 이번 자원봉사를 하고 느낀 점은 먼저 지원자가 다양해졌다는 것입니다. 예전에 봉사활동 할 때에는 진학을 위해 혹은 취업을 위해 봉사활동이 필요한 학생들이 많았는데 연탄배달을 할 때에 기업 자원봉사자가 많이 참여하는 모습을 볼 수가 있었습니다. 그러한 모습을 보면서 저도 취업을 하고 한 가정의 엄마가 되어서도 정기적인 것은 어려울지라도 틈틈이 봉사활동을 할 수 있겠다고 생각했습니다. 자원봉사의 기쁨을 알게 된 사람은 스스로 진정한 자원봉사 활동을 할 수 있을 것입니다.

6. 주요경력 및 특기사항: "사회복지현장에서 행복의 참다운 의미를 배움"

고등학교를 졸업하고 ○○대학교 사회복지학과에 입학했을 당시 다양한 미래를 꿈꿔 보았지만 유난히 제 마음을 두드리는 것이 있었습니다. '장애인복지론'이라는 과목을 배우면서 일반인들을 위한 복지가 아니라 모든 사람들이 평범하게 해 내고 있는 일상생활을 힘들게 영위해 나가고 있는 장애인들에 대한 복지에 관심을 가지게 되었던 것입니다.

졸업 후 장애인생활재활교사에 지원해 ○○년부터 ○○원에서 근무하면서 많은 것을 배우고 느꼈습니다. 자신 있게 입사했지만 막상 아이들과의 대면하기 전에 낯설고 두려웠던 기억, 아이들의 엄마 역할을 해내면서 그들의 습관에 길들여지고 함께 웃고 울면서 그 아이들의 가진 순수한 마음과 티 없는 생각에 동화되고 조금씩 행복의 참다운 의미를 알게 되었습니다.

7. 지원동기 및 포부: "겸손한 자세로 도움이 되는 사람"

공무원은 공공을 위해 공익을 추구하는 일을 하기 때문에 사기업의 이윤창출을 극대화하기 위한 일과는 성격이 많이 다르다고 생각합니다. 이윤창출이 아닌 공익을 위해 일하기 때문에 그만큼 자부심이 크고 보람이 많다고 생각합니다. 공무원이 되어 시민(주민)들을 위해 열심히 일함으로써 미력하지만 저의 역량이 연천군, 더 나아가 경기도의 사회복지행정이 발전하는 데 일조하도록 최선을 다하겠습니다.

'배워서 남주는 사회복지전담공무원이 되자' 정신보건 전문요원 수련을 받으면서 많은 환자들과 면담을 하면서 제가 알고 있는 만큼만 도움을 줄 수 있다는 것을 느꼈습니다. 도움을 주고 싶어도 제가 알지 못하면 다른 사람들에게 도움을 줄 수 없었습니다. 제가 아는 만큼 도와줄 수 있기 때문에 항상 전문성을 위해 공부하고 사회복지실천현장을 알아야 한다는 것을 깨달았습니다. 공무원이 되어서도 안주하지 않고 열심히 배우면서 힘써 노력함으로써 사회적 취약계층에게 더 많은 도움을 줄 수 있는 사회복지전담공무원이 되겠습니다.

사회복지전담공무원은 일선에서 많은 민원인들을 응대해야 합니다. 저의 작은 행동까지 공무원 전체의 모습으로 비춰질 수 있기 때문에 그만큼 더욱 주의해야 한다고 생각합니다. 정신보건 수련을 받았을 때 가정방문을 하면서 느꼈던 점은 접근성이 낮고 도움을 받을 수 있는 제도를 잘 알지 못하여 복지혜택을 받지 않고 있는 복지사각지대의 가구가 많다는 것을 알았습니다. 저는 공무원으로서 품위를 유지하면서 겸손하고 낮은 자세로 연천군민들이 보다 쉽게 편하게 찾아와서 상담하고 문제를 해결해드리는 행복도우미 ○○○ 사회복지전담공무원이 되도록 최선을 다하겠습니다.

8. 기타사항

20××년   월   일 작성자: ○ ○ ○ (인)

2 자원봉사 활동 리포트(예시)

☑ 자원봉사 활동 실적이 있는 사람에 한하여 작성 제출

응 시 직 렬: 사회복지9급
임용예정기관: 경상북도
응 시 번 호: 12345678
성   명: 홍길동

자원봉사 활동 리포트

□ **자원봉사 활동배경**

제가 이번에 자원봉사를 하게 된 이유는 정말 사소한 것에서 시작되었습니다. 어느 날 친구 미니홈페이지에 방문했다가 옛날 노래를 듣게 되었고, 옛 생각에 옛날 사진첩을 보게 되었습니다. 그러다 대학생 때 자폐아동 대상으로 봉사활동을 했던 사진들을 보고 다시 한번 하고 싶어 혹시나 하는 생각에 ○○시 자원봉사센터 사이트에 접속했다가 ○○중학교 특수반 나들이 보조교사를 구하는 글을 보게 되었습니다. 다음 날 ○○시 자원봉사센터에 직접 방문하여 봉사활동 담당 선생님과 상담한 후에 봉사하기로 결정했고 다른 활동들에 대해서도 정보를 듣고 하게 되었습니다.

□ **자원봉사 활동내용 및 특기사항**

제가 한 활동은 총 5가지입니다. 각각 하나씩 살펴보면 다음과 같습니다.

1. ○○중학교 우울증 검사: ○○중학교에서 축제가 있었습니다. 저는 그곳에서 ○시 정신보건센터에서 주관하는 정신분석조사 일을 도왔습니다. 먼저 관심있는 학생들을 모아서 검사지에 체크하는 것을 돕고, 점수가 높을 경우 상담과 함께 더욱 자세한 검사를 받아볼 의향에 대해 묻고 기록하는 역할을 하였으며 검사가 끝난 친구들에게 폴라로이드 사진을 찍어주는 역할도 하였습니다. 아이들이 처음에 검사를 권했을 때 자신은 정신이 멀쩡하다며 다른 친구들 눈치를 많이 보았습니다. 또한 점수가 높이 나와도 따로 상담을 받는 것에 대해 거부감을 느끼는 것을 보면서 우울증의 문제가 심각해지는 것에 비해 그에 대한 인식은 아직 부족하다는 것을 느꼈습니다.

2. ○○중 특수반 나들이 활동보조: 제가 원래 담당하기로 한 일은 중3 졸업앨범 촬영 장소에 함께 가고 활동 후 귀가시키는 것이었습니다. 하지만 중2 나들이 지원자가 없어 그 학생도 졸업앨범 촬영장소인 현대 미술관에 동행하였고 중3 친구가 반 아이들과 사진을 찍는 동안 중2 친구와 야외 전시품을 감상하였습니다. 점심 식사 후 특수반 선생님이 계시는 서울대공원에 잠시 들러 동물구경을 하고 귀가 시켰습니다. 아무래도 특수반 활동은 다른 봉사활동에 비해 지원자가 없어서 특수반 선생님께서 매우 힘들어 하셨습니다. 그리고 자원봉사자가 지원을 해도 대부분 나이가 많으신 어르신들이라 특수반 아이들이 별로 좋아하지 않는다고 합니다. 그래서 특수반 아이들이나 그 부모님, 선생님께서 저를 많이 좋아하셨는데 중3 학생 어머니께서 제 연락처를 학생에게 알려주어 봉사활동한 날부터 한동안 하루에 30번씩 연락이 와 당황스러웠습니다.

3. 자원봉사센터 업무보조: 원래 일정은 자원봉사자 교육과 행정업무 보조를 하는 것이었으나 갑자기 일정이 취소되어 간단한 자원봉사자 주소록 만들기 업무를 보조하였습니다. 일정이 취소되었을 때 자원봉사자들에게 미리 연락해주었다면 좋았을 텐데 센터의 미흡한 대처로 인해 여러 봉사자들이 헛걸음을 한 점이 아쉬웠습니다.

4. 김장하기: ○○시 노인복지관 주방을 빌려 김치 담그는 봉사활동을 하였습니다. ○○의 여러 여성단체 회원들과 가족 자원봉사자분들이 참여하여 500포기를 담가 배달될 가정 수만큼 통에 담았습니다. 제가 한 일은 1시간 먼저 도착하여 찾아오는 길 표시를 하고 김장을 바로 시작할 수 있도록 기본적인 세팅을 하고 참석자 출석체크를 하는 것이었습니다. 그리고 김장을 하면서 필요한 물품공급과 어린이 자원봉사자 활동지시와 보조, 점심식사 준비, 배달되는 지역별로 김치통 분류, 청소와 마무리를 하였습니다. 각 봉사자분들이 김장하시는 방법이 달라 의견 충돌이 잦았습니다. 봉사활동센터 측에서 확실하게 기준을 정했으면 좋았을 텐데 센터도 처음 하는 사업이라서 중심을 못 잡아 다소 어려움이 있었습니다.

5. 연탄배달: 연탄배달 봉사활동을 하였습니다. 대상자가 모두 ○○동에 살고 있어 ○○동 주민센터에 모여서 2조로 나누어 움직였습니다. 총 2천장인데 저희 조가 동 주민센터에서 거리가 가까워 2,000장을 세 가정에 나누어 배달하였습니다. 어느 가정은 골목이 좁아 차가 들어갈 수 없어서 40여 명이 일렬로 서서 릴레이 달리기 식으로 운반을 했습니다. 하지만 대부분의 가정은 일렬로 서서 던져서 주고받을 수 있는 거리였습니다. 만약 인원이 조금이라도 적었더라면 정말 힘든 활동이 되었을 것입니다. 좁은 골목에서도 운반할 수 있는 장비가 마련되어 혹여나 지원이 적었을 때에도 운반이 용이했으면 좋겠습니다. 또한 대상자 가정을 잘 찾지 못해서 연탄차량과 봉사자들이 길을 헤맸는데 주소만 아는 것이 아니라 정확한 사전답사가 필요하다고 생각합니다.

□ 자원봉사 활동 후 느낀 점과 자원봉사에 대한 자신의 생각 등

이번 자원봉사를 하고 느낀 점은 먼저 지원자가 다양해졌다는 것입니다. 예전에 봉사활동 할 때에는 진학을 위해 혹은 취업을 위해 봉사활동이 필요한 학생들이 많았는데 김장할 때는 가족봉사자도 많았고 연탄배달과 우울증검사를 할 때에는 기업자원봉사자도 많이 참여하는 모습을 볼 수 있었습니다. 그러한 모습을 보면서 저도 취업을 하고, 한 가정의 엄마가 되어서도 정기적인 것은 어려울지라도 틈틈이 봉사활동을 할 수 있겠다고 생각했습니다.

이번에 봉사활동을 하게 된 계기가 이전의 봉사활동 경험이라는 것을 생각했을 때에 자원봉사란 어떻게 시작했느냐가 중요치 않다고 생각합니다. 자신의 목적을 위해 수단으로 선택을 했든 다른 사람의 부탁으로 어쩔 수 없이 시작을 했든 일단 하게 되면 그 안에서 자원봉사의 기쁨을 느낄 수 있는 소지는 충분하다고 생각합니다. 그렇게 자원봉사의 기쁨을 알게 된 사람은 이제 스스로 진정한 자원봉사 활동을 할 수 있을 것입니다.

□ 자원봉사 활성화 방안

대학교에서 교양과목으로 '스포츠마사지'라는 과목을 들었을 때 원하는 사람은 2급 자격증 시험을 보았습니다. 그리고 합격자 중 어르신이 계시는 시설에서 마사지 자원봉사 활동에 참여한 사람에 한해서 자격증을 발급받았습니다. 이처럼 자격증을 발부하는 기관과 그 자격증 내용과 연관이 있는 기관이 연계해서 자원봉사를 해야만 자격증 발급이 된다면 따로 사전교육 없이 고급 인력을 얻을 수 있고 봉사자 입장에서도 그 자격증으로 어떻게 사람을 도울 수 있는지 알 수 있는 기회가 될 수 있다고 생각합니다. 또한 지역사회 내에 사회복지학과나 특수 교육학과가 있는 학교와 자원봉사센터와 연계하여 장애인에 대한 자원봉사자 교육을 일반인들과 함께 나누어 실시하여 누구라도 장애인 대상 봉사에 거리낌이 없이 지원할 수 있는 발판이 마련되면 좋겠다고 생각합니다.

응 시 직 렬 : 사회복지9급
임용예정기관 : 대구광역시
응 시 번 호 : 12345678
성   명 : 홍길동

이 력 서

응시직류	사회복지	응시번호		12345678	사진 (반명함판)
임용예정기관	대구광역시				
성명	○ ○ ○				
주민등록번호	800000 – 10000000				
등록기준지	서울시 ○○구 ○○동 00				
현 주 소	경기도 ○○시 ○○동 00				

연 락 처	전화) 031 – 000 – 0000	이메일	00@gmail.com
	휴대폰) 010 – 0000 – 0000		

직무관련 학교교육	초등학교부터 학교교육을 받은 총 년수? 년			
	최종학력	○○대학교 졸업		
	전공	사회복지학	부전공	교육심리학

자격·면허 취득사항	년 월 일	취득자격·면허 종류	년 월 일	취득자격·면허 종류
	0년 0월	사회복지사 1급	0년 0월	정보처리기사 2급
	0년 0월	컴퓨터활용능력 1급	0년 0월	한국사능력 2급
	0년 0월	2종 보통 면허		

경력사항	근무기간	기관명	직위	담당업무	비고
	0년 0월	○○학교	인턴	보조교사	
	0년 0월	일본○○대학교	실습생	사회복지실습	

외국어 능력	영어(상), 일본어(중)

병역관련	병역의무에 대하여 해당되는 곳에 ✓ 하시오 ☑ 병역필(기간 : 2000년 0월 0일 ~ 2000년 0월 0일) ☐ 병역미필 또는 면제

위 사항은 사실과 틀림없음을 확인합니다.

지원날짜 : 20××. . .
지 원 자 : ○ ○ ○ (인)

4 | 부산광역시 주요 현안

1 시장님 취임사 관련 사항

1 동북아 해양 수도 부산: 초대형 항만 + 국제규모 공항 + 유라시아 대륙철도를 위한 철도시설 →
트라이포트(Triport)

2 시민 행복 도시: 현장형 복지제도 + 맞춤형 보육 프로그램 + 이웃 자치단체와 상생협력

3 안전도시 부산: 안전도시 부산 형성(시민명령 1호) → 재난, 방사능으로부터 안전한 부산, 공기와
수돗물을 안심하고 마시고 먹을 수 있는 부산

2 부산핵심 사업

1 북항 재개발

① 위치: 부산항 북항 연안부두~4부두 일원

② 도입기능: 해양공원 등 친수시설, 항만시설, 상업·업무 등 복합기능

③ 배경

　ㄱ. 부산 신항개장 등 여건변화에 따른 부산항 항만 기능 재편 필요성 대두

　ㄴ. 사회환경 변화에 따른 워터프런트(물가, 연안으로 번역되나 도시의 개념이 포함됨) 개발 요구 증대

　ㄷ. 국제여객터미널 등 통합 여객터미널 필요

　ㄹ. 원도심 등 주변 지역과의 연계 개발 필요

④ 목적

　ㄱ. 국제해양 관광거점으로 육성 → 동남해안 관광벨트 중심으로 육성

　ㄴ. 유라시아 관문 및 해륙교통의 요충지로 개발 → 해륙 교통의 관문역할 수행

　ㄷ. 친수공간 조성 → 워터프런트 조성으로 여가 공간 확보

　ㄹ. 원도심 재생 → 기존도심과의 통합개발로 부산 재창조

2 오시리아 관광단지 (동부산 관광단지)

→ 기장 팔경 오랑대/시랑대 + 접미사 '이아': '오시라'라는 의미가 담겨져 있음

① 위치: 기장 대변, 시랑리 주변

② 주요 도입시설: 테마파크, 아쿠아월드, 랜드마크 호텔, 복합쇼핑몰, 골프장 등

③ 개발 콘셉트: The city of stars(건강하고 행복한 삶을 꿈꾸는 모든 이들을 위해 자기만의 스타성을
발견하고 체험하는 공간)

3 국제산업물류도시

① 위치: 낙동강 하구 강서지역 일원

② 필요성

   ㄱ. 국가적

      ⓐ 부산신항의 명실상부한 국제허브 항만 육성과 국가경쟁력강화 기여

      ⓑ 김해국제공항과 연계한 배후지역 개발 추진

      ⓒ 항만과 배후 산업물류클러스터와의 연계 강화

      ⓓ 부산신항을 '물동량 창출형' 고부가가치 항만으로 변화시켜 국가적 항만물류 경쟁력 강화

      ⓔ 국가발전의 거점으로 활용 필요

      ⓕ 항만, 공항, 철도, 도로, 하천 등 국내외 물류네트워크상 최적 입지 여건을 보유하고 있는 강서지역
        의 경제적 가치 최대한 활용

   ㄴ. 지역적 차원

      ⓐ 물류비 절감, 산업클러스터 구축, 인적자원 활용 차원에서 최고의 경쟁력을 갖춘 강서 지역에 대규
        모 산업 물류단지 조성

      ⓑ 국내외 우수기업 유치로 우리나라 최대 산업벨트인 동남광역권 경제회생의 중핵 거점으로 발전시
        켜 국가균형 발전에 기여

      ⓒ 부산권의 심각한 용지부족 문제의 근원적 해소

      ⓓ 글로벌 부품소재공급기지, 복합물류단지, 외국인투자단지로 적극 활용

③ 강서지역의 개발잠재력

   ㄱ. 국내적

      ⓐ 부산신항 및 국제공항 소재, 경제자유구역 인접

      ⓑ 국가기간산업이 밀집된 동남권 산업벨트의 지리적 중심

      ⓒ 향후 한반도대운하, 대륙횡단철도의 기종점 위치

      ⓓ 경부축, 영호남축으로 도로·철도 등 광역교통망 발달

      ⓔ 주간선도로는 남북축으로 거제에서 대구 그리고 부산 사하를 따라 구축되어 있으며 후에는 밀양과
        진해 그리고 김해국제공항을 중심으로 도로가 구축될 예정

      ⓕ 동서축으로는 진해와 사하가 연결되어 있고 부산과 삼량진이 연결되어 있으며 차후 부산과 창원을
        중심으로 도로가 구축될 예정

      ⓖ 고속도로는 부산과 마산 그리고 부산과 대구로 연결되어 있으며 마산과 부산은 김해를 통하는 길과
        삼량진을 통하는 길이 있음

   ㄴ. 국제적

      ⓐ 국제항만, 공항소재로 글로벌 물류네트워크상의 중심

        ※ 향후 북극항로 개설시 미주와 구주항로를 연결하는 세계 최강 물류입지 확보 (부산항 → 로테르
          담항까지 10일 단축, 40% 절감)

      ⓑ 중국 동부, 러시아 극동해안 도시들과의 물류네트워크 구축 용이

ⓒ 일본 규슈지역과의 광역경제권 형성의 링크 역할 가능

ㄷ. 세계로 향한 부산의 세 발전축

ⓐ 경부선·경의선과 조선통신사 라인을 잇는 원부산권

ⓑ 동러시아·일본서부해안과 한반도 동부해안을 잇는 동부산축

ⓒ 아시아·유럽·미주를 잇는 대한해협의 동아시아 게이트 서부산축

4 부산혁신도시

① 배경: 지역의 산업·대학·연구기관·지자체가 협력하여 새로운 성장을 촉진하는 특성화 된 미래형 도시를 만드는 것이 혁신도시 추진의 배경. 혁신도시를 통해 지역과 국가경쟁력을 강화시킨 예는 프랑스의 소피아 앙티폴리스, 일본의 도요타시, 스웨덴의 시스타 등 첨단 산업도시의 사례에서 찾아볼 수 있다.

② 개요: 3개지구 + 공동주거지

ㄱ. 동삼지구(해양·수산기능): 4개 기관

한국해양과학기술원, 한국해양수산개발원, 국립해양조사원, 국립수산물품질관리원

ㄴ. 문현지구(금융·기타기능): 5개 기관

한국자산관리공사, 한국주택금융공사, 한국예탁결제원, 주택도시보증공사, 한국남부발 전(주)

ㄷ. 센텀지구(영화·영상기능): 3개 기관

영화진흥위원회, 영상물등급위원회, 게임물관리위원회

ㄹ. 개별이전: 1개 기관 한국청소년상담복지개발원(센텀사이언스파크 B/D)

ㅁ. 대연지구(공동주거지)

5 산복도로 르네상스 프로젝트

① 대상지역: 원도심 산복도로 일원 주거지역(6개구)

대상 자치구: 중구, 서구, 동구, 부산진구, 사하구, 사상구

② 사업방향: 공간·생활·문화재생을 통한 자력수복형 종합재생

③ 사업권역 확대

ㄱ. 대상지역: 기존권역에 포함되지 않은 산복도로 일원 주거지

6개구(영도·남·부산진·연제·금정·동래구)

ㄴ. 시행방안: 국비확보 추진 - 「도시재생특별법」의 도시재생사업 반영 추진(시비 매칭)

④ 성과

ㄱ. 문화 및 관광인프라 구축

ⓐ 스토리텔링 공간조성 및 역사조명

금수현의 음악살롱, 밀다원 시대, 장기려 더 나눔센터, 이바구 공작소, 유치환의 우체통, 김민부 전망대, 최민식 사진전시관, 초량 이바구길 등

ⓑ 문화공간 및 예술인 창작공간 조성

아미 문화학습관, 기찻집 예술체험장, 감내어울터, 작은박물관, 작은미술관, 감천문 화마을 빈집레지던시, 포토존 등

ⓒ 우물터·버스쉘터 특화, 담장·골목가꾸기

우물터 특화, 버스쉘터, 조형물을 활용한 담장가꾸기, 이바구길, 골목길 환경개선 등

ⓓ 산복도로 시티투어 버스 운행, 관광해설사 양성 운영

- 산복도로 투어 "만디버스" 운행 및 관광버스 운행

- 감천문화마을 해설사, 초량 이바구길 문화해설사 등

ⓔ 국내외 관광객 증가, 지자체 벤치마킹

- 감천문화마을('11년 3만명 → '12년 10만명 → '13년 30만명 → '14년 80만명 → '15년 140만명 → '16년 185만명 → '17년 205만명), 초량 이바구길 직·간접 일자리 창출 및 경제적 파급효과 지역경제 활성화

- 중앙정부·지자체, 외국인(日·中·탄자니아·우간다) 관계자 등 단체방문

ⓕ 홍보 성과

- 국내외 언론 소개(CNN: 아시아에서 가장 예술적인 마을 Is this Asia's artsiest town?)

- 영화, 드라마 등 산복도로 가치의 발견

- 감천문화마을 도시재생 디자인 모델로 국제교류 협력 추진 등

5 대구광역시 투어 보고서

1 근대로의 여행 2코스 근대문화골목(6월 30일 방문)

① 좋았던 점

ㄱ. 전통과 현대가 조화를 이루고 있어 아름다웠음.

ㄴ. 비교적 평탄하고 그리 길지 않은 코스라 걷기가 좋았음.

ㄷ. 한의약박물관에 체험할 수 있는 것이 많았음.

ㄹ. 관광안내소에서 친절한 안내를 받을 수 있었음.

ㅁ. 문화해설사 분과 함께 투어를 했는데 친절하고 자세하게 설명해 주셨음.

② 보완해야 할 점

ㄱ. 외국어 안내가 부족함(주로 영어위주)

ㄴ. 3·1 만세 운동길에 장애인이 이용할 수 있는 보행로가 없었음.

ㄷ. 관광안내소가 코스 시작 부근에만 있었음(코스 끝부분에도 있으면 더 좋을 것 같음).

ㄹ. 쓰레기통이 부족함.

ㅁ. 관광객이 많은 일요일에 식당과 선교사박물관이 오픈하지 않음.

ㅂ. 한의약박물관에서 진골목으로 가는 길 안내가 부족함.

2 시청 본관(7월 3일 방문)

① 좋았던 점

ㄱ. 입구에 청경이 지키고 있어 보안이 철저함.

ㄴ. 공무원분들이 매우 친절함.

ㄷ. 몸이 불편한 장애인 분들을 배려하여 장애인과가 1층에 위치함.

ㄹ. 민원실이 1층에 있어 방문하기가 편리함.

ㅁ. 우산을 보관하는 1회용 비닐대신 빗물제거기계를 구비함.

ㅂ. 전기차 충전소가 마련되어있음.

ㅅ. 6층에 있는 스마트오피스가 있어 외부인과 함께 회의를 할때 사용이 가능함.

② 보완해야 할 점

ㄱ. 엘리베이터가 공사 중이라 한대만 이용 가능하여 불편함.

ㄴ. 계단이 좁음.

ㄷ. 오래된 건물이라 시설이 노후됨.

ㄹ. 1층이 좁고 편의 시설이 없음.

ㅁ. 주차공간이 부족함.

ㅂ. 건물 밖 인도가 좁아 위험함.

3 서문시장 야시장(7월 3일 방문)

① 좋았던 점

ㄱ. 음식의 종류가 다양하고 질이 좋았음.

ㄴ. 카드결제가 가능함.

ㄷ. 통로가 넓어 통행이 용이함.

ㄹ. 먹거리뿐만 아니라 기념품(그릇, 장난감 등)도 판매하는 등 판매상품이 다양함.

ㅁ. 대중교통 이용이 편리함.

ㅂ. 버스킹 등 문화공연도 관람 가능함.

ㅅ. 모든 상인들이 친절함.

② 보완해야 할 점

ㄱ. 관광안내소가 금, 토, 일요일에만 오픈함.

ㄴ. 야시장으로 향하는 길목에 계단, 울퉁불퉁한 바닥 등으로 장애인이 이용하기 불편한 점이 있음.

ㄷ. 테이블 위생상태가 불량함.

ㄹ. 야시장의 위치를 안내하는 안내판이나 표지판이 미흡함.

ㅁ. 야시장 전체에 천장이 설치되어 있지는 않아서 비 오는 날에는 이용하기 불편함.

6 대구광역시 소개자료

1 시조 / 시목 / 시화

① 시조: 독수리

대구를 대표하는 새는 활달하고 진취적인 기상과 개척자적 시민정신을 나타내는 독수리이다(1983. 7. 1. 지정).

② 시목: 전나무

전나무는 대구시민의 강직성과 영원성, 그리고 곧게 뻗어가는 기상을 대표하는 나무이다(1972. 7. 18. 지정).

③ 시화: 목련

대구를 나타내는 꽃은 목련은 순박하고 순결하며 희생정신의 시민기질을 보여준다(1972. 7. 18. 지정).

2 시정슬로건

자유와 활력이 넘치는
파워풀 대구
POWERFUL DAEGU

3 슬로건 의미

자유와 활력이 넘치는 파워풀 대구를 건설해 나감을 표현

4 심벌, 로고(혼합형)

삼각형과 타원을 기본도형으로 해서 대구를 에워싸고 있는 「팔공산과 낙동강」의 이미지를 형상화한 것으로 미래지향적 진취성과 세계지향적 개방성을 추구하는 활기에 가득 찬 도시적 이미지를 표현하고 있습니다 (1996. 10. 10. 지정).

5 대구 CIP

6 대구 캐릭터

대구광역시의 캐릭터는 한국의 전통적인 비천상(飛天像) 문양의 미적 감각을 21세기 세계적 섬유패션도시로 발전하고자 하는 대구시의 이미지와 조화되게 형상화한 것으로서 섬유패션도시를 상징하는 [패션이]로 이름을 지었습니다.

7 브랜드 슬로건: "POWERFUL DAEGU"

자유와 활력이 넘치는
파워풀 대구
POWERFUL DAEGU

자유와 활력이 넘치는 파워풀 대구

---

7 부산광역시 소개자료

1 도시비전

시민이 행복한 동북아 해양수도 부산

2 도시목표

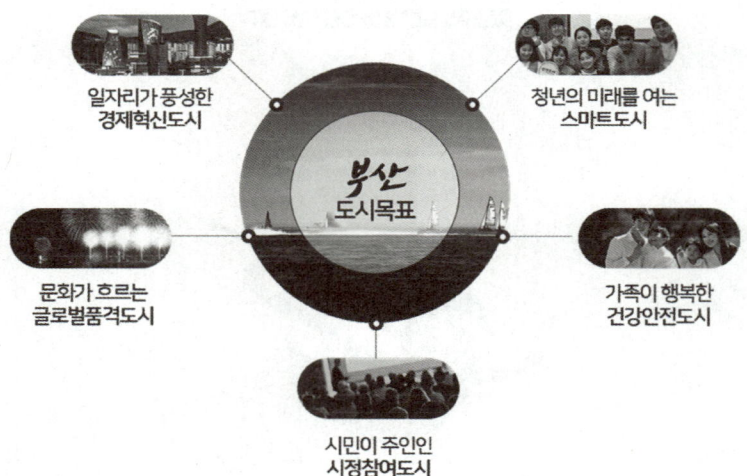

3 부산미래도시모형

① 광역중심

도심의 통합을 통해 광복~서면~해운대~강서로 이어지는 경제권 중심지

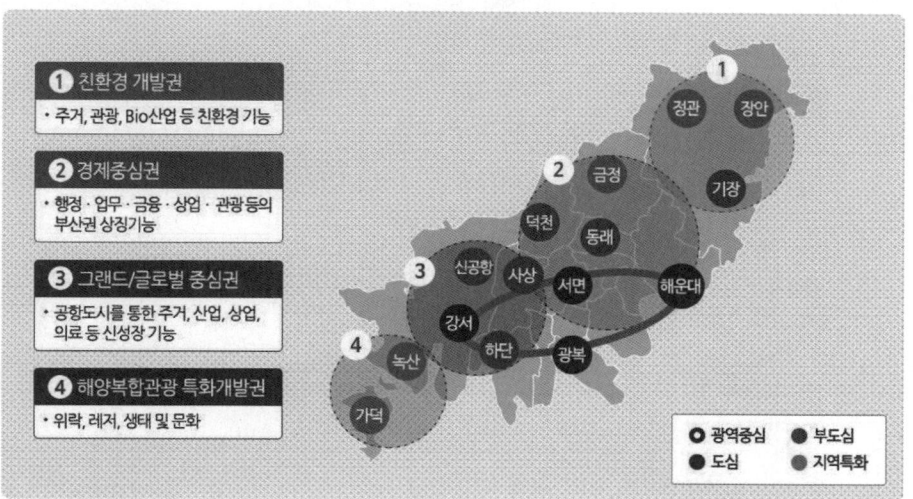

① 친환경 개발권
· 주거, 관광, Bio산업 등 친환경 기능

② 경제중심권
· 행정·업무·금융·상업·관광등의 부산권 상징기능

③ 그랜드/글로벌 중심권
· 공항도시를 통한 주거, 산업, 상업, 의료 등 신성장 기능

④ 해양복합관광 특화개발권
· 위락, 레저, 생태 및 문화

○ 광역중심 ● 부도심
● 도심 ● 지역특화

② 6부도심

　ㄱ. 하단

　　- 상업 및 기간산업의 중심

　　- 강서 및 명지와 연계산 서부산권 중심지 기능 강화

　ㄴ. 신공항

　　강서중생활권의 중심기능 부산광역경제권(신공항 등) 개방(연계) 중심기능

　ㄷ. 덕천

　　- 상업 및 업무기능의 중심

　　- 주변 위성도시(양산과 김해)의 중심기능

　ㄹ. 동래

　　고도심으로서 교육·문화·관광의 중심 관광 및 문화기능 강화

　ㅁ. 기장

　　동부산 관광단지를 중심으로 한 관광기능강화 주거기능 중심

　ㅂ. 사상

　　- 역세권개발 및 기간산업의 중심

　　- 노후산업단지 재생 등을 통한 구조고도화로 도시첨단산업의 중심

③ 5지역 특화

　ㄱ. 가덕: 해양복합관광 중심기능

　ㄴ. 녹산: 물류중심기능

　ㄷ. 금정: MICE·영상·영화 중심

　ㄹ. 정관: 산업 및 물류 중심

　ㅁ. 장안: 첨단의료·녹색산업의 중심

4 부산의 지역상징

동백꽃

시화 - 동백꽃 1970. 3. 1 지정
시목 - 동백나무 1970. 7. 1 지정
진녹색의 잎과 진홍색의 꽃의 조화는 푸른 바다와, 사랑이 많은 시민의 정신을 그려내고, 싱싱
하고 빛이 나는 진녹색 활엽은 시민의 젊음과 의욕을 나타낸다.

갈매기

시조 - 갈매기 1978. 7. 1 지정
새하얀 날개와 몸은 백의민족을 상징한다. 끈기있게 먼 뱃길을 따라 하늘을 나는 갈매기의 강인
함은 부산 시민의 정신을 잘 나타내기 때문에 부산의 새로 선정되었다.

고등어

시어 - 고등어 2011. 7. 6 지정
『Dynamic, Powerful, Speedy』
태평양을 누비는 강한 힘으로 목표를 향해 끊임없이 도약하는 해양수산도시 부산을 상징한다.

5 부산체

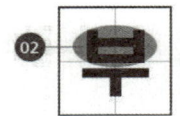

금번에 개발된 서체는 주로 문서나 인쇄물, 각종 안내판의 제목과 본문에 사용할 수 있도록 낱글자의 완성도 뿐 아니라, 글꼴의 전체적인 이미지 통일과 다양한 글꼴 적용을 고려하여 가독성 있는 고품격의 부산시 전용 글꼴로 개발되었다.

- 서체의 명칭은 "**부산체**"로 정한다.
- 부산시는 앞으로 고유글꼴의 추가개발을 통해 **한글의 우수성과 아름다움을 해양수도의 이미지와 결합하여 디자인 도시로 거듭나기 위한 토대를 마련**하고 문화적 자긍심을 높이는 데에 더욱더 힘써 나갈 계획이다.
- 부산체 산업재산권: 부산체는 부산광역시가 배타적인 산업재산권을 가짐으로 지속적이며, 안정적으로 누구나 무료로 다운로드 받아 자유롭게 사용할 수 있으며, 영상매체, 인쇄매체, 웹, 모바일 등 다양한 매체에 자유롭게 사용이 가능하며, 특별한 허가 절차 없이 사용할 수 있습니다. 아울러, 부산체를 유료로 양도하거나 판매하는 등 상업적 행위는 부산광역시의 배타적인 산업재산권으로 인하여 금지되는 것입니다.

6 부산시민헌장

부산시민헌장
Busan Citizen's Charter

가야와 신라의 숨결속에 낙동강의 얼과 금정산의 슬기가 담긴
부산은 민족의 자존을 지키고 민주의 새 역사를 일궈낸 자유의 도시이다.

부산은 대양의 관문이며 대륙을 향한 교두보로 동북아의 중심에서
우뚝 서서 세계의 인재와 자원을 모으는 역동의 해양도시이다.

우리는 부산의 주인임을 자랑스럽게 여기며 진취적 기상으로
미래를 개척하며 지역번영과 인류 평화에 이바지 할 것이다.

1 우리는 인권을 우선하고 복지를 보장하는 안전사회를 꿈꾼다.

2 우리는 법을 준수하고 질서를 지키는 정의사회를 가꾼다.

3 우리는 생명을 존중하고 자연을 사랑하는 생태사회를 가꾼다.

4 우리는 창의를 중시하고 전통을 이어가는 문화사회를 가꾼다.

5 우리는 이웃과 화합하고 봉사를 실행하는 공동체를 가꾼다.

부산시민헌장 해설문

부산시민헌장의 의의는 우리의 삶의 터전을 이루고 있는 부산의 역사적 근원과 부산정신의 뿌리를 찾아 부산시민의 정체성을 담아내는 한편 오늘날 부산이 차지하고 있는 도시의 위상과 역동성의 근원을 파악하고 미래의 전망과 이를 실현하기 위해서 부산과 부산시민이 나아갈 바를 제시하는 것입니다. 우리 부산은 역사적으로 가야와 신라의 정신을 면면히 이어오고 있습니다.

이러한 가야와 신라의 정신은 지리적으로 낙동강을 근원으로 커다란 흐름을 형성하였고, 부산의 진산으로 일컬어지는 금정산의 정기를 모아 삶의 슬기로 승화시켜 왔습니다. 근대사적으로 부산은 부산항일학생운동을 위시한 수많은 항쟁을 통하여 민족해방을 이루기 위한 실천적 모습을 보여 왔고, 백산 안희제 선생, 박차정 여사 등 수많은 항일독립투사를 길러내어 민족의 자존을 지키는 데 앞장섰던 고장입니다. 이러한 역사적 의지는 현대사에 이르러 낙동강을 교두보로 하여 한국전쟁의 위기를 막아낸 것은 물론 4.19혁명, 부산민주항쟁을 통하여 민주화의 기수인 자유의 도시로 그 정신을 가다듬어 왔습니다.

지경학적으로 한반도 육지부의 남단에 위치하고 있는 부산은 5대양으로 넘나드는 관문이 되고 6대주로 뻗어나가는 교두보라는 위상을 지닙니다. 또한 부산은 한국, 중국, 일본으로 이루어지는 동북아시아의 중심도시라는 위상과 역할을 담지하고 있는 곳입니다. 그리하여 부산은 세계의 인재와 자원이 모여드는 국제도시로서의 역동성을 고유한 기질로서 간직하고 있습니다. 이러한 조상의 얼과 슬기를 이어받은 부산시민들은 민족자존과 자유의 이념을 바탕으로 삼고 오랜 기간동안 세계와의 교류를 통하여 키워온 진취적 기상과 굳은 주인의식으로 시민 개개인과 부산의 미래를 개척함으로써 건실한 경제적 기반 위에 복된 삶이 영그는 지역번영을 이루는 한편 인류 평화에 이바지하는 세계도시로 발전해 나갈 것입니다.

이를 위하여 우리 모두는 뜻을 모으고 힘을 합쳐서 다음과 같은 사회를 건설해 나가고자 합니다.

1	어느 누구도 그리고 어떤 이유로도 침범할 수 없는 천부적 권리로서 인권이 우선적으로 보호받고 모든 시민들이 인간다운 삶을 영위할 수 있도록 복지가 보장되는 안전사회를 가꾸어 나갑시다.
2	우리 모두가 최소한의 도덕률인 법을 준수하고 질서를 지킴으로써 부정과 부패가 없는 투명한 사회를 만들고 억압과 차별로부터 자유로운 정의사회를 이룩합시다.
3	모든 살아 있는 생명체의 존귀함을 인식하여 생명존중을 우리가 만들어낼 도시문명의 근간으로 삼고 오늘 우리의 삶을 풍요롭게 지켜 줄 뿐만 아니라 미래세대 역시 그 가치를 향유할 권리를 갖는 자연을 사랑으로 보호하고 가꿈으로써 인간과 자연이 화합하는 건강한 생태사회를 만들어갑시다.
4	견결한 역사적 전통과 융성한 문화적 자산을 보존하고 가꾸어서 지역문화의 뿌리를 튼튼히 함은 물론 풍성한 문화적 혜택을 향유하고, 창의적 사고와 기풍을 중시하여 전통을 발전적으로 승화시킴으로써 정신적 풍요로움이 생활세계를 감싸는 문화사회를 키워 나갑시다.
5	이웃을 내 가족과 같이 여김으로써 서로 화합하고, 힘들고 어려운 삶을 이어가는 지역주민을 도우기 위해 서로를 따뜻이 배려하면서 자신이 가진 것을 베풀어 봉사하는 일을 생활화함으로써 부산시민 모두가 하나의 공동체 구성원이 되는 공동체를 육성해 나가도록 합시다.

8 경상남도 소개자료

1 일반현황

① 기본현황

■ 일반 현황(2026.2.1.기준)

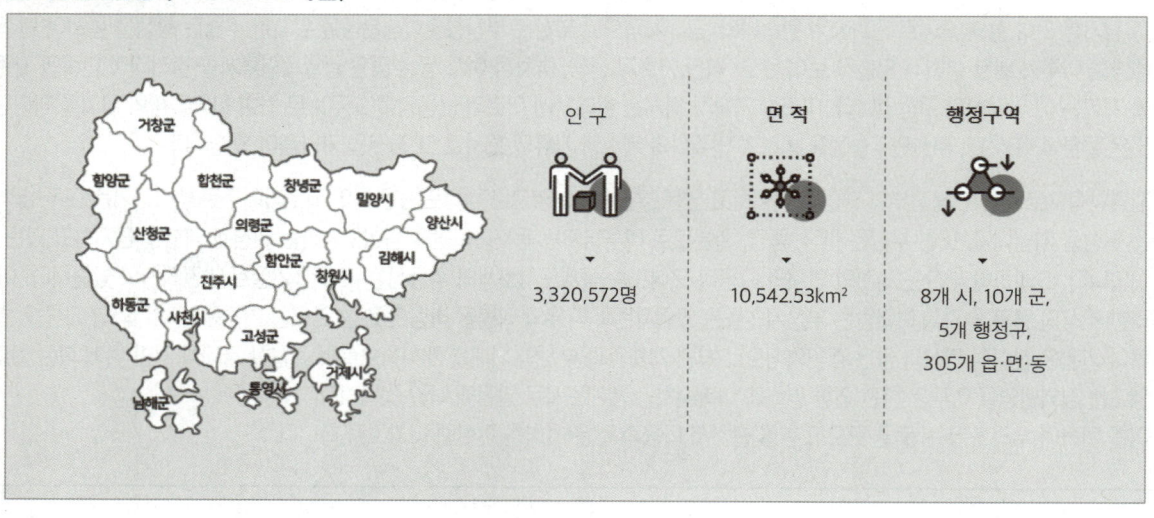

인구
3,320,572명

면 적
10,542.53km²

행정구역
8개 시, 10개 군,
5개 행정구,
305개 읍·면·동

② 자연환경

■ 위치

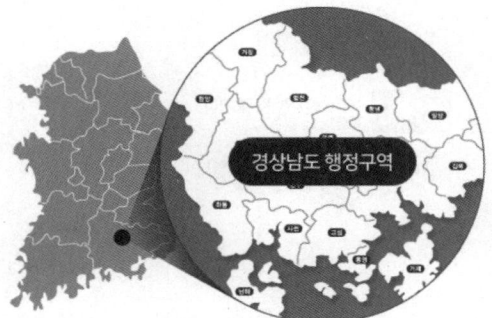

경상남도는 한반도의 동남단에 위치하여 동쪽으로는 부산·울산광역시와 남쪽으로는 남해와 접해 있으며, 북쪽으로는 대구광역시의 달성, 경북의 청도, 고령, 성주, 김천과 접해 있고, 서쪽으로는 소백산맥을 경계로 전라북도의 무주, 장수, 남원, 전라남도의 구례, 광양과 접해 있다. 경상남도의 지리적 좌표는 북위 34도 29분에서 35도 54분, 동경 127도 34분에서 129도 13분에 걸쳐 있다. 위도상 비슷한 지역은 일본의 교토(京都)와 나고야(名古屋), 지중해상 키프로스(Kypros), 미국의 오클라호마(Oklahoma) 등 이다.

■ 면적

경상남도의 현재 면적은 10,538㎢이다. 이는 전국 면적의 약 10.5%를 차지하며 17개 시·도 가운데 경북·강원·전남에 이어 4번째이다. 거제와 남해를 비롯한 400여 개의 섬이 전체 면적의 약 8.5%를 차지한다.

■ 기후

경상남도의 기후는 한반도의 동남단(저위도)에 위치하고, 남쪽에는 바다에 접하여 바다의 영향이 크며, 북서쪽에는 높은 산맥이 가로 놓여 있어 겨울의 찬 서북풍을 막음으로써 전체적으로 온화한 편이다. 경남내륙지방의 연평균기온은 12~13℃, 강수량은 1,200~1,500mm이며 1월과 8월의 평균기온은 각각 -0.5, 25.1℃이다. 경남해안지방의 연평균기온은 14~15℃, 강수량은 1,400~1,800mm이며 평균기온은 각각 2.3, 25.9℃이다.

■ 지형

경상남도의 동쪽에는 태백산맥의 여맥(餘脈)이 뻗어 있고, 중앙부에는 낙동강이 흐르며, 서쪽에는 비교적 험준한 소백산맥이 호남지방과 경계를 이루고 있다. 지대는 표고(標高) 100m 이하의 저지대가 37%, 100~500m 지대가 49%, 500~1,000m의 지대가 12%, 1,000m 이상의 고지대는 2%에 불과하다. 동부 산악 지대는 태백산맥의 여맥(餘脈)인 천황산(1,189m), 신불산(1,209m) 등 산악들이 발달해 있다. 중앙 저지대는 낙동강 강변 지대로 낙동강은 본도에 들어와서 각 지류를 합하여 남해로 유입하는데 하류의 김해 지방에서 삼각주 평야를 이루었다. 서부 산간 지대는 우리 도에서 가장 험준한 지역으로 소백산맥의 지리산(1,915m), 덕유산(1,614m), 백운산(1,279m) 등 고봉(高峯)이 이어 있으며, 특히 지리산 주변이 가장 험준하다.

■ 해안과 바다

남해안은 소백산맥의 남쪽 말단부가 침몰하여 수심이 깊고 출입이 심한 만입과 크고 작은 섬이 산재하는 다도해를 이룬다. 특히 통영 중심의 한려수도 일대는 충무공의 전승지와 아울러 관광지로서 해상국립공원으로 되어 있다.

2 경남의 상징물

① 심벌마크

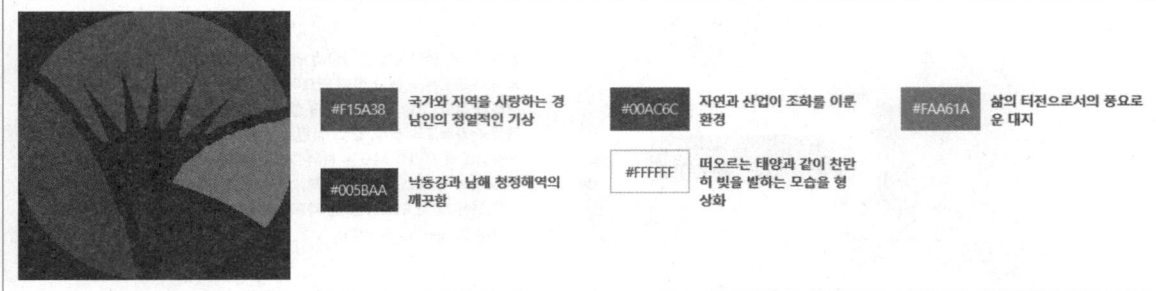

- 전체적으로 경남의 빼어난 자연 경관과 경남인의 불굴의 기상이 서로 만나 태양처럼 희망찬 미래를 열어 나간다는 뜻을 담고 있음. 심벌마크는 다섯 개 부분으로 구성
- 전체적인 원의 형상은 태양·산·바다·대지 등 자연과 문화·사회·지식·기술 등 경남 인의 역량이 서로 융합하여 동·서·남·북 경남을 고루 발전하게 한다는 화합의 정신을 바탕에 깔고 있으며, 나아가 우리 경남이 21세기 환태평양 시대 첨단산업과 문화·관광 산업이 조화롭게 발전하여 세계 속의 경남으로 무한히 뻗어 나간다는 것을 상징함(1999. 11. 22. 지정)

② 브랜드 슬로건

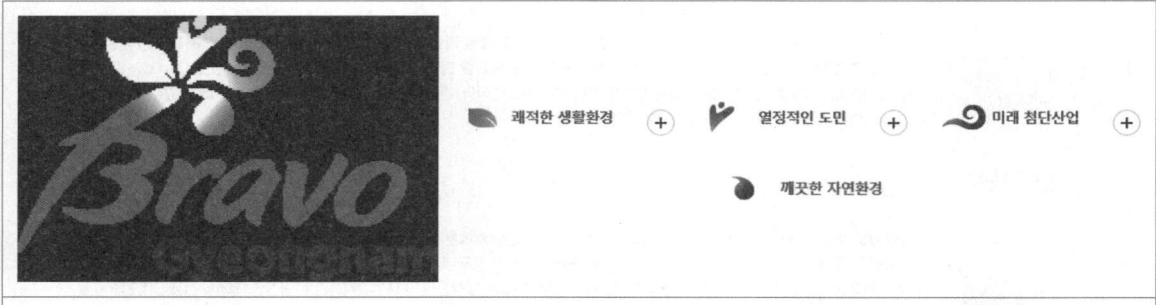

- "350만 도민의 꿈과 경남미래 핵심산업의 희망을 만들어 가고 있습니다. 브라보 경남!" 쾌적한 생활환경, 열정적인 도민, 미래첨단산업, 깨끗한 자연환경을 갖춘 '경상남도의 다양한 자산과 가능성을 축포가 터지는 모습으로 형상화하였으며, 자연스러운 서체와 그래픽 요소를 결합해 밝고 친근하게 표현하였습니다(2015. 7. 1. 지정).

③ 브랜드 슬로건 표시석

- 종류 : 반려암(산청군 기증)
- 규모 : 넓이 3.1m, 높이 2.1m, 무게 16톤
- 위치 : 도청광장(경남200 - 화합과 상승의 탑 앞)

④ 캐릭터: 경남이와 경이

- 경상남도 캐릭터 "경남이와 경이"는 수려한 자연환경, 유서 깊은 역사와 찬란한 전통문화를 바탕으로 세계로 미래로 뻗어 가는 경상남도의 기상을 나타내고 있으며, 우리 도의 중점 육성 산업인 첨단 기계산업과 접목시켜 밝고 힘찬 모습을 현대적 감각으로 디자인하였다.
- 가장 핵심 부분인 톱니바퀴를 부드럽고 친근감 있는 어린아이의 모습으로 의인화하였으며 "경남이"는 남인의 기상과 불굴의 의지를, "경이"는 맑고 따뜻하고 희망에 가득 찬 경남인의 모습을 역동적으로 표현하였다(2001. 11. 28. 지정).

⑤ 그 외 상징물

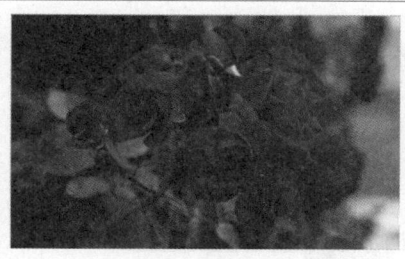

- 도화: 장미
  정열적인 색깔과 고상하고 향기로운 꽃내음으로 보는 사람을 매료시키는 장미는 강인한 도민정신에 정열을 더하여 세계를 향해 발돋움하는 경남의 발전과 무한한 가능성을 상징한다(1973. 7. 17. 지정).

- 도목: 느티나무
  목질이 강하고 수엽이 풍성한 거목으로서 수명이 길어 무궁한 발전을 상징한다. 예로부터 주민들이 즐겨찾는 모임의 장으로서 민주주의의 실천 의지와 지방자치 정신을 나타낸다(1978. 5. 13. 지정).

- 도조: 백로
  백로의 우아하고 고귀한 자태는 도민 누구에게나 친근감을 준다. 청결, 강직하고 주체성이 강한 성질은 도민의 기질과 흡사하며, (1978. 6. 9. 지정).

- 도어: 볼락
  볼락의 도약하는 모습은 도민의 진취적인 기상과 세계를 향해 힘차게 뻗어 가는 경남 수산의 무한한 발전 가능성과 꿈을 나타낸다(1997. 5. 8. 지정).

CHAPTER 06 지방직 직렬별 출제예상 주요 이슈정리

1 출제예상 간호직 주요 이슈정리

1 대구광역시 보건소 안내

(1) 중구보건소

(2) 동구보건소

(3) 서구보건소

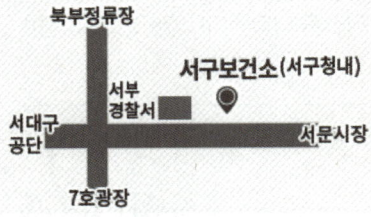

(4) 남구보건소

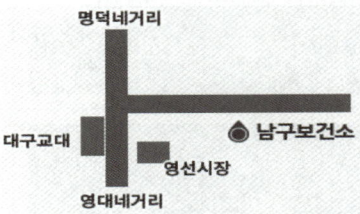

(5) 북구보건소

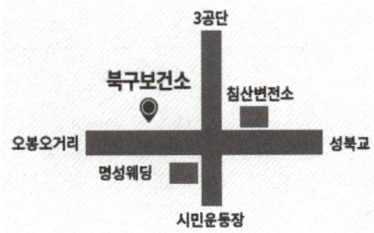

(6) 수성구보건소

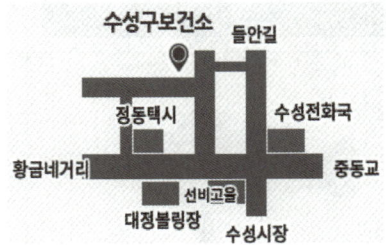

(7) 달서구보건소

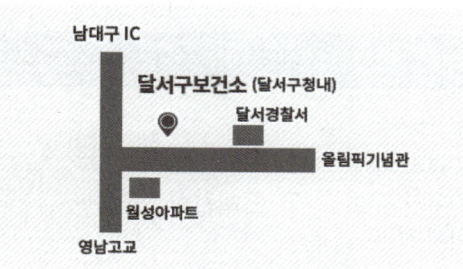

(8) 달성군보건소

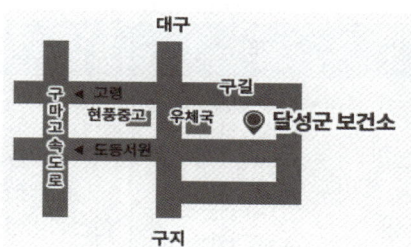

2 응급의료기관 현황

구분	의료기관명	병상수	응급실 병상수
권역응급 의료센터 (1개소)	경북대학교병원	903	30
지역응급 의료센터 (5개소)	계명대학교동산병원	913	30
	대구파티마병원	733	35
	영남대학교병원	904	40
	대구가톨릭대학교병원	849	32
	칠곡경북대학교병원	597	24
지역응급 의료기관 (9개소)	곽병원	255	10
	대구의료원	544	15
	드림병원	204	10
	대구가톨릭대학교칠곡가톨릭병원	160	10
	천주성삼병원	285	10
	대구보훈병원	508	15
	삼일병원	151	10
	더블유병원	261	10
	더나은병원	79	5

3 영유아 건강지원사업안내

지원사업	대상	지원내용	신청/ 이용방법	비고
미숙아·선천성 이상아 의료비 지원	• 기준중위소득 180% 가구 • 다자녀(3명 이상) 가구는 소득수준 관계없이 지원	미숙아 최고 1,000만원까지 의료비 지원 (신생아 중환자실에 입원한 경우만 지원) 선천성이상아 최고 500만원까지 지원	구·군 보건소	
선천성대사 이상검사 및 환아관리	출생한 모든 신생아(생후 7일 이내)	• 선천성대사이상 6종 무료검사 지원 • 만18세 미만의 환아에게 특수조제 분유 저단백식품 및 의료비 지원	구·군 보건소	
난청조기진단 지원 (신생아 청각선별검사	기준중위소득 72% 이하 가구 다자녀 (3명 이상) 가구는 소득수준 관계없이 지원	신생아 청각선별검사를 위한 쿠폰발급	구·군 보건소	
영유아 건강검진	만6세 미만 영아	• 성장발달에 따른 무료 영아 건강검진 • 검진결과 '정밀평가필요'로 판정된 의료급여수급권자, 차상 위계층, 건강보험료 • 하위 30%이하 가정의 영아에게 1인당 최대40만원 범위내에서 정밀진단비 지원	구·군 보건소, 국민건강 보험공단 1577 –1000	
어린이 국가 예방접종 지원	만12세 이하 어린이	국가필수예방접종 대한 접종비용 전액 지원	예방접종 도우미	
기저귀·조제 분유 지원	기준중위소득 40% 이하 영아 (0~24개월)	영아 1인당 기저귀 월 64천원, 조제분유 월 86천	구,군 보건소	조제분유는 기저귀 지원대상자 중 산모 사망·질병으로 모유수유가 불가능한 경우

4 희귀/난치성질환자

1 신청을 할 수 있는 자

희귀·난치성질환자 의료비지원은 산정특례 등록된 자로 희귀·난치성질환자 의료비지원사 업의 지원을 받고자 하는 환자 또는 그 보호자

2 신청장소

희귀·난치성질환자 의료비지원 사업의 지원을 받고자 하는 자의 주민등록지 관할 보건소

3 지원대상의료비

① 요양급여비용 중 본인부담금
- 환자가구와 부양의무자가구의 소득 및 재산기준을 만족하는 건강보험가입자
- 진료비: '희귀·난치성질환자 의료비지원사업 대상 질환 163종' 및 그 합병증으로 인한 진료 시 보장구 구입비: 장애인 등록법에 등록된 자로서 담당 의사의 진단서 또는 처방전을 발급받아 구입 (대상질환 8종에 한함)
- 호흡기 대여료(본인부담금 10%): 국민건강보험공단에서 호흡보조기 대여료를 지원받는 대상자 (대상 질환 11종에 한함)

② 기침유발기 대여료(본인부담금의 10% 지원)
- 환자가구와 부양의무자가구의 소득 및 재산기준을 만족하는 건강보험가입자 또는 의료급여 수급권자 및 차상위 본인부담경감대상자(대상질환11종에 한함)

③ 간병비(월30만원)
- 환자가구와 부양의무자가구의 소득 및 재산기준을 만족하는 건강보험가입자 또는 의료급여 수급권자 및 차상위 본인부담경감대상자
- 지체장애 1급 또는 뇌병변장애 1급 해당자에 한함

④ 특수식이 구입비
- 특수조제분유(연간360만원 이내) 및 저단백햇반(연간168만원이내) 구입비
- 만18세 이상 해당질환 대상자
- 환자가구와 부양의무자가구의 소득 및 재산기준을 만족하는 건강보험가입자 또는 의료급여 수급권자 및 차상위 본인부담경감대상자

4 지원제외 대상

비급여, 전액 본인부담금(100/100), 선별급여

5 환자의 제출 서류
- 건강보험증 또는 의료급여증 사본 1부
- 임대차계약서(해당자에 한함, 부양의무자가구에서도 해당자는 제출) 임대차계약서는 확정 일자를 날인 받도록 하고, 계약서의 사실여부 확인
- 가족관계증명서 1부(환자를 기준으로 제출)
- 신청자(환자)의 통장사본 1부.
- 최근3개월 이내 발급된 진단서 1부 신규 신청에 한하여 제출하며 정기재산조사시에는 산정 특례 등록확인으로 갈음
- 금융재산 관련 서류 금융재산은 환자가구 및 부양의무자 가구 가구원의 통장사본이나 해당 금융기관의 잔액증명서 확인서 등을 발급받아 보건소에 제출

5 **생후 6~59개월 어린이 인플루엔자 접종률 78.0%**

– 지난해 9월~올 4월까지 무료 지원사업 완료, 10명 중 9명 만족해 –

- 어린이 인플루엔자 무료접종지원 사업 만족도 89.2%
- 우리나라 인플루엔자 접종률은 국제 비교해도 높은 편으로, 올해 지원 확대 예정인 어린이집·유치원생 및 초등학생(60개월 ~ 12세)의 접종률 제고를 위해 노력

- 질병관리청은 지난해 9월부터 올 4월까지 생후 6~59개월 어린이 대상 '인플루엔자 예방접종 무료지원사업'을 종료한 결과, 총 214만 명 중 167만 명(78.0%)이 접종했다고 밝혔다.
  - 연령별 예방 접종률은 생후 6~12개월 83.9%를 제외하면 어린 나이일수록 높은 것으로 나타나, 생후 13~24개월 91.8% ~ 49~59개월 64.9%를 보였다.

<연령별 인플루엔자 예방접종률>

나이	6 ~ 12개월	13 ~ 24개월	25 ~ 36개월	37 ~ 48개월	49 ~ 59개월	총계
대상자(명)	21만 3252	40만 5201	44만 489	44만 360	64만 625	213만 9927
접종자(명)	17만 8991	37만 1969	37만 9614	32만 4003	41만 5544	167만 121
접종률(%)	83.9	91.8	86.2	73.6	64.9	78.0

  - 한편, 어린이의 98.9%가 보건소가 아닌 민간의료기관에서 접종받았는데, 이는 노인의 86.2% 이용률에 비해 높은 수준으로 소아청소년과 등 동네 의원을 선호하는 것으로 나타났다.

- 또한, 인플루엔자 사업대상 보호자 1,272명을 대상으로 실시한 지난해 12월 실태조사 결과, 89.2%가 '만족'하는 것으로 나타났다.
  * 조사개요: 6~59개월 아이를 둔 여성 1,272명 전화조사(리얼미터), 응답률 1.5%, 표본오차 95%, 신뢰수준 ±3.0%p
  - 한편, 미접종 사유를 상세히 조사한 결과, ① 무료 예방접종 실시에 대한 정보 부족(17.6%), ② 무료 지원 대상 백신이 아닌 4가 백신 선호(16.3%), ③ 자녀가 아파서(13.4%), ④ 접종을 받아도 효과가 없을 것 같아서(12.6%), ⑤ 시간 부족(11.1%), ⑥ 접종 후 이상반응 우려 (7.5%) 등의 순으로 나타났다.

- 질병관리청 예방접종관리과 과장은 "우리나라는 미국과 영국의 인플루엔자 예방접종률이 각각 50%, 40% 미만인 것에 비해 높은 수준"으로, "올해 확대할 예정인 어린이집·유치원 및 초등학교 학생이 처음으로 지원되는 만큼, 이들의 접종률을 높이는 데 최선을 다할 것"이라고 밝혔다.

- 특히, "영유아 보육기관, 유치원 및 초등학교 보육담당자의 협력을 통해 접종 안내, 미접종자 개별 안내(문자발송 등) 등 접종자 특성에 따른 홍보 안내를 강화할 예정"이라고 밝혔다.

6 국가예방접종 수급 안정 위해 각계 전문가 한 자리 모인다

- 국가예방접종 백신의 안정적 수급을 목적으로 각계 전문가 의견 및 이해관계자의 현장 목소리를 듣기 위한 공청회 개최(4월 26일)
  - "국가예방접종사업 백신의 안정적 공급체계 및 합리적 가격 산정 근거 제시 정책연구(연구책임자 : 한국보건사회연구원 신현웅)" 용역사업 결과 발표 및 패널 토의 진행
- 향후 공청회 결과를 포함하여 정부 내 협의를 거쳐 「국가 백신 수급안정화 종합대책」 상반기 중 발표 예정

- 질병관리청은 반복되는 국가예방접종 백신 부족 상황에 대한 근본적인 해결책을 마련 중이며 이를 위해 각계 전문가 및 이해관계자의 의견 수렴을 위한 공청회를 개최한다고 밝혔다.
  - 이번 공청회는 피내용 BCG 등 최근 발생하는 국가예방접종 백신 수급불안 상황을 해결하기 위해
    * 장기계약·총량구매 등 백신 공급방식 개선, 국내·외 수급상황 및 공급중단 대비 긴급 백신 확보, 부족상황 조기인지 체계 구축 등 백신 수급안정을 강화하는 근본적인 대책을 마련하기 위한 과정이다.

- 공청회는 정책연구용역발표와 패널토의로 나누어 진행될 예정이다.
  - 한국보건사회연구원에서 "국가예방접종사업 백신의 안정적 공급체계 및 합리적 가격 산정 근거 제시 연구" 결과를 발표한다.
    * 연구진은 미국, 대만 등 백신 장기계약, 현물비축 등 사례를 발표하고 국내적용 가능한 백신수급 개선방안을 제안할 예정이다.

주요 연구내용

- 현 국가예방접종사업 백신수급 문제점: 높은 수입의존도, 백신 수요예측·조정 미흡, 백신 수급체계의 복잡성, 백신도입·관리에 대한 과학적 근거 및 합리적 의사결정체계 미비
- 주요국의 백신 수급관리 사례: 미국(다수공급계약, 비축 등 정부역할 강화), 대만(장기계약, 체계적 국가예방접종 정보시스템, 신규백신 도입 등 주요 의사결정을 위한 자문위원회 운영)
- 국가예방접종 백신수급 개선방안: 백신의 안정적 공급체계 확립을 위한 국가역할 강화, 체계적인 백신 모니터링 및 질관리, 전문성이 강화된 신규백신도입·사용결정 체계 마련

- 패널토의에서는 가톨릭대학교 의과대학 신의철 교수를 좌장으로 예방접종을 담당하는 의료계, 접종자 의견을 반영하기 위한 언론 및 시민단체, 백신 공급 업계, 법률·세무 전문가가 참석한다.

- 질병관리청 예방접종관리과장은, "국가예방접종 사업이 민간의료기관까지 전면 무료화되면서 접종편의는 높아졌으나 백신수급은 좀 더 체계적인 관리가 필요하다"며,
  - "이번 공청회를 통해 다양한 분야의 전문가 및 현장 의견을 수렴하여 실현가능한 개선안을 도출하고, 국민·의료계가 백신이 부족하여 생기는 불편을 최소화하며 질병부담을 감소시킬 수 있도록 최선을 다할 것"임을 밝혔다.

- 질병관리청은 본부 내 구성·운영 중인 "백신 수급체계 개선 추진단"의 도출결과와 국가예방접종 백신공급방식 개선을 위한 민관협의체 및 본 공청회 내용 등을 바탕으로 예방접종 전문위원회, 감염병 관리위원회 논의를 거쳐 상반기 중 「국가 백신 수급안정화 종합대책」을 확정할 계획이다.

7 예방접종! 가장 과학적인 감염병 예방법이자 가장 쉬운 선행
– "감염병 예방은 접종이지~EASY" '제 8회 예방접종주간' 기념행사 개최 –

> - '18년, 유치원생·초등학생까지(만 12세 이하) 인플루엔자 무료 접종 확대
> - 우리나라 어린이 예방접종률 96.9%(36개월 기준), 선진국보다 2~6%p 높아
> - 중학교 입학생 시에도 예방접종 확인사업 도입하여 미접종자 접종 독려

- 질병관리청은 「제8회 예방접종주간[1](4.23.~29.)」을 맞이해 4월 25일(수) 연세대학교 백주년기념관(서울시 서대문구)에서 기념행사를 개최했다.
  - 질병관리청은 올해의 표어를 "감염병 예방은 접종이지 ~ EASY!!" 로 정했다.

  - 기념주간을 기점으로, 예방접종은 감염병을 막는데 가장 효과적이고 손쉬운 예방법이며, 본인의 건강은 물론 가족과 이웃의 안전까지 보호하는 가장 쉬운 선행이라는 점을 알리고, 접종률 향상을 위한 다양한 캠페인을 추진한다고 밝혔다.

---

1) • 매년 4월 마지막 주는 세계보건기구(WHO)가 정한 '세계예방접종주간'으로 WHO회원 각국은 예방접종률 향상 및 감염병퇴치 캠페인 운영 중(2011~)

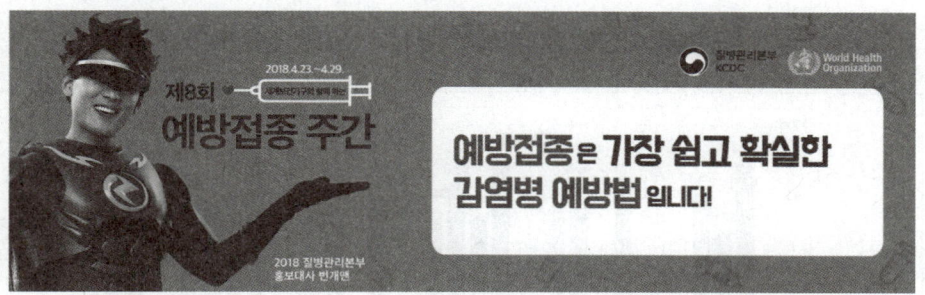

- 질병관리청은 제8회 예방접종 주간을 기념하고자 예방접종 사업의 핵심 정책고객인 어린이와 보호자 등 약 1,500명을 초청해 함께 참여하는 기념행사를 열었다.
  - 사전 행사로 연세대백주년기념관 로비에서 2014년부터 추진 중에 있는 무료예방접종의 성과*를 담은 홍보물이 전시된다.

> ### *주요 성과
> • 2013년 출생아의 만 3세(36개월)까지 권장하는 예방접종의 백신별 접종률은 약 95% 이상 유지

  - 부모들의 호평을 받으며 '모바일 어워드 코리아' 시상식에서 3년 연속 공공서비스 부문 '대상'을 수상한 "예방접종도우미 어플리케이션" 시연도 이뤄졌다.
  - 이날 기념식장에서는 어린이의 영웅 '번개맨(EBS캐릭터)'이 홍보대사로 위촉돼 어린이 예방접종을 응원했고, 국가예방접종 사업에 헌신한 유공자 표창도 함께 진행됐다.
    * 한국교육방송공사(EBS)에서 예방접종의 원리 등을 알기 쉽게 알려 주는 교육콘텐츠를 만들어 어린이 건강 인식 제고에 노력한 현미애 감독 등 총 70명에게는 보건복지부장관 표창이 수여됐다.
    * 또한 관할 내 어린이의 건강보호를 위해 소아청소년과 의원, 학교 등과 긴밀히 협력하여 접종 안내, 예방접종 독려 등을 적극적으로 추진한 종로구 보건소 등 20개 기관에는 질병 관리본부장 표창이 수여되었다.
  - 식후 행사로는 질병관리청과 EBS가 공동으로 기획한 모여라딩동댕 '번개맨과 예방접종' 편 뮤지컬 공연이 진행돼, 참석한 어린이들의 큰 호응을 얻었다.

- 한편, 우리나라 어린이의 예방접종률은 미국, 영국, 호주 등 해외 주요국가의 예방접종률보다 높은 것으로 조사됐다.
  - 국가별로 동일한 연령대(생후 36개월 기준)에 받는 어린이 예방접종률을 비교해보니, 우리나라 어린이의 예방 접종률은 96.9%로 다른 나라에 비해 평균 약 2~6%p 가량 높은 것으로 파악됐다.

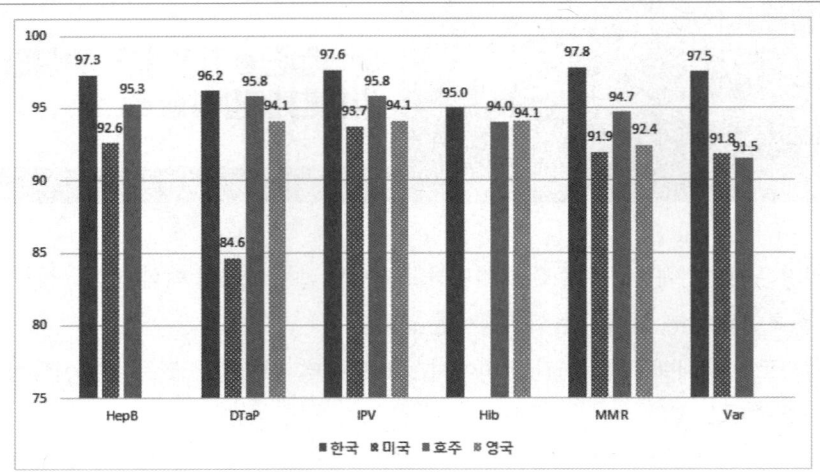

[국가별, 백신별 예방접종률(생후 36/7개월 어린이 기준)]

- 미국 : Hill HA, Elam-Evans LD, et al. Vaccination Coverage Among Children Aged 19-35 Months-United States, 2015. MMWR Morb Mortal Wkly Rep 2016 ; 65 : 1065-71
- 호주 : NCIRSl. Annual Immunisation Coverage Report 2015, Commun Dis Intell 2016 ; 40 : E146-69
- 영국 : HSCIC. NHS immunisation Statistics 2015-16, 2016

- 질병관리청장은 "질병, 특히 감염병은 사전예방 활동에 정부의 정책역량을 집중해야 한다"고 강조했다.
  - 이와 함께 "예방접종은 안전성과 유효성이 검증된 과학적 산물인 백신을 투여해, 감염병에 대한 저항력과 면역력을 얻도록 하는 일련의 과정으로, 국민 개개인은 물론 공동체 전체의 건강과 안전을 지키는 가장 효과적인 의료행위이자 정책수단"이라고 설명했다.
  - 본부장은 "지난 2014년 전액 무료 지원의 첫발을 뗀 '어린이 국가예방접종' 정책은 12세 미만 어린이 1명이 예방접종 완료에 소요되는 약 150만 원가량의 경제적 부담을 국가가 전액 지원하는 것으로, 감염병의 사전 예방 효과 외에도 어린 자녀를 둔 부모님들의 가계부담 절감이라는 측면에서 가장 공감하는 보건복지 정책으로 손꼽히고 있다"고 언급했다.
  - 또한 "65세 이상 어르신들의 예방접종 편의 향상을 위해 실시한 인플루엔자 예방접종 의료 기관 무료지원 확대사업으로, 예방접종률이 지난해에는 82.9%까지 점진적으로 향상되는 성과가 나타났다"고 설명하였다.
  - 더불어 "올 가을에는 매년 겨울 우리 국민의 질병부담을 높이는 인플루엔자(계절 독감) 예방을 위해, 6~59개월 어린이뿐 아니라 어린이집·유치원생 및 초등학생(60개월~12세)까지 무료예방접종을 확대할 계획"이라고 밝혔다.

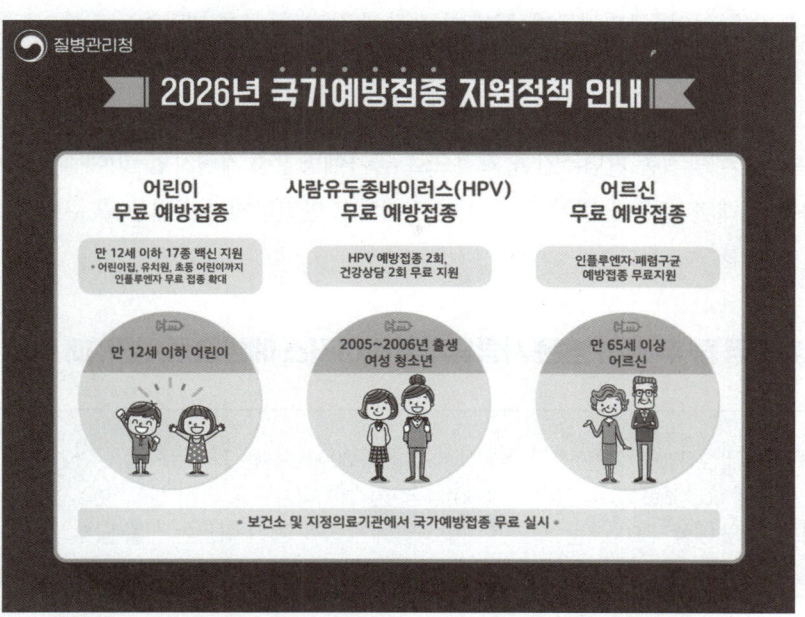

12세 이하 어린이 국가예방접종 무료시행 백신

- BCG(피내용)
- DTaP(디프테리아/파상풍/백일해)
- MMR(홍역/유행성이하선염/풍진)
- 일본뇌염(▲사백신, ▲생백신)
- Tdap(파상풍/디프테리아/백일해)
- Hib(b형 헤모필루스 인플루엔자)
- 사람유두종바이러스(HPV)
- DTaP-IPV/Hib(디프테리아/파상풍/백일해/폴리오/b형 헤모필루스 인플루엔자)

- B형간염
- 폴리오(IPV)
- 수두
- Td(파상풍/디프테리아)
- DTaP-IPV(디프테리아/파상풍/백일해/폴리오)
- 폐렴구균
- 인플루엔자

- A형간염

※ 일부 백신의 경우 지원대상 연령이 다름

- 예방접종관리과 과장은 2018년 '어린이 인플루엔자 예방접종 지원 대상 확대' 외에도 우리나라의 높은 예방접종률 유지를 위해 '초·중학교 입학생에 대한 예방접종기록 확인'과 백신 거부운동 방지를 위한 '이상반응 관리 강화부분'에 중점을 두어 올해 국가예방접종 정책을 추진 해갈 예정이라 밝혔다.
  - 질병관리청은 교육부와 협력해 초등학교 입학생의 예방접종 완료여부를 확인하고, 미접종자에게 접종을 독려하는 '예방접종 확인사업'을 올해 처음으로 중학생까지 확대 실시할 계획이다.
  - 일부 인터넷 카페, SNS 및 언론을 통해 전달받은 정보로 인해 백신 이상반응에 대한 막연한 우려나 근거 없는 불신으로 예방접종을 거부하는 사례를 방지하기 위해, 예방접종에 대한 의과학적 정보 소통에 더욱 노력할 예정이다.
    * 또한 예방접종 후 불가피하게 발생하는 이상반응에 대한 국가차원에서의 안전 보장을 위해, 올 1월부터 예방접종 피해보상의 신청범위 확대 등을 통해 피해보상의 지원 범위를 넓혀 운영 중에 있다.

** 「장애인복지법」이외 「국민연금법」 등에 따른 장애(장해) 등급에 해당하는 장애인도 장애인일시보상금을 지원함.

- 질병관리청은 4월 예방접종 기념주간을 기점으로, 국가예방접종 지원사업 및 예방접종 이상반응에 대한 정확한 정보제공, 정책 홍보 등을 펼쳐, 국민이 더 편리하고 안전하게 예방접종 할 수 있도록 정책지원에 노력하겠다고 설명했다.

8 12세 여학생 세 명 중 두 명이 받은 사람유두종바이러스 예방접종, 방학 때 미리 챙기세요!

- 올해 무료지원 대상 2005~2006년생, 작년 1차 접종한 2004년생은 2차 무료접종 가능
- 작년 1차 접종률 66.1%로 2016년보다 16%p 상승, 심각한 이상반응 의심 신고 없어 안전
- 질병관리청, 올해 대상자 2005년, 2006년 여학생들에게 방학 기간 이용한 접종 당부

- 질병관리청은 여성청소년의 건강한 성장 지원과 자궁경부암 예방을 위한 "건강여성 첫걸음 클리닉" 사업을 지속 시행한다고 밝히며, 대상자들이 방학 동안 예방접종을 받도록 당부했다.
  - "건강여성 첫걸음 클리닉"은 만 12세 여학생에게 의사와의 1:1 건강상담 서비스와 사람유두 종바이러스 예방접종을 함께 최소 6개월 간격으로 2회 무료로 제공하는 사업이다.
  - 대상자는 보호자와 함께 참여의료기관을 방문해 건강상담과 함께 1차 접종을 받고, 6개월 후에 다시 상담과 2차 접종을 완료하면 된다.
    (참여의료기관 위치 및 의료기관별 백신종류(4가 백신 가다실, 2가 백신 서바릭스)는 예방 접종도우미 홈페이지 (https://nip.cdc.go.kr) 또는 모바일 앱에서 확인할 수 있음)
    * 시기별로는 전체 접종의 절반 이상이 방학과 연말(7~8월, 12월)에 집중되었고, 특히 질병관리본부에서 방학 전 미접종자에게 안내문을 개별 발송(7월, 12월 2회 총 48만부)한 후 접종자 수가 크게 증가했다.
  - 사업이 시행된 후 현재까지 약 67만 건이 접종되면서 신고 된 예방접종 후 이상반응은 총 53건(0.008%)이다.
    * 가장 많이 신고 된 이상반응은 접종 후 심인성 반응으로 일시적인 실신 및 실신 전 어지러움 등의 증상 (31건, 58%)이었다.

- 질병관리청 예방접종관리과장은 "지난해 심각한 이상반응 발생 신고 없이 예방접종이 시행되었고, 적극적인 안내로 보호자들의 예방접종 인식이 제고되면서 접종률이 오른 것으로 보인다"고 설명했다.
  - 더불어, "다수 신고된 실신 예방을 위해 등받이가 있는 의자에 앉거나 누워서 접종하고, 접종 후 반드시 20~30분 동안 경과를 관찰하도록 접종기관에 당부하는 한편 보호자들에게도 문자로 안내하고 있다"고 밝혔다.

- 질병관리청은 접종률 향상을 위해 교육부, 지방자치단체, 의료계 등과 협력해 예방접종 교육·홍보, 이상반응 모니터링을 지속 실시하는 한편, 올해 새롭게 시작되는 중학교 입학생 예방접종 확인사업에 사람유두종바이러스 예방접종을 포함하여 추진할 계획이다.

  - 예방접종관리과장은 "사람유두종바이러스 예방접종이 의무는 아니지만, 자궁경부암 등 질병의 예방을 위해 꼭 필요하기에 국가에서 비용을 지원하며 접종을 적극 권장하는 것"이라고 강조했다.

    * 더불어, "백신의 안전성은 세계보건기구(WHO) 등 해외 전문기관에서 반복적으로 확인했고, 국내 전문가들도 이상반응 신고사례들을 검토한 후 안전성이 우려되는 중증 이상 반응 사례는 없다고 밝힌 만큼, 보호자들은 부작용 우려로 접종을 꺼리지 말고 자녀를 암에서 보호하는 현명한 선택을 해달라"고 덧붙였다.

  - 또한, "지난해 추세를 보면, 방학·연휴와 토요일에 접종이 몰려 있어 학기 중에는 예방접종을 위해 의료기관을 찾기 어려운 것으로 보인다"며 밝혔다.

9 암관리

1 국가암 조기검진 사업

① 사업 근거

암관리법 제11조(암검진사업)

암관리법 시행령 제6조(암검진사업의 범위), 제7조(암검진사업의 대상자 등), 제8조(암검 진사업 대상 암의 종류, 검진주기 등)

암관리법 시행규칙 제4조(암검진의 방법 및 절차 등)

② 사업목적

국가 암검진 사업을 통하여 우리나라 국민의 사망원인 1위인 암을 조기에 발견하여 치료를 유도함으로써 암의 치료율을 높이고 암으로 인한 사망을 줄이는 것

③ 사업대상 의료급여수급자

건강보험가입자 및 피부양자로서 당해연도 검진대상자 중 보험료 부과기준 하위 50%에 해당하는 자(직장가입자 소득 월액보험료 포함)

☑ 대상자는 본인부담금(10%) 없이 암검진을 받을 수 있으며, 국가암검진을 통해 암으로 판정받은 경우 일부의료비 지원가능

④ 검진대상/주기

암종별	대상연령	검진주기
위암	만 40세 이상 남녀	2년
간암	만 40세 이상 남녀로 간암발생고위험군	6개월
대장암	만 50세 이상 남녀	1년
유방암	만 40세 이상 여성	2년
자궁경부암	만 20세 이상 여성	2년

⑤ 암검진기관

건강검진기본법에 의거 지정된 암검진 의료기관

2 암환자 의료비 지원사업

① 사업 근거

암관리법 제13조(암환자의 의료비 지원사업 등)

② 사업목적

저소득층 암환자에게 의료비를 지원하여 경제적 부담을 줄이고 치료율을 높이기 위함 저소득층 암환자에게 의료비를 지원하여 경제적 부담을 줄이고 치료율을 높이기 위함 소아암은 유전적인 요인이 많아서 조기 진단 및 예방이 어렵지만 치료 결과가 좋고 치료 후 삶의 기간도 길기 때문에 소아 암환자 가구의 경제적 부담을 줄이고 치료율을 높이기 위함

국가암검진사업으로 암 진단을 받은 환자에게 의료비를 지원하여 암 진단부터 치료까지 연속적인 지원으로 치료율을 높이기 위함

③ 지원내용

- 소아 암환자
  - 의료급여수급자 및 차상위 계층(차상위 본인부담경감대상자로 건강보험증의 구분자 코드 C, E 해당자) 중 만 18세 미만의 전체 암환자
  - 건강보험가입자 중 가구에 대한 소득·재산 조사결과가 지원 기준에 적합한 만 18세 미만의 전체 암환자
  - 지원기간 : 최대 만 18세에 도달하는 연도까지 연속 지원
    단, 만 18세에 도래한 시점에는 신규지원 등록 신청할 수 없음
  - 지원금액 : 당해연도 진료비 중 백혈병은 최대 3,000만원, 백혈병 이외의 암종은 최대 2,000만원 (조혈모세포이식 시 3,000만원)
    ☑ 소득기준과 재산기준 모두 충족하는 경우에만 지원대상자로 선정

- 성인의료급여 수급자
  - 의료급여수급자 및 차상위 계층(차상위 본인부담경감대상자로 건강보험증의 구분자 코드 C, E 해당자) 중 만 18세 이상의 전체 암환자
  - 지원기간 : 지원 개시연도 기준 연속 최대 3년
  - 지원금액 : 해당연도 진료비 중 본인일부부담금 최대 120만원 및 비급여 본인부담금 최대 100만원

- 성인건강보험 가입자
  - 국가암검진사업을 통하여(1차 암검진 필수) 확인된 신규 암환자 (5대암 : 위암, 대장암, 간암, 유방암, 자궁경부암)
  - 지원기간 : 지원 개시연도 기준 연속 최대 3년
  - 지원금액 : 해당연도 진료비 중 본인일부부담금 최대 200만원

- 성인 폐암환자
  - 건강보험가입자 중 등록 신청연도 기준으로 1월 건강보험료 부과액이 해당연도 건강보험료 기준에 적합한 만 18세 이상 폐암 환자
  - 의료급여수급자 및 차상위 계층(차상위 본인부담경감대상자로 건강보험증의 구분자 코드 C, E 해당자) 중 만 18세 이상의 폐암 환자
  - 지원기간 : 지원 개시연도 기준 연속 최대 3년
  - 지원금액: 건강보험가입자는 본인일부부담금 연간 최대 200만원 이내 지원, 의료급여 수급자는 연간 최대 본인일부부담금 120만원과 비급여 본인부담금 100만원 지원

10 감염병 대응을 위해 민·관이 손을 맞잡다!
– 질병관리청과 대한감염학회간의 업무협약(MOU) 체결 –

- 감염병 위기대응 및 역학조사관 등 전문가 양성에 긴밀한 협력 약속
- 감염병 위기상황 대비·대응 역량 강화 기대

- 질병관리청은 감염병 예방과 관리를 효과적으로 수행하기 위하여 대한감염학회와 상호 협력하기로 협의하고, 7월 6일(금) 대한감염학회와 업무협약(MOU)를 체결하였다.
- 질병관리청과 대한감염학회는 모두 6개 조항으로 구성된 이번 협정을 통해, 감염병 유행 발생 등 위기상황에 대한 대비, 대책 수립 및 이행을 위한 긴밀한 협력체계를 구축하고,
  - 감염병 대응 전문인력 양성, 질병 예방·관리를 위한 전략 개발, 위기상황시 공동대응 등 6개 분야에서 협력할 것을 합의하였다.

• 이번 업무협약 체결로 향후 감염병 대응을 위한 전문가 양성과 신종 감염병 등 사회적 위기에 대한 공동대응능력을 강화하는 계기가 될 것으로 기대된다.
  - 질병관리청은 코로나 사태 이후 감염병 위기상황 발생 대응을 위한 역학조사관 등 전문인력 양성과 긴급 대응능력 확대에 총력을 기울이고 있으며,
  - 이번 협약을 통해 질병관리 컨트롤 타워와 감염병의 최전선에 있는 의료진의 감염병 공동대응으로, 향후 감염병 위기상황 대처에 대한 시너지 효과 창출이 예상된다.

2 출제예상 건축직 주요 이슈정리

1 아파트관리 열린주민학교 수강생 모집 안내

대구광역시에서는 아파트 입주자, 관리주체 등을 대상으로 공동주택관리와 관련된 역량강화 교육을 실시하여 주민 스스로 공동주택문제를 해결하는 능력을 키우고 입주민등과 소통의 장을 마련하고자 아파트관리 열린주민학교를 운영합니다.

- 교육대상
  - 입주자대표회의(임원, 동별 대표자), 관리사무소(소장, 회계·시설담당자 등), 입주민
  - 주택관리업체(대표자, 직원 등)

- 교육일정

구분	1회(13기)	2회(14기)	3회(15기)	4회(16기)
대상	북구	중·서·남구	동·수성구	달서·달성군
일시	6. 28.(목) 13:00~18:00	6. 29.(금) 13:00~18:00	9. 13.(목) 13:00~18:00	9. 14.(금) 13:00~18:00
장소	구수산도서관 (북구 읍내동)	남산 기독교 종합사회복지관 (중구 남산동)	어린이회관 (수성구 황금동)	달성군청 대강당 (달성군 논공읍)
인원	150명 정도	50명 정도	300명 정도	300명 정도

☑ 상기 교육일정 및 강사는 사정에 따라 변경될 수 있음

- 교육운영
  - 교수, 회계사 등 관련 전문가 초빙 강의 형태로 진행
  - 실무사례 중심으로 강의 진행, 참여를 통해 소통의 장 제공

- 신청방법
  - 해당 구·군 건축(주택)과 방문 또는 온라인 신청

접수연번 : ○○구 – ○○○

아파트관리 열린주민학교 참가 신청서

인적 사항	성 명		생년월일		성별	
	주 소	※ 공동주택명 필히 기재				
	연락처	일반 :			휴대폰 :	

참가 자격	입주자	☐ 입주자대표회의 ○○ ☐ 동별대표자 ☐ 입주민 ※ 입주자대표회의 : 회장, 감사, 이사 등 기재
	관리 사무소	☐ 관리소장 ☐ ○○담당자(회계, 시설 등)
	주택관리 업체	☐ 대표 ☐ 직원 ☐ 기타 (업체명 :)
		※ 해당되는 곳에 반드시 ☑ 하여 주시기 바랍니다.

교육 일시	• 2026. ○. ○○.(○) 13 : 00 ~ 18 : 00
교육 장소	•

상기 본인은 교육관리 목적에 한정하여 개인정보 활용에 동의하며,
대구광역시에 서 실시하는 「아파트관리 열린주민학교」 참가를 신청합니다.

2026.   .   .

위 신청인 성명   (인)

대구광역시장 귀하

2 대구광역시 주거복지 브랜드 공모결과

"대구광역시 주거복지 브랜드" 공모결과 시상작품을 다음과 같이 알려드립니다.

1. 응모작품: 755개
2. 시상작품 선정내역

구분	작품 수	작품명	상금	시상인원
	16개	-		18명
대상	-	-	-	-
최우수상	**3개**	햇빛따듯(Habitat) 따사로홈(따사로Home) 대구家든든	각 50만원	3명
우수상	3개	집愛溫 따시네 다가감(多家感)	각 25만원	4명
장려상	10개	주거家꿈 대구 가락(家樂) – "대구의 집은 즐겁다♬" 온기家득 살가(家)움 행복마실 도래미(都來美) 하우스 꿈든둥지 복지 택(宅)리지 대구광역시 "오이소(所)" 꼴라보(collaboration)	각 10만원	11명

☑ 동일 작품을 다수(2명 이상)가 응모한 경우 응모자 모두 시상(우수상, 장려상)

3. 시상금 지급: 개별통지 후 4월 중 지급예정

대구광역시장·대구경북연구원장

3 대구광역시 공동주택관리기술자문단 운영 안내

우리 시에서는 각 분야의 공동주택 관리 전문가로 구성된 「대구광역시 공동주택관리기술자문단」을 무료로 운영하오니, 전문가의 자문이 필요한 공동주택에서는 적극 활용하시기 바랍니다.

- 운영근거: 대구광역시 공동주택관리기술자문단 설치 및 운영조례

- 운영기간: 연중

- 자문대상: 관리주체가 있고 입주자대표회의가 구성되어 있는 공동주택
  ※ 기술자문 제외 대상
  ① 수사 또는 재판 중인 경우
  ② 하자관리 기간이 종료되지 않은 경우
  ③ 시설보수 공사가 입찰진행 중이거나 입찰된 사업 또는 공사가 진행 중인 경우

- 자문내용
  - 건축·토목·조경·전기·기계설비·소방 분야 등 시설보수공사 관련 사항
  - 시설보수공사를 위한 공법·기술 및 유지관리 방안
  - 시설보수공사 발주를 위한 시방서·내역서 등의 검토 등

- 자문절차

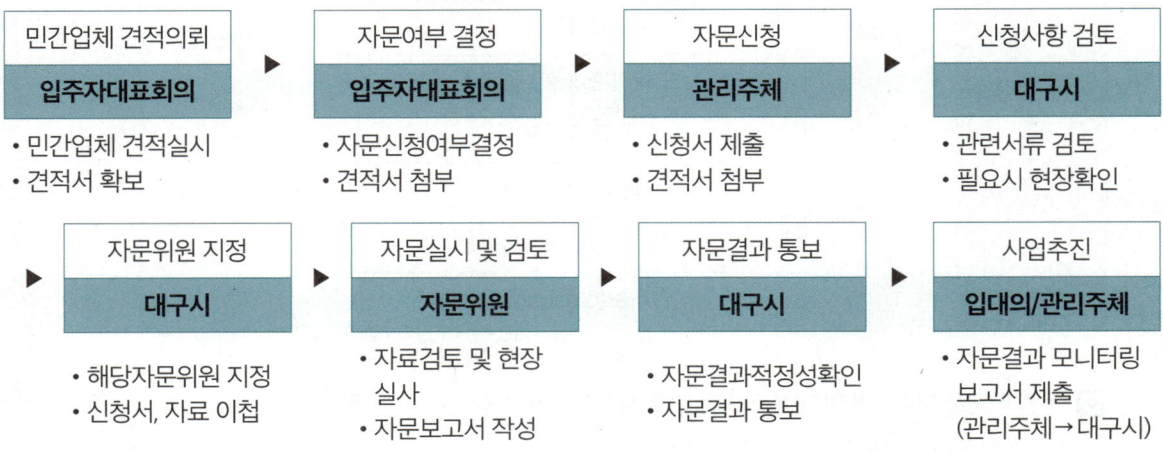

※ 문의처: 대구광역시 건축주택과(☎ 803-6905)

공동주택관리 기술전문가 자문 신청서

신청단지	공동주택명			동 수	동
	주 소	동	번지	세 대 수	세대
	입주자대표회의 의결일	년 월 일		연 락 처	

자문신청 내 용	※ 구체적으로 작성(공간 부족 시 별지 작성)

상기와 같이 자문을 신청합니다.

년 월 일

신청인 입주자대표회의 회장 　　　　　　　　　 (인)
　　　　관리사무소 소장 　　　　　　　　　　　 (인)

대구광역시장 귀하

구비서류 : 자문에 필요한 서류(견적서 : 필수, 사업계획, 도면, 전자파일, 기타 등)

「디자인 대구 포럼」
도시디자인 아이디어 연구팀 모집

모집개요

◦ **참가자격** : 디자인에 대한 전문지식과 열정을 지닌 자 또는 팀(팀당 5인 이내)
  [일 반 인] 도시디자인에 관심있는 대구시민
  [대 학 생] 디자인 · 건축 · 조경 등 관련 학과 전공자(대학원생, 휴학생 포함)

◦ **신청방법** : 이메일 접수
  [신청서식] 대구시 홈페이지(www.daegu.go.kr/build)에서 다운로드(도시주택 · 건설 → 공지사항)
  [제 출 처] yhjh1220@korea.kr

◦ **신청결과발표** : 서류심사 후 개별통보(3월중)

연구내용

● **주 제** : **'대구 맞춤형 디자인'**

● 도시디자인 아이디어 세부연구과제
  – 범죄예방을 위한 도시환경디자인 연구(CPTED)
    · 원도심 골목길, 원룸촌, 범죄발생 다발지역, 안전취약계층 밀집지역,
      어둡거나 노후하고 방치된 공간 등
  – 재난예방을 위한 도시환경디자인 연구
    · 폭염, 가뭄, 지진, 화재 등으로부터 시민의 안전 확보를 위한 공공디자인

● **연구결과물** : 3D 및 2D, 도면 등 시각화된 자료를 활용한 프리젠테이션
    컨셉 요약 이미지(A2 사이즈)

추진일정

연구팀 모집 및 확정 (3월)	▶	디자인 연구 기획회의 및 워크숍 개최 : 3회 정도(예정) (3~7월)	▶	포럼 개최 연구팀별 결과 발표 (프리젠테이션 발표) (7월)	▶	연구결과 정리 결과물 발간 (8~10월)

* 추진일정은 사정에 따라 변경될 수 있음.

인센티브

연구 활동 우수팀 표창 / 아이디어 보상비 지급 / 주제발표자 보상

문 의 처

대구광역시청 도시디자인과 ☎ 053) 803-5544

🔺 DAEGU | 대구광역시

「디자인 대구 포럼」 참가신청서

			관리번호	
연구팀 명칭				

대표	성 명		생년월일	
	휴대폰		이 메 일	
	소 속			
	주 소	<우편물 도달지>		

	구 분	성 명	소 속	전공분야	휴대폰
팀원	1	홍길동	○○대학교 ○○○학과(4학년)	시각디자인	010-0000-0000
	2				
	3				
	4				
	5				

연구주제 및 활동계획	
활동실적	

위와 같이 '디자인 대구 포럼' 참여를 신청합니다.

년   월   일

신청자 성명   ㉑

대구광역시장 귀하

※ 「디자인 대구 포럼」은 개인 또는 팀(5인 이내)으로도 참여가 가능하며, 팀으로 신청하는 경우 신청자 성명은 팀 대표자로 합니다.

청년 전용
전월세 자금대출

전세 **청년전용 버팀목 전세대출 지원**

연소득 5천만원 이하 만 19세 이상 만 25세 미만 단독세대주
전용면적 60㎡ 이하
연 2.3 ~ 2.7% 금리, 최장 10년 이용
임차보증금 70%, 최대 2천만원 대출가능

월세 **주거안정 월세대출**

우대형 취업준비생·사회초년생(일반형도 운영)
전용면적 85㎡ 이하
연 1.5% 금리, 최장 10년 이용
월 40만원, 총 960만원까지 대출가능

주택도시기금 포털 http://nhuf.molit.go.kr
LH마이홈 상담센터 1600-1004
기금 수탁은행 우리, 국민, 신한, 기업, 하나, 농협
주택도시보증공사 콜센터 1566-9009
국토교통부 콜센터 1599-0001

신혼부부 전용
구입 · 전세자금대출상품

전세 **신혼부부 전용 전세대출 상품**

부부합산 연소득 6천만원 이하 무주택자
임차보증금 수도권 3억 원 이하 | 수도권 외 2억 원 이하
최저 연 1.2%부터
수도권 1.7억원 | 수도권 외 1.3억원까지

구입 **생애최초 신혼부부 전용 주택구입대출 상품**

부부합산 연소득 7천만원 이하 무주택자
시가 5억원 이하, 전용면적 85㎡ 이하
최저 연 1.7%부터
2억 원 이내 대출 가능

주택도시기금 포털 http://nhuf.molit.go.kr
LH마이홈 상담센터 1600-1004
기금 수탁은행 우리, 국민, 신한, 기업, 하나, 농협
주택도시보증공사 콜센터 1566-9009
국토교통부 콜센터 1599-0001

6 한옥진흥사업 보조금지원 안내

「한옥 신축·수선」하면 보조금 드려요

> 대구시에서는 전통한옥을 보존하고 신축을 장려하여 대구 고유의 경관을 구축하고 나아가 도시경쟁력을 제고하고자 한옥을 신축·수리할 경우 보조금을 드립니다.

• 지원대상
  - 대구광역시 한옥진흥조례에 의거 등록된 한옥

• 지원내용: 한옥 신축 및 수선 시 공사비용 지원(2/3범위내)
  - 한옥보호지역: 신축(5천만원), 전면보수(4천만원), 외관수선(1천만원)
  - 한옥보호지역 외: 신축(3천만원), 전면보수(2천만원)

• 한옥등록 유효기간
  - 한옥 등록일로부터: 5년
  - 비용을 지원받은 경우: 7년
    ※ 지원받은 자가 유효기간 내 철거, 용도변경 하여 사업목적에 부합하지 않을 경우 원상 회복 조치, 미이행 시 지원금 회수

3 출제예상 기계직 / 건축직 / 행정직 주요 이슈정리

1 비사업용 자가용 자동차 신규등록

1 구비서류

□ 공통구비서류
• 신규등록신청서
• 자동차의 사용본거지를 확인할 수 있는 서류
  - 법인: 법인등기부등본* 또는 사업자등록증 사본*
• 자동차제작증
  - 수입차량: 수입신고필증 또는 수입사실 증명서
  - 말소차량: 말소사실증명서(부활용)
• 세금계산서

- 의무보험영수증
- 임시운행허가증
- 임시운행허가번호판1조
- 대리신청시: 위임장(법인의 경우 인감날인), 위임자의 신분증 사본
  - 법인: 인감증명서
  - 공동명의: 공동명의 대표자 선임계(신분증사본 또는 인감증명서(본인서명사실확인서))

외국인 명의등록(SOFA별도) 및 재외국민 명의등록

- 외국인등록증, 외국인등록사실증명서, 국내거소증,국내거소신고사실증명서(15일 이내 발급분)

□ 추가구비서류
- 수입차량(신차) 추가 구비서류 수입자격을 증명하는 서류
  - 수입양도인의 인감증명서
  - 자동차 배출가스인증서, 소음인증서
  - 수입자 및 판매자 간 위탁판매계약서 사본(수입자와 판매자가 다를 경우)
- 수입차량(중고차) 추가 구비서류 수입자격을 증명하는 서류
  - 양도증명서(양도인 인감날인)
  - 수입양도인의 인감증명서
  - 자동차안전검사증(도로교통안전공단 발행)
  - 자동차 배출가스인증서, 소음인증서
  - 수입자 사업자등록사본*
- 관용차량 추가 구비서류 차량정수배정 승인서(증차)
  - 차량변경 승인서(대폐차)
  - 위임장(관인날인)
- LPG 승용(6인 이하) 추가 구비서류 보훈대상자: 국가유공자증(1급~6급)
  - 장애자: 장애인 복지카드 또는 장애인 증명서(1급~6급)
  - 고엽제 피해자: 고엽제 후유(고도-경도)증명서(보훈처 발행)
  - 가족관계 증명서(공동명의 또는 장애인 보호자 등록 시)
    ※ 장애인과 공동명의자, 장애인과 보호자 관계가 확인될 것.
    ※ 공동명의 대상: 주민등록상 동일세대 내의 배우자, 직계존비속, 형제자매, 직계존비속의 배우자-주민등록등본
- 사단이나 단체(종교단체포함) 추가 구비서류 정관 또는 규약
  - 서면총회의결서(대표자포함 참석자5인 이상의 인감날인)
  - 대표자 인감증명서
  - 소속증명원(법인발행)

- 직인확인증명서(노회발행)
- 고유번호증(사업자등록증사본*)

2 민원처리절차

접수 → 고지서수령 → 은행수납 → 등록증수령 → 번호판수령(번호판교부소)

3 과태료

- 임시운행허가기간 경과 후 신규등록할 경우: 최고 100만원 10일 이내: 3만원(매1일 초과시 1만원 추가)
- 제작결함 반품말소 부활등록(6개월 이내) 기간경과 과태료 - 10만원
- 수출 말소 부활등록(9개월 이내) 기간경과 과태료 - 최고 50만원
  - 10일 이내 5만원(매1일 초과시 1만원 추가)
- 도난 말소 부활등록(3개월 이내) 기간경과 과태료 - 10만원

4 수수료 및 세율

- 수수료: 증지대 – 2,000원(타시도 2,500원) / 인지대 – 3,000원(자동차제작증)
- 취득세, 공채: 문의: 749-1071~1072 * 경형자동차는 취득세 면제 - 단, 영업용 경형승용차는 4%
- 도시철도 채권 매입(달성군은 지역개발 공채)

5 관련법규

- 자동차관리법 제8조
- 자동차등록령 제18조
- 자동차등록규칙 제27조

6 문의처 053) 120[120달구벌콜센터]

7 주의사항

지역무관(사용본거지 이외 등록관청에 등록) 등록시 17시까지 방문시 업무처리가능

2 자동차 말소등록

자동차의 폐차, 도난, 수출, 사업면허 취소, 방치차량등 공익상 안전운행에 지장을 초래할 시 행정관청에서 직권으로 처리하는 직권말소등록이 있습니다.

1 구비서류

□ 공통구비서류
- 자동차 말소등록 신청서 다운로드
- 자동차등록증, 신분증(주민등록증, 운전면허증, 여권 등)
  ※ 대리신청시: 자동차소유자 위임장(날인) 및 신분증 사본(법인: 법인인감증명서)
     사용본거지를 확인할 수 있는 서류 법인: 법인등기부등본

□ 추가구비서류
- 폐차 말소등록 시 추가 구비서류
  - 폐차인수증명서(폐차업자발급)
    ※ 폐차증명서 발급일로부터 1월 이내 신청
    ※ 소유자 사망시: 상속포기서(날인),상속포기자 신분증
  - 사망자 기본증명서, 사망자 가족관계증명서(상세), 상속자 인감 증명서 또는 신분증 사본
    ※ 사망일자로부터 3개월 이내 말소 신청
- 도난 말소등록 시 추가 구비서류 도난사실확인원(관할경찰서장 발급 – 전국)
- 수출(전국) 말소등록 시 추가 구비서류
  - 자동차말소등록신청서, 자동차등록증
  - 신분증, 위임장, 차주인감증명서 또는 차주신분증 사본
  - 수출예정 증명서
  - 번호판
- 차령경과 말소등록 시 추가 구비서류
  - 폐차입고증명서, 자동차등록증, 위임장(본인이 아닐 시)
    ※ 차종별 차령 승용자동차: 11년
         승합, 화물, 특수자동차(경·소형): 10년
         승합자동차(중·대형): 10년
         화물, 특수자동차(중·대형): 12년
- 사고로 인한 말소등록 시 추가 구비서류
  - 사고사실확인서(경찰서장, 소방서장, 시·군·구청장 등)
    ※ 사고: 교통사고, 천재지변, 폭파, 매몰 등

- 멸실로 인한 말소등록 시 추가 구비서류
  - 멸실사실인정서
    ※ 멸실사실인정 기본요건 차령에서 2년 초과된 차량(승용차 13년 이상) 각종범칙금, 주정차위반, 속도위
       반등 최근 2년 내에 운행기록이 없는 차량 자동차검사, 의무보험가입등 최근 [4년 내 기록이 없는 차량
- 연구, 시험사용목적(추가 구비서류)
  - 자동차 구매 확인서
  - 자동차 양도증명서
  - 연구시험용으로 자동차를 사용한다는 내용의 각서
  - 문교부 인가증서(학교)
  - 사업자등록증 사본, 고유번호증 사본
  - 위임장, 등록증, 번호판 반납
- 도로외의 지역에서의 한정사용목적(추가 구비서류)
  - 도로외의 지역에서 한정사용됨을 증명하는 서류
  - 사업자등록증, 인감증명서, 신분증(위임장), 등록증
  - 번호판 반납
  - 운전학원: 운전전문학원지정증, 운전학원 장내교습용으로 사용한다는 각서.
- SOFA 말소(추가 구비서류)
  - 자동차 매매계약서(미군부대 검인 받을 것)
  - 자동차 임시말소 사유서
  - 미군 신분증(앞뒤복사본): SSN넘버 기재
  - 위임장, 인감증명서
  - 번호판, 자동차등록증
  - 자동차 책임보험 영수증
- 제작(판매)사에 반품(추가 구비서류)
  - 자동차회수 확인서(반품)
  - 위임장, 인감(회사, 차주)
  - 번호판 반납
  - 법인 인감증명서(사용인감계-필요시)

2 민원처리절차

등록세 고지서수령(6번창구)→ 은행납부 → 말소창구접수(2번창구)

3 과태료

- 폐차 후 1개월 경과: 최고 50만원
  - 폐차말소 신청기간 만료일로부터 10일까지: 5만원
  - 폐차말소 신청기간 만료일로부터 10일을 초과한 경우에는 매 1일 초과 시 마다: 1만원
- 수출이행여부 신고 미이행: 최고 50만원
  (수출말소후 9개월 이내에 수출이행여부를 신고하여야 함)

4 수수료 및 등록세

- 수수료: 1,000원
- 말소등록세: 15,000원

5 관련법규

자동차관리법 제13조 제1항
자동차등록령 제31조 제1항
자동차등록규칙 제37조

6 문의처

등록1담당 053-749-1033~1035

3 건설기계 신규등록

국내외에서 제작판매하는 건설기계범위에 포함되는 건설기계와 등록말소된 건설기계를 재등록하는 등 미등록건설기계를 등록하는 것을 말합니다.

1 구비서류

등록구분	공통	추가서류

자가용등록	• 건설기계등록신청서
	• 사용본거지 근거서류
	  - 개인 : 주민등록 조회로 갈음
	  - 자가용 : 법인등기부등본 또는 사업자등록 증사본
	• 출처증명서류
	  - 국내제작시 : 제작증명서
	  - 수입건설기계시 : 수입면장 또는 수입사실 증명서
	  ※ 중고수입 장비의 경우 신규검사를 받아야 함
	  - 재등록(부활등록시) : 말소된 건설기계 등록원부
	  - 관청불하시 : 매수증서
	• 건설기계제원표
	• 양도증명서, 양도인인감증명서
	  - 양도양수한 경우에 한함
	• 차대일련번호압인 : 3매(제작증 포함)
	• 세금계산서
	  - 대리신청시
	  소유자 인감증명서 또는 본인서명사실확인서
	  위임장(인감날인 또는 서명)
	  대리인 신분증
		• 보험가입증명서류
		(보험가입대상건설기계에 한함)
		  - 자가용 : 책임보험가입
		  - 영업용 : 책임 및 임의보험가입
		  - 보험가입대상 건설기계(9종)
		  타이어식 굴삭기
		  타이어식 기중기
		  덤프트럭
		  콘크리트믹서트럭
		  트럭적재식 콘크리트펌프
		  트럭적재식 아스팔트살포기
		  트럭지게차
		  도로보수트럭
		  노면측정장비(노면측정장비를
		  가진 자주식인 것을 말함)
		  - 건설기계배출가스 및 소음인 증서
		  - 건설기계 소음 인증서(덤프트럭,
		  콘크리트 믹서, 콘크리트 펌프)

영업용등록	• 자가용등록서류와 동일 • 소속대여회사 인감증명서 1부 • 대여업신고필증 사본, 대여업 관리계약서 1부	

2 기타사항

구분	내용
관련법규	건설기계관리법 제3조
신청기한	취득일로부터 2월 이내(초과시 취득세 가산금 발생)
처리기한	즉시(단, 신규등록검사가 필요한 경우 10일)
과태료	등록하지 않고 사용 또는 운행한 자 : 2년 이하의 징역 또는 2천만원 이하의 벌금
수수료 및 세율	수수료 - 증지대 : 4,000원, 인지대 : 3,000원 등록 전 세율과 동일 국민주택채권(달성군)

4 건설기계 말소등록

건설기계가 멸실, 도난, 수출, 폐기 등의 사유로 인해 등록말소하는 것입니다.

1 구비서류

공통	추가서류(신청기한)
• 건설기계등록말소신청서 • 건설기계등록(검사)증 • 번호판(봉인포함) • 사용본거지근거서류 　- 개인사업자 : 사업자등록증명원 　- 법인 : 등기부등본 • 대여회사 통지확인서 및 인감증명서 (영업용인 경우에 한함) 　- 대리신고시 : 위임장 및 인감증명서 또는 본인 서명사실확인서, 신분증	<아래 각 사유에 해당하는 말소증명서류> • 건설기계가 멸실된 때(30일 이내 신청) 　- 멸실을 증명하는 서류 • 도난한 때(2월 이내 신청) 　- 도난을 증명하는 서류 • 수출할 때(수출 전까지) 　- 수출에 필요한 서류(커머셜 인보이스(상업송 장) 등), 수출업자 인감증명서 또는 본인서명 사실확인서 • 건설기계를 폐기한 때(30일 이내 신청) 　- 건설기계 해체재활용업체에서 발행한 폐기인 수 증명서

2 기타사항

구분	내용
관련법규	건설기계관리법 제6조
신청기한	폐기, 멸실은 30일 이내, 도난은 2개월 이내, 수출 전까지 말소신고
처리기한	즉시
과태료	• 건설기계등록의 말소를 신청하지 아니한 때 : 20만원 • 등록이 말소된 건설기계를 사용하거나 운행한 자 : 2년 이하의 징역 또는 2천만 원 이하의 벌금
수수료 및 세율	• 수수료 : 1,000원 • 등록세(덤프트럭 및 믹서트럭 : 10,000원 / 기타 건설기계 : 12,000원)

5 범어지하도상가, '범죄예방 우수시설' 인증
– 다중이용시설의 안전한 시설환경 조성을 위한 노력 제고 –

대구시설공단 범어지하도상가는 7월 3일(화) 범죄예방 우수시설 인증패 수여식 행사를 가졌다.

• 범죄예방 우수시설 인증은 시민들 다수가 이용하는 시설물에 대해 범죄예방환경을 진단하여 우수시설로 인증하는 제도로 안전 강화와 범죄예방에 대한 지역공동체의 치안참여 및 자발적인 시설개선 유도를 목적으로 수성경찰서에서 시행하고 있다.

- 인증절차는 진단요청을 접수받아 범죄예방 진단팀이 현장을 직접 방문해 관리운영 체계, 접근통제, 방범 및 안전시설 등 73개 항목(총점 104점) 평가 후 총점의 80% 이상인 경우 범죄예방 우수시설로 인증받게 된다.

- 범어지하도상가는 통합관제센터 운영, 비상대응 위기관리, 체계적인 순찰 시스템, 보안 요원의 정기적이고 체계적인 방범 관련 교육실시를 통해 범죄예방 우수시설 인증패를 받았다.

- 대구시설공단 이사장은 "범죄 없는 안전한 시설은 시민을 위한 최선의 의무"라며 "범죄를 예방할 수 있는 환경을 구축하여 체감안전도를 향상시키기 위한 노력을 꾸준히 하겠다."고 밝혔다.

6 '나드리콜' 6·13 지방선거 투표일 무료 운행

― 사전투표(8~9일), 본투표(13일) 나드리콜 무료 운행 실시 ―

- 대구시설공단은 6월 13일 지방선거 투표에 참여하는 장애인들을 돕기 위해 나드리콜을 무료로 운행한다고 밝혔다.

- 또 선거 당일뿐만 아니라 사전투표 기간인 6월 8일, 9일에도 나드리콜을 무료로 운행하여 장애인들의 투표장 이동 편의를 제공할 계획이다.

- 무료 이용대상은 나드리콜 장애인 등록회원 중 투표목적 이용자로 노약자 및 국가유공자는 제외된다.

- 신청은 나드리콜 콜센터(1577-6776) 및 홈페이지, 나드리콜앱으로 가능하며, 운행시간은 사전투표·본투표 모두 6:00~18:00이다.

- 한편 교통약자 특별교통수단인 나드리콜은 2009년 2월, 특장차량 30대로 운영을 시작으로 현재 총 338대(특장차 128대, 개인택시 210대)의 차량이 연중무휴 24시간 운행 중이다. 뿐만 아니라, 2017년 연간 이용객도 83만명으로 2016년 대비 34.6%가량 증가해 대구지역 교통약자들의 발이 되어주고 있다.

7 대구광역시, 4차산업혁명 핵심기술 활용 국가안전대진단 실시

대구市, 드론 및 3D스캐닝 기술 융합 스마트시티 청사진 제시

3월 23일, 대구시, 대구시설공단과 경북대학교 합동으로 첨단산업장비(드론 및 3D광대역 스캐너)를 활용한 국가안전대진단을 실시하였다.

- 이번에 점검을 실시한 불로대교(대구시 동구 소재)는 연장 500.1m의 고가차도로써 육안으로는 점검에 한계가 있어 고민 중, 대구시 및 대구시설공단에서 경북대학교의 협조를 받아 첨단산업장비(드론 및 3D광대역 스캐너)를 활용하여 국가안전대진단을 실시하게 되었다.

- 국가안전대진단의 일환으로 대구시 건설교통국장 등 관계자들이 이번 현장 점검 과정을 참관하였으며 4차 산업과 연계한 안전점검이 ▲사람이 접근하기 힘든 공간에 드론을 활용하여 보다 세심하게 점검을 실시함으로써 안전 점검에 내실화를 기여하였다는 점과 3D 광대역스캐너를 활용하여 획득한 시설물의 형상정보를 통한 구조적 점검 등 현재의 기술력과 첨단산업을 융합하기 위해 앞으로 나아가야 할 방안을 제시하였다는 점에서 높은 평가를 받은 것으로 알려졌다.

- 건설교통국장은 "우리 대구시가 이번 점검을 시작으로 4차 산업 혁명의 기술·서비스를 건설 산업에 선도적으로 적용하여 기술혁신 뿐만 아니라 시민안전이 함께하는 안전도시 대구를 만들어 가도록 노력하겠다."고 말했다.

8 '대구시설공단·스마트드론기술센터, 드론 활용 방안을 위한 MOU 체결

대구시설공단, '도로관리의 스마트화'를 추진하기 위한 MOU 체결

대구시설공단은 스마트드론기술센터(센터장 박장태)와 지난 12일 대구시설공단에서 상호 협력 체계 구축을 통하여 창의적이고 경쟁력 있는 드론 활용방안을 위한 업무협력 협약을 체결했다.

- 양 기관은 이번 협약을 계기로 ▲드론 활용방안을 위한 기술지원 및 인적교류 ▲드론활용 자문 및 효용성 검토 ▲드론 관련 교육 및 세미나 등 공동연구 수행 ▲기술공유 및 R&D(Research and Developmet) 등의 상호협력과 교류 증진을 통한 효율적인 도로 및 시설물 유지관리 협력체계를 구축해 나갈 것이라고 밝혔다.

- 대구시설공단 이사장은 "이번 협약을 통해 도로 및 시설물 유지관리의 스마트화 등 스마트 드론 활용기술 기반을 구축할 수 있기를 기대한다"고 말했다.

9 공영주차장 부당요금 뿌리 뽑는다!

대구시설공단은 민간위탁 주차장의 부당요금을 방지하고 공영주차장의 환경을 쾌적하게 조성하여 시민서비스 개선에 최선을 다하겠다고 밝혔다.

- 공단은 올해부터 신규로 계약하는 민간위탁 주차장에 대하여 부당요금 피해 고객에게 그 금액의 20배를 보상하는 제도를 시행하여 관리를 강화한다.

- 그동안 일부 민간위탁 주차장은 고객들에게 부당요금을 징수해 문제가 되었다. 공단은 이런 문제를 해결하기 위해 신규로 계약을 체결하는 주차장을 대상으로 입찰공고 및 계약서상에 부당요금 보상방안을 명시하여 민간수탁자의 관리책임성을 강화하고 시민들의 불이익을 예방하도록 할 방침이다.

- 1월부터 신천고가교 등 6개 주차장을 시작으로, 올해 10월부터는 50여개 모든 민간위탁 주차장으로 확대할 예정이다.

- 또한, 올 3월부터는 시니어클럽의 어르신 50명이 환경 개선이 필요한 주차장에서 환경정비를 한다. 이를 통해 쾌적한 주차장 환경조성과 어르신 일자리 창출이라는 '일석이조'의 효과를 노린다.

- 대구시설공단 이사장은 "향후에도 시민들의 불편사항을 파악하여 더욱 신뢰받고 깨끗한 주차장이 되도록 노력하겠다"고 밝혔다.

4 출제예상 보건직 주요 이슈정리

1 금연환경

▌대구광역시 구·군별 금연구역 지정

1 대구광역시 금연구역 지정

- 지정일: 12월 1일
- 홍보 및 계도기간: 12월 1일 ~ 2월 28일(3개월)
- 흡연자 과태료 부과 시행일: 2013년 3월 1일부터(과태료금액 2만원)
- 지정장소: 2개소
- 도시공원: 2개소

연번	명칭	위치	면적
1	국채보상운동기념공원	중구 국채보상로 670	42,509m²
2	2.28 기념중앙공원	중구 동성로2길 80	12,637m²

2 각 구·군별 금연구역 지정(버스정류장, 택시승강장, 관내 초·중·고 및 공원, 금연아파트 등)

※ 정류소: 표지판으로부터 10m 이내 지역

※ 학교절대정화구역: 학교 출입문으로부터 직선거리로 50m까지

※ 금연아파트 금연구역: 복도, 계단, 엘리베이터, 지하주차장

1 국가암 조기검진 사업

① 사업 근거
- 암관리법 제11조(암검진사업)
- 암관리법 시행령 제6조(암검진사업의 범위) 제7조(암검진사업의 대상자 등) 제8조(암검진사업 대상 암의 종류, 검진주기 등)
- 암관리법 시행규칙 제4조(암검진의 방법 및 절차 등)

② 사업목적
- 국가 암검진 사업을 통하여 우리나라 국민의 사망원인 1위인 암을 조기에 발견하여 치료를 유도함으로써 암의 치료율을 높이고 암으로 인한 사망을 줄이는 것

③ 사업대상
- 의료급여수급자
- 건강보험가입자 및 피부양자로서 당해연도 검진대상자 중 보험료 부과기준 하위 50%에 해당하는 자 (직장가입자 소득 월액보험료 포함)

☑ 대상자는 본인부담금(10%) 없이 암검진을 받을 수 있으며, 국가암검진을 통해 암으로 판정받은 경우 일부 의료비 지원가능

④ 검진대상/주기

암종별	대상연령	검진주기
위암	만 40세 이상 남녀	2년
간암	만 40세 이상 남녀로 간암발생고위험군	6개월
대장암	만 50세 이상 남녀	1년
유방암	만 40세 이상 여성	2년
자궁경부암	만 20세 이상 여성	2년

⑤ 암검진기관
- 건강검진기본법에 의거 지정된 암검진 의료기관

2 암환자 의료비 지원사업

① 사업 근거
- 암관리법 제13조(암환자의 의료비 지원사업 등)

② 사업목적
- 저소득층 암환자에게 의료비를 지원하여 경제적 부담을 줄이고 치료율을 높이기 위함

- 소아암은 유전적인 요인이 많아서 조기 진단 및 예방이 어렵지만 치료 결과가 좋고 치료 후 삶의 기간도 길기 때문에 소아 암환자 가구의 경제적 부담을 줄이고 치료율을 높이기 위함 국가암검진사업으로 암 진단을 받은 환자에게 의료비를 지원하여 암 진단부터 치료까지 연속적인 지원으로 치료율을 높이기 위함

③ 지원내용
- 소아 암환자
  - 의료급여수급자 및 차상위 계층(차상위 본인부담경감대상자로 건강보험증의 구분자 코드 C, E 해당자) 중 만 18세 미만의 전체 암환자
  - 건강보험가입자 중 가구에 대한 소득·재산 조사결과가 지원 기준에 적합한 만 18세 미만의 전체 암환자
  - 지원기간 : 최대 만 18세에 도달하는 연도까지 연속 지원
    단, 만 18세에 도래한 시점에는 신규지원 등록신청 할 수 없음
  - 지원금액 : 당해연도 진료비 중 백혈병은 최대 3,000만원, 백혈병 이외의 암종은 최대 2,000만원 (조혈모세포이식 시 3,000만원)
    ☑ 소득기준과 재산기준 모두 충족하는 경우에만 지원대상자로 선정
- 성인의료급여 수급자
  - 의료급여수급자 및 차상위 계층(차상위 본인부담경감대상자로 건강보험증의 구분자 코드 C, E 해당자) 중 만 18세 이상의 전체 암환자
  - 지원기간 : 지원 개시연도 기준 연속 최대 3년
  - 지원금액 : 해당연도 진료비 중 본인일부부담금 최대 120만원 및 비급여 본인부담금 최대 100만원
- 성인건강보험 가입자
  - 국가암검진사업을 통하여(1차 암검진 필수) 확인된 신규 암환자 (5대암 : 위암, 대장암, 간암, 유방암, 자궁경부암)
  - 지원기간 : 지원 개시연도 기준 연속 최대 3년
  - 지원금액 : 해당연도 진료비 중 본인일부부담금 최대 200만원
- 성인 폐암환자
  - 건강보험가입자 중 등록 신청연도 기준으로 1월 건강보험료 부과액이 해당연도 건강보험료 기준에 적합한 만 18세 이상 폐암 환자
  - 의료급여수급자 및 차상위 계층(차상위 본인부담경감대상자로 건강보험증의 구분자 코드 C, E 해당자) 중 만 18세 이상의 폐암 환자
  - 지원기간 : 지원 개시연도 기준 연속 최대 3년
  - 지원금액: 건강보험가입자는 본인일부부담금 연간 최대 200만원 이내 지원, 의료급여 수급자는 연간 최대 본인일부부담금 120만원과 비급여 본인부담금 100만원 지원

3 '피내용 결핵 백신' 6월 16일부터 접종 재개

– '경피용 백신' 임시예방접종, 6월 15일 사업 종료 –

- 6월 16일부터 '피내용' 결핵 백신 국가예방접종, 일선 보건소, 의료기관에서 시행

- 한시적 무료 실시되던 '경피용' 백신 임시예방접종 6월 15일 종료, 16일부터 유료로 전환

- 예방접종도우미 홈페이지에서 국가예방접종 시행(무료접종) 의료기관 확인 후 방문 당부

- 질병관리청은 그간 국내수입이 중단됐던 4주 이내 영아 대상 '피내용' 결핵 백신(주사식) 공급이 정상화됨에 따라, 6월 16일부터 피내용 백신으로 국가예방(무료접종)이 재개된다고 밝혔다.

- 덴마크로부터 수입된 피내용 백신 약 4만 5천(45,675) 바이알이 식품의약품안전처에서 국가 출하승인이 완료됨에 따라, 일선 보건소 및 의료기관에 단계적으로 배포되어 16일 이후 예방 접종이 가능해질 예정이다.

- 이에 따라, 피내용 백신 공급이 중단된 기간 동안 한시적으로 실시한 '경피용' 결핵 백신 무료접종 지원은 6월 15일부로 종료되고, 16일부터는 유료접종으로 전환된다.

- 질병관리청 예방접종관리과 과장은 "일선 지자체와 함께 이번 피내용 백신접종 재개 및 경피용 백신 임시예방접종(임시지원) 종료 내용 등을 영유아 보호자에게 휴대전화 문자로 안내" 하고, 홈페이지를 통해서도 공지하고 있다"고 밝히며,

- 아울러 "피내용 백신의 안전하고, 효과적인 예방접종을 위해 지난 4월부터 약 2달에 걸쳐 보건소 및 의료기관 예방접종 담당자를 대상으로 피내 접종법에 대한 교육(이론 및 실습)을 실시하는 등 사업시행에 만전을 기하고 있다"고 덧붙였다.

- 한편, 피내용 결핵 백신 접종을 받을 수 있는 전국 지정의료기관은 예방접종도우미 홈페이지에서 확인 가능하고, 영유아 보호자들은 가까운 지정의료기관을 사전확인 후 방문해줄 것을 당부했다.

4 결핵 '피내용 백신' 국내공급 재개
- 6월 중순부터 동네 의료기관에서 접종가능 -

- 피내용 BCG 백신, 6월 중 의료기관까지 공급 재개, '경피용 BCG 백신' 무료지원은 당초 일정 대로 6.15. 종료

- 참여 의료기관은 예방접종도우미 홈페이지에서 확인 가능, 영아 보호자 대상 SMS 개별 접종 안내 예정

- 질병관리청은 그동안 중단됐던 결핵 '피내용 백신' 공급이 재개되어 6월 중순부터 동네의료 기관까지 BCG 피내접종이 정상화될 것이라고 밝혔다.

- 지난 3월 덴마크로부터 수입되어 공급 예정인 피내용 백신은 4만 5675바이알 (약 7개월 사용분)로, 식품의 약품안전처의 국가검정시험(72일 소요)을 완료하는 대로 순차적으로 보건소 및 민간의료기관까지 공급돼 6월 2째주 경부터는 접종이 재개될 예정이다.

- 또한 질병관리청은 피내용 백신 공급이 중단된 기간동안 한시적으로 실시하고 있는 결핵 '경피용 백신' 임 시 예방접종은 당초 일정대로 6월 15일 종료될 예정이라고 밝혔다.

- 보건당국은 피내용백신 수입이 지연되는 상황에서 '어린이 국가예방접종 지원사업' 지속을 위해 '17. 10월 부터 보건소 및 민간의료기관을 통해 BCG 경피접종을 한시적으로 무료 지원하는 조치를 내린 바 있다.

- 질병관리청 예방접종관리과 과장은 "3년 만에 동네 의료기관에서 피내용 BCG 백신 무료접종이 재개되는 만큼, 안전한 접종이 시행될 수 있도록 준비하였고 시행 후에도 이상반응 등 사업 모니터링도 별도로 할 것"이라고 밝혔다.

5 백신수급 안정화 위해 보건당국·업계 협력 강화한다

- 질병관리청은 오송청사 대회의실에서 국내외 백신 제조·수입 업계와 필수예방접종 백신의 안정적인 수급 체계 개선 및 백신 연구개발 협력강화 방안을 논의하는 임원진 대표 간담회를 개최한다.

- 우리나라는 필수예방접종 대상백신의 종류와 지원대상을 선진국 수준으로 계속 확대하고 있으나, 백신의 수입의존도가 높은 환경에서 현지공장 사정, 국외 감염병 유행 등 외부 요인에 따른 수급불안 상황이 반복 되고 있어,

- 이의 개선을 위해서는, 백신 수급체계 개선 및 향후 연구개발을 위한 정부-민간의 공동노력이 중요한 시점 이다.

- 이에 실질적인 백신 제조·공급을 담당하고 있는 국내외 업계 및 협회 임원진 대표와 질병관리 본부장, 보건 복지부 보건의료기술 개발과장 등 20여 명이 참석하여 향후 협력방향에 대해 논의할 예정이다.

- 질병관리청장은, "어린이 건강보호를 위해 계속 확대하고 있는 국가예방접종사업의 안정적 추진을 위해서 는 급변하는 세계 백신 공급 및 시장 상황 속에서 체계적인 백신수급 관리와 연구개발 가속화가 필요하다" 며, "작년과 달리 국외 제조사까지 참석하는 금번 간담회를 통해 백신 수급안정화를 위한 구매·배분방식 개 선 등 제도개선, 자급화를 위한 공공백신개발지원센터 설립 등 정부의 노력을 공유하였고 이후 간담회를 정 례화해 국내 현실 여건에 맞는 수급·자급 정책이 마련될 수 있도록 지속적으로 노력하여 더욱 실효성 있는 민관 협력체계가 운영될 것으로 기대"한다고 밝혔다.

- 참석한 국내외 업계 대표들은 "안정적 백신수급 및 백신자급화를 위한 정부의 노력과 방향성에 공감, 백신 가격 현실화, 백신부족 시 국외물량 긴급수입을 위한 관련 규제완화, 신규백신 도입을 위한 기준·절차 마 련" 등을 위한 정부의 노력을 당부하였다.

- 질병관리청은 지난 공청회* 및 이번 간담회를 통해 수렴된 현장의 목소리를 반영하여 정부의 백신 수급 안 정화 종합대책을 상반기 중 발표할 예정이라고 밝혔다.

6 생후 6~59개월 어린이 인플루엔자 접종률 78.0%
– 지난해 9월~올 4월까지 무료 지원사업 완료, 10명 중 9명 만족해 –

> - 어린이 인플루엔자 무료접종지원 사업 만족도 89.2%
> - 우리나라 인플루엔자 접종률은 국제 비교해도 높은 편으로, 올해 지원 확대 예정인 어린이집·유치원생 및
>   초등학생(60개월 ~ 12세)의 접종률 제고를 위해 노력

- 질병관리청은 지난해 9월부터 올 4월까지 생후 6~59개월 어린이 대상 '인플루엔자 예방접종 무료지원사 업'을 종료한 결과, 총 214만 명 중 167만 명(78.0%)이 접종했다고 밝혔다.
  - 연령별 예방접종률은 생후 6~12개월 83.9%를 제외하면 어린 나이일수록 높은 것으로 나타나, 생후 13~24 개월 91.8% ~ 49~59개월 64.9%를 보였다.
  - 한편, 어린이의 98.9%가 보건소가 아닌 민간의료기관에서 접종받았는데, 이는 노인의 86.2% 이용률에 비 해 높은 수준으로 소아청소년과 등 동네 의원을 선호하는 것으로 나타났다.

- 또한, 인플루엔자 사업대상 보호자 1,272명을 대상으로 실시한 지난해 12월 실태조사 결과, 89.2%가 '만족' 하는 것으로 나타났다.

- 한편, 미접종 사유를 상세히 조사한 결과, ① 무료 예방접종 실시에 대한 정보 부족(17.6%), ② 무료 지원 대상 백신이 아닌 4가 백신 선호(16.3%), ③ 자녀가 아파서(13.4%), ④ 접종을 받아도 효과가 없을 것 같아서(12.6%), ⑤ 시간 부족(11.1%), ⑥ 접종 후 이상반응 우려 (7.5%) 등의 순으로 나타났다.

• 질병관리청 예방접종관리과 과장은 "우리나라는 미국과 영국의 인플루엔자 예방접종률이 각각 50%, 40% 미만인 것에 비해 높은 수준"으로, "올해 확대할 예정인 어린이집·유치원 및 초등학교 학생이 처음으로 지원되는 만큼, 이들의 접종률을 높이는 데 최선을 다할 것"이라고 밝혔다.
  - 특히, "영유아 보육기관, 유치원 및 초등학교 보육담당자의 협력을 통해 접종 안내, 미접종자 개별 안내(문자발송 등) 등 접종자 특성에 따른 홍보 안내를 강화할 예정"이라고 밝혔다.

7 국가예방접종 수급안정 위해 각계 전문가 한자리 모인다

• 국가예방접종 백신의 안정적 수급을 목적으로 각계 전문가 의견 및 이해관계자의 현장 목소리를 듣기 위한 공청회 개최(4월 26일)
  - "국가예방접종사업 백신의 안정적 공급체계 및 합리적 가격 산정 근거 제시 정책연구(연구책임자: 한국보건사회연구원)" 용역사업 결과 발표 및 패널 토의 진행
• 향후 공청회 결과를 포함하여 정부 내 협의를 거쳐 「국가 백신 수급안정화 종합대책」 상반기 중 발표 예정

• 질병관리청은 반복되는 국가예방접종 백신 부족 상황에 대한 근본적인 해결책을 마련 중이며 이를 위해 각계 전문가 및 이해관계자의 의견 수렴을 위한 공청회를 개최한다고 밝혔다.
  - 이번 공청회는 피내용 BCG 등 최근 발생하는 국가예방접종 백신 수급불안 상황을 해결하기 위해
    * 장기계약·총량구매 등 백신 공급방식 개선, 국내·외 수급상황 및 공급중단 대비 긴급 백신 확보, 부족상황 조기인지 체계 구축 등 백신 수급안정을 강화하는 근본적인 대책을 마련하기 위한 과정이다.

• 공청회는 정책연구용역발표와 패널토의로 나누어 진행될 예정이다.
  - 한국보건사회연구원에서 "국가예방접종사업 백신의 안정적 공급체계 및 합리적 가격 산정 근거 제시 연구" 결과를 발표한다.
    * 연구진은 미국, 대만 등 백신 장기계약, 현물비축 등 사례를 발표하고 국내적용 가능한 백신수급 개선방안을 제안할 예정이다.

> **주요 연구내용**
>
> - 현 국가예방접종사업 백신수급 문제점: 높은 수입의존도, 백신 수요예측·조정 미흡, 백신 수급체계의 복잡성, 백신도입·관리에 대한 과학적 근거 및 합리적 의사결정체계 미비
> - 주요국의 백신 수급관리 사례: 미국(다수공급계약, 비축 등 정부역할 강화), 대만(장기계약, 체계적 국가예방접종 정보시스템, 신규 백신 도입 등 주요 의사결정을 위한 자문위원회 운영)
> - 국가예방접종 백신수급 개선방안: 백신의 안정적 공급체계 확립을 위한 국가역할 강화, 체계적인 백신 모니터링 및 질관리, 전문성이 강화된 신규 백신 도입·사용결정 체계 마련

- 패널토의에서는 가톨릭대학교 의과대학 예방접종을 담당하는 의료계, 접종자 의견을 반영하기 위한 언론 및 시민단체, 백신 공급 업계, 법률·세무 전문가가 참석한다.

- 질병관리청 예방접종관리과장은, "2014년부터 국가예방접종 사업이 민간의료기관까지 전면 무료화되면서 접종편의는 높아졌으나 백신수급은 좀 더 체계적인 관리가 필요하다"며,
  - "이번 공청회를 통해 다양한 분야의 전문가 및 현장 의견을 수렴하여 실현 가능한 개선안을 도출하고, 국민·의료계가 백신이 부족하여 생기는 불편을 최소화하며 질병부담을 감소시킬 수 있도록 최선을 다할 것"임을 밝혔다.

- 질병관리청은 2017년 11월부터 본부 내 구성·운영 중인 "백신 수급체계 개선 추진단"의 도출결과와 국가예방접종 백신공급방식 개선을 위한 민관협의체 및 본 공청회 내용 등을 바탕으로 예방접종 전문위원회, 감염병 관리위원회 논의를 거쳐 상반기 중 「국가 백신 수급안정화 종합대책」을 확정할 계획이다.

8 예방접종! 가장 과학적인 감염병 예방법이자 가장 쉬운 선행
- "감염병 예방은 접종이지~EASY" '제8회 예방접종주간' 기념행사 개최 -

> - 유치원생·초등학생까지(만 12세 이하) 인플루엔자 무료 접종 확대
> - 우리나라 어린이 예방접종률 96.9%(36개월 기준), 선진국보다 2~6%p 높아
> - 중학교 입학생 시에도 예방접종 확인사업 도입하여 미접종자 접종 독려

- 질병관리청은 「제8회 예방접종주간[2](4.23.~29.)」을 맞이해 4월 25일(수) 연세대학교 백주년기념관(서울시 서대문구)에서 기념행사를 개최했다.
  - 질병관리청은 올해의 표어를 "감염병 예방은 접종이지 ~ EASY!!"로 정했다.
  - 기념주간을 기점으로, 예방접종은 감염병을 막는데 가장 효과적이고 손쉬운 예방법이며, 본인의 건강은 물론 가족과 이웃의 안전까지 보호하는 가장 쉬운 선행이라는 점을 알리고, 접종률 향상을 위한 다양한 캠페인을 추진한다고 밝혔다.

---

2) 매년 4월 마지막 주는 세계보건기구(WHO)가 정한 '세계예방접종주간'으로 WHO회원 각국은 예방접종률 향상 및 감염병퇴치 캠페인 운영 중(2011~)
WHO의 표어는"Protected Together, #Vaccines Work"

- 질병관리청은 제8회 예방접종 주간을 기념하고자 예방접종 사업의 핵심 정책고객인 어린이와 보호자 등 약 1,500명을 초청해 함께 참여하는 기념행사를 열었다.

> **주요 성과**
>
> - 출생아의 만 3세(36개월)까지 권장하는 예방접종의 백신별 접종률은 약 95% 이상 유지
> - 대내외 평가: 국민이 뽑은 공감정책 "1위"(문체부), 정부 민원혁신 경진대회 "대통령상" 수상(행자부), 대한민국 정책 평가 "1위"(동아일보)

- 부모들의 호평을 받으며 '모바일 어워드 코리아' 시상식[3]에서 3년 연속 공공서비스 부문 '대상'을 수상한 "예방접종도우미 어플리케이션" 시연도 이뤄졌다.
- 이날 기념식장에서는 어린이의 영웅 '번개맨(EBS캐릭터)'이 홍보대사로 위촉돼 어린이 예방접종을 응원했고, 국가예방접종 사업에 헌신한 유공자 표창도 함께 진행됐다.
- 식후 행사로는 질병관리청과 EBS가 공동으로 기획한 모여라딩동댕 '번개맨과 예방접종' 편 뮤지컬 공연이 진행돼, 참석한 어린이들의 큰 호응을 얻었다.

- 한편, 우리나라 어린이의 예방접종률은 미국, 영국, 호주 등 해외 주요국가의 예방 접종률보다 높은 것으로 조사됐다.
- 국가별로 동일한 연령대(생후 36개월 기준)에 받는 어린이 예방접종률을 비교해보니, 우리나라 어린이의 예방 접종률은 96.9%로 다른 나라에 비해 평균 약 2~6%p 가량 높은 것으로 파악됐다.

- 질병관리청장은 "질병, 특히 감염병은 사전예방 활동에 정부의 정책역량을 집중해야 한다"고 강조했다.
- 이와 함께 "예방접종은 안전성과 유효성이 검증된 과학적 산물인 백신을 투여해, 감염병에 대한 저항력과 면역력을 얻도록 하는 일련의 과정으로, 국민 개개인은 물론 공동체 전체의 건강과 안전을 지키는 가장 효과적인 의료행위이자 정책수단"이라고 설명했다.
- 질병관리청장은 "전액 무료 지원의 첫발을 뗀 '어린이 국가예방접종' 정책은 12세 미만 어린이 1명이 예방접종 완료에 소요되는 약 150만 원가량의 경제적 부담을 국가가 전액 지원하는 것으로, 감염병의 사전 예방 효과 외에도 어린 자녀를 둔 부모님들의 가계부담 절감이라는 측면에서 가장 공감하는 보건복지 정책으로 손꼽히고 있다"고 언급했다.
- 또한 "65세 이상 어르신들의 예방접종 편의 향상을 위해 실시한 인플루엔자 예방접종 의료 기관 무료지원 확대사업으로, 약 70% 수준에 머물던 예방접종률이 지난해에는 82.9%까지 점진적으로 향상되는 성과가 나타났다"고 설명하였다.
- 더불어 "올 가을에는 매년 겨울 우리 국민의 질병부담을 높이는 인플루엔자(계절 독감) 예방을 위해, 6~59개월 어린이뿐 아니라 어린이집·유치원생 및 초등학생(60개월~12세)까지 무료예방접종을 확대할 계획"이라고 밝혔다.

---

3) 모바일 어워드 코리아(디지틀조선일보 주최) 4.12.(목) 시상식 개최 (민간/공공 분야 모바일 서비스 평가 대표적 공모제)

12세 이하 어린이 국가예방접종 무료시행 백신

- BCG(피내용)
- DTaP(디프테리아/파상풍/백일해)
- MMR(홍역/유행성이하선염/풍진)
- 일본뇌염(▲사백신, ▲생백신)
- Tdap(파상풍/디프테리아/백일해)
- Hib(b형 헤모필루스 인플루엔자)
- 사람유두종바이러스(HPV)
- DTaP-IPV/Hib(디프테리아/파상풍/백일해/폴리오/b형 헤모필루스 인플루엔자)

- B형간염
- 폴리오(IPV)
- 수두
- Td(파상풍/디프테리아)
- DTaP-IPV(디프테리아/파상풍/백일해/폴리오)
- 폐렴구균
- 인플루엔자

- A형간염

※ 일부 백신의 경우 지원대상 연령이 다름

• 예방접종관리과 과장은 2018년 '어린이 인플루엔자 예방접종 지원 대상 확대' 외에도 우리나라의 높은 예방접종률 유지를 위해 '초·중학교 입학생에 대한 예방접종기록 확인'과 백신 거부운동 방지를 위한 '이상반응 관리 강화부분'에 중점을 두어 올해 국가예방접종 정책을 추진 해갈 예정이라 밝혔다.

- 질병관리청장은 교육부와 협력해 초등학교 입학생의 예방접종 완료여부를 확인하고, 미접종자에게 접종을 독려하는 '예방접종 확인사업'을 올해 처음으로 중학생까지 확대 실시할 계획이다.

- 일부 인터넷 카페, SNS 및 언론을 통해 전달받은 정보로 인해 백신 이상반응에 대한 막연한 우려나 근거 없는 불신으로 예방접종을 거부하는 사례를 방지하기 위해, 예방접종에 대한 의과학적 정보 소통에 더욱 노력할 예정이다.

  * 또한 예방접종 후 불가피하게 발생하는 이상반응에 대한 국가차원에서의 안전 보장을 위해, 올 1월부터 예방접종 피해보상의 신청범위 확대*등을 통해 피해보상의 지원 범위를 넓혀 운영 중에 있다.

• 질병관리청장은 4월 예방접종 기념주간을 기점으로, 국가예방접종 지원사업 및 예방접종 이상반응에 대한 정확한 정보제공, 정책 홍보 등을 펼쳐, 국민이 더 편리하고 안전하게 예방접종 할 수 있도록 정책지원에 노력하겠다고 설명했다.

5 출제예상 세무직 주요 이슈정리

1 마을세무사

1 마을세무사란?

복잡한 세무행정에 대한 전문지식이 없거나 과세불복 관련 고액의 비용이 부담되는 시민들에게 마을(읍·면·동) 단위로 지정된 세무사들이 무료 세무상담과 권리구제 지원을 해주는 우리 마을담당 세무사

2 이용방법

주민센터 및 홈페이지에 게시된 마을세무사 연락처 확인하여 상담 신청
- 1차 상담: 전화, 팩스, 이메일 등으로 상담
- 대면상담: 1차 상담 후 필요시 세무사 사무실에서 상담

3 마을세무사가 하는 일

- 세무상담: 국세, 지방세
- 불복청구: 지방세 청구세액 1천만원 미만 납세자

2 지방세 고지서 금융(모바일)앱
– 전자고지 서비스 안내 –

1 금융앱 전자고지 서비스란?

종이고지서 없이도 지방세 고지내역을 금융사의 모바일 앱을 통해 확인하고 납부할 수 있는 서비스입니다.
[대상세목]
등록면허세(면허)(1월), 자동차세(6월, 12월), 재산세(7월, 9월), 주민세 균등분(8월)

2 이런 점이 좋습니다.

- 언제 어디서나 모바일을 통해 지방세 고지내역을 확인하고, 납부하실 수 있습니다.
- 고지서 분실 및 개인정보 노출 걱정이 없습니다.
- 종이고지서 인쇄로 인한 환경오염을 예방할 수 있습니다.

3 이용방법

금융(모바일)앱으로 로그인 후 간편하게 전자고지 서비스를 신청할 수 있습니다. 전자고지를 신청하면 다음달부터 지방세 고지서를 해당 금융사의 모바일앱으로 송달합니다.
대상: 국민은행, 농협은행, 기업은행, 신한은행, 하나은행, 대구은행, 부산은행, 경남은행, 금융결제원

- 신청한 다음 달 정기분으로 부과하는 세목부터 적용됩니다.

  ㉤ 7월 말까지 신청 시 8월부터 지방세 고지서를 금융(모바일)앱으로 송달

4 시행 시기

- 일자: 2021년 7월 21일(금)부터~현재
- 시간: (영업일) 09:00 ~ 22:00

5 주의사항

- 시범운영기간에는 금융앱 전자고지와 우편고지서가 병행으로 발부됩니다.
- 앱 삭제, 핸드폰 변경시에는 고지서가 정상적으로 수신되지 않습니다.
- 전자고지를 2회 이상 신청한 경우 먼저 신청한 전자고지 신청 건은 자동으로 해지됩니다.

6 다른 전자고지 방법

지방세 고지서를 다양한 방법으로 받아 보실 수 있습니다.

구분	신청방법
위택스 전자고지함 (www.wetax.go.kr)	www.wetax.go.kr 에 접속 후 회원가입(공인인증서 필요)→ 전자고지 신청
스마트위택스 전자고지함	앱 스토어에서 스마트위택스 앱 다운로드 → 회원가입 → 전자고지 신청
상용 메일	①, ② 중 선택 ① 지방자치단체 방문하여 신청서를 작성 → 인증메일 확인 ② www.wetax.go.kr에 접속 후 회원가입(공인증서 필요)→ 전자고지 신청

3 더 새로워진 스마트 위택스

1 스마트위택스 사용을 위한 사전 준비 및 문의사항(연락처)

① 앱설치

스마트위택스 앱 다운로드 받기

각 통신사 또는 모바일 앱스토어 검색란에 "지방세" 또는 "지방세 납부" 입력 후 "스마트 위택스" 앱을 다운받아 설치합니다.

② 위택스 회원가입

위택스 회원 가입하기: 위택스 홈페이지(www.wetax.go.kr)에서 회원 가입해 주시기 바랍니다.

위택스 회원 가입 후 공인인증서를 등록해주시기 바랍니다.

- 이용안내: 스마트 위택스 이용 중 불편하신 점이 있으시면 정부민원 콜센터 110으로 연락 주시기 바랍니다.
- 메인화면 하단 "콜센터" 선택 → 바로 정부민원 콜센터로 연결되어 도움을 받으실 수 있습니다.

③ 공인인증서

공인인증서 가져오기 PC → 스마트폰

1. 스마트위택스 실행

2. 인증센터 버튼 선택

3. 공인인증서 가져오기 선택

4. 인증서번호 생성 버튼 선택

5. PC에서 http://smart.wetax.go.kr 접속 후 "스마트폰 인증서 내보내기" 선택

6. 공인인증서 암호 및 인증서 번호 입력 후 "내보내기" 버튼 선택

2 신규서비스 내역 안내

전국 지방세는 물론 세외수입도 손쉽게 조회·납부할 수 있는 앱 서비스로 재탄생합니다.

※ 서울특별시 지방세·세외수입 납부는 일부 서비스만 가능합니다.

> **신규 서비스 안내**
>
> ① 전국 지방세는 물론 세외수입을 편리하게 조회·납부할 수 있는 서비스
> ② 전국 상하수도요금을 편리하게 조회·납부할 수 있는 서비스(QR코드 인식 기능 제공)
> ③ 지방세 및 세외수입 관련 각종 유용한 정보에 대하여 푸시(Push) 알림서비스 제공
> ④ 지방세에 대한 전자고지 신청·조회·납부 서비스

4 환급계좌 사전신청 안내

지방세 환급금 수령계좌를 사전에 신청하시면 지방세를 더 납부하거나 잘못 납부하여 지방세 환급금이 발생할 경우, 납세자가 별도 환급신청을 하지 않더라도 사전 신청 계좌로 즉시 환급받을 수 있습니다.

> **환급계좌 사전신청방법**
>
> 위택스(www.wetax.go.kr)에 접속>환급신청>환급계좌신고 또는 계좌개설(변경)신고서를 작성하여 구·군에 제출

5 주민참여예산

1 주민참여예산의 유래

1989년 브라질 히우그란지두술주의 주도인 포르투알레그리시에서부터 시작되었습니다. 포르투알레그리의 참여예산제는 주민들이 직접 예산편성과정에 참여하는 모델로서 상당히 긍정적인 평가를 받았고, 참여인원도 꾸준히 증가하여 2000년에는 인구 120만명 중 4만5천명이 참여했다고 합니다. 그리고 참여예산제는 상파울루, 벨루오리존치(Belo Horizonte) 등 브라질의 다른 대도시들로 확산되었습니다. 그리고 지금은 남미뿐만 아니라 유럽의 여러 도시들, 캐나다의 토론토, 미국의 시카고, 뉴욕 같은 도시들로 확산되었습니다.

2 우리나라 주민참여예산제

행정안전부는 [지방자치단체 예산편성 운영기준]을 통해 주민참여형 예산편성제도를 권장하였고, 이를 계기로 일부 지자체가 관련 조례를 제정하여 운영하게 되었습니다. 주민참여예산제도 실시를 의무화하고 중앙정부 차원에서 조례 모델안이 제시되어 전국적으로 확산되었습니다.

3 추진근거

- 지방재정법 제39조, 같은 법 시행령 제46조
- 주민참여예산제 운영조례

4 추진목적

예산편성과정에 시민이 직접 참여함으로써 예산낭비나 재정운용의 비효율성을 극복하고 지방 예산의 책임성 및 행정의 투명성 제고와 함께 재정민주주의 이념 구현

5 주민참여예산 운영계획

주민참여예산제 운영성과 평가에 따라 시민참여 확대를 위해 문제점을 개선하여 주민참여예산 운영계획을 수립하여 시행합니다.

① 주민참여예산위원회 구성·운영
- 위원수: 100명 (공모74, 추천19, 임명7)
- 임기: 1년

② 예산편성과정 참여
- 주민제안사업 공모 [주민제안사업 공모 다양화]
- 주민참여예산 총규모: 140억원

구분	시정참여형 사업	지역참여형 사업	읍면동 지역회의 사업
예산규모	90억원	40억원	10억원
사업내용	시 고유사업 시정과 연계한 사업	자치구·군 소관사업 지역문제 해결을 위한 시민 편익 향상 사업	읍면동주민센터에 지역회의 구성 지역회의 운영 → 사업발굴·선정

- 예산편성 설명회 개최
  - 운영방법: 분과위원회별 소위원회 구성
  - 내용: 예산안에 대한 시민의견 제시
- 주민참여예산 공감포럼 운영
  - 포럼구성: 15명 정도(일반시민, 전문가, 사업제안자, 예산위원, 공무원 등)
  - 대상사업: 주민제안사업 중 우수한 아이디어 사업을 선정, 충분한 숙의와 공론화를 통해 사업화하여 일반재정사업으로 추진
  - 예산편성: 행정절차 이행 및 예산안 반영

③ 예산아카데미 운영

　수요자별 교육과정 다변화로 예산아카데미 확대운영

6 출제예상 토목직/건축직/행정직 주요 이슈정리

1 토지거래허가제

1 토지거래허가구역 지정현황

대상지구	토지거래허가구역		지정공고	관련부서
	면적(km^2)	지정기간		
도시첨단산업 예정지	0.17	1년	제2018-92호	토지정보과
개발예정지	1.1	2년	제2018-329호	토지정보과

2 토지거래허가 신청안내

① 토지거래 허가대상/허가신청/허가처리

　• 허가대상: 허가구역 내에 있는 토지에 관한 소유권, 지상권을 이전 또는 설정하는 계약(매매예약 등기 포함)을 체결하고자 하는 경우(허가받은 사항을 변경할 때에도 같음)

　• 허가신청: 거래당사자(매도·매수자)가 공동으로 해당 구·군에 토지거래허가신청서와 토지이용계획서를 제출

　　☑ 위임을 받아 신청하는 경우 위임장 추가 제출

　• 허가처리: 허가권자는 신청을 받은 날로부터 15일 이내 허가증 교부 또는 불허가 통지

② 토지거래 허가대상 토지면적

용도지역		허가를 요하는 면적
도시지역	주거지역	180m² 초과
	상업지역	200m² 초과
	공업지역	660m² 초과
	녹지지역	100m² 초과
	용도 미지정	90m² 초과

③ 토지거래허가 제외 대상
- 상속 등 대가가 없는 거래
- 집행력 있는 판결에 의한 명의신탁 해지를 원인으로 소유권을 이전하는 경우
- 점유로 인한 시효취득을 원인으로 민법상 화해조서에 의한 판결을 받아 소유권을 이전하는 경우
- 매매예약의 가등기를 경료하고 본 계약의 성립으로 볼 수 있는 예약 완결의 의사표시일이 허가구역 지정 이전인 경우로서, 허가구역으로 지정된 이후에 당해 토지에 대한 본등기를 하는 경우

3 업무처리 흐름도

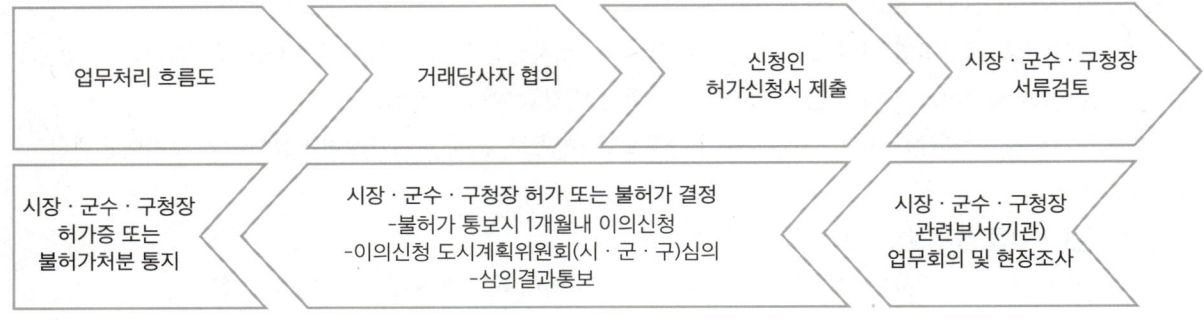

4 토지이용 의무

토지거래허가를 받아 취득한 토지는 정해진 기간 동안 허가받은 목적대로 이용하여야 함 토지이용 의무 기간

목적별	농업용	임업용	주거용	개발용 (사업용)	기타 (현상보존 등)
의무기간	2년	3년 (생산물이 없는 경우는 5년)	3년	4년	5년

5 이행강제금 부과

- 토지거래 허가를 받아 취득한 토지를 허가받은 목적대로 이용하지 아니한 자는 3월의 이행기간을 부여하고 취득가액(신고된 실거래가)의 10%범위 내에서 매년 이용의무 이행 시까지 이행 강제금 부과
- 부과율: 취득가액 기준 미이행 방치의 경우 10%, 타인 임대의 경우 7%, 무단 목적변경의 경우 5%

2 조상땅찾기

1 조상 땅 찾기

- 「국가공간정보센터 운영규정 제11조」
- 재산관리의 소홀이나 불의의 사고 등으로 찾지 못하고 있는 조상의 토지(임야)를 지적전산과 연계하여 찾아주는 서비스 제도입니다.

2 대상 및 신청

① 신청대상자

본인 또는 상속인(위임하고자 하는 경우: 위임장과 위임자 및 대리인의 자필서명이 있는 신분증 사본을 첨부)

☑ 1960년 이전 사망자의 토지는 장자에게 상속되므로 차남이나 딸은 신청자격이 없습니다.

② 신청자격

- 1959. 12. 31 이전 사망의 경우
  - 호주상속을 받은 사람이 신청
- 1960. 1. 1 이후 사망의 경우
  - 제1순위: 피상속인의 직계비속
  - 제2순위: 피상속인의 직계존속
  - 제3순위: 피상속인의 형제자매
  - 제4순위: 피상속인의 4촌 이내 방계혈족

③ 구비서류

- 신청서: 구·군 및 시·도 지적관련 부서 비치
- 신분증: 주민등록증, 운전면허증 등(사진, 이름 및 주민번호가 모두 나타나야 함)
- 첨부서류: 제적등본, 가족관계증명서 또는 기본증명서 등 (본인과 사망자와의 관계 및 사망날짜가 나타나야 함)
- 수수료: 없음

④ 신청장소

구·군 및 시·도 지적관련 부서

⑤ 처리기간

즉시

3 부동산개발업등록

1 부동산개발업 등록제도 안내

건축물의 연면적이 2000m² 이상 또는 연간 5000m² 이상 이거나, 토지의 면적이 3000m² 또는 연간10000m² 이상 규모의 부동산개발을 하기 위해서는 부동산개발업 등록을 하여야 합니다.

2 부동산개발업 등록제가 시행되면 이런 점이 좋습니다.

• 등록사업자의 사업실적 정보 등이 제공되고 개발업자의 허위개발정보 유포 행위 등이 금지되므로 소비자 보호가 한층 강화됩니다.

• 개발업자 간 건전한 경쟁과 부동산개발 시장의 투명화를 유도하여 부동산개발업의 발전을 도모할 수 있는 제도적 기반을 갖추게 되었습니다.

구분	주요내용
등록요건	1. 자본금(법인 3억원, 개인 6억원 이상) 2. 법 제5조제1항에 따른 부동산개발 전문인력(상근 2명 이상) 3. 사무실 확보
신청 시 구비서류	1. 등록신청서 2. 등록요건을 입증하는 구비서류 　• 자본금 입증서류 : 법인은 대차대조표·손익계산서, 개인은 영업용 자산액 명세서 등 　• 전문인력 확보를 증명하는 서류 : 해당자격·학위·경력증명서류, 상근인력 　• 증명서류, 사전교육 수료증 사본 등 　• 사무실 입증서류 : 사무실 임대차계약서 사본 등 　• 기타 필요서류 등
등록관청	주된 영업소재지 관할 시·도 (토지정보과)

3 부동산개발업 등록제 등록절차는 이렇습니다.

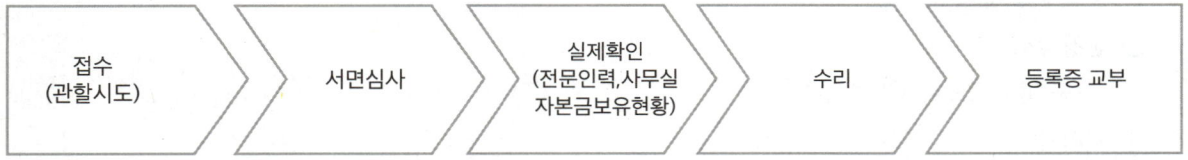

접수(관할시도) ＞ 서면심사 ＞ 실제확인(전문인력,사무실 자본금보유현황) ＞ 수리 ＞ 등록증 교부

4 부동산종합증명서 발급 안내

1 부동산종합증명서 일사편리 서비스 이용절차

개별적으로 제공되던 18종의 부동산 관련 증명서를 "부동산종합증명서"하나로 통합하여 서비스되므로 사용자들이 편리하고 저렴하게 열람·발급 가능

① 온나라 부동산포털(www.onnara.go.kr)접속, 시도 선택
② 종합증명서 열람/발급 선택
③ 인증을 통해 민원 및 증명서 발급 신청 접속
④ 종합증명서 열람·발급을 선택하여 종합형 서비스
⑤ 필요한 정보만 선택하여 맞춤형 서비스

2 부동산종합증명서 수수료

구분		방문발급	인터넷발급	
			발급	열람
부동산종합증명서 수수료	맞춤형	1,000원	800원	0
	종합형	1,500원	1,000원	0
기존 개별증명서 합산 금액	토지	3,500원	2,100원	200원
	토지·건축물	4,800원	2,900원	200원
	토지·집합건물	2,600원	1,900원	200원

5 부동산 불법거래 신고센터

1 신고센터 개요

(부동산거래관련 위반사항 신고 등) 떳다방, 불법 전매, 다운계약서 등 부동산 거래 관련 및 토지 거래허가구역 내 토지거래 위반사항을 신고받는 곳입니다.

2 신고대상

- (부동산 거래가격 허위신고 등) 중개업소의 다운계약 강요 행위, 다운·업계약서 작성 및 신고 행위
- (청약통장 불법거래) 청약통장 불법 양도·양수 알선 및 그 광고행위
- (분양권 불법전매) 전매금지 기간 내 분양권 전매 및 알선, 중개행위
- (임시중개시설물 설치) 떳다방 등 불법시설물 설치행위
- (토지거래허가 위반) 토지거래 허가구역 내 허가없이 계약체결, 이용의무 위반 등
  - ☑ 토지거래허가 위반신고의 경우, 국토계획법 제124조제3항에 따라 신고인에게 포상금 지급 가능

3 신고접수

시·구·군 담당부서 및 국토부 토지정책과

4 신고방법

신고양식에 의한 방문접수, 우편, 전화, Fax, 인터넷 신고 등 부동산불법거래신고서 다운로드

5 시, 구·군 담당부서

시, 구·군	부서
시	토지정보과
중구	민원토지과
동/서/남/수성구 달성군	토지정보과
북구	토지정책과
달서구	지적과

6 공유토지분할

> • 공유토지 분할에 관한 특례법 시행
> • 법률제11363호, 2012.2.22제정, 법률제12634호, 2014.5.21, 법률제14710호, 일부개정

1 목적

공유토지를 현재의 점유상태를 기준으로 간편한 절차에 따라 분할할 수 있게 함으로써 토지에 대한 소유권 행사와 토지의 이용에 따른 불편 해소

2 사업개요

① 시행기간

한시적

- 공유토지분할에 관한 특례법 개정(법률 제14710호)으로 시행기간 3년 연장 시행

② 적용대상지역

전국일원

3 주요내용

① 대상토지
- 공유자 총수의 3분의 1 이상이 그 지상에 건물(무허가건물 포함)을 소유하는 방법으로
- 1년 이상 자기지분에 상당하는 토지부분을 특정하여 점유하고 있는 등기된 공유토지
- 아파트, 근린상가, 어린이집 등 주택법 제16조에 따른 공동주택부지 포함

② 제외토지
- 주택법 제2조 제14호에 따른 복리시설 중 근린생활시설 및 대통령령으로 정하는 시설
- 어린이놀이터, 근린생활시설, 어린이집, 주민운동시설 및 경로당, 그밖에 대통령령으로 정하는 시설
- 법률 일부개정으로 분할대상 명확화
- 공유물분할에 관한 판결이 있었거나 소가 계속 중인 토지
- 민법 제268조제1항 단서규정에 따라 분할하지 아니할 것을 약정한 토지

③ 분할신청
공유자 총수의 5분의1 이상 또는 20인 이상의 동의를 얻어 토지소재지 관할 지적소관청에 신청

4 업무처리 흐름도

- 소요기간
  - 정상적으로 처리되는 경우: 25~27주(7개월) 소요
  - 분할신청심사의결에 이의 및 소제기가 있는 경우: 42~44주(11개월) 소요
  - 분할신청 및 분할조서의결에 이의 및 소제기가 있는 경우: 55~57주(14개월) 소요

1 고의사고 의인(義人) 한영탁씨에게 감사장 전달

- 또 다른 '고속도로 의인' 박세훈씨에게도 감사장 전달키로 –
- 도로교통공단 이사장, "용기 있고 의로운 행동에 감사" –

도로교통공단은 2일 인천 남구 TBN경인교통방송 회의실에서 최근 고속도로 주행 중 위험을 무릅쓰고 고의사고를 일으켜 대형 교통사고 예방에 기여한 '투스카니 의인(義人)' 한영탁씨(46)에게 감사장을 전달했다.

이사장은 이날 한씨에게 감사장을 전달한 뒤 "'도로 교통사고로부터 국민이 안전하고 행복한 세상을 만든다'는 공단의 미션에 부합하는 용기 있고 의로운 행동이었다. 우리가 살아가는 세상은 이런 분들로 인해 행복할 수 있다"면서 공단 전 임직원을 대표하여 감사의 마음을 전했다.

한씨는 지난 5월 12일 오전 제2서해안고속도로 하행선(평택기점) 조암IC 전방 3Km 지점에서 운전자가 의식을 잃고 위험한 주행을 하고 있던 코란도 차량을 목격하고 본인의 차량으로 코란도 차량의 진행을 가로막아 고의사고를 내고 운전자를 구조하면서 세간에 '투스카니 의인'으로 주목을 받은 바 있다.

한편, 도로교통공단은 지난 5월 29일 오전 경남 함안군 중부내륙고속도로 칠원요금소 부근에서 운전자의 뇌전증 증상으로 비정상적인 주행을 하고 있던 1톤 트럭을 자신의 소나타 차량으로 가로막아 멈추게 한 뒤 운전자를 구조하여 대형참사를 예방하는 데 기여한 박세훈씨(44)에게도 조만간 감사장을 전달할 예정이다.

2 전국 최초 고령자 운전면허 반납 인센티브제 시행

부산 남부면허시험장, 부산시의 예산 지원 등 협업 통해 전국 최초 고령자 운전면허 반납 인센티브제 시행!
- '어르신 교통사랑 할인카드' 제공 및 교통카드 10만원(추첨) 지급 혜택
- "고령운전자 면허 자진반납 및 교통사고 예방 및 감소에 크게 기여" 기대

최근 들어 우리 사회의 급속한 인구 고령화와 이에 따른 고령자 교통사고가 매년 급증 추세에 있는 가운데 부산 남부면허시험장이 부산시와 협업을 통해 국내 최초로 운전면허를 자진 반납하는 치매·고령운전자에게 인센티브를 제공해 눈길을 끌고 있다.

도로교통공단은 지난 1일부터 부산시 거주 65세 이상 고령운전자가 부산 남부(북부)면허시험장을 방문해 치매검사 등 운전면허 컨설팅을 받은 뒤 운전면허증을 자진 반납하면 부산시에 등록된 상업시설 이용 시 요금할인 혜택을 받을 수 있는 '어르신 교통사랑카드'를 발급해 주고 있다고 4일 밝혔다.

도로교통공단 산하 전국 27개 면허시험장 가운데 치매·고령운전자를 대상으로 기초인지검사 및 인기기능검사 등 운전면허 컨설팅을 거친 뒤 운전면허 자진 반납자에 대해 인센티브를 제공하는 것은 이번이 처음이다.

부산 남부면허시험장은 올해 초 부산시 교통국 업무보고 시 고령사회 진입과 초고령사회 도래에 대비하여 고령운전자의 교통사고 예방을 위해 운전면허증을 자진 반납하는 65세 이상 어르신에게 대중교통을 이용할 수 있는 교통카드 등 인센티브 제공 정책을 제안했고, 부산시는 이를 적극 수용하여 1억원 상당의 관련 예산을 확보하여 지난 1일부터 본격 시행에 나선 것이다.

이번 인센티브제 도입에 따라 부산지역에 거주하는 65세 이상 운전자는 부산 남부(북부)운전 면허시험장을 방문하여 안전운전 관련 검사를 받고 운전면허증을 자진 반납한 뒤 거주지 주민 센터에서 카드 신청을 하면 부산시청이 면허반납 확인절차를 거쳐 인적사항이 삽입된 카드를 발급받을 수 있다.

지난 2월 1일 이후 운전면허증을 자진 반납한 65세 이상 어르신에 대해서는 오는 9월 이전에 부산시 홈페이지 등을 통해 모집공고를 한 뒤 추첨을 통해 최대 500명을 선정, 10만원이 충전된 교통카드를 지급할 예정이다.

도로교통공단은 고령자 운전면허 자진반납에 대한 인센티브 제공 관련 도로교통법 일부개정안이 1년 넘게 국회에 입법 계류 중에 있으나 부산시와 남부면허시험장의 협업 사례처럼 한발 앞선 고령자 교통사고 예방 노력이 확산되면 빠른 시일 내 법제화가 이뤄질 것으로 기대하고 있다.

도로교통공단 이사장은 "국내 최초로 지방자치단체와의 협업을 통해 운전면허증을 자진 반납하는 어르신에게 인센티브를 제공하게 됐다는 점에서 큰 의미가 있다"면서 "이번 제도 시행이 고령운전자 운전면허 자진 반납 활성화와 고령운전자 교통사고 예방 및 감소에 크게 기여할 것으로 기대한다"고 말했다.

3 최근 5년간 자전거 교통사고 분석결과

• 발생건수 감소추세 속 사망자는 급증, 2017년 경우 전년대비 11.5% 증가
• 6월(월별) 금요일(요일별), 오후 4~6시(시간대별), 65세 이상(연령별) 많아
• 자전거 사고 승차 중 사망자의 안전모 등 보호장구 착용률은 11.6%에 불과

건강증진과 레저스포츠, 통학, 출퇴근 등의 수단으로 각광을 받고 있는 자전거 이용인구가 1200만 명을 웃돌 정도로 자전거 보급대수가 꾸준히 늘고 있는 가운데 최근 5년간 총 28,739 건의 자전거 교통사고가 발생해 540명이 사망하고 30,357명이 부상당한 것으로 조사됐다.

최근 들어 자전거 사고 발생은 크게 증가하다 감소추세로 돌아서긴 했지만 2017년의 경우 자전거 사고로 인한 사망자가 전년대비 11.5%나 증가하는 등 자전거 사고로 인한 사망자 수는 오히려 증가하고 있는 것으로 나타나 자전거 운전자의 주의가 요구된다.

한편, 최근 5년간 자전거 승차 중 사망자는 총 1,340명으로 이 중 안전모 착용 여부가 확인된 941명을 대상으로 보호장구(안전모 등) 착용 여부를 분석한 결과, 안전모 착용율은 11.2% (109명)에 불과한 것으로 나타나 자전거 이용자의 안전의식이 크게 미흡한 것으로 분석됐다. 특히, 고령자 비율은 절반이 넘는 60.1%(805명)였으며, 고령 자전거 승차 중 사망자의 안전모 착용율은 7.0%로 다른 연령층에 비해 크게 낮았다.

도로교통공단 통합DB처 처장은 "자전거는 도로교통법상 엄연히 '차'에 해당하기 때문에 사고 발생 시 교통사고로 처리된다는 사실을 명심하고 교통법규 준수는 물론, 어린이와 노인·장애인을 제외하고는 자전거를 타고 보도를 통행하지 않도록 주의해야 한다"고 강조했다.

이 처장은 이어 "자전거 사고 사고율과 사망률이 높은 고령자의 안전한 자전거 운행을 위해서는 고령자 중심의 교통안전 교육프로그램 개발도 중요하지만 안전모 착용, 음주운전 금지 등 어르신 스스로의 자전거 이용 안전수칙을 준수하는 노력이 절실하다"며 자전거 이용자의 안전 관리를 당부했다.

4 고령운전자 차량 부착용 실버마크 '스마일 실버' 개발

• "기존의 실버마크 제각각으로 혼재해 효율성 낮아 통일된 실버마크 개발" -
• 6월 1일부터 인지기능검사 받는 70세 이상 고령운전자 대상 우선 배포 -

도로교통공단은 사단법인 어린이 안전학교가 주최하고 교육부, 행정안전부가 후원하는 제9회 전국 어린이 교통안전 동요제에 매년 급증하고 있는 고령운전자 교통사고 예방을 위해 고령 운전자의 차량에 부착할 수 있는 표준화한 실버마크 '스마일 실버'를 개발했다고 1일 밝혔다.

공단 측은 "신체적, 인지적 기능이 저하되는 고령운전자를 다른 운전자가 배려하기 위해 제각각 만들어진 기존의 실버마크들이 전국적으로 혼재해 있어 효율성이 극히 낮다는 지적에 따라 통일된 실버마크를 개발하게 됐다"고 설명했다. 공단은 6월 1일부터 인지기능검사를 받는 70세 이상 고령운전자를 대상으로 우선 배포에 나설 계획이다.

스마일 실버 마크는 고령운전자와 비고령운전자, 안전한 운전문화를 선도하는 교통관련 기관이 서로 손을 잡고 있는 모습을 정삼각형 모양으로 형상화하여 고령운전자와 비고령운전자가 균형을 잡아 배려와 양보를 통해 모두가 행복하고 안전한 운전문화를 만들어 나가고자 하는 의미를 담고 있다.

공단은 이번에 개발한 실버마크를 부착한 고령운전자의 차량이 전국 관공서와 대형마트 등의 '어르신 우선주차' 구역을 이용할 수 있도록 '어르신 우선주차 구역 설치 운영에 관한 조례' 제·개정을 전국 광역·기초지방자치단체에 협조를 요청키로 하는 등 적극적인 활성화에 나설 방침이다.

실버마크 전면

실버마크 후면

5 농기계 교통사고 5월에 집중, "안전수칙 준수로 사고예방" 당부

도로교통공단은 교통사고분석시스템(TAAS)을 통해 최근 5년간 농기계 교통사고를 분석한 결과 본격적인 이앙기인 5월과 추수기인 10월에 가장 많은 교통사고가 발생한 것으로 나타났다고 10일 밝혔다.

농촌지역 교통사고는 주로 경운기, 트랙터 등 농기계의 이동 중 발생하는 사고가 대부분을 차지하는데 교통량이 적어 상대적으로 방심하기 쉬운 농촌지역의 특성과 운전자의 음주운전, 안전운전 불이행 등 안전수칙을 위반한 경우 사고로 이어지기 쉽다.

경운기와 트랙터 등 농기계는 도로교통법상 자동차로 분류되지는 않지만 농촌지역의 단거리 교통수단으로 이용되는 만큼 운전자는 교통법규를 준수하고 음주운전은 절대 금해야 한다.

도로교통공단 관계자는 "가급적 야간에는 농기계 이용을 삼가고, 부득이 야간에 이용할 경우에 대비해 적재함에 야광등을 설치하거나 야광반사지를 붙이는 것이 사고예방에 도움이 된다"고 조언했다. 농기계는 일반차량에 비해 속도가 느리고 특히 야간주행 시 일반차량 운전자가 식별하기 어려워 자동차와 충돌하는 사고가 빈번하기 때문이다.

아울러 농기계 운전자의 의식변화를 위한 안전교육도 중요하다. 이와 관련, 도로교통공단은 지난해 농촌진흥청과 교통안전 업무협약(MOU)을 맺고 올해 4월 13일 밭농업기계 현장페스티벌에서 165개 농업기술센터의 농업기계 안전전문관을 대상으로 교통안전 특별교육을 실시하였다.

농기계 교통사고 예방을 위해서는 평소 안전수칙을 생활화하고 농기계의 사용방법과 주의사항을 충분히 숙지해야 하며, 농기계 교통사고 가해자의 절반 이상이 일반차량 운전자인 만큼 일반 차량 운전자들이 농업기계의 운행 특성을 이해하고 배려하는 교통문화의 정착이 필요하다.

농기계 교통사고가 발생하면 사고로 인한 인적, 물적 피해뿐만 아니라 적기 농작업에 차질을 빚는 등 그 피해가 막대하다. 농기계 교통사고가 발생할 경우 운전자가 민형사상의 책임을 질 수도 있기 때문에 운전자는 도로에서의 안전수칙을 반드시 준수해야 한다.

6 주행 중 방향지시등 켜기 50% 수준!! – 운전자의 의식 개선 절실

운전 중 가장 기본적인 안전수칙인 방향지시등 사용이 크게 미흡한 것으로 나타나 운전자들의 안전 운전의식 개선이 절실하다. 도로교통공단은 올해 1월과 3월 두 차례에 걸쳐 도로 주행 중 방향지시등 작동여부를 조사한 결과 운전자 10명 중 4명 정도가 진로변경 시 방향지시등을 사용하지 않는 것으로 나타났다고 8일 밝혔다.

도로교통공단에 따르면 1월 조사에서 226km의 구간을 이동하며 통행차량 1,905대를 대상으로 분석한 결과 진로변경 차량의 52%가 방향지시등을 작동하였고, 좌·우회전하는 차량은 54%가 방향지시등을 작동하는 것으로 조사되어 방향지시등 작동률이 크게 낮았다.

도로교통공단은 올해 1월부터 생활교통법규를 정착하고 안심사회를 만들기 위해 운전의 가장 기초인 안전한 방향지시등 켜기에 대해서 집중적으로 교육과 홍보를 진행하고 있다. 1월부터 3개월간 18만 7천명을 대상으로 집중 교육을 실시하는 한편 TV, 라디오, 신문, 케이블 방송, VNS 등 다양한 방법으로 홍보활동을 진행한 결과 1월에 비해 진로변경 방향지시등 작동률은 4%p, 좌우회전 방향지시등 작동률은 3%p 개선되었다.

방향지시등을 켜는 것은 운전자 상호간의 소통이며, 상대방에 대한 배려이자 무언의 약속이다. 방향지시등을 켜지 않아 발생하는 갈등은 보복운전으로 이어지는데 방향지시등만 제대로 점등해도 보복운전의 48%를 예방할 수 있고, 난폭운전의 42%가 방향지시등 미점등으로 인해 발생하고 있다.

도로교통공단은 올 한 해 동안 안전한 방향지시등 켜기에 대한 집중교육과 홍보를 지속적으로 추진할 예정이며, 매년 개선되어야 할 교통현장의 주요 테마를 우선순위로 선정해서 집중교육을 실시할 방침이다.

7 어린이 교통사고의 54.8%, 안전운전불이행으로 발생

– 최근 어린이 교통사고 원인 분석 결과…과속, 중앙선 침범보다 훨씬 높아 –

– 월별로는 5월, 요일별로는 토요일, 시간대별로는 16~18시에 가장 많이 발생 –

– "안전운전 의무만 제대로 준수해도 어린이 교통사고 크게 줄일 수 있어" –

도로교통공단은 교통사고분석시스템(TAAS)을 통해 최근 한 해 동안 발생한 어린이 교통사고 발생 원인을 분석한 결과 전방주시태만, 운전 중 휴대전화 사용, 운전미숙 등 '안전운전 의무 불이행'이 무려 54.8%를 차지한 것으로 나타났다고 3일 밝혔다.

특히, 최근 발생한 어린이 교통사고 사망자(71명)의 62.0%(44명), 부상자(14,215명)의 53.9%(7,659명)가 '안전운전 의무 불이행'으로 피해를 당했다는 점에서 '작은 위반'이 어린이 교통사고에 더 치명적인 것으로 분석됐다. 도로교통공단은 "안전운전 의무 불이행으로 인한 어린이 교통사고가 많이 발생하는 이유는 키가 작아 운전자의 사각지대에 들어갈 가능성이 높은 데다 정서구조상 충동성 및 몰입성향이 강하기 때문에 도로 위로 갑자기 뛰어들거나 무단횡단 할 가능성이 높기 때문"이라고 설명했다. 이러한 어린이의 교통행동 특성에 따른 돌발적인 상황에서 운전자가 휴대전화를 사용하는 등 운전에 집중하지 못한다면 큰 사고로 이어질 가능성이 높다는 게 전문가들의 한결같은 지적이다. 실제로 최근 어린이 교통사고 사망자는 자동차 승차 중(43.7%), 자전거 승차 중(5.65%)보다 보행 중 피해를 입은 경우가 50.7%로 절반 이상을 차지했다. 부상자도 자동차 승차 중(58.3%) 보다는 적었지만 보행 중인 상태도 31.0%나 됐다.

김진형 교수는 "운전자는 어떠한 상황에서도 안전하게 운전해야 할 의무를 망각하는 순간 소중한 어린이를 사망에 이르게 할 수 있다는 점을 명심해야 한다"면서 "어린이보호구역(스쿨존) 제한속도 30Km/h를 철저하게 준수하고 차량 출발 및 주정차 시 주위를 꼼꼼하게 살피는 등 운전자들이 안전운전 의무만 제대로 지켜도 어린이 교통사고를 크게 줄일 수 있을 것"이라고 강조했다.

1 화관법이란? (화학물질관리법)

화학물질관리법(화관법)은 화학물질의 체계적 관리와 화학사고 예방을 통해 국민 건강 및 환경을 보호하기 위한 목적으로 만들어진 법률입니다.

화학물질에 대한 통계조사 및 정보체계구축, 유해화학물질 취급 및 설치·운영기준 구체화 등의 안전관리 강화, 화학사고 장외영향평가제도 및 영업허가제 신설 등을 통한 유해화학물질 예방관리체계를 강화, 사고대비물질 관리강화, 화학사고의 발생 시 즉시 신고의무를 부여, 현장 조정관 파견 등 화학사고의 대비·대응의 내용을 담고 있습니다.

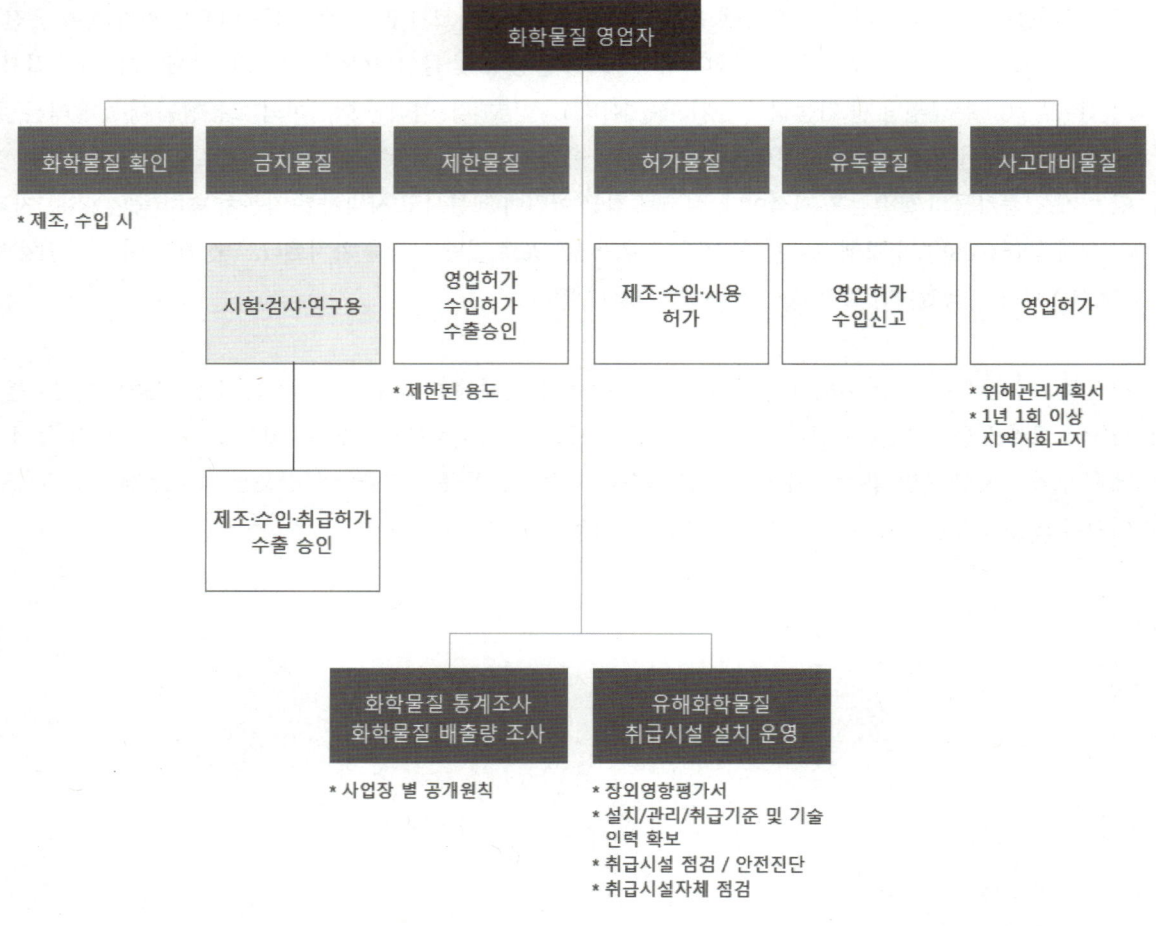

2 화학물질종합정보시스템

화학물질종합정보시스템은 화학물질관리법(화관법) 제48조(화학물질종합정보시스템 구축·운영)에 따라 화학물질 안전관리정보, 화학사고 발생이력 및 화학사고대비대응 등과 관련된 정보를 화학물질 취급자, 화학사고 대응기관 및 국민에게 제공하는 화학물질종합정보포털로, 화관법 민원처리를 온라인으로 편리하게 신청할 수 있도록 화관법 민원24를 함께 운영 중입니다.

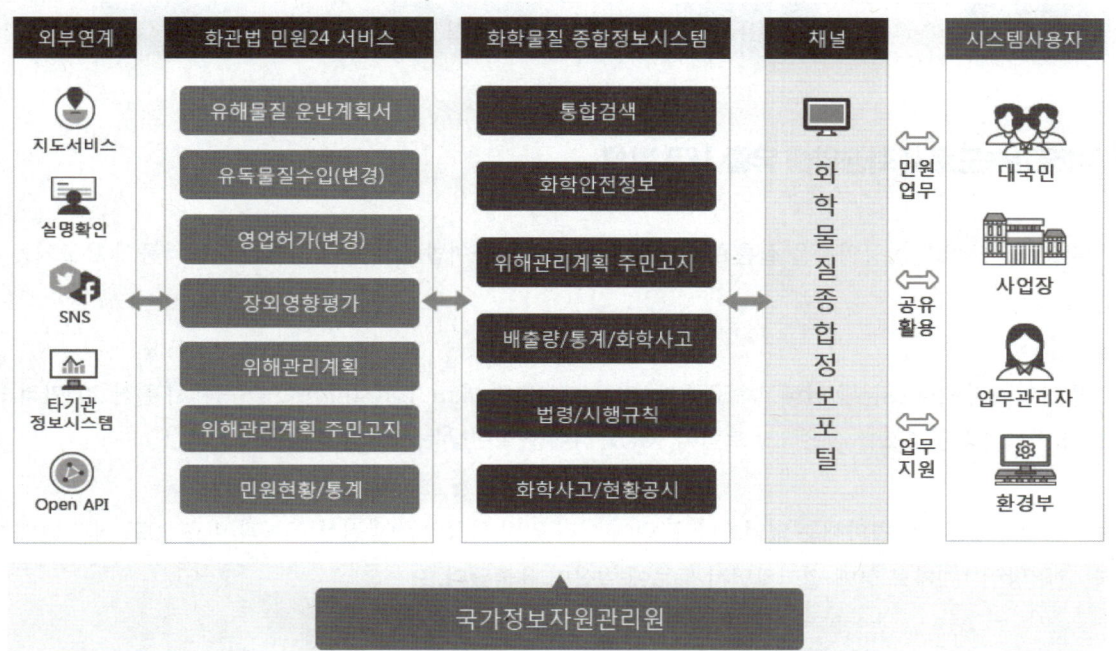

3 화학물질 사고현황

2018.3.30. 기준

1 부산

사고구분

저장탱크	4건	작업공정	2건	항공	0건	철도	0건
차량	2건	해상	1건	기타	11건		

사고유형

누출	12건	화재	0건	폭발	3건	기타	5건

2 경남

사고구분

저장탱크	2건	작업공정	5건	항공	0건	철도	0건
차량	7건	해상	0건	기타	2건		

사고유형

누출	11건	화재	2건	폭발	2건	기타	0건

4 남해고속도로서 화공약품 유출 사고 발생

남해고속도로에서 화공약품을 실은 트럭이 중앙분리대를 들이받아 차량에 적재된 화공약품이 유출되는 사고가 발생했다.

6월 21일 오후 2시 28분쯤 남해고속도로 제1지선 부산방면 9km지점(서마산IC 출구)에서 질산 20ℓ짜리 100통과 비료(25kg) 45포를 실은 3.5t 트럭이 중앙분리대를 들이받는 사고가 발생했다.

이 사고로 다행히 인명피해는 없었으나, 트럭에 실려 있던 화공약품인 질산 20통과 비료 20포 대가 반대차로인 순천방면 1·2차로 상에 떨어지면서 도로에 질산이 유출됐다.

경찰은 소방당국과 함께 사고현장에 유출된 질산을 소방차 및 제독차량 등을 동원해 수거하는 등 현장을 정리하고 있다.

경찰은 사고 트럭 운전자와 목격자 등을 상대로 정확한 사고 경위를 조사 중이다.

파이낸셜뉴스

5 독일 국제 화공 및 바이오 산업 전시회(ACHEMA) 참관기
– 세계 55개국 14만5,000명 방문한 화학, 실험장비, 패키징 관련 국제 산업전시회 –
– 국제무대에서 선전하는 우리 기업 경쟁력 확인 –

□ 전시회 개요
- 3년 주기 개최, 최대 규모의 화공전시회
- 독일 프랑크푸르트에서 3년 주기로 개최되는 국제 화공박람회로 주요 출전 품목은 펌프, 실험분석장비, 의약품 패키징, 측정 및 계측장비 등 임.

- 주최 측의 집계에 따르면 최근 총방문객은 55개국에서 약 14만5,000명으로 2015년도 방 문객 수 16만 6,000명에 비교해 약 12.7% 감소함.
- 참가기업 중 독일기업은 46%, 유럽 32%, 아메리카 5%, 아프리카, 아시아 및 호주는 총 17%의 비율을 차지

전시회명	ACHEMA 2018
개최기간	6월11일~15일 (3년주기)
최초 개최연도	1920년
장소	독일 프랑크푸르트
참가기업 수	3,500개사
방문객 수	55개국 145,000명
산업분야	* 펌프, 압축기, 밸브, 피팅 * 실험실 분석장비 및 기술, * 열처리 * 혼합, 교반, 여과, 원심분리,* 화학, 식품, 의약품 패키징, * 계측, 제어 및 자동화기술, * 전문과학, 교육학습 및 직업훈련 등
홈페이지	www.achema.de/en.html

□ 전시회 현장 리포트

• 각 분야 주요 테마

- 이번 전시회에서는 2025년의 공정산업이 어떻게 바뀌게 될 것인지에 대한 3개의 주요 테마 Biotech for Chemistry(화학생명공학), Flexible Production(유연한 생산), Chemical and Pharma logistics(화학 및 제약 물류)로 다양한 세미나 및 방문객 참가 행사가 진행됨.
- 각 테마에 맞춰 세계 유명 대기업들이 그들의 다양한 솔루션과 개발 중인 제품을 선보임.

• CIP/WIP 기능 필수

과거에는 의약품 또는 민감한 화학물질을 채워 넣고 용기 주변에 묻은 화학물질을 세척하기 위해 기계에 특수장갑이 설치되어 있는 곳에 손을 넣어 세척해주는 방식이었으나 이번 전시회에서는 이런 기계를 생산하는 거의 대부분의 제조사가 사람 손이 닿지 않도록 물 세척부터 건조까지 되는 기능이 추가된 제품을 선보임.

• 사물통신기능(IoT)

- 이번 전시회에서 볼 수 있었던 또 하나의 특징은 IoT 기술이 접목된 제품이 주를 이룬다는 것이었음.
- 스마트 폰 등으로 어플리케이션을 이용하여 장비를 조종할 수 있고 장비상태를 실시간으로 확인할 수 있어 문제상황이 발생하여도 즉시 또는 단시간 내에 조치가 가능함.

- 다양한 볼거리 및 체험프로그램 제공
  - 증강현실 프로그램으로 제품 작동법, 전체 설비시스템 이해를 도움
  - 최근 도입된 Praxis 포럼은 미래의 꿈나무 육성을 위한 것으로 김나지움, 종합슐레, 레알 슐레, 다양한 분야의 견습생들을 초대하여 현장에서 직접 보고 만지고 경험하는 시간을 갖게하여 현실적으로 진로를 결정하도록 도우며 현장실습의 경험을 쌓을 수 있도록 함.

- 국내기업 47개사 참가, 그중 10개사 한국관으로 참가
  - 국내 기업 10개사가 한국과학기기공업협동조합과 함께 4.1홀에 한국관으로 참가

□ 현장 인터뷰
- 국내 중소기업 애로사항
  - 이번 전시회에 참가한 대부분의 기업 부스를 방문하여 직접 시장진출의 애로사항에 대해 인터뷰하였고, 다음은 공통된 애로사항임.
  - 애로사항 1. 인증
    * 식품, 의약, 화장품 등과 같은 위생과 관련된 분야에서 쓰이는 모든 제품은 유럽표준 및 지침 EN 1672-2009-07(식품/일반 설계원칙 제2부) 에 따른 유럽 위생안전인증 (EHEDG)를 필수로 취득해야 함.
    * 또한, 독일에서는 안전장치, 압력트랜스미터와 같은 제품은 SIL 인증(최소 2등급 요구), RoHS 2를 필수로 요구함.
    * 인증에 대한 정보 부족, 복잡한 절차, 인증 취득에 따르는 높은 비용으로 시장진출에 어려움을 겪음.
  - 애로사항 2. 인증관련 비용지원 부족
    * 인증을 받기 위해서는 많은 비용이 들어가는데 중소기업 입장에서는 인증비용을 감당하기에 어려움이 따름, 지원금 확대 필요성

- 유럽시장에서 선전하고 있는 국내기업
  - 전시회장 부스에서 만난 독일 기업 L사 담당자는 한국기업과 거래한지 7년 정도 되었고 높은 품질에 만족하고 있다고 말하며, 독일 및 유럽 여러 기업이 한국기업과 OEM 거래를 하고 있다고 전함.
  - 실질적으로 한국제품이 유럽의 기업들에서 내놓고 있는 제품보다 기능과 품질이 더 좋은 경우가 있으나 브랜드 파워가 약해 이를 부각하지 못하는 경우가 있으므로 이를 개선하기 위한 노력이 필요할 것이라고 전함.
  - 국내기업 S사 와 H사도 독일 및 유럽기업과 오랫동안 거래하고 있으며, 바이어들이 자사 제품의 품질과 가격경쟁력에 만족하고 있고 신뢰 거래관계를 유지하고 있다고 전함.

- 기타 건의 사항
- 일본이나 중국은 국가와 지방자치단체에서 적극적으로 지원 및 후원에 힘입어 다양한 전통 행사를 전시회 현장에서 시연함에 따라 해외 기업 또는 외국 방문객들에게 국가 홍보 및 이미지 각인을 시키기 위해 노력하고 있는데 그 일환으로 이번 전시회에서 일본 측에서 전통의상을 입고 진행한 행사 및 공연을 모습이 보기 좋았다고 전하며, 우리나라도 다른 국가들처럼 특색있는 이벤트 등을 전시회 현장에서 보여줌으로써 한국이라는 국가를 홍보하면 좋을 것 같다는 의견

출처: http://news.kotra.or.kr

6 태양광 활용해 친환경 화학물질 제조

인공 광합성은 나뭇잎이 햇빛을 받아 이산화탄소로부터 포도당을 생산하는 것처럼 태양광을 활용해 화학물질을 만드는 시스템입니다.
이런 시스템을 이용해 이산화탄소로부터 고무제품과 세척제, 연료전지 등에 필요한 화학물질인 포름산을 생산하는 기술이 개발됐습니다.

엽록소처럼 빛에너지를 화학에너지로 전환하는 물질인 광촉매 분말을 필름 형태에서 3차원 구조의 플라스틱으로 만들어 실용화에 한 발 더 다가섰습니다.

[한국화학연구원 CO_2에너지벡터연구센터장: 식물의 광합성 원리를 그대로 이용해서 순수한 태양에너지만을 이용해서 먹고 입고 자고 하는 모든 물질을 선택적으로 이용할 수 있는 마법의 미래 기술이 되겠습니다.]

연구팀은 가시광선을 활용한 고효율 포름산 제조에 성공한 데 이어 광흡수 물질을 포함한 3차원 구조 플라스틱 형태의 광촉매를 개발했습니다. 기존 2차원 필름 형태의 광촉매보다 태양광 전환 효율을 150% 정도 높였습니다.

이 기술은 햇빛을 이용해 이산화탄소 배출 없이 화학물질을 생산할 수 있는 원천기술로 평가받고 있습니다. 의약품 등 고부가 정밀 화학제품은 물론 웨어러블 태양전지 소재 등 다양한 분야에도 응용할 수 있습니다. 이 기술은 지구온난화와 에너지 자원고갈 문제를 동시에 해결할 수 있을 것으로 기대됩니다.

[한국화학연구원 CO_2에너지벡터연구센터장: 3차원 구조는 평면의 표면적이 굉장히 크기 때문에 표면적을 이용해서 좀 더 고효율로 태양광 에너지를 모으고 생산할 수 있는 혁신적인 기술이 되겠습니다.]

미래 태양광 공장 건설로 이어질 수 있는 이번 성과는 촉매 과학 분야 국제학술지 '켐캣켐 (ChemCatChem)' 전면 표지 논문으로 실렸습니다.

YTN

7 유해화학물질 취급사업장 22개소 적발 조치
– 낙동강환경청 상반기 304개소 점검 결과…도내 5곳 포함 –

낙동강유역환경청은 올 상반기 유해화학물질 사업장 304개소를 점검한 결과 화학물질관련 법령을 위반한 22개 업체를 적발 조치했다고 10일 밝혔다. 이번에 적발된 업체에 대해서는 형사 고발, 개선명령, 과태료 부과 등 처분을 내렸다.

이번에 적발된 업체를 지역별로 살펴보면, 부산지역의 경우 ㈜인성티티, 아신보관창고 등 2개 소는 사고대비물질 관리기준을 지키지 않아, 기산전자, 유니온케미칼 등 2개소는 유해화학물질 취급기준을 준수하지 않아 적발되었다.

또, ㈜대덕화학, 동양산업 등 2개소는 유해화학물질 취급시설에 대해 자체점검을 실시하지 않아 형사고발조치 되는 등 총 10개 업체가 적발되었다.

울산지역의 경우 한화케미칼㈜ 울산2공장, 케이지케미칼㈜ 등 2개소는 화학사고가 발생할 경우 즉시신고를 해야 됨에도 이를 이행하지 않아, ㈜신창특수는 유해화학물질 취급기준을 준수하지 않아 적발되었고 또, 울산맑은환경㈜, 푸른울산㈜ 등 2개소는 유해화학물질 취급시설에 대해 자체점검을 실시하지 않아, ㈜비봉로지스는 유해화학물질 취급시설에 유해화학물질에 관한 표시를 이행하지 않아 처분을 받는 등 총 7개 업체가 적발되었다.

경남지역의 경우 동양화학상사는 유해화학물질 변경허가를 득하지 않고 영업하다가, ㈜대성화학은 유해화학물질 취급기준을 준수하지 않아 적발되었고, 또, ㈜삼진전선, 신대륙물류㈜ 등 2개소는 유해화학물질 취급시설에 대해 자체점검을 실시하지 않아, 그리고 더블베이스는 유해화학물질 취급시설에 유해화학물질에 관한 표시를 이행하지 않아 처분을 받는 등 총 5개 업체가 적발되었다.

화학안전관리단장은 "앞으로도 유해화학물질 다량 취급사업장 등에 대한 단속을 지속적으로 실시하여 지역 주민들이 유해화학물질로 인한 환경피해가 발생하지 않도록 관리를 강화해 나갈 방침"이라고 밝혔다.

경남도민신문

8 화학사고 정보시스템 최신버전 배포…사고대응기관 역량 강화

환경부 소속 화학물질안전원은 온라인 사이트(caris.me.go.kr)를 통해 '화학사고대응정보시스템(CARIS)' 버전을 배포했다고 9일 밝혔다.

2012년 처음 선보인 CARIS는 화학물질로 인한 사고·테러 발생 시 화학물질 정보, 피해예측 지역 등의 자료를 사고대응기관에 제공하는 시스템이다.

CARIS는 소방, 군, 경찰, 지방자치단체 등 사고대응기관이 직접 회원 가입하면 안전원 승인 후 이용할 수 있다. 화학물질 취급업체의 비공개 자료 등이 포함돼 일반인의 이용은 제한된다.

국토교통부의 위성지도를 이용해 선명도가 높아졌고 피해모델링을 구축할 수 있는 화학물질 정보가 기존 1천 600종에서 2천100종으로 늘었다.

방재물품 취급·판매, 지정폐기물 운반·처리 등을 하는 화학물질 취급업체 등록 수는 기존 7천715개에서 24만 개로 증가했다.

한편, 안전원은 23일 인천상공회의소, 24일 대전통계교육원, 25일 대구상공회의소, 26일 광주상공회의소에서 CARIS를 사용하는 관계자를 대상으로 설명회를 한다.

연합뉴스

9 국제 화학물질·위험물 안전관리산업전
- 8월 16~17일, 부산 벡스코 -

오는 8월 16일부터 이틀간 국내 화학물질·위험물분야의 안전관리 산업을 둘러볼 수 있는 '2018 국제화학물질·위험물 안전관리 산업전시회'와 학술행사가 부산 벡스코에서 개최된다.

그동안 불산 유출사고, 질소 질식사고 그리고 최근 발생한 인천 통일공단 화학물질공장 화재사고 등 계속해서 발생되는 화학 관련 사고로 인해 국민들의 불안감이 증가함으로써 안전관리와 대책마련이 시급한 실정이다.

특히 이번 전시회는 한국위험물안전협회, 한국중소화학기업협회, 부산화학물질관리협회, 한국소방안전사회 적협동조합 등 대구, 울산, 부산 등 영남권에 있는 단체들이 뜻을 모아 영남권의 특화된 전시회로 발전시켜 나가고자 마련했다.

또 올해로 6회째를 맞이하는 한국위험물학회의 정기학술대회는 화학물질·위험물관련 산업 분야의 안전을 중심으로 15개 분야(가스안전, 석유화학, 소방안전, 화재안전, 안전정책, 안전 교육, 보건의료, 해양안전, 위험물운송, 화재폭발, 유해위험물탐지, 원자력안전, 환경안전 등) 를 전문적이면서도 포괄적으로 다루고 있어 위험물 안전분야를 대표하는 행사로 자리매김하고 있다.

가스신문

부산지역 환경단체가 27일 낙동강에서 검출된 유해물질과 관련해 보다 근본적이고 선제적인 대응을 촉구하고 나섰다.

낙동강부산네트워크와 먹는물부산시민네트워크는 이날 오후 부산시상수도사업본부 앞에서 기자회견을 열고 "최근 구미산단에서 나온 과불화화합물로 낙동강은 또다시 오염됐다"며 "계속되는 낙동강 오염 사고로 수돗물에 대한 시민의 불신은 최고, 신뢰는 바닥이다"고 지적했다.

이어 "이번에 검출된 유해화학물질인 과불화화합물은 자연적으로 잘 분해되지 않는 잔류성 유기화합물질로 자연계나 체내에 축적될 가능성이 있다"며 "더군다나 부산은 수돗물 과불화화합물의 농도가 대구, 경남보다 높은 리터당 109ng에 달해 시민의 불안감은 커져가고 있다"고 주장했다.

이들은 "현재 물 관리는 오염물질의 발생을 근본적으로 차단하는 것이 아니라, 법정 수질 항목만 관리하면서 정수시설 고도화에 집중하고 있다"며 "공업시설의 고도화로 산업 활동 과정에서 배출되는 화학물질도 고도화됐지만 낙동강 물 관리는 산업에 미치지 못하고 있는 것"이라고 지적했다.

그러면서 "지금까지의 사후약방문식의 수질 오염사고 대처는 반복되면 안된다"며 "지금 당장 대책을 수립하고, 도입해야 할 조치부터 선제적으로 대응해야 한다"고 거듭 촉구했다.

환경단체는 낙동강 수계로의 오염물질 유입 원천차단과 수돗물 안전 확보를 위해 4가지 방안을 제시했다.

이들은 △유해화학물 통합 관리로 먹는 물 안전 확보 △부산·경남·울산·대구·경북 5자 협의체 구성 △낙동강 수계 물관리상생민관협의회 구성 △낙동강 유해물질 전주기 통합관리를 위한 '유해물질 통합 관리센터'의 설치·운영 △유해화학물질 배출 보고 의무화 △산업단지의 오폐수가 낙동강으로 배출되지 않도록 하는 무방류 시스템 도입 △4대강 보 개방 등을 제안했다.

뉴스1

CHAPTER 07 면접 후기

1 국가직

1회독만 하라. 면접 후기는 디저트와 같다. 달달하지만 많이 먹으면 살이 찐다. 한번 보고 넘겨라. 이걸 반복할 바에는 교수님이 추신 자료를 한 자라도 더 읽으라. 그게 훨씬 합격과 가까워지는 방법이다.

1. Case 1

면접 장소는 양재역 aT센터였고, 오후 3번째 차례였습니다. 저의 장점은 항상 웃는 낯이라는 것이고 단점은 너무 지나치게 긴장한다는 것이었습니다. 긴장을 유난히 많이 하는 탓에 시간 계산을 하여 11시 30분에 활명수를 마셨는데, 대기 시간이 너무 길어지는 바람에 활명수 효과가 줄어든 상태로 면접을 보게 되었습니다.

저는 면접 스터디를 하는 과정에서 자기기술서를 쓰는 데 크게 어려움을 겪지 않아서 주어진 20분 중 10분 안에 작성을 마쳤는데, 정작 면접장에서는 20분을 다 채우고도 연습 때만큼 만족스러운 경험을 끌어내지 못했습니다. 자기기술서와 동시에 나누어주는 평정표가 한 장 더 있습니다. 연습 때는 한번도 작성해 보지 않은 종이라서 많이 당황했지만 PT 작성지를 면접관님들께 나누어 드릴 때 같이 드리면 됩니다. 면접 스터디를 하면서 50장이 넘는 PT를 작성해 보았기에 면접에 다다라서는 PT 작성 시 주어진 25분 중 15분을 넘기지 않았었지만 정작 실전 면접 때는 25분을 다 쓰고도 추가 내용을 기술하지 못하여 면접을 대기하면서 추가내용을 계속해서 적어나갔습니다. 충분히 시간 분배를 하실 수 있는 분이셔도 저처럼 실전에서 긴장할 수 있으니 시간을 단축하는 연습을 게을리하지 않도록 해야 할 것입니다. 10월 12일 오후 주제는 청년창업 지원을 통한 청년실업 해결방안이었습니다. 저는 PT를 작성할 때 '추진배경 - 현황/문제점 - 해결 방안 - 장애요인 - 향후추진과제'의 폼을 이용했는데, 이번 주제는 워낙에 많이 다루었던 주제라서 글을 읽지도 않고 해결방안은 모두 적을 수 있었지만 유형에 맞게 정리하는 데에 시간이 많이 소요되었습니다. 입장 전에 미리 PT 용지와 평정표를 한 장씩 번 갈아 두어 면접관 한 분 한 분께 바로 드릴 수 있도록 준비하였습니다.

제 차례를 알리는 소리가 들리고 떨리는 마음으로 입장을 하였습니다. 저는 특유의 장점을 살려서 생글생글 웃는 낯으로 입구에서 먼저 가볍게 인사를 드리고 의자 옆으로 가서 허리숙여 천천히 인사드렸습니다. 저는 처음부터 순탄치 못했습니다. 제가 생각한 면접 시나리오는 "안녕하십니까, 국가직 7급 ○○직에 지원한 ○○○입니다. 먼저 존경하는 면접관님들께 제 PT 작성 용지를 나누어 드리겠습니다."하고 인사드린 후 한 분씩 정중하게 PT 작성지와 평정표 묶음을 나누어 드리는 것이었는데, 제가 허리 숙여 인사드리자마자 "인사 됐고요, 그거 이리 주고 앉아요."라고 하시는 가운데 면접관님 때문에 잔뜩 긴장해 얼어버렸습니다.

멍-했다가 다시 웃으며 "아닙니다!! 인사 먼저 드리고 시작하겠습니다!!"라고 하고 준비했던 인사를 우렁차게 했습니다. 그러나 한 분씩 나누어 드리려고 하는데 가운데 면접관님께서 한번에 가져가시는 바람에 그렇게 하지 못해서 당황하고 말았습니다. 긴장하지 말라고 다독거려주신 덕에 간신히 떨리는 마음 달래고 PT 발표를 시작하였습니다. PT는 제가 했던 50번이 넘는 발표 중 스스로 가장 잘했다고 칭찬해 줄 수 있을 정도로 만족스러웠습니다. 또한 많이 준비한 주제인 만큼 어떠한 세부 내용을 질문하셔도 대답할 준비가 되어있다고 생각했습니다. 그렇지만 앞서 말씀드렸듯 제 면접은 제 생각대로 흘러가지 않았습니다. 제

예상과 다르게 첫 질문은 "창업과 벤처의 차이를 알아요?"라고 하셨고, "제 부족한 지식으로는 창업은 소규모 인원이 작은 자본으로 시작하는 것을 말하고 벤처는 거대 자본의 지원을 받아 새로 시작하는 사업으로 알고 있습니다."라고 말씀드렸고, 면접관 세 분 중 두 분은 양옆에서 희미하게 웃어 주셨고 가운데 분은 여전히 굳은 표정으로 저를 보셨습니다. 그 바로 다음 질문은 "학교에 창업지원과가 있는가?"였습니다. 저는 소신있게 "아니요, 존재하지 않는 것으로 알고 있습니다."라고 말씀드렸고, 면접관님 표정이 안 좋아지시면서 "아닌데, 있을 텐데?"라고 하시자 갑자기 혼란스러워졌고, 머릿속을 정리하기도 전에 "학교 홈페이지 안 들어가나?"라는 매서운 질문에 "아닙니다, 홈페이지에 자주 들어갔습니다."라고 대답했고 "홈페이지 들어가서 자기 성적 볼 줄만 알았지."라는 면접관님 말씀에는 '아, 내가 정말 이기적인 아이로 비춰지겠구나.'라는 생각과 함께 빨리 이 분위기를 탈피해야 된다고 생각하여 '아닙니다-'라고 변명하려는 순간 "학교에 대한 애착이 없나봐요?"라며 변명의 기회조차 주지 않는 면접관님의 말씀에 아무 대답도 하지 못하고 입을 다물어야 했습니다. 그러나 되돌이켜보면 그 늪과 같은 분위기에서 헤어 나오지 못하는 것보다 면접관님께서 오히려 저에게 변명의 기회를 주지 않으심으로써 다른 주제로 넘어가 분위기 전환할 기회를 주셨던 것이라 생각됩니다.

가장 무서웠던 가운데 면접관분의 질문이 끝나고 좌측에 알 수 없는 표정의 면접관분께서 "국가에서 하는 창업 사관학교와 민간에서 하는 창업 지원프로그램이 있는데, 민간에서 하는 프로그램이 훨씬 경쟁률이 높다고 나와 있잖아요? 그럼 국가에서 하는 사관학교를 민간보다 성장시키려면 어떻게 할까요?"라고 질문하셨고, 저는 자료를 꼼꼼히 읽었던 것에 안도하며 "현재 민간 기업에서는 꾸준하게 채택된 아이디어를 지원해주는 반면 국가에서는 일회성으로 지원금을 주고 그 후 지원이 없어서 인기가 덜하다고 자료를 통해 읽었습니다. 그렇기에 저는 오히려 거대 자본을 지니고 있는 국가에서 지원을 단발성에 그치지 않고 그 아이디어가 정말 유용하다면 계속해서 지원해 주어야 할 것이며, 그것이 불가능하다면 그 아이디어를 잘 살려줄 다른 기업이라도 지원해 주어 미래를 보장해 준다면 불안정한 민간보다 더 안정적인 국가에 지원하는 지원자가 더 늘어날 것이라고 예상됩니다."라고 조금은 자신없는 목소리로 말했으나 그 이후 양옆의 두 면접관님들은 환하게 웃어주셨고, 그 웃음은 면접이 끝날 때까지 그치지 않았습니다.

PT의 질문이 끝나고 자기기술서 질문을 할 때는 다른 세부 질문 없이 "~한 경험이 있다고 했는데 한번 말씀해보세요"라는 질문만 세 번 받았습니다. "만일 회사 상사가 부당한 지시를 한다면 어떻게 하시겠습니까?"라는 질문을 받았지만, 많이 준비한 질문이라서 "저는 길지 않은 삶을 살았지만, 그럼에도 경험을 통해 느낀 것이 있다면 바로 내가 아무리 부당하다고 생각할지라도 저보다 오랜 세월을 사신 분들에게는 내가 쉽게 이해하지 못할 인생의 깊이와 삶의 방법이 있다는 것입니다. 물론 처음에는 위법행위가 아니라면 상사님의 뜻을 따르겠습니다. 그리고 추후에 기회가 된다면 다른 뜻이 있었는지 한번 여쭈어 보고 싶습니다."라고 대답했습니다.

마지막으로 전공 질문을 2가지 정도 받았는데, 제가 헷갈려 하자 웃고 계시던 면접관님께서 다시 한번 기회를 주시기도 하고, 제가 말씀드린 답을 정리해주시면서 "~하다는 건가요? 다시 한번 생각해 볼래요?" 라고 다정하게 정답의 길을 가르쳐 주시기도 하셨습니다. 4명 중 3등으로 나왔고, 마지막으로 인사를 드리는데 "인사 됐으니까 빨리 가요"라는 가운데 면접관분의 끝까지 냉정한 목소리가 떠나는 제 발을 무겁게 만들었지만, 그래도 시종일관 저를 노려보시고 괜히 불편한 자세로 저를 보시던 면접관님이셨기에, 일부러 제 긴장한 모습을 보려고 그러셨겠거니 하며 마음을 편히 먹었습니다. 지금 생각해보면 면접관님들께서 저를 많이 예쁘게 봐주셨다는 느낌이 많이 드는데, 면접 당시에는 그저 '면접관님들께서 나한테 왜 그렇게 모질게 대하셨을까?'라는 생각에 며칠 밤을 울며 지샜던 기억이 있습니다.

다른 스터디원분들께서 제 합격 비결은 바로 억지로 웃지 않지만 웃는 낯으로 사람을 대하는 것 같다고 자주 말씀하셨습니다. 그리고 그 표정은 사람들로 하여금 편하게 해 주고 기분 좋게 해 준다고 하였습니다. 면접 스터디를 할 때도 항상 될 수 있다는 마음으로 웃는 낯으로 연습한다면 분명 실전에서도 그 효과를 나타낼 수 있을 것이라 확신합니다.

2. Case 2

저는 12일(토) 오전조였습니다. 제가 7시 30분에 aT센터로 갔는데, 센터 문이 열려있어서 안으로 들어갈 수 있었습니다(행자부 면접요강에서는 7시 40분에 입실로 되어있던 것 같아서, 못 들어갈 줄 알았는데 아니더라고요).
3층의 면접장으로 엘리베이터를 타고 올라갔습니다. 면접장 내부는 닫혀 있었습니다. 아마도 7시 40분에 열린 것 같았습니다. 면접장에 들어가기 전에 면접장 문 앞에서 자신이 속한 조와 번호가 B4용지 정도로 전 인원이 표로 나와 있었습니다. 거기서 직렬, 응시번호, 이름을 종이에 적고 명찰표 안에 넣어서 양복 왼쪽 주머니 앞에 위치시킵니다(종이와 명찰표는 그곳에 비치되어 있습니다).

저희는 모두 32조가 있었고 각 조당 4명으로 나뉘었습니다. 총 128명이었던 것 같습니다. 저희 직렬(방송통신직)이 오전에는 8명이었는데, 4명씩 총 2조로 나뉘었습니다. 안 온 사람도 몇 명 있었지만, 많지 않았고, 저희 직렬은 8명 모두 나왔습니다.
사조서 작성 장소와 PT 작성 장소는 한 면접장(그 한 면접장을 반반 나누어 칸막이를 쳤습니다)이었지만, 사조서는 전체 인원이 그 한 면접장의 반에서 모두 작성하고, PT는 각 조 당 1명씩 나와서 한 면접장의 나머지 반에서 작성했습니다. 저는 집게 달린 받침대를 준비해갔고, 클립도 준비해서 면접관님께 각각 클립으로 고정된 종이를 드렸습니다.

전 저희 조 1번이었습니다. PT 작성은 25분 하고 아마 진행요원이 4~5명 있었습니다. 40~45세 정도 되는 남성 진행요원 한 사람이 PT 진행 전반에 대해 얘기하였습니다(나머지 1사람은 30~35세의 뚱뚱한 편인 풍채가 좋은 남자였고, 나머지 2사람은 여자였는데 한 사람은 매우 젊어보였습니다. 고등학생 같은 느낌이 났습니다. 머리도 고등학생 단발머리 같았습니다).

원래 9시 15분에 PT 시작이었는데, 5분을 당겨서 9시 10분에 PT를 시작하였습니다. PT 작성할 때는 자신의 소지품을 가져가고, PT 작성 후에도 자신의 소지품을 가져갑니다. 하지만 PT 자료는 놔두라고 합니다(개인적으로 소지하지 못합니다). 그다음 사조 서를 작성하고 PT를 작성했던 면접장에서 벗어나서 옆방의 면접실로 이동했습니다. 옆 방의 면접실은 총 32개의 ㄷ자 칸막이로 되어있었습니다. 저희 32명은 바로 그 칸막이 옆으로 가지 않고 면접실 문 안쪽에 가까운 곳에 있는 32개 의자에 앉게 되었습니다. 거기서 진행요원(이 분도 40~45세 정도 되어보이는 남성)이 면접 진행에 대한 전반적인 설명을 합니다. 이때 PT 용지에 쓰지 못하게 합니다. <u>볼펜을 꺼내려고 하면 꺼내지 말라고 합니다. 따라서 그곳에서는 적을 수 없고 머릿속으로 발표 준비는 할 수 있습니다.</u>

면접 칸막이는 총 8행 4열(8×4 = 32)로 되어있습니다. 저희가 앉아있던 32개 의자 앞에서 보면 면접 칸막이가 8개가 있고 그 뒤로 4열이 따릅니다. 또한 면접 칸막이 8열 앞에도 진행요원이 1명씩 있습니다(8명). 면접을 하게 되면 4명이 면접 칸막이 앞에서 대기하고(대기하면서 진행요원이 신분을 확인합니다. 신분증과 응시표 모두를 가져가야 합니다), 그곳의 진행요원들도 연령이 35~45세이었던 것 같았습니다(저희의 진행요원은 여성이었고 약간 통통하셨으며 자녀가 있을 것 같은 분위기였습니다). 진행요원의 확인이 끝나면, 이제 각자 각각의 면접 칸막이로 이동하여 대기합니다.

이제 면접을 시작하게 됩니다.
저는 문은 없었지만, 칸막이에 손으로 노크를 3번 하고 그 앞에서 인사(안녕하십니까!)→ 의자로 가서 인사(그런데 가운데 면접관님이 그냥 앉으라고 하셨습니다. 저는 "죄송하지만 면접관님들께 인사드려도 되겠습니까?"라고 말씀을 드렸고, 허락하셔서 인사를 드렸습니다) → PT 발표(모두 발언을 하고 PT 발표를 하였습니다) → 사조서 → 마지막 말 (면접관님께서 아무 말씀을 안 하시길래, 제가 "마지막으로 한 말씀 드려도 되겠습니까?" 하고 마지막 말을 하였습니다) → 감사합니다 → 일어나서 인사 → 뒤로 가서 다시 인사
PT 주제: 사회적 기업의 활성화 대책
사조서
자신의 손해를 감수하고 집단을 위해 희생
타인들의 갈등을 중재
남의 오해를 산 경험과 그것을 어떻게 극복
PT 후속 질문으로는,
제가 중소기업청 주무관의 입장에서 발표한다고 하였습니다.

면접관	사회적 기업에 대해서는 고용노동청에서 하는 것을 아는지?
저	잘 몰랐습니다. 추후에 확실히 공부하겠습니다.
면접관	중소기업도 같은 제품을 만들고 사회적 기업도 같은 제품을 만들면 중복되지 않나?(어떻게 해서 이런 질문이 나오게 되었는지는 기억이 나지 않습니다ㅠㅠ)
저	중소기업에 우수한 제품과 사회적 기업에 우수한 제품이 있을 것이므로 각각을 서로가 추구한다면 서로 공생할 것이라 생각합니다(이 답변에는 공감하시지 않는 것 같았지만 그냥 넘어가셨습니다).
면접관	자네가 사회적 기업을 만든다면 어떤 사회적 기업을 만들 것인가?
저	저는 장애인을 고용하는 사회적 기업을 만들겠습니다.
면접관	그렇다면 어떤 제품을 만들 것인가?
저	통신 관련한 장애인 제품을 만들겠습니다(제가 통신직에 지원했기 때문에 이렇게 답했습니다).
면접관	구체적으로 어떤 것?
저	이번 주에 전자정보통신산업대전에 가 보았습니다. 그곳에서 청각장애인을 위한 LED스탠드를 보았습니다. 이런 제품을 만들겠습니다.
면접관	사후처리로 사회적 기업의 이익을 대변하는 기구를 신설해야 한다고 하였는데 이것은 정부의 주도로 하는 것인가?
저	<u>민간 주도로 해야 한다고 생각합니다. 민간 주도로 하되, 정부와 민간이 서로 협력하는 방안으로 생각해보겠습니다.</u>
면접관	수도권에 사회적 기업이 편중되었다고 발표하였는데, 인구비례로 수도권에 집중된 것이 아닌가?
저	면접관님이 옳습니다. 하지만 인구비례에 비해 수도권은 너무 많고 그 외 지역은 너무 적습니다. 이것에 대한 조사로 편중하지 않도록 하여야 한다고 대답했습니다.

사조서는 추가로 열정을 가지고 성취한 것.

면접관(우)	조직과 협력하여 어떤 일을 처리하였고, 어떤 역할을 맡았나?
저	저는 신소재공학부를 전공하였습니다. '상평형론'이라는 과목에서 팀 프로젝트를 하였습니다. 제1인산칼륨의 단결정을 성장시키는 것이었습니다. 저는 그 당시에 지식이 부족했기 때문에 제가 재료 조달을 맡기로 하였습니다. 재료를 구하기 위해서는 학교에서 왕복 2시간이 걸렸습니다. <u>제가 재료 조달을 맡고, 다른 조원들은 보고서 작성, 실험을 하기로 역할을 분담하였습니다.</u>
면접관(좌)	전공이 지원분야와 다른데, 어떻게 지원하게 되었나?
저	저는 미래부의 정보통신산업과에 근무하고 싶습니다. 그곳에서는 국내 ICT장비 육성, 활성화, 연구, 지원을 하고 있는 것으로 알고 있습니다.
면접관(좌)	정보통신산업과에 근무하려면 주파수 정책 등 이런 분야에 대해 알아야 한다. 주파수가 무엇인지 아는가? CDMA가 무엇인가?
저	주파수는 같은 시간 동안 반복된 횟수입니다. 주파수가 크면 고주파이고, 주파수가 작으면 저주파입니다. 주파수가 클수록 직진성이 강하며, 주파수가 작을수록 회절성이 강합니다. CDMA는 코드분할다중접속입니다. TDMA가 시간에 대해 나누었고, FDMA가 주파수에 대해 나누었다면, CDMA는 이 둘을 합친 것입니다(근데 CDMA에 대한 저의 설명이 맞지 않는 것 같습니다. CDMA는 사용자에만 적용되는 코드를 사용하여 대역확산, 대역역확산을 시켜서 송수신하는 것으로 비화성이 좋고 간섭방해의 영향을 받지 않는 것으로 알고 있습니다).
면접관(우)	국민은 공무원에 대해 어떤 것을 중요하게 생각하고, 너는 공무원에 대해 어떤 점을 중요하게 생각하나?
저	<u>국민은 공무원의 청렴성을 중요하다고 생각할 것입니다.</u> 요새 공무원의 비리, 비위 문제가 언론을 통해 나오고 있습니다. 이것은 일부 공무원에게 해당된 문제이지만, 언론의 소식을 듣는 대중들은 심각하다고 생각할 것입니다. 따라서 대중들에게 공무원의 청렴성이 중요하다고 생각하고, 저 역시 공무원에게는 청렴성이 중요하다고 생각합니다.

면접 분위기는 좋았던 것 같고, 면접관님이 때때로 미소를 짓거나 웃으셨습니다.

| 면접관(좌) | 통신 쪽 공무원이신 것 같았습니다. 50중반 정도 되어 보이셨습니다. 인자하게 저를 대해 주셨고, 면접 내내 온화하게 해주셨습니다. 전공 관련하여 질문을 하셨고, 때때로 사조서 질문도 하셨습니다. |

면접관(종) 잘 모르겠습니다ㅠㅠ 나이가 젊으셨는데 40중반~40후반 되어 보이셨습니다. 제 느낌에는 교수 같다는 느낌이 들었지만 확신은 못하겠습니다. 이 분은 사조서 관련하여 부드러운 질문을 하셨습니다.

면접관(우) 공무원이신 것 같았는데, 통신직인지는 모르겠습니다. 40중반~40후반 되어 보이셨습니다. 초반에는 압박하시는 느낌이 들었지만, 그다지 크지 않았고, 다른 두 분에 비해 상대적으로 압박이었으나 그렇게 심한 압박은 아니셨습니다. 부드러운 압박(?)이었던 것 같았습니다.

대체로 면접관 3분께서 제가 발표를 잘할 수 있도록 유도, 인도해주셨습니다. 전체적으로 부드러운 분위기에서 진행되었습니다. 질문도 저에게는 까다로운 질문이 없었습니다. 잘 모르겠다는 식의 답변을 전체 면접 중 총 3번 하였고, 나머지 질문에 대해서는 어떤 식으로든 전부 답했습니다. 그리고 면접 끝나고 나니 제가 가장 마지막에 나왔습니다. 제가 가장 오래 했던 것 같았습니다.

1. Case 1

① 문을 세 번 노크. 들어오라는 소리에 들어감. 문을 닫고 90도로 말없이 인사. 가운데 면접관님께 평정표, 수험표, 신분증을 드리고 인사를 하려고 하니 인사하지 말고 앉으라고 하심. 그래서 목례를 함.

② 면접관님이 긴장을 풀고 시작하겠다며, PT를 바로 시작하게 하지 않으시고, 다른 질문을 하셨음.

   <u>Q. 가훈이 '성실하고 약속을 지키자'가 맞는가?</u>

   A. 예. 가훈이 '성실하고 약속을 지키자'입니다.

   Q. 그래요? 서울에서 태어나셨네요?

   A. 네. 서울에서 태어나 자랐습니다.

   Q. 신소재공학부를 졸업했네요. 직렬를 왜 통신으로 선택했는지?

   A. 저는 군대에서 통신병이 되어~ 관심을 ~. ~~~.

   Q. 봉사활동 자소서에 있는 것 말고 최근에 한 것 있나요?

   A. 예. 최근에 11월 한 달 동안 매주 한번씩 지적장애 2급인 분을 집에서 근처 보건소의 물리치료실까지 휠체어로 데려다 드리고 다시 오는 봉사활동을 했습니다. 단순히 데리고 오는 것이 아니고 그분의 얘기를 들어주고 말벗이 되어 드리는 봉사 활동입니다. 저는 ~~~ 보람을 느꼈습니다.

③ 이제 긴장이 풀리신 것 같으니 PT를 해 볼까요. PT 발표하시고 그 내용을 설명해 보세요.

   ㉠ <u>제가 긴장하여 제목을 쓰지 말라는 주의사항을 나중에 보았습니다. 면접관님께서 이것 때문에 보시기에 불편하시게 되어 죄송합니다. 하지만 최선을 다해 발표하겠습니다.</u>

   ㉡ 발표 시작 ~.

   Q. 서울 시내 1만여 곳 건물 옥상에 태양력 발전기 설치

   A. 자료에 있는 것처럼~

   Q. 클라우드 컴퓨팅 시스템 구축

   A. 가상적인 자원을 이용하므로 그만큼 단말기의 사용을 줄일 수 있음. 전력 감소

   Q. 스마트그리드(스마트계량기) 활성화

   A. 정보통신기술과 융합하여 효율적으로 전력 감소

   Q. 스마트 워크센터 지원 및 홍보

   A. 먼 거리를 이동하지 않아도 되므로 연료비 등 전력 감소

   Q. 저전력, 고효율기기 보급(LED 전등 등)

   Q. 공공기관의 3~15% 감축 의무화

   Q. 에코마일리지 홍보

   A. 에너지 절약을 여러 인센티브로 주는 제도로써 이것을 좀 더 홍보하여 서울 시민이 실천할 수 있게 해야 함

   Q. 산업체 휴가분산제 실시

④ 후속질문 1. 추진배경에서 지속 가능한 서울을 위함이라고 하였는데, '지속 가능한' 이 무슨 의미인지?

   A. '지속 가능한'은 미래세대를 위해서 서울이 유지, 발전해야 함을 의미합니다. 그래서 유한한 에너지를 절약하는 것을 통해 서울이 유지, 발전될 수 있다고 생각했습니다.

⑤ 후속질문 2. 공공기관의 3~15% 의무감축을 어떤 방법으로 하겠나?

    A1. 첫 번째로, 해당 공공기관의 설문조사와 사전조사를 통해 의무감축이 가능한 정도를 정확히 알아내겠습니다.

    A2. 두 번째로, 해당 공공기관의 해당 공무원과 사전 충분한 조율을 거쳐 의무감축 방안을 마련하겠습니다.

    A3. 세 번째로, 마련된 방안을 실행하겠습니다.

⑥ 후속질문 3. 해당 공공기관의 의무감축이 일정 선 이하로는 절대 안 된다고 하면 어떻게 하겠는가?

    A. 1,000kw 이하로는 절대 양보 못 한다는 공공기관이 있다면, 10%를 줄이는 경우 그에 상응한 인센티브를 주겠습니다. 재정 지원을 하겠습니다.

⑦ 평소 자기 계발을 어떤 식으로 하는가?

    A. 수험 생활할 때는 수험공부 외에 다른 것을 더 공부할 여력이 쉽게 생기지 않았습니다. 하지만 건강이라는 부분은 언제나 중요하기 때문에, 헬스를 통해 꾸준히 건강을 관리하였고 지금도 일주일에 3번씩 헬스를 하고 있습니다.

⑧ 공무원이 되면 이것만큼은 하지 않겠다는 것 2가지?

    A1. 청렴하지 않은 것과 친절하지 않은 것.

    A2. 청렴은 공무원이 갖추어야 할 제1덕목으로 매우 중요합니다. 공무원은 서울시, 국가의 얼굴입니다. 청렴하지 않을 경우, 국가의 얼굴로써 그 파급효과가 매우 큽니다. 그런 의미에서 청렴하지 않은 것은 절대로 하지 않아야 한다고 생각합니다.

    A3. 친절은 공무원에게 매우 필수적인 자질이라고 생각합니다. 시민이 공무원의 불친절한 태도를 접했을 때 그것을 모든 공무원이 그런 것처럼 오해할 수 있습니다. 그럴 경우 공무원을 믿지 않는 풍조가 더욱 확산될 것입니다. 따라서 친절하지 않음은 절대로 하지 않아야 될 것입니다.

⑨ 영어 면접은 맨 마지막에 실시했음. 영어 문제는 시험 전에 미리 주어졌고, 이 중 면접관이 하나를 선택하여 영어로 묻고, 그것을 영어로 대답하는 것.

    • 공직자의 의무 중 가장 중요하다고 생각하는 것은?

    • 최근에 다른 사람들에게 감동을 주었던 상황은?

    • 조직의 팀워크에서 가장 소중하다고 생각하는 것은?

    • 고령화 사회의 문제점과 그에 대한 대책은?

    • 님비(NIMBY)와 핌피(PIMFY) 현상에 대한 생각은?

    • 이 중에, '공직자의 의무 중 가장 중요하다고 생각하는 것은?'에 대해 질문을 받았음.

⑩ 후속 질문: integrity와 corruption을 서로 관련을 지어 대답을 했는데, 왜 그 둘이 관련이 있는지?

    A. integrity는 청렴을 뜻하고, corruption은 부패를 뜻합니다. 부패하게 되면 청렴을 지키기가 어려우므로 저는 그 둘이 서로 밀접한 관계가 있다고 생각하였습니다(한국어로 질문하셔서 나도 모르게 한국어로 대답. 다행히 이것에 대해 따지지 않으시고 넘어가셨음).

⑪ 마지막으로 하고 싶은 말.

느낀 점

① 전공에 대한 질문이 거의 없었음.

② 기술직이어서 그런지 몰라도, 서울시 시정이나 문화 복지 정책 등 통신분야가 아닌 정책에 대한 질문이 없었음.

③ 인성면접에 대한 후속질문이 거의 없었음. 조금 핀트가 안 맞는 것 같은 대답에도 후속질문 없이 고개 끄덕이시며 수긍하는 분위기(정말 감사했음). 3번 정도 "그런가요."라며 다소 인정하지 않는 느낌으로 넘어가는 경우가 있었음.

④ 많이 고개를 끄덕여주시고 너무 긴장하지 말라고 조언을 주셨음.

⑤ 분위기는 괜찮았다고 생각함.

⑥ 자기소개 열심히 외웠는데 안 시키셔서 아쉬웠음.

2. Case 2

면접장에 들어가기 전에 노크는 인솔자분이 해주십니다. 똑똑똑 안에서 들어오라는 목소리가 들리고, 인솔자분께서 문을 열어주셨습니다. 들어가자마자 면접관 세 분을 향하여 가볍게 목례를 하고 의자 옆으로 이동했습니다. 먼저 수험표와 평정표, 신분증을 가운데 분께 드리고 크게 허리 굽혀 인사드리며 "수험번호 00000000 ○○○입니다."라고 말했습니다. 그러자 면접관님이 앉으라고 하셔서 자리에 앉았습니다. 면접은 가운데 면접관님부터 시작하셨습니다. (제가 알기로 가운데 분이 외부에서 오신 분으로 알고 있습니다.)

"오느라 수고 많았네. 긴장하지 말게." "예."
"자기소개 한번 해보게."
"예, 알겠습니다. 그럼 잠시 평정표의 제 한자 이름을 봐 주시겠습니까? 보시다시피 제 한자 이름은 "○○ ○"자와 "○○ ○"자로 이루어져 있습니다. 다시 "○○ ○"자를 풀어 쓰면 "○○ ○"자와 "○○ ○"자입니다. 저는 이름처럼 선비의 청렴함과 성실함을 마음속에 품고 있습니다. 그리고 으뜸가는 행정인이 되어, 서울시를 세계에서 으뜸가는 도시로 만들 꿈을 가슴 속에 그리고 있습니다. 사람의 이름에는 그 사람의 일생이 담겨 있다는 말처럼 저는 제가 서울시 공무원으로서 잘 해낼 수 있으리라 믿고 있습니다."

사실 <u>그 시간동안 자기소개서를 읽고 계시는 듯해 보였고 제 답변에 크게 신경 쓰시는 분위기는 아니었습니다.</u>
(하지만 면접 내내 자소서 내용은 하나도 물어보지 않으셨습니다.)

"이름이 정말 그 사람의 인생을 좌우한다고 생각하나?"
"예. 꼭 그렇지는 않겠지만, 그 사람이 평생 자신의 이름으로 불리어지다 보면 이름이 어느 정도 인생에 영향을 미칠 수 있다고 생각합니다."
"혹시 주변에 웃긴 이름을 가진 친구가 있나?"

(정말 생각도 못한 질문이긴 했지만, 저를 당황시킬 목적이 아니었나 생각합니다. 하지만 다행히 저는 정말 웃긴 이름을 가진 친구가 있었습니다.)

"네. 한 명 있습니다."
"한번 말해보게."
"○백수라는 이름인 친구가 있습니다." "하하하하하"

어쨌든 그렇게 자기소개가 끝나자 이제 본격적으로 질문한다는 분위기가 흘러나오시더니 가운데 면접관님이

"공무원이란 어떤 직업인가?"
<u>긴장 때문인지 당황해서 길게 말 못 하고 짧게</u>
<u>"공무원은 공익을 수행하는 직업입니다."</u>
그러니까 후속으로
"공익? 공익 좋지. 하지만 공익만 수행하고 살 수 있나? 사익도 챙겨야 하지 않나? 부모님이 아프시면 돈도 보내 드려야 하고 일손이 필요할 때면 도와드려야 하는데 공무원하면서 그렇게 할 수 있겠나?"

면접 전에 생각했던 대로여서 바로 답변

"저는 공무원 일을 하면서도 말씀하신 것들을 충분히 병행할 수 있다고 생각합니다. 우선 평소에 미래를 대비해서 저축을 한다면 나중에 돈이 꼭 필요할 때 쓸 수 있고, 또 일하고 남은 시간을 잘 활용한다면 부모님의 도와드리는 일 역시 문제없을 것입니다."

그러자 계속 후속하여서

"서울시 공무원으로 일하면 야근도 많이 하고 주말근무도 해야 하고 많이 바쁘다. 개인 시간을 포기해도 괜찮은가?"

라고 물으셔서

"물론 사람인 이상 사적인 생활을 전부 포기할 수는 없다고 생각합니다. 하지만 저는 공무원으로서 당연히 공익을 우선순위에 두고 일하겠습니다. 그 뒤에 퇴근 후 시간을 잘 활용하고 틈틈이 시간을 쪼개어 쓴다면 자기계발도 하고 휴식도 취할 수 있다고

생각합니다."

그 뒤 같은 질문과 답변을 말만 바꿔서 반복했습니다.

(그래도 친구도 만나야 하고, 가정일에는 어떻게 등등... 면접관님은 계속 그래도... 그래도... 힘들지 않겠냐 이런 식으로 /// 저는 괜찮다. 할 수 있다. 할 수 있다. 가정에 시간을 덜 쓰더라도 그만큼 같이 보내는 시간에 최대한 충실하겠다 등등 같은 식으로 방어했습니다.)

무언가 다른 답을 원하셨던 것인지 아니면 같은 질문을 반복함으로써 제가 압박에 넘어가서 말을 바꿨다가 함정에 걸리길 바라셨던 것인지는 잘 모르겠지만 이러한 비슷한 질문과 답변이 몇 번 더 오고 가다가

"알겠네..."

하시더니 왼쪽 면접관님으로 차례를 넘기셨습니다. 그리고 왼쪽 분은 인상이 조금 차가우시고 눈빛이 강하셔서 질문 전부터 압박을 느꼈습니다.

"서울시에서 일하면서 해보고 싶은 정책이 있으면 말해보게."

"네. 저는 기회가 된다면 시민 일일공무원 체험프로그램을 시행해 보고 싶습니다. 추첨을 통해 시민들을 선발하여 주민자치센터, 구청 시청 등에서 공무원들이 일하는 모습을 실제로 체험하게 하는 것입니다. 이는 시민들이 공무원에 대해 갖고 있는 궁금증, 오해 등을 해소하여 시민들과 공무원 간에 거리를 좁혀줄 것입니다. 그리고 그 결과는 시민들의 정책순응도가 높아지는 것으로 나타나리라 생각합니다."

그러자 제대로 압박을 시작하셨습니다. 답변하면서도 순간순간 굉장히 당황을 많이 했습니다.

"행정인턴이나 자원봉사 같은 걸로 이미 비슷한 효과를 내고 있지 않나?"

"인턴은 지원할 수 있는 계층이 한정적이고, 자원봉사자는 할 수 있는 일이 한정적이어서 제가 말씀드린 프로그램과는 차이가 있을 것 같습니다."

"그렇다면 자네가 말한 그 정책을 시행하는 데 필요한 정보가 뭐라고 생각하나?"

"지원자들의 나이, 직업, 학력 등 사회적 계층 정보가 필요할 것 같습니다. 체험프로그램을 모든 계층의 시민들이 골고루 체험하게 하기 위해서입니다."

면접관님께서는 그 부분은 개인정보 보호 관련해서 문제가 될 수 있다고 압박하는 어조로 말하셨습니다. 하지만 질문은 아니고 제게 알려 주시기 위해서 말씀하시는 것 같았습니다.

"그렇다면 그 체험프로그램 참여자들에게 어떻게 업무를 체험하게 할 건가?"

"실제 업무를 시민들이 하게 하는 것은 현실적으로 불가능하다고 생각합니다. 대신 공무원이 한 명씩 전담하여 하루 종일 본인이 수행하는 업무를 바로 옆에서 시민들이 견학하게 하여 간접적으로 업무를 체험할 수 있게 하겠습니다. 외부 업무 시에도 따라 나가 서 업무를 보는 모습을 옆에서 볼 수 있게 하겠습니다."

"자네가 아직 현직에 들어오지 않아서 잘 몰라서 그러나본데 공무원 업무 중에는 민간인에게 보여줄 수 없는 것들이 많네. 그때는 어쩔 건가?"

또 압박이 들어왔습니다. 급작스런 질문에 당황해서 답을 1~2초 망설이다가 시간을 벌기 위해서

"잠시 생각 좀 해보겠..."라고 말하는데, 제 말을 끊으시고 다시 한번 위 내용을 간략하게 말씀하신 뒤에 똑같이 그땐 어쩔 거냐고 다시 물으셨습니다. 압박감에 가슴이 답답했지만

"일단 보여줄 수 없는 정보가 무엇인지 확실히 정한 뒤, 보여줄 수 있는 정보는 최대한 보여주고, 보여줄 수 없는 부분에 대해서는 참여자들의 양해를 구하겠습니다."

다행히 이번에는 고개를 끄덕이시고 질문 마치셨습니다. 이제 차례는 오른쪽 면접관님으로 넘어갔습니다.

"대학교는 졸업했나? 아니면 아직 학기가 남았나?"

바로 일할 수 없는 사람을 좋아하지 않는다는 말을 듣긴 했지만, 제가 남자 지원자 중에서 나이가 많이 어린 편이라 거짓말해서는 안 될 것 같아 솔직하게

"마지막 한 학기 남았습니다."

라고 말씀드렸습니다. 그렇게 말하고 '하지만 학점은 거의 다 채웠고 발령나면 바로 업무할 수 있습니다.'라고 덧붙이고 싶었는데 그렇게 말하기 전에 바로 다른 질문 시작하셔서 못했습니다.

"동아리 활동해 본 것이 있나?"

"동아리는 아니고, 학과 내에 있는 토론 소모임에 참여하였습니다."

"무엇을 토론하나? 전공(행정학과)과 관련 있는 건가?"

"전공분야는 아니고 시사 관련 문제를 토론하는 소모임이었습니다."

"그럼 소모임 활동 중에 창의적으로 무언가 해보거나 문제를 해결한 뭐 그런 것이 있나?"

"소모임은 아니고 군대 생활 중에 창의적으로 문제를 해결한 경험이 있는데 이걸 대신 말씀드려도 괜찮겠습니까?"

"말해 보게."

"군대 행정병 근무시절에 실제 TO는 두 명인 일이 있는데 제가 일을 할 때는 저 한 명만 배치받아서 업무 부담이 과중했습니다. 매일 일과시간 후 야근에 시달리다가 아이디어를 내서 체크리스트를 만들어 부처에 배부했더니 매일 일일이 전 부처를 돌면서 확인해야 했던 일을 보고만 받고 처리하고 문제가 생기면 그때만 직접 가서 일을 처리하면 되게 되어서 업무 부담이 많이 경감되었습니다."

"자네가 생각하기에 일을 얼마나 경감시킨 것 같나? 50%? 아니면 더 많이?"

"제 생각에 80%는 경감시킨 것 같습니다. 말씀드린 것처럼 그전에는 일일이 전 부처를 돌면서 확인할 일을 체크리스트 배부 후에는 각 부처에서 알아서 확인 후 저에게 보고하는 시스템을 갖춰서 실제로 확인할 필요가 없게 되었고 문제가 생긴 곳에만 찾아가서 고쳐주면 되었습니다. 일의 부담 대부분이 경감되었습니다."

"80%라니 대단하네. 근데 왜 자네보다 먼저 일했던 사람들은 자네가 한 생각을 못했을까?"

압박용으로 하신 질문인 것 같았지만, 저는 앞에 다행히 전제를 잘 깔아두었기 때문에 쉽게 풀어나갔습니다.

"앞서 말씀드린 것처럼 원래 TO는 두 명인 업무였고, 두 명에서 나눠서 일을 할 때는 업무 부담이 크다고 느낄 만큼은 아니어서 그런 생각을 못했던 것 같습니다."

"알겠네. 그럼 자네가 생각하기에 같이 일하기 좋은 사람과 같이 일하기 싫은 사람은?"

"같이 일하고 싶지 않은 사람은 약속을 잘 지키지 않는 사람입니다. 약속을 지키지 않으면 신의가 깨지고 신의가 깨지면 결국 그 사람을 믿지 못하게 되어 같이 일을 추진하는데 문제가 많이 생길 것 같습니다. 반대로 같이 일하고 싶은 사람은 약속을 잘 지키는 사람입니다." 그러자 갑자기 가운데 면접관님이 질문하셨습니다.

"약속을 잘 지키지 않는 사람 때문에 문제가 생긴 일이 있었나?" 또 당황했습니다. 차분히 생각을 해서 경험을 떠올려야 할 텐데 머리보다 입이 먼저 제멋대로 반응하였습니다.

"아직까지는 그런 적은 없었습니다. 친구들 중에 소소하게 약속 시간이 지키지 않는 친구들이 있긴 했지만 크게 약속을 어기진 않았습니다. 시간 약속을 살짝 어기는 정도는 융통성을 발휘해서 용서했습니다."

답변을 하고도 '내가 무슨 말을 하고 있나'라고 생각했지만 다행히 그냥 넘어갔습니다. 그리고 다시 오른쪽 면접관님이 질문하셨습니다.

"좌우명이나 생활신조 있나?"

"저의 좌우명은 무비유환입니다. 준비하지 않으면 반드시 화가 닥친다는 말로, 준비성을 더 강조하기 위해 좌우명으로 삼았습니다."

이번에 다시 또 가운데 면접관님이 질문하셨습니다.

"오, 준비 좋지. 그럼 자네는 평소에 준비를 잘하는 사람인가?"

"그렇습니다. 자소서에 쓰인 대로 저는 일을 맡기 전에 저의 장점인 신중함을 발휘하여 항상 상황에 대한 철저한 분석과 조건들을 확인하고 선택하기 때문이고 언제든 문제에 대해 확실히 준비하고 대응하는 편입니다."

"그런 대답은 너무 추상적이지 않나? 구체적으로 뭐 준비하는 거 없나? 준비가 철저하다는데 노후를 대비해서 연금이라든가 장기저축을 하고 있진 않나?"

"저는 아직 부모님께 용돈을 받아쓰고 있는 입장이고 집안 경제사정이 넉넉한 편은 아니기 때문에 항상 빠듯하게 받아서 생활

을 하고 있어서 저축을 하고 있진 못하고 있습니다." 그렇게 답변했더니

"하긴..." 하시며 살짝 웃으시면서 고개 끄덕이시고

"면접 끝났습니다. 수고하셨습니다."라고 하셨지만 저는 마지막 말을 준비해 둔 것이 있었던 까닭에

"마지막으로 하고 싶은 말이 있는데 해도 되겠습니까?" 여쪘더니 해보라고 하셨습니다.

"제가 알고 있는 이야기 중에 네덜란드의 소년 이야기가 있습니다. 간단히 말씀드리면 제방의 틈새로 물이 새는 것을 본 소년이 시기적절하게 이를 주먹으로 막아 제방이 무너지는 것도 막고 결국 마을사람들을 위기에서 구한 이야기입니다. 저도 서울시라는 거대한 제방의 작은 틈새를 채우는 소년의 주먹 같은 공무원이 되겠습니다. 감사합니다."

"수고했네."

그 말을 듣고 자리에서 일어나서 다시 크게 인사드린 뒤에 제 신분증과 수험표를 돌려받았습니다. 나가기 전에 문 앞에서 다시 면접관님들을 향해 간단히 목례하고 문을 열고 나갔습니다. 끝.

느낀 점

글로 정리해 적으니 제가 또박또박 잘 대답한 것 같지만 현장에선 목소리도 평소보다 잠겼고, 대비했던 큰 질문들 외에 대비를 못했던 후속 질문들은 좀 횡설수설하면서 간신히 답변했습니다. 하지만 저뿐만 아니라 다른 모든 분들도 긴장하셨을 테니, 특별한 분들이 아닌 이상 모든 질문에 기계처럼 냉철하게 답변하는 분들은 아마 없을 것이라 긍정적으로 생각했습니다.

3. Case 3

12명의 면접 대기자 중에서 가장 늦은 순번으로 면접을 보았습니다. 대략 5시가 넘어서 면접장에 들어갔습니다.

면접관   오래 기다리느라 힘들었죠?

나   아닙니다. 공무원이 되기 위해 기다린 시간에 비하면 아무것도 아니었습니다.

면접관   자기소개 한번 해보세요.

나   저는 저를 현대판 선비라고 하고 싶습니다.

주변에서 그렇게 부르는 사람들이 있기도 하지만 평소 차분하고 꼼꼼한 성격을 가진 저를 가장 잘 나타내는 말이라 생각합니다. 하지만 만년 서생은 아닙니다. 대학시절 풍물패 활동을 통해 조직 내에서 다른 구성원들과 조화를 이루는 법을 배웠고 이러한 경험은 앞으로 공직생활을 하는 데에 큰 도움이 될 것이라 생각합니다.

면접관   자, 한번 가정해봅시다.

아주 형편이 어려워 반지하에 살고 있는 할머니가 계십니다. 겨우겨우 폐지를 주워가며 어렵게 살아가고 있는데, 한번은 집에서 나온 쓰레기를 종량제 봉투에 담지 않고 무단으로 투기하였습니다. 이러한 할머니에게 무단투기 과태료를 부과해야 합니까?

나   사정은 매우 딱한 상황이지만 다른 사람들과의 형평성을 유지해야 하기 때문에 과태료를 부과해야 한다고 생각합니다. 하지만 일단 할머니의 어려운 사정을 알았기 때문에 기초 수급자에 해당하는지 여부나 다른 도움을 드릴 수 있는 방법을 할머니와 같이 상의해 보겠습니다.

면접관   그러니까 과태료를 부과해야 한다는 말이죠?

(명확하게 예, 아니오 답변을 얻기 위해 재차 질문)

나   네... 형평성이 있기 때문에 부과해야 합니다.

면접관   자신이 펴고 싶은 주택정책을 말해보세요.

나   지금 서울시에서 펴고 있는 정책 중 두꺼비하우징이라는 것을 들어보았습니다. 은평구에서 실시하고 있는 것으로 알고 있는데 기존에 주거지에 있던 사람들을 다른 곳으로 보내지 않고 생활환경을 개선하는 좋은 면이 있다고 생각합니다. 이 두꺼비 하우징 정책을 다른 지역에도 확산시키는 게 좋을 것이라 생각합니다.

면접관   서울시 자치구가 몇 개입니까?

나   25개입니다.

면접관	어디에 살고 있습니까?
나	○○○구에 살고 있습니다.
면접관	서울시에서 추진하는 정책과 자치구에서 추진하는 정책이 서로 상충되기도 하고 서울시에서 추진하는 정책으로 자치구가 이득을 보기도 합니다. 본인이 사는 구가 서울시 정책으로 인해 이득을 본 게 무엇이 있는지 말해보세요.
나	(당황함) 네. 제가 알기로 동대문 쇼핑센터가 정책적으로 조성됨으로 인해서 많은 관광객도 다녀가고 알려지게 되었는데 이것이 좋은 예라고 생각합니다.
면접관	동대문 쇼핑센터는 ○○○구에 있는 게 아니에요.
나	아... 죄송합니다. 잘 몰랐습니다.
면접관	자신에게 떨어진 2개의 일이 서로 똑같이 시급하고 경중을 비교할 수 없다면 어느 것을 먼저 처리하겠습니까?
나	<u>주변에 계신 상사분께 조언을 구해서 처리하도록 하겠습니다.</u>
면접관	주변에 물어볼 직원이 없고 혼자 사무실에 있습니다.
나	아... 일의 중요도가 똑같습니까?
면접관	네. 똑같습니다.
나	그렇다면 제 나름대로 기존 매뉴얼 등을 참고해 가면서 판단해서 처리하겠습니다.
면접관	공무원은 언제 되고자 하였습니까?
나	대학교 1학년 때 서울시에서 주관하는 대학생아르바이트에 참여할 수 있는 기회가 있었습니다. 아르바이트 활동을 하면서 단편적이나마 공행정업무도 접해보고 내가 살고 있는 서울시의 발전을 위해 일을 해보고 싶다는 생각을 가지게 되어 공무원이 되고자 결심하였습니다.
면접관	사기업에 원서를 넣는다거나 취업을 위한 노력은 해보았습니까?
나	아닙니다. 취업원서를 써보지 않았습니다.
면접관	대기실에서 사람들과 이야기를 나누었습니까?
나	네. 앞번호 분과 이야기를 잠깐 나누었습니다.
면접관	대기하는 사람들을 보면서 무슨 생각을 하였습니까?
나	<u>이 자리에 오기까지 저도 그렇고 저마다 힘든 과정을 거치고 어려움도 많이 참아냈겠구나 하고 생각했습니다. 저 또한 끝까지 최선을 다해야겠다고 다짐하였습니다.</u>
면접관	리더십을 발휘해 본 경험이 있는가?
나	네 풍물패활동을 하면서 상쇠를 맡았었는데 공연을 준비하거나 의견조율이 필요할 때 중심이 되는 역할을 해보았습니다. (예상 가능한 질문이었으나 답변이 조금 부족했습니다.)
면접관	하고 싶은 이야기해 보세요.
나	네. 제가 재미있는 이야기 해도 되겠습니까?
면접관	네. 해보세요.
나	서울시민이 모두 한마디씩 하는 것을 무엇이라 하는지 아십니까?
면접관	....
나	바로 천만의 말씀입니다. 저는 공무원이 되고자 마음을 먹은 순간부터 나는 이미 공무원이라는 생각을 가지고 행동 하나하나 하는 데에도 신중하게 행동하고 겸허한 마음을 가지려고 노력했습니다. 지금의 이러한 마음을 잃지 않고 공무원이 되어서도 천만의 말씀에 모두 귀를 기울이는 발로 뛰는 공무원이 되겠습니다.

느낀 점

기억에 의존하다보니 질문이나 답변한 내용이 조금 미흡한 점이 있습니다.

하지만 확실한 점은 정책이나 지식에 관한 질문을 할 때에 그 내용을 알고 있는지 확인하기 위해서라기보다는 자신의 논리를 가지고 자신 있게 대답하는지를 확인하는 것 같다는 생각을 하였습니다.

4. Case 4

나 (노크를 하고, 들어가서 가볍게 목례를 하고, 중앙면접관께 수험표, 응시 표, 평정표를 드렸음) 수험번호 00000000 ○○○입니다.

면접관(中) 앉으세요.

나 감사합니다.(하고 앉았음)

면접관(中) 2분 동안 자기소개 해보세요. (그 시간동안 면접관님들은 자기소개서 열심히 읽고 계심.)

나 (자기소개를 하던 중 갑자기 생각이 안 나서 3초 동안 멈추었는데, 면접관 (中)도 놀라신 듯 '시간 충분하니까 천천히 하세요.'라고 하셔서 무사히 마칠 수 있었습니다.)

면접관(左) 공무원이 되면 민원인이 소동을 부릴 수 있다. 어떻게 대처하겠는가? 그래도 소동을 부린다면?

나 <u>우선 평정심을 잃지 않고, 민원인이 원하는 것이 무엇인지 경청하겠습니다.</u> 그런 다음 규정을 설명드리고, 원하는 것을 해드릴 수 없음을 잘 말씀드리겠습니다. 만약 그렇게 해도 되지 않는다면, 경험 많으신 상사님께 도움을 청하겠습니다.

면접관(右) 자기소개서에 문화관광디자인본부의 관광과에서 일하고 싶다고 했네요. 그 부서는 어떤 정책을 하고 있나요? (자기소개서의 가고 싶은 부서는 남들과 차별화하기 위해 설정한 떡밥1이었는데, 면접관님께서 떡밥1을 무셨습니다.)

나 다양한 정책 중에 가장 눈에 띄는 것은 MICE산업입니다. M meeting, I incentive, C convention, E exhibition의 약자로 전후방 연관관계가 크며, 굴뚝 없는 산업으로 서울시가 신성장동력으로 집중 육성하고 있습니다.

면접관(右) (후속질문) 그 부서에 가고 싶다고 했는데, 그에 관한 전문지식이나 노하우를 가지고 있나?

나 전문지식이나 노하우를 가지고 있기보다는 관심과 흥미를 가지고 있습니다. 저는 여행하는 것을 좋아해서, 최근에는 오사카·교토, 제주도 올레길, 싱가포르를 다녀왔습니다. 여행 중 항상 서울의 관광지와 비교·대조를 하면서 다녔고, 관광과 공무원이 된다면 여행을 하면서 얻는 지식을 블로그 같은 곳에 축적하면서, 그 분야에 전문성을 쌓도록 하겠습니다.

면접관(右) 서울시에서 취약계층을 위해 어떤 문화 관광정책을 하고 있나?

나 현재 서울시에서는 연극, 뮤지컬, 콘서트, 스포츠 등과 같은 분야에 일정 비율 무료로 입장하게 하여 취약계층도 문화를 향유하게 할 수 있도록 하는 정책을 하고 있습니다.

면접관(右) (후속질문) 개인적으로 취약계층을 위해 어떤 문화, 관광정책을 하고 싶은가?

나 (딱히 생각해 둔 게 없어서 '위에서 말한 정책의 취지에 공감하고, 더 많은 혜택을 주기 위해 기업의 후원을 받겠습니다.'라고 대답했습니다.)

면접관(右) (그러자 더 이상 압박은 하지 않으셨고) 7급 공무원이 기업의 후원을 받을 힘이 있다고 생각하는가? (면접생의 패기를 시험하시려는 질문인 것 같음.)

나 (7급 공무원이 된다는 자부심으로 가득 차서) 네, 7급 공무원은 그럴 수 있는 능력이 있다고 생각합니다. (면접관님 미소 지으심.)

면접관(左) (후속질문) 관광과에 가고 싶다고 했지만, 그렇지 않을 수도 있잖아요. 그러면 다른 부서에 가게 된다면 어떻게 하시겠어요?

나 행정은 각기 따로따로된 것이 아니라, 모두가 합쳐져야 하나의 행정이 이루어진다고 생각합니다. 이와 비슷한 에피소드가 있습니다. 군생활을 행정병으로 복무했고, 당시 컴퓨터를 잘 다루지 못했는데, 전임자가 만들어 놓은 문서를 역설계해 보거나 인근 부서 선임에게 물어보는 등 하나하나 배워가면서 극복했습니다. 이처럼 원하지 않는 부서에 가더라도, 결국 행정을 하는 데에 도움이 된다고 생각하고, 배우는 자세로 임하겠습니다.

면접관(左) 조직 생활 중 갈등이 발생한다면 공식, 비공식적으로 어떻게 해결하겠는가?

나 공직사회는 엄연히 계급질서에 의해 움직이므로 상관의 명령에 복종할 것입니다. 하지만 갈등이 계급에 의해 억눌리면 자칫 더 커질 수 있으므로 술자리를 함께해서 허심탄회하게 이야기를 나누거나 마음의 편지로 진심을 전달해 보겠습니다.

면접관(左)	서울시청 홈페이지에 있는 제안제도를 이용해 본 적이 있는가? (이 질문을 듣는 순간 '옳거니'를 외쳤습니다. 이것이 저의 떡밥2였습니다.)
나	(마치 생각하는 듯한 발연기를 보이며) 네, 이용해 본 적이 있습니다. 천만 상상 오아시스에 상상제안 2건을 했고, 그중 하나는 베스트상상에 오른 적이 있습니다.
	(후속질문) <u>구체적으로 어떤 제안이었나?</u>
나	현재 데이케어센터라는 것이 운영되고 있는데, 외국어를 그대로 차용하다 보니까 의미가 잘 파악이 되지 않았습니다. 그래서 치매와 같은 노인성 질환을 가지신 어르신들이 오전 8시~오후 10시까지 치료와 재활을 받을 수 있다는 의미를 가지고 있는 '온종일 어르신 돌봄센터'라고 제안한 적이 있습니다.
면접관(中)	여기까지 답변하자 면접관(中)이 좌우를 보시며, 질문 더 하실 거 없죠? 하면서 끝내시려고 했습니다. 저는 마지막으로 쐐기를 박겠다는 마음을 가지고, 마지막으로 가지고 있던 떡밥3을 투척하기로 결심했습니다.
나	저 마지막으로 꼭 드릴 말씀이 있습니다. 해도 괜찮으시겠습니까?
면접관(中)	네, 해보세요.
나	3행시로 표현해 보겠습니다.
	(성명을 활용한 3행시 제시)
	들뜬 마음을 억누르고, 끝까지 예의를 갖추고 면접실 문을 나왔습니다.

느낀 점

네, 저의 면접 내용을 보셔서 아시겠지만, 그다지 압박이 있지는 않았습니다. 제가 가고 싶은 부서를 선정하여 그에 관한 지식이나 경험을 잘 준비해 둔 덕분에 면접 시간의 대부분을 제가 충분히 예상할 수 있었던 질문에 답변하면서 보낼 수 있었습니다. 만나는 면접관의 성향에 따라 다르겠지만 agenda를 설정하여 대비하는 것도 좋은 전략이 될 수 있는 것 같습니다.

5. Case 5

올해 서울시 면접은 12명씩 12개 조로 구성되었고, 조별할당제가 적용되었습니다. 면접관은 세 분이었고, 그중 두 분은 공무원, 한 분은 민간에서 오신 분이었습니다.

나	(노크하고 들어가서 목례, 수험표와 신분증 가운데 면접관님께 드림.) 수험번호 00000000 김○○입니다.
면접관	앉으세요.
나	감사합니다.
면접관(中)	(*이 분은 들어가자마자 시종일관 압박을 하셨어요. 질문하시는 동안 웃지도 않으시고 제가 답변할 때 눈도 안 마주치시고 약간 비웃기도 하시고...*) 자기소개 해보세요.

(자기소개 끝나자)

현재 서울시에는 지역별, 연령별, 계층별로 다양한 사람들이 있고 이 사람들 사이에는 다양한 이해관계가 대립되고 있습니다. 서울시에는 다양한 사회 문제들을 해결하기 위한 복지, 교통, 경제 등등 많은 부서가 있는데, 본인이 한번 교통부서에 있는 공무원이라고 가정한 후 답변해보세요.

본인은 지금 서울시 교통과에서 버스 노선을 관리하고 있는 공무원인데, 버스 노선의 변경이 있습니다. 그런데 만약 버스 노선을 폐지하게 된다면 그 지역 주민들의 반발이 굉장히 심할 거예요. 그럴 경우 공무원으로서 어떻게 하시겠습니까?
(*실제 질문은 이것보다 훨씬 길었고.. 자기소개 끝나자마자 바로 긴 질문이 들어와서 조금 당황했었어요.*)

나	<u>네. 그럴 경우 주민분들을 설득할 것입니다. 어떤 지역의 버스 노선을 폐지 해야 하는 상부의 결정이 있었다면, 그것은 아무래도 충분한 타당성 검토가 이루어진 후에 결정된 것이라고 생각합니다. 따라서 그러한 부분들을 주민분들께 잘 말씀드리고 설득한다면 이해해 주실 것이라고 생각합니다.</u>
면접관	그런데 그렇게 설득하는 것이 쉽지 않은데, 어떤 방법으로 설득할 겁니까?
나	네, 말씀하신 것처럼 설득이 쉽지는 않을 것입니다. 현재 서울시에는 소통 행정을 구현하기 위한 다양한 소통 창구가 마련되어 있는 것으로 알고 있습니다. 따라서 이러한 소통 행정을 통해 주민분들께 더욱 가까이 다가간다면 설득할 수 있을 것이라고 생각합니다.
면접관	그러면 그렇게 설득을 할 때 중요시되는 가치는 어떤 게 있을까요?
나	네.. 그 때 중요시되는 가치는 우선 주민분들의 만족도와 더불어 시에서 그러한 결정을 내려야 하는 경제적인 이유 및 기술적인 이유 등 포괄적인 부분을 고려해야 한다고 생각합니다.
면접관	네... 제가 원하는 대답은 첫 번째는 주민을 설득할 때는 모든 일에는 매뉴얼이 있고 그 매뉴얼, 즉 원칙에 맞게 주민들을 설득한다였고, 그리고 두 번째는 공익이라는 답변을 원했던 것이었습니다. (*이 얘기 하셨을 때 속으로 떨어졌구나 생각했었고, 이왕 이렇게 된 거 그냥 당황하지 말고 계속 웃으면서 답변하자고 생각했습니다.*)
나	(웃으면서) 아... 죄송합니다. 꼭 명심하겠습니다.
현면접관(左)	<u>현재 서울시에서 1인 가구, 2인 가구, 3인 가구 중 어떤 가구가 가장 많다고 생각하십니까?</u>
나	네, 제 생각에는 2인 가구가 가장 많을 것이라고 생각합니다.
면접관	얼마 전까지는 그랬는데 이번에 1인 가구가 조금 더 높은 비율로 올라왔어요. (구체적인 수치를 말씀해주심.) 그렇다면, 1인 가구가 더 많아진 원인 이 뭘까요? 본인이 생각하기에 원인 세 가지만 말해보세요.
나	(생각나는대로 말함) 우선 첫 번째는 지방에서 서울로 올라와 대학을 다니는 학생들이 있을 것입니다. 두 번째는 아직 결혼을 하지 않은 미혼 여성들이 있고, 마지막으로는 혼자 살고 계시는 어르신들이 계실 것입니다.
면접관	그럼 두 번째 경우에서 왜 미혼 여성들은 따로 살까요? 물론 본가가 지방에 있고 혼자만 서울에 있는 경우는 어쩔 수 없겠지만 부모도 서울에 사는 데 따로 사는 경우도 많잖아요. 그런 사람들의 생각은 뭘까요?
나	(이것도 되는대로 말함) 제 생각에는 우선 부모님께 짐이 되고 싶지 않은 마음에 일찍부터 독립해서 사는 젊은 사람들이 많을 것이고, 더불어 요즘 젊은 사람들이 아무래도 개인주의적인 성향이 있기 때문일 것이라고 생각합니다.
면접관	그럼 젊은 사람들이 결혼을 늦추는 이유는 뭘까요?

나	결혼은 현실적인 문제이기 때문에 경제적인 기반이 갖추어지고 난 후에 결혼을 하려고 하는 사람들이 많다고 생각합니다. 현재 경기가 어려워지면서 청년 실업이 증가하고 있는 현실에 비추어 보면, 아무래도 경제적인 요인이 결혼을 늦추는 가장 큰 요인일 것이라고 생각합니다.
면접관	그럼 저출산 문제가 우리 경제에 끼치는 요인은 뭘까요?
나	아무래도 저출산이 지속되다 보면 노동가능인구가 줄어들고, 현재 고령화되고 있는 우리나라 현실에서 어르신 인구를 부양할 수 있는 인구도 줄어들기 때문에 문제라고 생각합니다.
면접관	출산율을 높일 수 있는 방안은 뭘까요? 현재 서울시에서 하고 있는 정책 같은 거?
나	우선 양육의 부담을 줄여주는 것이 가장 중요한 문제라고 생각합니다. 서울시에서는 현재 아이를 두 명 이상 낳은 가정에는 다둥이 카드를 발급해 주고, 아이돌봄센터를 확충함으로써 육아를 돕고자 하는 것으로 알고 있습니다. 이런 방안들이 보다 확대된다면 저출산 문제도 해결할 수 있을 것이라고 확신합니다.
면접관(右)	이건 좀 어려운 문제인데 소셜믹스라고 들어보셨어요?
나	?…죄송합니다. 제가 공부가 부족해서 그 부분까지는 준비하지 못했습니다. 꼭 공부해보도록 하겠습니다.
면접관	그래~ 이게 원래 어려운 문제예요. (소셜믹스에 대해서 자세하게 설명해 주심. 임대주택과 그냥 주택들을 같이 짓는 것이라고 하셨음.)
면접관(中)	압구정에 현대 아파트라고 있어요. 그쪽 주민들은 거기다가 임대주택 건설한다 하면 난리가 나요. 왜 그럴까요?
나	제 생각이지만… 아무래도 강남 쪽에는 고소득층 주민분들이 많이 사시는 반면, 임대주택에는 어려운 환경에 놓이신 분들이 살고 계실 것입니다. 따라서 강남 쪽에 임대주택을 건설한다면 아무래도 부동산 가격이 하락하는 등의 문제가 발생할 가능성이 있기 때문에 반대하실 것이라고 생각합니다.
면접관	그럼 그 사람들을 어떻게 설득해요?
나	(아까 면접관님이 해주신 말씀 그대로…) 원칙에 맞게 설득할 것입니다.
면접관	네~ 다음 질문? 없으신가요? 그럼 제가 하나 더 드릴게요… 감명 깊게 읽은 책은?
나	조은 교수의 사당동더하기입니다.
면접관	무슨 내용이죠?
나	이 책은 삼대에 걸쳐 가난이 대물림되고, 개인이 아무리 노력을 한다고 해도 환경이 잘 마련되어 있지 않는다면 계속 가난에서 벗어나기 어렵다는 문제에 대해 다루고 있습니다.
면접관	음… 근데 그 책 읽었으면 소셜믹스 대답할 수 있을 텐데~ 감명 깊게 안 읽었나 보네~
나	아… 죄송합니다. 더 공부해보겠습니다. (*망했다는 생각이 들었음*)
면접관(中)	(수험표와 신분증 주시면서) 네~ 이제 됐어요.
나	(당황) 네?? 끝났나요? (*이대로 끝나면 안 된다는 생각이 들었어요…*)
면접관	네~ 나가보세요.
나	아… 저 정말 죄송하지만 괜찮으시다면 딱 한 말씀만 더 드려도 괜찮을까요?
면접관 모두	네~ 해보세요.
나	준비는 나름대로 열심히 했는데 답변을 잘 못해서 정말 죄송합니다. 라고 하면서 준비한 멘트를 말함. (*말할 때 드디어 가운데 면접관님이 처음으로 웃으셨어요ㅠㅠ*) 경청해주셔서 감사합니다.

느낀 점

제 면접 후기를 보시면 아시겠지만, 면접관님들이 원하시는 답변을 거의 못 했습니다. 그런데 100 중에서 80을 답변 못 하더라도 끝까지 예의 있게 행동해야 한다고 말씀해 주셨던 게 생각나서, 정답은 못 말했지만 계속 웃으면서 공손하게 이야기했습니다. 압박하실 때 당황하지 않고 계속 웃으면서 받아친 게 좋은 방향으로 작용한 것 같습니다.

CHAPTER 08 모의면접 진행 및 실전문제

1 국가직: 실전예제

💬 각 직렬에 따라 개별면접 스터디용으로 활용해도 좋다.

1. 실전예제 1회(일반행정직)

001. 실패한 경험과 극복한 경험을 말해보시오.

002. 임용 후 어떤 공무원이 되고 싶은가요?

003. 주변 지인들의 입장에서 본인이 고쳤으면 하는 것은 무엇인지?

004. 본인의 인생 변화에 가장 큰 계기가 있다면 무엇인지?

005. 봉사활동 경험이 있는지?

006. 공직에 지원한 이유는 무엇인지?

007. 공직 사회에서 개선해야 할 점은 무엇인지?

008. 예비비를 확보하기 위해서는 어떤 노력을 해야 하는지?

009. 내부고객과 외부고객에 있는데 내부고객을 '고객'이라고 하는 이유는?

010. 규제완화와 대안은 무엇인지?

011. 실적주의와 엽관주의에 대한 의견을 말해보시오.

012. 점증모형에 대해서 설명해보세요.

013. 중앙정부와 지방정부의 바람직한 관계를 설명하세요.

014. 효율적인 행정을 위해 구조조정 이외 다른 방안을 말해보세요.

015. 공무원은 전문성이 없다고 하는데 이에 대한 개인적인 의견은?

016. 정부의 국정지표에 대해서 말해 보세요.

017. 공무원은 보수가 낮은데 공무원이 갖는 사회적 가치는 무엇인지?

018. 근무희망부처는? 해당부처에 관심을 갖게 된 이유는?

019. 공무원과 청렴의 관계에 대해서 설명해보세요.

020. 지금까지 살아오면서 가장 후회되는 일은?

021. 본인은 창의적인 사람이라고 생각하는지? 창의력을 발휘한 예를 말해보세요.

022. 핵폐기물 처리와 님비현상에 대해서 설명해보세요.

023. 주민소환제에 대해서 설명해보세요. 주민소환제의 남용에 대한 개인적인 의견은?

024. 합의와 협의의 차이점은 무엇인지?

025. 정부의 정책형성 또는 집행시 갈등발생에 대해 어떻게 처리해야 하는지?

026. 무효와 취소 효과를 대비하여 설명하시오.

027. 노사분쟁의 해결방안에 대해서 설명하시오.

028. 부자들의 세율 인상에 대한 개인적인 견해는?

029. 국정원 개혁과 공무원의 정치적 중립에 대해서 설명하시오.

030. 마지막으로 하고 싶은 말은?

 보셨죠? 행정학 공부하세요. 행정법도 당연히 해야겠죠? 기본입니다. 진짜로 묻습니다. 행정학, 행정법!

2. 실전예제 2회(우정사업본부)

001. 자기소개를 1분 동안 해보시오.

002. 지금까지 살아오면서 가장 기뻤던 일은 무엇인가?

003. 최종합격을 하면 어떤 일을 하고 싶은가?

004. 공무원노조에 대해서 어떻게 생각하는가?

005. 전공이 다른데 우정사업본부를 지원한 이유는?

006. 우체국 업무 중에서 해보고 싶은 업무는?

007. 우체국에서 보험을 팀별로 할당하는데 무임승차하는 사람에 대해서 팀장이라면 어떻게 대처하겠는지?

008. 우체국 민영화에 대해서 어떻게 생각하는가?

009. 최근 우체국에 가본 적이 있는지? 어떤 점을 느꼈는지?

010. 우체국의 행정서비스 개선을 위해 본인이 할 수 있는 일은?

011. 우정사업본부에 합격하면 주로 어디에 발령이 나는지 알고 있는지?

012. 우체국 쇼핑에서 마케팅 효율화를 위한 방안은?

013. 우체국에서 근무시 어려운 점은 어떤 것이라고 생각하는지?

014. 우체국택배를 이용해 본 적이 있는지?

015. 우정사업본부는 1~2년 근무하고 이직이나 부처 이동을 하는 사람이 많은데 왜 그렇다고 생각하는지?

016. 직업이 본인의 인생에서 얼마나 중요한 의미를 갖는지 설명하시오.

017. 속달우편과 등기우편의 차이점을 설명하시오.

018. 자신의 이름에 대한 한자 뜻을 풀이해 보시오.

019. 우체국 일이 생각보다 힘들 수 있는데 잘할 수 있는지?

020. 우체국 보험에 대해서 설명해보시오.

021. 우정 행정에 있어서 고객 만족은 무엇인지 설명해 보시오.

022. 우체국이 수익사업을 위해 변화를 주거나 발전시킬 방법은 무엇이라고 생각하는지?

023. 변화하는 공직사회에 본인이 발휘할 능력은?

024. 개인 발표를 할 때 가장 먼저 해야 할 것은 무엇인지?

025. 요즘 우편요금이 얼마인지 알고 있는지?

026. 공무원 시험 전 관공서에서 아르바이트 등의 경험을 해본 적이 있는지?

027. 공직사회에서 창의력은 언제 필요한지? 본인의 창의력은 무엇인지?

028. 사회생활을 하면서 주도적으로 문제해결을 해본 경험을 말해보시오.

029. 다른 지원자와 자신을 차별화할 수 있는 점을 말해보시오.

030. 우체국 행정의 보편적 서비스는 무엇인지?

3. 실전예제 3회(교육행정직)

001. 직장경험이 있는지? 어떤 일이 힘들었는지?

002. 본인의 취미는 무엇인지?

003. 지원 분야와 전공이 맞지 않는데 지원한 이유는?

004. 임용 후 개인의 포부를 말해보시오.

005. 자신의 장점 또는 강점은 무엇인지?

006. 초등학교의 늘봄학교에 대해 말해보시오.

007. 학교폭력 예방 방안은?

008. 방과후 학교에 대해서 설명해보시오.

009. 정부의 학자금 대출에 대해서 알고 있는지? 학자금 대출의 문제점과 해결방안을 말해보시오.

010. 교육안전망 지원센터에 대해 알고 있는지?

011. 공교육 불신과 사교육 집중화 현상에 대한 견해?

012. 조기 영어교육에 대해서 어떻게 생각하는지?

013. 학교운영위원회의 의의, 역할을 말해보시오.

014. 학교회계에 대해서 말해보시오.

015. 평생교육에 대해서 설명해보시오.

016. 상대정화구역과 절대정화구역의 차이점은 무엇인지?

017. 공교육 정상화 방안에는 어떤 것이 있는지?

018. 우리나라의 교육이념은 무엇인지?

019. 역사교과서 채택에 대한 개인적인 견해는?

020. 폐교시설에 대한 활용 방안은?

4. 실전예제 4회(세무직)

001. 자신의 특기는 무엇인지?

002. 개인의 사회 경험을 말해보세요.

003. 최근 감명 깊게 읽은 책은 무엇인지?

004. 10년 후 자신의 모습을 그려보세요.

005. 자신의 경쟁력은 무엇이라고 생각하는지?

006. 세무직을 지원한 동기는 무엇인가요?

007. 주변의 친구나 선배 중에 세무공무원이 있는지?

008. 일반과세와 간이과세의 차이를 설명해보세요.

009. 세무서에 가본 적이 있는지? 거기서 느낀 점은 무엇인지?

010. 세무사 시험준비를 생각해 본 적이 있는지?

011. 세무공무원의 직무에 대해서 설명해보세요.

012. 국세청에 들어오면 어떤 일을 할 것이라고 생각하는지?

013. 세무서에는 민원이 많은 편인데 악성 민원을 어떻게 처리할 것인지?

014. 사람에게 있어 첫인상이 중요한지 아니면 그다음이 중요한지?

015. 국세청의 문제점은 무엇이라고 생각하는지?

016. 본인이 세무직과 잘 맞다는 점을 설명해보세요.

017. 국세청 홈텍스에 들어가 본 적이 있는지?

018. 무조건 압류 금지자산과 조건부 압류 금지자산에 대해 각각 3가지씩 말해보세요.

019. 부가가치세에서 신용카드 사용시 공제액은 몇 %이고, 그 한도액은?

020. 사람들이 납세를 회피하거나 적게 신고하려는 이유는 무엇인지?

021. 지하경제양성화를 위해 국세행정이 해야 할 일은 무엇인지?

022. 세무공무원으로서 가장 중요한 덕목은 무엇인지?

023. 소득세와 법인세의 납세의무 성립 시기는?

024. 자영업자의 소득은 어떻게 파악하는지?

025. 국세와 지방세의 구분기준과 목적은?

026. 탈세와 절세의 차이점, 그리고 탈세방지책을 설명해보세요.

027. 가산세와 가산금의 차이점은 무엇인지?

028. 시산표 작성의 목적과 종류에 대해 말해보세요.

029. 공직사회의 회계분야가 민간기업보다 뒤떨어지는 이유와 개선방법을 말해보세요.

030. 국세의 제척기간과 소멸시효의 차이점은 무엇인지?

031. 세무조사를 한 경우 세금을 부과하면 기업이 부도날 경우가 있는데 이럴 경우에 어떻게 처리할 것인지?

032. 세무공무원의 부정에 대해 어떻게 생각하는지? 부정방지방법에는 무엇이 있는지?

033. 세무직의 장단점을 다른 직렬과 비교하여 설명하시오.

034. 실질과세 원칙이란 무엇인지?

035. 직접세와 간접세의 차이점은 무엇인지?

036. 종합부동산세의 취지와 목적은?

037. 세무직은 타 직렬에 비해 승진이 늦은 편인데 어떻게 생각하는지?

038. 대차대조표와 손익계산서의 차이점을 설명하시오.

039. 세무직 지원을 별도로 준비한 것이 있는지?

040. 마지막으로 하고 싶은 말은?

5. 실전예제 5회(검찰사무직)

001. 자신의 봉사활동에 대해서 설명해보세요.

002. 본인이 지원한 분야에서 강점은 무엇인지?

003. 본인이 존경하는 인물은?

004. 좋아하는 운동은 무엇인가요?

005. 인생에서 중요하게 여기는 것은 무엇인가요?

006. 검찰이 영장청구를 하면 법원이 기각하는 사례가 있는데 이러한 경쟁관계를 논리적으로 설명해보세요.

007. 검찰과 경찰의 차이는 무엇인가요? 경찰의 수사권 독립에 대한 의견은?

008. 민사소송법과 형사소송법의 차이는?

009. 위법성 조각 사유의 전제사실에 관한 착오는 무엇인지?

010. 여적죄가 무엇인지?

011. 친고죄와 반의사불벌죄의 차이는 무엇인지?

012. 검찰공무원에게 가장 필요한 덕목은?

013. 친고죄는 고소가 없어도 수사가 가능한지? 그 취지는?

014. 절도범이 백화점을 털었는데 자백을 하지 않는 경우 어떻게 자백을 받아낼 것인지?

015. 자신이 검찰공무원이 되어야 하는 이유를 설명하시오.

016. 검사의 현형법상 지위에 대해 이야기하시오.

017. 면소판결의 사유에 대해서 설명하시오.

018. 미란다 법칙이란 무엇인지?

019. 증거능력과 증명력의 차이점은 무엇인지?

020. 피의사실공표죄란 무엇인지?

021. 형벌불소급의 원칙이란 무엇인가?

022. 확신범이란 무엇을 의미하는지?

023. 검찰직으로 근무를 하면 주변의 청탁을 받을 수 있는데 어떻게 대처하겠는가?

024. 사형제 폐지에 대한 개인적인 의견은?

025. 검찰조직내에서 다른 공무원의 위법행위를 인지한 경우 어떻게 대처하겠는가?

026. 국민의 형사재판참여제에서는 배심제를 채택하고 있는데 배심제에 대한 자신의 의견은?

027. 검찰에 대한 국민적 불신이 많은 상황에서 신뢰를 회복할 수 있는 방법은?

028. 강제처분으로부터의 인권보장을 위한 사전적 구제 방법은?

029. 공정한 업무수행이 본인에게 불리한 경우 어떻게 대처하겠는지?

030. 검찰의 정치적 중립성에 대해서 설명하시오.

6. 실전예제 6회(관세직)

001. 일이 힘들고 야근이 많은데 잘 적응할 수 있는지?

002. 상사와 계속 갈등이 생긴다면 어떻게 대처할 것인지?

003. 자신의 생활신조나 좌우명이 있다면 무엇인지?

004. 본인은 리더십이 있다고 생각하는지? 리더와 참모 중 선호하는 것은?

005. 관세직에 지원하게 된 이유는?

006. 해외에서 입국시 외화신고제도에 대해서 설명해 보시오.

007. FTA와 세관의 역할을 설명하세요.

008. 왜 농민들이 FTA를 반대하는지 이야기해 보시오.

009. 관세직 공무원에게 요구되는 공무원의 요건은?

010. 사문화(死文化)된 규정이 있는데 국민을 위해서 이를 적용할 수 있는지?

011. 관세의 중요성을 이야기하시오.

012. 봉사활동경험이 있다면 이야기하시오. 봉사활동 후 본인의 마음은?

013. 영어를 비롯한 외국어를 잘 구사하는지?

014. 자신이 관세공무원이 되어야 하는 이유를 설명하시오.

015. 여행객이 면세범위를 초과하는 금액의 물품을 가지고 입국시 세금을 추가로 부과해야 되는데 어떻게 대처할 것인지?

016. 남에게 신뢰를 주기 위해서 노력해야 하는 것은 무엇인지?

017. 세관의 경우 2~3교대 근무가 많은데 이러한 근무형태에 대해 잘 적응할 수 있는지?

018. 공무원의 부패에 대해서 이야기해 보시오.

019. 세관은 어떤 일을 하는지 간략하게 설명하시오.

020. 시간을 내서 휴가를 가려고 하는데 출발 당일 해결해야 할 일이 생긴다면 어떻게 대처할 것인지?

021. 일을 잘하지만 불성실한 사람과 성실하지만 일을 잘 못하는 사람 중에서 어떤 사람을 택하겠는가?

022. 만일 지방으로 발령이 난다면 어떻게 대처하겠는가?

023. 공무원으로서 업무수행 중 예기치 못한 과오를 범했을 때 어떻게 대응하겠는가?

024. 해군, 해경 및 관세청간의 세력다툼에 대해서 어떻게 생각하는지? 문제해결방은 무엇인지?

025. 원산지 확인절차에 대해서 설명해보시오.

026. 관세공무원으로서 세수확보를 위한 방안에는 어떤 것이 있는지 설명해 보시오.

027. 관세청이 정부 3.0을 달성하기 위해 필요한 사항은 무엇이 있는지?

028. 세관에 근무시 지인이 규정을 위반하여 외화, 물품을 입국시 가져올 경우 어떻게 대처할 것인지?

029. 세관에서 근무시 예상되는 어려움은 무엇인지?

030. 면접관에게 마지막으로 하고 싶은 말은?

7. 실전예제 7회(출입국관리직)

001. 스트레스는 어떻게 해소하는지?

002. 리더로서 필요한 덕목은 무엇인지?

003. 본인이 면접관이라면 제일 먼저 하고 싶은 질문은 무엇인지?

004. 본인이 살아오면서 가장 기억에 남는 일과 후회되는 일은?

005. 면접경험이 있는지? 있다면 어떤 면접을 보았는지?

006. 인천공항의 장·단점은?

007. E2 비자발급에 대해서 알고 있는지?

008. 원어민 영어강사의 무분별한 채용실태에 대한 의견?

009. 출입국 거부사례에 대해서 예를 들어 설명해보시오.

010. 불법체류 외국인의 귀국이 필요한 이유는?

011. 외국인에 대한 입국심사는 무엇인지?

012. 산업연수제도에 대해서 알고 있는지?

013. 재외국민과 외국국적동포의 차이점은 무엇인지?

014. 출국금지에 대해서 설명해보시오.

015. 난민문제해결에 대한 개인적인 견해는?

016. 남북한 왕래가 가능한 곳을 말해보시오.

017. 불법체류자를 줄일 수 있는 방안은 무엇인지?

018. 출입국관리공무원의 직무는?

019. 출입국관리직 공무원이 갖춰야 할 덕목은 무엇인지?

020. 전공과 다른 출입국관리직을 택한 이유는?

021. 출입국관리직에 지원한 동기를 영어로 간단히 말해보시오.

022. 개인의 출입국 내역은 타인에게 알려줄 수 없는데 지인으로부터 요청을 받는다면 어떻게 대응할 것인지?

023. 선진국과 후진국의 입국자를 동등하게 대우할 수 있는지?

024. 출입국관리직 공무원으로서 자신의 능력발전을 위해 해야 할 일은 무엇인지?

025. 우리나라의 다문화정책에 대해서 어떻게 생각하는지?

026. 우리나라 출입국관리 정책의 문제점은 무엇인지?

027. 이민자들의 확대에 대한 출입국정책의 방향을 말해보시오.

028. 대한민국 여권에 대해서 느낀 점은?

029. 출입국관리 민원 중에 가장 힘든 것은 무엇이라고 생각하는지?

030. 출입국관리직 공무원이 되면 어떤 각오로 업무에 임할 것인지?

8. 실전예제 8회(교정직/보호관찰직)

001. 이번 면접에서 불합격이 된다면?

002. 지금 하고 있는 자기 계발이 있는지?

003. 사람들과 갈등관계에 있다면 어떻게 해결할 것인지?

004. 자신을 표현할 수 있는 단어는?

005. 이제까지 살면서 좌절해 본 적이 있는지?

006. 수용자들이 고소를 하거나 진정을 한다면 어떻게 대처할 것인지?

007. 도주자가 발생했는데 아직 못 잡은 경우 이런 일이 발생한 원인과 대책은?

008. 우리나라 사형제도의 합헌성에 대해 이야기해보시오.

009. 개방형교도소 설립목적은 무엇인지?

010. 변호인과 미결수용자의 접견은 제한이 가능한지?

011. 행형법의 목적은 무엇인지?

012. 석방의 종류에 대해서 말해보시오.

013. 교도관의 임무에 대해서 이야기해보시오.

014. 수용자가 소지가 금지된 물품을 가지고 있는 것을 발견시 어떻게 대처하겠는가?

015. 교정직/보호관찰직을 선택한 이유는?

016. 교도소와 구치소의 차이점은 무엇인지?

017. 교정교화란 무엇이라고 생각하는지?

018. 반인륜적 강력범죄의 발생이 교정정책실패의 원인이라는 주장에 대해서 어떻게 생각하는지?

019. 수용자의 인권보장과 엄정한 법질서 집행 사이의 가치대립을 어떻게 극복해야 하는지?

020. 갱생보호제도란 무엇인지?

021. 보호관찰제도의 유형에 대해 말해보시오.

022. 선고유예의 형사정책적 의의를 설명해 보시오.

023. 소년보호의 원칙에 대해서 말해보시오.

024. 혼거제의 폐해를 제거하기 위한 방안을 설명하시오.

025. 만약에 야간에 혼자 근무시 어떤 수용자가 자해를 한다면 어떻게 대처하겠는가?

026. 가정폭력범에 대한 보호관찰은 어떻게 해야 하는지?

027. 보호관찰은 재범방지가 목적인데 계속 재범하는 범죄자는 어떻게 대처하겠는가?

028. 교정직/보호관찰직 공무원으로 필요한 덕목은 무엇인지?

029. 자신의 장점과 보호관찰업무를 연결하여 설명해 보시오.

030. 마지막으로 면접관에게 하고 싶은 말은?

9. 실전예제 9회(기술직)

001. 타인과 의견충돌 시 어떻게 해결하겠는가?

002. 최근 화를 낸 적이 있는지? 화를 내었다면 그 이유는?

003. 학창시절에 어떤 분야를 중심으로 공부를 했는지?

004. 기술직을 선택한 이유는 무엇인지?

005. 기술직 공무원이 창조경제 활성화에 어떻게 기여할 수 있는지?

006. 대형건축물 발주방법은 무엇인지?

007. 공동주택의 종류에 대해서 설명해 보시오.

008. 법률검토 종료 후 건축물 허가를 내주었는데 민원이 제기된다면 어떻게 해결할 것인지?

009. 용적률과 건폐율의 차이점은 무엇인지?

010. 새집증후군은 무엇이고 이를 해결할 방안은?

011. 대수주기안테나란 무엇인지?

012. 쿨롱의 법칙을 설명하시오.

013. 전산관련 자격증을 보유하고 있는지?

014. 전송기술직이 하는 일은 무엇인지?

015. 유비쿼터스의 정의와 장점은 무엇인지?

016. 아날로그와 디지털의 차이점은?

017. 정보통신기술이 창조경제발전을 위해 어떠한 역할을 할 수 있는지?

018. 정보통신기술 발전과 보안문제의 조화에 대해서 설명해 보시오.

019. 조직 내 기술직과 행정직의 조화를 위해서 필요한 것은?

020. 조직에서 필요한 기술직 공무원의 덕목은 무엇인지?

10. 실전예제 10회(공통)

001. 공무원 시험을 준비한 것은 언제부터이고 어떤 이유로 준비를 했는지?

002. 공무원이 되기 위해 본인이 특별히 노력한 점은 있는지?

003. 본인이 희망하는 근무부처는?

004. 여성과 일에 대한 본인의 생각은 어떠한지?

005. 본인의 장단점에 대해서 간략하게 설명하세요.

006. 살아오면서 가장 기뻤던 순간과 슬펐던 순간을 말해보세요.

007. 본인의 전공은 무엇이고 전공을 선택한 이유는 무엇인지?

008. 학창시절 동아리 활동을 한 적 있는지? 어떤 활동을 했는지 설명해 보세요.

009. 자신의 인생지표가 되는 사람이 있다면 소개해 보세요.

010. 공직에 임용 후 10년 뒤 자신의 모습은 어떤지 이야기하시오.

011. 오늘 아침에 읽은 신문 기사 중 생각나는 것을 말해보세요.

012. 당신은 전통찻집과 프랜차이즈 커피숍 중 어디를 선호하는가?

013. 최근에 본 영화나 읽은 책을 말씀해 보세요.

014. 당장 로또에 당첨이 된다면 어떻게 할 건지?

015. 자신이 취득한 자격증이 있는지?

016. 바람직한 공무원상은 무엇인지?

017. 본인이 생각하는 공직관을 설명해 보세요.

018. 잘하는 외국어가 있는지?

019. 지방으로 발령이 날 경우 어떻게 대처할 것인지?

020. 공무원보다 더 좋은 직장이 있다면 이직할 생각이 있는지?

021. 공무원으로서 가장 중요시하는 가치는 무엇인지?

022. 원만한 대인관계를 위해 필요한 사항은 무엇인지?

023. 졸업 후 합격하기 전에 다른 직장에서 근무한 적이 있는지?

024. 시간외 근무에 대해서 어떻게 생각하는지?

025. 공직자로서의 보람은 무엇인지?

026. 공무원에 대한 국민들의 비판적 시각에 대해 어떻게 생각하는지?

027. 우리 사회에서 가장 시급하게 해결해야 할 사회적 과제는 무엇인지?

028. 공무원의 부패 방지를 위해 필요한 것은?

029. 우리가 계승·발전시켜야 할 전통 가치는 무엇이 있는지?

030. 필기시험 합격시 소감은?

031. 발령시까지 시간적 여유가 있다면 무엇을 하고 싶은지?

032. 사회봉사활동을 해본 적이 있는지?

033. 만일 면접시험에 떨어지면 계속 도전을 할 것인지?

034. 육아와 일에 대한 개인적인 의견은?

035. 휴일근무, 출장이 잦은 보직을 받는 경우 어떻게 대처할 것인지?

036. 직장 내 성희롱에 대해서 어떤 생각을 갖고 있는지?

037. 공직생활과 개인생활에서 어느 것이 더 중요한지?

038. 직장 내 남녀평등에 대해 개인적인 의견은?

039. 직장 내 바람직한 회식문화에 대해 설명해 보시오.

040. 공무원은 국민의 봉사자라는 말에 대한 개인적인 생각을 이야기하시오.

2 서울시 경기도 / 인천시, 부산시, 대구시, 경북, 경남 등의 지방직

1 모의면접 진행

① 1명의 지원자, 3명의 면접관, 2명의 참관인으로 역할을 나누자.

지원자	실전처럼 임하자.
주면접관	면접을 주도하는 역할. 가운데 자리에 위치
부면접관 1	지원자를 압박하는 역할
부면접관 2	지원자를 배려해 주는 역할
참관인 1	지원자가 말하는 태도, 잘못된 자세 등을 메모
참관인 2	면접관의 질문 메모, 시간 체크(알람을 꼭 맞춰 줄 것)

② 순번을 정하여 각각 6명의 역할을 모두 경험하자.

③ 보통 15~20분 간 모의 면접을 진행하고 지원자가 고쳐야 할 점, 잘못된 태도 등 의견을 교환하는 피드백을 20분 정도 진행한다. 처음에는 각자 지적하고 고쳐야 할 사항이 많기 때문에 피드백 시간이 많이 걸린다. 모의 면접을 한두 차례 진행할수록 피드백 시간은 줄어든다. 시간이 많이 걸리더라도 피드백은 충실히 해야 한다. 다른 사람의 실수를 타산지석으로 삼아 배우는 부분이 많기 때문에 피드백은 중요하다.

④ 모의 면접 진행 횟수가 어느 정도 되었을 때, 최종 점검을 위해 디지털 카메라 등으로 촬영하여 자신의 모습을 보고 스스로 고치는 것이 중요하다. 다른 사람이 미처 보지 못한 잘못을 찾아 고치도록 하자.

⑤ 최종 점검을 위해 다른 면접스터디와 조인트 면접을 진행하기도 한다. 익숙한 스터디원이 아닌, 낯선 스터디원들 앞에서 면접을 진행하기 때문에 긴장을 배가시킬 수 있다. 이러한 조인트 면접이 장점도 있지만, 정보 누출 등의 우려가 있으므로 신중하게 생각하여 진행하도록 하자.

2 실전예제(6회)

실전예제 1회

001. 자기소개와 지원동기를 3분 내로 말해보라

002. 지금 너에게 만원이 있다고 가정하고, 하루 만에 만원을 더 불릴 방법은?

003. 본인은 청렴한 인물인가? 맞다면 구체적인 사례를 제시하여 이야기하라.

004. 공공장소에 흡연자에게 과태료를 부과하는 것이 과연 타당한가?

　　　그렇다면 공공장소에서 흡연율을 떨어뜨리기 위해서 어떻게 해야 할까?

005. 일이 많아서 한 주 내내 야근한다면 어떻게 하겠느냐 할 수 있느냐?

006. 현재 세금이 낭비되고 있다고 생각되는 행정이나 정책을 말해보라.

007. ○○시의 장, 단점을 말해보라. <지방직 문제>

　　　○○시가 단점을 극복할 방안에 대해 말해보라.

　　　앞으로 ○○시가 나아가야 할 방향은 무엇이라 생각하는가?

008. 직장 생활 중 동료나 상사와의 갈등이 생긴다면 어떻게 해결할 것인가?

009. 업무 중 잘 모르는 업무를 맡게 된다면 어떻게 처리할 것인가?

010. 저출산 현상이 심각한데 본인이 생각하는 그 원인은?

　　　저출산을 극복하려면 어떠한 정책이 필요할까?

011. 봉사활동을 하면서 무엇을 느꼈는가?

012. 마지막으로 하고 싶은 말이 있으면 해보라.

실전예제 2회

001. 자기소개를 해보라.

002. 전공이 무엇인가?

전공이 ○○인데 공직에 지원한 이유는?

003. 봉사활동 경험에 대해 말해보라.

공직에 들어온 뒤에도 봉사활동을 계속할 마음이 있나?

주말에 갑자기 생긴 업무와 봉사활동 일정이 겹친다면?

004. 본인만의 경쟁력 3개를 들어보라.

005. 본인이 전문성을 발휘해서 일을 처리해 본 경험이 있는가?

006. 바람직한 공무원 상은 무엇인가?

007. 10년 혹은 20년 뒤의 본인의 모습을 상상해 본다면?

008. 위법하지는 않지만 부당한 일을 민원인이 요구해 온다면?

009. 공직에 들어온 뒤 회식을 하게 되었고, 본인이 회식비를 관리하게 되었는데 회식이 끝난 후 식당 주인이 돈을 받지 않겠다고 한다면?

010. ○○씨는 나이가 많은데(or 어린데) 공직 생활을 하는 데 문제점이 많지 않을까?

011. 조직 내에서 서로 협조가 필요한 업무를 수행할 때 다른 의견이 많다면 어떻게 조정해야 할까?

012. 주위 사람은 평소 ○○씨를 어떻게 평가하는 편입니까?

013. 상사가 본인에게 부적절한 명령을 내린다면 어떻게 할 것인가?

014. 마지막으로 면접관들에게 하고 싶은 말이 있다면?

실전예제 3회

001. 면접장까지 어떻게 왔나?

002. 자기소개(2분)

003. 본인 성격의 장점, 단점?

004. 본인이 생각하는 공무원의 기본자세 3가지?

005. 공직에 입문하면, 어떤 일을 하고 싶나?

006. 본인이 원하는 부서의 전문성이나 노하우를 가지고 있는가?

007. 만약 원하지 않는 부서에 간다면 어떻게 할 것인가?

008. 조직 생활을 하다 보면 갈등이 발생할 수 있다. 어떻게 대처하겠는가?

009. '마을공동체사업'이라고 들어 봤나?

010. 어떤 상사를 만나고 싶은가?

011. 본인이 면접관이라면 묻고 싶은 질문 3가지?

012. 무인도에 간다면 가져가고 싶은 것 3가지?

013. 시험 때문에 봉사활동을 한 것은 아닌가?

014. 봉사자 수를 늘릴 수 있는 방안?

015. 마지막으로 하고 싶은 말?

실전예제 4회

001. 본인을 한마디로 소개한다면?

002. 면접 대기 시간에 어떤 생각을 했나?

003. 요즘 면접 학원을 다닌다는데, 면접 준비는 어떻게 했나?

004. 본인은 일을 할 때, 주도하는 편인가, 따르는 편인가?

005. 본인이 살고 있는 고장에 대해 간단히 설명해 보면?

006. 결혼생활과 직장생활을 어떻게 병행하겠나?

007. 남성의 혹은 여성의 육아휴직에 대해서 어떻게 생각하나?

008. '희망온돌' 사업에 대해서 알고 있나?

009. 본인은 '원칙'과 '융통성' 둘 중 어떤 것을 중요시하는가?

010. 왜 당신을 뽑아야 하는지 말해보라.

011. 존경하는 사람?

012. 본인만의 조직생활 잘하는 노하우?

013. 계장님과 과장님이 동시에 다른 일을 시켰을 때 어떻게 하겠는가?

014. 10년, 20년 뒤의 본인의 모습은?

015. 마지막으로 하고 싶은 말?

실전예제 5회

001. 자기소개를 해보세요.

002. 왜 국가직/지방직에 지원하였습니까?

003. 자신이 꼭 뽑혀야 하는 이유를 말해보세요?

004. 어느 부서에서 일하고 싶습니까?

    원하는 부서에 배치되지 않는다면 어떻게 하겠습니까?

005. 감명 깊게 읽은 책을 말해보세요.

006. 니트족이 무엇인지 말해보세요.

007. 전공이 무엇입니까?

    자신의 전공을 공직에서 어떻게 활용하겠습니까?

008. 최근 들어 다문화가정이 급증하고 있는데 이에 따른 문제점과 대책을 말해보세요.

009. 리더십을 발휘해 본 경험이 있습니까?

010. 공무원으로서 청렴성과 전문성 중 어느 것이 더 중요하다고 생각하는가?

011. 끝으로 하고 싶은 말 있으면 해보세요.

실전예제 6회

001. 자기소개 해보세요.

002. 좌우명이나 생활신조가 있으면 말해보시오.

003. 본인이 정직하다고 생각합니까?

004. 일본의 독도 영유권 주장에 대해서 어떻게 생각합니까?

    영유권 주장에 대해서 어떻게 대처해야 합니까?

005. 상사가 위법하지는 않지만 부당한 지시를 내릴 경우 어떻게 하겠습니까?

006. 다른 사람을 설득해 본 적이 있습니까?

007. 공무원 월급이 적은데 어떻게 생활하겠습니까?

008. 주위 사람들이 자신을 어떻게 평가합니까?

    자신이 그러한 평가를 받은 이유가 뭐라고 생각합니까?

009. 살아오면서 가장 힘들었던 때는 언제인가요?

010. 공무원에게 필요한 덕목이 무엇이라 생각합니까?

011. 우리나라를 외국에 홍보할 수 있는 방안은 무엇이 있을까요?

012. 자신에게 가장 소중한 것은 무엇입니까?

013. 마지막으로 하고 싶은 말 해보세요.

CHAPTER 09 사전조사서(형식대로 작성할 것)

☑ 대구시는 14줄을 준다(반 소괄호마다 한 줄씩 띄워도 괜찮다).

1 2025년 대구시 지방직

1 대구시 인구 감소 해결 방안?
2 지역 경제 활성화 방안?
3 대구시 관광 활성화 방안?

2 2024년 대구시 지방직

1 대구·경북 통합 성공방안?
2 남을 위해서 희생한 사례?

3 2023 대구시 지방직(1개 주제 출제)

1 기후위기에 대한 정책을 제시하시오.
2 복지사각지대 해결 방안?
3 동성로 축제 활성화 방안?

4 2022 대구시 지방직

1 창의적으로 해결했던 경험?
2 대구지역에 기업유치 방안?
3 대구시 행정에 인공지능 활용 가능한 부분과 불가능한 부분?
4 대구시 청사 이전 시 현재 시청 자리와 별관 자리를 어떻게 창의적으로 활용할 것인지?

5 2021 대구시 지방직

1 원탁시민회의 주제로 선정되어야 할 문제와 그 이유
2 살면서 지적받았던 점과 그것을 고치기 위한 노력

6 2020 대구시 지방직

1 대구경북통합신공항 이전에 대한 방안?

2 가장 보람을 느낀 일?

7 2018 대구시 지방직

1 일명 <대프리카>라 불리는 대구인데 대구의 더위를 이용한 여름 축제는 무엇이 있는가?

2 공직자에게 필요한 가치는 무엇이 있는가? 공무원들은 어떤 자세로 일해야 하는지?

8 2017.8.30. 대구시 9급

1 대구시 하반기 추가 채용에 대해 어떻게 생각하나?

형식

1) 제목(제목은 무조건 1번밖에 없으니 줄을 채우기 위해 붙임표를 쓰고 아래에 작성하라)

　-

2) 현황

　①

3) 생각

　①

4) 영향

　①

2 갈등해결사례

형식

1) 제목

　-

2) 시기

　-

3) 내용

　①

4) 결과('영향'이라는 단어와 차이가 없다.)

　①

9 2025 국가직 일반 행정직

1 상황 제시형 문제

① 악성 민원인 대응 방안

② 상사가 규정에 맞지 않는 업무처리를 지시한 경우 대응 방안?

③ 규정상 처리가 불가능하지만 시민들이 처리해달라고 하는 경우 어떻게 해결할 것인가?

10 2024 국가직 일반행정직

1 상황 제시형 문제

① 저출산 해결방안

② 고령화 문제점과 해결방안

③ 청년고용방안

11 2023 국가직 일반행정직

1 상황 제시형 문제

① MZ세대 공무원 이직에 대한 해결 방안?

② 본인이 중앙부처 쓰레기 매립장 담당 주무관이다. 주민 A 집단은 쓰레기 매립장 설치를 반대하고 B 집단 주민은 보조금 혜택 등을 이유로 찬성하고 있다. 해결 방안은?

12 2022 국가직

1 상황 제시형 문제

① 상사의 갑질 시 대처 방안? (고용노동부 등)

② 본인은 A 기업 지원 담당 공무원이다. A 기업에 담당 부처의 퇴직 공무원이 정책 자금을 신청한 경우에 공정성 확보 방안은? (행정직)

③ 귀하가 청년 정책 주무관이다. 청년 고용정책 성공방안은? (행정직·특수 직렬)

④ 우체국의 지역 상품권 할인 판매로 인한 대기 시간 불만이 증가하였다. 이에 대한 해결 방안은? (우정직)

13 2021 국가직 일반행정직 9급

1 제시문을 읽고 도출해 낸 공직가치를 기술하시오.

2 인구감소로 인한 지역통폐합으로 인하여 일부 지역주민들이 불편을 호소하고 있다. 그 대책은?

14 2017. 국가직 세무 9급

1 지원동기가 무엇인가? 관심 있는 부처(기관)가 어디인지, 이를 위해 본인이 한 노력, 또 전문성을 기르기 위해 본인이 한 활동(아르바이트, 수업, 관련기관 일 모두 자세히)

형식

1) 제목(여기에 관심 있는 부처를 적으면 되겠죠? 例 버스운영과에 들어가기 위한 노력

-

2) 시기(아르바이트, 수업, 관련기관 일을 한 시기를 적으세요)

-

3) 내용

①

4) 결과('영향'이라는 단어와 차이가 없다.)

①

2 상황 제시형 문제

당신은 A세무서에 근무하고 있다. B에게 여러 번 독촉을 해도 세금을 납부하지 않아서 압류를 하려고 하는데 B에겐 압류할 만한 재산이 C에 대한 매출채권 하나뿐이다. 그런데 C에 대한 매출 채권을 압류하면 C와의 거래가 끊어져 B의 경영에 큰 타격을 입힐 수 있는 상황이다. 본인은 어떻게 하겠는가?

형식

1) 제목

-

2) 내용(어떻게 할 것인지 작성)

①

3) 결과('영향'이라는 단어와 차이가 없다.)

①

15 2017년 대구시 일반행정

1 지방분권에 대한 생각과 그에 필요한 노력

형식

1) 제목

-

2) 현황(문제점 및 원인)

-

3) 대책

    ①

4) 결과('영향'이라는 단어와 차이가 없다.)

    ①

2 관공서 방문 경험(좋았던 경험 또는 불쾌했던 경험)

형식

1) 제목

    -

2) 시기(방문 경험 시기)

    -

3) 좋았던 점

    ①

4) 불쾌했던 점

    ①

5) 불쾌했던 점에 대한 해결방안(or 좋았던 점을 촉진하는 방법)

    ①

16 2017년 대구시 건축직

1 공관병, 항공사 등 갑질에 대한 의견은? 이 경우 공무원으로서 어떻게 조치할 것인가?

형식

1) 제목

    -

2) 문제점에 대한 생각(일반론적 도덕관념을 말씀하셔도 될 겁니다. 문제점의 사례를 쓰시면 더욱 좋겠고요.)

    ①

3) 해결 방안

    ①

4) 결과('영향'이라는 단어와 차이가 없다.)

    ①

2 자신의 장점이 무엇이며, 그 장점을 실제로 활용한 경험은?

형식

1) 제목

    -

2) 장점

    -

3) 활용 경험

    a. 시기:

    b. 경험:

4) 결과('영향'이라는 단어와 차이가 없다.)

    ①

17 2017년 대구시 일반행정

1 주제: 최저임금 인상에 대한 의견

형식

1) 제목

    -

2) 현황(최저임금인상으로 인한 장점 or 단점)

    a.

3) 대책(장점일 경우 '촉진방안')

    a.

4) 결과('영향'이라는 단어와 차이가 없다.)

    a.

2 주제: 스스로의 발전을 위해 꾸준히 하고 있는 일

형식

1) 제목(=목표. '~가 되자!' 등으로 작성)

    -

2) 노력(=꾸준히 하고 있는 일)

    a.

3) 결과('영향'이라는 단어와 차이가 없다.) -

    ☑ '~한 사람이 될 것이다.', '~를 해내겠다.' 등으로 마무리

    a.

1 주제: CCTV 설치에 대해 범죄예방의 공익과 사생활 침해라는 사익이 충돌할 때 본인이라면 어떻게 할 것인가?(설치할지 말지, 그에 대한 이유)

형식

1) 제목

 -

2) 대책

 a.

3) 결과('영향'이라는 단어와 차이가 없다.)

 a.

2 주제: 본인이 지원하는 부처나 부서에 대해 말하고, 이를 위해 본인이 했던 교내외 활동에 대해 기술하라.

형식

1) 제목

 -

2) 지원하는 부처

 a.

3) 교내외 활동 경험

 a.

4) 기타

 a.

3 주제: 본인은 A과에 근무 중인데 피로도가 높은 상태에서 B과에서 새로운 업무를 담당해 달라는 요청을 받았다. 알고 보니 이것은 C과의 업무인데, 본인이 할 시 A과 업무 재조정이 필요하고 이를 방치할 때 A과와 C과 직원 사이의 갈등이 예상된다. 이때 본인은 어떻게 대처할 것인가?

형식

1) 제목

 -

2) 행동(어떻게 할지에 대해 적으시오)

 a.

3) 이유(행동에 대한 이유)

 a.

4) 결과(행동에 대한 결과)

 a.

19 소방간부후보생 면접 참고 자료

1 주제: 인간의 행복과 경제성장은 상호보완적인가, 상호배타적인가?

형식

1) 제목

-

2) 시기

-

3) 내용

①

4) 결과('영향'이라는 단어와 차이가 없다.)

①

20 실제 작성 사례(자기소개서)

1 리더십 사례

- 제목: 신입의 잘못에 대한 책임을 지다
- 시기: 2022년 9월 ~ 2024년 9월, 부산소방본부 사회복무요원 근무시기
- 내용: 저는 2022년 9월부터 2024년 9월까지 부산소방본부 방호예방과에서 사회복무요원으로 근무했었습니다. 사회복무요원은 기본적으로 위계질서가 없지만, 신입이 들어오면 적응을 돕기 위해 가장 고참이 일주일간 같이 다니면서 여러 업무를 교육하는 문화가 있었습니다. 당시 가장 고참이었던 저는 새로 들어온 신입과 일주일간 같이 다니고 있었는데, 당시에 소방공무원 채용시험장에 가서 교실을 정리하고 표지판을 설치하는 업무를 맡았습니다. 저는 신입도 업무를 배워야 하니 간단한 교육 후 2~3개의 교실을 맡겼고, 동료들과 몇 개의 층을 정리하고 신입이 작업을 완료했다는 말을 듣고, 제대로 확인하지 않은 채, 당시 담당자분께 작업을 완료했다고 보고드렸습니다. 담당자분께서 전 층을 확인하시고는 제대로 안 된 부분이 있었고, 저에게 그 책임을 물었습니다. 알고 보니 신입의 교실에서 미숙한 부분이 있었습니다. 저는 담당자분께 꼼꼼히 확인하지 못했다고 사과드렸고, 나중에 신입에게 따로 괜찮다고 말하고, 또 미안하다고 사과했습니다. 제가 신입에게 사과했던 이유는 저에게는 익숙한 업무지만 처음 하는 사람에게는 어렵게 느껴질 수도 있는데, 신입을 배려하지 않고 꼼꼼히 확인하지 못한 사실을 반성했습니다. 팀의 리더는 팀원에게 지시한 일도 자신의 일처럼 신경써야 하고, 그 일에 책임을 져야 한다는 것을 배웠습니다. 이때의 일 이후에 동료공익과의 신뢰가 돈독해져 협동해서 처리할 업무가 있을 때 효율적으로 잘 처리했습니다. 제가 공직자가 되어 팀을 이끄는 리더가 된다면 그때의 경험을 토대로 리더의 역할을 잘 수행할 수 있을 것 같습니다.

2 성실함 사례

- 제목: 홈플러스 아르바이트 경험
- 시기: 2024년 2월 ~ 2025년 6월 주말
- 내용: 저는 저에게 일이 주어지면 제 역할을 충실히 하려고 노력했습니다. 아르바이트를 할 때 그날 처리해야 할 일이 있다면 정규근무시간이 지나도 끝까지 남아서 제 역할을 책임감 있게 수행했습니다. 2024년 9월경, 홈플러스 주차장에서 아르바이트를 할 때, 차를 수신호로 안내하는 일을 맡은 적이 있습니다. 명절에는 차가 폭주하여 직원이 항상 상주해야 되는 상황이어서 근무시간이 제대로 지켜지지 않았습니다. 동료들은 근무시간이 지나면 경제적 보수가 나오지 않는다며 긴급한 상황에도 퇴근했습니다. 저는 제가 없으면 주차장이 대혼란에 빠질 것을 알고 상황이 완화될 때까지 제자리를 끝까지 지켰습니다. 공직자에게 성실함은 자기가 맡은 책무에 책임감을 가지는 것이라고 생각합니다. 제가 우정행정직 공무원이 된다면 과거의 제 경험처럼 저의 역할에 최선을 다하겠습니다.

21 토론을 잘하는 10계명

1) 상대방 의견을 경청

2) 결론부터 말하는 두괄식 화법

3) 주어진 자료에 충실할 것

4) 모두발언-현황-순기능-역기능- 대안 순으로 제시

....
....
....
....

5) 데이터 증시: 통계지수를 제시할 것

....
....
....
....

6) 정부나 지방자치단체의 주요정책에 대한 긍정적인 면을 되도록 적극 부각할 것

....
....
....
....

7) 경험한 사례 등을 제시할 것

....
....
....
....

8) 다양한 사례를 제시할 것 (예를 들면 대학시절 사례인 경우 학업사례와 봉사사례 등)

....
....
....
....

9) 상대방 토론자를 비판하지 막로 자기의 주장을 차분하게 제시할 것

....
....
....
....

10) 선택과 집중할 것

....
....
....
....

22 토론 시 주의사항 10계명

1) 과유불급: 발언 시작이나 횟수를 적절하게 사용할 것

....
....
....
....

2) 정부나 지방자치단체 정책을 지나치게 비판하지 말고 문제 있는 정책인 경우에는 대안 제시 로 할 것

....
....
....
....

3) 오래된 통계자료를 사용하지 말 것

....
....
....
....

4) 비속어나 은어 등은 사용하지 말 것

....
....
....
....

5) 토론 시에 사회자에게 동의를 얻고 보충 발언할 것

....

....

....

....

6) 주어진 시간을 초과하지 말 것

....

....

....

....

7) 지나친 손동작을 하지 말 것

....

....

....

....

8) 실수는 누구나 가능: 잘못 발언한 경우에 반드시 정정할 것

....

....

....

....

9) 수동적이고 소극적인 인상을 주지 말 것

....

....

....

....

10) 상대방을 비하하는 발언을 삼가 할 것

....

....

....

....

CHAPTER 10 토의

💬 형식에 맞게 적고 토론하십시오.

1 2018 국가직 7급 면접

☑ 2019, 2020, 2021, 2022, 2023년은 코로나 이후 집단토론은 미실시

▌토의 주제

1 규제완화 프리존 도입 찬성/반대

형식

1) 모두발언(10초)

  -

2) 1차 토의(현황 및 원인)

  -

3) 2차 토의(대책)

- 정부적 측면-소통적 측면, 입법적 측면, 재정적 측면 (1~2개 선택하고 집중하시오.)

  첫째

  둘째

  셋째

- 시민적 측면

  첫째

  둘째

2 특수 범죄자 얼굴 공개여부

형식

1) 모두발언(10초)

  -

2) 1차 토의(현황 및 원인)

  -

3) 2차 토의(대책)

- 정부적 측면-소통적 측면, 입법적 측면, 재정적 측면 (1~2개 선택하고 집중하시오.)

첫째

둘째

셋째

- 시민적 측면

첫째

둘째

3 난민 수용 찬성/반대

형식

1) 모두발언(10초)

 -

2) 1차 토의(현황 및 원인)

 -

3) 2차 토의(대책)

- 정부적 측면-소통적 측면, 입법적 측면, 재정적 측면 (1~2개 선택하고 집중하시오.)

첫째

둘째

셋째

- 시민적 측면

첫째

둘째

4 낙태죄 폐지 찬성/반대

형식

1) 모두발언(10초)

 -

2) 1차 토의(현황 및 원인)

 -

3) 2차 토의(대책)

- 정부적 측면-소통적 측면, 입법적 측면, 재정적 측면 (1~2개 선택하고 집중하시오.)

첫째

둘째

셋째

• 시민적 측면

첫째

둘째

2 2018 대구광역시 지방직 면접

☑ 2019, 2020, 2021년은 코로나로 인하여 집단토론은 미실시

▎토의 주제: 신천 개발 프로젝트 – 현황과 발전방안

1 신천에서 냄새가 난다는 등 문제점 지적하는 기사

2 신천에 필요한 시설 설문조사

⟨예⟩ 벤치, 화장실 등 편의시설이 높게, 체육시설이 낮게 나옴.

3 신천의 개발 방향은 어떻게 나아가야 하는가?

(안쓰는 체육시설은 없애야 한다, 동편과 서편 간 통행을 쉽게 해야 한다, 자전거 도로 확충, 수중보 철거 등 등)

형식

1) 모두발언(10초)

   -

2) 1차 토의(현황 및 원인)

   -

3) 2차 토의(대책)

• 정부적 측면-소통적 측면, 입법적 측면, 재정적 측면 (1~2개 선택하고 집중하시오.)

첫째

둘째

셋째

• 시민적 측면

첫째

둘째

3 2018 경북 지방직 면접

☑ 2019, 2020, 2021, 2022년은 코로나로 인하여 집단토론은 미실시

| 토의 주제

1 환동해 제2청사 찬반

형식

1) 모두발언(10초)

-

2) 1차 토의(현황 및 원인)

-

3) 2차 토의(대책)

- 정부적 측면-소통적 측면, 입법적 측면, 재정적 측면 (1~2개 선택하고 집중하시오.)

첫째

둘째

셋째

- 시민적 측면

첫째

둘째

2 해외여행 증가 찬반

형식

1) 모두발언(10초)

-

2) 1차 토의(현황 및 원인)

-

3) 2차 토의(대책)

- 정부적 측면-소통적 측면, 입법적 측면, 재정적 측면 (1~2개 선택하고 집중하시오.)

첫째

둘째

셋째

- 시민적 측면

첫째

둘째

3 남북 평화분위기 조성 찬반

형식

1) 모두발언(10초)

   -

2) 1차 토의(현황 및 원인)

   -

3) 2차 토의(대책)

- 정부적 측면-소통적 측면, 입법적 측면, 재정적 측면 (1~2개 선택하고 집중하시오.)

   첫째

   둘째

   셋째

- 시민적 측면

   첫째

   둘째

4 주 52시간 근무제 찬반

형식

1) 모두발언(10초)

   -

2) 1차 토의(현황 및 원인)

   -

3) 2차 토의(대책)

- 정부적 측면-소통적 측면, 입법적 측면, 재정적 측면 (1~2개 선택하고 집중하시오.)

   첫째

   둘째

   셋째

- 시민적 측면

   첫째

   둘째

5 회식문화 찬반

형식

1) 모두발언(10초)

   -

2) 1차 토의(현황 및 원인)

-

3) 2차 토의(대책)

- 정부적 측면-소통적 측면, 입법적 측면, 재정적 측면 (1~2개 선택하고 집중하시오.)

첫째

둘째

셋째

- 시민적 측면

첫째

둘째

6 최저임금 인상 찬반

형식

1) 모두발언(10초)

-

2) 1차 토의(현황 및 원인)

-

3) 2차 토의(대책)

- 정부적 측면-소통적 측면, 입법적 측면, 재정적 측면 (1~2개 선택하고 집중하시오.)

첫째

둘째

셋째

- 시민적 측면

첫째

둘째

4 2018 서울시 소방직 면접

| 토의 주제

1 드론을 활용해 소방에서 할 수 있는 방안들을 토의하시오.

형식

1) 모두발언(10초)

-

2) 1차 토의(현황 및 원인)

-

3) 2차 토의(대책)

- 정부적 측면-소통적 측면, 입법적 측면, 재정적 측면 (1~2개 선택하고 집중하시오.)

첫째

둘째

셋째

- 시민적 측면

첫째

둘째

5 2018 하반기 소방직 면접(서울): 집단면접

| 토의 주제

1 종로 고시원 화재의 원인과 대책

① 원인

② 법령과 연관된 대책

③ 내가 화재현장에 있었다면 화재 대처 방법은?

※ 추가질문

① 단독 경보형 감지기를 아는가?

② 소방공무원이 되어야 하는 이유는?

③ 소방분야 중 자기가 해보고 싶은 분야와 그 이유는?

④ 면접 끝나고 가장 먼저 하고 싶은 일은?

형식

1) 모두발언(10초)

-

2) 1차 토의(현황 및 원인)

-

3) 2차 토의(대책)

- 정부적 측면-소통적 측면, 입법적 측면, 재정적 측면 (1~2개 선택하고 집중하시오.)

  첫째

  둘째

  셋째

- 시민적 측면

  첫째

  둘째

2 대구지하철 참사

① 원인은?

② 내가 현장에 있었으면 어떻게 했을 것인가?

형식

1) 모두발언(10초)

-

2) 1차 토의(현황 및 원인)

-

3) 2차 토의(대책)

- 정부적 측면-소통적 측면, 입법적 측면, 재정적 측면 (1~2개 선택하고 집중하시오.)

  첫째

  둘째

  셋째

- 시민적 측면

  첫째

  둘째

3 소방 골든타임 표어 질문, 시민/소방에 요구되는 노력과 방안이 무엇인지?

- 불법주정차 문제 해결한 적이 있는가?

※ 추가질문

- 소방관으로서 어떤 분야에서 일하고 싶은가?

형식

1) 모두발언(10초)

   -

2) 1차 토의(현황 및 원인)

   -

3) 2차 토의(대책)

   • 정부적 측면-소통적 측면, 입법적 측면, 재정적 측면 (1~2개 선택하고 집중하시오.)

   첫째

   둘째

   셋째

   • 시민적 측면

   첫째

   둘째

6 2018 소방직 전북도지역

▎토론주제

1 공무원 정치적 발언에 대한 찬반 토론

토론 참석 수 10명, 1인당 시간 5분 정도, 찬반은 제비뽑기 식으로 결정, 수험번호나 성명 제시는 금지하고 찬성1, 찬성2로 표현해야 한다.

7 2018 전남 소방직 면접

▎토의 주제

1 화재현장에서 협동이 중요한데 협동이 안 되면 어떻게 할 것인가?

형식

1) 모두발언(10초)

   -

2) 1차 토의(현황 및 원인)

-

3) 2차 토의(대책)

- 정부적 측면-소통적 측면, 입법적 측면, 재정적 측면 (1~2개 선택하고 집중하시오.)

  첫째

  둘째

  셋째

- 시민적 측면

  첫째

  둘째

- 기타 주제

  1. 직무유기와 직무태만 차이

  2. 고소와 고발 차이

  3. 소방력 3요소

  4. 소방 신호

  5. 소화기 종류와 색상

8 2018.2.20. 대구시 9급

| 토의 주제

1 고령화 사회 대책 방안

형식

1) 모두발언(10초)

-

2)1차 토의(현황 및 원인)

-

3) 2차 토의(대책)

- 정부적 측면 - 소통적 측면, 입법적 측면, 재정적 측면 (1~2개 선택하고 집중하시오.)

  첫째

  둘째

  셋째

- 시민적 측면

  첫째

  둘째

토의주제

1 스쿨존 사고예방대책

형식

1) 모두발언(10초)

-

2) 1차 토의(현황 및 원인)

-

3) 2차 토의(대책)

• 정부적 측면 - 소통적 측면, 입법적 측면, 재정적 측면 (1~2개 선택하고 집중하시오.)

첫째

둘째

셋째

• 시민적 측면

첫째

둘째

토의주제

1 '4차 산업혁명'으로 인한 일자리 감소에 대한 견해와 스마트팩토리에 대한 찬반형식

1) 모두발언(10초)

-

2) 1차 토의(현황 및 원인)

-

3) 2차 토의(대책)

• 정부적 측면 - 소통적 측면, 입법적 측면, 재정적 측면 (1~2개 선택하고 집중하시오.)

첫째

둘째

셋째

• 시민적 측면

첫째

둘째

11 2018. 경북 면접 : 토론 폐지

▎토의주제

1 급속한 고령화로 인한 지방정부 소멸위기에 대해 토론

형식

1) 모두발언(10초)

-

2) 1차 토의(현황 및 원인)Z

-

3) 2차 토의(대책)

- 정부적 측면 - 소통적 측면, 입법적 측면, 재정적 측면 (1~2개 선택하고 집중하시오.)

첫째

둘째

셋째

- 시민적 측면

첫째

둘째

12 소방간부후보생 면접 참고 자료

▎토의주제

1 동물실험이 인류사회를 풍요롭게 하는가?

형식

1) 모두발언(10초)

-

2) 1차 토의(현황 및 원인)

-

3) 2차 토의(대책)

- 정부적 측면 - 소통적 측면, 입법적 측면, 재정적 측면 (1~2개 선택하고 집중하시오.)

첫째

둘째

셋째

• 시민적 측면

첫째

둘째

2 사기업의 불산가스 누출사고와 같은 사건에서 소방이 대응주체가 되어야 하는가?

형식

1) 모두발언(10초)

  -

2) 1차 토의(현황 및 원인)

3) 2차 토의(대책)

• 정부적 측면 - 소통적 측면, 입법적 측면, 재정적 측면 (1~2개 선택하고 집중하시오.)

첫째

둘째

셋째

• 시민적 측면

첫째

둘째

3 여성소방관 증가에 대한 찬반

형식

1) 모두발언(10초)

  -

2) 1차 토의(현황 및 원인)

  -

3) 2차 토의(대책)

• 정부적 측면 - 소통적 측면, 입법적 측면, 재정적 측면 (1~2개 선택하고 집중하시오.)

첫째

둘째

셋째

• 시민적 측면

첫째

둘째

4 대한민국 오디션 프로그램 난립, 이대로 좋은가?

형식

1) 모두발언(10초)

 -

2) 1차 토의(현황 및 원인)

 -

3) 2차 토의(대책)

• 정부적 측면 - 소통적 측면, 입법적 측면, 재정적 측면 (1~2개 선택하고 집중하시오.)

첫째

둘째

셋째

• 시민적 측면

첫째

둘째

5 의무소방원의 화재현장 배치

형식

1)모두발언(10초)

 -

2) 1차 토의(현황 및 원인)

 -

3) 2차 토의(대책)

• 정부적 측면 - 소통적 측면, 입법적 측면, 재정적 측면 (1~2개 선택하고 집중하시오.)

첫째

둘째

셋째

• 시민적 측면

첫째

둘째

6 반려동물(유기견) 안락사 or 입양

형식

1) 모두발언(10초)

  -

2) 1차 토의(현황 및 원인)

  -

3) 2차 토의(대책)

- 정부적 측면 - 소통적 측면, 입법적 측면, 재정적 측면 (1~2개 선택하고 집중하시오.)

  첫째

  둘째

  셋째

- 시민적 측면

  첫째

  둘째

7 소방, 생활안전 서비스로의 업무 확장 옳은가?

형식

1) 모두발언(10초)

  -

2) 1차 토의(현황 및 원인)

  -

3) 2차 토의(대책)

- 정부적 측면 - 소통적 측면, 입법적 측면, 재정적 측면 (1~2개 선택하고 집중하시오.)

  첫째

  둘째

  셋째

- 시민적 측면

  첫째

  둘째

8 대학생 스펙 쌓기 열풍, 바람직한가?

형식

1) 모두발언(10초)

-

2) 1차 토의(현황 및 원인)

-

3) 2차 토의(대책)

- 정부적 측면 - 소통적 측면, 입법적 측면, 재정적 측면 (1~2개 선택하고 집중하시오.)

첫째

둘째

셋째

- 시민적 측면

첫째

둘째

9 소방업무의 성격, 국가 사무인가? 자치사무인가?

형식

1) 모두발언(10초)

-

2) 1차 토의(현황 및 원인)

-

3) 2차 토의(대책)

- 정부적 측면 - 소통적 측면, 입법적 측면, 재정적 측면 (1~2개 선택하고 집중하시오.)

첫째

둘째

셋째

- 시민적 측면

첫째

둘째

10 대형 기업체에 화재가 발생하였는데, 초기 소방 활동이 미비하였다. 이에 대한 책임이 기업 사장에게 있는가? 관할 소방서장에게 있는가?

형식

1) 모두발언(10초)

　-

2) 1차 토의(현황 및 원인)

　-

3) 2차 토의(대책)

　• 정부적 측면 - 소통적 측면, 입법적 측면, 재정적 측면 (1~2개 선택하고 집중하시오.)

　첫째

　둘째

　셋째

　• 시민적 측면

　첫째

　둘째

11 직계존속과 직계비속의 일방적 고소 문제에 대한 찬반 토론(부모는 자식을 고소 가능한데, 자식은 부모 고소 불가능, 이에 대한 찬반)

형식

1) 모두발언(10초)

　-

2) 1차 토의(현황 및 원인)

　-

3) 2차 토의(대책)

　• 정부적 측면 - 소통적 측면, 입법적 측면, 재정적 측면 (1~2개 선택하고 집중하시오.)

　첫째

　둘째

　셋째

　• 시민적 측면

　첫째

　둘째

12 소방조사를 일반 사법인에 넘기는 것이 효율적인가? 계속 소방공무원이 직접 해야 하는가?

형식

1) 모두발언(10초)

-

2) 1차 토의(현황 및 원인)

-

3) 2차 토의(대책)

• 정부적 측면 - 소통적 측면, 입법적 측면, 재정적 측면 (1~2개 선택하고 집중하시오.)

첫째

둘째

셋째

• 시민적 측면

첫째

둘째

13 스마트폰은 인간을 바보로 만드는가, 천재로 만드는가?

형식

1) 모두발언(10초)

-

2) 1차 토의(현황 및 원인)

-

3) 2차 토의(대책)

• 정부적 측면 - 소통적 측면, 입법적 측면, 재정적 측면 (1~2개 선택하고 집중하시오.)

첫째

둘째

셋째

• 시민적 측면

첫째

둘째

13 국회직 8급

▎토의주제

1 대한민국의 저출산과 고령화 문제의 해결 방안에 대해 논하라.

1) 모두발언(10초)

-

2) 1차 토의(현황 및 원인)

-

3) 2차 토의(대책)
- 정부적 측면 - 소통적 측면, 입법적 측면, 재정적 측면 (1~2개 선택하고 집중하시오.)

  첫째

  둘째

  셋째
- 시민적 측면

  첫째

  둘째

14 2017년 대구시 일반행정 (2018년부터 대구시 토론폐지)

▎토의주제

1 옥상녹지화 사업 활성화 방안

1) 모두발언(10초)

-

2) 1차 토의(현황 및 원인)

-

3) 2차 토의(대책)
- 정부적 측면 - 소통적 측면, 입법적 측면, 재정적 측면 (1~2개 선택하고 집중하시오.)

  첫째

  둘째

  셋째
- 시민적 측면

  첫째

  둘째

15 2017년 대구시 건축직

▎토의주제

1 대구시 둘레길 활성화 대책에 대해 말해보시오.

　　1) 모두발언(10초)

　　　-

　　2) 1차 토의(현황 및 원인)

　　　-

　　3) 2차 토의(대책)

　　　• 정부적 측면 - 소통적 측면, 입법적 측면, 재정적 측면 (1~2개 선택하고 집중하시오.)
　　　첫째
　　　둘째
　　　셋째
　　　• 시민적 측면
　　　첫째
　　　둘째

16 2017년 대구시 일반행정

▎토의주제

1 버스킹[1], 문화인가, 소음인가?

　　1) 모두발언(10초)

　　　-

　　2) 1차 토의(현황 및 원인)

　　　-

　　3) 2차 토의(대책)

　　　• 정부적 측면 - 소통적 측면, 입법적 측면, 재정적 측면 (1~2개 선택하고 집중하시오.)
　　　첫째
　　　둘째
　　　셋째
　　　• 시민적 측면
　　　첫째

---

1) **버스킹**: 길거리 공연을 뜻한다.

둘째

17 2016 소방간부직

| 토의주제

1 화학적 거세에 대해 토론하시오.

1) 모두발언(10초)

-

2) 1차 토의(현황 및 원인)

-

3) 2차 토의(대책)

- 정부적 측면 - 소통적 측면, 입법적 측면, 재정적 측면 (1~2개 선택하고 집중하시오.)

첫째

둘째

셋째

- 시민적 측면

첫째

둘째

2 119 허위 신고 처벌에 대해 토론하시오.

1) 모두발언(10초)

-

2) 1차 토의(현황 및 원인)

-

3) 2차 토의(대책)

- 정부적 측면 - 소통적 측면, 입법적 측면, 재정적 측면 (1~2개 선택하고 집중하시오.)

첫째

둘째

셋째

- 시민적 측면

첫째

둘째

3 전시작전권을 대한민국이 들고 와야 하는 것에 대한 찬성과 반대에 대해 토론하시오.

1) 모두발언(10초)

-

2) 1차 토의(현황 및 원인)

-

3) 2차 토의(대책)

• 정부적 측면 - 소통적 측면, 입법적 측면, 재정적 측면 (1~2개 선택하고 집중하시오.)

첫째

둘째

셋째

• 시민적 측면

첫째

둘째

4 119 구급대에 대한 유료화 찬반

1) 모두발언(10초)

-

2) 1차 토의(현황 및 원인)

-

3) 2차 토의(대책)

• 정부적 측면 - 소통적 측면, 입법적 측면, 재정적 측면 (1~2개 선택하고 집중하시오.)

첫째

둘째

셋째

• 시민적 측면

첫째

둘째

1　2018 국가직 7급 면접

1 노인기준연령 상향에 따른 문제점 및 정책방안

2 현재 세관에 존재하고 있는 문제점 및 개선방안

3 검찰청이 가지고 있는 문제점 및 개선방안

2　2019 국가직 7급 면접

1 최저임금제 실현 방안

2 전통시장 활성화 방안

3　2020 국가직 7급 면접

1 미혼모 정책에 대한 문제점과 개선방안

2 유연근무제

4　2021 국가직 7급 면접

1 아동학대에 대한 해결방안

2 적극행정 실현방안

5　2022 국가직 7급 면접

1 메타버스 활용방안

2 저출산과 초고령화 문제가 나타나는 이유와 그에 대한 해결방안

6　2023 국가직 7급 면접

1 일자리 창출 방안

2 유연근무제 활성화 방안

7 **2024 국가직 7급 면접**

1 저출산 해결 방안
2 지방 소멸 해결 방안

8 **2025 국가직 7급 면접**

1 지역 균형 발전 방안
2 디지털 정부·AI 행정 방안

CHAPTER 11 개별면접

1. 국가직 9급 일반행정직 합격(김○○)

면접 준비와 후기

1. 준비

면접 강의는 대구 한공학원에서 채한태 선생님의 면접특강을 듣고, 선생님께서 짜주신 스터디를 함께 진행했습니다.

수업 내용에서 면접 평가 방법과 그에 대비할 수 있는 모든 것을 다 알려 주십니다. 질문에 대한 모범답변과 최근 정부의 주요 쟁점과 꼭 써먹어야 할 면접무기 등을 챙겨주셔서 실제 면접에 많은 도움이 되었습니다.

스터디 또한 큰 도움이 되었습니다. 얼떨결에 조장을 맡아 더 책임감을 갖고 진행할 수 있었는데, 주에 3회 4시간씩 모여서 스터디를 했습니다. 같은 조에 직장생활을 하다 오신 분이 계셔서 모의면접에 굉장히 큰 도움이 되었습니다. 발표만 맡으면 심하게 떨고 극도로 긴장해서 걱정이 많았는데 스터디에서 모의면접을 계속 진행하다 보니 익숙해지고 긴장을 풀게 되어서 실전에서도 너무 큰 긴장은 하지 않게 되었습니다.

2. 면접

맨 처음 모의면접 했을 때만큼의 큰 긴장은 하지 않았지만 그래도 인생이 걸려있다고 생각했던 면접이라 긴장을 하긴 해서 그런지 내용은 잘 기억이 나지 않았습니다. 다만, 제 점수가 낮았음에도 불구하고 합격한 것은 태도 때문일 것이라고 추측합니다. 완벽한 대답을 한 것도 아니었고(오히려 질문을 잘못 알아듣고 엉뚱한 답변을 해서 면접관님이 표정을 굳히신 적도 있습니다.), 아는 지식도 머리가 새하얘져서 매끄럽게 답변하지 못했습니다. 그렇지만 그럴수록 미소를 띤 채 눈을 마주치고, 질문을 잘 못 들었을 때는 의자를 당겨 앉아도 될지 여쭤보기도 했습니다(채한태 선생님의 강의에서 얻은 팁입니다). 면접관님들도 좋은 분들이셔서 계속 긴장을 풀어주시며 편안한 분위기에서 면접을 진행했는데, 감사하는 마음에 질문에 더 경청하는 자세로 면접에 임했습니다. 긴장해서 답변이 막힐 때에는 죄송하다고 말씀드렸고, 모르는 점이나 면접관님께서 답변을 정정해 주실 때에는 앞으로 노력할 것임에 대한 다짐을 말씀드렸습니다. 또, 제가 근무하고자 하는 부처를 미리 방문했었는데, 그 경험을 답변에 섞어 말씀드린 것도 어필이 된 것 같습니다.

2. 방송통신직 면접

5분 발표 자료

○○경찰서장님은 주민센터나 동사무소를 다니며 노인분들께 20분 정도 보이스피싱 강의를 한다. 이렇게 교육을 받은 노인은 보이스피싱을 절대 당하지 않는다. 또한 이렇게 교육을 받은 노인들은 다른 사람들에게 교육 받은 내용을 전달한다. ○○서장님은 다른 경찰서로 자리를 옮겼다. 경찰서를 옮긴 서장님은 은행을 돌아다니시며 노인분들을 대상으로 교육을 한다. 최근 보이스피싱 수법이 변화하면서 직접 현금을 인출해달라고 하는 요구가 늘었기 때문이다. 여기서 유추할 수 있는 공직가치와 그 공직가치를 실현하는 방법

답변

서론: 주변 친구들도 보이스피싱 전화를 받은 경험이 있다고 합니다. 저 고등학교때 선생님께서 보이스피싱 전화를 받으셨는데 선생님 성함을 물어보시길래 장동건이라고 대답했다고 합니다~

(1) 상황

서장님은 동사무소나 주민센터를 다니시며 노인분들께 보이스피싱 강의를 하심

이렇게 교육을 받은 노인분들은 보이스피싱을 당하시지 않으심

또한 이 노인분들은 다른 사람에게 교육받은 내용 전달

최근 자리를 옮긴 서장님께서는 은행에서 교육을 진행하심(보이스피싱의 수법 변화 때문)

(2) 유추할 수 있는 공직가치

책임성, 공익성, 애국심, 봉사정신

(3) 공직가치를 뽑은 이유 및 실현방법

① 책임성: 이 서장님은 시키는 일만 하시는 것이 아니라 본인 스스로 상황을 파악하고 상황에 맞는 활동하시는 등 사명감을 가지고 일을 하고 계심. 고등학교 때 사명감까지는 아니지만 책임감을 가지고 2년 동안 꾸준히 신문배달을 했습니다. 제가 공무원으로 임용되면 책임감을 가지고 방송통신과 관련된 SW 등을 공부하겠습니다.

② 공익성: 서장님은 사회적 약자를 위해 노력하고 계시는 모습을 보고 공익성을 유추 과학기술의 발전으로 빈부격차가 심해지는 경향을 보이고 있음. 최근 정부에서 규제 샌드박스 등을 풀어야 한다는 이야기가 나오지만 최근 정부에서 포용국가 이야기가 많이 나오는 만큼 규제 샌드박스로 규제는 풀되 빈부격차가 심해지지 않도록 세심한 정책적 배려가 필요하다고 생각합니다.

③ 애국심: 서장님은 자신의 위치에서 본인의 직분을 충실히 수행하고 계심. 애국심이 거창한 것이 아니라 자신의 자리에서 최선을 다하는 것이 애국심이라고 생각을 하고 저도 공무원이 된다면 국가를 대표한다는 마음으로 최선을 다하겠습니다.

④ 봉사정신: 서장님은 사회적 약자를 위해서 노력을 하고 계십니다. 저도 공무원으로 임용되면 공무원모임 중 봉사모임이 있는데 그런 곳에 가서 봉사활동을 하도록 하겠습니다.

5분 발표 질문

이 네 가지 중 가장 중요하다고 생각하는 공직가치와 그 이유: 책임성, 자료의 사례에서도 서장님은 상황을 보고 그 상황에 맞게 행동하시는 모습을 보여주셨습니다. 이러한 모습을 보이기 위해서 가장 중요하다고 생각하는 공직가치는 책임성이라고 생각합니다. 책임이라는 이름을 가진 무게감에 현실을 직시한다면 좋은 결과로 이어질 수 있다고 생각합니다.

개별질문1(경험형) 질문 및 기술내용

Q. 본인은 혜택을 받을 수 있었지만 본인의 신념 및 가치관에 따라 받지 않았던 경험에 대해 서술하시오(상황에 대해서 서술하고 그에 따른 나의 행동 및 결과를 서술하시오).

A. (1) 시기: 2018년 졸업프로젝트

　(2) 상황

　　① 업무분장 해야 하는 시기(2학기를 처음 시작해야 하기 때문에)

　　② AI트레이닝, 네트워크구축, 영상 또는 알림판 작성, ADAS케이스 제작 필요

　　③ 졸업프로젝트로 차량주행보조시스템(ADAS) 개발

(3) 나의 행동
  ① AI트레이닝, 네트워크 구축 등은 소프트웨어를 좋아하는 사람이 있어서 그 사람들이 담당
  ② 케이스 제작의 경우 기관을 방문해야 하는 등 시간이 걸리는 일임에도 제가 맡기로 함.
(4) 결과
  ① 몇 명의 조원은 쉬운 일을 맡을 수 있었음.
  ② 조원은 감사하다고 이야기했고 상을 수상

개별질문1(경험형) 문답

Q: 자기 기술서 문제와 내용이 약간 이해가 가지 않는 부분이 있는데 설명 바랍니다.

A: 차량주행보조시스템을 만드는데 여러가지 업무가 있었습니다. 저는 그 중에 케이스 제작을 맡았는데 케이스 제작이 관련기관에 가서 3D프린터로 제작을 해야 하는 일이었습니다. 작은 휴지곽 같은 것들을 만드는 데 하루 이상 소요가 되고 또 많은 사람들이 이용했기 때문에 제가 기관을 방문해도 사용하지 못하는 경우도 있었습니다. 다른 쉬운 일도 있었지만 조금 불편한 일을 맡았습니다.

Q: 조직 내에서 내가 중요하다고 생각하는 가치와 다른 방향으로 움직일(충돌할) 경우 어떻게 할 것인지?

A: 우선 조직은 제가 생각하는 것과 다르게 생각하는 사람들이 있을 수 있고 또한 집단 지성이라는 것이 있기 때문에 우선 조직이 움직이는 방향으로 가야하는 것이 옳다고 생각합니다. 다만 제가 생각하는 부분에 있어서는 말씀을 드리고 반영할 수 있는 부분은 반영할 수 있다고 생각합니다.

Q: 조직에서 선생님의 생각을 반대하는 사람이 있다면 어떻게 할 것인지?

A: 우선 그 사람의 배경을 이해하는 것이 우선이라고 생각합니다. 그 사람은 그 사람이 살아온 배경이 있을 것이고 그런 배경에 의해 주장을 펼치는 것이기 때문에 그 사람이 어떻게 해서 저러한 주장을 펼치는 것인지 알아보겠습니다.

Q: 그러면 조직에서 선생님과 계속 충돌이 되는 팀원이 있을 경우 선생님은 어떻게 하시겠습니까?

A: 저는 계속 충돌이 되는 경우라면 일단 이야기는 해보겠지만 안 될 경우 제가 양보하는 방향으로 가겠습니다. 부모님께서도 제가 조금 손해 보는 방향으로 사회생활을 하라고 가르치셨습니다. 실제로 제가 살아보니 제가 손해를 보니 다음에 더 크게 돌아오는 경험을 한 적이 있었습니다. 만약 그러한 경우라면 제가 양보할 것입니다.

Q: 그러면 이렇게 충돌되는 팀원이 있을 경우 나에게 어떤 것이 가장 필요하다고 생각합니까?

A: 제가 생각했을 때는 이 사람을 이해할 수 있는 여유가 가장 필요하다고 생각합니다. 이런 여유가 있어야 상대방이 어떤 사람인지 왜 이런 주장을 하는지 파악할 수 있고 또 필요한 경우 양보도 할 수 있기 때문입니다.

개별질문2(상황형) 질문 및 기술내용

Q. B부처에서 프로그램에 오류가 생겼다면서 나에게 해결을 요청하였다. B부처의 문제를 해결하지 못하면 민원이 증가하고 처리지연시간이 증가하는 등의 문제점으로 시급하게 처리해 달라고 요청했다. 나 역시 B부처의 오류문제에 대해 시급하게 처리할 필요가 있다고 인정했다. 절차를 지키게 되면 시간이 오래 걸린다. 이 오류를 처리하기 위해서 B부처 및 다른 부처에도 영향을 주게 되므로 다른 부처와 협의가 필요한 상황이다. 이러한 상황에서 팀장님은 절차를 준수하기를 원하신다. 당신이라면 어떻게 처리할 것인가?

A. (1) 상황
  1. B부처에서 민원증가, 처리지연시간 증가 이유를 들어 오류처리 요청
  2. 나도 필요성 인정
  3. 오류를 처리하기 위해서 B부처 및 타 부처와 협의 필요
  4. 팀장님은 절차를 준수하기를 원하심
(2) 해결방안
  1. 선례/예규집을 찾는다.
  2. 절차를 준수한 경우와 그렇지 않은 경우 비용을 계산한다.
  3. B부처 및 타 부처에도 협의가 필요하기 때문에 이러한 이유를 들어 B부처와 이야기를 해본다(절차준수).

개별질문2(상황형) 문답

Q: 선생님은 절차를 따르는 것과 시급성을 따르는 것 중 어느 것이 더 중요하다고 생각하십니까?

A: 저는 절차와 시급성 두 가지 모두를 따르는 것이 중요하지만 절차를 따르는 것이 조금 더 중요하다고 생각합니다. 왜냐하면 시급성에 대한 판단은 사람에 따라 그 판단이 달라질 수 있기 때문입니다. 어떤 사람은 사물을 왼쪽에서 보기도 하고 어떤 사람은 아래에서 보기도 하기 때문에 그 판단이 달라질 수 있다고 생각합니다. 그래서 편당편파가 발생할 수 있기 때문에 절차가 조금 더 중요하다고 생각합니다.

Q: 그러면 시급성은 전혀 중요하지 않다는 말씀이신가요?

A: 아닙니다. 시급성도 중요합니다. 예를 들어 사람의 목숨이 경각에 달렸는데 절차를 따진다면 문제가 있어 보입니다. 그렇기 때문에 언제 시급성을 따질지 가이드라인을 만드는 것이 중요하다고 생각합니다. 가이드라인을 만든 상태에서 시급성을 따지면 좋겠다는 생각입니다.

Q: 그러면 선생님은 시급성을 따지면서 절차를 따르겠다는 말인데 두 가지 중 한 가지를 선택해야 한다면 어디를 선택하시겠습니까?

A: 두 가지 중 한 가지를 선택해야 한다면 절차를 따르는 것이 우선이라고 생각합니다. 절차를 지키지 않게 되면 편당편파가 발생할 가능성이 높기 때문에 절차가 중요하다고 생각합니다.

Q: 그러면 예컨대 사람 목숨이 왔다갔다하는데 절차를 따지는 것이 중요할까요?

A: 사람목숨을 따지는 경우라면 절차를 지키는 것도 중요하지만 시급성을 따지는 것이 조금 더 중요하다고 생각합니다. 세월호 사건의 경우 절차를 지키려고 하는 바람에 제 때 상황에 대처하지 못해 인명피해가 커졌다고 알고 있습니다. 이러한 사건 등 사람 목숨이 달린 일이나 혹은 외부에서 공격이 들어오는 경우 등은 시급성을 따르는 것도 중요하다고 생각합니다.

Q: 그러면 세월호 사건 같은 경우를 막으려면 어떻게 해야 할까요?

A: 제가 앞서서도 말씀드렸던 것 같은데 우선 가이드라인을 만드는 것이 중요하다고 생각합니다. 그런 가이드라인을 만든 상황에서 절차를 잘 지키는 가운데 시급성을 따진다면 더 발전될 수 있다고 생각합니다.

Q: 사기업과 달리 공공부문은 혁신이 느리다는 이야기가 있는데 선생님 생각은 어떠신지?

A: 저는 절차와 규칙을 따르는 것이 중요하다고 생각합니다. 그런데 민간부문에서 공무원을 볼 때 절차와 규칙을 지키는 것 때문에 융통성이 부족하다는 이야기를 가끔 들은 적이 있습니다. 사기업의 경우 시대가 빠르게 변하는 만큼 혁신은 본인들의 생명줄과 연관이 되어 있어 빠를 수밖에 없다고 생각합니다. 지금은 세상이 빠르게 변화하고 있는 만큼 공공부문도 혁신을 하는 방향으로 방향을 잡고 간다면 빠르게 할 수 있다고 생각합니다. 또한 저희 같은 젊은 공무원들이 유입되면서도 혁신이 일어날 수 있다고 생각합니다.

전공질문

Q: 방송, 통신에 대해서 각각 말해보세요

A: 통신은 서로 정보 및 신호를 주고받는 행위입니다. 방송은 죄송하지만 공부를 하지 못했습니다. 밖에 나가서 공부해서 업무 전까지 꼭 숙지하겠습니다.

Q: 5G가 발전하면서 방송 쪽에 관련해서 발전이 예상되는 부분?

A: 5G가 발전하면서 넷플릭스 등 플랫폼기업들이 나오고 있습니다. 또한 VR, AR 등이 발전할 것으로 보입니다.

Q: 방송, 통신 등과 관련해서 알고 있는 혹은 관심 있는 정책은?

A: 다음 달 22일 상암동에서 자율주행테스트축제가 열린다고 알고 있습니다. 상암동에는 테스트베드가 만들어졌고 과학기술정보통신부에서도 5G+라고 해서 관련 전후방산업을 육성하는 것으로 알고 있습니다.

Q: 세상이 변하는 부분에 있어서 자기 계발을 해야 한다면 어떤 부분에서 자기 계발을 할 것인지?

A: 제가 자기 계발을 한다면 SW분야에 대해서 더 공부하고 싶습니다. 지금 5G와 관련해서 많은 개발자들이 일하고 있는 만큼 그들의 이야기를 듣고 정책에 반영시키려는 노력이 필요한 데 이렇나 부분에 대해서 공부를 한다면 그들과 대화할 수 있는 폭도 넓어지고 또 정책에 잘 반영할 수 있다고 생각합니다.

Q: 마지막으로 하고 싶은 말?

A: 방금 전 절차의 중요성과 시급성의 중요성 중 어떤 것이 더 중요한 것인가라는 부분에 대해서 말씀해주셨는데 집에 가서 다시 그 부분에 대해 생각해 보겠습니다.

3. 선관위 9급 면접

5분 스피치

다음 제시문에서 a부처에서 시행하고 있는 이 제도가 내포하고 있는 공직가치와 이를 위해 필요한 공직자의 자세에 대해 자유롭게 발표하시오.

> a부처에는 공직사회 분위기 쇄신을 위해 임용된 특별한 이력의 공직자가 있다. 바로국립 ○○연구소 법의관과 영국○○대병원 교환교수를 거쳐, ○○병원병리과장으로 재직해 온 의과학자인 乙부장이다. 20년간 병리학을 연구했던 그는 세포 유전자 치료 및 유전재재조합의약품연구·검증에실적을거둔 권위자이다. 이는 국민참여형 선진인사시스템인 국민추천제로 임용된 대표적인 사례로 여겨진다.

① 저는 창의성과 전문성이라고 생각해서 처음에 부처와는 또 다른 다양한 시야를 볼 수 있다는 점에서, 제가 생각하는 창의성과 전문성에 대한 정의에 대해 언급하고, 창의성 쪽을 풀어 가고 마지막에 전문성을 살리기 위해 했던 제 노력 등을 설명했는데 질문이 전문성 쪽을 많이 여쭤보셨던 것으로 보아 정답은 전문성이었던 것 같습니다.

② 질문과정에서 이런 개방형 시스템에서, 기존에 업무를 하시던 분과 새로 오신 분들과의 갈등이 생길 수 있는데 어떻게 하겠냐고 여쭤보셔서 처음엔 기존에 하시던 분이 주가 되어서 새로 오신 분들이 보조하는 형태로 점점 배워나가는 식으로 진행하면서 계속 과정을 지켜보면서 그 비율?을 조정하겠다는 식으로 말씀드렸는데 좀 더듬으면서 했지만 크게 이후에 별다른 질문은 하지 않으셨습니다.

③ 공직사회에서 전문성이 중요한 이유를 여쭤보셔서 전반적인 공무원 쪽보다는 제가 지원하는 선거행정직 쪽으로 약간 범위를 좁혀서 대답했습니다. 특히 홍보 쪽에서 국민들에게 선거라는 제도에 대해서 누구보다 알기 쉽게 설명해야 하고 이해시켜야하는 업무를 맡고 있기 때문에 공무원이 가지고 있는 전문성은 공신력과 국가에 대한 신뢰도를 제고시킬 것이라는 느낌으로 대답했습니다.

자기 기술서 경험형

본인이 원하지 않는 조직이나 단체에 참여하여 주변의 도움과 조언을 구한 경험에 대하여

① 당시 상황과 (1학년 학회원 때 얘기)

② 조언과 도움의 내용을 구체적으로 쓰고 그 결과를 기술하시오.
- 1학년 때 외부 모의재판팀과 교내 모의재판팀
- 본인은 교내팀에서 하고 싶었으나 외부팀으로 배정됨
- 교수님과 친한 선배들께 말씀드렸는데 본인을 차기 학회장으로 생각 중이라고 하심.
- 지금 힘들어도 그 경험이 내년이 되어서도 그 나중에도 도움이 될 것이라고 응원해 주시고 신경 써주심(처음 보는 선배님들과의 어색함, 하는 부분에 있어 전공적 어려움).

③ 결과적으로 다음 해 학회장이 되었을 때 진행에 있어서 큰 도움이 되고 선배님들과 여전히 좋은 관계를 유지 중 이런 식으로 썼는데 기본 틀에서 약간은 없는 얘기를 섞어 쓰기 했습니다. 이후에 면접관님들이
  1. 구체적으로 당시 상황을 여쭤보셨고,
  2. 주변의 도움 외에 1학년으로서 했던 개인만의 노력이 무엇이 있었는지,
  3. 다음 해에 학회장을 맡았다는데 같은 상황에서 후배가 어려워하고 있다면 어떻게 설득할 것인지.
  등의 추가 질문들이 나왔습니다.

자기 기술서 상황형

귀하는 국립대학 급식 납품업체 및 계약 담당 주무관이다. 현재 급식업체의 계약이 만료됨에 따라 재계약을 앞두고 있는 상황이다. 기존 a업체는 중소기업으로 최근 급식 품질이 나빠져서 이용자들의 선호도가 낮아진 상태이다. 하지만 a업체는 그동안 일정 수익금을 해당 학교에 기부를 하고 있는 기업이다. 반면에 신규로 진입한 급식업체 대기업 b는 품질면에서 우수하고 가격이 저렴하여 선호도가 높다. 상관은 지역사회와의 상생을 위해서 a업체로 재계약을 지시한 상황이었다. 이 상황에서 귀하는 어떤 대응을 하겠습니까?

느낀 점

이쪽은 저는 확실하게 b를 가는 것이 업무를 처리하는 데 있어서 도움이 되고 음식이라는 것은 특히 품질이 중요하며 학생들을 대상을 하는 업체인 만큼 품질면에서라도 b를 선택하는 것이 적합하다고 말씀드렸습니다.

선정과정은 양 업체의 음식을 블라인드 테스트를 하는 것으로 학생들에게 결과를 얻어내고 이를 바탕으로 상사께 보고.

느낀 점

사실 이 부분은 기억이 잘 안납니다. 이날 면접 중에 가장 많이 떨고 더듬었던 부분이었는데 기억나는 추가질문에서 지역업체와의 상생도 굉장히 중요한 공적가치인데 혹시 a업체에 대한 후속 대처가 생각나는 것이 있냐고 하셔서 다음 계약 체결시 품질개선, 가격인하 등 눈에 띄는 변화가 있다면 재계약이 가능하다고 말씀드리면서 주기적으로 a업체 역시 관찰하고 판단하여 상사께 보고드리겠다. 이정도로 대답했습니다.

그 외 개별면접 질문

(1) 선관위에서 하는 정책 중에서 최근 것 중에 맘에 드는 것

　① 선관위 홈페이지 언급하면서 블록체인 기술 적용한 온라인선거 시스템

　② 선거정보 앱 이용해서 우리동네 공약지도 얘기. 그리고 저도 정책 제언해봤다고 말씀드림.

(2) 투표율 올리는 방안

　무난하게 채한태 박사님께 수업시간에 배운 것을 거의 다 얘기했습니다.

　(원인: 정치적 무관심 → 어릴 때부터 웹툰, 영상교육 - 제 경험도 얘기함. 과거 국사만화책이 1차 시험까지도 도움을 주었다.)

　그리고 투표소 증설과 사전선거 시간 2시간 늘리기 + 기간 하루 늘리기

(3) 선거연령 낮추는 것에 대해 어떻게 생각하는가.

　저는 사실 낮추는 것을 동의하는데 긴장해서 말이 헛나와서 동일 유지를 말씀드렸습니다. 그래서 학생들의 정치참여에 대해 걱정을 가지고 계시냐고 그러셔서 그건 아니라고 말씀드리고, 다양한 정치의 관심을 가지고 하는 것은 좋지만, 정치에 대해서 좀 더 넓은 시야를 가졌을 때 선거를 하는 것도 좋다고 말씀드림. 고3과 대1의 차이는 1살 차이지만 그 차이에서 훨씬 더 많은 사람들과 어른을 만난다. 이 차이는 분명 존재한다, 이런 식으로 말씀드렸습니다. 그리고 대한민국의 성년이 만 19세인 것도 말씀드리면서 이를 동일시하는 것도 괜찮아 보인다, 이런 말도 추가했습니다.

(4) 재보궐 선거 투표율 낮은데 방안 생각한 것 있는가?

　((2)번 얘기하면서 투표율 올리는 방안 얘기하고, 재보궐 선거에 한정된 투표율 올리는 방안은 생각이 나지 않는다고 말씀드리니 웃으면서 넘어가셨습니다.)

(5) 사전선거도 여쭤보셨던 것 같은데 (2)번처럼 무난하게 답변했습니다.

　마지막에 고생했고 나가셔도 된다고 해서, "제가 너무 더듬고 부족한 답변이 많아서 고생하셨습니다."라고 하니까 "아니다, 잘하셨다." 이렇게 해주셔서, "경청해주셔서 감사합니다."라고 말씀, 인사드리고 입구에서 가볍게 목례하고 나왔습니다.

느낀 점

면접관님들께서 친절하시고 계속 웃어주시며 리액션도 해주셔서 최소한 제가 하고 싶은 말은 불편하게 하지 않고 나온 면접이었습니다. 자주 웃으면서 저도 대답했습니다.

문제들은 전반적으로 무난하게 잘 출제된 것 같습니다. 개인적인 느낌으로는 너무 공직가치와 떨어진 대답만 아니면 나쁘지 않을 것 같기도 합니다.

올해는 오전조가 본인들 면접 끝나고 오후조 입장하고 나서 퇴실할 수 있었음. 오전조, 오후조 문제가 똑같기 때문인 것 같음.
선거행정직렬 오후조 2번
이번에는 5분 발표, 자기 기술서를 작성한 곳은 6홀, 면접은 9홀에서 진행

1. 면접 응시자 대기실 입장 전

이름을 벽에 붙은 방을 보고 자신의 조와 조에서 순서 확인. 오후조는 11시 30분까지 와야 하는데 11시 15분, 20분쯤 벽에 붙여줬던 것 같음. 이름은 가나다순으로 있기 때문에 보기 편했음. 이름표에는 조, 이름, 응시번호 뒷자리 4자리만 적고 가슴 왼쪽에 옷핀으로 고정.
11시 30분 입장 시작. 입장할 때 이름표 왼쪽 가슴에 차고 있어야 함.

2. 입장하고 나서

입장하고 자기 조에 1~6번 순으로 앉음. 이때부터 앞에서 무대 위 마이크 잡고 계신 직원분이 면접 주의사항 등을 설명해주니 꼭 들을 것. 자료를 보는 것도 좋지만 내가 주의사항을 잘 알고 있어야 실수를 하지 않고 부정행위로 의심받을 만한 행동을 조심할 수 있을 것이기 때문에. 중간중간 진행하면서 갖고 있는 자료 보다가 휴대폰 제출(각자 지퍼백에 본인 휴대폰 등 전자기기를 넣기 때문에 섞일 염려는 없다)하고 평정표 2장 받아서 본인확인, 서명을 한다. 그리고 응시번호 8자리 중 앞 4자리에 검정색 스티커를 붙임. 블라인드 면접이기 때문이라고 함. 자료를 가방에 넣고 대기하면 먹지 나눠주심. 그 이후 문제지를 뒤집은 상태에서 배부받고 앉은 자리에서 모두 동시에 20분간 자기 기술서 2문제 적음.

*국가직 9급 면접 1일 차 자기기술서 문제(완벽하진 않고 내가 기억할 수 있는 대로 최대한 적어 보았습니다.)
1. 본인이 원하지 않는 조직에 참여하게 돼서 주위에서 얻은 조언과, 그 결과
2. 내가 지방국립대학 업체계약, 납품 담당하는 주무관임. 급식업체 계약이 끝나서 새로 계약을 해야 하는 상황. 기존 업체 A는 지역 소규모 기업, 수익금의 일부를 우리학교에 기부해왔음. 그런데 음식 품질에 좋지 않아 이용자들이 불만 많아졌음. 새로 신청한 대기업 B는 음식도 맛있고, 저렴. 상관은 지역상생을 위해서 A업체와 계약하라고 함. 어떻게 할 것인가.

내가 작성한 자기기술서(완전 똑같이 생각해 낼 수 없어서 비슷하게 적었어요)
1. 경험형
  1) 상황: 대학교 때 그룹발표를 하게 되었는데 수업 태도가 불량한 학생과 같은 조가 되어서 걱정을 많이 했다.
  2) 조언: 그룹발표 경험이 많으신 선배님들께 질문. 선배님들께서는 그 친구가 그룹활동에 흥미를 느끼도록 하는 것이 중요하다고 하심.
  3) 나의 대처: 나는 조별발표는 조원들 모두가 참여해야 진정한 조별발표라고 생각. 그래서 그 친구를 참여시키기 위해 노력.
    (1) 그룹발표 준비 모임이 끝나고 치킨 파티 같은 작은 이벤트를 준비
    (2) 아무리 작은 의견이라도 그 친구의 의견을 잘 경청했다.
  4) 결과: 그 친구도 점점 참여도가 높아졌고, 원래는 그 친구를 위한 이벤트였지만, 다른 조원들도 참여를 하면서 서로 친해졌고 모두 적극적으로 참여하게 되었다. 우리 조가 발표에서 1등.
2. 상황형
  1) 상황: 나는 지방국립대학의 주무관으로서 새로운 급식업체 계약을 해야하는 상황. 기존 A업체는 대학교에 기부도 하는 지역 소기업이지만 품질이 떨어져 이용자들이 불만, 새로운 신청자 B기업은 음식 맛도 좋고 가격이 저렴. 하지만 상관은 지역 상생을 위해 A 업체 선택하라고 하심.
  2) 기존 A 업체를 선택하는 경우
    (1) 장점: 우리 대학에 기부를 하는 사회적 기업 배려, 지역사회 고용창출에 기여할 수 있음
    (2) 단점: 음식 품질이 좋지 않아 이용자들이 불만
  3) 새로운 신청자 대기업 B를 선택하는 경우
    (1) 장점: 가격이 저렴, 음식도 맛이 좋아 이용자들이 만족
    (2) 단점: 지역의 기업을 선택하지 않음으로써 지역사회에 악영향

4) 나의 선택: 공무원은 상명하복이 원칙. 상급자의 말씀에 따라 기존 A 업체를 선택하겠음

다 적은 기술서를 시험관리관에서 가져가시면 일단 1번들이 화장실을 빨리 갔다 와서 복도에 서서 대기하다가 다 같이 한 줄로 옆에 파티션을 쳐 놓은 5분 발표 작성하는 곳으로 이동. 1번들이 이동하면 2번이 1번이 있던 자리로 이동하는 등 다 당겨서 앉음. 1번들이 5분 발표 작성하는 동안 옆 공간에 있는 우리들은 정숙해야 하고 대신 갖고 있는 자료 계속 볼 수 있음. 이 시간에 자기 기술서 기억날 때 적어두려고 미리 준비해 왔던 A4 종이에 옮겨 두었음. 옮긴 것을 보면서 어떤 상황이었는지, 내가 뭘 적었는지 외우고 또 적진 못했지만 말로 추가적으로 말할 것들을 정리. 왜 이런 것을 하나면 어떤 면접님인지에 따라 다르겠지만 어떤 면접관님은 이 상황이 어떤 상황인지부터 설명하라고 하시기 때문에 내가 기억해두지 않으면 머리가 하얗게 돼서 대답을 못할 것 같아서. 자료 보다가 화장실 다녀오고 이제 내 차례! 짐을 싸고 평정표 들고 줄 서서 옹기종기 걸어서 옆 파티션으로 이동.

3. 5분 발표 작성장~면접장으로 이동

5분 발표 작성하는 곳은 1인용 책상이 쭉 나열되어 있고 자기 조 번호에 앉으면 됨. 여기도 앞에 스크린이 있고 앞에서 담당하시는 분이 설명을 해주심. 여기서 딱 10분간 작성하고 이동하거나 면접장으로 이동해서 작성하면 부정행위라고 강조함. 5분 발표용지 딱 1장만 있고 다른 작성지는 없었음. 그래서 조금 당황했다. 스터디할 때 연습으로 5분 발표 질문지 따로 작성지 따로 연습했기 때문에. 질문지에다가 메모를 하면서 어떻게 발표할 건지 구상하는 시간인 듯했다. 질문지 앞뒤에 모두 적어도 된다고 했지만 내 생각에 5분 발표할 때 종이를 들고 말하게 되는데 그것을 면접관님이 보신다면 별로 좋지 않을 것 같아서 앞면에 꾸깃꾸깃 적었다.

*국가직 9급 면접 1일차 5분 발표 주제(제가 기억나는 대로 최대한 옮겨 보았습니다) 제시문에서 시행하고 있는 제도에서 도출할 수 있는 공직가치, 공직자의 자세에 대해서 말해보세요.

10분이 정말 빨리 흘렀다. 1~96조, 97조~ 이렇게 두 팀으로 나눠서 이동. 면접장이 다르다고 함. 한 줄로 6홀 밖으로 나가서 9홀 쪽으로 이동. 이때 부모님, 킨텍스 일반 손님 다 보는 데서 지나감. 다들 신기하게 쳐다보았다. 이동하면서 계속 5분 발표지 훑어보면서 들어가면 어떻게 발표할지 구성함. 면접장에 가보니 과연 면접공장이라는 말이 맞는다고 생각될 정도로 조 별로 면접 부스가 쫙 설치되어 있었다. 우선 짐을 놔두고 신분증을 제출. 이 신분증은 면접 끝나고 돌려받음. 사실 면접장에 오고 시간이 좀 있을 줄 알았는데 거의 한 3, 4분 만에 면접장에 들어가게 됨.

내가 적은 5분 발표 메모

1. 이 제도에서 도출할 수 있는 공직가치
   ① 전문성 ② 적극성 ③신뢰 ④ 열정, 헌신 (원래 하나 더 있었는데 기억이 정말 안나요ㅠㅠ)
2. 공직자의 자세
   공직자가 전문성, 적극성, 열정, 헌신을 갖고 일하고 국민에게 신뢰를 받는 것이야말로 헌법 7조 공무원은 국민에 대한 봉사자라는 조항을 잘 실현하고 있는 것이라고 생각.
3. 나의 각오
   WTO 승소 판결을 이끄신 공무원들을 보며 나도 모르게 가슴이 찡함. 열정적이고 헌신해서 국가와 국민을 위해 일하는 선거관리위원회 공무원이 되겠음.

4. 면접장에서 (하루 지났지만 그때 당시 제가 뭘 말했는지 가물가물하네요. 너무 긴장해서 머리가 하얗게 된 것 같아요)

대기하면서 평정표 2장, 5분 발표지순으로 손에 들고 있는 종이 정리. 삥봉하는 종소리가 들려서 들어가자마자 정중하게 인사. 인사 후 "평정표 드리겠습니다" 하고 건네드리고 의자 옆에 서서 "안녕하십니까? (인사) 수험번호 0000, 000입니다." 면접관님께서 앉으라고 하셔서 "감사합니다."하고 앉음.

왼쪽에 계신 분이 교수님, 오른쪽 계신 분이 선관위분 같았음. 인상이 좋으시고 긴장하니까 천천히 하라고 하심. 그리고 선관위분께서는 내가 질문에 잘못되거나 부족한 답변하면 조곤조곤 설명해주시고 내가 "알려주셔서 감사하다, 부족한 답변해서 죄송하다"라고 하니까 "아니~ 이 건 그냥 내 생각인거야" 하고 웃으면서 말씀해주심.

거의 한 10초간 서로 아이컨택트하면서 잠시 침묵 후 왼쪽 면접관님께서 "그럼 지금부터 5분 발표해 보세요"

나: 지금부터 국민참여형 선진인사시스템인 "국민추천제"에 대한 5분 발표 시작하겠습니다. 저는 총 3장으로 구성하였습니다. 국민추천제에서 도출할 수 있는 공직가치, 공무원의 자 세, 그리고 저의 각오 순으로 말씀드리겠습니다.

국민추천제에서 도출할 수 있는 공직가치에 대해 말씀드리겠습니다. 저는 전문성, 신뢰성, 열정, 헌신이 있다고 생각합니다. 저는 특히 열정, 헌신 부분에 중점을 두고 발표하겠습니다. 이 제시문에 나와 있는 분들은 00병원 과장님, ~ 등 전문성을 가지고 계신 분들이기 때문에 이분들이 공직에 들어오신다면 공무원 내부의 전문성을 높일 수 있을 것입니다. 두 번째 적극성입니다. 이분들이 공직에 들어오셔서 우수한 전문성을 가진 제도를 만든다면 이것을 실현시키는 데 더욱더 적극적으로 개입할 것 같습니다.

세 번째 신뢰입니다. 국민들께서 이분들이라면 공직에서 일을 잘할 것이라고 믿고 맡겨 주셨기 때문에 일을 처리하는데 있어서 납득하실 것이고 이는 정책 시행 시 신속하게 도입하는 데 영향을 줄 것 같습니다.

마지막을 열정과 헌신입니다. 이분들께서 그 분야에 권위자가 됐다는 것은 그만큼 그 일에 열정을 가지고 헌신을 가지셨다는 증거입니다. 저는 이것을 보고 얼마 전 4월에 봤던 WTO 승소 사건이 생각납니다. 후쿠시마산 수산물 수입 규제에 대해서 일본이 제소를 하였는데 1심에서 우리나라는 해양 방사능 자료에 대한 부족 등으로 패소를 하고 말았습니다. 지금까지 WTO에서 1심 판결이 뒤집힌 전례가 없기 때문에 외국은 물론 우리나라 여론들도 부정적이었습니다. 하지만 우리나라 공무원들께서는 국민의 생명이 걸려있는 문제이기 때문에 끝까지 포기하지 않으셨고 사상 최초로 WTO 2심, 최종심에서 승소를 할 수 있었습니다. (이 뒤에 뭐라고 한 것 같은데 자세히 기억이 안 나네요)

다음으로 공직자의 자세에 대해 말씀드리겠습니다. 공직자가 전문성을 가지고 적극적, 열 정적, 헌신적으로 일하고 거기에 대해서 국민들께서 신뢰를 해주시는 것이야말로 헌법 7조 공무원은 국민에 대한 봉사자라는 조항을 잘 실현시키는 것이 아닐까 생각합니다. 마지막으로 저의 각오에 대해 말씀드리겠습니다. WTO 승소 사건을 보면서 저는 저도 모르게 가슴이 먹먹하고 찡한 느낌을 받았습니다. 제가 선거관리위원회 공무원이 된다면 저도 우리나라, 국민들을 위해 열정적이고 헌신적으로 기여하는 그러한 공무원이 되고 싶습니다. 지금까지 경청해 주셔서 감사합니다.

꼬리질문(Q: 면접관님, A: 나)

Q: 전문성이 있으면 좋다고 했는데, 본인은 어떻게 전문성을 기를 건지?

A: 제가 알기로는 선거관리위원회는 선거 법령 관련 민원이 많은 것으로 알고 있습니다. 그래서 저는 공직선거법뿐만 아니라 정당법, 정치자금법 등 다양한 선거 관련 법령을 숙지하고 거기에 대해 질문이 들어왔을 때 친절하고 정확한 답변을 하고 싶습니다.

Q: 또 다른 방법은 없는지?

A: (2~3초 생각하다가 더 이상 생각이 안남) 죄송합니다. 너무 긴장해서 더 이상 생각이 나지 않는 것 같습니다.

Q: (웃으시며) 괜찮아요. 나중에 생각나면 말해줘요.

A: 네.

Q: 전문성을 너무 강조하다 보면 조직 내에서 반발이 조금 있을 것 같다. 전문성이 있는 것은 좋지만 과도하게 그렇다면 문제가 생긴다. 본인은 어떻게 할 건지?

A: (당황당황) 어.. 그렇다면 저는 교류가 필요하다고 생각합니다. 저의 경우, 저의 전공은 일본어고, 제 친구는 행정학이었는데 저는 그 친구에게 일본어를 가르쳐 주고, 그 친구도 저에게 행정학을 가르쳐 주었습니다. 이때 물론 전공만큼 잘할 수는 없었지만 서로 시너지 효과가 있었습니다. 꼭 일적인 교류 말고도 사적인 교류도 좋을 것입니다. 공무원 내부에 전문성을 기르고 또 새로 임용되신 분들은 처음 공직에 들어오셨기 때문에 공무원들의 자세에 대한 공부도 될 것 같습니다. 그래서 저는 서로 교류해야 한다고 생각합니다.

Q: 그런데 나는 이것을 보면서 다양성을 생각했는데 ~ (기억이 안나요, 다양성을 생각하신 이유에 대해 설명해 주심)

A: 아 네. 제가 답변이 부족했던 것 같습니다. 알려주셔서 감사합니다.

Q: 아니아니, 그냥 내 생각을 말한 거예요.

(더 한 것 같기도 하고 아닌 것 같기도 하고 이제 하루 지났는데 벌써 기억이 희미하고 왜곡이 있는 것 같습니다.)

Q: 다음 질문으로 넘어갈게요. 그룹발표를 했다고 했는데 정확히 어떤 상황이었는지?

A: 네. 저는 그룹발표를 해야 하는 상황에서 그 조원 중에 수업태도가 조금 좋지 않은 학생이 있어서 혹시 참여를 잘할까 걱정

을 했습니다. 그 친구는 일본인 친구였는데 일본인 교환 학생의 경우 한국에서 어떤 학점을 이수하던지 일본에 돌아가면 한국의 A+에 해당하는 S등급을 받게 되어있어서 출석은 하지만 수업을 들을 때 집중하지 못하는 경우를 많이 보았습니다. 그래서 같은 조가 되었을 때 조금 당황했고 걱정도 들었습니다.

Q: 어떤 조언을 들었는지?

A: 선배님들은 저보다 조별 과제 경험이 많으시니까 조언을 구했습니다. 선생님께서는 흥미를 느끼도록 하라고 하셨고 저는 일본인 친구들이 좋아하는 치킨을 모임 끝나고 먹는 등 작은 이벤트를 매번 준비했고 그러다 보니 일본인 조원뿐만 아니라 다른 조원들도 더욱 적극적 이게 되어서 결과적으로는 우리 조가 1등을 했습니다.

Q: 그 치킨을 사고 이런 건 본인이 생각한 건가? 아니면 선배들이 그렇게 하라고 한 건가?

A: 선배님들께서는 흥미 유발하라고만 하시고 치킨은 제가 생각한 것입니다.

Q: 그 일본인은 여자? 남자?

A: 여자였습니다.

Q: 그러면 그 친구에게 치킨 사는 등 이런 거 말고도 또 개인적으로 한 것은 없나?

A: 네. (조금 생각) 한국인과 외국인 교환학생들끼리 언어교환을 하는 경우가 있었는데 그때 그 친구를 조금 더 챙겨주고 했습니다.

Q: 그 일본인 친구가 학점을 신경 쓰지 않아서 힘들다고 했는데 다른 조원들 어땠나?

A: 다른 조원들은 한국인이어서 학점 관리에 신경을 쓰다 보니 참여를 잘했습니다.

Q: 일본인 친구가 수업시간에 참여 잘 안 하는 것 말고 어려움은 없었나?

A: (조금 생각) 일본인들의 문화 특성상 돌려 말하기 때문에 이것이 진짜 이 친구의 진심인지 아닌지 헷갈릴 때가 있었습니다.

Q: 아 그럼 문화적 차이에 의한 건가?

A: 네. 사실 저희 그룹발표 내용은 저희가 정하는 것이어서 주제를 '한국과 일본의 문화 차이'에 대해서 발표했습니다.

Q: 그럼 오히려 문화 차이가 더 좋았던 경우겠네?

A: 네. (웃으며) 결과적으로 저희 조가 1등을 했기 때문에 그런 것 같습니다.

Q: 일본인 친구가 돌려 말해서 힘들다고 했는데 정확히 어떤 경우인지.

A: 제가 일본인 친구가 점점 참여도가 높아졌다고 말씀드렸는데 이것이 진짜 본인이 원해서 그런 것인지 아니면 말을 돌려서 하기 싫다고 했는데 제가 못 알아들어서 강요(?) 아니, 강요는 아니고 제가 억지로 끌고 온 것은(?) 아닌지 생각했지만. 그래도 저는 그룹발표를 해야 하기에 진심으로 한다고 생각했습니다. (웃음)

(지금 생각나는 정도는 이 정도인데 일본인에 대해서 정말 집요하다고 느낄 정도로 엄청 꼬치꼬치 물으셨습니다. 제가 졸업한 지 오래되었고 이런 기억도 사실은 어렴풋해서 버벅댔는데 혹시 거짓말로 보였을까 봐 걱정이 되네요)

Q: 그럼 다음 것으로 넘어갈게요. 이 상황에서 본인은 어떻게 한다고 했는지?

A: 네 지금 상황을 보면 기존 A업체는 지역 소기업으로 대학교에 수익금 일부를 기부하고 있는 반면 음식의 질이 떨어져서 이용자들이 불만족하고 있습니다. 새로운 신청자인 대기업 B는 가격도 저렴하고 음식도 맛있어서 이용자들은 만족할 것입니다. 하지만 상관께서 지역 상생을 위해서 A업체와 재계약을 하라고 하셨기 때문에 A업체와 계약하겠습니다.

Q: 그럼 A업체를 선택한다고 하셨는데 A업체를 선택하면 학교를 이용하는 학생들이 반발할 것 같다. 이런 경우 어떻게 하겠는가?

A: 사실 저도 고민을 많이 했습니다. 학생 입장에서는 당연히 맛있고 저렴한 대기업 B업체를 선택할 것이고, A업체를 선택하면 지역 사회에 도움이 될 것이기 때문에 충돌이 일어나니 음... 죄송합니다. 잘 모르겠습니다. 저는 이 상황을 보면서 저희 학교의 사례가 생각났습니다. 저희 학교는 저의 동기가 12명밖에 되지 않을 정도로 학생 수가 적었습니다. 그래서 처음에는 급식업체를 대기업에 맡겼는데 대기업은 이윤창출을 해야 하니 최소 인원수가 보장이 되어야 한다고 했습니다. 그래서 저희는 저희의 의사와 상관없이 강제로 급식 신청을 해야 했고 또 나중에는 전교생이 먹어도 적자가 났는지 삼시세끼 냉동식품만 나오기 시작했습니다. 그래서 학생들이 학교에 건의를 했고 학교 측에서는 계약이 만료된 후 급식실을 학교 측에서 직접 운영하기 시작했습니다. 저희 학교가 논산에 있었기 때문에 지역에서 농산물을 취급해서 저렴하고 신선하고 또 지역에 기여할 수 있게 되었습니다. 자연히 식단도 건강하게 바뀌어서 학생들도 만족할 수 있었습니다. 그래서 저는 이 경우에도 규모가 작은 기업일수록 학교 측과 의견조율이 잘 된다고 생각했습니다. 그래서 A업체와 재계약을 할 때 급식에 대한 불만사항을 전달하고 음식 품질을 높이도록 권고하겠습니다.

Q: 그런데 본인이 직접 보지는 못하고 들었는데 A업체와 재계약하라고 했던 상사가 A업체와 식사하는 모습을 누군가 목격해서 본인에게 전했다. 이런 경우 어떻게 하겠는가?

A: (당황당황) 일단 직속상관님께 긴급 보고하겠습니다. 제 선에서는 어떻게 할 수 없을 것 같습니다.

Q: 음 내 생각에는 본인에게 직접 물어봐야 할 것 같은데요? 오해일 수도 있기 때문에.

A: (!!!!) 아! 네!!! 맞습니다. 제가 생각해도 만약에 부하가 저를 오해하고 저에게 언급 없이 상관께 말씀드리면 기분이 좋지 않을 것 같습니다. 제가 선거관리위원회 공무원이 돼서 이런 일이 발생한다면 꼭 그렇게 하도록 하겠습니다.

Q: (웃으시면서) 아니 그냥 내 생각이에요.

Q: 그런데 학생들의 의견이 사실은 급식에 있어서는 제일 중요할 것 같은데 또 똑같이 하면 어떻게 할 건지?

A: 네. 그러면 재계약할 때 짧은 기간으로 해서 예를 들면 2분기 동안만 해서 혹시 품질이 개선되지 않는다면 계약을 더 이상 연장할 수 없다고 경고하겠습니다.

Q: 2분기 동안 계약한다고 했는데 만약 언론사에서 음식 품질이 떨어지는데도 불구하고 또다시 계약했다면서 그런 의혹을 제기하는 기사를 썼을 때 어떻게 대응할 건가?

A: (많이 당황해서 표정이 ㅇㅁㅇ 이렇게 되었는데 그 표정을 보시고 선관위 면접관님께서 웃으셨음) 음..! (엄청나게 더듬거렸음) 그렇게 된다면 이렇게 2분기 동안만 계약해서 개선하지 않는다면 재계약하지 않겠다는 경고를 했고, 또 A 기업을 선택한 이유가 지역 상생, 지역 고용창출 등 지역을 위한 일이었다고 설명하겠습니다.

(2분 남았음 알리는 종이 지나감) 이때부터 갑자기 면접관님께서 갑자기 분주해지시고 말이 빨라지심. 나도 덩달아 빨라짐 다 다다다 말했음.

Q: 사전선거에 대해서 말해보세요.

A: 네. 사전선거는 우리 국민들에게 더 많은 투표 기회를 주기 위하여 중앙선거관리위원회에서 통합선거인 명부를 만들어 전국 어디에서나 가까운 읍, 면, 동에서 할 수 있습니다.

Q: 사전선거 하려면 어떻게 해야 하는지?

A: 원래 부재자 투표할 때는 사전에 신청이 필요한데, 사전선거로 바뀌고부터는 그런 절차도 없이 그냥 바로 가면 됩니다. (지금 생각하니까 사전선거 할 때 신분증 내고 그런 거 물으셨던 것 같기도 하네요 허허)

Q: 왜 하필 선거관리위원회에 지원했는지?

A: (공손히) 지원동기를 말씀하시는 겁니까?

Q: 네.

A: 준비한 지원동기 ~

내 말이 끝나고 갑자기 모두 다 멀뚱멀뚱

A: 혹시 이제 끝입니까?

Q: 네. 수고하셨습니다.

A: (다급하게) 제가 마지막 말해도 될까요?

Q: 해보세요.

A: 준비한 마지막 말 ~

Q: (끄덕끄덕) 수고하셨습니다.

A: (의자서 일어나서 인사) 지금까지 경청해주셔서 감사합니다. (마지막 나가기 직전 인사 한 번 더 하고 퇴장)

5. 면접이 끝나고

면접이 끝나고 설문조사지 작성하고 휴대폰 돌려받음.
짐을 6홀의 물품 보관소에 넣어둬서 가지러 감. 혹시 누가 지켜보고 있을까봐 얼굴은 포커페이스, 발도 아팠지만 신발 갈아 신지 않고 구두 신고 걸어서 감.

5. 국가직 9급 고용노동부 합격(박○○)

면접특강

요약하면 동일(유사)직렬 스터디 형성, 면접방법 안내, 면접시 이용할 풍부한 시사와 제도(직렬별 필요한 시사도 제공), 교수님과 실시간 카톡상담(전화번호 제공), 자기 기술서와 5분 스피치 등 기술요령이었다. 각 과정은 상당히 도움이 되었고, 가장 마음에 들고 도움이 되었던 것은 자기기술서등 기술요령과 큰 얼개, 스터디 형성, 실시간 카톡상담이었다. 여러 시사들도 그동안 속세와 인연을 끊고 공부만 하느라 부족했던 공백을 채워넣기에 부족함이 없었다. 그 외에도 간간이 실무자들의 이야기나 합격생 케이스를 알려주시는 것이 좋았다.

면접스터디

면접 준비 중 가장 큰 도움이 되었음. 채한태 교수님 수업을 들으러 온 고용노동부 + 직업상담 직렬끼리 모인 조. 모두 채한태 교수님의 수업을 베이스로 주 2회 만나 6시간씩 5분스피치와 개별면접 연습을 함. 2019년 국가직 9급은 필기 합발과 면접 사이의 텀이 짧아서 면접특강이 모든 인원을 철저하게 관리해 줄 수는 없었으나 수업을 연계한 스터디로 보완함. 수업에서는 아무래도 포괄적으로 다루기 힘든 직렬 특수적인 법령과 제도를 서로 카톡방으로 실시간으로 공유하면서 해당부처에 대한 이해도를 높였다. 전원 1배수 안이었으므로 서로 떨어뜨릴 경쟁자가 아닌 전원 합격할 동기로 생각하고 열정적으로 스터디에 임했었음. 각양각색의 사람이 모였으나 갈등도 없고 기강도 해이해지지 않고 잘 굴러갔으며, 각자가 서로 다른 장점을 가지고 단점을 보완해 주는 모임이었으므로 성공할 수 있었음. 다른 후기를 보았을 때 이 스터디 역시 운이 좋은 케이스라고 생각함. 면접 스터디의 경우, 면접특강과 연계하여 운영하는 것이 가장 효율 좋다.

기관견학

기관견학은 사실 필수는 아니며, 기관견학을 가지 않는다고 해서 아무런 불이익도 없다. 그러나 확실히 큰 도움이 된다. 본인의 면접스터디는 기관견학을 전후로 크게 시선이 바뀜. 스터디원끼리 본청과 센터를 방문하여 가장 최근에 들어온 주무관님들과 기관에서 하는 업무, 합격자의 면접팁, 그리고 해당부처의 체계등과 해당부처가 최근 가장 관심있는 주제 등 활용하려면 얼마든지 무궁무진하게 활용할 수 있음. 주변에 공무원인 지인이 없다면, 기관견학은 반드시 추천함.

면접복기 읽기

막바지가 되면 해당 직렬 선배들의 면접복기를 읽으며 감을 키우는 것도 좋음. 전날에 여러 가지 예시들을 보며 '이런 대답을 해도 괜찮구나, 이런 식으로 대답해도 합격하는구나, 이런 질문에는 이렇게 대답하는 게 좋겠구나.' 등등 생각정리에 크게 도움이 됨. 물론 현장감과 몰입감도 생기게 됨. 단, 초반부터 면접복기를 너무 읽으면 대충 준비하게 될 가능성도 있으니, 최후에 본인이 열심히 준비하고 나서 마지막 마음 정리로 읽는 것이 도움 될 듯함.

종합

모두 우수 받을 각오로 열심히 하되, 쓸데없이 미흡의 공포에 떨 필요 없음. 지나치게 미흡을 두려워하면 지엽적으로 자꾸 빠질 가능성이 있음. 해마다 미흡의 공포에 대해 온갖 유언비어가 난립하기 마련이니, 휩쓸리지 말기를 바람. 국가직 9급 면접은 아무런 스펙없어도 괜찮음. (본인: 봉사활동 ×, 취직경험 ×, 공모전 기타등등 ×, 자격증 ×) 지금까지 쌓아둔 보잘것없는 자기 이야기에서 소소한 사례를 끄집어내는 것으로 충분함. 그리고 지방직을 절대 놓지 말 것. (특히 1배수 근처의 분들)

6. 국회직 8급 합격(송○○)

면접준비

국회직 면접을 보러가게 될 것이라 예상하지도 않았고, 워낙 정보가 없다보니 어떻게 준비해야 할지 막막했습니다. 국가직/지방직 면접처럼 인터넷에 면접 정보가 많은 것도 아니고 노량진 학원에서 개설하는 면접 강의도 없는 것 같았습니다.

인터넷을 찾아보니 동아사회교육원에서 국회직 면접강의를 개설한다고 해서 채한태 박사님 면접강의를 들었습니다. 자기소개서를 처음 작성해 본 것이라 어떻게 써야 할지, 평소에 시사에 관심이 많지 않은 터라 집단토론은 어떻게 해야 하는지가 가장 큰 걱정이었습니다. 박사님께서 자기소개서도 새벽까지 첨삭해 주시고, 국회 현황부터 시작해서 최근 이슈, 토론 방법까지 상세히 강의해 주셔서 개별면접에서 면접관들께서 토론에 대해 저에게 칭찬해주실 정도로 준비하고 갈 수 있었습니다. 그리고 현직 선배님들과 만나는 시간을 마련해주셔서 생생한 조언을 듣고 많이 도움을 받았습니다.

저는 필기점수가 커트라인에서 1문제 더 맞춘 점수였고, 그래서 면접기회가 온 건 보너스 같은 것이니까 할 수 있는 최선의 노력을 하고 결과는 받아들이자 하고 있었는데 채한태 박사님과 일주일간 열심히 준비한 덕분에 낮은 점수였지만 면접에서 합격하였습니다.

7. 국회직 8급 합격(하○○)

면접

저는 별다른 고민 없이 시험치기 전부터 국회직 필합 후 채한태 교수님 특강을 들으려고 생각했었고 실제로 대다수의 합격생들이 동아사회교육원에 모입니다. 면접은 혼자 준비하시는 것보다 전문가나 다른 합격생들과 함께 준비하시는 것이 바람직하다고 생각합니다. 낯선 사람들 앞에서 미리 당황하는 연습(?)이 필요하고 자소서를 바탕으로 한 예상질문에 대답도 준비해야 하기 때문입니다. 그리고 면접장에 아는 얼굴이 있다는 것만으로 많이 위안이 됩니다.

함께 공부했던 주제로 토론 면접을 보았고 특강 후에도 저희들끼리 스터디를 해서 시의성 있는 웬만한 주제는 다뤄보았던 것들이 면접 때 나왔습니다. 필합 후 면접까지 주어진 시간이 짧았기 때문에 압축해서 트레이닝을 했는데 고생한 만큼의 결과를 얻으실 수 있습니다. 커트라인 점수로 합격하신 분들 가운데 면접 준비를 해야 하나 고민하시는 분들이 계시던데 저는 기회가 주어졌으면 후회 없이 최선을 다하는 게 맞다고 생각합니다.

8. 국가직 7급 일반행정직 합격

면접 당일

다른 분들 수기에 면접 절차나 팁이 자세하게 기술되어 있어 제 경험 위주로 서술하겠습니다. 조별토론은 면접위원님의 사회아래 진행되었습니다. 모두발언 때 발표자 번호를 부르시면서 발언 기회를 주셨는데 예상하지 못한 상황이라 조금 당황했으나 발표 순서를 정해주셔서 편안한 마음으로 발표할 수 있었습니다. 2018년 국가직 조별토론 주제는 '흉악범 신상공개'였습니다. 토론 초반에는 몇몇 조원분들에 의해서 스터디에서 연습하였던 것보다 공격적인 분위기가 형성되어 당황하였습니다. 공무원 면접 집단 토론은 갑론을박보다는 유한 분위기에서 합의점을 찾아가는 것이 중요하기 때문에 저와 나머지 분들이 분위기를 부드럽게 바꾸려고 노력하여 다행히 합의를 도출하였습니다. 이처럼 스터디에서와 다른 상황이 충분히 발생할 수 있기 때문에 대비를 잘 하셔야 합니다.

저는 필기 점수가 1배수 안쪽 예상이었기 때문에 큰 긴장을 하지 않고 있다고 생각했는데 막상 점심시간에 밥이 넘어가지 않았습니다. 스팸에 쌀밥이라는 간단한 식사였는데도 반도 못 먹고 남겼습니다. 저뿐만 아니라 다른 분들 역시 식사를 제대로 못 하셨습니다. 따라서 죽이나 부드러운 빵을 도시락으로 준비하시길 권합니다. 그리고 면접장에 응시생들을 위한 간식(오예스 등)이 배치되어 있는 점도 참고하시면 좋을 것 같습니다. 청심환은 개별면접 들어가기 30분 전에 마셨습니다. 머릿속이 하얘지는 것은 똑같았지만 신체적으로 떠는 것을 예방하는 데는 많은 도움이 되었습니다. 드실 분은 몇 주 전 미리 테스트하고 드시면 좋습니다.

저는 5번을 부여받아 상당히 늦은 시간에 개별 면접을 시작하였습니다. <스타트업 성장 방안>에 대한 PT를 작성하는 데 생각보다 읽어야 할 PT 자료 장수가 많아(4~5장) 당황하였고 연습했던 먹지보다 종이가 두꺼워 글씨 쓰기도 힘들었습니다. 개별 면접실에 들어가 PT를 시작하기 전에 배운 대로 제시된 통계자료가 2018년 자료가 아닌 것과 출처가 정확하지 않은 점에 대해 사과드렸는데 면접위원분들이 흥미를 가지시는 것을 표정과 시선으로 느낄 수 있었습니다. 스터디에서 PT를 작성할 때는 인식개선 측면/ 정책적 측면/ 제도적 측면 등으로 해결 방안을 나누어 적었는데 막상 참고자료가 많다보니 참고자료에서 주로 논의한 국가의 경제적 지원 측면에서만 해결방안을 적었습니다. 대신 기금 이름을 구체적으로 생각해보거나 스타트업 기업에 금리혜택을 줄 때 기업 가치 평가를 선행하고 그에 따라 혜택을 차등적으로 주어야 한다는 등 구체적으로 해결방안을 적었습니다. 다음은 기억나는 PT 질문과 답변입니다.

1. "스타트업을 위해 국가만 노력해야 하는지"

예상했던 질문이었습니다. 긴장해서 다양한 측면의 해결방안을 미쳐 다 적지 못하여 죄송하다고 말씀드리고 스타트업 기업인이 노력해야 할 부분, 국민들의 인식개선이 필요한 부분에 대해서도 마저 말씀드렸습니다. 면접위원분들께서는 만족하신 것 같았고 더 이상 그 부분에 대해서는 질문하시지 않았습니다.

2. 제가 구체적으로 적은 국가의 지원방안에 대해서 자세히 여쭤보셨습니다.

저는 스타트업 기업의 평가가 선행되어야 한다는 것과 상황별, 단계적 지원을 강조하며 대답하였습니다. 관련 전문지식이 있었으면 면접관분들께 더 좋은 인상을 남길 수 있는 상황이었기 때문에 개인적으로 아쉬운 답변이었습니다.

3. "스타트업의 정의와 대기업과의 차이"를 물어보셨습니다.

소규모 자본, 창의적인 아이디어, 시장접근과 청년고용을 언급하여 말씀드렸는데 뭔가 다른 대답을 요구하시는 것 같았습니다. 한 질문으로 시간 끄는 것이 좋지 않다고 판단하여 지식이 부족하여 더 이상 생각나지 않는다고 말씀드렸더니 오케이하고 넘어가셨습니다.

다음은 자기기술서 및 개별질문입니다. 자기기술서 문제는 '곤란한 부탁을 받고 이를 해결한 경험은?', '주민들의 숙원인 도로 확장과 환경단체의 삼나무숲 보존 요구가 충돌할 경우 공무원으로서 대처방법은?'이었습니다.

4. "힘든 일과 곤란한 일의 차이가 무엇이라고 생각하는지"

살면서 곤란하거나 난처한 일을 겪은 경험이 딱히 없었기 때문에 학생회 활동 중 안내책자를 발간하면서 책임감을 느꼈던 사례를 적었습니다. 면접관분들이 보시기에 곤란한 일은 아니라고 생각하셔서 질문하신 것입니다. 저는 힘든 일은 육체적·정신적으로 소모가 많은 일이고 곤란한 일은 두 가치가 충돌하여 난감한 상황이라고 우선 말씀드리고 명확히 쓰지 않은 것을 사과드렸습니다. 이어 학생회 평부원으로서 저와 같은 평부원에게 업무를 배분해야 하는 상황이 곤란했다는 점을 말씀드렸더니 면접위원들께서 그게 원하던 대답이었다고 하셨습니다.

5. "왜 말이 바뀌냐. 앞에서는 임원인 것처럼 하다가 뒤에서는 평부원이라고 하나."

면접위원 중 한 분께서 제 글을 다르게 이해하시고 신뢰성에 관해 의문을 제기하셨습니다. 저는 그렇게 쓴 적이 없기 때문에 당황하였으나 면접위원분께 혼란을 드리는 글을 작성한 것은 제 잘못이고 저는 평부원으로 활동하였다고 말씀드렸습니다. 그랬더니 다른 두 분의 면접위원 께서 "아니다. 응시자가 제대로 작성하였다."고 정정해주셨습니다. 이후로 학생회 활동에 대해 자잘한 여러 질문을 하셨습니다.

6. "사과를 잘하는 것 같은데 우리가 면접관이라서 그런가 아니면 원래 성격인가?"

실수하거나 대답 포인트를 잘못 잡을 때 반드시 사과 드려서 질문하신 것 같습니다. 실제 어떤 의도로 말씀하신지는 알 수 없으나 제가 굽신굽신하면서 사과드린 것은 아니기에, 긍정적인 방향에서 물어보신 것 같았습니다. 저는 "솔직하게 말씀드리면 저보다 높은 위치에 있으신 분들이라 제 부족함에 대해 반드시 사과드리고 가는 것이 맞다고 생각해서 평소보다 더 자주 사과 드렸습니다. 그러나 항상 부모님께선 제 책임인 것은 미리 사과하여 나중에 후회하지 않도록 교육하셨고 실제로 친구들과 지낼 때도 나중에 문제 될 수 있는 발언을 하게 되었을 때 반드시 먼저 사과하고 넘어갔습니다."고 말씀드렸더니 만족하신 것 같았습니다.

7. "환경단체와 지역주민이 끝까지 갈등하면 어떻게 해결한 것인가?"

자기기술서 2번 항목은 대답이 뻔하다고 생각해서 스터디 할 때에도 크게 신경 쓰지 않았는데, 실무 내용이라 그런지 면접위원들께서 생각보다 집요하게 물어보셨습니다. 저는 공청회와 정책 지원을 통해 양쪽 이익을 원만히 조절해야한다는 식으로 이야기를 하였는데 "그래도 양측이 타협하지 못하면?"이라고 물어보셨습니다. 저는 숲 우회로를 만들거나 대중교통 이용을 더 활성화하는 등(이 부분에서 대답이 너무 순진했는지 면접위원 한 분이 웃으셨습니다ㅠㅠ) 타협안을 계속 찾아야 하며 공무원으로서 양쪽 가치 하나만을 택하는 것은 바람직하지 않다고 생각한다고 말씀드렸습니다. 오케이하고 넘어갔습니다. 나중에 들어보니 같이 스터디 하신 분은 주민투표 이야기를 꺼냈다가 '주민투표를 하면 도로확장 공사 하자는 것으로 결정되는 게 당연한 것 아닌가?'라며 혼나셨다고 하니 너무 결단력 있는 답변은 피하시는 것이 좋을 것 같습니다.

8. "이런 경우 이번 탈원전공론화위원회처럼 공론화위원회를 만들면 어떨까?"

채한태 박사님이 가장 강조한 것이 TF팀과 공론화위원회였는데 면접위원분들은 TF팀은 예상보다 관심이 없으셨습니다. 실무에서 너무 당연하게 구성하는 것이라고 생각하시는 것 같았습니다. 그런데 공론화위원회를 마침 딱 물어봐주셔서 강의시간에 배운 대로 공론화위원회의 장단점을 곁들여 대답하였습니다. 민주적 정당성 확보에는 매우 좋지만 비용이 상당히 많이 들고 지금처럼 집단 간 대립이 첨예한 경우에는 해결하는 데 큰 도움이 되지 못할 것 같다고 조심스럽게 말씀드렸더니 오케이 하셨습니다.

9. "시간이 많이 남았는데 하고 싶은 말을 해라."

7분 정도 시간이 남았다고 말씀하시면서 이 질문을 하시는데 7분 동안 이야기할 말을 준비하지는 못했기 때문에 준비한 마지막 발언을 말씀드렸습니다. 그런데도 시간이 4분 정도 남아 마지막 발언 관련해서 질문 하나 하시고(이 질문은 시간 때우기용이라는 것이 느껴졌습니다.) 잠깐 1분 정도 앉아 있다가 면접을 종료하였습니다. 면접시간을 다 채우지 못해 좋지 못한 인상이 남았을까봐 걱정하였는데 합격한 것을 보니 심각한 문제는 아닌 것 같습니다.

9. 국가직 7급 외무영사직 합격(곽○○)

면접 당일

과천 정부 청사에서 면접이 진행됐고, 입실은 8시까지였습니다. 저는 번호를 1번을 받아 두 시 전에 면접이 끝났습니다.

집단 토론의 경우 가장 중요한 것은 다들 균등하게 발언을 하고, 상대방의 의견에 동의하는 모습을 보여주는 것입니다. 저는 스터디를 하면서 얼굴이 익은 분들과 같이 면접을 봐서 그런지 별로 떨리지는 않았고 편하게 진행했던 것 같습니다. 전반적인 토론 분위기도 좋았어서 면접관님들이 중간에 제지하시거나 하는 것도 없었습니다.

발표문을 작성하고 조금 대기를 했다가 바로 면접을 시작합니다. 혼자서 시간을 재면서 발표하는 연습을 전날까지도 했었는데, 덕분에 발표는 수월하게 끝냈습니다. 다만 그 뒤에 발표와 관련한 질문이 이어지면서 좀 당황하고 페이스를 잃었습니다. 좀 더 자신감 있게 대답했다면 좋았을 것 같은데 아쉽습니다. 그 뒤에 바로 자기기술서 관련한 질문을 하셨는데, 업무를 수행할 때의 마음가짐과 관련해 많이 물어보셨습니다. 그리고 질문을 하시면서도 어떤 답을 원하는지 넌지시 알려주십니다. 경청하고 질문에서 크게 벗어나지 않는 선에서 차분하게 대답하기만 하면 될 것 같습니다. 그리고 지적받은 내용에 대해, 그 부분은 미처 생각을 못했는데 말씀해주셔서 감사하다고 했을 때 살짝 미소를 지으시기도 하셨습니다. 저는 긴장을 많이 하긴 했지만 면접관분들은 일부러 어렵게 하지 않으시니 걱정은 많이 안 하셔도 됩니다.

10. 빈출 소방직 전북도지역 면접

1. 소방관노조에 대한 의견
2. 본인의 장점
3. 직장경험
4. 가장 친한 친구 몇 명인가
5. 스트레스 해결방법
6. 존경하는 인물
7. 마지막으로 하고 싶은 말 등

Q: 목민심서(?)에서 유추할 수 있는 공직가치?
A: 정직, 책임감, 자기계발이라고 말을 하였습니다.

그리고 이것을 발전시키기 위해서 어떻게 해야 하냐고 물어보셔서 저는 개인적으로는 정직과 책임감을 가진 사람들의 자서전이나 책을 읽거나 인터넷에서 그러한 정보를 읽는다고 말을 하였습니다.

5분 발표

정약용 <경세유포>에서 유추할 수 있는 공직가치와 이를 실현하기 위한 공직자의 자세는 개인적으로는 신속성과 정확성이라고 말을 하였습니다.

경험형

Q: 자신의 시간을 사용하여 모임을 만들어서 한 경우
A: 처음에 이 주제를 받고 딱히 쓸 게 없어서 고민을 하였습니다.

왜냐하면 시간을 사용하여 쓴 경우가 교회에서 모임을 한 것 말고는 딱히 없었기에 고민을 하다가 어쩔 수 없이 쓰기는 했지만 1줄 정도 밖에 쓰지를 못했습니다.
왜 고민을 했냐면 종교 관련된 이야기는 하면 안 된다는 이야기를 들었기 때문입니다.
맨 처음에 면접관님이 몇 명이서 하였냐고 하셔서 7명이라고 이야기를 하였고 그 다음에는 언제 하였냐고 하셔서 공익을 할 때 했다고 했고 나이는 말하였지만 년도는 말을 하지 못했습니다. 그 다음은 모임 인원의 나이를 물어보셔서 말을 하였는데 그 중 한명의 나이를 23살 아니면 24살 이라고 말을 하였습니다.
그 다음에는 모임에서 어떤 주제를 다루었는지 물어보셔서 종교는 왜 믿는가?라는 내용이라고 말을 하였습니다.
그 다음은 기억이 잘나지 않습니다. 죄송합니다.

상황형

Q: 귀하는 여행사 등록 담당 주무관이다. 인터넷을 통한 1인 여행사 증가, 창업자들은 사무실 구비요건을 폐지하고 자본금 완화를 주장한다. 하지만 기존 여행사 협회는 소비자 보호를 이유로 등록규정 유지 주장. 이런 상황에서 실무자인 귀하가 대처할 방안은?
A: 폐지를 해야 한다고 말을 하였습니다.

왜냐하면 자본이 별로 없는 사람들은 등록을 못 할 확률이 있고 자본이 있는 사람들만이 등록을 할 수 있을 거라고 생각하기 때문입니다. 그 대신에 5년 동안은 창업자들이 사업을 폐업하지 못하게 해야 한다고 말을 하였습니다. 왜냐하면 마음대로 폐업을 하게 되면 소비자들이 피해를 보게 되기 때문입니다.라고 말을 하였습니다.
그 다음 항공노선을 어떻게 분배해야 하냐고 물어보셔서 기업 쪽에 6을 주고 1인 항공사에 4를 주어야 한다고 말을 하였습니다. 왜냐하면 기업 쪽이 사무실 구비조건이 폐지됨으로써 피해를 보기 때문입니다.
다음에는 어떻게 정보를 찾을 것인가 물어보셔서 책에서 찾아본다고 말을 하였고 그 다음에는 외국 사례가 있는지는 안 찾아보냐고 물어보셨습니다. 찾아본다고 말을 하였습니다. 그 다음은 기억이 잘 나지 않습니다. 죄송합니다.
그리고 공직 가치에는 1줄에서 2줄을 쓰고 경험형에는 1줄을 쓰고 상황형에는 3줄 정도 썼던 걸로 기억이 납니다.

12. 국가직 7급 일반행정직 면접

최대한 정확히 복원하려 하였는데, 미진한 부분에 대해서 먼저 죄송하다고 말씀드리겠습니다.

먼저 과천역 6번 출구에서 7시 20분부터 셔틀버스를 운행하였습니다. 이걸 타면 면접장 바로 앞에 세워줬습니다.

입구에 들어가면 가나다순으로 본인의 조와 순번을 확인할 수 있었고, 명찰을 달았습니다. 토론과 개인발표 모두 응시번호보다 본인이 몇조 몇 번인지 언급하였습니다.

대기장은 극장처럼 계단식으로 되어 있었고, 조별로 그리고 조 내의 번호 순서대로 앉았습니다. 8시부터 간단한 오리엔테이션을 진행하고, 휴대폰을 수거해갔습니다. 그 후 평정표 필적감정란 서명을 하고 응시번호에 지역을 드러내지 않게 검정색 스티커를 붙였습니다.

9시부터 경험형, 상황형 자기기술서를 작성하였습니다. 20분 주어지는데, 이 시간이 엄청 촉박하게 느껴졌습니다.

경험형 문제는 본인이 살아오면서 부당한 요구나 청탁을 받은 경험이 있으면 그것을 적고, 어떻게 대처했는지, 결과가 어떻게 되었는지 적으라고 되어 있었습니다.

→ 저는 이 문제에 대해 군대에 있을 때 옆 부대 훈련 평가가 있어서 근무지원을 갔을 때 상황을 적었습니다. 지원 때문에 부대에 병력이 없는데, 제가 전역 3개월 전 마지막 훈련인 상황이었습니다. 이때 제가 근무표를 짜게 되었는데, 제 동기가 편한 근무에 들어가고 싶다고 청탁을 해 왔습니다. 저는 이 동기에게 마지막으로 후임들에게 좋은 기억 남겨주자고 설득하며, 제가 가장 힘든 시간대에 근무를 들어갔습니다. 그리고 훈련이 끝난 후 동기들끼리 PX에서 회식을 하였습니다. 결과적으로 피로가 분산되어 지원병력이 복귀하였을 때도 무리 없이 부대가 운용되었습니다. 이렇게 적었습니다.

상황형 문제는 교통체증으로 2차선 도로를 4차선으로 확장해달라는 주민들의 민원이 들어오고 있는데, 환경단체는 4차선으로 확장할 시 보존가치가 높은 삼나무 숲이 파괴된다고 반대하고 있을 때, 본인이 주무관이라면 어떻게 할지 서술하라는 문제였습니다.

→ 저는 이것을 네 단계로 나누어 서술하였습니다.
   1. 먼저 삼나무 숲을 훼손하지 않는 대안을 찾아본다.
      ㉐ 우회도로 건설, 고가나 지하차도 건설, 차량 2부제 실시
   2. 위 대안을 분석하였을 때, 교통량 해소가 잘 되지 않을 것이라 생각되면 공청회 등을 열어 전문가 의견도 들어보고, 선임의 의견, 그리고 이와 비슷한 사례 등을 찾아보고 도로를 확장하겠다.
   3. 만약 삼나무를 옮길 부지가 있다면, 삼나무를 그 부지로 옮겨 심고 새로운 삼나무 숲을 조성한다고 환경단체를 설득한다.
   4. 부지도 없다면, 도로확장 공사를 하는 업체에 입찰 과정에서 공원 조성이나 환경부담금을 부칙으로 달아 이 비용으로 환경보전에 사용한다.

10시부터 집단토론을 하러 이동하였습니다. 짐은 대기실에 그대로 두고 검정색 펜 하나만 들고 갔습니다.

복도에 대기 장소라고 발 모양 그림이 그려져 있었고, 거기에 1번부터 7번까지 차례로 서서 대기 하였습니다.

약 10분 정도 시간이 있었는데, 이때 시작할 때와 나갈 때 같이 인사를 드리는 것과 찬성과 반대 중 과반수인 쪽으로 의견수렴을 하자고 합의하였습니다.

주제는 흉악한 사회적 범죄가 최근 많이 발생하고, 국민들이 이런 피의자에 대해 분노하고 어느 때보다 신상 공개에 대한 요구가 높은 상황입니다. 이때 피의자 신상 공개에 대해서 본인의 의견과 그 이유를 2분 정도 얘기하고 자유롭게 토론하시오.

이렇게 출제되었습니다. 관련 내용 중에 찬성 쪽 자료로는 현재 제정되어 있는 흉악범죄 신상공개에 대한 법조문이 있었고, 이러한 신상공개가 수사에 도움이 된다는 것, 그리고 국민의 알 권리에 기여 한다는 것이 있었습니다.

반대쪽 자료로는 무죄추정의 원칙에 반한다. 가족들이 피해를 볼 수 있다. 현행법이 명확하지 않고 불문명하다.(중대한 범죄, 명백한 증거, 공익에 필요한 경우에만 공개 등)

비슷한 정신분열과 조현병을 앓고 있더라도 공개 여부가 달랐음 등

10분 자료를 해석하고, 50분 토론을 하였습니다. 이때 해석할 때도 면접관 3분은 다 계셨고 좌석 배치는 ㄷ자 형태였습니다. 제가 6번이었는데 맞은편에 면접관 3분이 계셨습니다. 거리는 상당히 멀었습니다.

모두 발언 때 본인의 주장과 근거를 얘기하고, 앞의 사람과 내용이 중복되더라도 불이익이 없다고 설명해 주셨습니다. 그리고 원활한 진행을 위해 참여할 수 있지만 그로 인한 불이익도 없을 거라 말씀하셨습니다.

저는 반대 측 입장에서 논지를 전개하였습니다. 찬성이 3인, 반대가 4인이었습니다. 저는 헌법에 규정된 무죄추정 원칙과 가족들의 피해, 법률의 모호함을 얘기하면서 배심원제도 활용, 일 몰법 적용 등을 얘기했고, 반대 측 다른 분들은 흉악범들은 교도소에 수감되는데 그에 대한 법의 실효성, 여론재판으로 인한 사법부의 부담 그리고 특정 사이트를 통해서만 공개, 2심 판결 이후 공개 등을 얘기하였습니다.

찬성 측은 입법취지와 위원회 구성, 그리고 이미 시행되고 있는 성범죄 피해자 신상공개, 헌법으로 보장되어 있는 사법부의 중립성으로 여론재판에 휘둘릴 걱정은 없다 등의 논거를 펼쳤습니다.

7분 정도 남았을 때, 합의점을 도출해 보라고 면접 위원장님이 말씀하셨고, 그때 찬성 측이 반대 측으로 돌아서고 반대 측도 지금은 유예하되 장기적으로 제도적인 마련이 좀 더 이루어진다면 법을 도입하자는 쪽으로 합의점을 도출하였습니다.

토론이 끝나고 오른쪽 면접관분이 찬성 측에서 반대로 돌아가신 분이 반대로 돌아선 게 맞냐고 한 번 더 확인하셨는데, 이게 불리함으로 작용할 거 같진 않았습니다.

토론 후 가져온 도시락을 먹고 각 조 1번부터 개인발표 작성을 하러 갔습니다. 제가 6번이었는데 약 4시간 정도 대기하였습니다. 대기실에서 대기 중에 화장실 이용은 자유롭게 가능하고 가져온 면접자료를 보는 것도 가능합니다.

개인발표를 하러 가면 대기장으로 돌아오지 않기 때문에 모든 짐을 다 가져가고, 그 자리는 2번이, 2번이 가면 3번이 계속 당겨 앉았습니다. 제 차례가 되어 짐을 모두 가지고 개인발표 용지를 작성하러 갔습니다. 개인발표 용지는 먹지 포함 4장이었고, 4장 중 본인이 뭘 가질지는 선택이었습니다. 자료는 문제가 적힌 페이지까지 포함하여 총 4장이었고, 현황과 문제점을 적고 올바른 정책방안을 적으라고 목차의 가이드라인까지 주어졌습니다. 개인면접은 연습 때와 달리 책상이 주어져 있고 반 정도 다리를 가려주어 좀 더 편안한 마음으로 할 수 있었습니다.

개인PT 주제는 스타트업 기업 활성화 방안이었습니다.

구글, 알리바바와 같은 스타트업 기업의 성공사례가 제일 앞장에 있었고, 창업 후 3년 뒤 생존한 기업이 38%인 자료, 가장 어려운 점은 투자금 문제가 제시 자료로 나와 있었습니다. 그리고 투자금은 75% 정도는 본인 자금으로 사업을 시작한다고 적혀 있었습니다. 그리고 우수인재 영입의 어려움과 구직자들이 스타트업을 꺼리는 이유로 대기업과의 임금 격차, 고용의 불안정성 등이 있었습니다. 그리고 해결 방안으로 이스라엘의 요즈마 펀드, 프랑스의 기업과 장기 근로자의 1:2 비율로 적립제, 미국의 R&D 지원 방안 등이 주어져 있었습니다.

저는 현황과 문제점은 주어진 자료를 요약해서 적었고, 해결 방안으로

1. 스타트업 기업 지원 기금 마련
   ① 정부가 주도 → 민간의 참여
   ② 기금 투자자들에게 배당금 지급
   ③ 대기업 참여 독려를 위해 상생기업 인증 실시
2. 우수인력 확보 방안
   ① 스타트업 기업, 연구기관, 대학, 마이스터고 등이 참여한 박람회 개최, 인턴쉽 프로젝트
   ② 희망하는 자에 한해 장기 재직시 월급의 일정부분을 스타트업 기업에 투자 회사가 성장할 시 그 가치만큼 평가해 되돌려 줌
   ③ 스타트업 기업을 창업하거나 장기 재직을 희망하는 대학생에게 장학금과 학자금 대출이자 감면

이렇게 적었습니다.

발표 때, 초기에 정부가 주도해 스타트업 기업을 선별해 기금을 제공해 주고 그 결과를 홍보하여 민간의 참여를 점점 늘려가야 한다고 말했습니다.

그리고 2번의 ②는 정확한 용어가 생각나지 않아 저렇게 적었지만 상장기업들의 스톡옵션을 생각하여 적었다고 말씀드렸습니다. 2번의 ③은 스타트업 기업에 취업하는 취업률과 연계 프로그램 등을 홍보할 수 있도록 하여 장학금 조성에 대학교들이 적극 참여하게 유도하고, 스타트업 기업들이 성장하면 그들에게도 장학기금을 지원 받겠다 하였습니다.

후속 질문으로,

대기업이 참여하게 하면 지금도 벤처기업들이 그 자본에 예속되는데, 그런 일이 발생하지 않겠냐?

→ 초기 자본 형성이 기금 성공의 핵심이라 생각하여 대기업의 참여를 말씀드렸습니다. 핵심 기술에 대해서는 특허권을 정부에서 보호하도록 하고 최대한 대기업에서 독립적으로 운영될 수 있게 보완책을 찾아보겠습니다.

박람회 같은 걸 연다고 하였는데 구체적으로 한 번 말해보겠나?

→ 예를 들어 서울시 같은 경우에 서울창업허브나 혁신센터 등이 있는데, 이런 장소에서 학교는 어떤 기술을 가르치는지, 연구기관은 4차 산업에 관해 어떤 기술을 개발 중인지, 그리고 스타트업 기업은 이런 기술들이 실제로 어떻게 활용되는지를 보여준다고 하였습니다. 이것으로 예비입학생이나 구직자들이 스타트업 기업에 대한 정보를 얻고, 인턴쉽 프로젝트를 통해 스타트업 기업은 원하는 인재를 미리 알아볼 수 있다고 하였습니다.

스톡옵션을 얘기했는데, 상장되지 않은 기업도 이런 제도는 이미 있을 것 같은데?

→ 제가 그 부분에 대해서는 정확히 알지 못했던 것 같습니다. 죄송합니다.

폐업률이 높은데 본인의 적은 월급까지 투자하라고 하면 아무도 안 갈 거 같은데?

→ 안정적인 직장을 원하는 사람도 있지만, 도전적이고 위험하지만 더 많은 보상을 원하는 인재도 많을 거라 생각했습니다.

스타트업 기업에 지원하는 경우에만 학자금 대출이자 감면이나 장학금을 주면 역차별 문제가 발생할 것 같은데?

→ 죄송합니다. 그 부분에 대해서는 좀 더 고민해 보겠습니다. 피티 관련 질문은 여기까지였습니다.

경험형과 상황형을 간단히 브리핑해 보라 하여 구체적으로 브리핑하였습니다.

근무도 힘든 시간에만 들어가고, 끝나면 본인 돈으로 간식도 사줘야 하고 상황병 근무 아무도 안 설 거 같은데?

→ 훈련 지원은 1년에 1번 정도 있는 매우 특수한 상황이었습니다. 평소에는 기피 시간대와 그렇지 않은 시간대를 순번제로 하였습니다.

본인이 공정함을 중요한 가치로 생각하고 있는 것 같은데, 평소에 이 가치를 어떻게 실천하나?

→ 저는 공정함을 매우 중요한 가치로 생각하고 있습니다. 하지만 이 가치를 항상 적용하는 것은 매우 힘이 들었습니다. 그래서 공정함을 실행해야 하는 일이 오면 미리 계획을 주변 사람들에게 얘기해서 뱉은 말은 주워 담을 수 없기 때문에 저 자신에게 구속력이 생기게 하였습니다.

혹시 부당한 청탁을 하거나 승낙한 사례는 없나?

→ 대학교 1~2학년 때 시험기간이 되면 도서관에 자리를 구하기가 힘듭니다. 이럴 때 친구에게 제 자리도 같이 맡아 달라 부탁하거나, 친구의 자리를 맡아줬습니다. 하지만 3, 4학년이 되고 학업량이 많아져서 도서관에 있어야 하는 시간이 길어지자 도서관 자리의 중요성을 알게 되고 양심의 가책을 많이 느꼈습니다. 그래서 그 후로 도서관에 자리가 없을 때는 카페나 빈 강의실을 찾아서 그곳에서 공부를 하였습니다.

우회도로 건설을 하거나 고가도로를 짓게 되면 그 비용이 훨씬 많이 들 것 같은데, 특히 우회도로는 땅을 수용하는 비용이 엄청 큽니다.

→ 재원마련에 대한 보완을 고려하지 못했습니다. 죄송합니다. 비용분석을 해보고 재원마련이 힘들면 다른 대안을 더 찾아봤을 것 같습니다.

너무 면접관들의 말에 동의하지 않아도 돼요. 본인의 생각이 있으면 반박하셔도 됩니다.

→ 재원마련에 대한 분야는 제가 깊이 고민하지 못했던 것 같습니다. 만약 반박할 내용이 있으면 그렇게 하겠습니다.

4차선 도로 확장을 결정하기 전에 환경단체를 설득할 수 있진 않을까? 예를 들어 공청회를 한다든지

→ 네, 환경단체 쪽 전문가와 도로교통의 전문가를 모시고 정부 중재하에 공청회를 열겠습니다. 이 공청회 결과를 가지고 다시 한번 사업에 대한 비용편익 분석을 하여 이 결과로 환경단체를 먼저 설득해 보겠습니다.

4차선 도로 확장을 결정하고 환경단체에서 반대하니까 환경부담금도 걷고, 공원도 지어주고 환경지킴이가 되려는 거 같은데 어떻게 생각하나?

→ 주민들의 요구를 들어줬기 때문에 환경단체에 대한 배려도 해주어야 된다고 생각하였습니다. 100% 다 만족을 시키지 못하더라도, 공원 조성이나 환경부담금을 환경보전에 이용하는 모습을 보여주어 정부가 한쪽의 말만 듣지 않는 모습을 보여주고 싶었습니다.

여기까지가 자기 기술서 관련 후속 질문이었습니다.

법률을 총리령이나 부령에 위임할 때 포괄 위임을 왜 금지하는 것 같나?

→ 법령을 집행하는 과정에서 재량남용이 발생할 수도 있고, 사안별로 다른 결과가 나오면 국민들이 행정의 예측하기에도 혼란이 오기 때문입니다. 이러면 결과적으로 국가의 신뢰도 저하로 이어질 수 있기 때문에 위임은 명확하게 하여야 한다고 생각합니다.

법령과 실무에 차이가 있을 때 어떻게 할 거나?

→ 이 질문은 처음에 제가 정확히 알아듣지 못해서 '죄송합니다. 제가 정확히 이해한지 모르겠지만, 법령과 실무에 차이가 있을 때 어떻게 할 거냐라고 들었습니다. 이것에 대해 말씀드리겠습니다.' 이렇게 말하면서 면접관님들 표정을 살펴보았는데 중간에 고개를 끄덕여 주셔서 그대로 말했습니다.

먼저 법령을 제대로 해석했는지 법령을 다시 한번 살펴보겠습니다. 단순한 내용뿐만 아니라 그 입법취지도 살펴보고, 분명 제가 맡은 실무를 그전에 맡은 전임자가 있을 거라고 생각합니다. 그 분에게 연락하여 물어보고, 같은 부서 선임이나 동료들의 의견도 들어보겠습니다. 또한 다른 부서에 비슷한 사례가 있었는지도 찾아보겠습니다. 그 후에 모든 것을 종합적으로 고려한 다음 집행하겠습니다.

마지막으로 하고 싶은 말이 있는지?

→ 제가 너무 긴장하여 너무 횡설수설했는데, 끝까지 경청해주셔서 감사합니다. 만약 공직에 들어가면 국민들과의 소통도 중요하지만 재원 마련같이 제가 부족했던 부분에 대해서도 좀 더 신경 쓰는 공무원이 되겠습니다. 들어주셔서 감사합니다.

이렇게 면접을 마무리하고 나오는데, 오늘 시간을 딱 맞춘 사람은 처음이라는 말을 들었습니다. 간단한 설문조사를 하고 셔틀버스를 타고 4호선 정부 청사까지 간 후에 집으로 돌아왔습니다. 면접관들이 편하게 해주시려는 것이 보여서 저도 편한 마음으로 할 수 있었습니다. 토론이 좀 아쉬웠고, 개별 면접은 최선을 다했다고 생각했습니다.

13. 빈출 국가직 7급 면접

개별 면접

- 차별받았던 경험, 대처 및 결과
- 곤란한 부탁을 들었을 때 어떻게 대처할 것인지?
- 지역 주민과 환경단체 간에 갈등이 있을 때 중간에서 어떻게 대처할 것인지?

지식형 질문

- 포괄위임금지 원칙이 무엇인가?(일반행정)
- 보세건설장 물품의 반입 반출 절차를 설명해 보시오(관세)
- 관세율의 종류에는 무엇이 있는지 설명해 보시오(관세)
- 관세의 납부 기한에 대하여 설명해 보시오(관세)
- INCOTERMS 거래 조건에 대해서 최소 3가지 이상 설명해 보시오(관세)
- NICS와 BRICS에 대해서 설명해 보시오(관세)
- 함정수사와 위법수집증거배제법칙에 관해서 설명(검찰)
- 법정구속 기간에 대해서 설명(검찰)
- 법정적 부합설, 구체적 부합설, 추상적 부합설 설명(검찰)
- 상상적 경합과 실체적 경합의 차이를 설명(검찰)

분위기

조마다 다르나 밝은 분위기의 조도 있었고, 어두운 분위기의 조도 있었음

> **TIP**
>
> 집단 토의 전에 인솔자가 데리고 가는 경우도 있기에 가급적이면 집단 토의 전에 사회자, 찬성, 반대 역할들을 분류해 놓는 것이 좋음.

14. 빈출 대구시 지방직 면접

Q. (자소서관련) 대구 여름축제에 대해서 다른거 아는거 있나? +꼬리질문

Q. 대구 현안에 대해서 아는거?

Q. 그중에서 하나 자세히 설명

Q. (자소서관련) 인천과 대구 차이점?

Q. 공무원 비리는 왜 발생?

Q. 본인이 생각하기에 비리를 없애려면 어떻게?

Q. 다른 공무원시험 쳐봤나? 국가직 안 가고 지방직 온 이유?

Q. 본인보다 어린 상사 있으면 어떡할 건지?

Q. 인공지능(AI)을 행정에 효율적으로 활용 방안?

15. 빈출 경상북도 지방직 면접

개인 면접
- 시간: 15~20분
- 질문사항: 자소서 기반 질문(경험이나 사실 확인)
  지원지역에 관한 질문 (공약, 지역현안, 특산물, 축제)
  공무원/가치관에 관한 질문(공무원 선서, 공무원 의무)
  상황 질문(예: 상사의 부당한 지시 등)
  전공 질문(예: 인가와 허가의 차이)

개인 면접 질문 사례
Q. 군수 성함?
Q. 경북 지역에 읍, 면이 몇 개?
Q. ××읍의 원래 이름?
Q. 읍의 이름이 바뀐 이유?
Q. 경북의 3대 문화권?
Q. ××지역의 특산물?
Q. 내가 ××군수라면 추진하고 싶은 정책?
Q. 경북에서 학교를 안 다니고 왜 수도권에서 학교를 다녔는지?
Q. 전공이 ○○면 다른 진로가 있지 않은데 왜 하필 지방 공무원을 지원?
Q. 인사성에 대한 세 가지 보기 중에서 적절하다고 생각하는 것 하나를 고르고 이유를 대시오.
    1. 처음 만났을 때만 인사
    2. 만날 때마다 인사
    3. 찾아가서 인사
Q. 필기시험 합격 후 누가 제일 기뻐했는가?
Q. 도청에서 전보 제안이 오거나 도청으로 전입 시험을 칠 수 있다면 갈 것인가?
Q. 결혼을 할 생각이 있는가?

16. 빈출 서울시 소방직 면접

1. 1~2분 간단한 자기소개
2. 어떤 봉사활동과 무엇을 느꼈는지?
3. 스트레스 해소 방법?
4. 정말 가족과 모르는 사람이 있을 시 누굴 구할 건가요?
5. 헌법에 명시되어 있는 소방공무원의 의무
6. 소방공무원 계급 무엇인지?
7. 서울 소방 조직체계
8. 최근에 화를 낸 적은 언제인가?
9. (없다고 하자) 그러면 앞으로 화낼 일이 생기는 겁니까?
10. 마지막으로 하고 싶은 말

17. 빈출 서울시 하반기 소방직 개별면접

1. 자기소개
2. 소통과 화합이 소방조직에서의 역할은?
3. 스트레스 해소법
4. 언제 스트레스를 가장 많이 느끼는가?
5. 리더십 경험
6. 윤창호법 관련하여 음주운전이 일반인, 공무원, 소방공무원의 경우에서 설명해 볼 것
7. 본인이 생각하는 소방관의 상
8. 상사가 부당한 지시를 한다면 (상사의 지시가 위법적인 지시라면)

18. 국가직 7급 외무영사직 합격(이○○)

면접 날은 꼭 면접 장소 주변에 있는 미용실이나 메이크업 들르세요. 결혼식 가는 것처럼 멋지고 예쁘게 해줘요. 저는 정말 머리가 직모인 데다 바가지 머리여서 너무 애같이 보여서 걱정 많이 했었어요. 그렇지만, 메이크업하는 곳에서 머리까지 하고 나니까 정말 신의 한 수였다 싶더라고요. 머리 내가 할 자신 없다 하시는 분들은 돈이 좀 들더라도 꼭 그 면접장 주변에서 꽃단장하고 가세요.

면접 날 저는 밥 제공 안 해준대서 싸갔습니다. 그날은 밥이 입으로 넘어가는지 코로 넘어가는지 모릅니다. 최대한 소화 잘되는 걸로 가져가세요. 샌드위치, 슈크림빵, 죽, 수프, 떡 등등 여러분 각자 잘 맞는 음식을 평소에 알아 두셨다가 가지고 가세요. 그리고 다른 건 몰라도 포도당 꼭꼭 가져가세요. 커피도요. 커피는 카페인 별로 안 든 가벼운 걸로 들고 가세요. 면접 날은 안 그래도 예민해져 있어서 카페인 조금만 들어가도 배가 아프실 수 있어요. 그러면 뭔가 작성할 때 신호가 오면 큰일 납니다. 정말 고통스러워요.(제가 그런 건 아니지만 주위에 보니 그런 사례가 보이더라고요.)

느낀 점
마지막으로 우황청심원은 꼭 전날에도 한 개 드세요. 저같이 쓸데없는 생각 많아서 자꾸 불안 한 사람들은 당일 하나로는 안 듭니다. 저는 고백하자면 면접 보는 주 5일 내내(월~금) 우황청심원 마셨습니다. ㅠㅠ 공부할 때도 진정이 안 되더라고요.

1. 토의
변별력 거의 없다는 분들 계시는데 소홀히 하지 마세요. 토의는 찬반이 나뉘었더라도 절대 비판하거나 충돌하시거나 (그러실 일은 없겠지만) 싸우시면 안 됩니다. 정말 그냥 공감해 주고 잘 들어주고 아이디어가 있다면 그 의견에 보충해 주고 하시면 됩니다. 조에 분위기가 좋으면 좋을수록 면접관분들께서 좋게 봐주셔요. 절대 날 세우고 이기려고 하지 마세요. 토의는 이기기 위해서 하는게 아니에요. 건설적인 무언가를 도출하기 위한 행위입니다. 명심하세요.
PT도 마찬가지지만 토의는 형식이 중요합니다. 안에 어떤 내용이 와도 말할 재료, 방식, 영역 등이 있다면 4~5번 발언하는 것은 쉽습니다. 말을 잘하지 못해도 좋습니다. 꼭 해야겠다 싶은 내용은 좀 꼬이더라도 다 말씀 하세요. 특히 헌법이나 판례를 말씀하시거나 단순하지만 구체적인 아이디어를 제시하시면 점수 딸 수 있습니다.
모두발언은 꼭 자기 경험이나 미래경험, 타인 경험을 넣어서 발언하세요. 마무리 발언은 꼭 겸손하게 하세요. "많이 배웠습니다."라든가, "이런 얘기는 되게 도움이 됐습니다."라든가, "제가 미처 생각지도 못한 부분을 말씀해 주셔서 감사합니다." 등등 최대한 자신을 낮추는 발언이 듣기에도 좋습니다.

2. PT(개인발표)
일정한 틀을 만들어 두시고 그 아래 내용을 채우기 위한 독해를 하세요. 저는 ① 현황 또는 실태 ② 필요성 또는 문제점 ③ 대책 또는 방안 ④ 결론 형식만 사용했습니다. 서론/본론/결론 이런 거 안 했습니다. 일장 연설보다 보고서 형식이 바람직해요.

3. 개별(인성)면접

다 넣으려고 하기보다 자기 자신을 가장 잘 드러내고 어필할 수 있는 부분이 무엇일지 많이 고민해보세요. 전날 면접 보신 분은 자기소개, 지원동기 이런 거 안 물어보셨다고 하셔서 좀 걱정 도 했었는데 저는 다행히 물어보시더라고요. 준비한 걸 그대로 하지 않고 고민했던 그대로 살짝 바꿔서 유연하게 답변 드렸습니다. 고민 많이 해본 보람이 있었어요. ㅎㅎ

4. 느낀 점 및 간단한 팁

(1) '머리가 안 돌아가면 어쩌지?' 이런 생각 하지마세요. 거기 가면 임기응변이든 뭐든 다 동원해서 어떻게든 다 하게 돼있 습니다. 왜냐면 인생이 걸린 문제니까 일부러 걱정하거나 초조해하지 않아도 몸이 알아서 하게 되더라고요. 저는 면접 보는 내내 머리가 한 5배는 좋아진 것 같았습니다. 있는 정신, 없는 정신 다 끌어올렸습니다. 우황청심원에 초콜릿, 포도당, 슈크림빵, 커피 등등의 힘이었습니다. 또, 이런 경험도 해보는구나 생각하니 기분이 좋아져서 시종일관 웃는 낮으로 다녔 던 것 같습니다.

(2) 면접을 해보면 이때까지 자신이 경험한 모든 것을 동원하게 돼 있습니다. 평소 그냥 보고 지나쳤던 것, 부모님께 배웠던 것, 평소 관심 있어 찾아본 것 등등 도움 된다고 생각하면 무조건 끼워 넣었던 것 같습니다. 개그맨 공익광고라든지, 제 부모님께서 프로그래머여서 컴퓨터나 데이터, 정보 활용에 관심을 가지고 찾아봤던 것들이라든지, 일본 애니메이션을 제 가 또 좋아해서 애니메이션에서 봤던 아이디어라든지 뭐든지요. 그러니까 평소에 나랑 관련 없어 하시면서 지나치시지 말고 조금이라도 궁금하면 찾아보고 알아보고 해보세요. 다~ 써먹게 돼 있습니다. 그게 바로 내공이 아닐까 생각합니다. ㅎㅎ

(3) 저는 뭔가, 대답 못 한 게 하나밖에 없어서 못 느꼈는데 지금 적어놓고 보니, 질문이 자잘한 것까지 27개 정도 되는 것 같 습니다. 발표한 시간 7, 8분 빼면 거의 1분에 하나씩 질문하셨습니다. 압박이 없었다고 보기는 힘들 것 같습니다. 솔직히 제가 준비한 것의 3분의 1정도만 보여드린 것 같았는데 40분 훌쩍 지나갔습니다. 마지막에 2분 남았다고 안내해 주시 는 분께서 뒤에서 살짝 면접관 분들에게 알려주실 때 별로 얘기도 못 했는데 어쩌지, 어쩌지? 했던 기억이 있습니다. 정말 눈 깜짝할 사이에 훌쩍 지나간 느낌이었습니다.

(4) 저 같은 경우에는 장점이나 자기소개, 단점, 실패했을 때의 대처, 부정한 청탁을 한 경우의 대처 등은 안 물어보셨지만, 다른 분들 보면 면접이 직렬별로도 달랐지만, 사람마다도 달랐던 것 같습니다. 면접관님들은 여러 사람을 만나시고 하시 니까 대충 감이 오시는 것 같았습니다. '얘는 이런 거 안 물어도 되겠다.', '이런 거 물으면 대답 못 할 거 같은데?' 등 다 알고 계신 것 같아 보였습니다.

(5) 면접도 일정한 원칙을 세워두고 하시면 상황판단이 빨라질 수 있어요. 저는 '진정성, 구체성, 창의성' 세 개의 기준을 세 워두고 준비했습니다.

19. 경기도 7급 합격(류○○)

1. 11/18 면접(경기도 인재개발원 본관 4층)

사전조사서 문제: 자신이 이뤄낸 성과를 남들과 함께 나눈 경험을 쓰시오(저는 사전조사서에 관련 경험이 없는 관계로 남들과 협력하여 성과를 이뤄낸 경험을 썼습니다).

(1) 은평사회종합복지관
- (당시 상황) 바자회 물품을 어귀마당으로 옮기기(릴레이 방식으로 옮기기)
- (내 역할) 오전에는 창고에서 건물 앞 주차장으로 옮기기 → 어귀마당으로 (차량 이동). 오후에는 아파트 창고에서 차량으로 물품을 싣고 어귀마당으로 이동해서 물품을 종류별 (잡화, 아동복 등), 가격별(1000, 3000, 5000, 10000) 분류
- (성과) 바자회 물품을 모두 어귀마당으로 옮김

(2) 면안산 상록구에 있는 노인복지관
- (당시 상황) 어르신 분들 평생프로그램 등록 및 대기장소 안에// (여기까지 쓰고 시간이 다됐습니다.)

토론 면접 주제: 공무원 정년 연장 찬성/반대

제가 개진했던 의견(반대)

- 저는 공무원 정년 연장에 반대합니다. 사례를 들어 임금피크제(왼쪽 면접관님 끄덕하셨어 요)라고 해서 정년 연장하는 대선 윗분.. 죄송합니다. 다시 하겠습니다. 퇴직예정자 월급 일부를 신규 직원에게 이전하는 제도입니다. 근데 이 제도가 세대 간 갈등만 일으켰습니다. 이와 같이 공무원 연장을 하면 세대 간 갈등이 있을 것으로 보입니다. 그래서 정년 연장 대신에 일자리 제공하는 방식이 나을 것 같습니다.

- (이익 충돌 방지 및 부정적 사익 유도 우려 방지를 제기한 찬성 측 입장에 대한 반론) 저는 ○○○응시자님께서는 공무원 연장 찬성 중 이익충돌방지 부정적 이익 유도 방지를 말씀하셨습니다. 이런 문제에 관해서는 민간 일자리를 제공하면 될 것 같습니다. 예를 들어 사회적 기업에 취직한다든가 CJ 택배에서 택배분류를 한다든가 주택공사에서 입주민 관리 서비스를 해준다던가 하고 급여는 정가에 70% 정도 지급하면 그 부분은 해결될 것 같습니다

- (혹시 민간 일자리 제공으로 해결한다는 말씀입니까?에 대한 답변) 그런 것도 있고 공직 내부에서 멘토링을 맡는다던가 민원 계약직으로 채용하는 등 여러 방법이 있습니다.

- (정년 연장하기 전에 민간 기업 정년 보장을 하자는 의견 다음 발언) 인사혁신처에 따르면 퇴직 연령이 53세라고 합니다. 공무원 정년 보장이 됨에도 불구하고 후배들에게 부담될까 봐 퇴직하는 분위기를 개선하도록 임기를 채우도록 할 필요가 있다고 봅니다.

- (공무원 정년 연장을 반대하는 국민들의 인식을 개선하는 방법) 가장 예산이 덜 드는 방법이 정년 보장 인증제를 시행해서 정년보장을 잘하는 기업에게는 관급계약 가산점, 세제 혜택 등을 하면 국민들이 '정부가 일을 하고 있구나'라고 생각하고 공무원 정년 연장에 대한 인식이 개선될 것으로 예상됩니다.

개별면접

Q: 공직 후보자가 된 것을 축하드립니다(감사합니다) 면접은 15분 동안 진행됩니다. 먼저 간단하게 자기소개를 해주시기 바랍니다.

A: 안녕하십니까? 저는 인적성 검사 결과에 나와있듯이 성격이 소극적이고 말수가 적은데요, 이 단점을 극복하기 위해 축제 참여, 봉사활동 등을 했습니다. 특히 은평 종합 사회복지관에서 봉사활동 했던 것이 기억에 남는데요 바자회 물품을 나르는 과정(물품을 릴레이 방식으로 전달하는 몸짓을 하면서)에서 다른 사람과 협력하는 방법과 다른 사람들과 어울리는 법을 터득하였습니다. 물론 이 경험을 쌓는다고 해서 한순간에 바뀌진 않겠지만 공직에 들어 오면 동료, 어떤 일을 할 때 스스로 고민해 보고 상사님의 도움을 얻어 위기를 기회로 만들도록 노력하겠습니다.

Q: 공직가치 중에 중요한 것이 뭐라고 생각하십니까?

A: 저는 적극성이라고 생각합니다. 포항시 같은 경우 규제 완화하려고 허가 안내요원을 배치하고 소규모 건축 허가 상담 등 원스톱 서비스를 진행하였습니다. 그 결과 설립된 공장과 승인된 창업으로 인해 일자리가 창출되고 세수가 증가했습니다. 이처럼 적극적으로 업무를 수행하면 국민들이 행복해지고 공직자도 보람을 느낍니다.

Q: 경기도에 대해 아는 대로 말해주세요

A: 내년에 경기도가 일하는 청년 시리즈를 시행하는 걸로 알고 있습니다. 월 200만 이하 중소 기업 취업자나 다른 데(?) 취업 자는 경기도 지원을 받는 마이스터 통장이 그 예입니다. 그리고 알프스 프로젝트처럼 미세먼지를 지금의 1/3로 줄이기 위 해 전기차로 교체하고 충전기를 설치합니다. 따복이라고 해서 신혼부부나 청년에게 저렴한 임대료로 주택을 공급하는 걸로 알고 있습니다.

Q: 규제가 타 시도 규제에 비해 어떻다고 생각하나요?

A: 제가 타 시도 규제를 알지 못하지만 연천군이 군사보호구역 때문에 45% 규제 대상인 것처럼 수도권 정비계획법 규제를 받 는 걸로 알고 있습니다. 일단 농어촌 지역부터 완화하고 고부가가치를 육성 지역도 규제를 완화하면 기술이 발전될 것입니다.

Q: 본인은 단점에서 소극적이고 말이 없다고 했는데 공직에 들어오면 어떻게 극복하겠습니까?

A: 연수원에 들어가서 서로 어디 합격했는지 같은 간단한 안부를 붙고 교육 프로그램이 있을 것 같은데 같이 협력하면 될 것 같 습니다

Q: 본인 단점이 소극적이라고 했는데 혹시 아르바이트 경험 있나요?

A: 없습니다.

Q: 단점을 극복하기 위해 필기시험 끝나고 봉사활동 하는 것 말고 평소에 자기 단점을 어떻게 극복했나요?

A: 모르는 문제는 선생님과 대면해서 물어봅니다.

Q: 상사와 의견이 다를 때 어떻게 대처할 거예요? (예상치 못한 질문이어서 당황했어요)

A: 상사님이 왜 그런 의견을 내셨는지 여쭙니다. 그리고 제 의견이 맞는지 검증합니다. 그 수단으로 사례집, 동료/선배님/상사 님께 조언을 구합니다. 그리고 업무 회의에 의견을 조정합니다.

Q: 학회나 동아리 활동을 한 적 있나요?

A: 아니오, 없습니다.

Q: 9/7급 업무가 어떤 차이점이 있나요?

A: 업무상 차이는 모르겠고 9급은 자치단체나 동사무소에 근무하고 7급은 본청에 근무합니다.

Q: 9/7급은 급여, 근무지가 차이가 있고 거기에 따라 업무가 다르잖아요. 차이점이 뭔지 생각 해봤나요?

A: 아니요, 생각해 본 적 없습니다.

Q: 9급 시험은 혹시 봤나요?

A: 네. 국가직, 서울시교육청 시험 봤습니다.

Q: 시험공부 얼마나 했나요?

A: 9급 기준으로 2021년부터니까 4년이 훨씬 넘습니다.

Q: 7급 필기시험 붙은 것도 대단한데(?) 9급 시험에 왜 떨어졌다고 생각하나요?

A: 국가직 9급 같은 경우 OMR 작성하다가 종 쳐서 떨어졌고, 서울시 같은 경우 모르는 문제가 많아 일부는 찍었고, 교육청 시 험은 필기에서 붙고 면접에서 떨어졌는데 면접관님 질문에 대답을 잘 못해서 떨어졌습니다.

Q: 시간이 다 됐는데 더 하고 싶은 말이나 자신의 강점을 말해주세요.

A: 저는 면접을 준비할 때 축제 봉사활동 등 중구난방으로 준비했습니다. 이처럼 시행착오를 겪을 수 있겠습니다만 상급자님의 도움을 받는 식으로 단점을 해결하겠습니다. 지금까지 저의 말을 들어주셔서 감사합니다.

특이(?)점

사전조사서가 먹지가 아니고 일반 종이였습니다. 그리고 클리어 파일에 사전조사서와 토론 메모지가 있었습니다. 그리고 주제 는 3개 중에 추첨을 통해서 선정되었습니다. 토론 전 면접장에 들어가기 전에 미리 사회자를 자체 선정하고 찬성, 반대 역할도 조 내부적으로 정했습니다. 그리고 탁자가 없어서 마지막 발언을 제외하고 나머지는 클리어 파일을 든 채로 다른 사람 의견 메 모하고 내 의견을 개진하였습니다.

2. 11/22 면접(경기도청 인재채용동 3층)

사전조사서

문제: 본인이 받아들이기 힘든 또는 납득이 안 가는 상황 대처 경험

　　예) 공무원 증원 반대하는 댓글 보고 나서 인사혁신처에 증원 범위에 대한 홍보 강화 민원 제기

답변: 증원되는 공무원 범위 제시(사회복지, 부사관 등) 및 각 부처별로 홍보하는 걸로 알고 있다고 답변

개별면접

Q: 공무원으로서 갖추어야 할 공직가치 중에 뭐라고 생각하십니까?

A: 저는 적극성이라고 생각합니다. 포항시 같은 경우 규제 완화하려고 허가 안내요원을 배치하고 소규모 건축 허가 상담 등 원 스톱 서비스를 진행하였습니다. 그 결과 공장이 설립되고 창업이 승인되어서 일자리가 창출되고 그것으로 인해 소득으로 세수가 증가했습니다. 이처럼 적극적으로 업무를 수행하면 국민들이 행복해지고 공직자도 보람을 느낍니다.

Q: 적극적으로 일하면 일자리가 창출되고 세수가 증가한다고 했는데 응시자는 본인 적극성 점수 100점 만점에 몇 점을 주고 싶습니까?

A: 제가 답변(내용)과는 달리 성격이 소극적이고 의사 표현에 문제가 있어서 40점을 주고 싶습니다.

Q: 단점을 극복하기 위해 어떤 노력을 했습니까?

A: 저는 10월 11일에 은평종합사회복지관에서 바자회 세팅을 했는데 릴레이 방식으로 다른 사람들과 협력해서 물품을 옮겼습니다. 그리고 과천 축제에 갔다 왔는데요, 관람만 한 게 아니라 달고나 만들고 드론 날려보고 말에게 먹이를 주는 일(?)을 했습니다.

Q: 경기도에 들어와서 하고 싶은 업무가 무엇입니까?

A: 지방자치제도를 연구하여 필기시험 공부 때 배웠던 것들을 활용하고 싶습니다.

Q: 지방자치 연구를 한다고요?

A: 네, 홈페이지에 찾아보니까 그런 업무가 나와 있습니다.

Q: 여기서 하는 업무가 모두 지방자치 업무입니다. 응시자는 경기도에서 무슨 업무를 할지 생각 안했나 보죠?

A: 아닙니다. 제가 청년통장을 통해서 청년들에게 실질적인 도움을 주고 싶습니다.

Q: 경기도에서 시행하고 있는 정책을 말해주세요.

A: 내년에 일하는 청년 시리즈를 하는 걸로 알고 있습니다. 일정 기간 일하면 경기도에서 지원을 해 줌으로써 자립심을 고취하고 자산을 형성합니다.

Q: 경기도에는 몇 개의 시군이 있나요?

A: 31개 시군이 있습니다.

Q: 가장 넓은 시군이 어디인가요?

A: 가장 넓은 곳은 모르겠고 연천, 가평이 땅이 넓은 것으로 알고 있습니다. → 그런 건 아니고요 양평입니다 → 죄송합니다. 숙지하겠습니다.

Q: 직장에서 상사와 의견이 충돌할 때가 있잖아요. 의견이 서로 다를 때 어떻게 하겠습니까?

A: 상사님이 왜 그런지 여쭤봐서 취지를 파악합니다. 그리고 제 의견이 조직 목표에 부합한지 동료나 다른 상사님께 도움을 구합니다. 그리고 나서 상사님과 의견을 조율하는 방식으로 해결해 나가겠습니다.

Q: 만약 그 의견이 위법, 부당하다면요?

A: 솔직히 저는 신입이라 그 의견이 부당한지 잘 모릅니다. (잘 모르겠다?) 그래서 감사관에게 문의하겠습니다.

Q: 응시자는 사전 조사서에 인사혁신처에 민원을 제기했다고 하는데 왜 민원 제기했습니까? (이런 취지)

A: 제가 알기로는 공무원 증원 범위가 사회복지 등과 같은 현장 공무원인 걸로 알고 있습니다. 그런데 공무원 증원 자체를 반대하는 국민들이 많아서 민원을 제기했습니다.

Q: 응시자는 사회 경험 있습니까?

A: 아니오. 없습니다.

Q: 컴퓨터 자격증 있습니까?

A: 아니오. 없습니다.

Q: ○○○씨는 경기도에 들어오면 어떻게 기여하겠습니까? (못 알아들어서 다시 질문 요청 → 다시 질문하셨어요. 근데 답변 내용이 생각 안 나요...)

Q: 본인의 장단점을 간략하게 말해주세요.

A: 저는 질문이 많은 편입니다. 이건 단점이기도 합니다. 이것이 단점이 되지 않도록 모르는 게 있으면 스스로 문제를 해결하도록 노력하겠습니다. 그럼에도 안되면 주변 분들에게 도움을 요청하겠습니다.

Q: 그건 단점이 아니라고 생각합니다. 봉사활동 외에 응시자가 단점을 극복하기 위해서 어떤 노력을 했습니까? (→ 축제 참여 외에요? → 네)

A: 심리치료를 받기는 했습니다.

Q: 시험 준비를 얼마나 했습니까?

A: 4년 8개월 했습니다.

Q: 그러면 국가직도 보고 지방직도 봤겠네요?

A: 네, 그렇습니다.

Q: 9급 응시한 곳 있습니까?

A: 서울시교육청을 봤는데 면접에서 떨어졌습니다.

Q: 10년 후에 어떤 사람이 될 것 같으세요?

A: 그때쯤이면 업무를 종합적으로 이해할 것 같습니다. 청년통장의 문제점을 알아보고 해결할 것 같습니다. (옆 면접관님 고개 끄덕끄덕하셨어요)

Q: 수고하셨습니다.

특이(?)점

토론 면접이 없고 저 포함해서 2명이 재면접을 봤습니다. 오른쪽 면접관님이 압박 면접을 하셨습니다. 왼쪽 면접관은 그렇지 않았구요.

20. 국가직 9급 세무직 합격(박○○)

저는 점수는 여유가 있었지만 비전공자여서 걱정 많이 했습니다ㅠㅠ 면접관님 한 분은 엄청 경청하시면서 뚫어져라 보시고 계속 무슨 필기를 하셨는데 다른 한 분은 질문할 때 아니면 저 잘 안 쳐다보시더라고요... 제가 기억나는 대로 후기 적어보았습니다 내년 세무직 준비하시는 분들 도움이 되길 바래요!!

파티션 입구에서 인사 후 들어가서 평정표 드리고 서있으니 앉으라고 하셔서 인사 한번 하고 앉아도 되겠습니까 한 후 허락받고 인사하니 앉으라고 하셔서 감사합니다 멘트하고 시작.

5분 스피치 발표하는 내내 왼쪽 면접관님께서 뚫어져라 쳐다보셔서 종이는 거의 보지 않고 발표 마침. 발표 끝나자마자 후속질문. (5분스피치는 청렴성과 민주성, TF언급, SNS통한 홍보 및 국민참여프로그램, 현재 국세청에서 시행 중인 블로그 이벤트 및 공모전 등등 말함.)

면(왼)	잘 들었다. 홍보도 좋긴 한데 그럼 홍보에 세무서 전 직원이 다 매달려야 하나? 그럼 다른 업무 차질 생길 텐데? 결국 다른 민원인한테 피해 가는 것 아닌가?
나	전 직원이라기보다는 운영지원과 업무지원팀에서 인사와 홍보를 주로 다루는 것으로 안다. 그 부서에서 집중적으로 홍보하는 것이 바람직하다고 생각.
면(왼)	근데 홍보하려는 정책에 대해서는 관련 부서가 전문적인 지식 갖고 있는데?
나	제 생각으로는 각 부서별로 SNS 소통 응대 시간을 하루에 한두 시간 정도 만들어 그 시간에 전문 부서별로 질문사항 등을 처리하는 것이 한 방법이 될 거 같다.
면(왼)	그럼 본인이 전문 부서라면 홍보 어떤 식으로 할 건가?
나	아름다운 세상 블로그 통한 퀴즈 이벤트나 내가 디자인 프로그램 다룰 수 있으니 캐릭터 등 이용한 홍보 영상 등으로 할 것 같다.
면(왼)	근데 SNS 쓰는 사람 거의 다 젊은 사람들이고 이 사람들은 세금 안 내잖아요 근데 SNS로 홍보할 필요가 있나?
나	50대이신 저희 어머니께서도 블로그 운영하심. 또한 저의 20대 지인들도 쇼핑몰 운영, 블로그 마켓 운영하며 세금 낸다. 더 이상 SNS는 청년층만의 전유물이 아니라고 생각.
면(왼)	근데 어차피 세무서 오는 사람은 다 알고 오는 사람들일텐데 굳이 홍보해야하나?
나	제가 남대구 세무서 견학가보니 세무서 처음 와서 하나하나 여쭤보는 민원인들 많이 봤다. 이처럼 처음 방문하시는 민원인에게 홍보하면 행정효율 극대화될 것 같다.
면(왼)	그럼 SNS 통해 홍보하면 상충되는 공직가치는?
나	(당황ㅠ) 행정정보를 너무 적극적으로 공개하게 되면 비밀엄수가 잘 되지 않을 수도 있다고 생각..이를 방지하기 위해 국가 안보 등 국익과 직결되는 분야 제외하고 국민들에게 직접적으로 영향 미치는 사항에 대해 공표하고 알리는 것이 한 방안이 될 거 같다.
면(왼)	그럼 본인이 결론적으로 정부가 SNS 통해 국민과 소통하는 시대에는 민주성과 청렴성이 가장 중요하다고 말한거죠?
나	네 맞습니다.
면(왼)	그럼 그 이외의 공직가치는 안 중요하나?
나	저는 결국 모든 공직가치가 배타적인 것이 아닌 상호 긍정적 순환관계라 생각. 예를 들어 국민이 참여하게 되면 민주성이 제고되고 이를 통해 신뢰도가 높아지며 행정 외부인이 참여하여 다양성도 확보할 수 있다. 이처럼 모두 연결된 중요한 가치라고 생각한다.
면(오)	이제부터 사조서 질문 시작하겠습니다. 우선 지원동기 말해보라
나	학생회 총무부장 경험과 연결 지어 지원동기 말함 (사조서 1번 내용 거의 그대로 말씀드림. 이 부분은 질문만 적을게요!!)
면(왼)	본인이 총무부장일 때 총무부 내 갈등은 없었나? 과 SNS로 구체적 건의사항은 뭐였나? 그렇게 회계 집행할 때 학과생들 불만은 없었나? 과비 걷어서 뭐하는 데 썼나? 그러한 본인 노력으로 과 행사 참여도 높아졌나?
면(오)	이제 사조서 2번으로 넘어가시죠. (저는 체납처분유예 적었는데 사조서 2번 내가 적은 답변 보시고) 혹시 세법회계 전공했는지?

나	아니요 저는 비전공자입니다.
면(오)	체납처분유예 한다고 판단한 근거는?

그렇다면 아무 제재 없이 무작정 기한의 이익 줄 텐가? 매출채권 뭔지 아나?(대답할 새도 없이 직접 설명해 주심) 체납처분유예 말고 다른 방안은? (유일하게 답변 못한 질문ㅠㅠ 아는 대로 말씀드리고 전공지식은 현업에서 차질 없도록 반드시 보충하겠다고 하니 끄덕끄덕하심) 그럼 본인은 유예하려 하는데 상관은 바로 징수하자고 한다. 어떻게 할 건가? 사조서 질문은 이 정도로 하고... 질문 하시죠[면(원)한테]

면(원)   오늘날 국세공무원이 지녀야 할 자세는?

나   국세청 홈페이지에서 국세 행정 운영 방향에 대해 보았다. 국세청이 추구하는 국민이 신뢰하는 세정 구현을 위해 전문성을 바탕으로 청렴성을 지녀야 한다고 생각.

면(원)   아니 그건 국세청 방향이고. 실제 세무서에서는 국세청이랑 일을 하는 게 아니거든요. 본인이 생각한 본인만의 자세가 있을 거 아냐

나   죄송합니다. 다시 답변드리겠습니다. 저는 열린 마음으로 낮은 자세로 국민의 소리에 귀 기울여 봉사하는 자세가 필요하다고 생각합니다. 얼마 전 국민들 대다수가 국세청을 권력기관으로 인식한다는 기사 본 적 있다 이러한 국민적 인식 타파 위해서 국민들과 소통이 중요할 것 같고 또한 친근한 국세청 이미지로 홍보하되 징수는 적법하게 엄중히 해야 한다고 생각(질문 까먹어서 대충 긍정적으로 마무리함)

면(오)   본인이 세무서 일하면서 가장 중요한 자세는? (비슷한 질문 또 하심)

나   위에 답변 요리조리 바꾸어 다시 대답

면(원)   세정 운영 방향에 대한 본인 생각은?

나   국세청에서 본 대로 대답함

면(원)   종교세 지금 당장 징수하는 것 어떻게 생각?

나   (종교세 처음 들어봄) 적법한 근거 없이 당장 징수하기보다는 국세공무원, 종교인, 관련 법률 전문가 등으로 구성된 TF 구성하여 상호 협의 후에 필요성에 대한 국민적 동의를 얻어 집행하는 것이 옳을 것 같다 결국 납세 의무는 국민이 지는 것인데 국민이 동의하지 못한다면 조세저항으로 이어질 가능성 크다고 생각.

면(원)   그래서 지금 당장 찬성인가 반대인가?

나   지금 당장 징수하는 것은 저는 반대합니다(이때 또 폭풍 메모하심)

질문은 이 정도밖에 기억이 안 나네요ㅠㅠ 이후에 질문 계속 있다가 시간 다 됐다고 밖에서 노크 소리 두 번 정도 들리니까

면(오)   정말 잘하셨습니다. 이제 마무리하죠, 수고하셨습니다. 나가시면 됩니다.

나   (메소드 연기) 아... 벌써 끝난 것입니까...

면(원, 오)(빵터지셔서 껄껄 웃으셨어요)

면(오)   그럼 뭐 마지막으로 할 말 있으면 하세요.

나   제가 전공 지식은 현장에서 민원인들을 도울 수 있도록 차질 없이 철저히 준비하도록 하겠습니다. 또한 지금 이 초심과 떨림을 잊지 않고 국세 행정에 이바지할 수 있는 투명하고 유능한 공무원이 되겠습니다. 감사합니다.

면(원, 오)(아직도 웃으시면서) 수고하셨습니다.

느낀 점

긴장 확 풀려서 의자 옆에 서서 인사 꾸벅하고는 쫓기는 짐승마냥 겅중겅중 나왔어요. 파티션 입구에서 마지막 인사 하는 걸 까먹었네요... 면접 보시는 분들은 저처럼 실수하지 마시고 인사도 하시길 바래요~~~ 그리고 여러 질문을 묻는다기 보다는 한 개의 질문으로 꼬리물기 식으로 여쭤보셨고 경험을 말씀드리면 매우 구체적으로 질문하셨어요. 이런 부분 잘 대비하시면 될 것 같습니다!! 저는 운이 좋아서 7개월 만에 최종 합격하였습니다. 도움 주신 한공 교수님들, 면접에 많은 도움을 주신 이부원장님, 채한태 교수님 모두 감사드립니다!!!♥

21. 검찰직 9급 합격(이○○)

면접은 7월 16일 일요일 오후 조였습니다. 하루 전날 올라가서 근처 친구 집에 머물면서 면접 날 아침에 근처 미용실에서 16000원 주고 머리를 하고 갔습니다. 가방에는 면접 직전에 사용할 구둣솔과 옷에 붙을 먼지를 제거할 테이프도 챙겼습니다. ㅎㅎ 긴장된 마음을 부여잡으며 면접 대기장소로 들어가고 있으면서 준비한 면접 대비 자료를 보며 순서를 기다렸습니다.

1. 5분 발표

주제는 예상한 건 아니었지만 채한태 선생님께서 강조한 4차 산업 중 SNS, 그 SNS 활용해서 소통하는 방법, 그리고 거기에 중요한 공직가치에 관한 것이었습니다. 전 중요한 공직가치를 다양성과 창의성으로 선정하고 발표내용을 준비했습니다. 현재 국민 구성원이 다양해짐으로 인해 요구가 다양해지고 그로 인해 국민들의 의견을 반영할 창의적인 방법이 필요하다로 시작해서 SNS가 그 창의적인 방법 중 하나이고 공직에 들어가서 활용한 방법으로 개인적, 조직적, 그리고 수사활용 부분으로 나누어 발표했습니다. 개인적으로는 활용을 잘 하지 못하는 조직 구성원을 도와주며 조직 내 화합에 기여하겠다는 내용이었고 조직적으로는 홍보, 정책발표에 활용하고 국민들에게 받은 피드백을 바탕으로 수정, 보완해 나가겠다는 내용이었습니다. 수사활용 부분은 SNS 사용시 순기능뿐만 아니라 역기능도 미리 예상하고 대비해서 그를 이용한 범죄에 효과적으로 대응하겠다는 내용으로 발표했는데 끝에는 말이 엉켜서 저도 무슨 말을 했는지 잘 기억이 안 나네요.ㅎㅎ

2. 자기진술서

자기진술서 경험 제시형은 해당 직군(검찰직)에 지원하기 위해 개인이 했던 노력을 기재하는 것이었고 상황 제시형은 형사소송법의 전문법칙과 조직생활이 관련된 내용이었습니다. 공범이 서로 상반된 진술을 하고 있고 중요 참고인은 형사 진술 이후 소재가 파악이 되지 않는 상황에서 동료는 수사를 방해하고 있고 유죄로 기소하기 위해 어떻게 할 것인가 하는 것이었는데 형소법 지식이 없으면 대답하기 조금 어려운 문제였습니다.

경험 제시형에서는 제가 했던 직장생활, 장교로서의 군복무, 꾸준한 체력단련, 필기합격 후 봉사활동, 선택과목으로 형법, 형소법 선택했던 것까지 기재했고 상황 제시형에선 대응 내용을 기재하되 최대한 형소법 관련 용어들을 써서 기재하기 위해 노력했습니다.

3. 면접

우선 두 분이 계셨고 40대처럼 보이는 분은 검찰 공무원 같으셨고 50대처럼 보이는 분은 인사 혁신처 공무원 같았습니다. 거의 대부분의 질문은 젊으신 분이 물으셨습니다.

(1) 지원동기?

직장 생활을 하면서 방송되는 많은 범죄사실에 분노하면서 지원하게 되었다고 말씀드리면서 저의 경험, 경력 등을 말씀드렸습니다. 군복무, 운동 경험에 대해서 여러 가지 작은 추가 질문이 있었으나 잘 기억나지는 않습니다.

(2) 봉사활동 경험?

범죄피해자를 돕기 위해 시민단체에서 봉사활동한 경험과 제대로 보호되지 못한 범죄피해자의 사례도 말씀드렸습니다.

(3) 수사 중 동료가 계속 방해하면 어떻게 할 것인가?

그 원인을 저에게서 우선 찾아보고 없을 시 동료와 면담, 설득 하겠다. 그래도 계속 방해하면 상관에게 보고해서 교체토록 요청하겠다고 했습니다.

(4) 상황 제시형에서 해당 상황에서 왜 참고인의 진술을 증거로 사용할 수 없나?

이론상으로는 피고인 측이 반대신문을 할 수 없어서인데 전 형소법 제314조 관련해서 소재 파악 불가로 인한 상황이 정확하게 판단되지 않아서라는 엉뚱한 대답을 했습니다. 그래서 추가로 전문법 칙이 뭐냐고 물으셨고 전문법칙에 대해 설명드리자 알면서 왜 그렇게 대답했냐고 하시더군요.

(5) 추가 증거 확보를 위해 어떻게 할 것인가?

피고인과 공범의 진술을 기초로 해서 수사전문자문위원의 의견을 참고하고 현수막 등의 홍보로 추가적인 목격자를 찾도록 노력하겠다고 했습니다.

(6) 동료의 방해를 상관에게 보고 시 조직 생활에서 발생할 수 있는 문제와 어떻게 해결할 것인가?

동료에 편견이 생길 수 있는 데 편견이 생기지 않도록 최대한 사실 위주로 말씀드리면서 마찰을 최소화 하겠다고 했습니다.

(7) 지원부서?

아는 사례(범죄 기사)를 설명드리며 피해자 인권부서라고 말씀드렸고 추가 질문으로 현재 해당 부서에서 하고 있는 정책이 어떤 게 있냐고 물으셔서 홈페이지에서 확인한 내용 피해자 구조금, 공익신탁 등 3가지 정도 답변드렸습니다.

(8) 공무원 생활을 하면 스트레스가 많을 텐데 스트레스를 어떻게 해소하나?

수험생활 때 했던 거처럼 운동을 통해서 해결하겠다고 했습니다.

(9) 형사소송법 관련 지식

인사혁신처 공무원으로 보이시는 분께서 미란다 원칙이나, 긴급체포, 현행범 체포 등의 간단 한 전공 지식을 물어보셨고 해당 질문은 미리 준비를 했던 터라 아는 대로 대답했습니다.

(10) 마지막 한마디

수험기간, 수험기간 중 어려움을 말씀드리며 후회를 남기지 않는 검찰 공무원이 되겠다고 말씀 드렸습니다.

끝으로

면접 끝나고 스터디 조원(5명 전원 합격했습니다.)들과 이야기를 나눴는데 법적인 지식을 안 물으셨던 면접관님도 있으셨다고 하네요. 제 경우는 선생님께서 강조하신 대로 상당 시간동안 전공내용, 즉 형소법 관련 내용에 대해 물으셨고 어느 정도 준비했던 터라 자기 진술서 내용 외에는 잘 대답했다고 생각합니다.

선생님이 말씀하신대로 4차 산업에 대한 도서도 미리 한권 읽었고, 미리 지원하고자 하는 부서도 구체화 했습니다. 홈페이지도 자주 들러서 많은 내용을 보고 그중에서도 제가 지원하고자 부서에 대해 특히 많은 정보를 습득했습니다. 어떤 내용을 물어도 대답에 지원하고자 하는 조직과 부서와 연관 짓기 위한 연습했습니다. 면접 날은 미장원에 들러서 머리하고 갔습니다. 이 중에서 뭐가 좀 더 중요했고 덜 중요했는지는 모르겠지만 선생님께서 말씀하신 내용을 바탕으로 열심히 준비해서 제가 했던 면접들 중에는 가장 자신있게 시간이 어떻게 지나갔는지도 모를 만큼 집중해서 면접에 임했고 결과적으로 합격을 했습니다. 가르침에 감사드리며 제가 지원한 동기대로 초심을 잃지 않는 공무원이 되겠습니다.

22. 출입국관리직 9급 합격(곽○○)

면접(5월 말~7월 14일 면접)

5분 발표는 우리나라 외교관이 독도와 동해를 알리는 내용이었습니다. 저는 공무원의 적극 행정과 책임감 제고 방안에 대해 발표했습니다.

자기기술서 1번은 지원부서(과) 및 본인이 한 노력에 관한 것이었습니다.

여기에 국제회의 대행사에서 인턴으로 근무했던 경험과 프랑스 국제워크캠프 활동을 적었습니다. 제2외국어를 못해서 사전에 걱정을 많이 했었는데 다행히 이와 관련된 개별 질문은 없었고, 국제회의 일례에 대해 조금 더 자세히 말씀드릴 수 있었습니다. 2번은 규정 외의 관행에 대해 내부고발이 있는 상황에 대처하는 것이었습니다.

사전에 면접을 준비하면서 기사로 접했던 불법체류자 보호 명령서 발급 과정과 비슷하다고 생각해서 접목시켜 말씀드렸고, 청탁금지법에 대해 후속 질문을 받았습니다.

23. 대구시 일반행정직 합격(조○○)

토론: 스쿨존에서 사고를 줄일 방법 (자료는 한 장에 담아서 준다.)

사전조사서

1. 대구시 공무원 144명 증원하는 것에 대한 본인의 생각
2. 갈등 경험

개별질문

자소서에 대한 것을 많이 질문받았다.

인턴경험, 살면서 힘든 것, 생각했던 원스톱기업지원과에 못 가도 괜찮은가, 남 앞에서 발표했던 경험. 국가산업단지에 대한 브리핑, 일자리 창출에 관련된 정책 설명, 국가산업단지 활성화 방안, 군대에서의 경험, 대구에서 계속 살아왔는지, 무엇이 괜찮았는지 등을 물어보았다.

24. 대구시 추가채용 합격(박○○)

토론 주제: 고령화 사회 방안

2차 토의 때 시간 부족해서 발언을 하지 못했습니다. 그래서 추가 발언 시간에 마무리발언 시간 못 드린 것을 사과드렸습니다. 그래도 이 토의를 통해 고령사회에 바람직한 방향을 찾았으면 좋겠다고 말하고 마무리 했습니다.

개별 면접 들어가고 2~3개의 질문 후에 긴장해서 의자 당겨도 되냐고 하니 미소 지으시며 괜찮다고 해주셨습니다. 이어서 행정법 면접관님이 질문을 했습니다.

Q. 헌법 6조 국민에 대한 봉사자는 무슨 의미라고 생각하는가?

A. 공익 실천과 봉사정신과 소통을 통해 국민께 도움을 드리는 것이라고 생각합니다.

Q. 고령, 초고령 사회 비율이 어느 정도인가?

A. 고령은 14%, 초고령은 20%입니다.

Q. 4차 산업은 무엇인가요?

A. AI(인공지능)기반과 로봇 기반의 기술입니다. 2017년 11월 대구시에서 전기차 100대를 읍 면동 행정복지센터에 전달하였습니다. 이는 맞춤형 복지팀의 기동력도 향상시키고 미세먼지 감축 방안에도 도움이 되며, 연료비용의 절감으로(이때 덜덜 떨어서 버벅였어요) 세금도 절약할 수 있으니 대구시가 4차 산업을 중시하는 데에 매우 동의합니다.

Q. 그럼 3차 산업은?

A. 디지털, 인터넷 기반의 기술입니다! (3차 산업 혁명이죠 그건... 이라고 들었습니다)

Q. 2차 산업은?

A. 생산 산업입니다! (2, 3차 산업을 공부하고 오세요라고 말씀하셨습니다)

Q. 대구 최근 들어온 기업이 무엇이 있나요?

A. 패닉상태여서 생각이 나지 않아 긴장해서 기억 안 난다고 했습니다.

Q. 행정법 관련 질문: 1. 법률 ~~ 행위 2. 법률 ~~ 상항(?) 3. 관습법

A. 제가 긴장해서 질문을 못 들었습니다. 그래서 또 불러주셨는데 1~2번은 도저히 안 들렸어요. 제 귀가 영 안 좋았나 봐요. 그래서 제가 1~2번은 공부가 부족해서 잘 모르겠지만 관습법은 알고 있습니다! 하며 대답했습니다. 관습법은 정부 기관과 일반 시민이 인정한 불문법을 의미합니다. 이는 성문화 되지 않은 것이 특징입니다. 효력으로는 헌법적 효력과 법률적 효력이 있습니다. (아 나중에 찾아보니 관습헌법이 별도로 있는 거여서 마음이 걸리네요. 2, 3차 산업도 공부하라고 들었는데 이것도 대답이 영 별로였어요.)

Q. 자신의 전문성 키우기 위한 노력?

A. 2018년 2월 통계학, 빅데이터를 잡다를 읽었습니다. 이를 통해 버스 운영과에서 빅데이터를 분석하여 효율적으로 노선을 짜고 싶습니다.

Q. 통계학 언제부터 공부했는지?

A. 최근 정부에서 강조하여 관심을 갖게 되었습니다. 공부한 지는 1개월밖에 안 됐지만 공직에 입문하면 꼭 통계학의 학문을 깊이 있게 배우고 싶습니다. (아 이때 아까 행정법에서 부족했던 점을 인정할 걸 그랬어요. 통계학뿐만 아니라 행정법, 행정학, 헌법도 공부하겠다고 할 걸. 어차피 진짜로 할 생각이었는데)

Q. [실무 면접관님 질문] 기피 부서 들어가면 야근할 텐데 어떻게 할 건가요.

A. 저는 공익적 측면이 중요하다고 생각합니다. (이때 엄청 더듬거려서 걱정이에요) 제 심신이 힘들더라도 작은 불편함이라 생각하고 조직원들과 소통을 통해 또 배움을 통해 극복하고 싶습니다.

Q. 공직자의 가치에 대해 어떻게 생각하나, 어떤 가치가 중요한가?

A. 다산 정약용 선생님의 가치를 중요시합니다. 목민심서에 "백성이 목민관을 위해 있는 것이 아니라 목민관이 백성을 위해 있는 것이다."라는 말이 있습니다. 저도 소통과 공감 국민에 대한 진정한 헌신으로 대구시를 윤택하게 만들고 싶습니다. (이때 국민 대신 백성이라고 버벅거려서 긴장해서 말실수했습니다. 죄송합니다. 했어요)

Q. 대구시 정책 아는 대로 대보시오.

A. 1. 염색산업 복합단지와 패션과 관련된 섬유사업이 있습니다.
2. 대구시에서는 4차 산업으로 전기 화물차, 전기 자동차에 힘을 쏟고 있습니다.
3. 관광단지로써 김광석 거리 서문시장 야시장 등이 있습니다.
4. 광주 대구 달빛협약 고속철도(대구 광주뿐만 아니라 영, 호남권을 이어주는 거라 했어요)
5. 노인복지 정책도 매우 중요시하고 있습니다.
6. 물 산업을 중요시합니다. 그에 대한 예시로 금호워터폴리스가 있습니다.

Q. [면접관님] 이상입니까?

A. 네?! 이상입니다! (의료도시 신재생에너지 도시를 안 말했네요. 마음이 너무 아파요. 이상은 제 정신에 있었군요)

Q. 버스운영과 하는 일 말하라

A. 시청 별관의 버스 주무관님께 연락하여 알아본 결과 버스 노선 효율적으로 짜기, 버스 노선 디지털 안내판을 통해 시민 분들에게 버스 도착 정보 알려드리기 등이 있습니다. 라고 해서 이 상황은 면접관님께서 그렇죠. 하고 넘어갔어요.
여기서 앞에서 말한 빅 데이터를 분석해서 버스 승하차 찍는 거 사람들이 안 찍는다고 또 자신도 안 찍으신다고 대답하시고 넌 일반행정직이라 빅 데이터 분석할 일 없이 민원사무하신 다면서 웃으셨어요.(호탕이 아니라 씁쓸한 느낌이어서 마음이 아파요)

Q. 미세먼지의 원인과 문제에 대해 말해보시오.

A. 먼저 문제점부터 말씀드리겠습니다. 문제점은 안구경색이 온다는 점과 호흡기 질환을 일으킨다는 점입니다. 원인은 국외 요인과 국내 요인이 있습니다. 국외 요인은 중국발 황사먼지 국내 요인은 노후한 화력발전소가 있습니다. 해결책으로는 정부와 시민적 측면이 있고 정부적 측면에서는 소통 입법 재원조달적 측면이 있는데 소통적 측면과 시민적 측면에 중점을 두고 말씀드리겠습니다.(침착해 보이지만 덜덜 떨고 말도 더듬거렸기에 제가 듣기로는 좀 별로였어요.)
정부 측면에서 소통적 측면으로는 첫 번째로 TF를 구성하여야 한다고 생각합니다, TF의 구성은 환경부, 기획재정부, 법무부, 국무조정실이 좋다고 생각합니다. 두 번째로는 중국과 협약을 맺어야 한다고 생각합니다. 나무심기, (여기서 또 엄청 버벅거렸어요.) 미세먼지 거래제도 등을 하여야 합니다.(패닉되서 말을 잘 못 했어요. 너무너무 아쉽네요.) 시민 측면으 로는 노후한 차량을 폐차해야 하고 먼지 감축 장비를 달아야 합니다.(이때 또 패닉와서 버벅 거리고 하..)

인사

처음 노크 3번 들어가도 좋습니까? 예 들어가겠습니다. 90도 인사(45도가 떨려서 안 나와요) 의자 옆에서 안녕하십니까! 후 90도 인사 한 번 더. 앉으세요 말씀하셨지만 꼿꼿하게 응시번호 00000000 박○○입니다! 감사합니다! 하고 90도 인사 또 하고 앉았습니다.

나갈 때 인사, 종 친 후 미세먼지 해결안까지 다 말하고 "나가세요."라고 하셔서 감사합니다 하고 일어나서(아 이때 의자를 앞으로 당긴 걸 인식 못 해서 또 의자가 생각보다 무거워서 몸이 살짝 버벅거렸던 게 마음에 또 걸리네요. 마음이 너무 아파요) 경청해주셔서 감사합니다. 하고 문 열고 나가려던 차에 또 90도 인사(문 중간 정도 연 상태에서)하고 나감.

면접 중

그나마 행정법 교수님은 계속 미소 지어주심. (감사합니다.) 그런데 옆에 있는 실무 면접관님은 처음부터 끝까지 고개를 도리도리하시면서 쓰읍 하셔서 마음이 너무 아팠습니다. 말도 많이 버벅거리고 질문 잘 못 듣고 까먹어서 말하는 도중에 "제가 긴장해서 질문을 잊어버렸습니다." 고 했습니다.(질문 다시 듣기 3번 함) 그래도 무제한 미소를 지었습니다. 들어갈 때부터 나갈 때까지 당당하게 미소를 지었습니다. 문제는 내가 틀린 대답을 하고도 미소를 지었고 지금에 와서 생각해 보니 정신 나간 친구라고 생각할 수도 있겠네요.

25. 대구시 사회복지직 9급 합격

1. 사전기술서

(1) 가장 열정적으로 했던 일
(2) 최근 책이나 신문에서 인상 받았던 부분과 느낀 점

2. 집단토론 주제: 고령친화도시

박사님께서 토론 전 나누어 주는 자료에는 20~30%가 빠져있다고 하셨다. 그래서 나는 자료에 나와 있지 않는 부분에 초점을 맞췄다. 노인 일자리 문제에서는 일자리사업에 참여할 수 없는 어르신들을 위한 정책을, 노인건강 문제에서는 치매 중에서도 경증 치매 어르신에 초점을 맞추어 이야기하였다.

3. 개별 면접

면접에서 나는 오전조에서도 1번이었다. 그래서 토론이 끝난 후, 준비할 틈이 없이 바로 개별 면접이었다. 채한태 박사님께서 가르쳐주신 범위 내에서 대부분 질문을 받았다. 다른 조의 이야기를 들어보니 사회복지 관련 질문을 받은 사람들도 있었지만, 나는 일행 면접 같은 질문이 많았다. 그리고 답변이 4~5문장 정도 넘어가면 끊고, 다음 질문으로 넘어가는 스타일이셔서 질문을 많이 받았다. 밑의 질문들 중 지진 대피 3대 요령을 물어보는 질문은 답하지 못하였고 나머지는 모두 답하였다.

느낀 점

면접이 끝나고 면접 강의 듣기를 정말 잘했다는 생각이 들었다. 무엇보다 공부할 범위를 잡아 주어 집중해서 준비할 수 있었다. 또한 토론할 때의 자세, 나의 문제점 등을 잘 체크해 주셔서 점수는 낮았지만 최종합격이라는 결과를 얻을 수 있었다고 생각한다.

사회복지 질문

① 봉사활동 경험
② 사회복지공무원을 한마디로 정의하면
③ 보편적vs선별적 복지 설명
④ 사회복지 관련 본인이 하고 싶은 정책

질문

① 아침에 어떻게 왔나
② 아침은 먹었나
③ 타인에게 지적받은 것과 그것을 고친 사례
④ 자기 능력으로 타인에게 도움을 준 경험
⑤ 지진 대피 3대 요령
⑥ 대구 공항을 이전하려는 이유
⑦ 친구들 사이에서 본인의 이미지
⑧ 최저임금과 일자리안정자금 설명
⑨ 대형화재 원인과 해결방법
⑩ 평창올림픽에 대한 생각
⑪ 마지막으로 하고 싶은 말

26. 대구시 9급

(1)

단점이 뭐냐: 자소서대로 설명함

졸업은 언제 했냐: 설명함

공무원시험 몇 번 쳤냐: 4번 쳤다고 함

대구시 말고 다른 것도 지원했냐: 서울시 지원했다니까 국가직은? 해서 국가직도 했다고 함... 당황해서 솔직하게 검찰직 지원했다고 함 / 근데 지방직이 원래 목표이기 때문에 지방직 칠 때는 진짜 모든 것을 포기하고 열심히 했다고 함

이렇게 오면서 무슨 생각이 들었냐? (필기 합격할 때까지): 오직 붙겠다는 생각을 했다고... 대구시 공무원에 꼭 붙겠다고 생각했다고. 거의 모든 제 삶을 버리고 열정적으로 도전해서 꼭 붙겠다는 생각으로 했다고 함

공무원은 잘하면 본전치기고 못하면 욕을 엄청 먹는다고 하는데 부당한 지시를 동료가 받았다면 본인은 강하게 안 된다고 말할 것인지, 아니면 걍 동료에게 하라고 할 것인지(둘 중 꼭 하나만 답하라): 꼭 그 부당한 지시를 벗어날 수 있는 방안이 찾아보면 있을 것이니 하지 말라 고 한다.

→ 그러면 조직이 뭐 문제가 생기고 계속 답이 아닌 것처럼 유도함... 그래서 상황에 따라 다를 것 같습니다. 부당한 지시인데 저 빼고 모든 조직이 수긍하는 분위기면 따르겠지만, 불법이라면 친구에게 불법은 안 된다고 말하며 강하게 하지 마라고 한다고..

→ 그러니까 관점이 다르긴 한데~~ 하면서 내부고발 뭐시기... 였는데 됐다면서 넘어감...

공부하면서 뭐 과목 중에 힘든 거 있냐: 영어는 자신이 있었고 사회 중에 경제학이 어려워서 제가 인강으로 공부했는데 서울에서 강사분이 지방에 오시면 실강도 가면서 경제학의 어려움을 극복하려 했다고 함.

(2)

자소서에 있는 직무관련 뭐 정책 생각한 거 있냐: 있었던 거 말함

그럼 이제 현안으로 가자며... 현안 중에 대구시가 경제가 계속 안 좋은데(이때 무슨 세종시랑 비교함서 막 말하는데) 그 원인이 뭐냐?: 답변으로, 일자리가 없는데 청년들은 일자리를 찾아 떠나 인구유출이 일어나고 기업의 투자가 안 되고 있다...고 했더니

→ 아니 관점이 다르다며 본인은 결과를 말했으니 원인을 말하라고 함... 그래서 생각하다가 죄송합니다. 라고 했더니 넘어가고

그럼 이건 공부했을 수도 있겠다며 대구가 새롭게 밀고 가는 정책 5가지가 있는데 말해보라고 함: 정책은 많이 알지만 5가지라고 꼽으니 뭔지 몰라서... 5가지는 정확히 모르겠지만 대구시가 하는 정책 몇 개 알고 있는 거 말씀드려도 되겠냐, 된다고 하셔서 물클러스터, 테크 노폴리스, 뭐 이시아폴리스, 대구경북경제자유구역, 자율형자동차 등등 말했더니 → 내가 말 한 5개 중에 딱 2개만 알고 있다며... 그래서 죄송합니다, 숙지하겠습니다.

공무원 청렴성 말고 뭐 다른 덕목 말해보라: 자소서에 있는 책임성 말했더니 → 아니 그건 자소서에 있는 거고, 라고 하셔서... 봉사정신 이야기하고 봉사를 해야 한다는 식으로 횡설수설하고 사례 이야기해도 되겠냐니까 사례는 됐다고 뭔 말할지 알겠다고 넘어감...

그리고 질문 다 했다고 옆에 분께 더 질문있냐 해서, 옆에 분이

공기업에 지원해 봤냐고 해서: 아니요, 저는 공기업 사기업 다 지원 안 해봤다고 하고

떨어지면 어떻게 할 거냐고 해서: 저는 꿈이 늘 공무원이고 지금도 여기 온 게 영광이고 공무원 준비 계속해서 꼭 붙을 거라고 함

다시 옆에 분으로 와서 나보고

공무원은 다양한 방면으로 알아야 하는데 본인은 다른 지원자들보다 조금 부족한 거 같다... 라고 하시며... 많이 익혀야 할 것 같다고 하시며... 우린 대화해보면 40프로만 말해도 다 안다며...

그래서 내가...

아, 준비한다고 많이 했는데 오늘 보니까 많이 부족한 것 같습니다. 죄송합니다. (울먹임) 수고하셨습니다.

27. 대구시 보건직공무원 면접

- 개별면접(남자 면접관님 한 분, 여자 면접관님 한 분)
- 노크 후 목례 / 인사

1. 집단토론에서 사회자를 맡으셨는데 경력이나 대학 생활에서 이런 경험이 많나요?

네, 경력은 아직 없지만 대학생 때 동아리장을 했었고 조별과제를 할 때 대체로 조장을 맡았습니다.

2. 대구 인구가 약 250만 명인데 대구시 정책 아시는 거 말해보세요.

네, 우리 대구시가 현재 하고 있는 대표적인 정책으로는 일자리 정책을 하고 있고 미래를 보고 하는 정책으로는 물산업크러스트, 전기차, 의료관광, 4차산업 관련 정책 등이 있습니다.

3. 말실수를 해서 주변 사람들에게 지적 받은 적이 있나요?

(고민하니까 다시 한번 반복 질문 해주셨어요.)

(고민하다가) 아직 말로 인해 주변 사람들에게 지적받은 적은 없는 것 같습니다.

하지만 성격적인 면에서 지나친 배려심으로 인해 우유부단하다는 말을 주변 사람들에게 들은 적은 있습니다. 하지만 배려심을 잃지 않으며 소신있게 맡은 일을 하려고 하며 일의 우선순위를 먼저 생각하는 습관을 가지려고 노력하면서 지금은 많이 고쳐졌다고 생각합니다.

4. 보건직 공무원의 업무에 대해 알고 계신가요?

네, 보건직 공무원은 전반적으로 보건행정과 검역 등의 업무를 담당하고 있습니다.

예를 들자면, 지역보건의 계획 및 감독, 의약에 개한 협조, 정신보건, 노인보건, 구강보건, 학교보건에 대한 협조, 모자보건 및 가족 계획, 그리고 감염병 예방 및 관리 감독 등의 업무를 하고 있습니다.

5. 살면서 감사했던 경험이 있나요?

제가 먼저: 개인적인 답변인데 대답드려도 되겠습니까? 여쭸고

여자 면접관님이 웃으시면서 괜찮다고 하신 후, 아버지 얘기를 하다가 눈물이 났습니다. 여자 면접관님은 계속 기다려 주시고, 남자 면접관님이 질문지 보시다가 우는 것 발견하시고, 다른 질문지로 넘어가는 게 좋을 것 같다고 하셨어요.

그래서 아닙니다, 답변드리겠습니다. 라고 대답하니 여자 면접관님이 웃으시면서 고개 끄덕여 주셔서 울먹거리면서도 답변 마무리 했네요.

답변 마무리 후 두 번 죄송하다고 말씀드렸어요.

(여기서부터는 순서가 기억이 나지 않아 생각나는 대로 적었습니다.)

6. 공무원에 가장 중요한 덕목은?

저는 청렴성이라고 생각합니다. 공무원은 국민의 봉사자라고 생각합니다.

이처럼 우리 대구 시민들에서 공무원에 대한 좋은 인식을 심어주기 위해서 가장 필요한 것이 저는 투명성이라고 생각하는데 투명성을 유지하기 위한 가장 기본적인 덕목이 저는 청렴성이라고 생각합니다.

7. 보건직 공무원이 된다면 본인은 무엇이 부족할 것이라고 생각합니까?

네, 제가 아직 경력이 없다 보니 지식으로는 알고 있지만 실제 업무 쪽에는 부족할 수 있을 것 같습니다.

하지만 휴학생 시절 7개월간 공장 아르바이트를 했는데 20대는 저 혼자밖에 없었고 업무가 생소했습니다. 하지만 다른 분에게 먼저 늘 웃는 얼굴로 인사하고 빨리 업무를 배우기 위해 노력한 결과, 감사하게도 많은 분들이 친근하게 대해주셨고 업무 노하우도 가르쳐주셔서 나중에 는 인센티브까지 받을 수 있었습니다.

이처럼 보건직 공무원이 된다면 동료와 선배분들에게 배우고 협업해 가면서 빠른 시일안에 업무에 적응할 수 있도록 노력하고 최선을 다하겠습니다.

8. 보건직 공무원이 되기 위해 한 자기 계발이 있나요?

네, 저는 영양사와 위생사 자격증이 있었지만 제9회 수성 체험 한 마당에 상담자로 봉사활동을 한 후 대구시 보건직 공무원을 꿈꾸면서 보건교육사 자격증을 취득했습니다.

그리고 우리 대구시가 의료 관광 등을 통해 외국인 유치에 많은 노력을 기울이는 것으로 알고 있습니다. 이처럼 우리 보건 분야 쪽에도 외국인들이 많이 방문하실 것 같아 면접이 끝난 후에 영어 회화를 등록해 배울 예정입니다.

→ 추가질문: 영어를 잘하시는데 더 잘하기 위해 영어회화를 배우려고 하시는 건가요, 아님 아예 못하시는데 영어회화를 배우려고 하시는 건가요?

네, 길을 물어보시는 경우나 간단한 질문의 경우에는 대답 정도는 가능하지만 아직 일상대화는 불가능합니다. 면접이 끝난 후 반드시 영어회화를 등록해 배우도록 하겠습니다.

→ 추가질문: 지금 우리나라를 방문하시는 외국인들 중에서 영어권보다 동남아 분들이 더 많이 오시는데 그분들을 위해서 어떤 노력을 하실 건가요?

네, 전 그분들이 언어 쪽에서 불편함이 없으시도록 책자나 팜플릿 그리고 포스터 등을 미리 외국어 버전으로 배치해 놓겠습니다.

그래서 그 분들이 우리 보건소나 공공기관에 좋은 인식을 가지시고 다음에도 또 방문하실 수 있게 노력하겠습니다.

9. 왜 다른 직업도 많은데 공무원이 되고 싶나요?

네, 제가 살면서 하고 싶었던 버킷리스트 중 하나가 행복과 봉사가 하나 된 직업을 갖는 것입니다. 제가 행복하고 남에게 봉사할 수 있는 직업군이 보건직 공무원이라고 생각하여 제 꿈을 이루기 위해 지원하게 되었습니다.

(중간에 서로 질문하실 게 없는지 쳐다보신 후 다시 질문하셨어요.)

10. 보건직 공무원이 된다면 본인의 강점은?

네, 저는 먼저 영양사, 위생사, 보건교육사 자격증을 취득하고 있기 때문에 업무적인 면에서 좀 더 전문적으로 할 수 있을 것이라고 생각합니다.

그리고 저의 2번째 강점은 친절함이라고 생각합니다.

우리 보건소나 공공기관에 오시는 모든 분들께 먼저 다가가 인사를 드리고 몸이 불편하신 분들이 있으시면 누구보다 먼저 달려 나가 문을 열어드려 좀 더 우리 보건소를 친근하게 느끼실 수 있도록 노력하겠습니다.

11. 갈등해결 경험?

대학생 2학년 때 동아리 장을 맡은 적이 있습니다.

그때 여행프로그램 문제로 선후배들 간의 갈등이 일어난 적이 있습니다.

저는 선후배들 간의 갈등을 원하지 않았기 때문에 홈페이지에 사전조사 후 사전답사를 통해 등 산과 친목을 접목시켜 갈등을 해결한 적이 있습니다. (좀 더 구체적으로 설명드렸어요.)

→ 후배들이 생각하는 본인 이미지는 어떤 것 같나요?

네. 제 좌우명은 '아름다움은 보는 이의 눈 속에 있다'입니다. 이것은 믿는 대로 된다는 긍정의 힘을 강조하는 말입니다.

저는 이 좌우명대로 늘 긍정적으로 다른 사람을 대하고 배려하려고 노력하였고, 후배나 선배들께서도 좋게 봐주셔서 늘 시험 전날에 독려의 문자를 보내주셔서 감사하게 생각하고 있습니다.

12. 본인이 희생한 경험?

네, 대학생시절 조별과제를 하던 중 발표 전날에 발표자가 사정이 생겨 카카오톡으로 발표를 할 수 없을 것 같다고 말한 적이 있습니다.

시기가 촉박했던 터라 다른 조원들이 하기 꺼려했기 때문에 제가 대신하기로 하고 밤을 새워 발표연습을 해 발표를 했던 적이 있습니다.

→ 추가질문: 왜 본인이 발표를 하겠다고 하였나요?

네, 먼저 시간이 촉박하였기 때문에 다른 조원 분들이 불편해하셨고, 저는 과제를 받으면 미리 자료를 조사하고 꼼꼼하게 정리하는 습관을 가지고 있었기 때문에 연습한다면 발표를 할 수 있을 것 같아 지원하게 되었습니다.

→ (웃으시면서) 결과는 좋았나요?

네, 감사하게도 교수님께서 좋게 봐주셔서 조원 모두 좋은 점수를 받을 수 있었습니다.

13. 공무원을 넘어서 본인이 추구하는 목표는 무엇인가요?

네, 저는 저의 목표를 한마디로 정의하자면 '행복'이라고 말하고 싶습니다. 저도 행복하고 타인도 행복하고 봉사하는 삶을 살고 싶습니다.

14. 질문은 기억 안 나는데 대답으로

저는 늘 버스나 학생시절 스쿨버스를 탈 때 기사님께 인사를 드립니다.

대학생 때 매일 스쿨버스를 타고 다녔는데 4년 동안 한 번도 빠짐없이 기사님께 인사를 드렸습니다.

하루는 내리는 절 기사님께서 붙잡으시며 한 번도 빠짐없이 인사를 한 학생은 제가 처음이라며 내일이 운행 마지막 날인데 마지막 인사를 하고 싶어 붙잡았다고 말씀하셨습니다.

사소한 저의 행동이 저와 기사님 모두를 행복하게 했던 경험이 있습니다.

→ 이건 어떤 습관을 가지고 있었기 때문이라고 생각하나요?

네, 전 감사하는 습관을 가지고 있고 그것을 표현하려고 노력하는 편입니다.

15. 자기소개서에 보니 교수님께서 공무원을 추천해 주셨다고 말씀하셨는데 어떤 면을 보시고 추천하셨나요?

네, 전 늘 강의 최소 30분 전에 미리 예습과 복습을 하는 습관을 가지고 있습니다.

교수님 방이 근처에 있었기 때문에 지나가시다가 제 모습을 보시고는 강의실에 들어오셔서 '넌 무엇을 해도 잘할 것 같지만 공무원을 준비해 보는 것도 좋을 것 같다'라고 말씀하셨습니다.

→ 친한 교수님이셨나요?

아니요, 친분이 있는 교수님은 아니셨지만 방이 근처에 있었기 때문에 제 모습을 자주 보시고 그런 말씀을 해주신 것 같습니다.

16. 보건직 공무원이 되었는데 짐을 드신 할머니와 몸이 불편해 휠체어를 타신 분이 동시에 있고 본인이 딱 중간에 있습니다. 누구를 도와 줄 건가요?

네, 전 먼저 할머니께 다가가 짐을 내려드리고 장애인분을 도와드리고 빨리 오겠다며 상황설명을 먼저 드리겠습니다. 그 후 장애인분을 도와드리고 빨리 달려가 할머니를 도와드려 두 분 다 도움을 드릴 수 있는 방향으로 노력하겠습니다.

그 후 밖에서 호루라기 부셨고 남자 면접관님께서 나가셔도 좋습니다. 라고 하셨어요.

그래서 일단 안 나가고

→ 제가 감정을 조절 못 해 눈물을 보인 점 정말 죄송합니다.

저에게 한 번만 기회를 주신다면 정말 누구보다 최선을 다하고 열심히 하는 보건직 공무원이 되겠습니다. 죄송합니다.

라고 말씀드렸고 제 말씀을 들으신 면접관님께서

한 분은 그건 전혀 상관이 없다, 걱정할 것 없다고 말씀해 주셨고, 여자 면접관님은 웃으시면서 잘했어요. 라고 말씀해 주셨습니다.

그리고 감사합니다. 라고 인사드린 후 문 닫기 전 목례하고 나왔습니다.

0. 점심 드셨나요?

질문으로 가볍게(?) 시작했습니다.

1. 대학교 몇 학년?

4학년이라고 대답하니까 추가 질문 없었습니다.

유예할 건지 안 물어보셔서 좋은 건지 나쁜 건지 모르겠습니다.

2. 자기소개서에 월드비전 후원하셨다고 적혀있는데 느낀 점? 소감?

그 외에 봉사경험? 물으셨는데 압박면접은 아니고 고등학교 때 벽화그리기 봉사활동을 한 적 이 있다고 하니까 그냥 넘어가셨습니다.

3. 고등학교 동아리, 대학교 동아리

4. 행정학과 진학 이유

(자기소개서의 지원동기 - 행정학과 지원동기는 공무원 지원동기와 같음 - 를 말씀하시면 됩니다.)

5. 지방세 종류

준비 안 한 거라 주민세밖에 생각이 안 나서 순간 정적 상태로 있었습니다. 모를 때는 "제가 너무 긴장을 해서 잘 생각이 나지 않습니다. 앞으로 더 열심히 하겠습니다." 이 스킬을 썼어야 됐는 데 계속 머릿속으로 주민세 외에 뭐있지 생각하다가 못써서 너무 아쉽습니다. 제가 대답을 못 하니 면접관님이 두세 개 정도 추가로 가르쳐 주셨습니다. (제가 너무 긴장하여~ 이거도 별도로 연습하시면 모르는 거 나올 때 반사적으로 튀어나옵니다. 애매하다 싶으면 개별면접 연습하실 때에도 이거 쓰시면 됩니다.)

6. 장점

상대방에게 먼저 잘 다가가는 성격입니다. 라고 하니까 대학교 간부 경험 있는지 물으셔서 "제가 3학년 때부터 수험 준비를 하느라 간부 생활은 하지 못했지만 축제와 같은 학교생활은 다 참여했습니다."라고 대답했습니다.

7. 구미시 자랑

8. 구미시에서 펼치고 싶은 정책

7번, 8번 비슷하게 말해서 조금 신경이 쓰입니다. 구미시 자랑에서 국제안전도시, 그린시티, 구미시 추모공원을 다 말해버려서 원래 펼치고 싶은 정책으로 "국제안전도시로 승인된 만큼 치안문제를 해결하기 위한 정책을 펴고 싶다. 예를 들어~" 이런 식으로 준비했는데 살짝 당황해서 어버버했습니다. (제가 봐도 7번과 8번은 유사한 문제에 속한다고 봅니다. 물론 두 문제 다 기초적인 문제기 때문에 이 질문을 분리해서 각각 생각하신 분들은 별도로 대답해도 됩니다.

- 7.구미시를 자랑하고 → 8.구미시의 자랑거리를 좀 더 활성화하고 싶습니다! 라고 말하는 게 뭐가 문제가 되겠습니까? // 비슷한 질문으로 봐도 되고 자신이 지방정부에서 하고 싶은 점을 별도로 생각한 점이 있다면 별도로 말씀하셔도 전혀 문제가 되지 않는다고 봅니다.)

9. 구미시 슬로건과 의미

(지방직이라면 당연히 낼 수 있는 매우 기본적인 문제입니다. 암기하십시오.)

10. 나이가 어린데 나이 차이가 많은 상사가 부당한 지시를 했을 때 (매우 기본적인 질문)

이것도 준비한 질문이었는데 펼치고 싶은 정책 여파로 "일단 수행하겠습니다. 제가 생각했을 때 부당할 수도 있지만 상사님께서 지시하신 이유가 있으실 거라고 생각하고 하겠습니다. 그리고 상사님께 혹시 부당한 걸 알고 지시하신 게 아닌지 여쭤보겠습니다. (→ 이 부분을 말하면서 후회했습니다.)" 이런 식으로 말했는데 굉장히 횡설수설했고 말하다가 중간에 아니다 싶어서 급하게 끝냈습니다.

이 질문이 나름 필수질문(?)인데 세 분 다 '하' 주지 않았을까 걱정됩니다.

이 점은 솔직히 면접자님께서 실수하셨다고 봅니다. 부당한 지시, 의견 차이가 많이 날 때 대처법 등의 상황 제시형 질문은 첫 번째로 위법과 부당이거나 모르는 부분으로 나누고 명백하게 위법이라면 실행하지 않겠습니다. 두 번째로 부당이거나 모르는 부분일 때는 제가 공부가 부족하여 단순히 모르는 부분인지 부당인지 잘 모를 수도 있으므로 상관님께 제 부족한 부분을 여쭈어 보고 내용을 숙지하도록 하겠습니다. // 라고 말씀하십시오. 은근슬쩍 말은 돌리면서도(유사질문일 때는 초점이 완전히 맞지는 않을 수도 있다는 말입니다.) 듣기에는 흡족하니까 이 질문을 만족스럽게 넘길 수 있을 겁니다.

11. 박정희 기념관에 대한 생각

제가 일부러 제 생각 바로 말 안 하고 "주민들의 의견을 수렴하는 것이 가장 중요하다고 생각합니다."라고 돌려 말하니까, 바로

그런 거 말고 본인은 어떻게 생각하냐고 질문하셨습니다.

그래서 몇 초 생각하다가 "새마을운동이 잘 살아보자"라는 취지의 운동인데 그 목적달성도로 는 성공한 것 같다. 그래서 이런 점은 홍보하는 것도 괜찮을 것 같습니다."라고 말도 안 되는 소리했습니다.

 솔직히 이 점은 저도 어떤 식으로 답변을 해야 할지 모르겠네요. 당시 시사적인 내용이었으니 앞으로는 안 나오길 바랍니다.

12. 구미시 인구 유출에 대한 생각

13. 대학 생활 중 가장 힘들었던 경험

원래 조별과제 사례 준비했었는데 갑자기 생각 안 나서 가만히 있으니까 면접관님이 대학생활 말고 그냥 살면서 힘들었던 적 없냐고 물으셨습니다. 근데 여기서 제가 가장 큰 실수를 했습니다. "제가 고시원에서 수험공부를 했는데 그때 아버지께서 수술을 하셨는데 저한테 비밀로 하셨습니다..." 하면서 울었습니다. 미쳤나 봅니다. 눈물은 계속 나는데 이 상태로 가만히 있으면 안 될 것 같아서 울면서 "죄송합니다."라는 말만 다섯 번 넘게 말했습니다. 그러니까 면접관 한 분이 휴지 주셨고 마지막에 나갈 때 "아버지 지금은 건강하시죠?"라고 물으셔서 "네"하고 나왔습니다. 나이 어린 수험생이 울면 최악이라고 하던데 저 괜찮을까요? 창피해서 오늘 운 거 아직 부모님께도 말씀 못 드렸습니다.

14. 면접관이 이 질문은 해줬으면 좋겠다? 마지막으로 하고 싶은 말?

"오늘이 경술국치 107주년이 되는 날입니다. 어쩌고~" 준비했는데 나이 어린 거랑 운 게 걸려서 바꿨습니다.

"제가 나이는 비록 어리지만 어린 나이로 부족함이 있을까봐 수험기간 동안 네다섯 시간만 자고 밥 먹으면서도 암기과목을 복습했습니다. 저의 성실함과 열정은 누구에게도 뒤지지 않는다고 생각합니다." 이렇게 말하고 끝났습니다.

저는 솔직히 커트라인 점수보다 17점 정도 높아서 '보통'만 받자, 이 마음으로 편하게 하려고 했는데 면접대기시간에 도청 직원분들이 요즘은 옛날이랑 다르니까 필기점수 높다고 다 합격하는 거 아니라고 해서 지금 울어서 혹시라도 '미흡' 주지 않을까 너무 걱정됩니다. 교수님 생각이 듣고 싶습니다.

 점수가 이렇게 월등히 높은 분도 걱정이 많으십니다. 저는 필기 커트라인에 0.25점 차이라서 -1.2배수- 면접결과 나오는 2주 동안 식음을 전폐한 수준이 되었습니다. 그러니 면접에서 최대한 완벽한 모습을 보일 수 있도록, 자신이 생각해 봐도 후회가 없을 정도로 최대한 노력하십시오.

29. 경북 구미시 전기직 9급

1. 아버지 전기공사를 그대로 하면 돈을 더 많이 벌 텐데 왜 공무원을 지원했나요?

답변: 저는 남을 도와 누군가에게 힘이 되는 일을 하고 싶었습니다. 라고 답변하고 사례를 2가지 들었습니다. 1개는 아버지 도와드리면서 큰 힘이 된 거랑 친구 자격증 따는 것을 도와줘서 큰 힘이 되었던 거

2. 본인이 공무원이 되면 아버지는 직무관련자인데 아버지께서 청탁하면 어떻게 대처하실 건가요?

답변: 공과 사생활을 엄격히 구분하고 가정에서는 청탁에 대상이 되지 않도록 처신하겠습니다. 아버지께서 청탁을 하신다면 청탁금지법인 김영란법을 설명하여 정중히 거절하겠습니다.

3. 공무원의 의무에 대해 아는 대로 답해보세요

답변: 공무원 6대 의무, 4대 금지의무에 대해 다 말씀드렸습니다.

4. 자신의 업무 스타일이 있는데 상사가 막무가내로 이렇게 하라고 지시하면 어떻게 하실 건가요?

답변: 상사와 자리를 마련하여 소통하여 오해와 갈등을 해결하겠습니다. 갈등이 해결이 안 된다면 소속 기관장께 상담을 신청하여 갈등을 해결하도록 하겠습니다.

5. 밖에서 보는 공무원과 들어와서 공무원 해보면 다른 이미지인데 ???? 질문이 기억은 안 납니다.

답변: 이 질문은 제가 잘못 답변 한 거 같았는데 청렴의무랑 공무원은 국민의 봉사자이다 중심으로 답변하였는데 고개를 끄덕이셔서 넘어갔습니다.

6. 지자체 구성요소를 아는 대로 답해보세요.

답변: 잘 모르겠습니다. 숙지하도록 하겠습니다. 라고 답변

7. 아버지 쪽 관련 민원인? 인지 아버지와 친한 민원인? 인지 기억은 안 나는데 이런 민원인과 갈등이 생긴다면 어떻게 해결하실지

답변: 제가 질문을 잘못 이해한 거 같았습니다. 답변을 청탁은 거절하고 공익과 공무원은 국민의 봉사자이기 때문에 청탁은 거절하겠습니다. 라고 답하니 면접관께서 민원인 갈등을 그렇게 해결하실 건가요? 라고 물으셔서 다시 답변을 바꿔서 민원인과 대화와 소통을 하여 문제점이나 갈등을 파악하여 해결하도록 노력하겠습니다. 해결하지 못하면 상사나 동료에게 도움을 요청하여 해결하겠습니다. 라고 답변하니 고개를 끄덕이시고 넘어가셨습니다.

8. 아버지 일을 배웠다고 하셨는데 설계를 하신다면 어떻게 하실 건가요?

답변: 아버지께서는 기술직 종일을 하셔서 설계에 대해 배우지 못했습니다. 죄송합니다.

9. 청렴하면 떠오르는 인물

답변: 김영란 전 권익위원장님이라고 답변하니 그건 청탁금지법에 대한 것이고 떠오르는 분 없나요 하시기에
네 잘 모르겠습니다. 라고 답변하니
정약용 선생이 안 떠오르나요? 라고 지적 당했습니다.

 저런 이건 지적당하셔야죠 정약용 , 정약용 선생님은 언제나 마음속에 있어야지요!

10. 목민심서 읽어 보셨나요?

답변: 읽지 못하였지만 내용에 대해 들어보았습니다.

 와 제가 목민심서 전문인데 아깝네요. 저도 이거 물어봐 주셨으면 더 좋았을 텐데, 공직자의 가치 부분에서 목민심서 읽었다는 티를 내느라 얼마나 쑥스러웠다고요.

11. 목민심서 들은 내용을 말씀해 보세요.

답변: 지방관의 도리와 지켜야 할 자세가 적혀 있다고 들었습니다. 라고 답변하니 고개를 끄덕이시고 넘어갔습니다.

틀린 말은 아니네요... 그런데 면접 준비생 여러 분들도 가급적이면 목민심서 정도는 읽어 보세요. 좋은 내용 많습니다.

12. 자소서에 전기 안전관리를 철저히 해서 주민을 지킨다고 하셨는데 왜 이렇게 쓰셨나요?

답변: 어릴 적 저희 집 앞에 변압기가 터지는 사고를 목격하여 전기 관리가 안전에 대해 중요하다고 답변

13. 상하수도과에서도 변압기를 관리하는데 변압기가 고장 난다면 어떻게 대처하신다는 건가요?

답변: 변압기 고장원인을 먼저 파악하고 제 능력으로 고칠 수 있다면 제가 고치도록 하겠습니다. 하지만 제 능력으로 고치지 못한다면 예산을 짜서 예산에 맞는 업체에 대행하도록 하겠습니다. 라고 답변 하니 면접관께서 그러니깐 변압기 원인을 파악하고 보수한다는 거네요? 라고 말씀하셨고 저는 네 그렇습니다. 라고 답변하였습니다. 그리고 오후 개별면접은 끝이 났습니다.

느낀 점

면접관님들이 웃지도 않으시고 분위기가 너무 딱딱하여 긴장이 더 되었습니다. 면접관님들 마다 스타일도 다르시고 집단토론 진행도 약간씩 다르다고 들었습니다. 면접장에 가니 긴장도 더 되고 준비한 거 다 말도 못하였고 개별면접 때는 내가 무슨 말 하는지도 모를 정도였습니다.

 그 점 매우 동감합니다. 저도 솔직히 특히 개별면접 때 5급 행정관님이 계속 쓰읍 하면서 고개 절레절레 하시기에 완전 패닉 왔습니다. 거기서 생각하시면 안 되고 그냥 질문에 대한 답변을 혀에서 즉각 반응으로 튀어나올 정도로 연습하고 가셔야 합니다. 그래서 공황상태로 덜덜 떨면서 정답을 내뱉을 수 있습니다.

저는 거의 11시가 되어 면접장에 들어갔습니다. 대기실 바로 앞의 방에서 봤습니다. 진행하시는 분이 문을 열어주셨기 때문에 노크는 하지 않아도 되었습니다.

들어서니 면접관 3분(남자)이 보였습니다. 문 앞에서 눈이 마주쳐서 거기서 인사를 한 번 드린 후, 의자 옆에 서서 다시 인사를 정식으로 드리고 수험번호와 이름을 말씀드렸습니다. 앉으라고 하시기에 "감사합니다."라고 말씀드린 후 착석했습니다. (선생님께 배운 그대로 하였습니다.

^^ 면접을 다 치르고 난 후 느꼈는데, 모두 현직자로 구성된 듯했습니다. 교수님의 느낌이 나는 분은 제가 느끼기에는 없었습니다. 행정학이나 행정법에 관한 직접적인 질문이 없었습니다.)

면접관 1   A씨, 생년월일 좀 말해줄래요?
나   약간 눈을 크게 뜨고 쳐다보았습니다. (순간적으로)
면접관 1   신분확인을 위해서 그럽니다.
나   1990년 O월 O일 입니다.
면접관 1   그럼 질문을 하겠습니다. 상사가 뇌물을 받자고 자기를 유혹하면 어떻게 하시겠습니까? 안 걸릴 것이고 다 나눠 가질 것이니 걱정하지 말라고 설득하는데, A씨는 어떡할 겁니까?
나   상사의 부당한 지시가 불법이라면 절대 따르지 않겠습니다. 그러나... (긴장하여 제가 문제를 잘못 이해했습니다.)
면접관 1   (말을 자르시며) 부당한 지시 말고, 뇌물을 받자고 했는데 어떡할까를 물었습니다.
나   공무원은 법령상 의무를 지켜야하기 때문에 저는 절대 받지 않겠습니다. (죄송하다는 말씀 드리는 것도 깜빡했던 것 같습니다.)
면접관 1   공무원은 원래 청렴의 의무를 지켜야 하죠?
나   예. 라고 말씀드린 후 죄송하다는 느낌으로 살짝 멋쩍은 듯이 웃었습니다. ('청렴의 의무라는 단어를 반드시 이야기 했어야 하는 질문이었구나.'를 깨달았습니다. 평소에 그렇게 공부했던 '공무원의 의무'를 긴장을 해서 아주 쉬운 문제를 완벽하게 대답을 못했습니다.)

 보셨죠? 진짜 쉬운 문제도 생각보다 긴장하면 말이 잘 안 나와요. 이 악물고 준비합시다!

면접관 1   자살예방을 위한 방안은?
나   인간존엄성 교육을 강화하는 것이 1차적인 해결법입니다.
면접관 1   지금 우리 울산에 시장님이 외국 투자 유치한다고 힘쓰고 계시고, 울산의 3대 주력산업이 예전만 못하면서 ICT를 융합해서 새로운 도약을 꾀하고 있는데... (중략)
나   외국인 투자를 위하여 규제를 완화하여야 합니다.
면접관 1   우리 공무원 사회에서 개선되어야 할 점이 무엇이라고 생각합니까?
나   (순간 답변이 생각이 안 나서 속으로는 당황하였습니다. 제가 답변한 것 중 최악의 답변이었다고 생각합니다.) 예. 저의 가장 친한 친구가 울산에서 사회복지 공무원으로 일하고 있습니다. 그래서 평소에 그 친구를 통해서 울산의 공직생활에 대한 이야기를 전해들을 수 있었습니다. 주말에 당직도 서고, 비상근무도 하고, 지역행사에 동원도 되면서 바쁘게 일하고 있다고 들었습니다. 공무원 사회에서 일과 가정이 양립할 수 있는 문화를 잘 정착하여 여성들도 일하기 좋은 곳을 만들었으면 좋겠습니다. 하지만 저는 15년 동안 장사를 하신 저희 어머니를 보고 배우며 자라, 아무리 일이 바쁘더라도 '마음가짐'의 문제라 생각하고 일과 가정이 모두 양립할 수 있게끔 노력하는 사람이 되겠습니다. (진짜 이것 이외에는 아무 생각이 나질 않아 억지로 쥐어 짠 답변이었습니다. 모르겠다고 대답하면 너무 성의 없어 보일까 봐 이렇게라도 말씀드렸습니다.)
면접관 1   (다행히도 면접관 분이 그렇게 썩 기분이 나빠 보이시진 않아 보였습니다.)
면접관 1   그럼 그 사회복지 공무원 친구는 울산 어디서 근무하나요?

나	동구청에서 근무하고 있습니다.
면접관 1	우리 울산에 시정비전과 시정지표를 한 번 말씀해 보세요.
나	예. 울산의 시정비전은 '품격 있고 따뜻한 창조도시 울산'입니다. (여기까지만 말씀드렸을 때도 면접관 3분의 표정이 갑자기 좀 좋아지셨습니다.) 울산의 시정지표는 크게 7가지의 카테고리로 나눌 수 있습니다. 안전제일 울산, 기업과 노동자가 함께하는 울산, 복지울산, 문화도시 울산... 제가 긴장을 하여 다른 것은 잘 생각이 나지 않습니다. 반드시 숙지하여 부족한 부분을 채울 수 있도록 하겠습니다.
면접관 1	(미소를 보이시며) 공부 많이 하셨네? 저는 여기까지 질문을 하고 다음 분에게 넘기겠습니다.
면접관 2	요즘 신불산 케이블카 설치 때문에 문제가 많은데, A씨도 들어보셨죠?
나	예.
면접관 2	A씨 생각을 한 번 말해 볼래요?
나	예. 신불산 케이블카 설치는 울산시가 15년을 기다려온 숙원사업이라고 들었습니다. 저는 개인적으로 케이블카 설치에 찬성하는 입장입니다. 사실 지난달에 저희 아버지와 함께 '영남알프스 복합웰컴센터'에 방문하여 케이블카 설치 찬성서명을 받고 있기에 서명을 하고 왔습니다. 반대하시는 분들의 논점은 크게 2가지로 보입니다. 첫째는 환경파괴, 둘째는 안전성의 문제입니다. 일단 환경파괴적인 면은 이렇게 생각해 볼 수 있을 것 같습니다. 저는 환경보호와 관광이 항상 대립적인 개념만은 아니라고 생각합니다. 관광을 활성화하기 위해서는 그만큼 친환경적인 정책이 동반되어야만 성공할 수 있습니다. 예를 들어, 스위스 융프라우에 가면 산악열 차가 있는데 산악열차를 설치할 당시에는 신불산처럼 환경단체들의 반대가 극심 했다고 들었습니다. 그러나 지금은 스위스 경제를 책임지는 세계적인 관광도시로 인정받고 있습니다. 제가 반대하시는 분들을 만나면, 환경과 관광이 반드시 대립적인 개념만 되는 것이 아니라 오히려 윈윈의 개념이 될 수 있다고 설득해 보고 싶습니다. 또한, 안전성의 문제는 공개입찰계약을 맺을 때부터 자본금 얼마, 종업원 수 얼마 이상으로 기업을 설정하여 철저하게 주민들께 정보를 공개하여 불신을 제거하여야 한다고 생각합니다. (실제로는 이 부분에서 약간 버벅거리며 대답했습니다.) 그리고 국내 최초로 3S 기종을 사용하여...(중략)
면접관 2	(면접관 3분 모두 감탄하시며) 와... 참 공부 많이 하셨네요?

초반에 완벽하게 답변을 잘하지 못했는데, 여기서 많이 만회가 되는 느낌을 받았습니다. 면접 분위기가 이때부터 180도 달라지는 기분이 들었습니다.

케이블카 설치 문제는 B씨가 예상질문으로 만들어준 문제기에 뉴스도 많이 찾아보고 준비를 하여 갔습니다. (선생님께서 알려주신 융프라우를 잘 접목해서 말씀드려서 플러스 점수를 받지 않았나 싶습니다.) 울산시 뉴스를 보다가 신불산 케이블카 문제 때문에 관련 공무원들이 소송을 당할 처지에 놓였다는 기사를 보고 문제의 심각성을 느끼고 있었습니다.

면접관 2	일부러 오늘 면접 와서 말하기 위해서 서명하러 간 것은 아니었나요?
나	사실 공부하기 위해서 방문한 것은 맞지만, 저 개인적으로도 수험기간이 길어지면서 아버지와 데이트하러 갈 수 있는 시간이 거의 없었는데, 참 행복했습니다. (지금 생각해 보니, 면접 때 점수를 따려고 찬성 서명한 것이 아니냐는 뉘앙스로 물어보신 것 같습니다.)
면접관 2	전임자가 실수를 하여, 민원인이 찾아와서 A씨한테 항의를 하면 어떻게 대처하시겠습니까?
나	비록 제가 했던 일은 아니지만, 제가 저희 기관을 대표하여 진정성 있게 그 분께 사과를 드린 후 자리로 모시겠습니다. 일단, 음료라도 대접하며 화를 진정시키겠습니다. 또한, 바로 그 전임자에게 전화를 하여 정확한 상황파악을 한 후 경험 많으신 상사분과 동료분들의 도움을 얻어 빠르고 정확하게 문제를 처리해 드리겠습니다.

> 💬 매우 훌륭한 답변입니다. 진짜 잘하셨네요.

면접관 3분 모두 고개를 끄덕끄덕하셨습니다.

면접관 2	가족이나 친척 중에 공무원이 있습니까?
나	없습니다. 그러나 저희 오빠가 울산시 7급을 목표로 공무원 시험을 공부하고 있습니다. (C씨는 이런 말은 좀 안 좋을 수 있다고 했는데, 반응이 썩 나쁘지는 않았습니다.)
면접관 1	(면접관 3분 모두 놀라시며) 그럼 동생이 먼저 돼서 어떡해? (웃으시며) 오빠랑 몇 살 차이예요?
나	두 살 차이입니다.
면접관 1	다음에 오빠도 꼭 되어서 같이 일하면 좋겠네요.(미소를 보이시며)
면접관 2	제 질문은 여기까지입니다.
면접관 3	지금 울산의 인구가 어느 정도 되는지 아나요? 이 정도로 공부해 왔을 정도면 이런 건 그냥 알 것 같은데... 다른 거 간단한 거 물으면 웬만한 건 그냥 대답할 것 같은데... 아무튼 우리 울산 인구가 얼마죠?
나	예. 119만 정도가 된다고 알고 있습니다.
면접관 3	맞아요. 우리 울산은 현재 119만 정도입니다. 그런데 다른 광역시는 200만, 300만 되는 곳도 있는데 우리 울산이 산업수도라는 위상에 비하면, 인구가 많은 편이 아니라서 우리 울산시가 고민이 많습니다. 앞으로 저출산 고령화 시대에 직면해 있는데, 우리 울산시에 인구를 늘리려면 어떤 대책이 따라야 할까요?
나	예. 울산의 현재 출산율은 1.43명으로 현재 전국 3위입니다. 전국 1위인 전남과 비교하여 매우 근소한 차이로 3위를 차지하고 있습니다. 그러나 울산시도 10년 후면 고령화 사회, 2030년이면 초고령사회에 진입한다고 들었습니다. 따라서 지금부터 울산시도 저출산, 고령화 사회에 대비한 다양한 정책들이 이어져야 한다고 생각합니다. 저출산에 대한 대책으로는 청년실업 문제를 해결하여 취업을 통해 이른 나이에 젊은이들이 결혼하도록 하여 출산을 장려할 수 있을 것 같습니다. 또한... (중략) 고령화 문제로는 노인 분들의 외로움과 무료함, 경제적 어려움 등을 도울 만 한 정책을 펴야 한다고 생각합니다. 노인 분들이 소일거리라도 하실 수 있도록 재 취업정책을 만들어야 하고, 봉사활동 분들의 신청을 받아 독거노인 분들을 케어할 수 있어야 한다고 생각합니다. 경제적으로 어려움을 겪고 있는 노인 분들을 위한 예산도 많이 필요하다고 봅니다.
면접관 3	말씀 잘하셨어요. 그럼 우리 A씨는 결혼을 언제 하고 싶습니까? (이때부터는 저에 관한 개인적인 질문을 많이 하셨습니다.)
나	(약간 부끄럽게 웃으며) 예. 저는 취업만 되면 바로 하고 싶습니다. 저는 울산 남자를 만나서 정년까지 공무원으로 일하며 살고 싶습니다.
면접관 3	(아빠미소를 지으시며) 그 말 녹음해 놓고 싶어요.
나	감사합니다. (저도 면접관분과 눈을 맞추며 같이 웃었습니다.)

 이미 합격이네요.

면접관 3	보니까 공부를 엄청 한 것 같은데 스터디를 했나요, 학원을 다녔나요?
나	스터디를 하거나 학원을 다니지는 않고, 집에서 울산 시청 홈페이지에서 자료도 다운 받아보고, UBC뉴스를 보고 정리도 하고, 아버지께서 등기로 울산신문도 부 쳐주시고 울산 신문도 사셔서 부쳐주신 걸로 공부하였습니다. (선생님 죄송합니다. 학원을 다녔는데 안 다녔다고 말씀 드렸어요. 학원 다녔다고 하면 안 좋아하실 까봐 그랬습니다. 죄송해요. 선생님 짱!~)

 음. 뭐, 존중합니다.

면접관 1	아... 서울 살았어요?
면접관 3	(면접관1에게) 대학을 서울에서 나와서 서울에 있었나봐.
나	예. 서울에서 거주하였습니다.
면접관3	(감탄하시며) 와... 박세리(골프황제) 아빠보다 더하시네. 교육열이 대단하셔.

면접관3	보니까 영어교육과를 나왔는데, 영어를 어느 정도 해요?
나	예. 토익은 950점 정도이고, 토익스피킹은 레벨 7입니다.
면접관3	(면접관 3분 모두 감탄하시며) 우와... 그럼 영어 진짜 잘하네요? 우리 울산시에서 해마다 영어 말하기 경진대회를 하는데 참가자가 거의 없어서 흐지부지 되고 있는 데, A씨가 나중에 꼭 한 번 나가요.
나	(고개 숙이며) 예. 알겠습니다. 감사합니다.
면접관1	그럼 통역도 할 수 있어요?
나	제가 통역까지는 아니지만, 간단한 영어대화는 할 수 있습니다.
면접관3	나이가 30세이시면, 혹시 직장생활 경험이 있나요? (말하시는 뉘앙스가 제가 행정실에서 일한 경험을 전혀 모르시고 질문하고 계시다는 느낌이 들었습니다. 만약 면접관 분이 제 공직경험을 알 경우를 대비해서, 고해성사용(?) 멘트를 준비해 갔는데, 모르신다고 판단했기 때문에 직장경험이 없다고 말씀드렸습니다.)
나	없습니다.
면접관3	직장생활 경험이 없더라도, 그럼 잘 상상을 해보고 생각을 해서 말씀해 보세요. 만약 상사가 본인과 성격이 잘 안 맞을 때, 어떻게 공직생활을 해 나갈 건가요? 그리고 그런 상사에는 어떤 유형이 있을 것 같아요?
나	예. 만약 상사 분이 화가 많으시다 거나 그러면, 상사분을 대하기 어려울 것 같습니다. 하지만 저는 상사 분을 모시고 있는 하급자 된 도리로, 상사분께 제가 먼저 살갑게 다가가도록 노력하겠습니다. 가령, 상사분과 공감대는 없는지도 많이 찾아보고 또 상사 분이 좋아하시는 음료를 취향에 맞게 타서 대접하면서 대화도 많이 시도해 보겠습니다.
면접관3	(고개를 끄덕이셨습니다.)
면접관1	아... A씨 공부 참 많이 하셨네. 면접 참 잘 보셨습니다. 앞으로 같이 일하면 좋겠네요.

💬 당일 합격자 발표네요.

나	경청해주셔서 감사합니다. (긴장해서 일어나지 않고 앉아서 말씀드렸습니다. 이렇게 말씀드린 후, 의자 옆에 일어나서 "감사합니다."라고 말씀 드린 후 나갈 때 문 앞에서 아무 말 없이 고개 숙여 인사를 한 번 더 드렸습니다. 문을 닫고 나왔고 이 렇게 면접이 끝났습니다.)

면접관분들이 문 닫을 때까지 다 보고 계시다는 이야기를 들은 적이 있어서, 문 앞에서도 인사를 드려서, 들어와서 총 4번을 인사를 드렸습니다. 선생님, 이것 잘 한 것 맞나요? 궁금합니다. ^^

긴 글을 읽어주셔서 감사합니다. 다들 합격하시기를 진심으로 기원합니다.

💬 와, 이 분 글 원본에서 이름만 고쳤습니다. 정독 했는데도 오타가 안 보였어요. 과연 대단합니다.

31. 비상계획관 면접

1. 질문지 작성
- 주제1: 공직비리 방지를 위한 장단기 대책, 인권보장 병행방안
- 주제2: 공무원 부패척결이 안 되는 원인 및 대책
- 주제3: 제대군인지원센터 운용의 문제점과 대책
- 주제4: 중점관리업체 비상계획관 임용시 인원, 예산, 인식부족 해결방안

2. 질문내용
(1) 공무원 직위
- 비상계획관 지원동기, 비상계획관의 임무는?
- 군 생활 중 가장 힘들었던 일은?
- 인권보장과 개인 비리 척결이 상충된다면 어떻게 할 것인가?
- 제대군인지원센터에서 취업을 활성화할 수 있는 방안은?
- 정책결정자라면 어떤 정책을 바꾸고 싶은가?
- 눈이 하나 더 있다면 어디에 달고 싶은가?
- 공무원은 왜 청렴해야 하는가?

(2) 주요 질문내용
- 시각장애인에게 빨강장미를 설명해 보시오
- 돈, 명예, 부 중 우선순위를 매기고 그 이유를 말해보시오
- 병원 비상계획관과 업체 비상계획관은 어떤 차이가 있는가?
- 군 전역 후 민간사회에 적응하는 데 가장 중요한 점은 무엇이며 어떻게 극복할 것인가?
- 직장상사가 경험하지 않은 새로운 임무를 많이 부여하였다면 어떻게 해결할 것인가?
- 우산의 일반적인 용도가 아닌 다른 용도는?
- 여군의 군복무에 대하여 어떤 견해
- 문제를 창의적인 발상으로 해결해 본 사례
- 부하직원이 상습적으로 지각을 하는데 어떻게 할 것인가
- 군 복무 간 비난받은 사례와 어떻게 대처?

32. 대구시 7급 합격(김○○)

올해 대구시 면접의 개별발표 주제는 '대구시-베트남 호찌민 시의 2015년 교류협정과 2016년 포럼의 의의를 적고 경제 활성화 방안을 작성하시오.'였습니다. 달랑 저 문장만 나오는 건 아니고 신문 기사처럼 글을 주는 데 참고할 만한 소재가 약간 있습니다. 그리고 토론주제는 '대구시 민원시스템에는 이런 게 있는데 아직 미흡한 점이 많으니 대책이나 발전방향을 어떻게 하면 좋겠느냐'에 대해 토론하라는 것이었습니다. 역시 신문 기사 비슷한 그래프와 인용 자료를 먼저 줍니다. 개별 발표와는 다르게 10분간 읽을 시간을 준 후 머릿속으로 수치나 말할 거리를 기억 했다가 토론할 때 말할 수 있습니다. 이걸 읽으시는 분들에게는 막막하게 들리시겠지만 저도 대구시가 저런 정책을 펼쳤다는 것을 그때 처음 알았습니다. 발표문 적는 건 순발력이 좀 필요할 듯합니다. 적은 내용이 드문드문 생각이 나지만, 한 면접관께서 제가 적은 것을 보고 방안이라기보다는 방안을 위한 준비 과정이고 너무 추상적으로 적었다고 말씀하셨기 때문에 자세하게는 적지 않겠습니다.

33. 국회직 8급 면접

토론면접 때 필요한 자료를 읽는 장소였던 708호 앞 복도에 대기의자를 마련해 주셔서 거기서 기다렸습니다. 예상외로 따로 준비하는 방? 장소?는 없더라구요.!

이후 앞 708호에서 해당 자료에 대해 읽고 난 후, 다른 방으로 옮겨 토론면접을 진행하였습니다. 저희 4명끼리 긴 원탁의자의 좌측에 앉고, 면접관분들은 오른편에 5명께서 모여계셨습니다.

토론
주제가 '대한민국의 저출산과 고령화 문제의 해결 방안에 대해 논하라'였기에, 따로 찬반이 있는 주제가 아니었습니다. 이에따라 사회자도 따로 정하지 않았고, 모두가 돌아가면서 자신이 생각한 해결방안에 대해 말하였습니다.
모든 사람이 '모두발언'의 형식으로 수험번호가 빠른 순부터 순서대로 자신의 생각을 돌아가며 말하였습니다. 이후에는 자유롭게 토론을 진행하였습니다. 서로 묻고 답하고, 보충설명 하는 방식으로 진행하였습니다.

개별면접
생각보다 어려운 질문을 묻진 않으셨고, 한분당 한질문씩 총 10분 남짓으로 걸렸습니다. 저에게 해주신 질문은, '1. 행정부가 아닌 국회공무원으로서 가져야 하는 덕목이나 가치 2. 실패한 경험 3. 헌법이나 법률에 규정되어있는 공무원의 의무 4. (토론면접때의 주제를 끌고와서) 본인의 주관적인 생각으로는 저출산과 고령화문제에 어떻게 대비할 것인지 5. 1년 후 직장생활의 모습'을 물어보셨습니다.^^

34. 소방간부후보생 면접 참고 자료

1. 소방청 독립 필요한가?
- 지속적 관심사항, 소방청독립운영추진회 주장
- 2017. 7. 26. 소방청 신설

2. 소방공무원 국가직 전환 필요한가?
- 지속적 관심사항, 전소발협 소방정책건의
- 울산 집단토론면접 기출문제

3. 생활편의적 단순 민원서비스를 지원하여야 하는가?
- 울산 집단토론면접 기출문제, 지속적 관심사항

4. 비응급, 비긴급 상황에서 구급차 서비스 요청시 구급차 사용 유료화 필요한가?
- 전북 집단토의면접 기출문제, 12년 간부 기출

5. 자신의 안전이 확보되지 않은 상태에서 구조를 위해 진입해야 하는가?
- 울산 집단토론면접 기출문제, 전북 집단토의면접 기출문제

6. 6급 이하의 소방공무원 노동조합 설립 및 공무원직장협의회 가입을 허용하여야 하는가?
- 지속적 관심사항
- 중앙특채 집단토론면접 기출문제, 법안 발의

7. 소방공무원 채용시 응시연령 제한 필요한가?
- 법 개정 시행 최근 완료. 현안 예상, 울산 집단토론면접 기출문제

8. 내근부서에 대한 가산점 제도 필요하나?
- 전소발협 비판리플 다수, 비판기사 다수 / 청장님과 토론 기사 있음

9. 대통령 취임식 관련 국회의사당 앞마당 제설작업, 주변도로 청소를 소방에서 지원해야 하나?
- 비판기사 다수 및 국민 최대관심사항 대통령 관련 이슈

10. 근속 승진 제도 필요한 제도인가?
- 11년 6월 소방위 → 소방경 근속승진(12년 신설)
- 전소발협, 근속승진제도 단축 필요 주장(일반직 9 → 6급 25년 / 소방직 9 → 소방경 30년)

11. 소방관 인력 부족시 구급대원도 화재진압 지원해야 하는가?
- 경기도 포천 소방관 순직 이유
- 본격 도입된 제도, 전소발협 비판의견 리플 다수

12. 여성의 현장 소방활동 배치에 대한 찬반
- 간부 집단토론면접 기출문제

13. 긴급자동차 관련 개정법안 찬반
- 법안 발의

14. 소방공무원 직무행위 관련성이 다소 낮은 임무수행 중 사망시, 국립묘지 안장 필요한가?
- 국립묘지의 설치 및 운영에 관한 법률 개정법안 발의

15. 다중이용업소에 대한 화재보험 가입 의무화 필요한가?
- 필요함

16. 소방관 또는 계속되는 순직사고 예방을 위한 현장대원들에 대한 화재진화사나 인명구조사와 같은 자격제도가 필요한가?

17. 순직공무원 확대적용 찬반
- 13년 법안 발의

18. 반려견과 같은 동물구조 관련 구조대 구급대 유료화에 대한 찬반
- 간부 집단토론면접 기출문제

19. 초과근무수당 소송 찬반
- 중앙특채 집단토론면접 기출문제

20. 6급에 해당하는 소방위와 소방경의 이원적 계급구조를 하나로 통합함에 대한 찬반 여부?
- 인수위원회에 13년 1월 전소발협 소방정책건의

21. 소방공무원 계급제도는 필요한가?
- 서울공채 집단토론면접 기출문제

22. 현 소방공무원 계급제를 학교 교사와 같은 단일호봉제로 변환 필요한가?
- 전소발협 일부 소방관 목소리, 2월 뉴스타운 순직사고 대책 기사

23. 1339(응급의료정보센터) 폐지 및 119 통합 필요한가?
- 서울공채 집단토론면접 기출문제

24. 생활안전구조대 존치 필요한가?
- 서울공채 집단토론면접 기출문제

25. 근무체제(당비비)로 전환 필요한가?
- 경찰이나 선진국은 당비비로 변해야 하고, 다수가 원하지만 현재는 인력난으로 3조2교대

26. 의무소방원 제도를 존치시켜야 하는가?
- 의무소방원 순직사고 잇따름

27. 소방간부후보생 시험제도 보완(소방위→소방장) 필요한가?
- 소방정책건의

28. 삼교대근무 장·단점?
- 지속적 관심사항, 찬반토론보다는 개별면접 자료 예상

29. 기계분야와 전기분야로 이원화된 소방시설관련 자격증 통합 필요한가?

30. 소방조직에서 구급대만 분리 필요한가?

31. 화재와의 전쟁(화재발생비율)을 통한 관서평가 필요한가?

32. 행정소방공무원의 일반 행정공무원으로 개편안에 대한 생각
- 전소발협 일부 소방관 목소리

33. 소방방재청 기초소방체제로 변환에 대한 생각은?
- 전소발협 일부 소방관 목소리

34. 행정직 소방공무원 현장투입에 대한 생각은?
- 전소발협 일부 소방관 목소리 / 그러나 시대흐름에 역행(과거에는 투입했었음)

35. 소방공무원 복제 개정안 찬반
- 관심 많은 현안

36. 지방소방기관 직급상향 법제화 찬반
- 경기도 인력 보충계획 발표 및 일부 기관장 직급상향

37. 소방공무원 응시연령 완화와 선택과목 추가
- 선택과목 추가는 안 나올 듯

38. 구급대 의료지도지원체계는 필요한가?

39. 지역대는 필요한가?

40. 공무원 신원조사는 옳다고 생각하는가?

기타 질문 사례

- 1분간 자기소개
  - 소방을 한 단어로 표현하면?
  - 소방을 영어로 표현하면?
  - 봉사활동 경험
  - 우리나라의 주적은 어느 나라인가?
  - 소방에서 가장 중요하다고 생각하는 것은?
  - 소방출동시 소방기본법에는 긴급출동시 도로교통법에 명시된 법규를 위반할 수 있게 되었는데, 이에 대해 경찰이 같은 행정안전부 소속인데 협조가 되지 않고 딱지를 발급하고 있는 실정이다. 경찰과의 협조방안은?

- 자기소개 1분 내로 하기
  - 봉사활동 경험이 있는가?
  - 소방을 영어로 표현하면 어떻게 해야겠는가?
  - 최근 인사동 화재에서 소방당국의 대응 문제점은 무엇이었는가?
  - 최근 핵관련 북한이 이슈화 되고 있는데 우리의 주적은 누구인가?
  - 소방은 자신에게 어떤 의미인가?

- 직장을 그만두고 이직을 하는 이유?
  - 국가직 전환에 대한 본인 생각?
  - 소방예방업무와 법규조항이 강화되어 국민들이 불만을 토로한다. 이에 대한 해결 방안은?

- 토익 몇 점 나오는가?
  - 사과가 7개 있고, 부패하려는데 일주일 안에 어떻게 먹는 것이 효과적인가?
  - 최근 핵 관련 북한이 이슈화되고 있는데 우리 주적은 누구인가?
  - 여자로서 체력을 어떻게 키울 것인지
  - 여자로서 리더가 어떻게 될 것인지
  - 최근 에너지 다양화가 이슈화되고 있는데, 관련하여 소방에서 접목할 수 있는 대처방법은?
  - 여자로서 중간관리자의 역할을 어떻게 잘 수행할 것인가?
  - 과는 어디 나왔는가?
  - 젊어서 고생은 사서 한다는데 본인은 어떤 고생을 해보았는가?

35. 국가직-세무 9급

1. 요즘 SNS 이용률이 높다는 내용 있었고, 질문은 SNS 이용비율이 높아짐에 따라 중요하다고 생각하는 공직가치 묻고, 그 공직가치를 어떻게 업무에 적용할 것인지.
2. 젊은 층을 SNS 말고 어떻게 정보를 알게 할 수 있을지 생각을 물으셨음.

> 💬 당연히 웹툰은 들어가겠죠? (추가적으로 만화협회에 고문을 보내고, 홈페이지에 주제를 올려 재능 기부를 요청하는 거까지 말하면 될 거라고 생각합니다.

3. 세무직 관련 경험이 부실해서 자기기술서에 적혀 있는 지원동기 말고 다른 지원동기는 없나?
    답변: 대학시절 교양필수로 기업회계 들었습니다. 했는데 다른 거 관련 경험 없냐고 계속 물으셔서 솔직하게 다른 아르바이트는 해보았지만 이쪽 관련 일에 대한 경험이 부족합니다. 죄송합니다. 노력하겠습니다. 했어요...그랬더니 그럴 수 있죠. 그냥 궁금해서 물어 봤어요. 이러셨어요.

> 💬 경험이 부족할 경우 자기소개서 및 자기기술서에 적혀 있는 내용 말고 다른 건 없냐고 물어 볼 수 있다는 걸 염두에 두자. 또 이 분이 자신의 부족함을 인정한 건 개인적으로 잘한 부분이라고 생각합니다.

4. 세무직은 힘들어서 많이 이직한다. 이런 말씀 하시고 혹시 세무직을 위해 본인은 어떤 노력을 하는가? (할 것인가? 라고 봐도 무방하겠네요.)
    답변: 이건 진심 면접특강 때 채한태 교수님이 미리 자격증 같은 거도 알아두면 좋다 하셔서 찾아봤었거든요. 그래서 그거에 대해서 자세히 말씀드리고 저는 이 자격증을 따기 위해 언제 시험을 칠 것인지도 말씀드렸어요. 그러고 나서 2번 자기기술서로 넘어갔어요.

> 💬 위 답변 구성대로 하시면 충분합니다. 어떤 노력을 할 것인지에 자격증 또는 특정학문을 공부하겠다고 하면 면접관 교수님이 좋아하십니다. 저도 빅데이터 관련해서 통계학 이론공부를 해보고 싶다고 하니 엄청 좋아하셨습니다.

5. 마지막 질문: 본인이 생각하는 가장 중요한 공직가치가 뭐냐?
    답변: 청렴성이 중요하다. 특히나 세무직은 돈을 다루기 때문에 국민과의 신뢰가 중요하다 어쩌고 저쩌고 말하고 나왔어요.

마무리
두 분이서 제 말이 끝나고 눈짓하시더니 수고했다고 하셨어요. 감사합니다. 하고 돌아서 나오다가 파티션 입구에서 다시 배꼽인사하고 나왔어요. 보니깐 저 나갈 때까지 보고 계시더라고요. 이렇게 면접이 끝났습니다. 우수가 진짜 간절했는데 합격한 거 보니 우수 받은 거 같아요. 저 같은 경우는 5분 스피치와 자기기술서 외에는 전혀 다른 질문을 하지 않으셨어요. 오직 그 범위 내에서만 질문받았습니다.
하지만 같이 스터디 한 분들은 그 이외에도 세법지식도 묻고 이슈 같은 거(종교세에 대한 생각) 물었다고 하네요.

면접 준비
끝으로 저는 준비할 때 기본자세 이런 거는 스터디원들과 서로 교정했고 내용공부는 채한태 교수님께서 말씀하신대로 국세청 홈피랑 국세청 관련 블로그 카톡 다 봤습니다. 그리고 어떤 질문을 받더라도 자세히 진실성 있게 말하기 위해 경험도 많이 생각해뒀어요.(다른 분들도 많이 말씀하시지만 웬만하면 경험 하나로 많은 질문을 대답할 수 있어요!

> 💬 공감합니다. 경험 4~5개로 질문 싹 다 돌려막기 가능합니다.

그리고 세무서에도 2곳이나 다녀보고 설명 들었습니다. 저희 스터디는 이렇게 모두 최종합격 했어요!!

1. 자기기술서: 다른 사람들이 의견이 첨예하게 대립하고 있던 상황을 해결하였던 경험이 있다면?
    → 학교 Business English 과목 수강 중 A와 B가 사업아이템 주제로 의견이 대립 조장이라서, 내가 다수결로 해결하자고
      함. 다수결로 해결은 되었으나, B가 마음이 상해서 참여를 하지 않으려 함 → 그래서 밖에서 따로 만나 이야기를 나눔 →
      고심 끝에 B가 아이디어를 내었던 내용을 접목함 → 식사도 같이함
2. 5분스피치: 균공애민의 의미와 이를 실천하기 위한 방안?
    의미: 같은 것은 같게, 다른 것은 다르게 평가하는 실질적 평등의 의미 사회적 약자를 보호해주고, 조세를 통해 소득 재분배
          의 효과를 누릴 수 있음
    방안: 1. 인식적 측면 → 헌법 7조에 명시된 국민 전체의 봉사자라는 의식이 부족
                        → 교육프로그램을 통해 개선
          8. 제도적 측면 → ① 사회적 약자를 위한 구체적 제도 마련   ㉾ 다문화가정, 대학생
                          ② 균공애민의 정신 잘 실천한 공무원에게 보상
                          ③ 법제화(국가공무원기본법)를 통해 구체적 실천하도록 유도

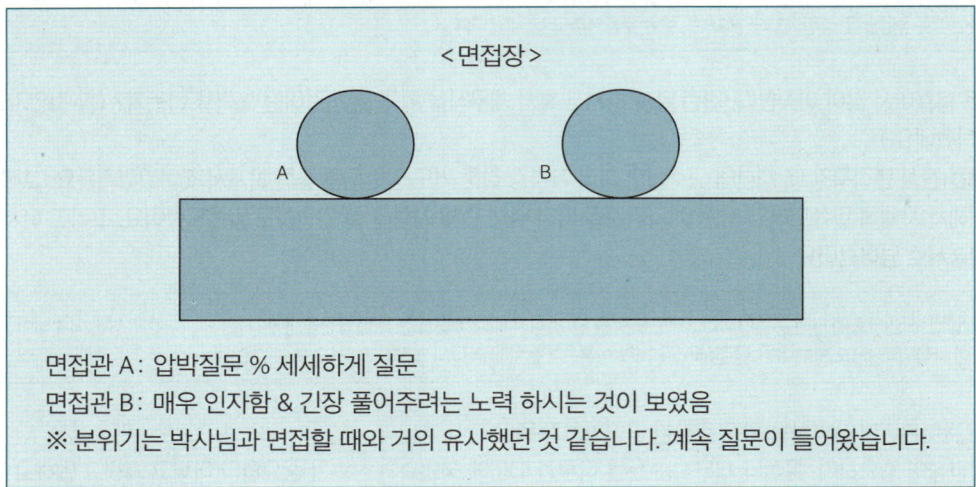

<면접장>

A   B

면접관 A: 압박질문 % 세세하게 질문
면접관 B: 매우 인자함 & 긴장 풀어주려는 노력 하시는 것이 보였음
※ 분위기는 박사님과 면접할 때와 거의 유사했던 것 같습니다. 계속 질문이 들어왔습니다.

5분스피치 발표 후 질문 시작

Q(A): 사회적 약자에게 관심 많은 것 같은데 공무원이 되면 구체적으로 어떻게 하겠나?
→ 제가 2013년 7월 다문화가정복지센터에서 봉사활동을 하면서, 다문화가정아이들에게 관심이 많이 생겼다. 그러한 아이들
  에게 현재 국세청이 잘하고 있는 제도 중 하나인 근로장려금을 벤치마킹해서 소득요건과 재산요건을 충족한 가정에게 실질
  적 소득을 지원해 주고, 아이들이 학교생활에 잘 적응할 수 있게 도와주는 방과후 프로그램을 제공하고 싶다.

Q(A): 그럼 사회복지직이 더 잘 맞는 거 같은데?
→ 그렇게 생각하실 수도 있겠으나, 저는 세금을 잘 알지 못하는 민원인들을 위해 도움을 주어 저의 행복을 찾기 위해 세무직을
  지원하였습니다.

Q(B): 친척 중 사업을 하는데 수금을 하지 못했다. 그래서 납세자 재산을 좀 알아봐 달라고 했다면?
→ 저는 국가 공무원은 납세자의 권리를 보호할 의무가 있다고 생각합니다. 그래서 친척분께는 죄송하지만, 정보를 못 드릴 것
  같다고 얘기할 것입니다.

Q(B): 그럼 친척 얼굴을 나중에 보기 어렵지 않겠나?
→ 음..저는 일단 공무원이 납세자의 권리를 보호해야 한다는 것이 더 중요하다고 생각합니다. 그래서 친척분께는 나중에 식사
  자리에서 이러이러한 사정으로 보여드리지 못해서 정말 죄송하다고 말씀드리겠습니다.

Q(B): 납세자 정보를 무단으로 제공할 시에는 형사처벌과 파면과 ~~~~(설명)

→ 네 잘 알겠습니다.

Q(A): 자기 기술서를 보니까 사업 아이템을 구상했다고 했는데 이것을 구체적으로 설명해 보아라.

→ 맥주컵 개발 내용 잘 얘기

Q(A): 여기서 사업 주제를 선정하면서 갈등이 생긴 것 같은데 구체적으로 설명해 보아라

→ 팀원 중 저 혼자 여자였습니다. 저는 세세한 감정을 잘 캐치할 수 있는 장점을 가졌습니다. ~~~~~등등

Q(A): 이 사례를 통해 느낀 점이나 교훈은?

→ 제가 조장이 되었을 때 단순히 다수결로 사업 아이템을 선정하고 역할 배분을 하면 되는 것인줄 알았습니다. 하지만 다수결로 어떤 의견을 선택하였을 때 선택당하지 못한 사람의 마음도 헤아려야 한다는 것을 알았습니다. 그리고 협동을 하면 좋은 성과를 얻을 수 있다는 것도 깨달았습니다.

Q(A): 그럼 친구 얘기가 나와서 그런데 이 상황에는 어떻게 대답할 것인가 많이 궁금하네요~ 친구들과 1년 전부터 여행 계획을 세우고 있었다. 그런데 여행날짜가 닥쳤는데, 갑자기 회사 동료가 아파서 업무를 못 하게 되었다. 그런데 이건 당장 업무를 누가 대신 하지 않 으면 안되는 일이다. 이 상황에서는 어떻게 하겠는가?

→ 저는 직장이 단순히 노동에 대한 대가를 받는 곳이 아니라 삶의 터전이라고 생각합니다. 또한 친구의 관계도 소중합니다. 하지만 동료가 아파서 하지 못한 일이 아주 중대한 일이라면, 저는 해외여행을 많이 다녀온 친구에게 교통편과 숙소가 어떤 면에서 청결하고 어떤 면에서 접근성이 좋고 이러한 세세한 내용들을 알려 줄 것입니다. 그리고 저는 동료가 하지 못한 업무를 처리하겠습니다.

Q(A): 친구들이 가만있을 것 같은가?

→ 물론 친구들이 섭섭해하겠지만, 회사의 업무가 아주 급한 일이라면 저는 업무를 처리하겠습니다. 그리고 아쉽지만 저는 여름이나 겨울 휴가 때로 여행을 미룰 것입니다. 또한 제가 피치 못한 일이 생겼을 때에도 동료의 도움을 받을 수 있는 경우가 있을 것입니다. 서로 서로 돕고 사는 것이 좋다고 생각합니다.

Q(A): 그럼 업무를 대신해 줄 사람이 3명이 있는데 서로서로 눈치를 볼 상황이라면?

→ 그분들께 제가 1년 전부터 친구들과 계획한 여행이 있는데 이 업무를 대신 해주면 안 되는 것인지 간곡하게 요청하겠습니다.

Q(A): 그래도 안 된다고 하면?

→ 그럼 제가 맡겠습니다. 저의 성격상 저는 제가 맡은 일은 처리해야 하는 것이 좋습니다.

Q(B): 혹시 그럼 국세청의 여러 제도들 중 현금 영수증 제도를 도입하게 된 배경이나 뭐 아는 것이 있으면 설명해 보세요~

→ 제가 알기론 현금영수증 제도는 2005년도부터 시행된 것으로 알고 있습니다. 이러한 현금영수증 제도는 세율은 높이는 것이 아니라 숨어있는 세원을 찾아 부과하는 것이기 때문에 조세저항을 줄이면서 세입을 확보할 수 있는 제도입니다. 또한, 자영업자의 세금 탈루를 막고, 지하경제를 양성화 시키는 제도입니다. 현금영수증 의무 발급 사업자는 현금거래 10만원 이상 시 의무발급을 해야 하고, 국세청 보도자료에 따르면 다음 달부터는 안경소매업, 가구소매업으로 업종이 추가 된다고 보았습니다. 만약 현금영수증 의무발급 사업자가 영수증을 발급하지 않을 시에는 과태료 50%를 부과한다고 알고 있습니다.

Q(B): 공부 많이 했네요

→ 감사합니다.

Q(A): 시간 20분 다 지난 것 같은데 이쯤에서 끝내죠~

→ 경청해주셔서 감사합니다.

면접 응시

1. 면접장 도착

강당에 조별로 모여 앉아서 대기합니다. 이때 서로 인사를 나누고, 집단토의 진행방식에 대 해서 의견을 나누었습니다. 시간이 되자 주의사항을 듣고, 곧바로 사전조사서를 기술하였습니다. 문제는 1) 국가에 대한 헌신과 충성 실천방안, 2) 글로벌 경쟁력을 갖춘 공무원이 되기 위해 필요한 요소. 각 문제당 10줄 정도를 써야 했습니다.

2. 조별로 집단토의를 시작했습니다.

시험은 옆 강당에서 진행하였습니다. 칸막이로 공간이 마련되어있고, 사각형 테이블 한쪽에 면접관이 앉아있고 나머지 자리에 수험생이 앉습니다. 토의는 제시문 1장과 백지 1장을 받고서 각자 10분 검토 후 시작하였습니다. 문제는 국가상징물의 역할 및 필요성에 관해 토의하고, 관리 및 활용방안을 모색하시오. 면접관이 각자 2분씩 순서대로 발표하라 하셨고, 제가 1번인 관계로 먼저 시작하였습니다. 그러나 난상토론방식이나 1분 발표 방식으로 연습을 했던 저는, 2분을 채우기가 어렵겠다는 생각에, 1분여 발표한 뒤, 조원들에게 '상징물의 역할 및 필요성'에 대해 먼저 자유롭게 토론해보면 어떻겠냐고 제안하였습니다.(면접관에게 안 좋게 보였을 것 같습니다.)

중간에 몇몇이 법적 측면, 문화적 측면 등 의제 별로 토의해보자고 제안하고 합의하였습니다. 그러나 다들 긴장하여서 그런지, 의제전환도 되기 전에 다른 측면을 이야기하거나, 필요성 토의 중에 활용방안을 설명하는 등 실수가 많았습니다. 이런 점을 볼 때, 면접스터디 시에 의제 별로 토의하는 연습을 많이 해보아야 할 것 같습니다. 면접관들이 중간에 지적하거나 하진 않았습니다.

3. PT

- 제시자료: 첫 장-수령7사, 천거제, 현량과 등이 포함된 역사서 발췌문
  둘째 장- 과거제 폐단에 관한 역사글
  셋째 장-○○처 인재채용에서 개선된 사항에 대한 글
- 문제: 조선시대 인재선발제도의 특징과 한계점을 지적하고, 건전한 국가관, 공직관, 윤리관을 갖춘 우수인재 채용방안에 대해 작성하시오.
- 시험장에 들어서자, 중앙 면접관이 5분 발표 후 5분 질의응답이 있겠다고 설명

4. 개별면접

조 9명 중 제가 1번이었기 때문에 가장 먼저 개별면접에 임했습니다. 그래서 그런지 질문이 평이했다고 생각합니다. 나왔던 질문은

1) 국가에 헌신과 충성 방안에 대해 국가적, 개인적 관점에서 이야기해 보시오. 2) 국가란 무엇인가. 3) 글로벌 공무원의 소양으로 어떠한 것이 있는가. 4) 공무원과 일반 기업인의 차이가 무엇인가. 였습니다.

그 외 다른 스터디원들에겐 5) 우리나라 정책 중 잘 되는 것과 안 되는 것을 말해보시오. 6)수험생이 산업부에서 하고 싶은 일? 등의 질문이 있었습니다.

---

38. 국회직 8급

1. 행정부가 아닌 국회공무원으로서 가져야 하는 덕목이나 가치
2. 실패한 경험
3. 헌법이나 법률에 규정되어 있는 공무원의 의무
4. (토론면접 때의 주제를 끌고 와서) 본인의 주관적인 생각으로는 저출산과 고령화 문제에 어떻게 대비할 것인지
5. 1년 후 직장 생활의 모습

---

39. 서울시 7급

1. 9시 등교정책에 대한 입장을 말하시오.

   답변: 일단 면접에서는 제가 9시 등교에 대해서 역기능을 교통이 혼잡해진다고 제시하고 대중 교통을 증진해야 한다고 대안을 말하자

   • 2차 질문: 대중교통을 증진하는 것이 교통을 더욱 혼잡하게 만들지 않냐고 말씀하셨습니다.

   2차 답변: "제가 교통이 혼잡해진다고 한 것은 학부모들이 출근길에 아이들을 학교로 태워다 주는 경우가 늘 것이라고 생각해서였으나 면접관님의 말씀을 들어보니 그것도 맞는 것 같습니다." 했더니 끄덕끄덕하셨습니다. 또한, 제가 방안 중에 하나로 아예 늦게 일어나도 된다고 생각하여 오히려 못 일어나는 아이들에 대해 자기 주도적 주체적 삶을 살 수 있도록 학교에서 교육프로그램을 만들어 교육하는 것이 좋겠다고 제시했습니다. 그랬더니 구체적으로 설명해 달라고 하셔서 지각하는 아이들을 위해 생각한 방안이라고 말씀드렸습니다.

   • 3차 질문: 그다음으로는 순기능으로 '폭력과 우울증 감소'가 포함되어 있었는데, 이는 9시 등교와 무슨 관련이 있냐고 물어 보셔서

   3차 답변: "대부분 학생들의 일상은 학교를 갔다가 학원을 갔다 밤늦게 들어오는 것입니다. 학업에 지친 아이들이 아침에라도 여유를 즐기거나 잠을 잠으로써 스트레스를 풀 수 있어서 우울증 등의 해소에 기여한다고 생각합니다."라고 대답하였습니다.

   • 마지막으로 역기능으로 맞벌이 부모는 아이들을 챙기는 데 부담을 느끼는 것도 있다고 면접관님께서 말씀해주시고 넘어가셨습니다.

2. 영어면접 ✓ 현재 폐지

   > 💬 서울시 7급 면접이라서 그런 듯합니다.

   일단 자소서에 따라 미국 어디서 살았냐고 여쭤보셔서 뉴저지주에 살았다고 말씀드렸습니다. 그다음에 영어로 5번 질문(외국인에게 서울시의 2개 명소 추천)을 해주셨습니다. 그래서 제가 가장 자신 있었던 주제여서 유창하게 실수 없이 또박또박 잘 발표한 것 같습니다. 제 발표 일부분에 한강에 대해 추천하면서 치맥을 언급한 부분이 있었는데 그 부분에서 웃으셨습니다. 그리고 추가 질문은 없었습니다.

3. 개별면접

   질문: 문화관광디자인본부에서 일하려고 하는 것 같은데, 서울시 정책 중에서 아는 게 뭐가 있나? 하셔서 일단 문화관광 관련 아니어도 괜찮습니까? 한 다음에 괜찮다고 하셔서

   답변: 한양도성도감, 원전 하나 줄이기, 에코마일리지, 시민햇빛발전소, 사회적 경제 생태 조성 등에 대해 말씀 드리고 더 이상은 생각이 나지 않아서 "제가 긴장이 되어서…"라고 했더니 "광범위하게 많이 아시네요." 하고 원전 하나 줄이기에 대해서 질문한다고 하시면서 "최근 1단계 가 끝난 것 아시죠?" 하셨습니다. 저는 "죄송합니다. 잘 모르겠습니다." 했더니 "아… 그럼 질문 안 할래." 하시면서 웃으셨습니다.

   질문: 또 관광에 대해서 질문하시면서 "외국인들이 한국을 다시 방문하지 않는 이유는 뭐라고 생각합니까?" 하셔서

   답변: "숙박 문제가 있습니다. 서울 내부의 숙박이 상당히 부족하고, 원거리 숙박을 대신하여 많이 이용하고 있는 것이 문제입니다. 또한 언어 부분도 문제인데, 관광객들의 66%가 개별 관광객이기 때문에 단체투어 가이드를 고용하기 부담스러운 부분이 있어 언어 문제가 발생한다 고 생각합니다."라고 말씀 드렸더니 끄덕끄덕 하셨습니다.

   질문: 서울시에서 관광 부분이 부족한 것은 무엇이냐고 하셔서

   답변: "앞서 말씀 드린 것처럼 숙박, 교통, 언어가 가장 문제라고 생각합니다. 숙박은 서울에 홈스테이, 도시 민박, 게스트하우스 등을 증대해야 하는데, 신축하기는 부담스러우니 기존의 활용하지 않던 건물들을 활용하는 것이 좋은 방안이라고 생각합니다. 또한 교통은 숙박과 관련지 었을 때 원거리 숙박 이용객의 경우 멀리서 서울로 와야 하기 때문에 불편함이 있을 것이라고 생각합니다. 다만 숙박문제가 해결되면 이도 해결될 부분이라고 생각합니다. 또 언어는 관광 객들이 가장 불편해하는 언어들을 조사하여 그에 따라 맞춤형으로 가이드를 증대하는 등의 방안을 고려해야 합니다."라고 말씀 드렸더니 "좋은 생각이네요. 근데 교통은 서울시가 세계적입니다." 하셨습니다.

질문: 봉사활동 중 기억에 남는 것은?

답변: "최근의 일은 아니지만 2010년의 G20 정상회담 때 영어통역 자원봉사가 기억에 남습니다." 했더니

2차 질문: 맡은 것의 어떤 게 인상 깊었습니까?

2차 답변: "제가 맡은 일은 작은 일이었습니다. 크로마키포토존에서 외국 기자분들이 오시면 사진을 찍어드리고 서울 명소를 배경으로 고르시면 설명을 해드리고 인화를 해드리는 것이었습니다. 그렇지만 공무원분들이 이 국제적 행사의 성공적인 개최를 위해 노력하시면서 느끼실 자부심을 저도 느껴보고 싶다는 생각이 들었습니다."라고 말씀드렸더니 "좋은 일 하셨네요." 하셨습니다.

3차 질문: "그럼 서울시에서 하는 국제회의가 많은 데 아는 거 있는 대로 말해보세요." 하셔서

3차 답변: "죄송합니다. 잘 모르겠습니다." 했더니 아까도 비슷한 말씀을 하셨던 면접관분이 "아…그럼 질문 안 할래." 또 하셨습니다.

 재밌는 컨셉이네요.

질문: 공익과 사익이 충돌할 때 어떻게 할 것이냐고 하셔서

답변: "공무원인 만큼 공익이 중요하다고 생각합니다. 하지만 어느 것 하나도 현저히 중요하다고 할 수는 없다고 생각하고, 비상상황이 아닌 한 일단 공익을 우선하되, 개인의 행복이 없으면 일의 보람도 느낄 수 없다고 생각하고 조화를 꾀하는 방안을 모색해야 할 것 같습니다."라고 하였습니다.

굿, 좋은 답변입니다.

질문: 마지막으로 "현실적인 문제에 대해서 물어볼게요. 공무원 연금개혁에 대해서 어떻게 생각합니까?" 하셔서

답변: "정부가 최근에 추진하고 있는 것을 보니 분명 연금개혁의 필요성은 있을 수 있다고 생각합니다. 하지만 너무 급진적으로 진행되는 면이 있고, 공무원분들의 반발이 큰데도 의견을 반영하고 있지 않은 만큼, 좀 더 점진적으로 하고 많은 의견을 수용하여 반영해야 할 것 같습니다."라고 말씀 드렸습니다. 그 다음 "그럼 결국 수용하겠다는 입장이군요?"라고 하셔서 "네.. 그렇습니다."라고 말씀 드렸습니다.

마무리

면접이 끝났고 제가 그 조의 마지막 면접자였던 게 기쁘셨는지 다들 기분이 좋아 보이시며 가운데 면접관님이 "수고했습니다. 합격하시길 바랍니다." 하셨습니다.

※ 분위기는 대체로 화기애애했던 것 같습니다. 면접관님들이 제가 부족한 데도 인자하게 넘어가 주신 듯 하였습니다. 그래도 미흡은 아닐 것 같다는 생각이 들었습니다. 이제 좋은 결과가 있기만을 기다리겠습니다.

40. 서울시 7급 일반행정 면접

PT 작성 내용: 서설-9시 등교 찬반 입장. 정책시행 시 저항 극복방안-기대효과-결론

1. 면접과정

A. PT 발표: 고등학교 때 경험 얘기하고, 찬성 쪽 의견으로 발표.

B. 아쉬운 점: PT 작성 용지에 학생들의 의견을 적지 않은 것. 후속 질문으로 물어보심.

C. 영어 발표: 영어만 전담으로 물어보시는 면접관 계심. 다른 나라 언어 할 줄 아는 거 있냐고 영어로 물으셨는데, 중국어랑 일본어 조금 한다고 영어로 대답하니 자기소개를 시키셔서 그렇게 잘하지는 못한다고 대답. 원래 제시된 주제에서 관광지 두 개 말고 하나 얘기하라고 하셔서 준비한 것 중에 하나만 얘기함. 발표 후 발음이 좋은데 토익 점수랑 외국 경험 있냐고 물어보셔서 배낭여행 갔던 대답. 정말 안 갔다 왔냐고 물으셨는데 한국에서 회화학원 많이 다녔다고 대답.

아쉬운 점: 사실 3개월 정도 영어 연수 다녀오긴 했는데, 별로 잘 대답 못할 거 같아서 숨긴 것. 나중에 개별 질문 중에도 외국에 안 갔다 왔다고 하셨을 때 중국에 포상으로 휴가 간 경험 얘기 했고, 후속으로 홍콩에 대해 어떻게 생각하냐는 질문 받음.

D. 개별 면접

질문: 자기소개서 중에 장점으로 쓴 내용과 경험

질문: 왜 공무원이 되기로 했나?

답변: 대학 때 일본관광객대상 설문조사 경험. 화장실 개선되는 서울시 모습보고, 그렇게 고쳐나가는 공무원 되고 싶어서 지원

질문: 전공과 관련해서 관광에 대해 물어보심

답변: 관광 정책을 하면 민원 문제와 예산 문제 어떻게 해결할 거냐고 하셔서 민원은 잘 듣고 문제 해결하도록 노력하겠다고 하고 예산은 민간 기업이나 민간 투자로 유치해보겠다고 대답. 후속으로 민간기업 어떻게 설득하겠냐고 해서 독일의 옥토버페스트 사례 얘기함.

질문: 조직에서 어떤 사람이 될 건가?

답변: 함께 일해서 유쾌한 사람이 되겠다고 대답.

질문: 수험 기간 물어보셔서

답변: 5년 공부하고 4번 시험 봤다고 대답. 후속으로 공부한 과정- 할머니와의 약속, 부모님의 기대 저버리고 싶지 않았고, 스스로 실패할 때마다 더 간절히 원한다는 사실을 깨달았다고 말씀드림.

느낀 점

A. 영어 면접이 많이 강화된 듯한 느낌. ✓ 현재는 폐지

B. 첫 면접자라 그런지 압박 없이 부드러운 분위기가 인상적이었음.

1. 미세먼지 감축방안에 대해 말해보라.

   (국제적, 전국적으로 생각 않고 대구시 내에서 할 수 있는): 시민들의 통화량 교통량 등을 분석해 유동인구가 많은 곳에 스테이션을 설치, 시민들에게 필요한 정보나 마스크 등을 제공하면 좋을 것 같다(당황하여 엉뚱하게 답변). 또 노후된 경유차 등을 전기차로 바꿀 수 있게 시에서 지원해 주는 방법이 있다. 옥상 녹지화 사업 등을 좀 더 활성화 시키는 것도 필요할 듯 합니다.

   ① TV 많이 안보나?: (안 본다고 대답), 현재 대부분하고 있다고 말씀하심.

   ② 시민이 "자발적으로" 하게 하려면 어떻게?: 교육이 가장 중요하다고 생각하고, 행정복지센터에 미세먼지에 대한 경각심을 불러일으킬 수 있는 자료나 옥상 녹지화 사업 등 시민들이 자발적으로 할 수 있는 것들을 교육하는 자료를 비치하면 좋을 것이라 생각합니다.

2. 아까 사회자 했는데 사회 본 경험이 또 있나?

   아까와 같은 토론의 사회를 본 경험은 없지만, 수업의 일환으로 무대 공연의 사회를 본 적은 있습니다.

3. 사회 봤으니까 토론 내용 정리해서 얘기해 봐라.

   토론내용 정리해서 말하던 중 잠깐 막히니 편하게 대략적으로 얘기해도 괜찮다고 말씀하심

4. 남들이 하기 싫어하는 일을 맡아서 해본 적 있나?

   대학교 수업 중 공연을 기획하여 무대를 꾸민 적이 있는 데 그 수업에서 1주일에 한두 번씩 보고서를 작성해야 하는 조장업무에 자원.

   (본인이 자원해서 결과가 어땠나?) 귀찮은 일을 스스로 맡아서 하니 조원들이 회의에 더 성실하게 임해주고 적극적으로 참여해 주어 진행이 빨랐다. 결과적으로 수업성적도 좋았고 교수님께 칭찬도 들었다.

5. 공인(공직자)한테 엄격한 도덕적 잣대에 대해 어떻게 생각하나?

   일정 부분 필요하다고 생각한다. 부정청탁금지법의 공인이 아닌 교사나 기자 등이 포함된 것이 헌법재판소에서 합헌 판결을 받은 만큼 공적인 영향력을 행사할 수 있는 사람들은 스스로의 영향력을 경계할 필요가 있다고 생각한다.

6. 면접관들이 지원자의 어떤 점을 중점으로 두고 평가할 것 같나?

   그 직무에 적합한 전문성을 지닌 지원자인지를 중점적으로 평가하실 것 같다.

7. 일자리 창출 업무를 하고 싶다고 했는데, 본인은 공직에 관심이 있어서 지원했나, 전문성이 있어서 지원했나?

   전문성과 관심 둘 다 있다고 생각한다. 경영학을 전공하며 인적자원관리 경영환경, 경제상황 등을 공부하고 취업환경을 직, 간접적으로 겪어 본 만큼 공직에서 전문성을 함양할 수 있는 기본 소양을 잘 갖추었다고 생각한다. 또 '공공기관의 지역인재 할당제'에 대한 토론수업 당시 대구시의 여러 고용정책들을 관심 있게 공부해보며 공직의 꿈을 키운 만큼(자소서에 있는 내용) 공직과 일자리 창출 업무에 대한 관심 역시 있다고 생각한다.

8. 다른 사람이 잘못 하려는 걸 (or 범법을 저지르는 걸)막고, 본인 의지대로 밀고 나간 경험? 아르바이트 당시 가게의 사장님이 화장실의 쓰레기를 종량제봉투가 아닌 일반 비닐봉지에 넣어 버릴 것을 지시하셨다. 종량제봉투 사용을 건의하였지만 다들 비닐봉지에 버린다며 거절하셨고, 사비로 종량제봉투를 사 화장실 쓰레기를 버렸다. 몇 번 그렇게 하는 것을 보신 사장님이 가게에 종량제봉투를 사 두셨고 내가 직접 산 봉투 값은 아르바이트비에 같이 주셨다.

9. 다들 그렇게 한다고 하는데 왜 굳이 직접 봉투를 구입했나?

   예전에 뉴스에서 대학가의 쓰레기 불법투기가 극심한데 이를 단속하기가 어렵고 처리하는데 많은 비용이 소모된다는 기사를 본 적이 있다. 당시 꼭 필요한 곳에 쓰여야 할 지자체의 돈이 낭비되고 있다는 생각에 많이 불편했다. 개인적으로는 몇 푼 더 아낄지 몰라도 사회적으로 막대한 비용을 지불해야 하기에 그렇게 하고 싶지 않았다. 또 댓글에 '너희들의 양심이 고작 1300원 밖에 안 되는 거다.'라는 댓글이 매우 인상 깊었다. 그래서 나부터 그렇게 행동하지 않아야겠다는 생각이 들었다.

42. 대구시 건축직

1. 자신의 장점으로 소통을 중요시하다고 적었는데, 대학교 때 기획부장 활동하면서 낸 성과는 좋은 것 같습니다. 그럼 중학교 때 소통을 한 경험이 있나요?

2. 건축법에 대해 아는 대로 말해보세요.

3. 콘크리트에 대해 아는 대로 말해보세요.

4. 건축허가를 법에 맞게 해줬는데 다른 민원인이 왜 허가를 해줬냐고 항의하고 있습니다. 이 경우 어떻게 하실 건가요?
   상관에게 받은 매뉴얼이 없을 때 상관에게 보고 후 기다리겠다고 답변하니 상관에게 의존하지 말고 자신이 어떻게 할 것인지 재차 질문을 받았습니다.

5. 5급 정도의 공무원이 부정을 저지르는 장면을 봤을 때 어떻게 하겠는가?

 목격 사실을 당사자에게 알리고 자수할 기회를 준 후 그래도 하지 않을 경우엔 신고절차를 따르는 것이 중요하다고 생각합니다. - 라고 말하는 게 좋을 거 같습니다.

6. 대구시 정책에 대해 아는 대로 말해보세요.

7. 그 정책을 자신이 맡고 있다면 어떻게 하겠습니까?

8. 주민 주도의 사업화가 중요하다고 답변했는데, 이를 위해 어떻게 하겠습니까?

9. 건설 공정관리 전국 대회에서 상을 받았다는 이야기에 좋은 인상을 줌

10. 봉사활동에서 뿌듯함을 느꼈다고 답변했는데, 어떤 식의 뿌듯함이었나요?

11. 봉사활동을 해보니 막무가내인 사람이 많았습니다. 화나 짜증이 나지 않았나요?
    (잘못된 답변을 유도하는 질문입니다. 긴장해서 정신 차리지 않으면 잘못 답할 수 있어요)

12. TF 관련 경험을 이야기해 보세요.
    (제가 사전 조사서 갑질 대책이랑 둘레길 활성화 대책으로 TF 위원회 구성 및 청문회 공청회를 언급해서 그런 듯합니다)

 토의 등에서 열심히 활용하세요! 사전 조사서에 TF를 쓴다면 칸 채우기로 유용하며 토의 때 TF를 쓰면 '시간벌기 및 있어 보이기'로 제격입니다.

13. 마지막으로 할 말은?
    이름 3행시를 했더니 감탄하셨습니다. 나름 시장공략 포인트였어요.

 토의 등에서 열심히 활용하세요! 사전 조사서에 TF를 쓴다면 칸 채우기로 유용하며 토의 때 TF를 쓰면 '시간벌기 및 있어 보이기'로 제격입니다.

43. 대구시 일반행정

1. 개인면접 (20분)

- 자기소개
- 최저임금 인상에 대한 의견
- 지원직무에 대한 내용
- 봉사활동에 관련된 내용(후원하고 있는 사업의 상세내용)
- 최근에 읽은 책 소개
  → 빅데이터의 행정 활용방안
- 대구의 10미
- 대구의 12경
- 상사의 부당지시에 대한 대처
- 마지막으로 하고 싶은 말

2. 면접 준비과정

면접을 준비하면서 제일 도움이 되었던 것은 채한태 박사님의 면접 강의였습니다. 수업 중에 짜 주신 조원들이 마음이 잘 맞았고, 함께 합격하기 위해서 매일 모여서 꾸준히 모의면접 스터디를 진행한 결과, 조원 모두가 전원 합격하는 기쁨을 맛볼 수도 있었습니다. 저는 필기성적이 커트 라인과 근접해서 처음에는 면접 준비에 집중하지 못했었지만, 조원들과 함께 전원 합격을 다짐하며 점점 의욕적으로 임할 수 있었습니다. 필기만 합격하면 뭐든 될 수 있을 것 같았는데, 면접은 그동안 접해보지 않았던 새로운 영역의 시험이다 보니 낯설고 막막함이 컸습니다. 그리고 공부해야하는 분량도 정해져 있는 것이 아니기 때문에 헤매기가 쉬운데, 박사님을 믿고, 박사님께서 정리해주시는 시사이슈와 신문기사 위주로 조원들과 함께 토론준비, 개별면접 준비를 했더니, 다행히 조원들 모두 준비한 범위 내에서 면접을 잘 치르고 전원 합격할 수 있었습니다.

CHAPTER
12

최근 시사이슈(공통, 직렬별)

1 면접 대비 시사이슈

1. 수능 절대평가	• 장점 : 사교육비 절감, 대학교 서열 없애기, 숙의민주주의 등 • 단점 : 변별력 문제, 재수생에 대한 보완 문제 필요 등
2. 저출산 해결	• 아이를 키우기 좋은 환경 要 • 사교육비 절감 • 만 6세까지 아동 수당 지급
3. 고령화 대책	• 노인의 안전과 관련된 조례 발의, 안전시설 확충 • 요양보호사 교육 및 자격증 취득 지원
4. 고용창출방안	• 6차 산업을 통한 부가가치 창출 • 사물인터넷, 빅데이터 등을 통한 사업 기회 창출
5. 최저임금제	• 문제점 : 소상공인 부담감 증가 (신규채용 축소, 일자리 수 감소) • 해결책 : 보조금 지급, 지방의회와 협의, 일자리안정자금 등
6. 중소기업활성화방안	• 테크노파크를 통한 지역 기업 및 청년교류활성화 사업
7. 공무원 청렴성 확보방안	• 공무원 교육 강화 및 처벌 강화 • 청렴마일리지 제도
8. 경제활성화 방안	• 4차 산업을 통한 관광사업 활성화
9. 퇴근 후 업무카톡금지	• 긴급 시 연락 외에 카톡 금지 • 시간외수당 혜택 마련 要
10. 탈원전 에너지정책	• 청정에너지 개발 지원 및 에너지 보급 관련 지원사업 확충
11. 미세먼지대책	• 개인 : 마스크 착용 / 국가 : 광촉매를 이용한 질소산화물 분해 • 노후된 석탄, 화력발전소 조기 폐지 • 한중 정상회담 → 동아시아 미세먼지 관련 협력
12. 시간제일자리	• 장점 : 시간관리 ⑩ 방과후 교사, 베이비시터, 재택근무 • 단점 : 질보다 양 중시 우려, 고용불안, 소속감·책임감 ↓
13. 양심적 병역 거부	• 대체복무 기간 관련 협의 (최소 현역의 1.5~2배)
14. 공정사회건설방안	• 공무원 솔선수범 강조 → 도덕적 해이에 관한 의식개혁 및 처벌 강화, 권력형 비리에 관한 엄벌 확충
15. 종교인 과세	• 종교인 과세 의무 명문화 • 과세 관련기준 정립 및 절차 확립

16. 담뱃값 인상	• 국민건강 증진 可 • 지방세수 증대 → 흡연자 건강 및 치료로 사용 可
17. 법인세 인상	• 장점: 세수 증가 → 국민 복지 확대 • 단점: 외국계 회사 유입 ↓, 국제경쟁력 약화 등
18. 인공지능활용	• 인공지능을 통한 행정혁신 방안
19. 나만의 시간, 원데이클 래스에 대한 의견	• 워라밸(Work and Life Balance) 실현 • 다양한 경험 등 체험 可
20. 유연근무제 성공방안	• 조직문화 개선 • 유연근무제 도입 실태 조사

2 공통 시사이슈정리

1 1인 가구 정책

1 현황

인구의 34.97%인 739만 가구가 1인 가구 2025년 통계자료 노년층 1인 가구 213만

2 원인

- 비혼과 만혼
- 기러기 가족 증가
- 가족 해체에 따른 비자발적 독신층 증가
- 급속한 노령화로 인한 독거노인 증가

3 문제점

- 인간소외현상: 독거노인의 고독사 최근 5년간 무연고 사망자 2배가량 증가, 우울증 발생 위험 높음. 정서적
- 외로움이나 스트레스를 타인과 나누지 못함
- 주거문제 악화: 필요 이상의 넓은 주거비용 부담
- 경제적인 어려움: 1인 가구 빈곤율 45% 정도로 높음
- 치안문제: 여성, 노년층은 특히 치안에 취약

4 지원 방안

1인 가구 양대 축 이루는 청년층과 노년층의 주거와 생활, 일자리 문제 등의 복지정책에 근본적인 변화가 있어야

① 인간소외 현상 해결
- 고독사 막기 위해 담당 공무원 확충
- 맞춤형 복지팀 구성하여 찾아가는 방문상담 정례화하고 지속적인 모니터링 강화

② 주거 문제 해결
- 공공임대주택 지원: 현재 1인 가구 입주 조건 후순위로 밀려 있음. 입주 조건 개선, 소득 대비 임대비 높으므로 임대비 낮추기
- 공공실버주택 확대 실시: 국토 교통부에서 실시하고 있는 공공실버주택이란 공동주택의 저층부에는 복지관 설치하고 상층부에는 고령자 맞춤 주택 건설하여 주거와 복지 서비스를 만 65세 이상 고령자에게 함께 제공하는 공공임대주택을 말함
- 1인 가구 위한 소형 아파트 건축 비율 늘리기: 광교에 1인 가구 중심 소형 아파트 '삼부리 치안' 관리비 낮고 커뮤니티나 주차가 1인에 맞춰짐

③ 치안문제 해결

여성 안심귀가 스카우트제도 확대 실시: 현재 서울에서 시행하고 있는 정책인데 다른 지자체에서도 확대 실시

2 부동산투기 예방대책

1 현황

① 최근 대내외 경제 여건 개선에 대한 기대감 고조
② 부동산시장에 대한 심리가 호전되면서 투자 목적의 주택수요가 증가
③ 무분별한 대출 규제 완화
④ 대안적 투자처가 부족

2 문제점

① 투기 소득으로 소득격차가 심해지며 근로의욕을 상실
② 기업의 신규 투자 능력을 감소시키며 생산활동을 위축
③ 건전한 사회를 뒤흔들어 병든 사회를 만들게 됨

3 대책

① 주택시장의 안정적 관리를 위한 선별적·맞춤형 대응(부동산 대책)
- 조정대상지역 추가 선정(경기도 광명시, 부산 기장구, 부산 진구)하여 투기 수요를 억제하되 서민·실수요자는 최대한 보호할 수 있는 맞춤형 규제 시행을 발표 [신혼부부·1인 가구(국가유공자, 장애인, 새터민) 등 우선 공급, 임대아파트 공급 활성화]
- 재건축은 1세대 1주택만 가능하게 함(다주택 소유자들에 대한 누진세 강화)

- 은행 대출 강화
  - LTV(주택담보 인정비율) 70% → 60%(서민·실수요자는 기존의 70% 유지)
  - DTI(총부채상환비율) 60% → 50%(서민·실수요자는 기존의 60% 유지)
- 전매제한기간 강화(소유권 이전 등기시까지 매매금지)

② 부동산 자금을 신산업 투자를 하도록 유도

③ 주택시장 질서 확립
- 관계기관 합동 불법 거래행위 현장 점검
- 실거래가 허위신고에 대한 시고제도 활성화
- 시스템을 활용한 불법행위 모니터링 강화

④ 주택문제에 대한 조기교육 강화

3 탈원전 에너지 정책

1 현황

① 원자력과 화력발전소가 70%

② 전력수요의 대부분을 담당

2 필요성

환경문제

㉐ 우리나라 지진 안전지대 아님 / 시설 노후- 추가 관리비용 발생

3 문제점

① 가동 중단시 전기료 상승

② 1만여 명의 일자리 상실 & 지역경제 영향

4 대책

① 친환경 에너지 대체, 에너지 고효율 전자제품 업체에 세제 혜택

② 폐기 기술 발전시켜 인재 양성과 함께 미래 탈원전 국가에 기술 수출

4 미세먼지 감축 방안

1 현황 및 문제점

① 한국의 평균 미세먼지 농도는 OECD 평균의 2배

② 2060년 대기오염으로 인한 사망자 수가 가장 많은 나라로 꼽힘(OECD)

③ 2013년 세계보건기구(WHO)가 미세먼지를 1군 발암물질로 지정

④ 미세먼지는 감기, 천식, 기관지염 등의 호흡기 질환, 안구질환, 피부질환 등 각종 질병을 유발하고 야외활동 자제로 인해 국내 소비경제 위축까지 불러옴

⑤ 올해 상반기 전국 미세먼지 주의보가 내려진 것만 100차례가 넘으며 심각성 고조됨

2 원인

① 국외 요인
- 중국발 황사와 미세먼지
- 우리나라 오염물질의 30~50%가 중국에서 발생한 것으로 잠정결론
- 석탄사용량이 급증한 중국에서 서풍을 타고 들어와 우리나라에서 배출된 오염물질과 혼합 및 축적되어 미세먼지 농도를 높임

② 국내 요인
- 노후한 화력발전소
- 경유차 매연가스
- 선박에서 배출되는 배기가스(벙커C유) 등

3 대책

① 미세먼지 대책위원회(TF) 구성하여 정확한 원인 규명 및 통합적 대책 수립
- 관계 부처 예 기후에너지환경부, 보건복지부, 산업통상부 등
- 전문가
- 지자체 등

② 한중 협력 강화
- 정기적 포럼 예 경기도 동북 3성 환경 협력 포럼
- 미세먼지 총량 제한 배출권 거래제
- 국제적으로 공론화해서 조약의 틀 아래에서 규제 및 관리 필요

③ 화력발전소 습식 집진기 설치 및 단계적 감축
- 노후 경유차 운행제한 조례 제정 및 조기 폐차 시 지원 혜택
- 친환경 기업 지원 예 한국중부발전-친환경 선박운영(유연탄 수송선박 의무화)
- 신재생에너지 확대를 위한 지역 주력 산업 지정 및 지원 예 에너지 자립섬

5 고용 창출 방안

1 현황

- 11%를 웃도는 최악의 청년 실업률과 실업자 수가 120만 명이 넘는 것으로 집계
- 중장년층의 고용률은 조금 상승, 청년 고용률은 올 들어 하락세 전환

2 문제점

- 장기실업자와 구직단념자의 증가로 인적자본의 낭비
- 경제적인 성장의 하락으로 인한 빈부 격차 심화

3 고용 창출 방안

① 청년 고용 창출 방안
- 학습과 근로를 병행하는 교육인, 이원화 교육을 실시: 기업과 연계하여 학생들이 학교교 육만이 아닌 기업의 현장실습을 병행함으로써 기업이 필요로 하는 기술을 습득하고 채용으로 연결되는 형태를 갖추므로 고용을 창출
- 해외 사례: 독일 – 아우스빌둥 제도
- 국내 도입된 사례: BMW 코리아와 메르세데스-벤츠 코리아 시행

② 경력단절여성 고용 창출 방안
- 경력단절여성의 재취업의 기회 제공
  - 과거 경력을 고려한 맞춤형 교육 및 채용 기회 제공
  - 지방자치단체의 구인 수요와 역점 산업, 기업 맞춤형 및 전문기술을 고려한 교육프로 그램 제공하고 관련 기업의 채용 기회 제공
  - 경력단절여성을 고용한 기업에 대한 세제 혜택 등 지원
  - 고용 후 사후 관리 및 감독 실시
- 여성의 경력단절 막을 수 있는 제도 마련
  - 육아휴직제도 및 대체인력제도의 의무화
  - 일과 육아를 양립할 수 있도록 보육시설 확충, 유연근무제 도입 등 지원

③ 중장년층 고용 창출 방안
- 직업 체험장을 운행하여 일자리를 미리 경험해 보고 가장 잘 맞는 직업을 선택해 교육프로그램 제공
- 건강 상태를 확인하는 서비스 제공
- 지방자치단체와 기업이 연계하여 채용박람회를 개최해 현장에서 면접 및 채용의 기회 제공
- 중장년층을 고용한 기업에 대한 세제 혜택 등 지원
- 고용 후 사후 관리 및 감독 실시

6 학력차별 철폐 & 블라인드 면접

1 현황

① 국가인권위 조사에 따르면 구직자 10명 중 7명은 채용 시 차별을 느끼고 있음

② 나이, 학력 등 다양한 차별 요인들 중 가장 우선적으로 해결해야 할 채용관행으로 학력차별을 꼽음(응답자의 55%)

③ 대한민국 사회 전반에 출신학교 서열화가 만연하여 이에 따른 사교육비 증가와 학벌에 대한 차별 심화

④ 특히 서열화로 인해 기업에서는 불필요한 스펙을 요구, 취업 준비생은 스펙을 쌓기 위해 휴학, 졸업연기 등으로 시간 낭비해 노동 시장으로의 진입 시기가 늦어지면서 이에 따른 국가적 인적낭비가 상당함.

⑤ 정부에서 은행권과 공공기관을 대상으로 고졸채용 확대 정책을 실시하였으나 채용된 대다수가 비정규직이거나 임금이나 승진에서 여전히 차별 존재

2 해결방안

① 학력차별금지법 제정 및 실시: 현재 바른정당이 법안 발의 해놓은 상태

  • 학력에 대한 정보 요구 시 처벌할 수 있는 수단을 법안에 마련하기

  • 현재 공무원 면접시험은 철저하게 블라인드 면접으로 실시

  • 사기업에서도 전문적 능력과 관계없는 학력에 대한 정보, 가족 신상에 관한 정보 수집하지 않도록 마련

② 평가기준의 재정립 필요

  전문성/인성 평가할 수 있는 방법 고안(프로젝트형 면접 등 면접 방식의 다양화하기)

③ 교육제도 개선

  • 고등학교 때부터 직업교육 강화하기: 대학교를 가지 않더라도 전문성을 갖고 있으면 학력에 대한 차별 덜 받을 것임.

  • 독일 직업훈련제도 "아우스빌둥": 독일 전체 기업의 20% 정도가 아우스빌둥에 참여, 학생들은 16세부터 아우스빌둥에 지원가능. 정부에서는 연간 54억 유로 정도 지원. 독일 학생은 초등 4년 마친 후 인문학교, 실업학교, 기간학교, 종합학교 등 4가지 형태의 중등교육과정 선택. 대학 진학하지 않는 학생들은 기간학교와 실업학교에 입학하여 일주일에 하루 이상 현장실습 함.

  • 대학교는 전공에 대한 이해 수준을 높이기 위해 이론과 실무 혼합하여 교육, 전공을 찾기 전 1학년 때 다양한 경험을 통해 자신의 적성 찾을 수 있도록 도와주는 것 역시 필요함

7 공정한 사회 건설

1 현황

- 국제투명성기구에서 발표한 '최근 국가별 부패인식 지수'에서 176개국 중 52위를 기록하고 OECD 회원국 35개국 중 29위
- 정부의 반부패정책에 대한 평가에서도 아시아태평양 비교대상국 중 하위의 점수

2 문제점

- 부패는 불평등과 빈곤을 심화하기에 정책 수행에 가장 큰 장애요인
- 청렴수준에 대한 국제사회의 부정적 평가는 대외신인도 저하로 이어져 경제 상황에 악영향
- 국가경쟁력
- 이를 개선하기 위한 청탁금지법에 대해서는 농축산업, 화훼, 소상공인 및 외식 업계에 직간 접적으로 피해를 입혀 경제에 타격을 줄 것이라는 인식

3 대책

① 내부적

- 청탁금지법으로 기술된 사항 이외에도 판단의 기준이 애매한 사항에 대해 규정하고 정기적으로 교육기회 확대
- 공무원 수의 절대적인 부족은 즉 감사인력의 부족이기에 감사인력 확충
- 내부고발 인식개선과 시스템 강화
  내부고발 핫라인 구축
  내부고발을 하게 되더라도 계속 일을 할 수 있도록 미리 진로설계

② 외부적

- 정보공개 활성화
  대규모 국책사업 등에 대한 실시간 투명성 제고
- 국민과의 합의 이끌어내기 위한 홍보 활성화
  공직뿐만이 아니라 민간에서도 부패와 비리감시는 필수적
  SNS와 웹툰 등을 통한 청탁금지법 교육 강화

8 자사고, 외고 폐지

1 현황

① 초기 목적과는 다르게 수직 서열화되어 있는 우리나라 고등학교
- 외고의 경우 명문대 입학생을 늘리는 '거대한 입시학원'으로 불림.
- 대학에 가기 유리하다는 인식 속에 사교육 열풍을 주도하는 원인을 제공

② 비싼 교육비로 인해 일부 계층만이 선택할 수 있는 학교라는 인식
- 교육 기회의 불평등을 낳고 교육양극화를 가져왔다는 주장

2 문제점

① 외고와 자사고의 설립 취지를 고려하지 않았다는 반대 여론
- 개인의 학습 능력에 따라 교육을 달리할 필요
- 학생의 학교 선택권 침해

② 폐지한 곳에 강남 8학군이 채워 오히려 지역별 격차가 커진다는 우려

3 개선 방안

① 국민과의 합의 도출이 필수적
- 수시 포럼 개최
- SNS와 웹툰 통한 정책 홍보

② 지자체와 연계 통해 단계적 폐지

③ 직업고등학교의 활성화 통한 취업 연계 프로그램 강화

9 코로나 대책

❙ 01. 목적 및 기본방향

1 목적

① 2020년 1월 20일 국내 신종 코로나바이러스감염증 첫 확진 환자가 보고된 후, 지속적인 증가로 인한 지역사회 확산에 대비하여
- 불특정 다수가 이용하는 다중이용시설[1]에 대해 신종 코로나바이러스 감염증 예방 및 관리대응절차와 조치사항을 마련하여 피해를 최소화
  - 집단시설: 학교, 사업장, 청소년·가족시설, 어린이집, 유치원, 사회복지시설, 산후조리원, 의료기관 등

---

1) 다중이용시설: 도서관, 미술관, 공연장, 체육시설, 버스·철도·지하철·택시 등 대중 교통, 쇼핑센터(대형마트·시장·면세점·백화점 등), 영화관, 대형식당, 대중목욕탕 등

> **신종 코로나바이러스감염증의 증상**
>
> 발열, 기침 등 호흡기 증상이 주로 있으며, 폐렴, 호흡부전 등 중증경과도 있을 수 있음

② 본 지침에서는 시설 내 신종 코로나바이러스감염증 예방 및 관리를 위한 집단시설·다중이 용시설의 대표자 또는 관리자(이하 '관리자')의 역할 등을 제시함

2 기본방향

① 다수인이 집합하거나 이용하는 각종 집단시설·다중이용시설의 관리자는 "신종 코로나바이러스감염증 관리 체계" 구성 및 유관기관 협조체계 구성
② 신종 코로나바이러스감염증 감염 예방을 위해 시설이용자, 시설 종사자, 기타 방문객을 위한 위생관리 철저 및 관련 인프라 지원
③ 시설 내에서 신종 코로나바이러스감염증 환자 (의심환자 포함) 발생시 즉시 관할 보건소에 신고하고, 추가환자 발생을 차단하기 위해 필요한 조치를 시행

▌02. 신종 코로나바이러스감염증 대응 조치사항

1 신종 코로나바이러스감염증 관리체계 및 유관기관 협조체계 구성

① 시설 관리자와 유관기관(시도, 시군구 보건소 및 의료기관) 간 비상 연락체계 유지 및 상황 발생시 즉시 대응
   • 관내 보건소, 인근 선별진료소, 콜센터(☎지역번호+120 또는 ☎1339)
② 시설 조직 내 '신종 코로나바이러스감염증 증상 신고접수 담당자'를 지정하여 시설 이용객 및 기타 방문객 중 증상자의 신고 접수
③ 시설 종사자 대상 신종 코로나바이러스감염증 질병정보 및 감염 예방수칙, 행동요령 교육

2 감염예방을 위한 관리 철저

① 중국을 다녀온 직원 및 이용자는 입국 후 14일간 한시적 업무 배제 또는 이용(등원) 중단
   • (예시) 2월 6일 15:00 입국자는 2월 20일(D+14)까지 업무 배제
   • 어린이집, 유치원, 학교 등은 결석시 출석 인정, 격리 아동 임시보육 등
     - 업무 배제된 자는 되도록 14일간 타인과의 접촉 및 거주지 밖 외출을 자제하고, 발열 및 호흡기 증상이 나타나는지 스스로 관찰
   • 의심 증상 발생 시 보건소 또는 질병관리본부 1339 콜센터로 문의
     - 사업장 내 중국에서 입국한 근로자가 있는 경우 선제적 예방을 위해 2주간 휴가나 재택근무를 부여하거나, 휴업 조치가 이루어지도록 권고
② 시설이용자, 시설종사자 및 기타 방문객 대상 위생수칙 교육·홍보
   • 직원 대상으로 신종 코로나바이러스감염증 예방 수칙, 손 씻기, 기침 예절 등 감염병 예방 교육 실시 [붙임 1~3]

- 손 씻기, 기침 예절 등 신종 코로나바이러스감염증 예방을 위한 위생수칙 등 각종 홍보물[2]을 시설 내 주요장소에 부착

③ 감염 예방을 위한 위생 관리
- 시설 내 화장실 등에 개수대, 손 세척제 (비누, 손소독제 등) 와 휴지 등을 충분히 비치
    - 손 씻기 및 세안 후에는 종이타월이나 개인용 수건 등으로 깨끗이 닦도록 함
    - 시설 내 휴지를 비치하여 즉시 사용할 수 있도록 함
    - 기침시 사용한 휴지를 바로 처리할 수 있도록 쓰레기통을 곳곳에 비치
- 버스·철도·지하철·택시 등은 개찰구·손잡이·화장실 등 소독 철저및 종사자에게 마스크 착용
- 시설 내 주요 공간의 청소와 소독을 강화
    - 특히, 밀집도가 높은 장소와 고위험군[3] 사용 공간에 대한 청결을 강화하도록 함
- 시설 내 마스크, 체온계 등 감염예방을 위한 필수물품을 충분히 비치하고, 이용객 중 희망자에게 마스크 배포
- 의심환자 발생시, 관할 보건소의 조치가 있기 전까지 의심환자가 대기할 수 있도록 시설 내 격리공간을 확보하도록 함
    - 격리공간은 문을 닫을 수 있고 환기가 잘되는 공간으로 지정 및 보건용 마스크를 착용한 사람만 격리 공간을 출입할 수 있도록 제한

3 돌봄 종사자

① 요양보호사·간병인·가사도우미 등 돌봄서비스 종사자의 경우도 중국에서 입국한 경우는 14일 경과 후 서비스 제공으로 관리 철저

4 의심환자 발견시 조치

① 시설 내 의심환자 발견 시 관할 보건소에 즉시 신고
- (신종 코로나바이러스감염증 의심증상) 발열, 기침 등 호흡기 증상이 주로 있으며, 폐렴, 호흡부전 등 중증경과도 있을 수 있음

② 보건소에서의 조치가 있기 전까지, 의심환자에 대해서는 마스크를 씌우고, 확보된 격리공간에서 대기하도록 함
- 보건소 도착 전, 환자와 접촉하는 담당자도 마스크 착용
    - 임시 격리공간 확보가 불가능한 경우, 시·도(보건소)지시 사항에 따라 수행
- 즉시 진료를 받도록 이송하거나, 보건소로 내소토록 함
    - 이송시 타인에게 전파되지 않도록 의심환자가 마스크를 착용하도록 함

③ 의심환자의 보건소 이송 이후에는 알코올, 락스 등의 소독제를 이용하여 환자가 머물렀던 격리 장소를 청소

---

2) 관련 홍보물은 질병관리청 홈페이지(www.kcdc.go.kr)에 게시된 자료 활용
3) 기저질환을 가진 환자군(당뇨, 만성폐질환, 암, 신부전 및 면역기능 저하자)

1 **비누를 이용하여 물에 30초 이상 꼼꼼히 자주 손 씻기!**

☑ 손바닥, 손등, 손가락 사이, 두 손 모아, 엄지손가락, 손톱 밑 등

- 평소 손 씻기를 생활화하세요.
- 외출 후나 사람이 많이 모이는 장소를 다녀오신 후에는 반드시 손을 씻으세요.
- 기침이나 재채기 후에는 꼭 손을 씻으세요.

2 **기침 등 호흡기 증상이 있을 경우 반드시 기침 예절 준수!**

- 특히, 의료기관 방문 시 마스크 착용하세요.
- 사람이 많이 모이는 장소 등을 방문 시 마스크를 착용하세요.
- 마스크가 없으면 기침이나 재채기할 때 옷소매로 입과 코 가리세요.

3 **눈·코·입 만지지 않기!**

4 **중국 여행 후 14일 이내 발열 또는 호흡기 증상(기침, 인후통 등), 폐렴이 발생할 경우**

① 보건소, 콜센터(☎지역번호+120 또는 ☎1339)로 문의
② 선별진료소에서 우선 진료받기
③ 의료진에게 반드시 해외여행력 알리기

붙임 2. 신종 코로나바이러스감염증 예방 수칙

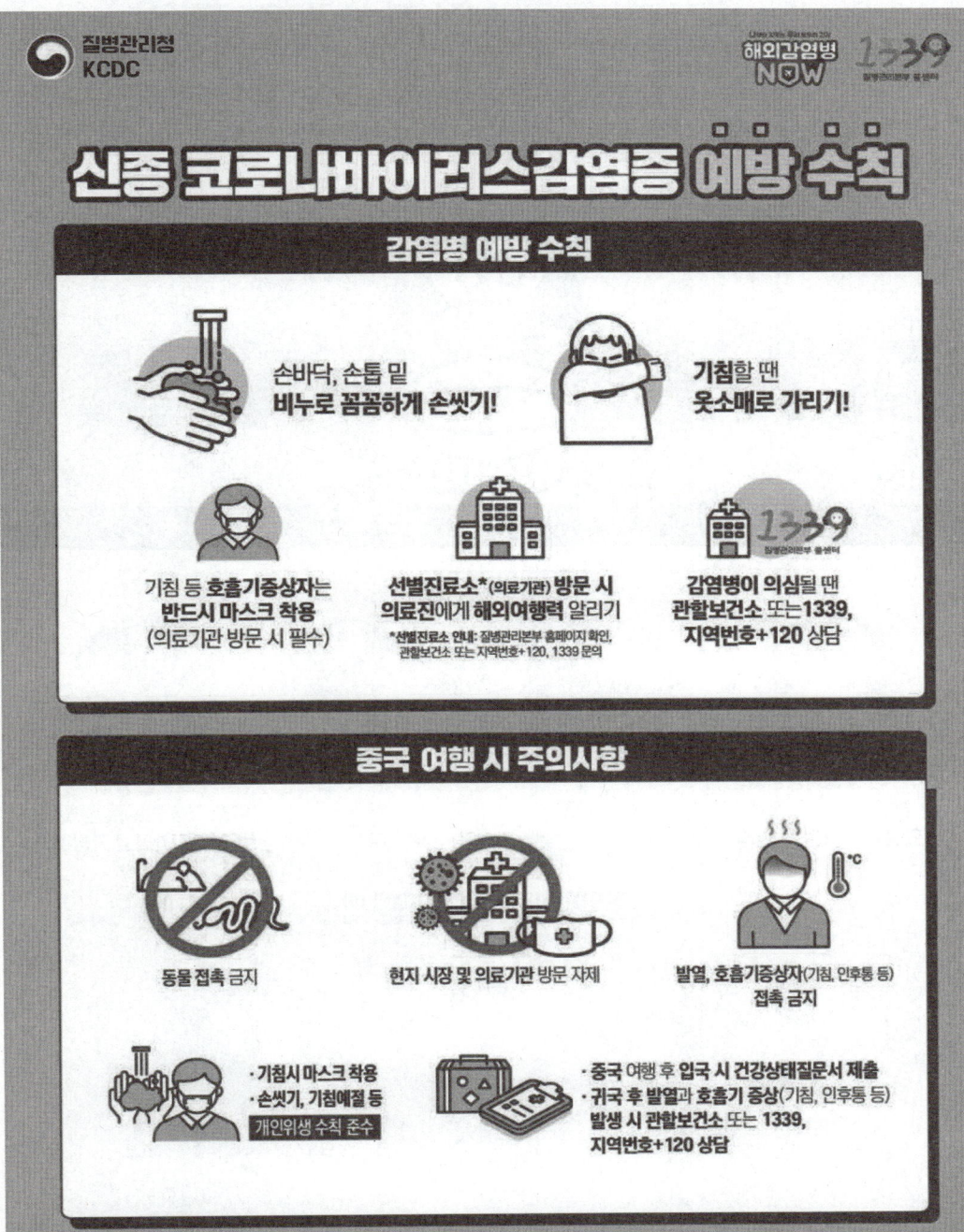

신종 코로나바이러스감염증
예방행동수칙

질병관리청 KCDC

해외감염병 NOW

주요증상

발열 / 폐렴 / 호흡기 증상
기침, 인후통 등

위험요인

중국 방문 후
증상 발현

중국 방문객은

기침 등 호흡기증상자는
반드시 마스크 착용
(의료기관 방문 시 필수)

동물
접촉 금지

발열, 호흡기증상자와의
기침, 인후통 등
접촉 금지

흐르는 물에
30초 이상 비누로 손 씻고,
옷소매로 가리고 기침하기

중국 방문 후, 증상* 발생 시

*주요증상: 폐렴, 발열, 호흡기 증상(기침, 인후통 등)

관할보건소 또는 1339,
지역번호+120 상담하기

마스크 착용*하기

*특히 외출, 의료기관 방문 시 반드시 착용

선별진료소*(의료기관) 방문 시
의료진에게 해외여행력 알리기

*선별진료소 안내:
질병관리본부 홈페이지 확인,
관할보건소 또는 1339, 지역번호+120 문의

붙임 | 3. 감염병예방수칙(올바른 손씻기와 기침예절)

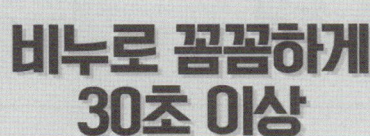

비누로 꼼꼼하게 30초 이상

[올바른 손씻기 6단계]

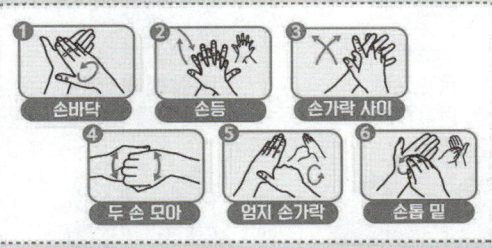

올바른 손씻기와 기침예절로 많은 감염병을 예방할 수 있습니다.

기침할 때 옷소매로 입과 코를 가리고!

[올바른 기침예절]

 질병관리청 KCDC

 해외감염병 NOW 1339 질병관리본부 콜센터

 꼭!

코로나바이러스감염증-19 예방
기억해야 할 국민수칙

일반국민 예방수칙

물과 비누로 꼼꼼히 자주 손씻기

씻지 않은 손으로 눈·코·입 만지지 않기

기침할 땐 옷소매로 입과 코를 가리기

발열, 기침 등 호흡기 증상자와 접촉 피하기

사람 많은 곳 방문 자제하기

특히 노인·임산부·만성질환자 등은 외출 시 마스크 꼭 착용

발열, 기침 등 호흡기 증상 시

마스크 착용하기

외출 자제, 1~2일 경과 관찰하며 집에서 휴식하기

대형병원, 응급실 방문 자제 관할 보건소, 1339, 지역번호+120으로 먼저 상담하기

의료기관(*선별진료소) 방문 시 마스크 꼭 착용 및 자차 이용 권고
*선별진료소 안내: 질병관리본부 홈페이지 확인, 관할보건소 또는 1339, 지역번호+120 문의

진료 전 의료진에게 해외여행력, 호흡기 질환자 접촉 여부 알리기

의료인과 방역당국의 권고 잘 따르기

* 코로나바이러스감염증-19 정보는 코로나19 공식페이지 ncov.mohw.go.kr 에서 확인하세요!

발열, 기침 등 호흡기 증상이 있을 시 행동수칙

발열, 기침 등
호흡기 증상이 있을 시
마스크 착용하기

외출을 자제하고
집에서 하루 이틀
경과를 관찰하며
휴식을 취하기

의료기관 방문 시
반드시 마스크 착용 및
자차 이용 권고

진료 전 의료진에게
해외 여행력 및
호흡기 질환자 접촉 여부
알리기

의료인과 방역당국의
권고 잘 따르기

경미한 발열, 기침 등
호흡기 증상 있을 시
대형병원, 응급실 방문 자제하고,
관할 보건소·120콜센터 또는
1339 콜센터에 먼저 상담하기

 보건복지부   질병관리청

2026.1.1. 기준

Q1 중국에서 발생하는 신종 코로나바이러스감염증 원인, 증상은 무엇인가요?

A1 원인병원체는 신종 코로나바이러스로 알려져 있으며, 증상은 발열 및 호흡기 증상(기침, 인후통 등)이 주로 나타나며 폐렴, 호흡부전 등 중증 경과를 나타날 수도 있습니다.

Q2 코로나바이러스는 어떤 바이러스인가요?

A2 코로나바이러스는 동물 및 사람에게 전파될 수 있는 바이러스로, 그중 사람에게 전파 가능한 사람 코로나바이러스는 현재 6종이 알려져 있습니다. 이 중 4종은 감기와 같은 질병을 일으키는 바이러스이며, 나머지 2종은 각각 MERS 코로나바이러스와 SARS 코로나바이러스로 알려져 있습니다. 이번 중국 우한시 폐렴을 통해 신종 코로나바이러스가 사람에게 전파된다고 알려졌으며, 현재 신종 코로나바이러스의 공개된 염기서열분석을 통해 질병 관리본부에서는 신종 코로나바이러스가 박쥐 유래 SARS 유사 바이러스와 89.1% 일치하는 것을 확인하였습니다.

Q3 신종 코로나바이러스 감염증은 어떻게 전염되나요?

A3 최근 중국 내 가족 간 감염 사례, 의료진 감염 사례 등 지속적으로 사람 간 전파가 확인되고 있기 때문에 일반 국민들의 감염 예방 수칙 준수가 매우 중요합니다.

Q4 신종 코로나바이러스감염증은 진단법이 있나요?

A4 질병관리본부와 18개 보건환경연구원에서 실시간 유전자 검출 검사(Real-time RT-PCR) 으로 진단이 가능합니다. 2020년 2월 초 민간의료기관으로 검사가 확대할 예정입니다.

Q5 신종 코로나바이러스감염증은 백신이나 치료제가 있나요?

A5 이번에 새롭게 바이러스가 밝혀졌기 때문에 현재까지 개발된 백신이나 치료제는 없습니다.

Q6 환자는 어떻게 치료를 하고 있나요?

A6 아직 완치 치료제는 없기 때문에 증상에 대한 대증 치료를 하고 있습니다.

Q7 의심환자 조치는 무엇인가요?

A7 의심환자는 국가지정 입원치료병상에 입원하여 진단검사 및 증상 치료를 받습니다. 이에 대한 비용은 정부가 지원합니다.

Q8 접촉자 범위는 어떻게 설정하나요?

A8 접촉자는 환자의 증상발생기간 중 항공기, 공항, 의료기관, 일상생활 등에서 환자와 접촉 한 인원을 대상으로 노출 정도와 보호구 착용 여부에 따라 설정합니다.

3 | 출제예상 국회직 10대 이슈정리

1 국회 전국단위 지진대피훈련 적극 동참

국회사무처는 5. 16.(수) 14:00~14:20 전국단위 지진대피 훈련을 실시한다. 이 훈련은 행정안 전부 주관 『재난대응 안전한국훈련』의 일환으로 실시되며, 국회도 이번 지진대피훈련에 적극 동참할 예정이다.

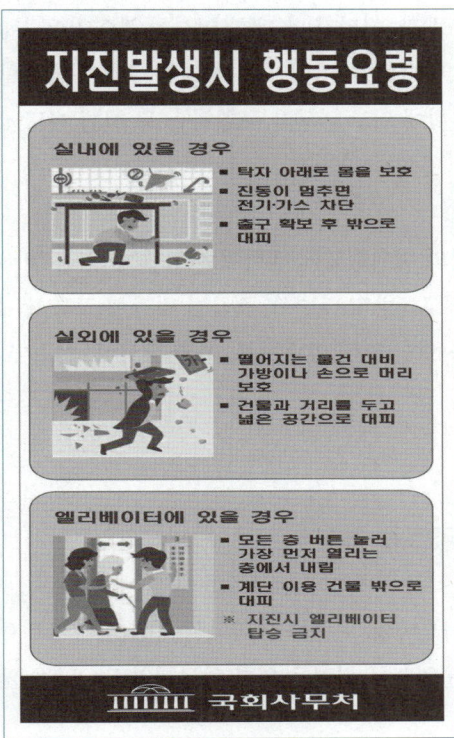

- 지진발생 경보에 따라 전 직원은 우선 실내에서 책상 아래 대피 후 비상계단을 이용하여 신속히 건물 밖 대피장소로 이동을 하며, 이후 지진대피 동영상 시청, 심폐소생술 실습 등을 실시한다. 이를 위해 건물별로 지진대피 요령 안내판을 설치하고 국회 전자게시판에 관련 동영상을 게시하여 직원들이 참고하도록 하였다.

- 국회사무처는 그동안 화재·지진 등 재난관련 자체 교육과 을지연습기간 재난대응 실제훈련을 실시해왔다. 또한 최근에는 테러 및 재난대비 『국회 안전관리 행동매뉴얼』을 제작·배부하여 전 직원에게 교육한 바 있다.

- 국회는 앞으로도 전 직원 참여형 훈련이 되도록 적극 추진하겠으며, 재난 상황에 대비한 초동조치 부서 및 관계기관들의 협조체계도 강화해 나갈 예정이다.

2 국회, 성희롱·성폭력 근절을 위한 대책 마련
– 성희롱 고충전담창구 등 대응시스템 강화 –

- 국회사무처는 성희롱·성폭력 근절 및 조직문화 개선을 위해 성희롱 고충전담창구의 전문성, 신뢰성 구축방안을 마련하고, 피해자 보호대책 및 가해자 처벌 등을 강화한다.

- 지난해부터 국회사무처는 공직기강 강화 대책마련 T/F 활동을 통해, 감사관을 외부 채용하고 직원 교육 강화 등을 추진해 왔을 뿐만 아니라, 올 3월 8일에는 국회인권센터 설립을 위한 직제 개정안을 마련하여 국회 운영위원회에 제출한 바 있다.

- 그러나 최근 국회사무처 인사과에서 이미 운영 중인 성희롱 고충전담창구의 인지도 부족과 전문성·신뢰도 우려 등의 문제가 제기된바, 이를 개선하기 위하여 고충전담 직원 외에 성희롱·성폭력 상담 외부전문가를 채용, 전문상담센터를 설치하기로 했다(5월중 공고 및 6월중 도입). 이 상담센터는 현재 국회운영위원회에 계류 중인 「국회사무처 직제 일부개정규칙안」 의결 시, 국회사무총장 직속의 '국회인권센터'로 확대·개편될 예정이다.

- 그리고, 피해자 보호 및 가해자에 대한 엄중 처벌을 위해 「국회 성희롱·성폭력 예방지침」 등 관련 규정도 정비한다. 동 지침 개정을 통하여 피해자 등(피해자, 신고자, 조력자, 대리자)에 대한 인사상 불이익 조치를 금지하고 피해자와 가해자의 격리 등 적절한 조치를 취하도록 함으로써, 피해자 등에 대한 보호를 강화할 예정이다. 아울러, 징계의 실효성을 강화하기 위하여 징계위원회에 외부 위원을 포함하는 등 현행 제도에 대한 보완 방안을 마련하고 있다.

- 한편, 국회공무원이 직무를 수행하면서 알게 된 다른 공무원의 비위행위에 대하여 신고할 수 있는 '비위행위 신고시스템'을 구축 중에 있고, 사례 중심 상황극 시연 등 교육방식 다변화, 직급별 맞춤형 교육 및 소규모 부서별 교육 병행 실시 등 다양한 방식의 폭력예방교육을 도입 중에 있으므로, 이를 통하여 공직기강 확립과 근무환경 개선에 기여할 수 있을 것으로 기대된다.

3 국회입법조사처, 국회도서관·통계청과 업무협약 체결
- 『마이크로데이터 이용센터(RDC) 설치 및 운영에 관한 업무협약』 체결 -

- 국회입법조사처는 국회도서관, 통계청과 2018년 4월 26일(목), 국회도서관 제1회의실(307호) 에서 마이크로데이터 이용센터(RDC, Research Data Center) 설치 및 운영업무 협력을 위한 업무협약(MOU)을 체결하였다.

- 이번 업무협약은 최근 빅데이터를 포함한 정보 및 데이터 수집·분석·평가의 필요성과 중요성이 증대됨에 따라 국회 내에 통계청의 마이크로데이터(국가통계 원자료)를 제공하는 이용센 터를 설치하여 국회입법조사처의 주요 업무인 입법조사회답과 보고서 작성에 이를 활용할 수 있는 기반을 마련했다는 점에서 큰 의의가 있다.

- 이번 업무협약을 통해 국회입법조사처는 마이크로데이터 이용센터에서 제공하는 각종 통계데이터를 활용하여 경험적·실증적 분석에 기반한 고품질의 전문화된 조사·분석을 제공할 수 있을 것으로 기대된다.

- 이번 협약으로 각 기관들은 향후 ① 마이크로데이터 이용센터의 설치 및 운영 ② 이용센터 제공 데이터의 적극 활용 ③ 이용센터를 통해 수행한 연구조사분석 결과물 관리 ④ 이용센터 이용자의 효과적인 연구조사분석 지원 등에 관하여 협력해 나갈 예정이다.

- 국회입법조사처장은 이 자리에서 "이번 협약을 통해 국회 소속기관의 데이터 활용 능력이 제고되어 보다 전문적이고 깊이 있는 조사·연구가 이루어짐으로써 의정활동 지원 기능이 강화될 것"이라고 하면서, "앞으로 각 기관 간에 실질적이고 원활한 협력이 지속될 수 있도록 노력할 것"이라고 밝혔다.

4 국회예산정책처, 장애인의 날 맞이 장애인직업재활시설 방문

- 국회예산정책처장은 장애인의 날을 맞이하여 장애인직업재활시설을 방문, 장애를 딛고 생산 활동에 매진하는 중증장애인들과 장애인 근로 환경 개선을 위해 노력하고 있는 시설 종사자들을 격려하였다.

- 처장과 국회예산정책처 직원 20여 명은 장애인의 날인 4월 20일(금) 장애인직업재활시설인 EM실천(서울 금천구 소재)을 방문하여 격려 물품을 전달하고, 우편발송작업을 돕는 등 봉사 활동을 실시하였다.

- 또한 처장은 EM실천 원장, 서울시 장애인 직업재활시설협회장 및 시설 종사자들과 간담회를 통해 중증장애인들의 근로여건 및 직업재활시설 운영에 대한 애로사항을 청취하고, 의견을 교환하였다.

- 처장은 "장애인들은 몸이 다소 불편할 뿐, 충분히 우리 사회에 어울려 당당히 살아갈 수 있는 소중한 구성원이고, 이들에게 더 많은 기회를 주기 위해 EM실천과 같은 직업재활시설의 역할이 중요하다"면서, "중증장애인들의 근로기회를 확대하고, 현장의 어려움을 해소하기 위한 정 부의 정책과 예산이 효율적으로 투입될 수 있도록 국회예산정책처도 지속적으로 살펴볼 것"이라고 밝혔다.

5 국회고성연수원 주민 문화의 날 행사

- 국회사무처 의정연수원은 강원도 고성군에 위치한 국회고성연수원에서 4월 25일 수요일 "주민 문화의 날" 행사를 개최

- 이번 행사는 지역주민을 대상으로 4월 25일 수요일 저녁 7시 30분 국회고성연수원 대강의실에서 영화 "지금 만나러 갑니다"(12세 이상 관람가)를 무료로 상영

- 상영 장소인 국회고성연수원 대강의실은 350석 규모의 좌석을 갖추고 있으며, 지역 주민은 누구나 선착순으로 입장 가능하다.

- 국회사무처 의정연수원은 국회고성연수원 개원 1주년 기념의 취지로 본 행사를 기획하였다. 국회고성연수원은 2017년 3월 27일 개원한 이래 금년 3월까지 1년간 교육·연수 및 방문객 이용실적 56,000명을 달성하였다.

- 앞으로도 국회사무처는 "주민 문화의 날" 행사와 같은 다양한 문화 행사를 통해 지역 친화적인 국회고성연수원을 만들어갈 예정이다.

6 국회입법조사처, 「세상을 바꿀 기술, 블록체인」 전문가 간담회 개최

- 암호화폐의 기반 기술인 블록체인에 대한 사회적 관심이 뜨거운 가운데 국회입법조사처는 블록체인 기술 관련 전문가 연속 간담회를 진행하고 있다.
- 간담회는 의료정보 블록체인 스타트업인 메디블록의 이은솔 대표가 산업 분야별 블록체인 기술의 적용 현황과 블록체인 기반 의료정보 플랫폼에 대해 발표하고, 국회 내외 참석자들과 토론하는 자리가 될 것이다.
- 국회입법조사처가 마련한 이번 연속 간담회는 암호화폐 열풍 속에서, 블록체인 기술의 본질을 이해하고, 블록체인이 초래할 사회 변화상을 예측하며 이를 바탕으로 입법·정책적 대응 방안에 대한 논의를 하고자 마련되었다.
- 블록체인은 거래 내역을 암호화한 뒤 해당 네트워크 구성원 간에 공유·대조해 위·변조를 불가능하게 하는 기술이다. 보안성과 신뢰성이 뛰어나 금융을 중심으로 공공 분야와 의료, 물류, 콘텐츠 등 다양한 산업 분야에서 주목받고 있으며 인공지능, 사물인터넷, 빅데이터 등과 함께 4차 산업혁명을 이끄는 핵심 기술로 꼽힌다.
- 이어질 네 차례의 간담회에서는 블록체인 기술의 미래를 전망하고 정책적 대응 방향으로 논의를 확대해 나갈 계획이다.
- 한편, 지난 4월 4일(수)에 열린 첫 번째 간담회에서는 블록체인 플랫폼 전문기업 블로코의 김종환 대표가 '블록체인은 무엇인가'를 주제로 블록체인 기술의 운영 원리와 핵심 가치에 대해 발표했으며 30여 명이 넘는 청중과 열띤 토론을 펼쳤다.
- 이번 전문가 연속 간담회를 준비한 국회입법조사처 과학방송통신팀은 "블록체인 기술에 잠재된 사회·경제적 파급력에 주목하고 암호화폐에 집중된 논의를 확장하기 위하여 이번 전문가 연속 간담회를 기획하게 되었다"며 "이번 간담회 이후에도 블록체인 산업 활성화 및 사회 변화에 대응하기 위하여 입법·정책적 연구를 지속해 나갈 예정"이라고 밝혔다.

7 현경대 전 국회의원 기증 「제9차 개헌관련 기록물」 전시회 개최

- 국회도서관은 4월 10일(화) 오전 11시 국회도서관 중앙홀에서, 1987년 제9차 개헌관련 기록물 일체를 기증한 현경대 전 의원에 대해 감사패 증정식과 기증 기록물 전시회를 개최한다.
- 이 행사에는 국회의장을 비롯, 국회 헌법개정특별위원회 소속 위원, 제22대 국회 헌법 개정 및 정치개혁 특별위원회 위원 등 국회 내·외부 주요 인사가 참석할 예정이다.

- 현 전 의원(제11·12·14·15·16대)이 국회도서관 국회기록보존소에 기증한 기록물은 1987년 개헌 당시 국회 헌법개정안기초소위 위원장이었던 현 전 의원이 30여 년간 보관해 온 제9차 개헌 관련자료 총 386점이다. 기록물에는 당시 여당인 민정당의 헌법특별위원회 구성에서부터 1987년 제9차 헌법 개정안이 국회 본회의에서 의결되기까지의 과정이 잘 드러나 있다.

- 특히, 당시 개헌 논의 과정에서 여야 중진의원으로 구성된 소위 「8인 정치회담」이 시작되기 일주일 전인 1987년 7월 24일 대통령에게 보고한 「헌법개정요강안 주요쟁점 검토보고」 문서, 8인 회담의 협상내용에 대한 중간보고 문서, 헌법 개정 활동을 담은 현경대 의원 자필메모 등, 대한민국 헌정사를 연구하는데 귀중한 사료가 포함되어 있다.

- 국회도서관장은 "현경대 의원님이 작년에 국회도서관에 기증해 준 사료는 그동안 목록화 작업과 DB구축 과정을 거쳐 영구기록물로 보존하게 되었다"며, "이들 자료가 1987년 6월 민주항쟁 이후 헌정 사상 처음으로 여야 합의로 개정된 제9차 헌법의 개정과정과 의미를 보다 깊이 있게 연구하는 데 도움이 되길 바란다" 라고 밝혔다.

8 국회도서관, '최신외국입법정보' 발간
– 『공공데이터 개방 관련 외국 입법례: 프랑스·EU·영국·미국』 –

- 국회도서관은 4월 4일 『최신외국입법정보』 제73-74호 통합호로 "공공데이터 개방 관련 외국 입법례: 프랑스·EU·영국·미국"을 발간했다.

- 공공데이터는 빅데이터 시대의 가장 큰 부분을 차지하는 핵심자원으로 국민의 알권리 확대, 정부의 신뢰성과 투명성 향상, 신규 비즈니스 생성 등의 가치 창출로 개방폭이 확대되고 있어, 이에 대한 관리 및 정책에 대한 관심이 집중되고 있다.

- 프랑스는 2016년 「디지털공화국을 위한 법」을 제정하여, '공익데이터'라는 개념을 새로운 데이터 카테고리로 도입하였고, 유럽연합과 영국 법제에서는 기본 정보공개법에 상응하는 정도로 일반 시민에게 공공기관의 정보제공 거부나 중단 결정에 대한 항소권을 법률로 인정하고 있다. 미국은 "OPEN Government Data Act"를 연방법률로 제정하려는 취지의 법안이 제출되어 있다.

- 국회도서관장은 "공공데이터 개방은 국민의 신청에 기초하여 정보를 제공하는 정보공개제도 (알권리)에서 더 나아가 공공데이터를 국민이 최우선적으로 이용할 수 있도록 보장하고 공공기관에 공공데이터 제공 의무를 부여하여 효과적인 민간 제공과 이용 활성화를 지원할 수 있는 법적 근거를 마련함으로써 공공데이터가 민간의 창의성과 결합하여 고부가가치 신산업으로 발전할 수 있는 기반을 마련할 수 있다고 강조하였다. 이러한 관점에서 프랑스, EU, 영국, 미국의 입법례를 소개한 이번 발간물이 우리나라 공공데이터 정책과 민간데이터 활용, 특히 법원의 판결을 개방하는 법적 근거를 마련할 수 있다는 점에서 충분한 시사점을 줄 수 있을 것이다."라고 밝혔다.

9 국가 미래연구 전담기구 "국회미래연구원" 이사회 출범

국회미래연구원의 최고 의결기구인 "국회미래연구원 이사회"가 3월 21일(수) 국회의장의 위촉장 수여와 창립 이사회를 시작으로 공식 출범한다.

국회미래연구원은 미래 환경의 변화를 예측·분석하고 국가 중장기 발전전략을 도출하기 위한 국회 출연 연구기관으로, 「국회미래연구원법」이 지난해 11월 국회에서 의결됨에 따라 국회 미래연구원 설립준비위원회는 4월 말 개원을 목표로 설립준비에 박차를 가하고 있다. 국회미래연구원 이사회는 「국회미래연구원법」 제11조에 따라 정관 변경, 원장 후보자 추천, 연구과제 선정 등 중요 사항을 심의·의결하는 최고 의결기구로서, 국회의장이 지명한 사람 1명과 각 교섭단체에서 의석수 비율로 추천한 사람 7명(더불어민주당 3명, 자유한국당 3명, 바른미래당 1명), 비교섭단체에서 추천한 사람 1명을 포함하여 총 9명으로 구성되었다.

이사회는 위촉식 직후 제1차 이사회를 열어 전 이화여자대학교 총장을 이사장으로 선출하고, 국회미래연구원 원장 후보자 공모 및 추천 절차와 감사 제청 절차 등 향후 업무에 관하여 논의 했다.

이날 위촉식에서 정의장은 "국회미래연구원은 당장의 현실에 부딪혀 장기적인 관점에서 국가를 걱정하는 것이 부족했다는 반성에서 출발한 것"이라면서, "국회미래연구원이 그 설립 취지에 맞는 역할을 해낼 수 있도록 이사회가 잘 도와줄 것"을 당부했다.

10 국회법제실, 통영 지역현안 입법지원 토론회 개최
– 도시재생 뉴딜사업의 성공적 추진 전략 –

"지역경제를 견인해 온 신아조선소가 세계 조선 경기의 불황으로 멈춰서버린 그 모습에 14만 통영 시민 모두 안타까운 마음뿐이었다."며 "조선업 쇠퇴로 내리막길을 걸었던 스웨덴 말뫼나 스페인의 빌바오가 국가적 지원에 힘입어 친환경 생태도시와 관광·문화 도시로 재탄생하였듯이, 이번 도시재생 뉴딜사업으로 통영도 문화·관광 허브로 거듭날 것"이라 밝혔다.

이번 토론회에서는 도시재생 뉴딜사업의 성공적 추진을 위한 과제와 이를 지원하기 위한 다양한 입법적·정책적 방안이 논의될 것으로 기대된다.

이군현 의원과 국회 법제실은 토론회를 통해 제시되는 입법의견을 수렴하여 관련 법률의 제·개정 입안에 적극 활용할 계획이다.

4 출제예상 검찰직/교정직/경찰행정 10대 이슈정리

1 부정부패수사

<부정부패사범 단속의 중점 추진 사항>

1 기본방향

국민화합을 저해하는 고위공직자, 사회지도층 비리 및 도덕적 해이가 극심하여 국민적 공분을 일으키는 분야의 비리 우선 척결

국세청, 금융감독원 등 사정관계기관과의 긴밀한 협조 및 반부패특별수사부의 수사역량을 집결하여 실질적, 체계적 단속 도모

법과 원칙에 따라 절제와 품격 있는 검찰권을 행사하여 편파, 보복수사 시비 철저 차단 형식적 실적위주의 단속 활동을 지양하고, 선량한 공직자 보호 등으로 사정의 부작용 최소화

2 4대 중점단속 대상 범죄

• 고위공직자 비리

　정책수립·인허가 등 업무관련 금품수수, 이권개입, 이권청탁 등 공직자의 직위를 이용한 부정행위 등

• 공기업 및 정부투자기관 임직원 비리

　공사발주·물품조달 등 이권관련 금품수수 등

• 지방자치단체 등 지역토착비리

　지방자치단체장, 지방의회 의원 및 지방공무원의 직무 관련 금품 수수행위, 지역토호세력의 이권 관련 불법 청탁 알선 명목의 금품수수, 지역개발에 편승, 불법건축물, 형질변경, 산림훼손 등 단속 묵인 관련 비리 등

• 법조비리

　변호사, 전문브로커 및 사무장의 사건수임 알선 관련 금품수수, 판·검사 교제비 명목 금품 수수행위 등

3 단속방안

• 반부패특별수사부 활동 강화

　대검찰청 반부패부 총괄하에 일선 청 반부패특별수사부를 중심으로 조직적, 체계적 단속 활동 전개 특히, 고위공직자, 사회지도층 비리 및 도덕적 해이가 극심하여 국민적 공분을 일으키는 분야에 특별수사역량 집중 투입

• 정보수집 활동 강화

　- 범죄정보실 등 각 청의 정보수집 전담부서 기능 최대한 활용

　- 비리취약분야에 대한 기획 수사정보 및 고질적·구조적 비리에 대한 구체적 정보 발굴

　- 부정부패 신고전화, 검찰 인터넷 홈페이지 등 제보 창구 적극 활용

- 법과 원칙에 따른 엄정한 검찰권 행사
  - 지휘고하를 막론하고 원칙에 따라 공평하고 엄정하게 처리함으로써 편파·보복수사 시비 소지 사전 차단
- 사정의 부작용 최소화
  - 형식적 실적위주의 단속활동 지양, 선량한 공직자에 대한 음해성 무고행위 엄단
  - 수사과정에서 충직, 선량한 공직자 발견시 관계기관 통보

2 사회공헌 – 법률지원

<법률지원>
법률적 도움이 필요한 계층을 대상으로 고충 상담 및 법률지원

1 다문화 가족 고충상담

재한 외국인의 우리 사회 적응을 위한 실질적인 지원 및 권익증진을 도모하기 위해, 다문화 가족이 겪는 법률적 고충에 대해 법률 상담 실시

2 외국인들을 위한 법률상담

법률적 보호를 제대로 받지 못하는 외국인들에 대한 배려와 계도의 필요성이 부각됨에 따라, 국내 사법 절차 개요, 법적분쟁 예방법, 산업재해 보상 등에 대한 교육 및 개별 상담 실시

3 사회공헌 – 법의식 강연

<법의식 강연>
청소년 및 일반 시민 대상으로 법질서를 확립하고 범죄 피해자를 예방하기 위한 법률지식 강연

1 초중고 방문 준법교육

초·중·고등학교를 방문, 학생들을 대상으로 법의식 및 청소년 범죄 예방 교육 실시

2 지역주민 대상 법질서 강연

교통사고, 폭행사고, 보이스피싱, 민사제도 등 실생활 속에서 필요한 법률지식에 대한 강연을 통해 범죄 피해를 예방

4 사회공헌 – 국민소통

<국민소통>

지역 주민과의 소통 및 친선도모를 위한 활동

1 이웃과 함께 뛰는 마라톤 대회

지역 마라톤 행사에 검찰 직원 참여를 통해 이웃과의 소통 증진 및 친선 도모

2 지역주민과의 축구대회

지역 주민과의 친선 도모를 위한 지역주민 대 검찰 직원의 축구 경기 개최

3 청사 이웃 주민 초청 행사

가까이 있지만 직접 방문이나 소통의 부족으로 심리적인 거리감이 있는 관내 지역 주민 및 상인들을 초청, 검찰이 하는 일에 대해 소개하고 직접 체험할 수 있도록 함으로써 지역 사회와의 소통 증진

5 국제협력 네트워크 구축

<국제협력단 국제협력부분>

1 국제협력 강화의 필요성

- 최근 급증하고 전문화되어 가는 국제범죄에 효과적으로 대처하기 위해서 전 세계 검찰을 포함한 법집행기관이 하나가 되어 공동대처할 필요성이 증대하고 있습니다.
- 검찰은 이러한 필요성에 부응하여 국제협력 네트워크를 구축·강화 및 검찰 내 국제협력 업무의 원활화를 위하여 많은 노력을 기울여 왔습니다.
  - 검찰은 미국·일본·중국 등 세계 각국과 형사사법공조조약 및 범죄인인도 조약을 체결하였고, 국제연합(UN) 뉴욕본부 및 제네바본부, 미국, 영국, 독일, 일본, 중국 등에 검사를 파견하여 국제적인 법률문제와 재외국민 인권보호에 적극 대응해 나가고 있습니다.
  - 또한 검찰은 전 세계 각국 대학 및 정부기관에 검사를 연수, 파견하여 세계 각국의 형사제도를 연구하고, 우리의 제도를 널리 전파해 나가고 있습니다.

2 국제협력단 국제협력팀의 창설 및 업무개관

- 2008. 2. 검찰의 국제협력 업무를 종합적.체계적으로 추진하기 위해 대검찰청에 국제협력센터(International Cooperation Center)를 신설하였고, 국제 업무의 수요 증가에 대응하여 2010. 1. 국제협력단으로 승격하였습니다.

- 일회적인 협력이 아닌 안정적이고 지속적인 국제협력 활동을 위하여 국제협력단 국제협력팀은 국제협력의 핵심적인 대외협력 창구 역할을 하고 있습니다

6 소년선도보호

1 소년선도보호제도

소년선도보호제도는 법사랑위원이 선도조건부기소유예처분을 받은 소년을 물심양면으로 지원, 선도 보호하여 그들의 재범을 예방하고 나아가 국가사회에 기여하는 건전한 사회인으로 복귀시키고 아울러 범죄예방활동을 통해 지역사회 발전에 기여함을 목적으로 하고 있습니다.

2 소년선도보호방법

① 접촉선도

귀주처가 있는 유예소년과 접촉을 갖고 상담·지도 등을 통해 소년의 반사회성을 교정하고 지식과 기술을 습득시키며 정서를 순화하여, 건전한 사회인으로 복귀시키는 선도방법

② 원호선도

귀주처가 없거나 있더라도 귀주시키는 것이 부적당한 유예소년에 대하여 선도보호위원의 주거나 복지시설에서 기거하게 하고, 의·식·주를 제공하면서 접촉선도하는 것

3 주요활동

① 선도조건부 기소유예제도

선도조건부 기소유예제도는 법사랑위원이 선도조건부기소유예처분을 받은 소년을 물심양면으로 지원, 선도보호하여 그들의 재범을 예방하고 나아가 국가사회에 기여하는 건전한 사회인으로 복귀시키고, 아울러 범죄예방활동을 통해 지역사회 발전에 기여함을 목적으로 하고 있습니다.

② 보호관찰소 선도위탁

보호관찰소 선도위탁제도는 범죄예방위원에 의한 선도조건부기소유예제도와는 달리 보호 관찰소의 장이 선도업무를 관장하고, 보호관찰소장은 선도대상자를 담당할 보호관찰관을 지정하여 선도하도록 되어 있습니다.

보호관찰소 선도위탁 방법은 보호관찰관이 보호관찰소 선도조건부기소유예처분을 받은 사람을 선도교육, 상담, 봉사활동 체험 등 적절한 지도를 실시하고 있습니다. 선도조건부기소유예 대상은 18세 미만의 범죄소년을 주 대상으로 하는데 대하여 보호관찰소 선도유예 대상은 소년범에 제한을 두지 않고 연령과 범죄의 동기, 수단 및 결과 등 제반
사정을 고려하여 전문적인 선도가 요구되는 범죄자를 대상으로 하고 있습니다.

③ 대안교육 등 다양한 조건부 기소유예 제도

검찰은 기존에 시행하고 있는 선도조건부 기소유예 및 보호관찰소위탁조건부 기소유예 이외에도 소년범의 특성에 따라 다양한 조건부 기소유예를 소년범에게 적용함으로써 선도 및 재범방지의 효과를 높이고 있습니다.

- 청소년꿈키움센터에서 교육, 사전 상담 후 학교폭력 등 문제유형별 전문교육, 예절교육, 예술치료 등을 다양한 교육을 받도록 함으로써 재범방지, 인성개발 등의 측면에서 실효성을 거두고 있는 대안교육이수 조건부 기소유예 제도,
- 청소년인 자원봉사 대학생이 청소년과 1대1로 결연하여 상담·스포츠·문화활동·봉사활동 등의 일정한 프로그램을 거치면서 대상 청소년을 선도하는 멘터 프로그램 이수조건부 기소유예, 청소년희망재단 등 청소년단체의 전문가로부터 상담을 받게 하는 조건으로 소년범을 기소유예 처분하여 청소년 비행문제에 효율적으로 대처하는 상담 조건부 기소유예 제도 등이 지역별 여건에 따른 다양한 조건부기소유예 제도를 시행하고 있습니다.

④ 우범소년 결연사업

우범소년결연사업은 범죄예방위원이 교육기관 등의 협조하에 우범소년과 결연을 맺고 그들을 물심 양면으로 지원·선도하여 정상적인 학업과 생업에 복귀시킴으로써 소년범죄나 비행을 사전에 방지함을 그 목적으로 합니다. 결연대상자는 학교에서 퇴학·정학 등 징계처분을 받은 자와 폭력써클에 가입하거나 학교 주변에서 폭력을 행사하는 학생 중심으로 선정하도록 하고 있으며, 결연대상자는 선도결연회의를 통하여 선정하며, 결연활동 중 소년이 소재불명되거나 선도에 불응하여 결연을 계속할 수 없을 경우에는 법원 소년부에 통고하도록 하고 있습니다.

7 범죄수익환수수사

1 소개

범죄수익, 끝까지 추적하여 환수한다.

> 동일한 유형의 사건들이 계속해서 반복되고 재범으로 이어지는 근본적인 이유는 무엇일까요? 아마도 범죄로 인해 취득하게 될 경제적 이득이 너무나 매력적이기 때문이 아닐까요?

이처럼 경제적 이득의 유혹은 땀 흘려 일하지 않고 부정한 방법으로 일확천금을 노리는 범죄자들을 끌어들이는 중요한 요인으로 작용하고 있습니다. 나아가 한 번의 범죄행위로 얻게 되는 경제적 이득은 동종 범죄 재범의 동력으로 작용하여 사회에 치명적인 악영향을 미치게 됩니다. 그렇다면 범죄 재생산의 악순환을 차단하기 위한 근본적인 방안에는 무엇이 있을까요? 바로 범죄로 인해 얻게 되는 경제적 이득을 완전히 박탈함으로써 범죄 유발의 동기적 요소를 제거하는 것입니다. 이런 이유로 대검찰청 반부패부에 회계분석수사, 금융거래추적수사, 범죄수익환 수수사를 전담하는 검사 및 수사관들로 구성된 범죄수익환수과를 설립하여 운영 중에 있으며, 전국 검찰청에는 범죄수익환수 전담반을 설치하였습니다.

2 범죄수익환수과

① 회계분석 수사
- 전국 각 청의 기업비리, 회계부정 등 화이트칼라범죄 수사지원
- 회계자료 압수수색 및 분석, 관련자 조사

② 금융거래 추적수사
- 부패사범, 기업비리사범 등 경제적 이익획득과 관련된 범죄수사 시 관련증거 확보를 위한 금융계좌 추적 및 관련자 조사
- 범죄수익을 합법적인 수입으로 가장, 은닉하는 자금세탁범죄(money laundering) 수사
- 부패, 마약, 조직범죄 및 각종 경제범죄에 관련된 범죄수익의 추적 및 몰수, 추징

3 수사지원분야

① 자금추적수사
- 검찰에서는 특정 계좌뿐만 아니라 사건과 관련된 전체적인 자금의 흐름을 파악하기 위하여 계좌추적보다 폭넓은 개념인 자금추적 수사를 통해 사건의 실체적 진실 발견을 위해 노력하고 있습니다.
- 이러한 자금세탁 행위 차단 및 주요 부패범죄 수사를 위하여 1995년 전직 대통령 수뢰사건을 계기로 대검찰청 중앙수사부에 자금추적수사팀이 설립되어 현재까지 상설 운영되고 있으며, 특수수사 뿐만 아니라 범죄수익환수를 위한 자금세탁수사에도 집중하고 있습니다.

② 회계분석수사
- IMF 외환위기 당시 분식회계 등을 통해 경영실적을 부풀렸던 많은 기업들이 퇴출되는 등 국가적 위기상황을 겪으며 기업회계의 투명성이 얼마나 중요한지를 전 국민이 체험했습니다.
- 또한 국제회계기준의 도입 등으로 기업의 회계 투명성은 높아졌지만 아직까지도 일부 부족한 부분이 남아 있는 것은 사실이고, 우리나라가 선진국으로 도약하기 위해서는 무엇보다도 기업 경영의 투명성 확보가 선결과제입니다.
- 이에 대검찰청 반부패부에서는 날로 첨단화·지능화되고 있는 기업비리 등 화이트칼라 범죄에 효율적으로 대처하고 기업 수사를 지원하기 위해 기업수사 전문요원으로 구성된 범죄수익환수센터 회계분석 전담반을 설립하여 운영하고 있습니다.

③ 범죄수익환수수사
- 고도로 성장해 온 경제 발전과 더불어 대형 경제범죄, 부정부패범죄도 급격히 증가되고 있습니다. 부패범죄와 동반되는 경향이 있는 자금세탁 행위 역시 다양한 방법으로 고도화·첨단화된 양상을 보이고 있습니다. 위와 같은 경제범죄, 조직범죄, 게임산업, 성매매알선, 증권거래 등의 범죄행위를 통하여 얻은 범죄수익은 또 다른 범죄를 생산하기 위한 자금원으로 이용될 뿐만 아니라, 범죄 처벌의 실효성까지 약화시키는 측면을 내포하고 있습니다.
- 범죄수익환수업무 중요성이 대두됨에 따라 대검찰청 반부패부 범죄수익 환수과가 신설되어 이전에 대검찰청 반부패부 범죄수익환수수사지원센터에서 담당하던 범죄수익환수업무를 대검찰청 반부패부 범죄수익환수과에서 담당하게 되었습니다.

8 과학수사

<검찰의 과학수사(Forensic Science)>

과학수사부는 범죄수사 증거물의신속·정확한감정(분석), 사이버범죄에 체계적인 대응으로 일선 검찰청 수사를 지원하여, 국민 안전과 인권 보장에 앞장서고 있습니다. 과학수 사장비의 첨단화, 감정 기법 연구, 전문수사관 양성을 통해 과학수사 역량을 강화함으로써 과학수사 메카로서의 위상을 정립해 나가고 있습니다.

검찰의 과학화는 1968년 대검찰청 중앙수사국 산하 '과학수사 연구단'을 시작으로 1978년 3월 대검찰청 특별수사부에 거짓말탐지기 2대를 도입, 1984년 7월 중앙수사부에 과학수사운영과 설치, 2005년 과학수사기획관실 산하에 과학수사담당관실과 디지털수사담당관실로 확대하면서 마약 및 유전자감정 분야 KOLAS 인정을 획득하는 등 초석을 다졌습니다.

아울러, 2008년 10월 검찰 60주년을 기념하며, 지상 6층, 지하 1층 규모의 디지털포렌식센터 (Digital Forensic Center)가 완공되었습니다. 대검찰청 내 모든 과학수사부서의 입주를 시작으로, 디지털수사 네트워크 구축, 화재수사팀·DNA수사담당관실·사이버범죄수사단이 신설되면서 다양한 분야의 수사지원뿐만 아니라 끊임없는 연구·개발을 통해 과학수사시스템의 기틀을 마련하였습니다.

새로운 수사 환경에 선제적으로 대응하고, 보다 신속하고 체계적인 과학수사 지원 토대를 마련하기 위해 과학수사부가 신설되고 사이버범죄수사단을 사이버수사과로 정식 직제화하여 국가 사이버안보 위협 범죄 등 사이버 범죄에 대한 검찰의 대응력을 제고하였습니다.

앞으로도 대검찰청 과학수사부는 검찰수사의 변모를 주도하는 최상의 과학수사 서비스를 제공하여 국민의 소중한 생명과 안전, 재산 그리고 인권이 보장되는 기초인 과학수사 발전을 위해 최선의 노력을 다하겠습니다.

9 사이버수사과

1 소개

인터넷이 사회생활의 중요한 영역으로 변화한 이후 인터넷을 통한 범죄가 사회 각 분야에서 크게 증가하고 있습니다. 인터넷 피싱, 사기, 명예훼손 등 전통적인 일반범죄의 무대가 온라인으로 이동하고 있고, 온라인뱅킹정보, 개인정보 등 금전적 이익을 노리는 해킹집단이 조직화되는 양상을 띠고 있습니다.

특히, 주요정부기관 등을 대상으로 한 '09. 7. 7. DDoS공격, '11. 3. 4. DDoS공격, '11. 농협전산망 마비, '13. 3. 20. 사이버테러, '14. 한국수력원자력 자료 유출 사건 등 막대한 피해와 혼란을 야기하는 '테러형 사이버범죄'가 최근 빈발하고 있습니다. 급변하는 IT환경에 따라 범죄양상이 갈수록 지능화되고 있어, 이에 대응하기 위해 검찰은 사이버범죄 수사능력 향상에 주력하고 있습니다.

검찰에서는 지난 1995년 서울지검 「정보범죄수사센터」 발족을 시작으로, 2001년 대검찰청 「인터넷범죄수사센터」 설치, 2011년 대검찰청 「사이버범죄수사단」 창단, 대검찰청 과학수사부 사이버수사과로 정식 개편 등 변화하는 사이버범죄에 빠르게 대응하기 위한 조직을 구성하였으며, 특히 유관기관 협력 및 국제공조 강화에도 노력하고 있습니다.

탁월한 전문 역량과 막중한 사명감으로 국가와 국민을 사이버범죄로부터 보호하는 검찰이 되도록 최선을 다하겠습니다.

2 주요활동

검찰 사이버범죄 수사의 컨트롤타워로서, 일선 사이버수사 지원, 사이버수사기법 연구개발, 사이버범죄 대응 정책 수립, 첨단수사 인프라와 국내외 협력 네트워크를 통한 국제공조 업무를 수행합니다.

3 주요업무

사이버테러, 해킹, 개인정보 유출 등 주요 사이버범죄의 최신 동향 파악, 전국 검찰청 사이버범 죄사건에 대한 수사지원, 수사인력 양성 및 수사 인프라 연구·개발, 국제공조 등을 수행합니다.

- 사이버범죄 수사지원
  - 악성코드 분석
  - 로그 분석
  - 네트워크 분석
  - 빅데이터 분석
- 사이버 범죄정보 수집
  - 사이버 범죄자원 정보 공유
  - 피싱사이트 자동탐지 시스템
  - 악성코드분석시스템
- 유관기관 협력 및 국제공조
  - G7 24 / 7 Network
  - 글로벌 사이버범죄 대응역량 구축 지원
  - 사이버범죄 유관기관 협력

10 사건처리절차안내

1 사건처리체계도

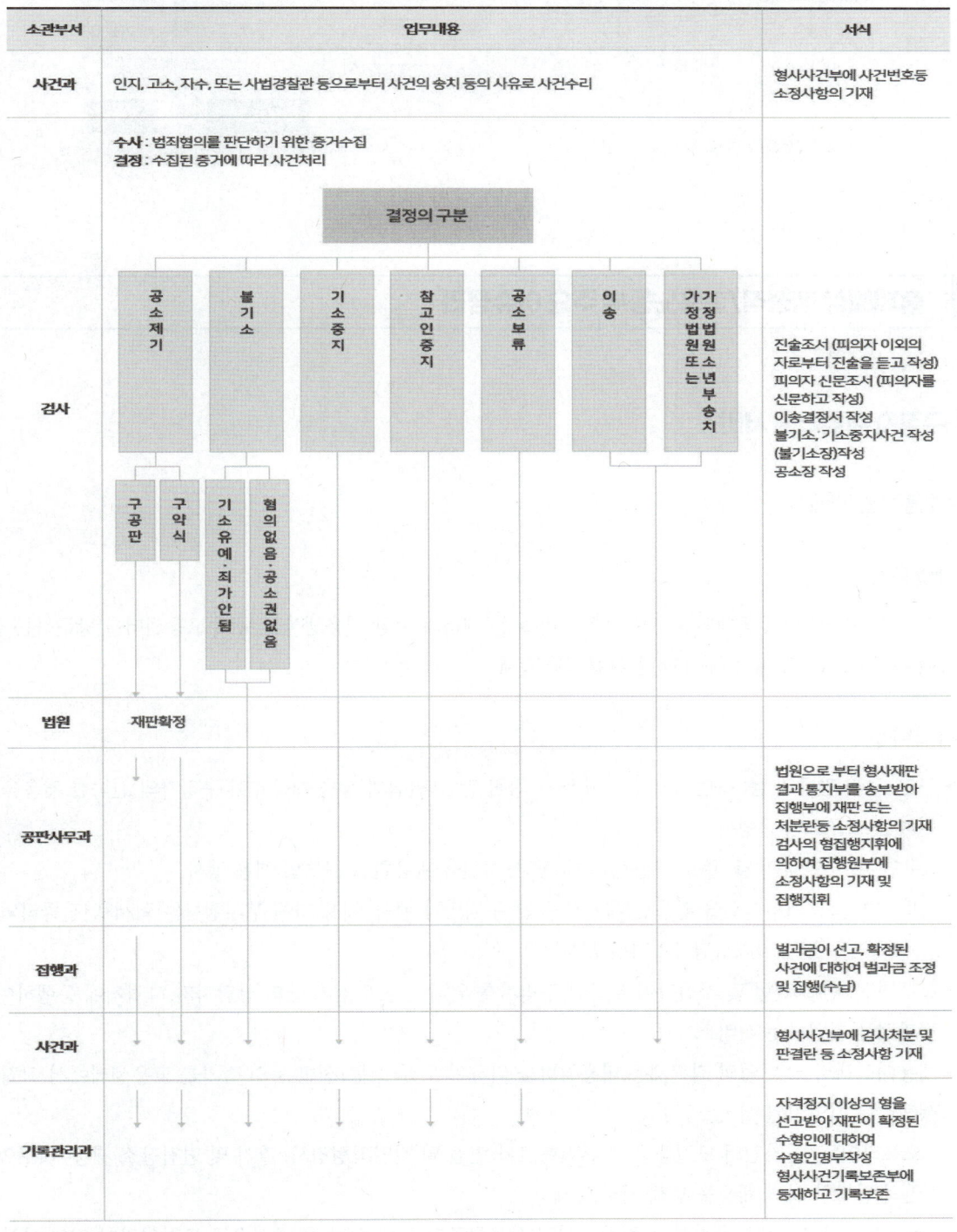

소관부서	업무내용	서식
사건과	인지, 고소, 자수, 또는 사법경찰관 등으로부터 사건의 송치 등의 사유로 사건수리	형사사건부에 사건번호등 소정사항의 기재
검사	**수사**: 범죄혐의를 판단하기 위한 증거수집 **결정**: 수집된 증거에 따라 사건처리 **결정의 구분**: 공소제기 / 불기소 / 기소중지 / 참고인중지 / 공소보류 / 이송 / 가정법원 또는 소년부송치 공소제기 → 구공판, 구약식 불기소 → 기소유예·죄가안됨, 혐의없음·공소권없음	진술조서 (피의자 이외의 자로부터 진술을 듣고 작성) 피의자 신문조서 (피의자를 신문하고 작성) 이송결정서 작성 불기소, 기소중지사건 작성 (불기소장)작성 공소장 작성
법원	재판확정	
공판사무과		법원으로 부터 형사재판 결과 통지부를 송부받아 집행부에 재판 또는 처분란등 소정사항의 기재 검사의 형집행지휘에 의하여 집행원부에 소정사항의 기재 및 집행지휘
집행과		벌과금이 선고, 확정된 사건에 대하여 벌과금 조정 및 집행(수납)
사건과		형사사건부에 검사처분 및 판결란 등 소정사항 기재
기록관리과		자격정지 이상의 형을 선고받아 재판이 확정된 수형인에 대하여 수형인명부작성 형사사건기록보존부에 등재하고 기록보존

2 형사사건처리절차

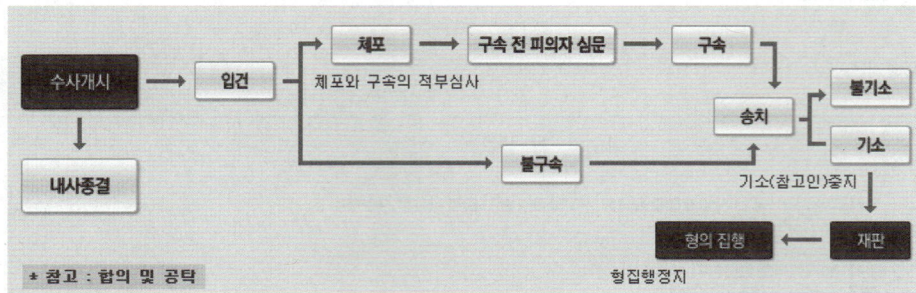

---

1 **구직자 취업지원 서비스**

<채용지원서비스>

1 **사업목적**

구인·구직 만남의 날, 동행면접, 채용대행서비스 등 센터의 현장 채용행사를 통해 고용센터를 방문하는 실업급여 수급자, 일반구직자 등에 대한 취업기회 확대

2 **사업내용**

- 구인·구직 만남의 날: 구인기업과 구직자 간 직접 만남·면접의 장을 제공하여 구직자의 신속한 채용을 지원하는 소규모 채용행사
  - 구인·구직 만남의 날: 주로 고용센터 내 공간·시설을 활용한 소규모의 채용 행사
  - 채용박람회: 외부시설을 활용한 대규모 구인·구직만남 행사, 채용 외에 부대행사(이력서·면접클리닉, 훈련·자격상담 등) 병행 실시
- 동행면접: 면접 경험 및 자신감이 부족한 구직자를 위해 채용 면접시 센터 상담자가 사업체에 동행하여 면접과정을 지원하는 서비스
- 채용대행서비스: 기업의 직원채용 비용절감을 위하여 모집·전형·선발 등의 절차를 고용센터에서 직접 대행해주는 기업지원 서비스
  - 오프라인: 구인기업의 모집공고, 서류전형, 1차 면접 및 직업적성검사, 필기 및 면접장소 제공 등 구인기업의 원활한 인력 채용을 위해 서비스 제공
  - e-채용마당: 대기업, 공기업, 우량중소기업(상용근로자 30인 이상)을 중심으로 모집인원이 10인 이상인 경우 e-채용마당 서비스 제공(워크넷에서 이용가능)

<직업진로지도 서비스>

1 사업목적

구직자, 학생 등이 자신의 희망, 관심, 자격 및 능력을 파악하여 이에 필요한 교육, 훈련, 직업 선택을 할 수 있도록 수요자 특성에 맞는 직업진로지도 서비스를 제공하여 학교에서 직장, 직장에서 직장으로의 원활한 이동을 지원

2 사업내용

- 집단상담 프로그램 운영: 개인의 특성에 따라 12명~15명의 소규모 그룹이 3일~5일간 함께 참여하여 취업의욕, 취업기술 및 의사소통 능력을 향상할 수 있는 교육프로그램
- 단기 집단상담프로그램: 나에게 부족하다고 생각되는 부분만을 선택하여 25명 정도의 그룹으로 3~4시간 참여하는 교육 프로그램(참여식)
- 취업특강: 실습·체험형 교육이 부담스러운 경우에 참여할 수 있는 2시간 강의식 형태의 교육 프로그램
- 근로능력수급자 취업능력향상 프로그램
  - 근로능력이 있는 기초생활수급자(생계급여수급자)*를 중규모 그룹(30명 내외)으로 구성하여 1.5시간 강의식으로 운영되는 프로그램
  - 취업성공패키지, 자활근로 등 기존 자활사업 미참여자
- 고용센터 구인·구직자 취업지원 서비스
  고용센터 방문 및 워크넷으로 신청, 기초상담 → 신청수리 → 상담(워크넷입력·인증, 정보 제공) → 직업 또는 구직자의 알선 → 구인·구직자와 개별 면접 → 취업 또는 채용여부 확인

2 고용복지 + 센터

1 사업목적

- 국민들이 한 곳만 방문하면 다양한 고용·복지 서비스 등을 받을 수 있도록 고용센터를 중심으로 고용 및 복지 서비스 기관이 한 공간에서 서비스를 제공
- 기관 성격: 각 기관의 지위, 조직·인사·예산 등의 독립성을 유지한 기관 간 협의체 (공간 등 하드웨어 통합을 바탕으로 서비스·프로그램 등 소프트웨어 연계·통합 추진)

> **고용복지 + 센터의 의미**
>
> - 고용과 복지의 연계(+)
> - 고용·복지 등의 연계를 통한 시너지(+) 효과
> - 고용·복지 서비스기관 외 타 기관 참여가 가능한 개방성(+)
> - 국민 입장에서는 '1+1' 효과
> - 부처 간, 중앙과 지방 간 칸막이를 허물고 협업(+)

2 사업내용

- 고용센터가 이미 있거나 고용센터를 신설하는 기초자치단체를 단위로 고용센터를 중심으로 고용복지 + 센터를 운영
- 고용과 복지가 결합된 기본형과, 문화 등을 아우르는 확장형을 병행
- 고용복지 + 센터 참여기관 및 체계도

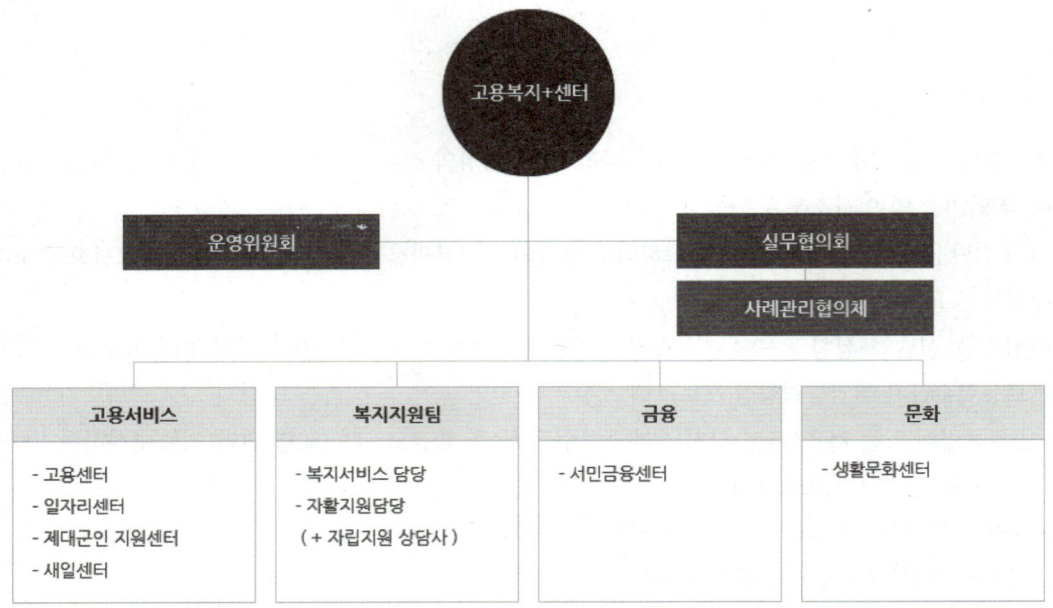

☑ 자립지원 직업상담사는 조건부수급자 등의 일을 통한 탈빈곤 지원을 위한 고용-복지 연계 서비스 담당. 본연의 업무 이외에 자치단체 부수적 업무를 수행하지 않도록 협조

3 운영방향

- 통합 서비스

  한 공간에서 다양한 고용과 복지 서비스를 통합 제공하여 방문자의 편의 도모
- 원스톱

  고용복지 + 센터를 방문하면 필요·적합한 고용·복지 서비스에 대한 정보 획득, 서비스 상담·신청·수령 가능
- 고용·복지 서비스 연계를 통한 자립 지원
  - 근로빈곤층의 취업장애요인 등을 조기 해소시킴으로써 최저생계비를 지원받는 빈곤층을 고용의 영역으로 끌어내어 탈수급 지원
  - 차상위계층 등은 최저생계비 이하로 떨어지지 않도록 사전에 고용과 복지서비스를 제공함으로써 안정적인 자립을 지원
- 협업
  - 참여기관 간 협업 및 역할 분담을 통해 인력 및 예산을 효율적으로 운영함으로써 효율성 제고
  - 합동으로 수행 가능한 업무를 지속적으로 개발하여 시너지 제고

4 서비스 프로세스

- 서비스 연계

  각 기관의 고유 업무를 수행하면서, 고용서비스 기관 간, 고용서비스 기관과 복지서비스 기관 간 필요한 서비스를 상호 연계하여 제공

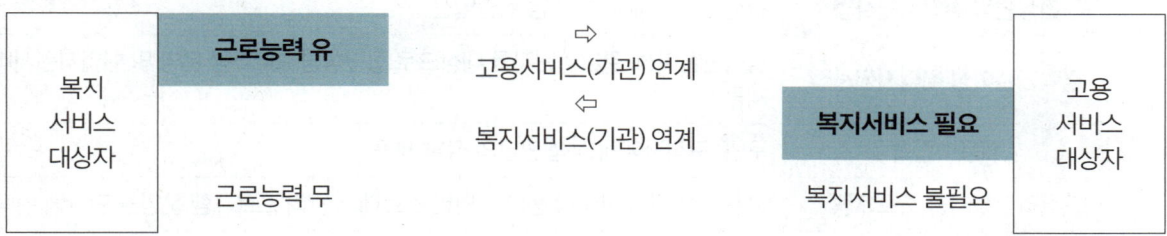

3 취약계층 취업지원

1 사업목적

취업취약계층에 대한 취업지원 서비스를 제공하는 민간기관을 활용하여 공공·민간 고용서비스 간의 상호 연계 및 보완을 통해 취약계층의 취업촉진 및 자립지원 도모

2 사업내용

- 지원대상: 노숙인, 건설인력, 경력단절여성 등 취업취약계층 및 일반 구직자
- 지원내용: 민간고용서비스기관을 활용(필요경비 및 인센티브 제공)하여 취업취약계층에 취업알선 등의 고용서비스를 제공
  - 구체적인 지원금액(한도액 등)은 별도사업계획 시달

3 사업추진체계

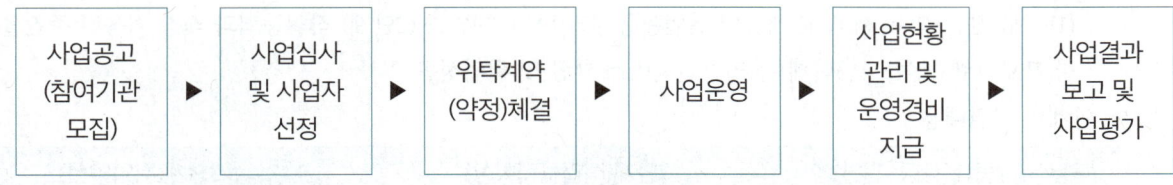

4 사업추진현황

사업명	사업내용
노숙인 취업지원사업	노숙인(거리·쪽방)에 대한 전담 취업알선
건설인력 취업지원사업	건설 근로자에 대한 전담 취업알선
경력단절여성 취업지원사업	경력단절여성, 결혼이민자를 대상으로 집단상담프로그램 운영 및 취업지원서비스 제공
채용박람회	구인·구직자에게 직접 만남의 장을 제공
심리안정지원 프로그램	고용센터 내 실직충격 등으로 인한 스트레스 관리 프로그램 운영을 민간에 위탁
집단상담 프로그램	고용센터 내 집단상담 프로그램(CAP·취업희망·성실 등) 운영을 민간에 위탁

4 취업성공패키지

1 사업목적

저소득 취업취약계층, 청년 및 중장년 미취업자를 대상으로 참여자의 특성 진단(프로파일링)을 토대로 최장 1년간 맞춤형 취업지원 프로그램을 패키지로 지원하여 취업성공 및 빈곤탈출 촉진

2 사업내용

• 지원대상
  - 취업성공패키지 I : 기초생활수급자, 차차상위(중위소득 60%) 이하 저소득층, 기타 특정 취약계층
  - 취업성공패키지 II : 청·장년층 (청년층) 18~34세(소득 무관), (중장년층) 중위소득 100% 이하 가구의 35~69세 가구원

• 프로세스 및 지원내용
  - (1단계) 진단, 의욕 제고 및 개인별 취업활동계획(IAP) 수립 → (2단계) 직업능력과 직장 적응력 증진을 위한 프로그램 참여 → (3단계) 취업알선서비스 제공 및 취업성공

• 단계별 지원내용

구분	1단계(상담·진단)	2단계(직업능력향상)	3단계(취업알선)
패키지 I	• 3주~1개월 • 참여수당최대 25만원	• 최장 8개월 • 훈련비300만원(내일배움카드, 최대 10%) • 참여수당 최대40만원(6개월)	• 최장 3개월 • 취업성공 시 최대150만 원지급 • 청년 구직촉진수당 30만원, 최대 3개월
패키지 II	• 1주~1개월 • 참여수당최대 20만원	• 최장 8개월 • 훈련비200만원(내일배움카드, 자부담 5~50%) • 참여수당 최대40만원(6개월)	• 최장 3개월 • 청년 구직촉진수당 30만 원, 최대 3개월

3 사업추진체계

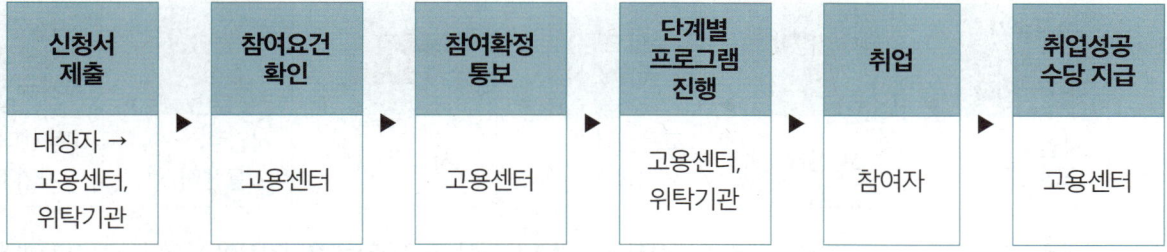

5 고용유지지원금

1 사업목적

경영악화 등으로 고용조정이 불가피하게 된 사업주가 고용유지조치(휴업, 휴직, 무급휴업·휴직 등)를 실시하는 경우 지원금을 지원함으로써 근로자의 실업 예방 및 생계안정 유지

2 사업내용

- 지원대상

  생산량 감소 등 경영상 이유로 고용조정이 불가피하나 휴업 등 고용유지조치를 통해 근로자의 고용을 유지하는 사업주, 무급휴직 또는 현저히 낮은 법정휴업수당을 지급받은 근로자

- 지원내용

  - 지원한도 1일 상한액 6만원(특별고용지원업종 중 우선지원대상기업은 7만원), 휴업·휴직을 합하여 연간 180일(무급휴업·휴직은 총 180일)

  - (휴업) 1월간 소정근로시간의 20/100을 초과하여 휴업을 실시하고 휴업수당을 지급한 사업주에게 휴업수당의 2/3(대규모기업 1/2~2/3) 지원

  - (휴직) 근로자에게 1월 이상 휴직을 부여한 사업주에게 지급된 휴직수당의 2/3(대규모기업 1/2~2/3)를 지원

  - (무급휴업·휴직) 근로자 평균임금의 50% 기준으로 심사위원회에서 결정하여 지원

3 사업추진체계

- 휴업, 휴직 고용유지지원

• 무급 휴업·휴직 고용유지지원

고용유지 조치 계획서 제출		심사위원회 개최		승인 또는 불승인		고용유지 조치 실시		지원금 신청		사실관계 확인 후 지원금 지급
사업주 → 고용센터	▶	고용센터	▶	고용센터 → 사업주	▶	사업주	▶	사업주 → 고용센터	▶	고용센터 → 사업주

☑ 무급휴업의 경우의 경우 노동위원회 사전 승인이 필요하며, 무급휴직은 휴직기간이 시작되기 전 1년 이내에 3개월 이상 휴업 또는 훈련의 고용유지조치 필요

6 고용창출장려금

1 사업목적

통상적 조건 하에 취업이 어려운 취약계층 및 장년을 신중년 적합직무에 고용하거나 교대제 개편, 실근로시간 단축, 시간선택제 일자리 도입 등 근무형태를 변경하여 고용기회를 확대한 사업주를 지원

2 사업내용

① 일자리 함께하기 지원
- 지원요건
  - 교대제 도입 확대, 실근로시간단축제, 일자리순환제 도입으로 월평균 근로자 수 증가
- 지원수준

[인건비] 증가근로자수 1인당

구분		지원기간	3개월단위	총지원액
제조업	우선지원	2년	240만원	1,920만원
	중견	2년	120만원	960만원
	대규모	1년	120만원	480만원
비제조업	우선지원	2년	240만원	960만원
	중견	1년	120만원	480만원
	대규모	1년	120만원	480만원

[임금감소액보전] 사업주 보전 임금의 80% 한도로, 증가근로자수 1인당 월 10만원~월 40만원 지원, [설비투자비 융자] 투자비의 2/3 범위 내에서 최대 50억원

② 시간선택제 신규고용 지원

- 지원요건
  - 아래 요건을 만족하는 시간선택제 근로자 신규 채용

    무기계약, 우선지원대상기업 및 중견기업 최저임금 110%(단, 대규모기업은 120%) 이상 임금 지급, 주 15시간 이상 30시간 이하 근로, 4대 사회보험 가입, 전일제 근로자와 균등대우(근로시간비례 원칙), 전자·기계적 방법에 의한 출퇴근 관리

- 지원수준

[인건비] 신규 고용 근로자 수 1인당

구분	1개월 단위	총지원액
우선지원	60만원	720만원
중견기업	60만원	720만원
대규모	30만원	360만원

☑ 직전년도 보험년도 말일 기준 피보험자 수의 30% 이내로 지원

초과근로 20시간 이상 실시한 달, 출퇴근기록 월 5일 이상 누락된 달은 장려금 지급 제외

③ 국내복귀 기업 지원

- 지원요건

  산업부 장관이 지정한 국내복귀 제조업으로 지정일 후 2년 이내인 우선지원대상기업과 중견기업

- 지원수준

[인건비] 증가근로자수 1인당

유형	3개월 단위	총지원액
우선지원	180만원	720만원
중견	90만원	350만원

④ 신중년 적합직무 고용지원

- 지원요건

  만 50세 이상 실업자를 신중년 적합직무에 채용하여 3개월 이상 고용 유지한 우선지원 대상 기업 및 중견기업

- 지원수준

[인건비] 신규 고용 근로자 수 1인당

유형	3개월 단위	총지원액
우선지원	240만원	960만원
중견기업	120만원	480만원

7 고용안정장려금

1 사업목적

근로시간 단축·유연근무제 등을 도입하여 근로자의 일·생활 균형을 지원하거나, 고용이 불 안정한 기간제 근로자 등을 정규직으로 전환 또는 재고용하여 고용을 안정시키는 사업주에게 인건비·간접노무비 등을 지원하여 근로자 고용안정을 도모

2 사업내용

① 시간선택제전환지원

	임금 감소액 보전금·간접노무비	대체인력 지원
지원 요건	전환제도 도입 근로자 청구에 따라 주 15 ~ 30시간으로 단축 근로 (단, 초등학교 1학년 자녀를 양육하기 위한 경우는 35시간) 전환기간 최소 2주 이상 전자·기계적 방법에 의한 근태관리(월 5일 이상 누락 시 지원 제한) 근로자 전환일로부터 6개월 이내에 지원금 신청	좌 요건을 만족하는 시간선택제 전환 근로자의 전환 근로 시작일 전 60일이 되는 날부터 대체인력을 고용하고 1개월간 고용 유지

지원 수준	[임금감소] 전환근로자 1인당				[대체인력인건비]			

[임금감소] 전환근로자 1인당

구분	1개월 단위	총지원액
모든 기업	최대 40만원	480만원

[간접노무비] 우선지원대상기업·중견 기업 20만원 (1개월 단위)

[대체인력인건비]

구분	1개월 단위	총지원액
우선지원 대상	60만원	720만원
대규모	30만원	360만원

② 일·가정양립 환경개선지원

- 지원요건

  우선지원대상기업·중견기업의 사업주가

  - 시차출퇴근제, 선택근무제, 재량근무제, 재택근무제, 원격근무제를 도입하여 소속 근로자가 활용하거나,
  - 재택·원격근무의 도입 및 확대를 위해 인프라 구축

8 고용보험제도

1 사업목적

근로자(보수의 0.65%)와 사업주(보수총액의 0.9~1.5%)가 공동 부담하여 마련한 기금으로 실업의 예방, 고용의 촉진 및 근로자의 직업능력개발·향상, 실직근로자의 생활안정 및 재취업을 지원하는 사회보험제도

2 적용범위

- 근로자를 고용하는 모든 사업장
- 적용제외: 65세 이후에 고용되거나 자영업을 개시한 자, 1월간 소정근로시간이 60시간 미만인 자, 외국인근로자, 공무원 등

3 사업체계

구분	내용	보험료율(%)	부담
실업급여	근로자 실직 시 실직자와 가정의 생활안정 및 구직활동을 지원 <유형> • 구직급여 • 취업촉진수당 • 모성보호육아지원	1.3	사업주 0.65 근로자 0.65
고용안정및직업능력개발	근로자를 감원하지 않고 고용을 유지하거나 실직자를 채용하여 고용을 늘리는 사업주를 지원하여 근로자 고용안정 및 취약계층 고용촉진 지원 사업주가 근로자에게 직업훈련을 실시하거나 근로자가 자기개발을 위해 훈련받는 경우 사업주·근로자에게 일정 비용 지원	• 150인 미만: 0.25 • 150인 이상 우선지원 대상기업: 0.45 • 150인 이상~1,000인 미만: 0.65 • 1,000인 이상: 0.85	사업주

9 취업촉진수당

1 사업목적

구직급여 수급자에게 조기재취업수당, 직업능력개발수당, 광역구직활동비, 이주비 등의 인센티브를 제공함으로써 수급자의 장기실업 방지 및 재취업 촉진

2 사업내용

구분	지원 요건	지원 내용
조기 재취업 수당	대기기간(실업신고일부터 7일)이 지난 후 소정급여일수 1/2 이상 남기고 재취업한 경우로서, 12개월 이상 계속하여 고용된(사업을 영위한) 경우	잔여 소정급여일수의 1/2 지급
직업능력 개발수당	직업안정기관장이 지시한 직업능력개발훈련을 받을 때	실제로 훈련을 받은 날 1일 5,800원
광역구직 활동비	직업안정기관의 소개에 따라 거주지에서 50km 이상 떨어진 곳에서 구직활동을 한때	구직활동을 한 날에 소요된 교통비 및 숙박료 지급
이주비	취업하거나 직업안정기관의 장이 지시한 직업능력 개발훈련을 받기 위하여 이사를 한때	• 5톤까지 실비 • 5톤 초과시 : 5톤까지 실비 + 7.5톤까지 실비의 50%

3 사업추진체계(지원절차)

청구서 제출	▶	접수 및 확인·검토	▶	수당지급
수급자		고용센터		고용센터

10 내일배움카드(실업자)

1 사업목적

취·창업을 위해 직무수행능력 습득이 필요한 실업자 등에게 직업능력개발훈련 참여기회를 제공하여 (재)취직·창업 촉진과 생활안정 도모

2 사업내용

- 지원과정: 고용노동부로부터 적합성을 인정받아 훈련비 지원 대상으로 공고된 훈련과정.
  세부훈련정보는 직업훈련포털(hrd.go.kr)에서 직접 검색·확인 가능
- 지원대상: 고용센터의 상담을 거쳐 훈련의 필요성이 인정된 실업자 등에게 취업희망분야에 따른 훈련 직종을 협의·선정 후 직업능력개발계좌 발급
- 지원한도: 1인당 200만원까지 실제 훈련비의 20%~95% 지원

※ 취업성공패키지 2유형 참여자는 훈련비의 50~95%를, 1유형 참여자는 300만원 범위 내 훈련비 100% 또는 90% 지원

　훈련비 외에 출석률 80% 이상인 경우 훈련장려금(월 11.6만원) 지원

· 유효기간: 계좌 발급일로부터 1년

3 사업추진체계

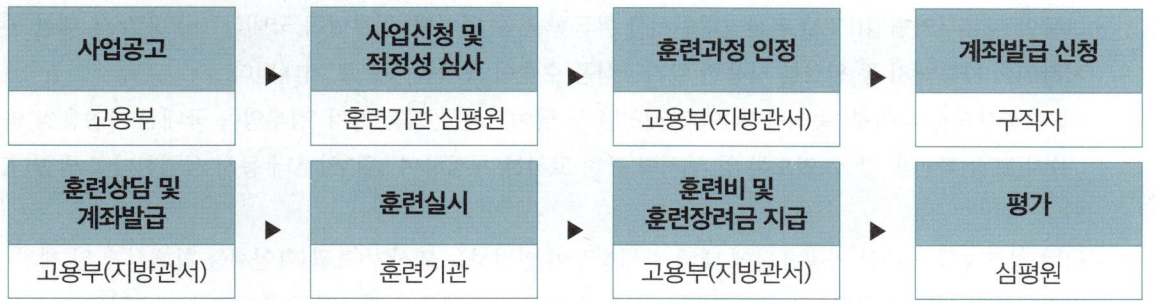

11 4차 산업혁명 선도인력 양성훈련

1 사업목적

미래 산업구조 변화에 따라 신산업 분야에서 인력수요 증가가 예상됨에 따라 고학력 실업자를 고급 기술인력으로 신속 양성

2 사업내용

· 훈련기관 공모: 빅데이터, 사물인터넷 등 신기술 분야 훈련과정을 운영할 역량 있는 훈련기관 공모
· 참여기관: 직업능력개발훈련시설, 고등교육법 제2조의 학교, 평생교육시설 등
· 훈련과정: NCS Level 5 이상 고급과정, 복합문제 해결역량을 갖추기 위해 총 훈련 시간의 25%이상 프로젝트 실습 편성 등
· 훈련생 선발: 구직 신청을 한 만 15세 이상의 실업자 중 참여 훈련기관이 자율 선발
· 지원내용: 훈련기관은 훈련비 전액(NCS단가 400% 범위 내)
　훈련생: 훈련장려금 최대 월 316천원

3 사업추진체계

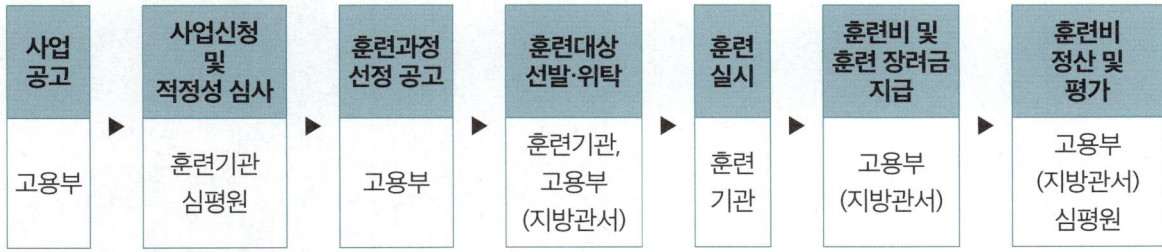

1 정부양곡 국산쌀 사용 가공식품도 원산지확인 가능해진다

– 농식품부–관세청 협업을 통해 원산지확인 문제 해결, 쌀가공식품 수출확대 기대 –

• 그동안 자유무역협정(FTA) 원산지확인서를 발급받을 수 없었던 '정부양곡 국내산 가공용쌀'에 대한 원산지확인이 가능해져 동 원료를 사용한 쌀가공식품 수출이 증가할 것으로 기대된다.
  - 농림축산식품부(이하 '농식품부')와 관세청은 두 달여간의 논의를 거쳐 '정부양곡 국내산 가공용쌀'의 원산지(포괄)확인을 할 수 있도록 양 부처의 관련 고시를 개정하여 5월3일부터 동시 시행한다고 밝혔다.

• 금번 정부양곡 국내산 가공용쌀에 대해 관세청장이 인정하는 원산지(포괄)확인서를 확대하게 된 계기는 한 수출업체가 이탈리아(EU)로 국내산 가공용 쌀을 이용하여 생산한 떡국떡 수출계약을 체결하였으나, 동 업체가 원재료인 쌀에 대한 원산지확인서를 발급받을 수 없어 인증수출자 자격을 획득하기 어려워 수출에 애로사항을 호소하면서부터 시작되었다.
  - 그동안 정부양곡 중 국산 수매 쌀은 생산자·생산지역 등 별도의 생산 이력관리를 하지 않으므로 원산지확인을 할 수 있는 서류를 발급하는 기관이 없었다. 이에 따라, 농식품부와 관세청은 정부양곡 국내산 쌀가공품의 FTA 활용 수출을 확대하고, 국산 쌀가공품 수출 증가로 인한 쌀생산 농가의 지원을 위하여 적극적인 부처간 협업을 통해 관련 법령을 개정하여 원산지확인에 따른 수출애로를 해소하게 되었다.

• 농식품부와 관세청은 '정부양곡 국내산 가공용쌀'의 원산지 확인이 가능해짐에 따라 FTA 관세 혜택을 통한 쌀가공식품의 가격경쟁력 확보, 정부양곡 국내산 쌀의 소비확대 등의 효과가 있을 것이라고 밝혔다.
  - 이러한 관세혜택으로 정부양곡 국산쌀을 사용한 쌀가공식품의 가격경쟁력이 확보됨에 따라 수입산 쌀 원료의 국산 대체효과도 클 것으로 기대된다.

• 이번 제도 개선을 추진한 관계자는 "우리 기업이 FTA를 보다 쉽게 활용할 수 있도록 원산지 간편인정 품목과 서류를 더 많이 확대할 예정"이며 "농식품의 수출확대를 위해 수출과 관련된 기관·단체 등과 상호 협업을 통해 수요자 중심의 정책을 적극 발굴하여 추진할 것"이라고 말했다.

2 관세청, 자진신고자 등 벌금 감경 확대

- 관세청은 무역 관련자들이 스스로 법규를 준수할 수 있는 여건을 조성하기 위하여 관세법 위반 사실을 자진 신고한 사람 등의 벌금 상당액을 대폭 감경해 주기로 하였다.
  - 이를 위해 '통고처분 벌금상당액 가중·감경 기준에 관한 고시(이하 '통고처분 고시')'를 개정하고, 시행하였다.

- 관세청은 이번 통고처분 고시 개정을 통해
  - 세관에서 조사를 개시하기 전에 자수한 사람의 벌금 상당액 감경 비율을 기존 15%에서 50%로 대폭 상향하였고,
  - 스스로 세액오류사항 등을 자율점검하고 관세사의 검증을 받아 세관에 정산보고서를 제출하는 성실 납세업체에 대한 감경(15%) 조항을 새로 추가하는 한편,
  - 국민기초생활 수급권자, 실업급여 수급자, 특별재난지역 거주자 등 사회적 약자에 대한 감경 비율(15%)을 신설하였다.

- 관세청은 이러한 제도개선과 함께 집중단속 대상, 시기 등에 대해 예고하고, 단순히 관련 법규를 숙지하지 못하여 생기는 경미한 사안은 형사처벌 대신 계도 중심으로 처분함으로써 불법·부정무역이 발생하지 않는 환경이 조성될 수 있도록 최선을 다할 계획이다.

3 위생용품, 가상화폐 채굴기 등 수출입요건 구비여부 통관 관리 강화
– 국민안전 관련 292개 품목, 세관장확인대상으로 추가 지정 –

- 관세청은 국민건강과 사회안전 및 환경을 위협하는 불법·유해 수출입물품의 국내 반출입을 차단하기 위하여 수출입통관심사를 강화하기로 하였다.
  - 이를 위해 통관 단계에서 물품별 안전인증확인서, 수입허가증 등 법령상 필요한 요건을 확인하는 품목 292개를 신규 지정하여 총 7,382개로 확대하는 것을 주요 내용으로 '세관장확인 물품 및 확인방법 지정고시(이하 '세관장확인고시')'를 개정하고, 시행한다.

- 이번 세관장확인고시의 개정을 통해
  - 국민들이 일상생활에서 자주 사용하는 식당용 위생물수건, 세척제(주방세제), 일회용 컵·숟가락·빨대·면봉·기저귀 등 위생용품 28개 품목(세번기준)을 신규 지정하고 지난해 생리대 유해성 논란으로 관심이 높아진 생리컵을 추가하여 소비자 불안을 해소한다.
  - 또한, 페놀, 브롬, 메탄올 등 유독물질 122종을 신규 지정하여 유해 수입화학물질에 대한 안전관리를 대폭 강화하고

- 최근 사회적 관심대상인 가상화폐 채굴기, 드론, 전동퀵보드, 전기자전거 등의 새로운 유행 제품도 포함하여 시설과 인명에 대한 피해도 철저히 예방하겠다고 밝혔다.
- 아울러, 자연과 생태계를 파괴해 지구온난화를 촉진하는 불법벌채 목재의 국제 교역제한 제도가 시행됨에 따라 원목과 제재목을 신규 지정하여 국제 환경보호에도 앞장설 예정이다.
- 이와 함께, 어린이제품안전특별법 적용 물품인 유아용 섬유제품도 추가 지정하되 수입업체가 대부분 중소기업이고 다품종 소량 수입이 빈번한 특성을 감안하여 적용하고 있다.

• 관세청은 지난해 약 300만 건의 세관장요건 확인대상 물품 중 수출입요건을 갖추지 못한 15,788건을 적발하여 해외로 반송 혹은 폐기하도록 하였다.
- 관세청은 앞으로도 국민안전·환경보호와 관련된 수출입물품의 경우 개별법령에서 정하는 제품요건을 갖추고 수출입이 이루어지는지 철저히 확인하는 등 불법·유해물품의 반출입 차단에 철저를 기해 나갈 방침이다.

4 글로벌 전자상거래 물류센터(GDC) 국내 유치를 위한 'GDC 유치 민관합동 추진단' 발족
– GDC 10개, 일자리 3,000개, 경제효과 1조원 창출 목표 –

• 관세청은 우리나라를 "글로벌 전자상거래 물류 허브"로 조성을 목표로 우정사업본부, 인천 공항·항만공사, 국내물류기업과 함께 아이허브, 아마존, 알리바바 등 세계적인 전자상거래 쇼핑몰의 물류센터(GDC[4])를 국내에 유치하기 위해 인천세관에서 민관합동 추진단을 발족하였다.

• 글로벌 전자상거래 업체들은 급증하는 전자상거래에 대응하여 최적의 물류배송 서비스를 제공하기 위해 해외 거점별 물류센터(GDC) 설립을 추진 중에 있다.
- 특히, 성장세가 가파른 아시아 지역의 물류배송을 총괄하는 GDC 설립 필요에 따라 우리나라, 홍콩, 싱가폴, 말레이시아 등 국가들의 주요 물류기업들이 GDC 유치를 위한 치열한 경쟁을 펼치고 있으며,
- 글로벌 전자상거래 업체들은 아시아시장의 공략을 위해 물류비가 최소화되는 최적의 거점 국가 및 물류 파트너 社를 선정 중으로, 홍콩, 한국, 싱가폴, 말레이시아 등이 최적 국가로 물망에 오르고 있다.
- GDC 설립 및 유치의 핵심 결정요인으로 물류배송비 최소화를 위한 지리적 위치, 신속하고 안정적 통관·물류 환경, 충분한 항공·해상 배송 인프라가 최우선으로 고려되고 있는 상황으로,
- 글로벌 전자상거래 업체들이 위치한 국가(미국, 중국 등)에 물류센터 운영시, 높은 창고운 영비·배송료·리드타임(Lead Time), 통관물류의 불안정 및 각종 규제, 항공·해상배송 인프라 부족 등에 따른 적기 배송 어려움으로 다른 거점 국가에 물류센터(GDC) 설립을 추진 하는 것이다.

---

4) Global Distribution Center: 글로벌 전자상거래 업체의 제품을 반입·보관하고, 품목별 로 분류·재포장한 후 해외 개인주문에 맞춰 제품을 배송하는 국제물류센터

- 이번에 발족한 GDC 유치 민관합동 추진단은 30일 인천세관에서 GDC 유치 지원을 위한 민관 협력 MOU를 체결하는 한편, 작년부터 관세청이 추진해 온 GDC 유치 지원을 관련기관으로 확대하고,
  - GDC 국내 유치를 위해 글로벌 전자상거래 업체 및 GDC 유치 희망 기업의 요구사항을 수렴하여 'GDC 맞춤형 통관·물류·배송 체계를 구축하고 물류센터 설립'을 체계적으로 지원해 나가기 위한 것이다.
  - 지원기관별로, 관세청은 글로벌 전자상거래 물류흐름(국내반입 → GDC 분류·재포장·보관 → 국외반출 → 해외배송)을 감안한 "GDC맞춤형 통관·물류·감시제도"를 구축 지원하고,
  - 우정사업본부는 GDC 체계에 맞춘 것보다 신속하고 낮은 가격의 항공 우편배송 상품 및 해상 배송 인프라 구축을 추진해 나갈 예정이며,
  - 인천공항·항만공사는 자유무역지역 내 GDC 입주 인센티브 제공 및 신속한 행정절차 지원 등을 통해 GDC 클러스터를 조성해 나갈 계획이다.

5 신종마약 밀수단속 국제 공조 강화
– 관세청, 세계관세기구와 워크숍 개최 –

- 관세청은 세계관세기구(WCO) 및 아태지역 정보센터(WCO RILO AP, 이하 '정보센터')와 공동으로 서울 삼정호텔에서 신종마약 단속역량 강화 워크숍을 개최하였다.

- 이번 워크숍은 유엔 마약범죄사무소, 국제 마약통제위원회 등 국제기구를 비롯하여 아태지역 25개국 세관 직원, 미국 마약청·국토안보부 등 소속의 국내외 마약류 단속요원 60여 명이 참가한다.
  - 이번, 워크숍은 관세청의 주도로 올 상반기 실시예정인 '제2차 신종마약 글로벌 합동단속작전(CATalyt2)'의 성공적 수행을 위해 사전에 개최되는 행사이다.
  - 관세청은 지난 정보센터와 공동으로 제1차 신종마약 합동단속작전(CATalyst1)을 수행하여 큰 성과를 거둔 바 있다.

- 신종마약은 UN의 국제 통제물질로 지정되지 않은 마약으로 각국에서의 단속을 피하기 위해 기존에 없던 새로운 화학구조를 이용해 만들어진 것이 대부분이며 최근 10여 년간 전 세계적으로 확산되고 있다.
  - 우리나라에서도 인터넷, 소셜미디어의 대중화뿐 아니라 특송화물 등 유통수단의 발달로 해외로부터 신종 마약의 유입이 용이해지면서, 지난해 관세청이 적발한 신종마약이 건수와 중량 모두 107%, 73%로 크게 늘었다.

- 이번 워크숍은 정보센터의 회원국 기술지원 사업의 일환으로서 전 세계에 유통되는 신종 마약의 주요 적출지인 아태지역 세관의 경각심을 향상하고 역량을 강화하기 위해 개최되었으며,
  - 신종마약의 최신 밀수동향, 단속작전 이행방안 및 관련 교육 등과 함께 아태지역 세관 간 공조방안에 대해서도 폭넓은 논의가 이루어졌다.

- 관세청은 날로 증가하는 마약류 밀수 차단을 위해,
  - 정보분석 및 우범 여행자·화물에 대한 정밀 검색을 강화하고 마약류 종류별·시기별 집중 단속을 통해 마약류 국내 반입·유통을 원천적으로 차단하는 한편,
  - 외국세관, 국제기구 및 국내외 유관기관과의 긴밀한 협력 네트워크를 확대·강화하여 아태 지역 무역범죄 관련 '정보허브'로서 중추적 역할을 지속적으로 담당해 나갈 예정이다.

6 수출신고 없이도 해외직구 반품물품 관세환급 가능해진다.
- 1,000달러 이하 해외직구물품 관세환급 요건 완화 -

- 관세청은 해외직구로 수입한 개인 자가사용물품에 대해 수출신고를 못 하고 반품한 경우에도 관세 등 수입 시 납부한 세금을 환급받을 수 있도록 환급요건을 완화한다.
  - 단순변심, 사이즈 상이 등에 따라 해외직구한 물품을 반품하는 경우, 이전에는 세관장에게 수출신고를 한 후, 수출신고필증을 제출하여야만 세금을 돌려받을 수 있었다.
  - 그러나, 앞으로는 수출신고를 못하고 국제우편 등으로 반품한 경우에도, 운송 확인서류, 반품 확인서류 및 환불영수증으로 관세환급이 가능하게 된다.
  - 이번에 시행하는 환급요건 완화는 관세환급을 받은 직구반품 물품의 대부분(85%)이 미화 1,000달러 이하 인 점을 감안하여 적용대상을 물품가격 미화 1,000달러 이하로 하였다.

- 이번 직구물품 환급제도 개선은 현 제도가 환급액이 소액인 경우에도 정식 수출신고를 하도록 하여 소비자 에게 불편함이 크고, 규정을 알지 못해 수출신고를 누락하는 경우도 많을 수 있다는 점을 적극 고려하고,
  - 해외직구로 구입한 물품이 반품·환불 되어 국내에 수입물품이 존재하지 않음에도 관세를 부담하게 되는 불합리한 상황을 해소하기 위해 추진되었다.

- 조세환급법령은 세수를 잃어버리거나 놓치는 일을 방지하기 위해 엄격하게 적용되어야 하기 때문에, 그간 모든 수입물품의 반품 시 환급을 받으려면 수출신고필증 제출이 필수 요건이었으나,
  - 이번 환급제도 개선은 해외직구 소비자의 편의를 제고하고, 실질과세의 원칙에 부합하도록 하기 위해 적극 행정의 일환으로 관련 규정을 정비하여 직구에 대해서는 반품확인 증명 자료를 폭넓게 인정하는 것이다.

- 환급신청은 전국에 소재한 세관에 직접 방문하거나 이메일 또는 팩스를 통해서 환급신청서와 증빙서류를 제출하면 가능하며, 문의는 관세청 심사정책과(042-481-7754/7863)로 하면 된다.

7 관세청–금융기관, 신속한 통관 지원을 위한 업무협약 체결
– 현금담보 제공절차 전산화 추진 –

- 관세청은 3개 금융기관(신한은행, BNK부산은행, KEB하나은행)과 '신속한 수출입통관 지원을 위한 업무협약'을 서울세관에서 체결하였다.
  - 이는 납세자의 현금담보 제공절차를 '직접 은행에 방문하여 납부하던 방식' 대신 '자동이체 방식'으로 개선하여 신속 통관을 지원하기 위한 것이다.

- 그동안 납세자가 재수출면세, 수리전반출 등 통관을 위한 담보를 현금으로 제공하는 경우(연평균 약 8천 건),
  - 납세자가 직접 금융기관을 방문하여 현금담보를 납부하고, 그 납부영수증을 세관에 제출한 후에 통관이 이루어졌다.

- 이로 인해, 납세자가 금융기관 및 세관을 직접 방문함에 따른 불편을 겪었으며,
  - 세관도 납세자의 납부영수증을 통해 현금담보의 납부사실을 확인함에 따라 시간이 소요되어 통관이 지연되는 문제가 발생하였다.

- 이러한 문제점을 해결하기 위해 관세청에서는 동 사업에 참여의사를 표시한 3개 금융기관(신한은행, BNK부산은행, KEB하나은행)과 함께 자동이체를 위한 현금담보 제공절차 전산화를 추진하기로 하였다.

- 새로운 현금담보 납부절차가 시행되면 납세자가 금융기관 및 세관을 직접 방문하는 불편이 해소되고,
  - 금융기관의 영업시간 외에도 납부가 가능[5]할 뿐만 아니라, 세관에서는 납부사실을 전산으로 즉시 확인할 수 있어 통관절차의 신속 처리가 기대된다.

8 관세청, 찾아가는 YES FTA 센터 운영
– 중소기업 FTA 활용 현장지원을 위한 방문상담센터 운영 –

- 관세청은 세관 방문이 어려운 영세·중소기업의 자유무역협정(이하 FTA) 활용을 적극 지원하기 위해 찾아가는 YES FTA 센터를 운영하고 있다.
  - 시간과 인력이 부족한 영세·중소기업들의 FTA 활용지원을 위하여, 신청기업 방문과 지역별 관할 내 주요 지역을 기획 방문하는 등 지원 방식을 이원화하여 기업들의 상담 수요를 최대한 반영할 예정이다.
  - 현장지원 시에는 세관직원과 공익관세사가 함께 방문하여 FTA에 대한 전반적인 상담을 실시 하고, 필요 시 예산컨설팅 지원사업을 연계시켜 주는 활동을 하게 된다.

---

5) 현금담보 납부는 24시간 가능

- 특히, 기업이 어려움을 느끼는 품목분류, 원산지기준 및 특혜관세율 등 전문 상담을 수행하여 FTA 수출 활용을 효과적으로 지원할 예정이다.

- 한편, 지난해에는 동 센터를 통해 1,092개사를 지원하였고, 이들 업체의 FTA 상대국으로의 수출액이 직전년도 대비 20% 증가하는데 기여하는 등 우리 수출기업이 FTA 혜택을 누릴 수 있도록 지원한 바 있다.

- 찾아가는 YES FTA 센터의 방문을 희망하는 기업은 관세청 FTA 포털 홈페이지 및 각 세관을 통하여 방문 신청을 접수할 수 있다.

- 앞으로 관세청은 동 센터를 통해 기업 상담 수요를 최대한 반영하여 우리 수출기업이 FTA 활용으로 혜택을 누릴 수 있도록 밀착 지원할 계획이다.

9 불법담배 거래 차단을 위한 국제공조 실시
– 아태지역 정보센터, 호주 관세청 불법담배 집중단속 세미나 개최 –

- '세계관세기구 아태지역 정보센터(WCO RILO AP, 이하 정보센터)'는 호주 관세청과 공동으로 서울 삼정 호텔에서 '아태지역 불법담배 집중단속 세미나'를 개최하였다.
  - 이번 세미나에는 호주, 홍콩, 태국 등 아태 지역 내 18개국 세관과 세계관세기구(WCO), 영국 세관에서 40여명이 참석하여 불법담배 국제거래 차단을 위한 집중단속 방안을 모색한다.

- 정보센터는 2004년부터 불법담배 국제거래 차단을 위해 의심 화물에 대한 이동 정보를 관련 국가에 신속하게 통지하고 적발결과를 공유하는 크로커다일 프로젝트를 운영해오고 있다.
  - 지난해 우리나라에서도 동남아로 수출된 국산담배 158만 갑(65억원 상당)을 국내로 몰래 다시 들여와 거액을 챙긴 국내 최대 담배 밀수입 조직이 적발되는 등 불법담배에 대한 수요 가 지속적으로 발생할 것으로 예상되어,
  - 불법담배 국제거래에 대한 단속을 더욱 강화하기 위해 아태지역 회원국의 합동 집중단속기간(1개월) 운영 및 대응방안을 마련하고자 사전 세미나를 개최하였다.

- 이번 세미나에서 각 나라의 참석자들은 최근 자국에서 이용되고 있는 불법담배의 다양한 밀수 경로와 수법을 소개하는 등 관련 동향을 공유한 후, 효과적인 단속을 위한 불법담배 선적화물 선별방법과 실시간 정보교류 방안을 모색하고, 회원국 간 협력과 정보분석을 지원하기 위한 합동 전략팀을 설치·운영하기로 협의하였다.
- 정보센터는 이 외에도 다음 달에는 신종마약 단속 프로젝트인 Catalyst II를 운영하는 등 국제 범죄 합동단속을 지속 추진하는 한편, 세계관세기구(WCO)을 포함한 다양한 국제기구와의 공 조를 통하여 불법·부정무역 단속 허브로서의 위상을 더욱 강화할 계획이다.

10 중소기업 FTA 활용 어려움, 맞춤형으로 해결해 드립니다
– 관세청, FTA 컨설팅이 필요한 중소기업 모집 공고 –

- 관세청은 중소기업의 자유무역협정(이하 FTA) 활용을 높이고, 수출경쟁력 강화를 위한 2018 년 'YES FTA 컨설팅 사업[6]'을 본격 실시하고 있다.
  - 올해 사업은 지난해의 큰 틀을 유지하면서, 최근 FTA 상대국으로부터 원산지검증 요청이 증가하고 있는 추세를 반영하여 '원산지 사후검증대응' 컨설팅을 확대해 나갈 계획이다.
  - 특히, FTA 전담인력 부족과 잦은 인력교체로 원산지관리를 어려워하는 영세한 중소기업을 위해서 원산지관리시스템(FTA-PASS[7])을 활용할 수 있도록 적극 지원할 예정이다.
  - 사업에 대한 세부 사항은 각 관할 세관 홈페이지 사업공고를 참고하거나 세관 담당 부서에 문의하면 자세한 상담을 받을 수 있다.

- 관세청은 지난해 FTA 활용 경험이 없는 중소기업 667개를 선정하여 지원하였고 그중 373개 기업이 새롭게 FTA를 활용하여 수출하는 성과를 거두었다.
  - 또한, 540개 기업이 원산지관리시스템(FTA-PASS)을 도입했고 407개 기업이 인증수출자 인증을 취득하여 체계적으로 원산지관리를 할 수 있게 되었다.

- 올해에도 YES FTA 컨설팅을 비롯한 기업지원사업을 통해 중소기업이 쉽게 FTA를 활용하여 세계시장으로 진출해 나갈 수 있도록 총력 지원할 계획이다.

---

[6] 관세청이 중소기업의 FTA 활용 및 원산지관리를 지원하기 위하여 민간 전문 컨설턴트를 양 성·매칭하여 FTA 컨설팅을 지원하는 사업
[7] 원산지 판정, 증명서 발급, 서류보관 등을 전자방식으로 간편하게 관리할 수 있는 시스템

1 **"교정시설 과밀수용 문제, 근본적 해소 위해 노력할 것"**

– 법무부 장관, 의정부교도소 정책현장 방문 –

– 교정시설 과밀수용 실태 점검 및 법무 정책 추진 현황 확인 –

• 법무부 장관은 정책현장 방문 행사로 의정부교도소를 찾아 과밀수용 실태를 점검하고, 수용자 심리치료 등 주요 정책 추진 현황을 확인하였습니다.

- 법무부 장관은 기관 현황을 보고 받은 후 "교정시설이 직면한 과밀수용 문제는 효율적 수용 관리에 장애가 되고 있을 뿐 아니라 수용자의 인권침해를 초래하고 있다"며 과밀수용의 심각성에 우려를 표하고,

  * "기존 교정 시설을 증·개축하고 일부 교정시설을 신축하여 수용 능력을 확대하는 한편, 형사사법기관 간 협의를 통해 불구속 수사 원칙을 강화하고 재범 우려가 낮은 모험수형 자의 가석방을 확대하는 등 수용인원을 감축해 과밀수용을 근본적으로 해소해 나가겠다."라고 대책을 밝혔습니다.

- 이어 법무부 장관은 수용자들이 생활하는 수용동을 방문하여 과밀수용 실태를 확인하였으며, 심리치료센터 및 의료과를 방문하여 수용자 재범방지를 위한 심리치료 프로그램과 수용자 의료처우 전반에 대해 점검하였습니다.

- 특히 현장 방문 중 심리치료 외부 강사, 원격의료 의사와 차례로 면담하며, 심리치료 및 의료처우의 내실 있는 운영을 위해 외부 전문가의 의견을 듣고 개선 방안을 논의하였습니다.

- 현장점검을 마친 후 박 장관은 그간 수용자 의료처우 향상과 교정교화를 위해 수고해 온 직원들의 노고를 위로하며, "인권과 원칙이 조화되는 수용관리를 통하여 재범방지 본연의 임무를 다하여 국민의 요구에 부응할 수 있도록 노력해 달라"고 당부하였습니다.

참고   1. 과밀수용 개요

1 과밀수용 실태

- 수용현황
  - 전국 교정기관의 일일평균 수용인원은 57,655명으로 수용정원을 20.6%초과, '12년 이후 증가 추세 지속
    * OECD 34개국 평균 수용률(97.6%)

2 과밀수용 대책

- 수용정원 확충
  - 기존 시설 내 유휴부지 활용 및 리모델링을 통한 수용동 증·개축을 통해 수용정원 약 3,500명 확대
  - 과밀수용이 집중된 수도권 및 대도시 인근 지역 등에 구치소, 여자 교도소 등을 신축하여 수용정원 약 3,800명 확대

- 수용인원 감축
  - 모범수형자와 사회적 약자 및 생계형 범죄자에 대한 가석방 심사 기준을 완화하여 연간 약 2,220명의 수용인원 감축
  - 검찰, 법원 등 형사사법기관 간 협력을 통한 수용인원 감축 지속 추진

1 추진배경

재범 위험성이 높고 치료적 접근이 필요한 특정 수용자에게 전문적·체계적 심리치료를 제공하여 재범방지 효과 제고

2 주요내용

구분	교육대상	치료내용
성폭력사범	이수명령 대상자 성폭력사범 중 재범 고위험군	왜곡된 성의식 수정, 피해자 공감 등
정신질환자	질병분류표상 정신질환 진단(소견)자	정신과적 상담, 정서조절 프로그램, 약물치료 등
알코올관련사범	중증 알코올 관련 사범	단약·단주 동기 부여, 갈망 대처, 출소 후 단약·단주 계획 수립 등
마약류사범	상습 마약류 사범	
동기없는 범죄자	무동기 범죄 전력자 중 재범 고위험군	분노조절, 대인관계 훈련 등
아동학대사범	이수명령 대상자	양육기술 및 효능감 향상 등

3. 수용자 원격의료 개요

1 추진배경

외부병원 전문의가 원격의료시스템을 활용하여 교정기관에 수용된 환자를 직접 진료·처방, 수용자의 의료처우 향상 도모

2 주요내용

• 원격의료 현황(현재 32개 기관에서 원격의료 실시 중)

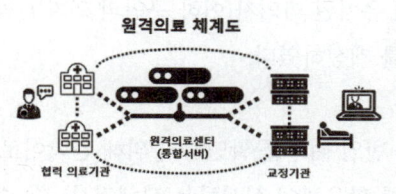

• 원격의료 시스템 고도화

기존		향후	
원격의료센터 다자(多者)간 진료·중계 체계		교정기관 – 협력병원 간 1:1 진료 체계	
수용자(환자)	외부의료시설 의사/교정기관 의무관	수용자(환자)	외부의료시설 의사

2 교정시설 경비,'드론'이 맡는다

– 7월부터 교정시설 경비업무에 '드론' 시범 활용 –

• 법무부는 무인비행장치(드론)를 이용한 교정시설 경비업무를 시작합니다.
 - 안양교도소, 경북북부제1교도소, 원주교도소 등 3곳의 교도소에서 드론을 활용한 교정시설 경비시스템이 시범적으로 도입됩니다.
 - 연말까지 6개월간 시범 운영을 거쳐, 그 결과를 바탕으로 내년 상반기부터 다른 교정기관으로 점차 확대 적용할 계획입니다.

• 이 시스템이 도입되면 영상 전송장비를 장착한 드론을 교정시설 상공에 띄워 시설 내·외부 순찰, 수용자 이동관찰, 도주자 추적 등 상황을 실시간으로 중앙통제실에서 관제할 수 있게 됩니다.

- 이번 시범 운영은 교정시설 경비업무 지원, 재난예방 활동, 드론을 이용한 마약반입 차단 등 방어 활동 등으로 나누어 진행됩니다. 다양한 운영경험을 축적하고 본격적으로 적용할 경우 경비업무의 효율성을 한층 높이고 인력 절감에도 효과가 있을 것으로 예상됩니다.

- 법무부(교정본부)는 이미 전국 교정시설에 전자경비시스템을 구축하여 운영하고 있으며, 이에 드론 경비시스템을 보강하게 되면 교정시설 경비 수준이 훨씬 고도화될 것으로 전망됩니다.

3 법무부, 구인 피의자 교정시설 입소절차 개선
– 신체검사 완화, 유치장소 별도 지정 등 인권보호 강화 –

- 법무부는 구속 전 피의자심문을 위해 "구인되어 교정시설에 일시 유치된 피의자(이하 '구인피 의자')"의 신체의 자유 및 인권을 보장하기 위해 2017년 7월경부터 입소절차를 개선하였다.

- 그동안 교정시설 입소절차는 ① 정밀 신체검사(마약 등 부정물품 반입 여부를 확인하기 위해 칸막이로 가려진 공간에서 수용자에게 가운을 착용하게 한 후 전자영상장비를 활용하여 실시하는 신체검사), ② 수용 자복으로 환복, ③ 미결수용실 수용 등 순서로 모든 수용자에게 일률적으로 진행하였습니다.

- 그러나, 구속 여부의 결정 시까지 10시간 내외의 단시간 동안 대기하는 구인피의자에게 일반 구속영장에 의해 구속된 피의자와 동일한 입소절차를 거치게 하는 것은 신체의 자유나 인권을 지나치게 제한하는 것이라는 의견이 법조계와 인권단체 등으로부터 제기되어 왔습니다.

- 이에 따라 법무부는 구인피의자의 인권 보장과 교정시설의 안전·질서유지의 필요성 등을 종합적으로 고려하여 다음과 같이 입소절차를 이원화하였습니다.
  - 구속영장 발부 전에는 ① 간이 신체검사(내의 탈의, 전자영상장비 활용 → 내의 착용, 육안), ② 대기 중 간소복 착용(수용자복 → 체육복), ③ 수용동 내 유치실 운영(미결수용자와 함께 수용 → 분리 수용)으로 절차를 간소화 하였으며, 구속영장 발부 후에는 통상의 입소절차를 이행하여 교정시설의 안전을 도모 하였습니다. 또한, 장기적으로 일반 수용동과 구분된 별도의 공간에 전용 유치실을 마련하여 더욱 간소화된 절차를 도입할 계획입니다.

- 이번 개선방안의 시행으로 구인피의자들이 교정시설 입소과정에서 겪는 수치심이 상당 부분 해소될 것으로 기대하며, 앞으로도 법무부는 수용자 인권 향상을 위해 다양한 노력을 기울여 나갈 예정입니다.

4 법무부, '묻지마 범죄' 치료프로그램 신설
– '동기없는 범죄'수용자 재범방지에 기여할 것으로 기대 –

• 법무부 교정본부는 서울남부심리치료센터에서 동기없는 범죄로 교정시설에 수용된 수형자의 재범을 방지하기 위한 심리치료프로그램을 도입·시행합니다.

• 동기 없는 범죄 수용자란 불특정인을 대상으로 흉기나 그밖에 위험한 물건을 휴대하여 범죄를 저지르고 교정시설에 입소한 자로, 현실 불만·정신질환·약물남용 등 세 가지 유형으로 구분 됩니다.
  ☑ 동기없는 범죄 특성 및 심리치료 프로그램(붙임) 참조

• 이번에 시행될 치료프로그램은 심리평가, 개인상담, 집단상담 등 60시간(3개월) 과정입니다.
  - 프로그램은 동기없는 범죄 수형자의 공통 문제인 대인관계 및 스트레스 관리를 다루는 부분과, 수형자의 유형별 특성을 고려한 부분으로 구성하였습니다.

• 한편, 법무부는 올해 2월부터 교정기관에 수용된 모든 동기없는 범죄 수용자의 심리적 안정을 돕기 위해 매월 1회 이상 심층상담을 시행하고 있습니다.

• 또한, 지난해 9월에는 심리치료과를 신설하여 마약류 사범 및 알코올 관련 사범 등 중독범죄자뿐만 아니라 성폭력·아동학대사범, 정신질환자 등에게 체계적이고 내실 있는 심리치료를 제공하고 있습니다.
  - 이로써 수용자의 차분하고 계획적인 수용 생활을 유도하여 동기 없는 범죄를 예방하는 데 더욱 힘쓸 예정입니다.

• 법무부는 동기 없는 범죄로부터 국민의 안전을 지키기 위해 수용자 상담을 강화하고, 심리치료 프로그램을 확대 운영해 나가는 한편, 프로그램의 효과를 높이기 위해 치료프로그램을 개발·보완해 나아가겠습니다.

5 경제회복과 국민통합을 위한 가석방 확대 시행
– 중소기업인, 영세상인, 고령·장애인·중증 환자 포함 총 884명 –

• 법무부는 설 명절을 맞이하여, 경제회복과 국민통합을 위해 2017. 1. 26. 10:00 수형자 총 884명에 대한 가석방을 시행합니다.
  - 이번 가석방에는 중소기업인과 영세상인을 다수 포함하여 일자리 창출 및 경제 회복에 기여 하도록 하였습니다.
  - 또한, 조기 사회복귀의 기회를 제공하기 위해 농어민, 서민 생계형 사범, 환자나 고령자 등 사회적 약자, 재범 우려가 없는 모범수형자 등을 포함하였습니다.

- 반면, 고위공직자, 대기업 임원 등 사회지도층을 포함한 사회물의범이나 성폭력사범, 생명 침해 등 강력사범, 조직폭력·마약사범 등은 전면 배제하였습니다.

• 법무부는 출소자들이 이번 가석방을 통하여 흩어진 가족을 다시 만나 가정을 재건하고, 희망으로 새 삶을 시작하는 따뜻한 설 명절이 되기를 기대합니다.

• 가석방 주요 유형별 대상자는 아래와 같습니다.

> • 중소기업인 : 49명
> • 영세상인 : 27명
> • 서민 생계형 사범 : 94명
> • 농어민 : 37명
> • 생계형 교통사범 : 43명
> • 북한이탈주민 : 2명
> • 부부수형자·양육유아자 : 5명
> • 장애인·고령·중증환자 등 불우수형자 : 45명
> • 사회복귀를 성실히 준비한 모범수형자 : 450명

6 법무부, 도벽(盜癖) 사범 치료프로그램 신설
– 마약류·알코올 중독 관련 수형자 대상, 심화치료 과정도 함께 도입 –

• 법무부는 재범 위험이 높은 중독범죄 수형자에 대한 보다 전문적인 치료를 위해 군산교도소 심리치료센터에 중독범죄 심화치료 프로그램을 도입, 시행하였다.
- 이번에 군산교도소 심리치료센터에 처음으로 도벽(盜癖)사범 치료프로그램이 신설되었으며, 마약 투약·알코올 중독범죄 수형자를 대상으로 하는 심화치료 프로그램이 함께 진행됩니다.

• 이번 조치로 치료 프로그램이 기본 - 집중 - 심화 과정으로 구분되어 마약류·알코올 관련 사범의 경우, 중독의 정도에 따라 맞춤형 치료를 받을 수 있어 치료 효과는 기존보다 더 클 것으로 기대하고 있습니다.

• 올해 군산교도소 심리치료센터에서는 마약류·알코올 관련 사범과 도벽 사범을 대상으로 총 6회에 걸쳐 60명(상·하반기 각 1회, 1회 인원 10명)에 대해 치료프로그램을 시행할 예정입니다.
- 또한, 심화치료 프로그램의 하나로 중독 관련 특성화 심리치료 프로그램인 '치료공동체'를 처음으로 도입합니다. 이를 통해 중독범죄자가 치료와 회복을 통해 출소 후에도 스스로 재활의 의지를 유지하여 다시는 중독의 유혹에 빠지지 않도록 심리치료에 최선을 다할 계획입니다.

- 한편, 법무부는 지난해 9월 심리치료과를 신설하여 마약류 사범 및 알코올 관련 사범 등 중독 범죄자뿐만 아니라 성폭력 사범, 정신질환자 및 동기 없는 범죄자 등에게 체계적이며 내실 있는 심리치료를 제공하고 있습니다.
  - 법무부는 앞으로도 많은 수형자가 가족의 품으로 돌아가 성공적인 사회복귀를 할 수 있도록 지속해서 다양한 노력을 하겠습니다.

7 수형자들, 희망의 일터에서 생활하며 새로운 미래를 일군다
– 법무부, 지역사회 내 중간처우시설 '아산희망센터' 개관 –

- 법무부는 2017년 3월 23일부터 수형자의 사회적응력을 높여 사회복귀를 성공적으로 돕기 위해 지역사회 내 중간처우시설인 아산희망센터를 개관하였습니다.

- 희망센터는 2013년 밀양희망센터에서부터 시작된 지역사회 내 중간처우시설로, 출소 전 수형자에게 가장 효과적인 교정프로그램 중 하나로 평가받고 있습니다. 앞으로도 법무부는 실효성 높은 교정프로그램 개발과 도입을 위해 더욱 노력해 나가겠습니다.
  - 아산희망센터는 출소자의 안정적인 사회복귀를 돕기 위해 운영되는 지역사회 내 중간처우시설로, 천안개방교도소와 ㈜광성정밀 간 협력을 통해 운영됩니다.

- 수형자의 입소 후 단계별 처우와 희망센터(개념도)

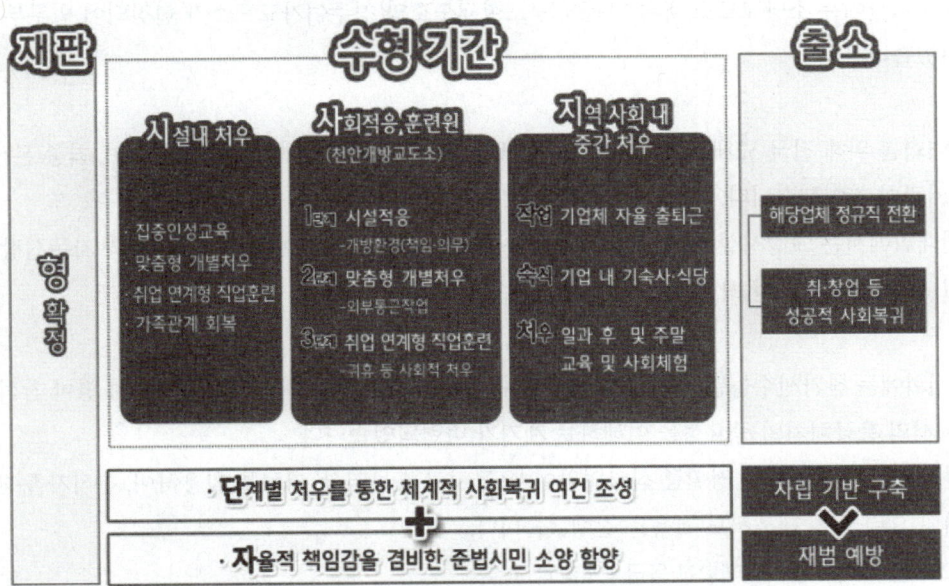

8 전주교도소 무기수형자 2명, 방통대 전국 과 수석 영예

– 전주교도소 등 3개 교정기관 수형자 15명, 학사학위 취득 –

- 전주교도소 무기수용자 두 명이 각고의 노력 끝에 한국방송통신대학을 전체 과수석으로 졸업하는 영예를 안았습니다.

- 또한, 이들을 포함하여 전주교도소, 여주교도소, 포항교도소 등 3개 교정기관의 수형자 15명이 한국방송통 신대학교 학사학위를 취득했습니다. 전주교도소 수형자 C씨 등 6명은 '성적우수상'을 수상하는 주목할 만 한 성과를 거두었습니다.

- 법무부는 수형자의 사회복귀를 돕기 위해 교정기관 내 방송통신대학 과정을 운영하고 있습니다.
  - 여주교도소에서 해당 과정이 최초 개설된 이래 현재 여주·전주·포항·청주 여자교도소에서 영문학 등 8개 학과, 89명 수형자가 별도의 교육실에서 시청각 자료 등을 활용하여 교육을 받고 있습니다.
  - 올해 졸업자 15명을 포함하여 지금까지 총 129명의 수형자가 학사학위를 취득하였습니다.

9 제5회 전국 교도관 응급처치 경연대회 개최

– "수용자를 살리는 4분의 골든타임, 교도관 응급처치 분야 최고 능력자를 가린다" –

- 법무부 교정본부는 충북 진천 법무연수원에서 「제7회 전국 교도관 응급처치 경연대회」를 개최했습니다.
  - 최우수기관에는 소망교도소, 우수기관에는 포항교도소와 청주여자교도소가 선정되어 법무부장관상을 수 상하였습니다.

- 이번 대회를 위해 전국 52개 교정기관이 지난 9월 지방교정청별로 예선전을 거쳤으며, 최종 본선 진출 팀 10개 기관이 참여했습니다.
  - 경연대회에서는 교정시설에서 발생할 수 있는 응급상황을 가정하여, 심폐소생술[8]과 자동심장충격기 사 용법 숙련도 등에 대한 최고 능력자를 선정했습니다.

- 이날 대회에는 참가선수들뿐만 아니라, 법무연수원에서 교육 중인 예비 교도관 200여 명이 참석하여 교정 현장에서의 응급처치의 중요성을 이해하는 계기가 마련되었습니다.
  - 또한, 소방청 119구급과 정필중 심사위원이 '응급처치 홍보영상' 자료를 활용하여, 참석자를 대상으로 응 급처치 요령 등에 대해서도 교육을 진행했습니다.
    - ☑ 외부심사위원: 남서울대학교 응급구조학과 교수
      - 소방청 119구급과 소방위

---

8) 심폐소생술(Cardiopulmonary Resuscitation, CPR): 심장정지 환자에게 인위적으로 혈액을 순환시키고 폐에 공기를 환기시키는 일련의 행위, 일반적으로 심장부위 가슴압박 (자동심장 충격기 사용도 포함)과 인공호흡 등으로 구성

- 김학성 교정본부장은 "응급처치 경연대회는 모든 교도관이 응급처치 능력을 익혀 교정시설 뿐만 아니라 일상생활에서도 응급환자 발생 시 신속히 대응하는 데 의의가 있음"을 강조하며, "정기적인 직원 교육 및 점검 등을 통해 수용자와 가족, 이웃을 살리는 심폐소생술 교육 확산 노력에 적극적으로 동참할 것"을 당부하였습니다.

10 법무부, 「교정민원콜센터 1363」 운영 개시
– 교정공무원의 전문적인 상담으로 민원인 만족도 획기적 향상 기대 –

- 법무부는 경기도 의왕시 서울구치소 내에 「교정민원콜센터 1363」을 구축하여 개소식을 진행 하였습니다.

- 새롭게 선보이는 「교정민원콜센터」는 관련 전문교육을 이수한 교정공무원이 직접 상담을 진행, 전화 한 통으로 접견예약에서부터 교정행정에 대한 궁금증까지 해결하는 종합적인 교정민원서비스를 제공할 수 있게 되었습니다.
  - 상담 내용에 대한 체계적인 관리가 가능해짐으로써 교정민원 상담역량을 강화하고 상담 품질도 획기적으로 향상되리라 기대합니다.

- 지금까지 운영 중이던 교정민원대표전화(1544-1155)는 전국 교정기관으로 자동분배 연결되는 방식으로, 일선기관 상담 직원과의 연결이 원활하지 않았고, 전문적인 맞춤형 상담이 어려웠기 때문에, 개선의 필요성이 지속해서 제기되었습니다.

- 이에 법무부는 신속한 응대를 통해 민원인들의 불편을 해소하고, 상담서비스 내용의 표준화를 통해 국민 중심의 '맞춤형 민원서비스'를 제공하고자 교정관련 민원을 한 곳에서 통합 처리하는 교정민원 콜센터를 구축하게 된 것입니다.

- 교정민원콜센터 구축은 수용자의 가족관계 회복과 유지뿐만 아니라 교정에 대한 이해의 폭을 넓히는 데에도 기여할 것으로 기대됩니다.
  - 앞으로도 법무부는 국민이 공감할 수 있는 맞춤형 종합민원 서비스를 제공하기 위해 최선의 노력을 기울여 나아가겠습니다.

- 다만, KT와 LGU+를 사용하시는 민원인들은 1363번과 1544-1155번 모두 사용 가능하지만, SKT를 사용하는 민원인들은 기존의 교정대표민원전화 1544-1155로 전화하면 교정민원콜센터로 연결되며 1363번은 11월부터 사용이 가능함을 참고하시기 바랍니다.

1 대학창업펀드, 6개 조합 230억 원 조성
– 대학생 초기 창업 기업의 안정적 성장 지원 –

- 심사 결과, 미래과학기술지주, 부산지역-대경지역연합기술지주, 부산대기술지주, 서울대기술지주, 포항공대기술지주, 한양대기술지주에서 운용하는 6개 조합이 사업에 선정되었으며, 최초 목표치인 200억 원보다 15% 많은 230억 원의 펀드를 조성하게 되었다.
  - 선정된 6개 조합은 조합 결성 절차를 거쳐 대학 내 초기 창업기업을 발굴하고, 본격적으로 투자에 나서게 되며, 향후 최대 10년간 펀드를 운용한다.

- 대학창업펀드 조성 사업은 대학 등(25%)과 정부(75%)가 매칭하여 조성한 펀드를 통해 대학 내 초기 창업 기업에 투자하는 사업으로,
  - 2017년도에 최초로 추진되어 총 5개의 조합*을 결성, 정부(120억 원)와 대학, 동문 등(68.5억 원)이 함께 총 188.5억 원 규모의 펀드를 결성하였으며, 조합 결성 이후 약 6~8개월 동 안 8개의 대학창업기업에 총 20억 원을 투자하였다.

- 올해 대학창업펀드 조성 사업의 예산은 작년에 비해 30억 원이 증액된 150억 원이며, 총 9개의 조합이 사업에 신청하였다.
  - 작년에는 타 대학이 출자자(LP)로 참여한 경우가 1개 조합에 불과하였으나, 올해는 대부분의 신청 지주회사가 타 대학을 출자자(LP)로 포함하고 있어, 창업 기업 육성에 관한 대학의 높은 관심을 확인할 수 있었다.
  - 또한, 출자자로 참여하는 대학은 펀드 운용사의 투자 과정을 참관하며 창업 기업에 대한 투자 역량을 키워갈 수 있을 것으로 기대된다.

- 한편, 교육부와 한국벤처투자㈜는 대학기술지주회사들의 펀드 운용 역량을 진단하고 역량 제고를 돕기 위하여 올해 심사에서 탈락한 지주회사 및 대학창업펀드 조성 사업에 관심 있는 지주회사들을 대상으로 5. 17.(목) 대학창업펀드 설명회를 개최할 예정이다.

- 교육부 직업교육정책관은 "대학 창업 인재들이 초기 창업 자금 걱정 없이 적극적으로 창업에 나설 수 있도록 하겠다."라고 밝히며,
  - "선정된 조합이 창업 동아리, 창업 경진대회 등 다양한 경로를 통해 창업 기업을 발굴하고 적극적으로 투자하기를 기대한다."라고 덧붙였다.

2 전국 2만여 모든 학교에서 체험형 재난대처 훈련

– 재난대응 안전한국훈련 실시 –

- 교육부는 학교 및 학교시설에서 발생하는 재난사고 수습 및 대처 능력 향상을 위해 '재난 대응 안전한국훈련'을 실시하였다.
  - 전한국훈련은 매년 행정안전부 주관으로 실시하고 있는 범정부 재난 대응훈련으로, 전국 시·도교육청, 유·초·중·고·대학 등 2만여 개 교육기관이 참여하였다.

- 이번 훈련은 '체험 위주 훈련을 통해 재난대응역량을 강화하고 안전문화를 조성'하기 위한 것으로,
  - 1일차(5. 14.)에는 국제교육원 충주센터에서 발생한 폭발과 화재상황을 가정하여, 부총리 주재 교육부 '중앙사고수습본부' 토론훈련을 실시
  - 2일차(5. 15.)에는 1일차에 토론한 내용을 바탕으로 국제교육원 충주센터 및 충주학생회관에서 학생 및 교직원, 교육청, 소방서, 경찰서 등이 함께 참여하는 현장훈련을 진행
  - 3일차(5. 16.)에는 김상곤 부총리가 포항 양덕중학교를 방문하여, 학생들과 함께 민방위 연계 전국지진대피 훈련에 직접 참여
  - 특히, 올해에는 재난상황에서 위기 대응력이 부족한 특수학교·유치원 대상 대피훈련을 강화하고, 대학 연구·실험실 안전훈련, 국립대학병원 화재 대피훈련 등 다양한 재난 상황을 설정하고 현장훈련을 확대한다.
  - 또한, 참여기관에서 자체 안전 취약분야를 중심으로 훈련 주제를 정하여 토론과 현장훈련을 시행함으로써 학생과 구성원의 재난 상황 대응 능력을 강화한다.

- 교육부장관은 "이번 훈련은 체험 위주로써 실제 재난상황이 발생할 경우, 평소 연습한 대로 안전하게 대피할 수 있는 재난대응역량을 키우는데 중점을 두고 있다."라고 밝히며
  - "이번 기회를 통해 안전문화가 더욱 확산되도록 노력하겠다."라고 덧붙였다.

3 초·중·고생, 언제 어디서나 창업체험교육 문 활짝 열린다

– 온라인 플랫폼에서 가상회사 만들어 창업 활동 체험 –
– 지역 창업체험센터 2배 확대, 5곳 → 10곳 –

- 교육부는 '18년부터 초·중등학교 학생의 창의적 진로개발 역량 강화를 지원하기 위해 학교와 지역사회 인프라를 활용한 창업체험교육을 전국으로 확산한다.

- 교육부는 지난해부터 고등교육 단계 이후에 집중되어 있던 창업교육을 초·중등교육 단계까지 본격적으로 확대하여 미래 사회를 살아갈 청소년이 도전(기업가)정신과 창의성, 문제해결력을 갖춘 혁신인재로 자랄 수 있도록 지원하고 있다.

- 아울러, 올해 5월부터는 초·중·고 학생이라면 언제, 어디서, 누구나 창업체험교육을 받을 수 있도록 온·오프라인 플랫폼을 확대한다.

  - 온라인에서는 기존 중·고교 학교 단위로만 사용 가능했던 '청소년 기업가체험 프로그램 (YEEP)'을 초·중·고교 학생, 교원 누구나 사용할 수 있도록 개방하고, 오프라인에서는 수도권에 집중된 창업체험교육 기회를 전국으로 확대하기 위해 지역사회 스타트업 인프라를 활용하여 창업체험교육을 제공하는 '지역창업체험센터'를 공모하고 전국 10개소를 선정하였다. 이를 통해, 학생들에게 4차 산업혁명 신기술(가상현실(VR), 드론, 3D 프린팅 등)을 접하게 하고, 지역사회의 문제를 함께 고민하고 해결하는 사회문제해결형 프로젝트 등 도전정신과 창의성을 향상하기 위한 다양한 프로그램을 제공할 예정이다.

- 그밖에 학교 수업 기반의 창업체험교육을 확산하기 위해 전국 27개 창업체험교육 교사연구회 운영을 지원하고, 창업체험교육 관련 지식채널e 콘텐츠 26종(EBS), 가상현실(VR)·증강현실(AR)을 활용한 가상 체험 콘텐츠 5종을 제작해 보급한다.

  - 아울러, '창업교육 지원 민·관 실무협의회'를 통해 유관기관 간 협력을 강화하여 보다 촘촘한 창업체험교육 인프라를 만들고, 학생 동아리 대상 '대한민국 청소년 창업경진대회'와 교원 대상 '창업체험교육 우수사례 공모전'을 실시해 현장의 창업체험교육 우수사례를 발굴하고 확산하는 등 저변을 확대할 계획이다.

- 교육부 평생미래교육국장은 "앞으로는 도전정신과 창의성, 문제해결력을 갖춘 혁신 인재가 우리 사회의 미래를 바꿀 것이다."라고 밝히며,

  - "교육부는 앞으로도 학교 안팎으로 체계적인 협력 체계를 구축하여 우리 학생들이 보다 풍부한 체험을 통해 미래 혁신 인재로 성장할 수 있도록 적극 지원하겠다."라고 덧붙였다.

4 대학생 행복주거 위해 기숙사 19곳 문 열어

– 국립대 7곳, 사립대 12곳, 총 9천 462명 규모 –
– 월평균 기숙사비는 국립대 20만 원 이하, 행복은 22만 원 이하 –

- 교육부는 올해 기숙사를 개관하거나 개관 예정인 대학교는 총 19개교이며 대학생 9,462명이 신규로 입주한다고 밝혔다.

- 2,753억 원의 예산을 투입하여 올해 새로 건립한 기숙사는 내진설계는 물론 2인실 운영으로 주거여건이 개선되고, 세미나실, 체력단련실, 공동취사실 등 다양한 편의시설을 갖추고 있다.

  - 국립대 민간임대형기숙사(BTL)는 인천대 등 7개교로 5,631명의 대학생이 신규 입주한다.
  - 한국사학진흥재단에서 저금리의 공공기금(주택도시기금, 사학진흥기금) 지원을 통해 건립한 사립대 행복(공공)기숙사 4곳에는 1,469명의 대학생이 신규 입주한다.
  - 기타 사립대학교 자체재원으로 건립한 기숙사는 8개교로 2,362명의 대학생이 신규 입주한다.

- 교육부는 현재 추진 중인 기숙사 확충 사업을 빠른 시일에 완료하여 대학생에게 질 좋은 주거 여건을 제공하고, 국·공유지를 활용한 연합기숙사등 신규 사업 확충을 위해 적극 노력하고 있으며 특히, 학부모 및 대학생의 실질적인 주거비 부담 경감을 위해 관계부처와 협업을 통해 세금감면 및 공공요금 절감 등 제도개선을 적극 추진하고 있다.

- 교육부 교육안전정보국장은 "기숙사 개관식(인천대, 원광보건대)과 학생 간담회 등을 통해 수렴한 다양한 현장의견을 반영하여 대학생 주거 안정 및 주거 부담 경감을 지속적으로 추진하겠다."라고 밝혔다.

5 찾아가는 컨설팅과 수업콘서트로 자유학년 수업을 지원한다
– 5~6월은 77개 중학교로 찾아가는 컨설팅, 여름방학은 수업콘서트 –

- 교육부는 올해 처음 도입되는 자유학년의 안정적 정착과 모든 중학교에서 운영되는 자유학기의 내실 있는 운영 지원을 위해 전국 77개 중학교를 대상으로 시·도교육청과 함께 찾아가는 컨설팅을 실시하였다.
  - 이번 컨설팅은 지난 4월 사전 수요조사에서 컨설팅 참여를 희망한 77개 중학교에 대해 5월 8일(화)부터 6월 20일(수)까지 실시

- 이번 컨설팅 지원을 위해, 전국단위로 구축된 자유학기제 현장지원단 252명과 교육부 및 교육청 관계자 등을 활용하여 학교별 5명 내외의 컨설팅단을 구성하였다.
  - 컨설팅단은 사전에 학교의 컨설팅 요청 사항[9]을 분석하고, 컨설팅 실시 과정에서는 학교의 구체적인 요구사항 청취, 집중 안내가 필요한 사항 조언, 구체적인 지원 방안 모색 등을 통해 컨설팅의 실효성을 높일 예정이다.

- 교육부는 2학기에도 자유학기나 자유학년이 안정적으로 운영될 수 있도록 현장 맞춤형 지원을 지속할 예정이다.
  - 먼저, 이번 컨설팅 실시 결과를 보완하여 2학기에 교육부와 시·도교육청 합동 컨설팅을 희망하는 학교의 수요를 7월 중에 파악하고 9월부터 11월 중에 추가 컨설팅을 실시한다.
  - 또한, 교원의 수업 역량을 강화하고 학부모들이 자유학기나 자유학년을 통한 교실수업의 변화를 더 잘 이해할 수 있도록,
    * 여름방학 중에 현장 교원 및 학부모를 대상으로 학생중심 교실수업 운영 우수사례를 직접 시연하는 자유학기제 수업콘서트를 개최할 계획이다.

- 교육부 차관은 "자유학기 확대는 이번 정부의 주요 국정과제로 학교 현장에서 원활하게 추진될 수 있도록 시·도교육청과 협력하여 다양한 지원을 지속할 예정이다."라고 밝히며,
  - "현장 의견 수렴을 통해 추가 지원이 필요한 사항은 향후 정책에 반영할 계획이다."라고 덧붙였다.

---

9) (예시) 자유학기(학년) 교육과정 편성, 학생중심 수업 및 과정중심 평가, 체계적인 체험 활동 지원을 위한 지원 방안 등

6 자유학기 텃밭 가꾸기, 도시농업관리사가 함께합니다
– 교육부·농림축산식품부 학교텃밭 체험 프로그램 시범 운영 추진 –

- 교육부는 농림축산식품부와 함께 중학교 자유학기가 새로운 프로그램과 접목하여 확대·발전할 수 있도록 학교텃밭 체험 시범 프로그램을 운영할 계획이라고 밝혔다.
  - 이번에 처음으로 시범 운영되는 학교텃밭 체험 프로그램 지원 사업은 중학교 자유학기제에 따른 체험·활동의 일환으로 교육부와 농식품부가 함께 추진한다는 점에서 그 의미가 크다.

- 농식품부는 지난 4월 학교텃밭 체험 시범 프로그램을 체계적으로 운영할 전문 사업자를 선정하고자, 전국의 도시농업 전문인력 양성기관을 대상으로 공모를 실시하였고, 부산과 인천 지역의 기관을 선정한 바 있다.
  - 이에 올해 부산과 인천 소재 중학교를 대상으로 학교텃밭 체험 프로그램 참여를 희망하는 총 10개 중학교(지역별 5개)를 공모를 통해 선정하여 시범 운영할 계획이다.
  - 교육부는 이번 프로그램이 중학교 자유학기 수업과 유기적으로 연계되어 내실 있게 운영되도록 지원하고, 희망하는 학교에서 신청할 수 있도록 교육청과 학교 등에 안내할 예정이다.

- 학생들이 학교 텃밭 운영 계획 수립, 작물 활용 체험 활동, 지역사회 연계 등을 통해 농업의 중요성을 직접 체험하도록 구성된 이번 프로그램은 주 1회 2시간씩 10주간 운영된다.
  - 공모에 선정된 학교에 도시농업관리사(국가전문자격) 2명이 직접 방문하여 텃밭 조성, 파종, 관리, 수확 등 텃밭 관리의 전 과정을 학생들과 함께함으로써 체계적인 프로그램 운영을 돕고, 농업의 중요성을 생활 가까이서 알릴 계획이다.
  - 교육부와 농식품부는 워크숍 개최 등을 통해 이번 프로그램이 중학교 자유학기의 학생 중심 교과 및 자유학기 활동 수업과 연계되어 내실 있게 운영되도록 적극 지원할 계획이다.

- 교육부 교육과정정책관은 "농식품부와의 협업을 통해, 교사와 도시농업관리사의 전문성을 융합한 이번 프로그램은 학생들에게 더욱 의미 있는 학습 경험이 될 것으로 기대된다."라고 밝혔으며,
  - 농식품부 농업생명정책관은 "이번 시범 사업을 시작으로 내년에는 어린이를 대상으로 전국 단위 초등학교로 지원 범위를 확대해 나갈 계획이고, 이를 위해 교육부와 지속 협업할 계획"이라고 전했다.

7 성비위 은폐 사립교원, 국·공립 수준 엄정 징계
– 교원 성비위 근절 이행실태도 철저히 점검 –

<교육 분야 성희롱·성폭력 근절을 위한 제도개선 추진>
- 교육부는 사립교원의 성희롱·성폭력에 대해 일률적인 징계기준을 적용하고 성희롱·성폭력을 고의로 은폐·축소하거나 미대응하는 것을 징계사유로 둘 수 있도록 하는 등 국·공립 교원과 동일한 징계양정 기준을 적용하기 위해 사립학교법 시행령 개정을 추진한다.

- 교육분야 성희롱·성폭력 근절 추진단은 4월 27일(금) 오후 1시 서울역 인근에서 민간 전문가로 구성된 교육분야 성희롱·성폭력 근절 자문위원회 2차 회의를 개최하여, 이 같은 내용이 포함된 제도 개선안을 논의하였다.

- 이날 회의에서 자문위는 지난 4월 3일(화) 1차 자문회의 이후 진행된 초·중등 및 대학 분야 성희롱·성폭력 근절대책의 추진 상황을 점검하고, 추진단은 피해자보호 등 현장 지원을 강화하기 위한 초·중등학교와 대학용 상세 대응 매뉴얼 개발 추진 상황, 성 비위 관련 법령 개정 추진계획 등에 관한 자문위의 의견을 청취하였다.

• 주요 회의 내용은 다음과 같다.
(1) 주요 논의 사항
[① 초·중등 및 대학 성희롱·성폭력 상세 대응 매뉴얼 개발]

• 먼저, 추진단은 성희롱·성폭력 피해자보호 등 현장 지원을 강화하기 위해 사안 발생 시 전수 조사 의무화, 예방교육 및 피해자 상담 지원 실시 등을 포함하는 초·중등학교용과 대학용 상세 대응 매뉴얼 개발 및 보급 계획을 보고하였다.

[② 사립학교법 시행령 등 징계관련 법령·제도 개선]

• 다음으로 자문위는 사립학교 교원의 성희롱·성폭력 등 성비위에 대해 국·공립 교원과 동일한 수준으로 징계하도록 하는 「사립학교법 시행령」의 개정방안에 대해 논의하였다.

- 자문위는 교육 분야 권력형 성비위에 적극 대응하기 위해 교육 기관의 자율성을 침해하지 않는 범위 내에서 사립학교 교원의 징계 시, 성비위 사안에 한정하여 국·공립 교원과 동일한 수준의 징계양정기준을 준용할 수 있도록 「사립학교법 시행령」을 개정할 것을 권고하였다.

- 이번 개정이 추진될 경우, 국·공립 교원과 마찬가지로 사립학교 교원 본인이 성비위를 저지른 경우뿐만 아니라, 소속기관 내 성 관련 비위를 고의로 은폐하거나 대응하지 않는 경우 에도 징계 대상으로 처벌을 받게 된다.

• 이어서 자문위는 성희롱에 대한 세분화된 징계기준 마련과 2차 피해에 관한 징계기준을 신설하기 위한 「교육공무원 징계양정 등에 관한 규칙」 개정 방안을 논의하였다.

- 미성년자와 성인에 대한 성희롱을 구분하고 성풍속비위와 관련된 세분화된 징계기준을 마련하는 동시에, 피해자에 대한 따돌림·부당한 인사조치·폭언 등 2차 피해를 야기한 경우 징계 근거와 기준을 마련하는 방안을 검토하였다.

- 자문위원들은 2차 피해를 방지하기 위해서는 2차 가해에 대한 징계 규정의 신설이 시급하다는 점에 공감하면서, 관련 법령의 개정으로 제도개선이 조속히 이루어져야 한다고 의견을 모았다.

(2) 향후 계획

- 추진단은 자문위의 권고를 토대로 「사립학교법 시행령」 개정 및 「교육공무원 징계양정 등에 관한 규칙」 개정 등 제도개선을 조속히 추진하여, 법령 개정을 완료할 계획이다.
  - 아울러, 피해자 보호와 학습권 보장을 강화하는 방향으로 초·중등학교 및 대학용 성희롱·성폭력 대응 매뉴얼 개발을 추진하는 과정에서 필요한 보완 사항은 자문위을 통해 지속 논의하여 하반기까지 학교 현장에 보급할 수 있도록 추진한다.

＜17개 교육청 대상 교원 성비위 근절 이행실태 합동점검 실시＞

- 한편 교육부는 교육청의 성비위 근절 운영 체계와 성비위 사건의 처리절차 등을 확인하기 위해, 전국 17개 시·도교육청을 대상으로 5월 3일(목)부터 8주간에 걸쳐 교육청과 합동으로 교원 성비위 근절 이행 실태점검을 실시한다.

- 구체적인 점검 내용은 다음과 같다.
  - 성비위 근절 운영 체계와 관련하여 교육청 내 성폭력 신고센터와 전담기구 구축 및 운영현황, 성폭력 예방교육 시행 여부, 사안 대응과 재발 방지 처리를 위한 매뉴얼 마련 및 준수 여부 등을 점검할 계획이다.
  - 특히 교육청과 학교의 사안 발생 시 대응 및 재발방지 노력, 사건의 고의 은폐·축소 여부, 징계처분 기준 준수 여부 등 실제 교육청의 단계별 대응 및 처리 절차가 적절했는지를 중점적으로 확인할 예정이다.
  - 이번 합동점검을 통해서 각 교육청의 성희롱·성폭력 근절 추진 우수사례를 발굴하여 홍보하고, 점검 결과 지적된 사항에 대해서는 시정 요구 및 재발 방지를 위한 관련 제도 개선에 활용할 계획이다.

- 교육분야 성희롱·성폭력 근절 추진단 총괄대책반장 겸 교육부 차관은 "이번 점검으로 그동안 추진한 학교 내 성희롱·성폭력 근절 대책 및 제도개선 사항이 교육 현장에서 제대로 적용되고 있는지 확인하겠다."라고 밝히며,
  - "성비위 사안의 고의적인 은폐·축소에 대해서는 엄중하게 대응하고, 2차 피해와 피해자 불이익이 발생하지 않도록 시·도교육청과 긴밀히 협조하겠다."라고 강조했다.
  - 아울러, "피해자 보호를 가장 우선시하면서도, 예방교육과 실효성 있는 가해 교원 처벌을 위한 제도 개선을 추진해 나가겠다."라고 덧붙였다.

8 대입제도 개편, 국민 여러분의 제안을 받습니다!
－ 국가교육회의, 대입제도 개편 국민제안 열린마당, 개최 －

- 국민제안 열린마당에는 대입제도 개편에 관한 의견을 가진 국민은 누구나 참석할 수 있으며, 행사 현장에서 자유발언(제안 발표), 서면, 모바일(URL) 등 다양한 방식으로 국민제안을 할 수 있다. 또한, 현장에 참석하지 못한 국민들도 국가교육회의 홈페이지 주제토론방(www. eduvision.go.kr)을 통해 대입제도 개편에 대한 의견을 자유롭게 제안할 수 있다.

- 국가교육회의 대입제도 개편 특별위원회 위원장은 "그간 대입제도가 복잡해지고 용어도 어려워지면서 제도 개편 논의가 주로 전문가 중심으로 진행되어 국민적 공감대를 이끌어 내지 못한 측면이 있었다."면서,
  - "국민제안 열린마당은 국가교육회의가 국민과 함께 대입제도에 얽힌 우리 아이들의 현재 모습과 바람직한 미래상을 그려 보고, 정책 수요자인 학생, 학부모를 비롯한 국민의 다양한 목소리를 보다 폭넓게 수렴하기 위한 것이다."라고 밝혔다.

- 국민제안 열린마당과 홈페이지로 접수된 국민제안 내용은 공론화 범위 설정 등 2022학년도 대입제도 개편안 마련의 소중한 자료로 쓰일 예정이다.

9 '질문하는 교과서'로 학교수업 바뀐다
- 새 교과서 활용 프로젝트 수업 <현장 찾아가기>
- 학부모, "집에선 책 있어도 안 읽는데 책 읽고 질문하는 모습 인상적"

- 교육부는 4. 30.(월) 공주교대부설초등학교 3, 4학년 교실을 방문하여, 학생 참여 중심의 새 교과서가 프로젝트 수업으로 구현되는 모습을 확인하고, 현장 의견을 청취했다고 밝혔다.

<학생 참여 중심 교과서 = 질문하는 교과서>
- 먼저 3학년 사회 교실을 찾아 학생들이 프로젝트 학습으로 조사한 공주의 옛이야기를 역할놀이, 구연동화, 인터뷰 등 다양한 방법으로 소개하는 활동에 참여하고,
  - 이어 수업 시간에 읽었던 책에 대해 질문을 나누면서 친구들의 서로 다른 생각을 경험하고 이해하는, 4학년 국어 프로젝트 수업에 참여하였다.

- 수업 참여 후 이어진 현장간담회에서 교사, 교장, 학부모, 전문가는 수업을 참관한 소감을 나누고, 교과서 개선을 포함한 수업 혁신의 방향과 구체적인 지원 방안 등을 논의하였다.
  - 이 자리에서 학부모는 아이들이 자유롭게 질문하고 생각을 나누는 모습을 보며 과거와는 다른 수업의 변화를 체감했다고 했으며,
  - 교사는 교과서가 학생 참여 중심으로 바뀌면서 수업을 설계하고 나누는 '교사 학습 공동체'가 더 중요해졌다는 점에 대해 긍정적인 평가를 하면서, 교사가 수업에 전념할 수 있는 환경을 조성하기 위한 행·재정적 지원의 필요성을 강조하였다.

<공주교대부설초 교사학습공동체 수업 탐구·공유 과정>

① 주제	▶	② 수업	▶	③ 자료	▶	④ 수업	▶	⑤ 상호

- 전문가는 학생 참여 중심 수업의 관건은 질문하는 교과서라고 밝히며, 다음과 같이 그 중요성을 강조하였다.

- 교육부장관은 "4차 산업혁명이 가져올 변화와 불확실한 미래를 걱정하는 지금이, 학교교육의 본질인 수업을 고민해야 할 때"라고 하면서, "1만 시간을 노력 하면 어떤 분야든 성취할 수 있다고 하니, 초·중·고 수업 12,726시간 동안 우리 학생들이 무엇을 경험하고 배울 것인가를 논의하고 지원하는 노력을 지속하겠다."라고 강조하였다.

10 대입제도 개편을 위한 공론화위원회 발족

- 대통령직속 국가교육회의는 대입제도 개편 공론화 과정을 추진할 공론화위원회를 구성하였다고 밝혔다.
  - 국가교육회의는 이번 공론화위원회 구성으로 지난 4월 23(월) 구성한 대입제도 개편 특별 위원회와 함께 대입제도 개편 공론화 추진 체계를 모두 갖추게 되었다.

- 공론화위원회는 위원장을 포함하여 총 7명)으로 구성된다.

- 공론화위원회 주요 역할은 첫째, 대입제도 개편 특별위원회가 설정한 공론화 범위 내에서 공론화 의제를 선정하고 둘째, 선정된 의제를 논의할 공론화 방법과 절차를 설계·운영하며 셋째, 공론화 결과를 정리하여 대입제도 개편 특별위원회에 제출한다.

- 대입제도 개편 특별위원회는 제출받은 공론화 결과를 바탕으로 대입제도 개편 권고안을 마련하며 이는 최종적으로 국가교육회의 전체회의를 거쳐 확정된다.

- 국가교육회의 의장은 "공론화위원회의 공정성 및 전문성 확보를 통해 국가정책 결정과정에 대한 국민의 실질적인 참여를 확대하고 국민 신뢰를 제고하는데 중점을 두었다"고 밝혔다.

9 출제예상 국세청/지방세무직 10대 이슈정리

1 「국세행정 개혁TF」, 총 50개 국세행정 개혁권고안 마련·발표

- 개혁TF는 지난해 8. 31. 발족한 이후 지금까지 전체회의 5회, 세무조사 개선 분과 10회, 조세 정의 실현 분과 9회의 회의를 가졌음.
  - 개혁TF는 지난해 11. 20. 발표한 과거 세무조사 점검결과를 토대로, 국세행정의 중립성과 공정성을 제고 하고 과세형평성을 높일 수 있는 국세행정 개혁과제들을 발굴하기 위해
    * 그동안 TF위원 간 열띤 토론과 함께 외부 유관단체, 그리고 국민들로부터도 다양한 의견을 폭넓게 수렴 하였음.

- 개혁TF 권고안은 2개 분과인 세무조사 개선, 조세정의 실현, 그리고 공통과제를 다루는 국세 행정 일반, 세 부분으로 구성됨.
  - 첫째, 세무조사 등 세정집행 절차 전반에 걸쳐 변화된 국민의 눈높이에 맞게 보다 엄격한 민주적 통제장 치를 마련하고, 과거 세무조사 점검결과, 조사권 남용의 정황이 확인된 세무조사를 포함하여 교차세 무조사 의 운영실태 및 개선방안에 대하여 국세청에 대한 감사 시 추가 검증을 감사원에 요청함.
  - 둘째, 과세형평성 제고와 조세정의 실현을 위해 탈루혐의 분석 고도화, 엄정한 조사집행, 국내외 정보공조 강화 등 세정 차원의 노력을 경주함은 물론, 갈수록 진화하는 지능적 탈세에 효과적으로 대처할 수 있는 법적·제도적 장치를 마련할 것을 권고함.
  - 셋째, 국세공무원의 청렴성을 높이고 국세정보의 공개 수준을 크게 높이는 한편, 조직개편과 전문인력 확 충을 통해 세정환경 변화에 대한 국세행정의 대응역량을 강화할 것을 권고함.

- 국세청은 이번 TF권고안을 2월 중 「국세행정개혁위원회」에 보고하고, 개혁위원회를 통해 이행 여부를 주 기적으로 점검하는 한편, 추가 개혁과제 발굴 등 지속적인 변화와 혁 신을 추진해 나갈 계획임.

2 자발적 협력, 개방과 공유, 민주적 통제를 기반으로 공정한 세정 추진
− 빅데이터 기반 세정시스템 구축, 국세정보 공개 대폭 확대, 세무조사·신고검증 절차 통제−

1 빅데이터 기반 세정시스템 구현을 통한 자발적 성실납세체계 확립
- 빅데이터 시스템 구축을 통한 맞춤형 신고안내, 탈세분석 및 국세정보 생산체계 고도화 등으로 성실신고를 적극 유도하는 자발적 성실납세체계 정립

2 수요자 중심의 국세정보 생산체계 구축을 통해 국세정보 공개 대폭 확대

- 상반기 중 「국세통계센터」를 신설하여 정부부처, 지자체, 정부출연연구기관 등이 국세정보를 직접 열람·분석·반출할 수 있도록 지원하고,

3 세무조사·신고검증 절차에 대한 민주적 통제로 납세자 권익보호 강화

- 비정기조사의 선정·집행에 대해 외부위원 중심의 납세자보호위원회의 견제·감독 기능 강화, 서울청 조사4국 등 비정기조사 인력 및 비중 축소, 교차조사의 투명한 운영 및 조사절 차 준수여부 엄격 통제

- 사후검증, 기획점검 등 신고검증 대상과 범위를 훈령에 명확히 규정하고, 포괄적 장부제출 요구 등 납세자 권리침해 소지가 없도록 절차적 통제 강화

4 실질적·상향식 소통을 통해 일자리창출 등 현장의 문제를 적극 지원

- 「현장소통팀」 주도로 세정현장의 납세자 불편·불만 등 혁신과제를 지속 발굴·개선하고, 일자리 창출기업·혁신 중소기업에 대한 세무조사 유예 등 세정지원 강화

5 깨끗하고 당당한 공직문화를 확립하여 세정에 대한 국민신뢰 제고

- 「시민감사관」 제도 도입, 퇴직자와의 사적접촉 신고제도 신설, 세무사회와의 협업 등으로 청렴문화를 정착하고, 법률상담·소송지원 등을 통해 선량한 직원 적극 보호

3 역외탈세를 통한 해외 소득·재산 은닉 행위에 엄정 대처

– 역외탈세 혐의자 39명 세무조사 착수 –

- (조사 착수) 국세청은 해외에 소득·재산을 은닉한 역외탈세 혐의자 39명에 대하여 일제히 세무조사에 착수하였음.

> - (국외 소득 은닉) 미신고 해외현지법인에서 벌어들인 소득을 은닉하거나, 해외주식·부동산 등을 양도한 차익을 신고하지 않고 은닉
> - (미신고 해외금융계좌·부동산 보유) 사주 일가의 명의나 현지법인의 명의로 해외금융계좌·해외부동산을 보유하고 미신고
> - (해외사업부문에서 회계 조작) 해외 공사원가 부풀리기, 현지법인 매각대금 은닉, 투자대금 손실 처리 등의 방법으로 법인자금을 유출
> - (조세회피처 페이퍼컴퍼니를 통한 비자금 조성) 조세회피처 페이퍼컴퍼니로 허위 용역대금을 송금하거나 무역거래를 조작하여 비자금 조성·은닉
> - (외국 금융기관으로 리베이트 수취) 국내외에서 컨설팅이나 중개용역 등을 제공하고 그 대가를 외국금융기관의 계좌를 통해 수취하여 횡령

- (그동안의 성과) 지난해에는 해외 재산 은닉·도피 등 역외탈세 혐의가 있는 233명을 조사하고 1조 3,192억 원을 추징하였으며, 이 중 10명을 범칙조사로 전환하여 6명을 고발 조치하였음.
  - 국부를 유출하고 조세정의와 공평과세를 침해하는 지능적·악의적 역외탈세에 대응
  - 역외탈세 혐의자에 대해서 강도 높은 조사를 실시하고, 국가 간 정보교환을 확대하는 등과 세인프라를 확충해왔음.

- (향후 대응) 국세청은 앞으로도 관계부처 협업과 국가 간 정보교환 확대 등으로 역외탈세 정보를 철저히 수집하고, 역외탈세 혐의자에 대해 엄정한 세무조사를 실시
  - 정당한 세부담 없이 해외에 소득·재산을 은닉하는 국부유출 행위가 근절될 수 있도록 최선의 노력을 다하겠음.

4 올해 종합소득세 신고, 더 쉽고 더 편리하게

– 세무서 방문 없이 보이는 ARS(1544-9944)로 한 번에! –

- 소규모사업자 195만 명에게는 모두채움신고서를 발송하여 집 전화나 휴대전화 한 통(1544-9944)으로 듣거나 보면서 쉽게 신고를 마칠 수 있도록 하였고
  - 두 곳 이상에서 근로소득이 있는 납세자는 인터넷 홈택스를 통해 연말정산자료를 불러온 후원클릭으로 합산신고를 완료할 수 있도록 하였음.

- 또한, 홈택스 신고 시 첫 화면에서 맞춤형 신고서를 제공하여 신고서 작성 접근단계를 대폭 단축하였고
  - 신고서 작성 시나리오와 맞춤형 도움말을 지원하여 사용자 친화형으로 편리하게 개선하였음.

- 그리고 홈택스 '신고도움서비스'를 확대하여 사업자에게 최근 신고상황 및 소득률, 신용카드 사용현황 및 주요경비 분석사항을 제공하여 신고에 도움이 되도록 하고
  - 63만 명에게는 맞춤형 성실신고 안내자료를 제공하겠음.

- 아울러, 구조조정이나 자금난 등으로 어려움을 겪고 있는 사업자에 대해 납부기한을 연장하고
  - 특히, 고용위기지역 등에서 어려움을 겪고 있는 사업자에게는 적극적인 세정지원을 실시할 계획임.

5 **「장려금 사전예약」 서비스**

– 홈택스·모바일 앱을 통해 4월 23일(월)부터 장려금 신청 예약 가능 –

• 「사전예약」은 국세청이 보유하고 있는 가구·소득·재산자료 등에 의해 장려금 대상자로 확인된 경우에만 신청할 수 있으며, 법정 신청기간 전에 장려금 신청을 예약할 수 있도록 하여 실질적으로 정기 신청기간을 확대함으로써 수급대상자가 5월에 장려금을 신청하지 못해 지원 혜택이 줄어드는 불이익을 방지하기 위하여 도입함.

• 사전예약 신청자는 홈택스나 모바일 앱에 접속하여 「장려금 미리보기」에서 스스로 수급자격을 확인한 후 「사전예약」서비스를 이용할 수 있으며 예약 대상자가 아닌 경우에는 5월 1일부터 5월 31일까지 홈택스로 전자신청하거나 세무서를 방문하여 신청하여야 함.

• 국세청은 「장려금 사전예약」으로 수혜계층의 정기신청은 증가하는 한편, 5월 신청자 집중으로 인한 불편은 줄어들 것으로 기대함.

• 사전예약 서비스의 개념
  - 근로·자녀장려금 수급대상자가 국세청 홈택스나 모바일 앱을 이용하여 장려금 신청기간 (5. 1.~5. 31.)이 시작되기 전에 미리 신청을 예약할 수 있는 서비스로 2018년 신청부터 처음 도입됨.

• 사전예약 서비스의 도입 취지
  - 국세청은 장려금 수급자의 신청 편의를 높이기 위해 국세청이 보유하고 있는 가구·소득· 재산자료 등을 반영하여 장려금 신청을 안내하고 있으며, 수급대상자는 법정 신청기간(정기 신청 5. 1.~5. 31., 기한 후 신청 6. 1.~11. 30.)내에 신청해야 장려금을 지급받을 수 있음.
  - 수급대상자가 생업 등으로 바빠 정기 신청기간에 장려금을 신청하지 못하고 기한 후 신청을 하게 되면 장려금 산정액의 90%만 지급받게 되어 지원혜택이 감소되는 불이익이 있음.
    * 이에, 장려금 정기 신청기간을 확대하여 수급대상자의 신청 편의를 제고하기 위해 5월 이전에 미리 장려금 신청을 예약할 수 있는 「사전예약」 서비스를 도입함.

6 **국세청, 납세자와 함께 하는 「세무지원 소통주간」 운영**

– 세금안심교실 등 납세자를 위한 다양한 맞춤형 소통 지속 추진 –

• 국세청은 납세자 중심의 맞춤형 소통을 강화하고 소통역량을 집중하기 위해 매 분기 한 주간을 「세무지원 소통주간」으로 지정하여 운영하고 있으며,

- 이번 소통주간에는 창업·소상공인을 위한 '세금안심교실'을 지속적으로 운영하여 사업 성장 과정에서 발생하는 다양한 세금문제 해결을 지원하고, 직능단체간담회, 산업현장 방문, 현장 상담실 등 찾아가는 서비스를 통해 입주기업의 사업현황을 살피고 애로사항을 경청하는 등 실 질적인 세정지원 서비스를 제공할 예정임. 아울러, 이번 달 주요 추진업무인 '종합소득세 신고'와 '근로·자녀장려금 신청' 안내를 필수 소통주제로 지정하여 신고 지원을 위한 적극적인 홍보도 병행할 계획임.

- 앞으로도 「세무지원 소통주간」을 지속적으로 운영하고, 납세자와의 상시 공감소통을 더욱 활성화하여
  - 납세자가 세금에 대한 고충 없이 생업에 전념할 수 있는 세정환경을 조성하는데 최선의 노력을 다하겠음.

1 「세무지원 소통주간」이란?

- 국세청은 국민 누구나 쉽게 참여하는 상시 소통을 통해 납세현장의 세금불편을 신속하게 해결하고, 납세자의 목소리를 경청하기 위해 노력하고 있으며 특히, 납세자 중심의 맞춤형 소통을 강화하고 소통역량을 집중하기 위해, 지난해 4분기부터 매 분기 한 주간을 「세무지원 소통주간」으로 지정하여 운영하고 있음.

- 올해 1분기 '세무지원 소통주간'(2. 5.~2. 9.)에는 정부 주요정책인 '일자리 안정자금'을 필수 소통주제로 지정하여 전국 관서에서 홍보를 지원하고,
  - 직능단체간담회, 세금안심교실, 산업현장 방문, 현장상담실 등 다양한 소통 행사를 실시하여 창업·소상공인의 성장 지원 등 실질적인 도움이 되는 세무지원을 제공하였음.

2 2분기 「세무지원 소통주간」 운영(5. 8.~5. 11.)

- 국세청은 2분기 「세무지원 소통주간」을 이번 달 주요 추진업무인 '종합소득세 신고'와 '근로·자녀장려금 신청' 기간에 맞추어 5. 8.~5. 11.까지 운영하기로 함.

- 이번 소통주간에는 '종합소득세 신고'와 '근로·자녀장려금 신청' 안내를 필수 소통주제로 지정하여
  - 종합소득세 ARS·전자신고 방법, 신고도움 서비스, 근로·자녀장려금 신청 방법 등을 적극 홍보하는 한편 세금안심교실, 직능단체간담회, 세무대리인간담회, 산업현장 방문, 현장 상담실 등 전국 지방청 및 세무서에서 다양한 소통 행사를 실시할 예정임.

- 「세금안심교실」 운영
  - 창업·소상공인을 대상으로 창업 초기에 필요한 세금정보 제공과 사업 성장을 지원하는 세무 컨설팅을 제공하며, 납세자가 민간 전문상담가와 직접 상담할 수 있는 '소통데스크'를 설치하여 창업·성장 단계에서의 세무나 금융상 궁금증도 편하게 상담받을 수 있도록 하였음.

3 향후 추진 방향

- 앞으로도 국세청은 세금안심교실 등을 비롯한 「세무지원 소통주간」을 지속적으로 운영하고, 납세자와의 상시 공감소통을 더욱 활성화하여
  - 납세자의 세금 불편은 해소하고, 납세 편의는 높이는 맞춤형 서비스를 확대해 나감으로써,
  - 납세자가 세금에 대한 고충 없이 생업에 전념할 수 있는 세정환경을 조성하는데 최선의 노력을 다하겠음.

7 탈세제보·차명계좌 신고 활성화 및 「바른세금 지킴이」 개편
– 국민이 참여하는 탈세감시체계가 성실납세문화 이끌어! –

- 국세청은 국민이 참여하는 탈세감시체계[10]를 더욱 활성화하고 국민탈세감시단인 「바른세금 지킴이」 운영을 대폭 개편할 계획임.
  - 탈세제보 포상금 제도개선[11] 내용과 차명계좌 사용 근절을 위한 대국민 홍보를 적극 추진하고 신고편의 제고 및 신원보호를 강화하는 등 국민참여 탈세감시체계를 활성화할 것임.
  - 또한, 「바른세금 지킴이」 운영체계를 개선하고 운용인력을 확충함으로써 국민의 국세행정 참여를 확대할 수 있는 환경을 구축할 것임.

- 국세청은 국민참여 탈세감시체계의 운영으로 지난 5년간 8조 7,320억 원을 추징하였고, 깨끗한 기업문화 조성과 성실신고가 최선이라는 성실납세의식을 확산하는 성과도 나타남.

- 국세청은 국민참여 탈세감시체계를 활성화하고 국민의 적극적인 국세행정 참여를 통해 국민과 함께하는 공정한 세정 구현과 성실납세문화 형성을 위하여 노력하겠음.

8 납세자의 권리, 「권리보호요청」으로 안전하게 지키세요!
– 국세청장, 신설되는 본청 납세자보호위원회 초대 외부위원에게 위촉장 수여 –
– 외부위원으로 구성된 납보위원회에서 적법절차 준수 여부를 엄격하게 심의 –

- 국세청장은 서울지방국세청사에서 국세청 납세자보호위원회 초대 외부위원 15명에게 위촉장을 수여하였음.
  - 신설된 국세청 납세자보호위원회를 납세자보호관 외 모두 외부기관에서 추천하는 외부위원으로 구성하여 세무조사 적법절차에 대한 실질적 견제·감독기능을 강화함.

- 지난해 국세행정 전반에서 「권리보호요청」은 1,817건으로 전년(1,605건) 대비 13.2% 증가하였으며, 특히 위법·부당한 세무조사 등에 대한 권리구제로 54건을 중단 또는 시정 조치하였음.

---

10) 탈세제보 제도, 차명계좌 신고 제도, 국민탈세감시단 「바른세금 지킴이」 활동
11) 탈세제보 포상금 한도액 인상(30억 원 → 40억 원), 지급률 상향(5~15% → 5~20%)

- 올해는 납세자 권리보호를 위한 제도적 장치가 대폭 확충됨.
  - 납보위원회의 심의대상이 확대되고, 의견진술권이 보장되며, 세무서·지방청 위원회에서 수용되지 아니한 사항은 국세청 납보위원회에 재심의를 청구할 수 있음.
  - 또한, 그간 「국세기본법」 개정으로 추가된 권리를 「납세자권리헌장」에 반영함으로써 권리 보호 기반을 더욱 확고히 함.

- 국세청은 확대된 「권리보호요청」 제도와 개정된 「납세자권리헌장」을 바탕으로 납세자를 보호의 대상이 아니라 세정의 주인으로 존중하여 「국민과 함께하는 공정한 세정」을 구현하는데 최선을 다하겠음.

9 국세청, 납세자 입장에서 조세불복제도 운영
– 신속·공정하게 심의, 국선대리인 지원대상 확대 –

- 국세청은 그동안 행정심판제도의 기본 취지에 맞게 납세자의 억울한 세금을 신속·공정하게 구제하기 위해서 노력해 왔음.
  - 불복청구 심의과정에서 공정성을 담보하기 위해 민간위원을 과반수 이상으로 구성하고 직능별(교수, 변호사, 회계사, 세무사)로 균형있게 위촉하였으며,
  - 국세심사위원회 회의 시 위원장(내부)은 회의를 중립적으로 진행하고 민간위원이 자유롭게 자기 의견을 발표하도록 유도하여 민간위원의 의견이 충분히 반영될 수 있도록 운영하고 있음.
  - 그 결과, 처리기간은 다른 재결청에 비해 짧고, 최근 심사청구 인용률은 조세심판원과 비슷함.

- 아울러, 국선대리인 제도를 통해 영세납세자에게 무료로 불복청구 대행서비스를 제공하고 있음.

- 앞으로도 국세청은 납세자 입장에서 불복청구 심의기구인 「국세심사위원회」를 공정하게 운영하여 납세자 권리를 신속하게 구제할 수 있도록 노력하겠음.

1 불복청구 제도 개요

- 사전 권리구제 절차

<청구 절차>

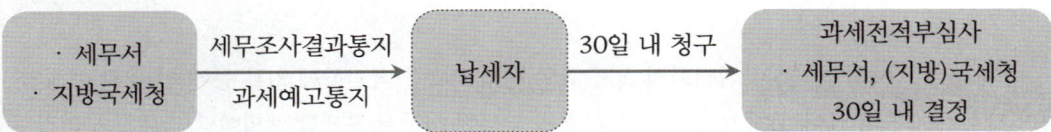

- 사후 권리구제 절차
  ※ 동일한 처분에 대해서 심사청구와 심판청구를 중복하여 제기할 수 없음.
  ※ 소송을 제기하기 위해서는 심사청구(국세청, 감사원)와 심판청구 중 하나를 거쳐야 함.

2 국선대리인 제도

(가) 제도 취지 및 경과

- 국세청은 소중한 고객인 영세납세자가 세금 관련 권리구제 제도를 쉽게 이용할 수 있도록 「국선대리인 제도」를 운영하고 있음.

  - 국선대리인 제도는 세무대리인 선임비용이 부담스럽고, 세법지식이 부족한 영세납세자에게 무료로 세무대리인을 지원하는 제도임.

    * (지원 대상) 세무대리인 없이 청구세액 3천만 원 이하의 이의신청·심사청구를 제기하는 개인으로서 보유재산 5억 원 이하이고 종합소득금액 5천만 원 이하.

    * (지원 방법) 납세자의 신청을 받은 세무관서에서 담당 국선대리인을 지정하여 불복관련 업무를 무료로 지원함.

  - 국선대리인은 세무사, 공인회계사, 변호사 등 역량있는 조세전문가의 지식기부를 바탕으로 운영되고 있음.

(나) 그 동안의 성과

- 국선대리인 지원으로 영세납세자의 권리구제비율(인용률)이 향상되어 국선대리인 제도가 영세납세자 권리구제에 유용한 제도임을 보여주었음.

  - 국선대리인 지원을 받은 영세납세자의 인용률은 세무대리인 없는 청구세액 1천만 원 이하 소액사건*보다 높음.

- 국세청의 적극적인 노력으로 영세납세자에 대한 국선대리인 지원비율은 제도 시행 첫해보다 대폭 증가하였음.

3 향후 추진 방향

- 국세청은 불복청구 심의기구인 「국세심사위원회」를 보다 공정하게 운영하여 납세자가 억울하게 세금을 내는 일이 없도록 최선을 다하겠음.

  - 아울러 납세자가 불복제도를 이용하는데 불편함이 없도록 원거리 납세자를 위한 영상진술 등 납세자 편의를 적극 제공하고,

  - 올해 국선대리인 지원대상 확대를 계기로 보다 많은 영세납세자가 국선대리인 혜택을 받을 수 있도록 지원하겠음.

- 올 상반기 중에 국세청 국세심사위원회의 실제 회의 진행 모습을 국민들께 일부 공개(참관)할 예정임.

  - 다만 장소적 제한이 있어 공개 모집을 통해 추첨된 분들에 한해서 공개할 계획이니 국세청 누리집 공모 시 많이 참여해 주시기 바람.

10 착실히 모은 세금포인트, 보다 편리하게 활용하세요
– 납세담보 면제 혜택을 주는 세금포인트 사용기준 대폭 완화 –

- 개인납세자인 경우 종전 사용한도(최소 50점부터 사용)를 폐지하여 누구나 최소 1점부터 언제든 사용할 수 있고, 법인사업자도 현행 1,000점 이상에서 500점 이상으로 최소사용기준을 크게 낮추었음.

- 이러한 사용기준 완화로 약 2천 2백만 명의 개인납세자와 1만 5천여 법인납세자가 추가로 세금포인트를 이용할 수 있게 됨.

- 특히, 중소규모 상공인이 그간 활용하지 못한 소액의 포인트를 사용함으로써 납세보증보험증권 발급수수료[12]가 절감되는 등 자금 압박을 해소하는 데 큰 도움이 될 것으로 기대됨.
  - 앞으로도 국세청은 서민경제의 안정을 위해 다양한 세정 지원방안을 적극적으로 추진해 나가겠음.

> **세금포인트제도란?**
>
> 성실한 납세자를 우대하고 세금 납부에 대한 보람과 자긍심을 높이기 위하여 납부한 세액에 따라 세금포인트를 부여하고 적립된 포인트를 사용하여 징수유예[13] 및 납부기한 연장[14]을 신청할 때에 납세담보 제공의 면제 혜택을 받을 수 있는 제도임.

---

12) 소득세의 경우 납세담보 보증액의 연 1.6% 수준
13) 징수유예는 고지된 세금의 납부기한을 연장하는 제도
14) 납부기한 연장은 자진신고 납 부기한을 연장하는 제도

1 **병무청, 사회관심계층 병적 별도관리제도 설명회 개최**
– 반칙과 특권없는 공정병역 Start! –

- 병무청은 10일 서울 대방동에 소재한 공군회관에서 사회 관심계층 '병적 별도관리제도 설명회'를 가졌습니다.
  - 본 설명회는 공정병역 업무의 병무청 정식 직제 반영에 맞춰 유관단체 임직원 등을 초청해 병적 별도관리 제도 설명회를 개최함으로써 공정병역 문화를 확산시키기 위해 기획됐습니다.
  - 이날 행사에는 문화체육관광부, 대한체육회, 연예 협회, 기획업체 대표 등 관계자 40여 명이 참석했습니다.

- 이날 설명회에서는 공직자·고소득자·연예인·체육선수 등 사회 관심계층의 병적 별도관리 제도 도입배경 및 제도안내, 향후 제도운영 방안에 대해 설명했습니다.
  - 병무청에서는 반칙과 특권 없는 공정병역을 실현하고자 병역이행 여부가 관심이 되는 사회 관심계층에 대하여 지난해 병역법 개정을 통해 병적을 별도로 분류하여 관리하고 있습니다.
  - 병적 별도관리 대상자는 '4급 이상(상당) 공직자와 그 자녀, 연예인, 체육선수, 고소득자와 그 자녀'이며, 관리인원은 3만 4천여 명이 됩니다.
  - 병적 별도관리 대상자는 18세부터 현역 입영할 때까지(보충역의 경우는 복무만료 될 때까지) 병역의무의 연기 및 감면, 각종 병역처분을 포함한 병역이행 전 과정을 모니터링 받게 됩니다.
  - 또한 병적 별도관리 대상자의 성실하고 공정한 병역이행 유도를 위해 고령자 입영연기제한, 국외여행 허가 기준 강화 등 입영지연 방지를 위한 제도 개선을 추진할 방침입니다.

- 병무청장은 "법과 원칙에 따른 공정병역은 병무행정의 핵심가치이자 국민의 준엄한 명령이기도 하다."라며 "사회지도층이 솔선수범하는 자세로 병역을 이행하는 모습을 보일 때 공정병역은 완성될 수 있다."라고 말했습니다.

2 **병무청, 현역병 입영문화제 개최**
– 입영 장정과 가족 등 8천여 명 참석 –

- 병무청은 4월 9일 충남 논산시에 소재한 육군훈련소에서 현역병입영문화제를 개최했습니다.
  - 입영문화제는 군 생활을 시작하는 입영 장정을 응원하고, 귀하게 키운 아들을 군에 보내는 부모님께 감사하는 마음을 전하기 위해 기획됐습니다.

- 입영장정 및 가족 등 8천여 명이 참석한 이번 현역병 입영문화제는 아들과 부모, 입영장정과 여자 친구 등의 추억 쌓기 위주로 진행됐습니다.
  - 특히 부모님을 업고 걷는 어부바길, 부모님과 여자 친구가 쓰는 사랑의 편지쓰기 행사 등에서는 가족의 정과 연인 간의 사랑을 교감하는 장이 됐습니다.
  - 또한, 입영장정과 가족이 함께 관람하는 문화예술 공연과 군악대 모듬북 공연, 육군 의장대의 시범공연 등은 큰 호응 속에 진행 됐습니다.

- 병무청 관계자는 "앞으로도 병역의무자와 가족들이 공감할 수 있는 프로그램을 더욱 다양화하여 입영 현장을 감동의 場으로 승화시켜 나갈 계획이다."라고 말했습니다.

3 병무청, 전역예정장병 취업박람회 참여
– 취업맞춤특기병 제도 홍보 및 전역예정장병 취업 안내 –

- 병무청은 취업맞춤특기병 전역자들의 취업 활성화를 위해 3월 21일부터 22일까지 일산 킨텍스 전시장에서 열리는 전역 예정장병 취업박람회에 참여합니다.
  - 올해로 20회를 맞는 이번 행사는 전역을 앞둔 장병들에게 "새 희망 새출발, 내일이 있는 삶"이라는 슬로건을 내걸고, 전역 후 구직을 희망하는 장병과 인력 채용 수요가 있는 우수 유망 기업 200곳이 참여 합니다.
  - 병무청은 취업맞춤특기병으로 복무 중인 장병들이 박람회에 많이 참여 할 수 있도록 국방부에 협조했으며, 별도의 홍보 공간을 마련해 장병들을 대상으로 자격·면허·군 경력 등과 연계한 취업안내 등 1:1 맞춤형 상담을 합니다.

- 취업맞춤특기병이란 자격이나 전공이 없는 고졸 청년들을 대상으로 입영 전 전문 기술훈련을 통해 기술병 지원입영의 기회를 제공하고, 전역 후 취업 등 원활한 사회진출을 돕는 현역병 모집제도로 병무청·고용노동부·군이 협업해 2014년 최초 도입·시행 후 매년 모집인원 및 범 위를 확대하고 있습니다.
  - 금년도는 모집인원을 지난해 대비 22.2% 늘어난 2,200명을 모집할 계획이며, 모집범위도 현행 육·해·공군에서 해병대 기술병까지 확대했습니다.
  - 또한 고교 위탁교육생 및 교육부·지방자치단체에서 운영하는 기술교육 과정 이수자에게도 지원 자격을 확대해 보다 많은 청년들이 혜택을 받을 수 있도록 했습니다.
  - 1월 현재 취업맞춤특기병 지원자는 4,300여 명이다. 이 중 609명이 전역했으며, 전역자 중 321명은 중소기업 등에 취업해 청년 일자리 창출에 상당한 성과를 달성했다.

- 병무청장은 "앞으로 청년들에게 군 복무는 더 이상 단절이 아닌 사회진출의 첫 단추로서 미래를 설계하는 디딤돌이 될 수 있도록 병무청이 앞장서겠다."라고 말했습니다.

4 **병무청, 동원훈련 시작**
  – 훈련통지서, 입영일 7일 전까지 등기우편이나 전자우편으로 송달 –
  – 동원훈련은 정당한 사유 없이 불참 시 바로 고발, 반드시 연기해야 –

- 병무청은 3월 5일부터 11월 말까지 병력동원훈련소집 (이하 '동원훈련'이라 한다)을 실시한다고 하였습니다.
  - 동원훈련은 병력동원소집 대상자로 지정된 예비군이 전시 등 유사시에 전시 임무를 수행할 수 있도록 평시에 소집부대별로 2박 3일 동안 하는 훈련입니다.
  - 금년도 동원훈련 대상은 57만여 명으로 장교·부사관은 1~6년차, 병은 1~4년 차가 해당된다. 올해 전역한 사람은 동원훈련 대상에서 제외됩니다.

- 예비군은 동원훈련 통지서를 입영일 7일 전까지 등기우편 또는 전자우편(e-mail)으로 송달받을 수 있습니다.
  - 개인별 동원훈련 일자와 훈련부대 교통편은 본인 인증 후 병무청 홈페이지에서 언제든지 확인할 수 있으며, 본인 인증은 휴대폰으로도 가능합니다.

- 병무청은 올해부터 육군의 동원훈련 입소 시간을 9시에서 12시로 늦춰 예비군들의 입영불편을 개선하였습니다.
  - 훈련부대까지 원거리 이거나 교통불편 지역에 거주하는 예비군들은 차량으로 수송을 하여 입영편의를 제공하고 있으며,
  - 또한, 동원훈련 입·퇴소 중에 부상 등 재해를 입은 경우 국가부담으로 보상이나 치료를 받을 수 있게 하고,
  - 고용주나 학교의 장이 훈련참가를 이유로 휴무·결석 처리 등 불리한 처우를 할 수 없도록 권익을 보장하고 있습니다.

- 병무청 관계자는 "동원훈련 통지서를 받은 예비군이 정당한 사유 없이 지정된 일시에 입영하지 않을 경우에는 일반 예비군 훈련과 달리 별도의 보충훈련 없이 고발되어 처벌을 받는다."라며 주의를 당부했습니다.

5 **병무청 산업기능요원 권익보호 종합대책 마련**
  – 산업재해율이 높거나 임금체불 업체 신규 선정 제외 등 –

- 병무청장은 27일 충남 아산시에 소재한 병역지정업체인 ㈜디바이스이엔지를 방문하여 복무 중인 산업기능요원들을 격려하고, 산업기능요원의 권익보호를 위한 제도개선 등 종합대책을 마련하겠다고 말했습니다.

- 산업기능요원 권익보호 종합대책의 주요 내용은 다음과 같습니다.
  - 권익보호 상담관 제도 운영
  - 산업재해 발생 업체 근무자, 다른 업체로 희망 전직 가능
  - 근로여건 우수업체 병역지정업체로 우선 선정

CHAPTER 12 최근 시사이슈(공통, 직렬별)

- 3개월 이상 임금체불 업체 산업기능요원 인원 지원 제한
- 최저임금법 위반으로 벌금형 확정되면 병역지정업체 퇴출
- 산업재해율이 높거나 임금체불 업체 신규 선정 제외

• 병무청장은 "산업기능요원으로 근무 중에 산업재해, 임금체불 등 불이익이 발생해도 병역의무를 이행 중이라는 이유로 부당하고 억울한 처우를 받는 경우가 있었다."라며 "앞으로 산업기능요원들이 안전한 일터에서 근로자로서의 정당한 대우를 받고 근무할 수 있도록 정책을 추진해 나가겠다."라고 말했습니다.

6 병무청, 인천공항 제2터미널에 병무민원센터 운영

• 병무청은 1월 18일부터 인천공항 제 2터미널 개장에 맞춰 병무민원센터를 운영합니다.
- 현재 병무청은 인천공항 제1터미널에 병무민원센터를 운영하고 있으나, 제1터미널과 제2터미널이 2.4km나 떨어져 있어 국외여행에 따른 병역 의무자들의 신속한 민원처리를 위해 제 2터미널에도 병무민원센터를 운영하게 된 것입니다.

• 앞으로 인천공항 제2터미널 병무민원센터에서는 국외여행허가, 국외여행 기간연장 허가, 병무사범 관리, 영주권자 등 입영원 처리 등 제 1터미널 병무민원센터와 동일한 업무를 수행하게 됩니다.
- 인천공항 제2터미널 병무민원센터 운영으로 국외여행 병역의무자에 대한 민원불편 해소와 서비스 증진에 기여할 것으로 기대됩니다.

• 병무청장은 "인천공항 제2터미널에 병무민원센터를 운영하게 됐다."라며 "병역의무자들이 만족할 수 있는 신속한 현장민원 처리에 최선을 다하겠다."라고 말했습니다. <끝>

7 병역판정검사 일자와 장소 본인선택 접수
(본인선택 신청 기간: 2. 1. ~ 11. 30.)

• 병역판정검사 대상은 내년에 만 19세가 되는 사람과 병역판정검사를 연기 중인 사람 등이며, 병역판정검사 기간 중 본인이 희망하는 일자 하루 전까지 신청할 수 있게 됩니다.
- 병역의무자는 병역법 제11조에 따라 19세가 되는 해에 지방병무청장이 지정하는 일시·장소에서 병역판정검사를 받아야 한다. 그러나 많은 병역의무자가 학업 또는 직장생활 관계로 주민등록주소지와 실거주지가 다르기 때문에 병무청에서는 본인의 희망하는 일자와 장소 (지방병무청)를 선택해서 병역판정검사를 받을 수 있도록 병역판정검사 본인선택 제도를 운영하고 있습니다.

• 병역판정검사 일자와 장소 본인선택 신청을 원하는 사람은 병무청 홈페이지(www.mma. go.kr) 병역판정검사 일자 및 장소 본인선택 화면에서 신청이 가능하며, 본인선택은 선착순입니다.

- 병역판정검사 일자와 장소 본인선택은 본인 명의 휴대폰, 공인인증서, 공공아이핀으로 본인 인증 후 신청할 수 있다. 만약 공인인증서 등을 발급받을 수 없는 경우에는 가까운 지방 병무청 민원실을 방문해 주민등록증 등 공적신분증 제시 후 신청할 수도 있습니다.

- 병무청 관계자는 "병역판정검사 일자와 장소를 선택하지 않은 사람은 주소지 지방병무청장이 직권으로 지정한다."라며 "병역판정검사 일자와 장소를 학업 등의 일정에 맞춰 본인이 선택할 것을 당부한다."라고 말했습니다. <끝>

8 "국민행복 지킴이, 자랑스러운 사회복무요원" 병무청, 제4회 사회복무 시상식 개최

- 병무청은 충북 보은에 있는 사회복무연수센터에서 제4회 사회복무大賞 시상식을 갖었습니다. 사회복무大賞은 모범적으로 복무하는 사회복무요원과 사회복무요원 복무관리업무 유공 직원을 발굴해 포상함으로써 이들의 사기를 높이고 우수 사례를 여러 기관과 공유하기 위해 기획되었습니다.

- 사회복무大賞 수상자는 전국 1만 1천여 개 기관에서 복무 중인 58,000여 명의 사회복무요원과 복무관리 담당직원 중 복무기관의 장으로부터 9. 13.부터 9. 22.까지 추천을 받은 사람 중 심사를 거쳐 선발되었습니다.

- 이번 시상식에서는 40명의 수상자 중 모범 사회복무요원 8명, 최우수 복무기관 1개, 우수 복무 관리담당 5명 등 총 14명에게 표창장이 수여되었습니다. 특히, 5개 복무분야별 최우수 사회복 무요원은 사회복무大賞을 받게 되었습니다.

- 대상 수상자는 사회복무연수센터 내 명예의 전당에 사진과 공적 등을 게시할 계획입니다. 이는 수상자들의 사기를 높이는 한편 기본교육 등을 받으러 온 사회복무요원들에게 귀감이 되게 하기 위해서입니다.

- 교육문화대상을 받게 되는 김형기 사회복무요원은 "처음 한사랑학교 왔을 때의 당혹감과 두려움은 사라지고, 아이들에게 때로는 친구처럼 때로는 든든한 오빠와 형처럼 함께 생활한 것을 인정받은 것 같아 기쁘다"라며 "남은 복무기간도 초심을 잃지 않고 열심히 복무하겠다."라고 소감을 말했습니다.

- 병무청장은 "앞으로도 사회복무요원의 사기진작과 안정적 근무여건 조성을 위해 더욱 노력하겠다."라고 말했습니다.

9 국민중심의 병무행정 실현을 위한 '직원 연구제안' 발표대회 개최

- 병무청은 14일 사회복무연수센터에서 국민중심의 병무행정 실현을 위한 '직원 연구제안' 발표 대회를 가졌습니다.
- '직원 연구제안' 발표대회는 연구제안 직원 동아리 32개팀 138명의 직원이 참여해 6개월간 연구한 결과물이며, 동아리는 병무행정의 순환 측면에서 정책의 입안자와 정책의 집행자가 함께 참여해 국민의 새로운 요구 또는 불편사항을 연구토록 했습니다.
- 아울러 연구주제는 4차 산업혁명 시대의 도래 등 급변하는 행정환경에 대응하고 조직 내 소통·협업 기반 연구분위기 조성과 직원역량을 높일 수 있도록 편성됐습니다.

• 이번에 발표되는 주제는 병역판정 프로세스 개선, 임상심리연구, 빅데이터 분석, 민원서비스 개선 등 총 9개 주제로 주요주제는
  ① 병무청과 병원 간 병역의무자 의료정보 공유시스템 구축방안
  ② 심리취약자 치료전문센터를 통한 군복무부적합자 문제 해결 방안
  ③ 직원이 행복한 조직문화 조성방안 등입니다.
- 주제별 내용을 간략히 간추리면 병무청과 민간병원 간 의무기록지 공유 등 병역의무자 의료 정보 공유시스템 구축, 심리치료 전문센터 개설을 통한 심리취약자 사전선별 및 치료 방안, 조직을 활기 넘기고 스마트한 직장으로 변화시킬 수 있는 방안 등입니다.

• 기찬수 청장은 "연구 동아리를 통해 직원들의 참신한 아이디어가 적극 발굴되고 병무정책에 반영돼 병무행정이 국민중심의 행정으로 한층 더 발전되기를 기대한다."고 말했습니다.

10 입영의무가 없는 영주권·질병치유 병사 이야기

• 병무청은 8월 31일 국외 이주 또는 질병 사유로 현역병 입영의무가 없음에도 자원하여 현역복무를 한 젊은 이들의 군 체험 수기집 '대한사람 대한으로'를 발간했습니다.
- 이번 체험수기집은 지난 4월부터 5월까지 2개월에 걸쳐 영주권 및 질병치유 병사 등 '자원 병역이행자 군 체험수기' 공모에 응모한 총 116편 중에서 우수작 28편을 모아 발간했습니다.

• 영주권병사 부문에서 '내 마음속 살아있는 대한민국'으로 최우수상을 수상한 오○○ 일병(22세)은 초등학교 3학년 때 부모님과 함께 미국으로 이주하여 미국 영주권을 취득해 사실상 입영 의무가 없으나 자원하여 입영한 사람입니다.
- 오 일병은 "외국 생활에서 경험할 수 없는 조국에서의 군 복무를 통해 시련을 뛰어넘을 수 있는 용기를 배우고 청춘의 보람됨을 느끼는 계기가 됐다."고 하면서 병역을 소극적인 의무로 받아들이지 않고 인생의 소중한 기회로 삼는 모습을 보였습니다.

- 또한, 질병치유 병사 부문에서 최우수상을 수상한 지○○ 상병(22세)은 "대인기피증과 고도비만을 치유하고 자진 입영하여 군 복무를 하면서 가족과의 사랑을 확인하고 자신감을 되찾는 인생의 전환점이 되었다."고 말했습니다.

- 병무청 관계자는 "나라사랑하는 마음을 행동으로 보여준 영주권·질병치유 병사들의 군 체험담이 병역이행을 앞둔 젊은이들에게 소중한 지침서가 되기를 기대한다."고 말했습니다.

11 출제예상 선거행정직 10대 이슈정리

1 1. 중앙선관위, 4. 24.부터 「우리동네 공약지도」 서비스 시작
- 빅데이터 분석 위해 최대 분량의 언론보도 수집, 국내 최초 지방의회 회의록 전수 분석 -
- 정당·후보자는 정책·공약 개발에 활용, 유권자는 원하는 공약을 제안할 수 있어 -

중앙선거관리위원회는 전국동시지방선거와 관련하여 4. 24.부터 중앙선관위 홈페이지 (www.nec.go.kr)와 모바일 앱(선거정보)를 통해 「우리동네 공약지도」 온라인 서비스를 시작하였다.

「우리동네 공약지도」는 정당과 후보자의 정책·공약 개발을 지원하고 유권자 공약제안을 활성화하기 위하여 중앙선관위가 서울대학교 폴랩(Pollab)에 의뢰하여 제작한 것으로, 유권자는 해당 서비스를 이용하여 자기 동네의 주요 이슈를 확인하고 원하는 공약을 직접 제안할 수 있다. 이번 빅데이터 분석에는 최대 분량의 지방자치단체 관련 언론보도를 수집·활용하였으며, 국내 최초로 지방의회 회의록을 전수 분석하였다. 「우리동네 공약지도」에서 시·도나 구·시·군을 선택하면 그 지역의 이슈 순위와 이슈에 대한 관련어, 정치·교육·문화·복지 등 관심 분야별 분류를 볼 수 있고, 각 지역별로 관심분야를 비교할 수도 있다. 또한, 유권자가 제안한 희망공약을 지역별로 구분하여 볼 수 있으며, 희망공약은 주기적으로 지도에 반영된다.

언론보도를 분석한 결과, 광역지방자치단체에서는 서울역, 신공항, 평창올림픽 등 지역이슈와 교육, 일자리, 안전 등이 자주 언급되었다. 광역지방의회 회의록을 분석한 결과에서는 교육, 학교, 학생 등 생활밀접형 사안에 대한 관심이 높았다. 중앙선관위는 유권자가 제안한 희망 공약을 정당과 후보자가 실시간 확인할 수 있도록 하여 유권자와 후보자 간 정책 소통의 창구 역할을 수행할 것이라면서, 「우리동네 공약지도」를 통해 유권자는 적극적으로 희망공약을 제안하고, 정당과 후보자는 지역 수요에 맞는 정책과 공약을 개발하여 진정한 동네 민주주의가 정착되기를 기대한다고 밝혔다.

2 제9회 지방선거 후보자 홈페이지 무료 보안서비스 제공
- 홈페이지 취약점 원격지원, 웹 보안도구 무료 제공 -

중앙선거관리위원회는 한국인터넷진흥원과 함께 제9회 전국동시지방선거에 출마하는 후보자의 인터넷 홈페이지[15]에 대해 보안서비스를 무료로 지원하기로 하였다.

중앙선관위는 인터넷 홈페이지 해킹으로 인한 피해가 발생하지 않도록 지난 2016년 제20대 국회의원선거부터 인터넷 및 정보보호 전문기관인 한국인터넷진흥원과 함께 후보자에게 보안서비스를 무료로 지원하고 있다.

이번에 제공하는 보안서비스는 후보자 홈페이지의 취약점을 원격으로 점검하여 보안조치를 권고하고, 스팸 관련 게시 글을 차단하는 스팸 실시간 차단서비스와 웹 보안 도구 등을 지원한다. 보안서비스를 원하는 후보자는 5월 24일부터 31일까지 한국인터넷진흥원에 이메일(election 2018@krcert.or.kr)로 신청하면 된다.

아울러, 중앙선관위는 후보자 홈페이지에 디도스 공격이나 해킹 등 사이버침해사고가 발생한 경우 한국인터넷진흥원(국번 없이 118번)으로 신고하면 홈페이지 정상화와 피해복구에 관한 지원을 받을 수 있다고 밝혔다.

3 중앙선관위, 유권자 희망공약 모음집 E-book 발간
- 유권자와 정당·후보자 간 활발한 정책 소통 기대 -

중앙선거관리위원회는 제7회 전국동시지방선거와 관련하여 '우리동네 희망공약 제안하기'를 통해 제안된 유권자 희망공약을 분석하여 '희망공약 모음집(E-book)'을 제작하고 홈페이지에 공개하였다.

희망공약 모음집에는 지난 1월부터 4월까지 홈페이지에 접수된 유권자 희망공약 811건 중 공약으로서 내용과 형식 요건을 갖춘 150건이 담겨 있다.

선거일을 한 달여 앞둔 5월 10일 현재 선관위에 접수된 희망공약은 총 1,400여 건으로 관심분 야는 교육·환경 44.7%, 사회·복지 27.3%, 경제·민생 13.9%순으로 높았고, 관심 키워드는 '아이', '미세먼지', '학교', '학생', '아파트', '환경', '안전' 등 주민 생활과 밀접한 사안들로 나타났다.

이는 지난 4월 24일부터 선관위 홈페이지와 선거정보 앱을 통해 서비스 중인 '우리동네 공약지도'의 주요 이슈와 대체적으로 부합하는 것으로, '우리동네 공약지도'가 유권자 공약 제안에 큰 도움을 주고 있는 것으로 추정된다.

한편, 중앙선관위는 유권자 희망공약 중 우수 희망공약 5건(대상 1건, 최우수상 4건)을 선정하였다.

대상에는 ▲'퇴직 공무원과 공공기관 퇴직자를 활용한 아이 돌봄 쉼터 운영' 공약이 선정되었고, 최우수상에는 ▲'만성적 주차난 해소를 위한 공유주차 시스템 도입', ▲'사물인터넷을 활용한 미세먼지 해결', ▲'아이 안전을 위한 워킹스쿨버스제도 법적 보호', ▲'지역발전을 위한 사업 아이템'이 각각 선정되었다.

중앙선관위는 우수 희망공약 제안자와 '희망공약 모음집'에 수록된 공약 제안자에 대해 노트북, 공기청정기 등 기념품을 제공하고, 5월 31일에 우수 희망공약 200건을 추가로 선정하여 모바일 상품권을 제공할 계획이라면서, 유권자의 생생한 목소리와 아이디어가 정당·후보자의 정책과 공약에 반영되어 유권자와 후보자 간 정책 소통이 보다 활성화되기를 기대한다고 밝혔다.

---

15) 무료 보안서비스 대상 홈페이지: 외부 웹호스팅을 이용하거나 후보자가 구축·운영 중인 홈 페이지에 한하며, 포털 블로그, 카페는 제외함.

4 **민주선거 70주년, 5월 10일 유권자의 날 기념행사 개최**

－1948. 5. 10. 최초의 민주선거인 제헌국회의원선거가 실시된 지 70주년 기념 －
－기념우표 발행, 강연 콘테스트, 유권자 대토론회, 전시홍보체험관 개관 등 다채로운 행사 열려 －

기념식은 역사어린이합창단원의 식전공연과 중앙선관위 위원장 기념사, 선거문화발전 유공자 포상, '민주선거 70주년' 기념영상 상영, 유권자 합창단 공연, '나는 대한민국 유권자다' 주제의 종이학 퍼포먼스, 가수 알리와 드러머 김미소의 축하공연 등으로 진행되었다.

중앙선관위 위원장은 기념사에서 "우리나라는 고난과 영광의 현대사에서 국민 모두가 참여하고 함께 노력하여 자랑스럽고 정의로운 자유 민주주의 국가로 성장하였고, 이제는 국민 모두가 '아름다운 선거'라는 축제를 통하여 다 같이 참여하고 논의하여 선거 후에는 화합을 통해 더 나은 미래로 나아가야 할 것"이라면서 "6월 3일 지방선거는 동네 민주주의가 활짝 꽃 피는 '아름다운 선거'가 될 수 있도록 다 함께 노력하기를 희망한다."고 밝혔다.

• 5월 10일은 '유권자의 날'

'유권자의 날'은 선거와 투표참여의 중요성을 국민과 함께 나누고, 유권자의 권한과 책임의 의미를 조명하기 위하여 2012년 처음 법률로 제정하였다.

5월 10일을 '유권자의 날'로 정한 이유는 특정 연령이상 모든 국민에게 투표권을 부여함으로써 우리나라 민주정치 발전의 초석을 다진 1948년 5월 10일 국회의원총선거를 기념하기 위한 것으로, 이 때 구성된 제헌의회가 대한민국 헌법을 제정하고 그에 따라 대한민국 정부가 탄생하는 등 5·10 총선거가 우리나라 민주정치의 출발점이 되었기 때문이다.

• 국민이 직접 참여하는 다양한 기념행사 마련

중앙선관위는 유권자의 날을 맞아 ▲민주선거 기념우표 발행 ▲창작뮤지컬 '군 수선거' 공연, ▲강연 콘테스트 ▲전시홍보체험관 개관 ▲유권자대토론회 ▲마라톤 대회 등 국민이 직접 참여하는 다양한 행사를 마련하였다.

중앙선관위는 이 밖에도 각 지역 선관위에서 국민이 직접 참여하는 다양한 기념행사를 개최한다며, 이를 통해 유권자의 선거에 대한 관심이 제고되어 이번 지방선거가 유권자와 함께하는 축제의 장이 될 수 있기를 기대한다고 밝혔다.

5 '투표소 가는 길' 원화, 「민주선거」 기념우표로 발행
– 대한민국 최초의 민주선거 기념우표로 선거의 중요성과 주권의식을 높이는 계기 기대 –

중앙선거관리위원회는 5월 10일 우정사업본부가 「민주선거」 기념우표로 '투표소 가는 길'과 '중앙선거관리위원회 청사'를 선정하여 발행한다고 밝혔다.

기념우표는 1948년 5월 10일 제헌국회의원선거로 시작된 대한민국 선거를 기념하고, 지방선거에 대한 관심과 참여를 높이기 위해 제작하였다.

'투표소 가는 길'은 꿈과 희망을 품고 설레는 마음으로 투표소로 가는 길, 행복한 대한민국을 꿈꾸는 아름다운 길을 주제로 하여 좋은 정치를 향한 유권자의 염원이 선거를 통해 모아질 때 대한민국은 희망으로 가득할 것이라는 메시지를 담고 있으며, 지난 대통령선거를 앞두고 중앙선관위 사무총장이 그렸다.

'중앙선거관리위원회 청사'는 1963년 창설 이후 공직선거관리, 생활주변선거 지원, 건전한 정당 발전 지원, 내실 있는 민주시민교육 등 국민과 함께 아름다운 선거문화 조성과 민주주의 발전을 위해 노력해 온 중앙선관위의 모습을 담고 있다.

중앙선관위는 "「민주선거」기념우표는 선거관리위원회의 첫 기념우표이자 대한민국 최초의 민주적 선거를 기념하는 우표로써 역사적 가치가 높다."면서 "1948년 이후 70년의 선거사에는 민주주의를 향한 노력과 열정이 오롯이 담겨있는 만큼 국민이 선거의 중요성과 의미를 되새기고 주권의식을 높이는 계기가 될 것으로 기대한다."고 밝혔다.

아울러, 중앙선관위는 "이번 지방선거가 유권자 누구나 자유롭게 선거에 참여하고 후보자는 정책으로 정정당당히 경쟁하여 동네민주주의가 활짝 꽃피는 아름다운 선거가 되기를 희망한다."고 밝혔다.

「민주선거」기념우표는 2종으로 총 51만 6천 장이 발행되며, 5월 10일부터 전국 총괄 우체국과 인터넷우체국에서 구매할 수 있다.

6 중앙선관위, 지선에서 트위터와 협업 강화
– 투표율 제고 홍보 활동 및 가짜뉴스 등 비방·흑색선전 차단 협조하기로 –

중앙선거관리위원회는 4월 17일부터 이틀간 트위터와 업무 협의를 갖고 협업을 강화하기로 하였다.

이번 업무협의는 중앙선관위 기획조정실장 등 관계자와 트위터 필립 추아(Philip Chua) 정부 및 선거 담당 글로벌 리드(global lead) 등이 참여하여 주요 사안을 논의하였다.

논의된 사안으로는 ▲ 투표율 제고를 위한 위원회 홍보 활동 참여 ▲ 유권자의 투표편의 증진을 위한 선거정보 제공 방안 ▲ 가짜뉴스 등 비방·흑색선전 유포 행위 예방·단속 협조 강화 등이다.

중앙선관위 기획조정실장은 "트위터가 전 세계적으로 사회적 영향력이 매우 큰 만큼, 이번 지방선거 과정에서 아름다운 선거문화 조성을 통해 동네 민주주의가 확산되는 데 긍정적인 역할을 해 줄 것을 기대한다."고 말했다.

중앙선관위는 앞으로도 SNS 등 포털과 업무협의를 통해 투표참여 홍보활동과 함께 건전한 사이버선거문화 조성을 위해 노력하겠다고 밝혔다.

7 중앙선관위, '지방선거와 「동네 민주주의」 컨퍼런스' 개최

– 대한상공회의소 국제회의장 –

중앙선거관리위원회는 대한상공회의소 국제회의장에서 중앙일보·한국정치학회와 공동으로 '지방선거와 「동네 민주주의」 컨퍼런스'를 개최하였다.

중앙선관위는 이번 컨퍼런스를 통해서 6. 3. 지방선거의 중요성과 참여의식을 제고하고, 지역사회에 풀뿌리 민주주의가 정착되어 주민이 주인이 되는 지방자치가 꽃필 수 있도록 계기를 마련하였다.

컨퍼런스는 중앙선관위 상임위원의 개회사와 중앙일보 주필의 환영사로 시작되며, 한국정치 학회장, 다산연구소이사장, 한국자치학회장이 기조연설에 나섰다.

특히, 이번 컨퍼런스에는 전국에서 「동네 민주주의」 관련 사업을 성공적으로 수행한 단체가 직접 참여하여 성과물을 전시하고 사례를 소개하는 행사도 함께 진행하였다.

중앙선관위는 컨퍼런스에 참석하고자 하는 사람은 누구든지 중앙선관위 홍보과(☎ 02-503-2792)로 신청하면 무료로 입장할 수 있다면서, 각계 전문가와 관심 있는 국민의 많은 참여를 바란다고 밝혔다.

8 중앙선관위, 광주교대 총장선거에 온라인투표 실시

– 3. 28. 교·직원, 학생 등 1,500여 명 참여 예정 –

중앙선거관리위원회는 3월 28일 실시하는 제7대 광주교육대학교 총장 임용후보자 선거를 온라인투표 (K-voting)로 실시하였다.

국립대학교 총장선거를 위탁관리하면서 온라인투표를 실시하는 것은 이번이 처음이다. 교원, 직원, 학생들로 구성된 선거인단 1,530명은 3월28일 오전8시부터 오후1시까지 스마트 폰과 인터넷 PC로 투표에 참여할 수 있다.

온라인투표는 우수한 보안성과 편리한 참여방법, 수요자중심의 맞춤형 투표방식으로 각종 생활주변 선거에서 활발히 활용되고 있으며, 2013년 10월 서비스 개시 이후 지난 2월 말까지 총 3,322건의 투표에서 약 200만명이 이용하였다.

중앙선관위는 앞으로 민간단체 선거뿐만 아니라 지방자치단체 정책결정, 공공기관 의견수렴 등 공공성이 높은 부문에도 온라인투표가 확산되기를 기대한다면서 공정한 선거문화가 사회 전반에 정착될 수 있도록 노력하겠다고 밝혔다.

9 중앙선관위, 선거정보 대국민서비스 확대를 위해 네이버와 MOU 체결
– 중앙선관위 소장 후보자 선거벽보, 투표용지, 투표함 등 선거정보 공개 –

중앙선거관리위원회는 경기도 성남시분당구 소재 네이버 그린팩토리 사옥에서 선거정보의 대국민서비스 확대를 위해 네이버(주)와 업무협약(MOU)을 체결했다.

이번 협약으로 중앙선관위가 소장하고 있는 지난 선거의 후보자 선거벽보 이미지, 투표용지, 투표함 등 선거정보를 네이버(주) 홈페이지를 통하여 공개하기로 했다.

네이버(주)는 중앙선관위가 제공한 선거정보를 홈페이지 내 지식백과 서비스를 통해 제공하고, 다양한 선거정보 콘텐츠 운영 및 홍보 등에 적극 협조하기로 했다.

중앙선관위 관계자는 "우리위원회와 네이버(주)가 협력관계를 바탕으로 공개하는 선거정보가 주권자인 국민의 알권리를 충족시키고, 선거에 대한 관심과 참여가 증대될 수 있는 계기가 될 것"이라고 말했다.

중앙선관위는 앞으로도 여러 기관과의 업무협약(MOU)을 통해 선거정보의 대국민서비스 확대를 위해 노력하겠다고 밝혔다.

10 중앙선관위, 새마을금고중앙회장선거 성공적으로 마쳐
– 결선투표결과 박차훈 후보자 당선 –

중앙선거관리위원회는 제17대 새마을금고중앙회장선거에서 박차훈 후보자가 당선되었다고 밝혔다.

1차 투표에서 과반수 득표자가 없어 김영재 후보자와 후보자를 대상으로 결선투표를 실시한 결과 박차훈 후보가 투표수 348표의 57.2%인 199표를 얻어 당선인으로 결정되었다.

충남 천안에 위치한 MG 인재개발원에서 실시된 투·개표는 중앙선관위의 온라인투표시스템 (K-voting)을 활용하여 정확하고 신속하게 진행되었다.

이번 선거는 새마을금고중앙회가 「공공단체등 위탁선거에 관한 법률」 및 「새마을금고법」에 따라 처음 위탁한 선거로 선관위는 작년 12월부터 특별예방·단속팀을 두고 불법행위에 엄중 대처하는 등 공정하고 깨끗하게 관리하였다.

중앙선관위는 앞으로도 각종 민간단체 선거의 위탁관리를 통해 생활 민주주의가 사회 전반에 정착될 수 있도록 하겠다고 밝혔다.

1 우체국쇼핑 지역 특산품 판로개척 힘 합친다. (우정사업본부-카카오, e-커머스 업무협약)
– 전자상거래 협력 업무협약 체결… 5월 말까지 최대 50% 할인 판매 –

우체국쇼핑 상품을 ㈜카카오의 커머스 플랫폼인 '카카오파머'에서 구입할 수 있게 됐다.

과학기술정보통신부 우정사업본부와 ㈜카카오는 3일 카카오 판교오피스에서 'e-커머스 활성화와 서비스 경쟁력 강화를 위한 업무협약'을 체결하고 지역 농수특산물 및 소상공인 판로개척에 나선다.

우체국쇼핑(mall.epost.kr)은 86년부터 지역 특산품을 발굴해 생산자와 소비자의 직거래를 돕고 있다. 이번 협약으로 우체국쇼핑 상품을 카카오파머에서 만날 수 있어 좀 더 편리하게 구매할 수 있고 생산자는 매출 증대로 수익이 늘어날 것으로 기대된다. 카카오파머는 카카오톡 더보기(상단 네 번째 탭) 추천 서비스 영역에서 이용할 수 있다.

본부장은 "이번 업무 제휴를 통해 우체국쇼핑의 품질좋은 특산물을 카카오의 커머스 플랫폼에서 손쉽게 구매할 수 있게 됐다"면서 "앞으로도 카카오의 전자상거래 플랫폼을 활용하는 등 업무협력을 확대해 나가겠다"고 말했다.

한편, 카카오파머내 우체국 쇼핑 상품 입점을 기념해 5월 말까지 '우체국쇼핑 특별 기획전'이 열려 인기 있는 특산품 100여 개를 10~50% 할인된 가격으로 구매할 수 있다.

2 평창 올림픽 감동의 순간을 우표로
– 메달리스트 26명 담은 「영광의 메달리스트」 우표 28종, 196만 장 발행 –

과학기술정보통신부 우정사업본부는 2018 평창 동계올림픽대회를 기념하는 「영광의 메달리스트」 우표 28종, 총 196만장을 4일 발행하였다. 한국 국가대표 선수단은 6개 종목에서 금메달 5개, 은메달 8개, 동메달 4개를 획득했다.

기념우표에는 쇼트트랙 임효준·최민정 선수 등 8명, 스피드 스케이팅 이승훈·이상화 선수 등 7명과 처음 메달을 획득한 종목인 스켈레톤 윤성빈, 봅슬레이 팀, 컬링 팀, 스노보드 이상호 등 메달리스트 26명의 경기모습과 얼굴을 담았다. 올림픽 성화와 폐막식 장면을 포함해 14종씩 전지 2장에 나눠 발행된다.

'2018 평창 동계올림픽대회'는 사상 최초로 6개 종목에서 메달을 획득했으며 남·북 선수단 공동입장과 여자 아이스하키 단일팀 구성 등 평화올림픽으로 평가받는다.

우정사업본부장은 "이번 우표발행으로 자신과의 혹독한 싸움을 극복하고 메달을 획득한 올림픽 메달리스트들을 다시 한번 생각하고, 가슴 뭉클했던 감동의 순간들을 오래 간직할 수 있기를 바란다."고 말했다.

과거 국내에서 발행된 스포츠 인물 우표는 1992년 바르셀로나 올림픽 때 손기정·황영조, 2002년 한·일축구 월드컵 대표팀, 2010년 밴쿠버 동계올림픽 선수단 등이 있다.

3 직원 부모·자녀와 함께하는 '우정 Open House Day'
– 초소형 사륜전기차·드론 관람… 일터 자긍심·가족유대 강화 –

과학기술정보통신부 우정사업본부는 5월 가정의 달을 맞아 2일 오후 정부세종청사로 직원 부모·자녀 75명을 초청해 「우정 Open House Day」 행사를 개최했다.

가족들은 4차 산업혁명에 대응하기 위한 초소형 사륜전기차, 드론 등을 관람하고 사진엽서 만들기, 자녀심리 상담 등 다양한 프로그램을 경험했다.

또한, 사무실과 옥상정원 등 정부세종청사를 둘러보고 본부장에게 평소 궁금한 점을 질문하는 등 만남의 시간을 가졌다.

본부장은 "우정사업본부는 우편과 금융 서비스를 국민들이 편리하게 이용할 수 있도록 다양한 노력을 하고 있다"며 "여러분의 부모님이 아주 훌륭한 일을 하고 계시니 자부심을 갖길 바란다."고 격려했다.

4 우본–관세청 MOU 체결, GDC 활성화에 본격 시동
– 전자상거래 국외반출 물품에 대한 맞춤형 국제우편 발송 추진 –

과학기술정보통신부 우정사업본부는 인천세관 여객청사에서 관세청 및 GDC[16](글로벌 전자상 거래 물류센터) 승인 사업자 등과 「GDC 활성화를 위한 상호협조 양해각서」를 체결했다고 밝혔다.

우정사업본부는 이번 양해각서 체결로 GDC 국외 반출 물품이 전자상거래 맞춤형 우편 서비스인 K-Packet[17]을 이용할 수 있도록 국제우편물류센터(IPO)의 접수·발송 프로세스를 간소화한다.

또한, 한중 간 전자상거래 무역량이 지속 증가하는 가운데 배송비용이 저렴하고 배달 품질이 우수한 한중 해상 우편특송 서비스를 안정적으로 제공하기 위해, 올해 8월경 인천항 인근에 해상 교환국을 설치·운영하고 있다.

우정사업본부 본부장은 "우체국은 전자상거래 활성화에 따른 무역형태 및 고객니즈 변화에 대응하여 국제우편 서비스 혁신을 추진하고 있다"면서 "GDC 상품의 국제우편 이용으로 중개 물류업체 및 전자상거래 셀러 기업의 유통 경쟁력이 크게 향상될 것으로 기대한다"고 밝혔다.

---

16) Global Distribution Center: 글로벌 전자상거래 업체의 제품을 보세구역으로 반입·보관 하고 품목별로 분류·재포장한 후, 해외 주문에 맞춰 제품을 배송(국외반출)하는 물류센터
17) 일정 규격(무게 2kg, 가로 + 세로 + 높이 90cm) 이하의 우편물만 취급하며, 저렴한 요금으 로 종적 추적도 제공하는 기업 계약고객 전용 서비스

– QR코드 찍으면 국악인 실제 연주 들을 수 있어 –

과학기술정보통신부 우정사업본부(본부장 강성주)는 '한국의 소리' 국악인 3명을 담은 우표 3종, 총 75만 6천 장을 30일에 발행한다.

국악인은 전통 무용가이자 해금 연주가인 김천흥(1909~2007), 거문고 산조의 대가로 불리는 신쾌동(1910~1977), 가야금 산조의 명인 김윤덕(1918~1978)이다.

특히 이번 우표는 전지에 있는 QR코드를 찍으면 국악인 3명의 실제 연주를 감상할 수 있다.

우정사업본부장은"이번 국악인 우표 발행으로 우리나라 전통 음악의 아름다움을 재조명하고 국악에 대한 관심이 한층 높아질 수 있는 계기가 되길 바란다."고 말했다.

6 **'거래외국환은행 지정' 모바일에서 신청하세요**

– 신분증 앱으로 촬영 후 전송하면 끝 –

과학기술정보통신부 우정사업본부는 27일부터 거래외국환은행을 모바일에서 지정할 수 있다고 밝혔다.

거래외국환은행 지정은 외국환 거래의 사후관리 및 신고를 위해 하나의 외국환은행을 사전에 지정하는 절차이다. 지금까지는 우체국을 방문해야 했다.

고객은 우체국 스마트뱅킹 앱에서 신분증을 카메라로 촬영 후 전송하면 된다. 신청 결과는 2~3일 뒤 앱에서 확인할 수 있다.

우체국의 비대면 거래외국환은행 지정 서비스는 △거주자의 지급증빙 서류 미제출 지급 △외국인의 국내보수 지급 △연간 미화 5만불 이하의 지급에 대해 신규 또는 변경 지정을 할 수 있다.

또한, 자주 송금하는 수취인 정보를 사전에 등록하는 「해외송금 수취인 사전등록 서비스」도 출시한다. 등록된 수취인은 매번 입력할 필요 없이 등록된 정보를 선택해 편리하게 송금할 수 있다.

우정사업본부장은 "고객의 금융편의성을 향상시킬 수 있도록 다양한 비대면 해외송금 서비스를 지속적으로 선보이겠다"고 말했다.

7 우정사업본부, 최대 4,000억원 규모 '굿잡(Good Job) 펀드' 조성

– 상반기 중 PEF 운용사 2곳 선정… 연내 펀드조성 마무리 –

- 과학기술정보통신부 우정사업본부는 국정과제인 일자리 창출을 적극 지원하기 위해 '굿잡펀드[18](Good Job Fund)'를 조성한다고 밝혔다.
  - 우정사업본부의 출자규모는 최대 2,000억원이며, 민간자본과 추가 매칭을 통해 최대 4,000억원 규모의 굿 잡펀드를 조성할 예정이다.

- 우정사업본부는 자사 자금운용 홈페이지(koreapostasset.go.kr)에 굿잡펀드 운용사 모집 공고를 낸다. 내부 평가를 거쳐 상반기 중 운용사 2곳을 선정하고, 연내 펀드조성을 마무리한다.

- 굿잡펀드 규모는 청년고용 부진, 구조조정 위험 등 최근의 어려운 일자리 상황을 감안해 당초 750억원에서 최대 4,000억원으로 대폭 확대됐다.
  - 펀드당 결성규모, 운용전략, 주목적 투자대상, 일자리 창출 목표 등을 운용사가 자율적으로 제시하도록 하여 공공성과 수익성을 동시에 달성해야 하는 운용사의 운용 부담을 덜어줄 계획이다.
  - 특히, 일자리 창출목표를 초과달성할 경우, 차년도 우체국금융 국내 PEF 운용사 선정 시 추가 인센티브도 부여할 계획이므로 우수한 운용 인력과 전략을 보유한 운용사의 참여가 기대된다.

- 우정사업본부장은 "굿잡펀드 조성을 통해 민간 일자리 창출의 마중물 역할 및 양질의 일자리 창출을 지원하고, 국영 금융기관으로서의 역할을 지속적으로 강화해 나갈 계획"이라고 밝혔다.

8 인공지능(AI)이 드디어 우표를 디자인한다

– 국내 최초 AI 디자인 부문 신설, 일반부문 주제 소통·상생 –

과학기술정보통신부 우정사업본부는 우표의 문화적 가치를 높이고, 우표디자인을 다양화하는 기회를 마련하기 위해 5월 8일부터 5월 31일까지 '2018 대한민국 우표디자인 공모대전'을 개최하였다. 특히 이번 공모대전은 최근 우리에게 한층 더 가까워진 AI 기술을 우표 디자인에 적용할 수 있도록 'AI 디자인 부문'(김홍도 프로젝트)을 신설했다.

---

18) 굿잡(Good Job): '양질의 일자리 창출' 및 공공 성도 고려한 '좋은 투자'라는 의미의 중의적 표현

AI 디자인 부문은 응모자가 준비한 사진 또는 그림을 공모대전 홈페이지에서 제공하는 '이미지 변환 S/W'를 통해 김홍도 화풍으로 변환 후 출품하면 된다. 이를 위해 우정사업본부는 김홍도 화풍을 미리 학습한 '이미지 변환 S/W'를 제공하며, 참가자는 미세 조정(강도 설정 등)을 통해 김홍도 화풍에 근접한 결과물을 얻을 수 있다.

응모분야는 ▲ AI 디자인 부문(주제: 김홍도 화풍으로 그려낸 '한국의 멋') ▲ 일반부문(주제: 소통, 상생 중 택 1)이며, AI 디자인 부문은 나이제한 없이 누구나 참여할 수 있고, 일반부문은 초등부, 중등부, 고등부, 일반부로 나뉜다. 각 부문별 최고상에는 과학기술정보통신부 장관상이 수여되며, 총 수상인원은 28명, 총 시상금은 1,840만원이 주어진다. 대상 수상자에게는 기념우표 발행(약 40만 장 예정)의 영예가 주어진다.

우정사업본부장은 "이번에 처음 시도하는 김홍도 프로젝트의 취지는 예술과 기술의 융합을 시도해 4차 산업혁명이 불러올 변화를 좀 더 친절하게 국민들께 알리려는 것"이라며, "올해는 '김홍도 프로젝트'로 그 첫걸음을 딛고, 내년에는 국내 유명 화가의 화풍으로 제2의 프로젝트를 진행하여 I-KOREA 4.0을 지속적으로 추진할 예정"이라고 말했다.

9 우체국 모바일카드, 내 마음대로 디자인!

과학기술정보통신부 우정사업본부는 총 76팀 284명이 접수해 예선을 통과한 25팀 92명이 4월 6~7일 경연을 펼쳐 독창성과 기술력, 사업성 등이 우수한 4개 팀을 최종 선발했다고 9일 밝혔다.

'우체국 금융 관련 소프트웨어·비즈니스모델 개발'을 주제로 개최한 이번 대회는 대학생, 스타트업뿐만 아니라 고등학생도 포함돼 독특한 아이디어와 기술력으로 열띤 경쟁을 펼쳤다. '포스터즈'팀은 고객이 직접 카드를 만들고 혜택을 설계해 간편 결제할 수 있는 모바일 카드 어플리케이션을 개발해 대상과 상금 5백만 원을 받았다.

최우수상과 상금 3백만 원은 카드 리더 OCR 기술을 활용한 셀프 간편 결제 시스템을 우체국 간편송금 서비스인 Post Pay에 접목한 '페이콕'팀이 수상했다.

우수상과 상금 1백만 원은 가계부와 AI 자산관리를 결합한 고객맞춤형 재정 솔루션을 제안한 '오원트'팀과 우표 콘셉트를 활용한 웨어러블 NFC 결제 솔루션을 시연한 'D-miner' 팀이 수상했다.

대상팀인 '포스터즈'의 팀장 김시온 씨는 "맞춤형 혜택 등 고객 입장에서 서비스를 고민한 것이 좋은 결실을 맺었다"며 "이번 해커톤을 계기로 스타트업 창업을 꿈꾸게 됐다"고 소감을 밝혔다. 우정사업본부는 아이디어의 사업성과 우체국과의 연계성이 우수한 팀에 대해 우체국 임대시설 입주, 우정 정보시스템 테스트환경 제공, 액셀러레이팅 등을 통해 사업화를 지원하고 우체국 금융에 접목할 예정이다. 또한, 후원으로 참여한 액셀러레이터와 벤처투자업체, 시스템개발업체를 통해 창업과 사업개발을 위한 투자 기회도 제공한다.

우정사업본부장은 "스타트업 생태계와의 활발한 교류·협력을 통한 오픈 이노베이션으로 우정사업본부의 4차산업혁명 도입을 가속화하고, 국민들에게 편리하고 유용한 생활금융 서비스를 제공하기 위해 노력하겠다"고 밝혔다. 또한 "밤을 새며 열정을 쏟아낸 모든 참가팀에게 찬사를 보내며 앞으로 주기적으로 해커톤을 개최하여 우체국의 비즈니스를 업그레이드할 수 있는 장이 되도록 하겠다."고 말했다.

10 등기우편물 원하는 날짜에 배달해 드립니다.
– 보낼 때 접수 10일 이내 지정하면 배달…받는 사람도 원하는 날짜로 1회 변경 가능 –

등기우편물을 보낼 때 배달 날짜를 지정할 수 있고, 받는 사람도 원하는 날짜로 변경할 수 있게 됐다.
과학기술정보통신부 우정사업본부는 등기우편물의 배달일을 원하는 날짜로 지정하고, 받는 사람도 원하는
날짜에 받을 수 있는 '등기우편물 희망일 배달서비스'를 19일부터 시행한다고 밝혔다.

원하는 날짜 지정은 우체국에서 등기우편물을 접수할 때 접수 3일 후부터 10일 이내로 하면 된다. 받는 사람
도 받는 날짜를 1회에 한해 바꿀 수 있다. 보내는 사람이 배달날짜를 지정하면 받는 사람에게 문자메시지로
알려주는데, 받는 사람이 우체국 앱이나 인터넷우체국에서 접수한 날짜부터 10일 이내에 원하는 날짜로 변경
하면 된다. 이용수수료는 500원.

단, 내용증명, 특별송달우편물, 배달기일이 정해진 특급우편물은 희망일 배달서비스에서 제외된다.

본부장은 "희망일에 배달하면 배달일정을 고려해 우체국을 방문하지 않아도 돼 편의성이 높아질 것"이라면
서 "받는 사람도 날짜를 변경할 수 있기 때문에 부재로 인한 집배원의 재방문도 감소할 것으로 기대한다"고 말
했다.

13 출제예상 일반행정직 10대 이슈정리

1 사회문제 해결의 열쇠 '공공빅데이터' 아이디어 공모
– 빅데이터를 통한 사회문제해결 아이디어 공모전 선정작 발표 –

- 행정안전부는 '빅데이터 활용 사회문제해결'이라는 주제로 '아이디어 공모전'을 실시하고 14일 결과를 발
  표하였다. 이번 공모전은 일반 국민을 대상으로 총 84건의 아이디어를 접수, 심사를 거쳐 상위 4개 팀을 최
  종 선정하였다.
  - 행정안전부장관상(대상)은 횡단보도 및 보행자 무단횡단으로 인한 사망 사고를 개선하기 위해 『횡단보도
    및 차량 정지선에 대한 빅데이터 활용개선』을 제안한 정현태 씨가 차지했다.
  - 또한, 국가정보자원관리원장상(우수상)은 교통량 및 교통사고 현황 데이터 등을 활용해 『교통약자 및 초
    보운전자를 위한 안전한 길 안내』 아이디어를 제안한 정현복 씨가 선정되었다.
  - 이 외에도 커피나 일회용 컵 전용 쓰레기통의 최적화 위치선정을 제안한 『아버지: 아무 곳에나 버리면 안
    되지』와 서울시 택시운행 분석데이터, 골목상권 데이터 등을 활용해 택시를 배송 수단으로 한 택배 서비
    스인 『택리버리마켓』이 장려상을 차지하는 등 참신한 아이디어가 발굴되었다.

- '빅데이터 활용 아이디어 공모전'은 정부가 보유한 공공데이터를 국민에게 개방 및 활용을 활성화하고, 창
  의적이고 참신한 아이디어를 통해 정부 정책을 수립하고 개선하는데 적극 활용하고자 기획되었다.

- 행정안전부 공공데이터정책과장은 "이번 아이디어 공모전을 통해 청년사업가나 국민들이 평소 가지고 있던 참신한 아이디어가 많이 발굴된 것 같아 기쁘다."라며, "발굴된 아이디어가 정책에 반영될 수 있도록 기관 간 협업을 통해 최대한의 지원하도록 하겠다."라고 말했다.

2 국민 참여 지진 대피훈련 실시
– 공공기관, 학교, 유치원, 어린이집 등 민간시설 참여 –

- 이번 훈련에는 전 지자체와 공공기관뿐만 아니라, 전국의 학교, 유치원, 어린이집과 일부 민간 시설이 참여한다.

- 또한, TV 및 라디오 방송을 통하여 훈련 상황을 안내하고, 지진에 대비할 수 있는 다양한 정보를 제공한다.
  - TV(KBS 1TV) 방송은 오후 1시 50분부터, 라디오 방송은 오후 2시부터 시작하여 2시 20분까지 진행되며, 교통통제는 실시하지 않는다.
  - 훈련에 대한 간단한 안내 이후 2시 1분 30초부터 1분간 민방위경보사이렌(재난위험경보)으로 훈련 시작을 알린다.

- 행정안전부는 9.12 경주지진('16.9.12.) 이후 국민들이 참여하는 전국 지진 대피훈련을 두 차례 실시(2016년 10월, 2017년 11월)하였다.
  - 올해는 국민들의 훈련 참여 기회를 확대하고자 5월과 9월, 두 차례 전국 지진 대피훈련을 실시할 예정이다.

- 행정안전부 재난안전관리본부장은 "지진으로 인한 피해를 줄이기 위해서는 평소에 지진 발생 시 행동 요령을 숙지하고, 대피장소를 미리 알아두는 것이 중요하다."라며,
  - "국민여러분들께서도 지진으로부터 나와 가족의 안전을 지키기 위한 대피훈련에 적극적으로 참여해 달라."라고 당부하였다.

3 다음 세대에 물려주고 싶은 디지털 유산을 찾습니다
– 기록의 날(6.9.) 기념, 「디지털 유산 어워드」 공모전 개최 –

- 디지털시대에 우리의 정치, 경제, 사회, 문화 등 다양한 삶의 모습을 기록한 웹사이트 중에서 다음 세대에 물려주고 싶은 웹사이트를 네티즌이 직접 추천하고 직접 선정할 수 있는 기회가 마련된다.

- 「디지털 유산 어워드」는 인터넷을 사용하는 현대인이 웹상에 남기는 다양한 디지털 기록 중 다음 세대에 전승할 가치가 있는 웹사이트를 발굴하기 위한 행사로 5월 14일부터 30일까지 보름간 진행된다.

- 「디지털 유산 어워드」공모전은 다음세대재단의 주관으로 2005년 「정보 트러스트 어워드」로 시작된 역사 깊은 디지털 기록 공모전으로, 이번 8회 공모전부터는 국가기록원과 다음 세대 재단이 공동으로 개최하게 되었다.
- 시상은 다양성 부문, 역사성 부문, 공익성 부문 그리고 네티즌 인기상 등 4개 부문의 웹사이트를 선정하여 6월 8일 「기록의 날」기념식에서 시상할 계획이다.

- 행정안전부 국가기록원장은 "IT 기술이 발전함에 따라 종이기록 시대에서 전자기록 시대로 접어든 지 오래이며, 다양한 디지털 기록이 만들어지고 있다. 지금까지는 디지털 기록을 어떤 방식으로 만들지가 주요 관심사였지만, 이제는 다양한 형태의 디지털 기록을 어떻게 보존할지에 대한 논의가 필요하다."라며, "기록의 날을 기념하기 위해 진행되는「디지털 유산 어워드」를 계기로, 디지털 유산 보존의 필요성을 모두가 공감할 수 있게 되길 바란다."라고 전했다.
  - 「디지털 유산 어워드」를 주관하는 다음 세대 재단의 대표이사는 "기록의 날을 맞이하여, 국가 기록관리의 중추기관인 국가기록원과 함께 디지털 유산 어워드를 개최하게 되어 기쁘다."라며, "빠르게 변하는 디지털시대에 보존의 가치가 있지만 자칫 잊혀질 수 있는 웹사이트를 발굴하고 보존하기 위한 이번 행사에 많은 사람들이 공감하고, 장기적으로 디지털 유산 보존을 위한 환경이 조성될 수 있기를 기대한다."라고 전했다.

4 사회적 가치를 구현한 5개 분야 최우수 사례는?
– 사회적 가치 구현 지자체 우수사례 경진대회 10일 개최 –

- 행정안전부는 공공의 이익과 공동체의 발전에 기여하는 모범 사례를 발굴·확산하기 위한 '사회적 가치 구현 지자체 우수사례 경진대회'를 10일 오후 2시 정부서울청사에서 개최했다.
  - 243개 지자체의 정부혁신 담당 공무원들과 사전 심사로 선정된 38개 우수 사례 담당자들이 참석하여 사회적 가치를 구현한 사례를 발표하고 공유하는 시간을 가졌다.

- 이날 대회에서는 현장 심사단의 심사를 거쳐 인권, 사회통합, 공동체, 시민참여, 상생협력 등 5개 분야별로 사회적 가치를 구현한 최우수 사례를 선정하였다.
  - 전라북도 진안군의 '좋은 세상 만들기 위원회 운영', 부산시 사상구의 '다복따복망 운영', 경기도 시흥시의 '동네관리소 설치·운영', 제주도의 '골목상권 자체브랜드 개발 및 공동배송 지원', 전라북도 완주군의 '청년완주 JUMP 프로젝트' 사례가 최우수 사례로 선정되어 최우 수상(재정특전(인센티브) 2억 원)을 수여하였고,
  - 경진대회에서 분야별 2등을 차지한 우수사례에 대해서는 우수상(재정특전 1.2억 원)을, 사전심사 결과 선정된 나머지 28개 우수사례에 대해서는 장려상(재정특전 0.5억 원)을 수여 하였다.

- 사회적 가치 5개 분야별(인권·사회통합·공동체·시민참여·상생협력) 우수사례에 대한 공모를 한 결과, 17개 시·도에서 240개의 사례를 신청하는 등 큰 관심을 보였다.
  - 1차 심사에서 38개의 우수사례를 선정하였고, 정부혁신국민포럼 누리집을 통해 국민의 온라인 심사(선호도 투표)로 경진대회에서 발표할 10개의 우수사례를 2차 선정한 후, 이날 현장 심사에서 분야별 최우수사례 5개를 최종 선정하였다.

5 국가안전대진단 추진결과 발표
– 자치단체별 주요 위험시설 분석·평가 결과 공개 –
– 안전점검 결과 공개 및 통합시스템을 통한 공개 확대 추진 –

- 이번 국가안전대진단은 당초 29만 8,580개소가 계획되었으나 이보다 4만 7,766개소가 추가 된 34만 6,346개소를 점검하였다.
  - 점검 결과 현장 시정조치는 10,400개소, 과태료 부과 등 행정조치는 4,890개소, 보수·보강이 필요한 시설은 22,282개소로 나타났다.

- 특히 지난해 131개소였던 과태료 부과가 올해는 1,232개소로 9배 이상 증가하여 강도 높은 안전점검이 실시된 것으로 나타났다.
  - 과태료가 부과된 시설을 유형별로 살펴보면, 대형 공사장(710개소), 찜질방(104개소), 요양 시설·요양병원(93개소), 숙박시설(68개소), 중소병원(57개소) 순으로 높게 나타났다. 부과 사유를 보면 화재경보기 또는 스프링클러의 자동 작동 스위치를 의도적으로 꺼 놓은 경우, 비상구 폐쇄 및 물건 적치, 방화문 훼손 상태 방치 등 주로 소방시설의 관리상태 미흡이 지적되었으며, 대형 공사장은 안전관리자 미선임, 노동자 안전 보건교육 미실시 등이 지적되었다.
  - 그밖에 식품제조·판매업소 11개소는 유통기한 경과 제품 보관, 원료 수불대장 미작성 등이 지적되어 영업정지 처분이 내려졌으며, 추락위험장소 안전난간 미설치 등 사고 위험이 급박한 공사현장 149개소는 작업 중지 명령을 내리고 개선토록 하였다.

- 문제점이 드러난 시설에 대한 지적사항 개선현황(4월말 기준)을 보면 시정명령이 내려진 3,498 개소 중 1,760개소(50.3%)는 시정이 완료되었으며 나머지는 조치 중인 것으로 나타났다.

- 그동안 셀프점검이라는 비판을 받아 온 자체점검의 충실성을 담보하기 위해 자체점검을 완료한 시설에 대한 확인점검을 실시하였다.
  - 확인점검이 실시된 2,958개소에 대해 자체점검과 확인점검간의 체크리스트 항목별 점검 결과를 분석한 결과 97.8%가 일치하여, 올해 대진단 기간 중 자체점검은 예년에 비해 충실하게 실시된 것으로 나타났다.
  - 또한 지자체 등에 대한 안전감찰을 실시한 결과, 올해 대진단 기간 기관장 현장점검을 지속적으로 실시하는 등 국가안전대진단의 중요성을 인식하고 실효적 점검을 위해 적극 노력한 것으로 나타났다.

- 건물주 등 개인의 이익이 국민의 알 권리, 안전권·생명권에 우선할 수 없다는 대전제 하에 국민들에게 이번 국가안전대진단 안전점검 결과를 공개하기로 하였다.

- 지자체의 국가안전대진단 추진실적에 대한 분석·평가도 실시되었다.
  - 소방·전기·가스 등 분야별 전문가와 공무원이 함께 점검하는 민관합동점검 비율은 전국 평균이 32%였으며, 서울이 49.7%로 가장 높고, 부산(42.1%), 광주(39.6%), 전북(38.2%) 순으로 나타났다.
  - 행정안전부에서는 지자체의 노력도 등을 추가로 확인·평가하여 재난안전특별교부세를 인센티브로 부여하고 정부포상도 실시할 예정이다.

- 행정안전부는 "국가안전대진단 기간은 종료되었지만 사회 각 분야에서 안전위협 요인에 대한 점검과 보완은 계속해서 이어져야 한다."고 하면서,
  - "특히, 비상구 폐쇄, 비상구 앞 물건 적치 등 반복적으로 지적되는 안전무시 관행에 대해서는 법·제도 개선, 인프라 확충, 신고·점검·단속 강화, 안전문화 운동 전개 등 다양한 대책을 통해 근절해 나가겠다."라고 밝혔다.

6 국민이 정부와 함께 만드는 현장중심행정, '커뮤니티매핑'
– 행정안전부, 워크스마트포럼 개최 –

- 행정안전부는 11일 서울혁신파크(은평구)에서 '참여와 협업을 통한 공동체 소통 지도, 커뮤니티매핑'을 주제로 워크 스마트 포럼을 개최한다.
  - 이번 포럼 주제인 '커뮤니티매핑'은 지역주민의 소통과 참여를 유도하여, 주민들이 필요로 하는 정보를 직접 지도위에 표시하고 이렇게 만들어진 현장지도를 함께 공유하며 지역의 의사결정을 지원하는 총체적인 과정을 의미한다.

- 첫 번째 발표를 맡은 커뮤니티매핑센터의 대표는 미국에서 '커뮤니티매핑'을 통해 대중에게 개방된 뉴욕화장실온라인지도를 만들고, 허리케인 샌디 때 지역 주민들에게 이용가능한 주유소 정보를 제공한 사례들로 유명하다. 임 대표는 장애인접근성, 마을 만들기 등 여러 분야의 사례 들을 소개하고, 시민단체와 주민 그리고 관이 어떻게 지역을 살리는 혁신적인 방법을 찾아내고 활용하는지 등을 발표할 예정이다.

- '소통을 위한 행복한 매핑시스템'이라는 새로운 형태의 시민참여 행정 플랫폼을 발전시키고 있는 남양주시는, 우리 마을 방역지도 등의 사례를 통해 시민들이 직접 지도를 만들면서 소통하고 공동체를 형성하는 과정을 보여주고, '커뮤니티매핑'을 통해 시민들이 단순 민원인에서 정책 제안자로 바뀌어가며 '시민참여를 통한 행정'을 열어가는 경험을 발표할 예정이다.

- 2018년 평창동계올림픽·패럴림픽 경험을 바탕으로 '커뮤니티매핑'을 통한 '도민 참여형, 무장애 강원 만들기'를 계획하고 있는 강원도는, 국민대학교 등과 협력하여 패럴림픽 개최지였던 강릉시·평창군·정선군을 대상으로 추진했던 '장애인 편의지도 구축사업'을 소개하고, 민관이 함께 커뮤니티매핑을 통해 추진했던 사업경험과 향후 협업이 가능한 영역에 대한 생각을 함께 공유할 예정이다.

- 지리정보시스템(GIS) 플랫폼을 국내에 제공하고 있는 민간 기업 한국에스리는, 4차 산업혁명과 스마트시티의 핵심인 '공유와 협력'을 위해 누구나 접속하여 참여할 수 있는 기반으로서의 GIS플랫폼에 대해 소개하고, 커뮤니티의 참여를 기반으로 수요자의 아이디어를 정책에 직접 반영한 다양한 해외의 '커뮤니티매핑' 사례를 발표할 예정이다.

- 행정안전부 차관은 "국민이 주인인 나라를 위한 정부혁신의 기본개념은 참여와 소통"이라며, 앞으로의 정부의 모습은 "행정이 국민을 이끌어가는 것이 아니라, 주민이 스스로 참여할 수 있도록 항상 현장의 목소리에 귀 기울이고, 현장의 참여를 이끌어내는 것이 될 것"이라고 하였다. 그리고 "포럼에 참석한 모든 분들이 4차 산업혁명 시대에 현장과 소통하고 민과 관이 협업하는 새로운 일하는 방식 확산에 적극 앞장서 달라."라고 당부했다.

7 성희롱·폭언 등 특이민원으로부터 민원공무원 보호한다
– 행안부, 10일 개정된 「공직자 민원응대 지침」 전(全) 행정기관 배포 –

- 중앙행정기관과 지방자치단체에선 폭언·폭행, 반복민원 등의 특이민원이 한 해 평균 3만 건 이상 발생한다. 성희롱·폭언·폭행 등으로 인한 민원공무원의 육체적·정신적 피해와 특이 민원으로 인한 사회적 손실이 심각한 수준이다.

- 행정안전부는 10일 폭언·폭행 등 특이민원에 대한 대응을 강화하고 공공분야의 감정노동 종사자인 민원공무원을 보호하는 내용을 골자로 하는 개정된 「공직자 민원응대 지침(매뉴얼)」을 전(全) 행정기관에 배포한다.

- 개정 지침서는 성희롱 등 특이상황별 민원응대를 상황별·단계적으로 구분하여 대응 요령을 구체화하였고, 대응 절차도 체계화하였다.
  - 민원인 전화응대 중, 민원인이 성희롱을 하는 경우에 이전 지침서에는 "3회 이상 중단 요청에도 성적발언 지속 시에 민원응대가 불가함을 안내하고 전화를 끊는다."라고 되어 있었다. 그러나, 이번에 개정된 지침서에서는 1차 경고에도 성희롱을 지속할 경우, 법적 조치경고 후 바로 통화를 종료하도록 하였다. 통화 종료 후, 녹취 파일을 청취하여 성희롱 여부를 확인하여 법적 조치를 취하도록 규정하였다. 앞으로, 민원인의 다양한 양태의 성희롱이 공공 분야에서 퇴출될 것으로 기대된다.

- 특이민원에 대한 대응절차도 구체적으로 마련하였다. 특이민원이 발생할 경우, ① 지침에 따른 대응 ② 특이민원 발생보고서 작성 ③ 부서장 보고 ④ 서면경고문 발송 및 법적 대응 등의 절차를 구체화하였다. 특히, 전화응대 특이민원인에 대한 서면경고문 발송으로 전화상의 특이민원이 다소간 감소될 것으로 예상된다. 일부 공공기관의 경우, 서면경고문 발송 으로 특이민원이 상당히 감소하였다고 한다.

- 이밖에 온라인 민원과 문서상의 폭언 등에 대한 대응요령도 규정하였다. 그 동안 전화나 대면 폭언에 대해서만 지침상 대응 요령이 있고, 국민신문고 등 온라인 민원에 대해서는 관련 규정이 없었다. 이번에 온라인 민원 폭언에 대해서도 전화나 대면 폭언에 준하는 절차를 마련하여 민원공무원에게 실무적으로 많은 도움이 될 것으로 보인다.

• 이번 지침서에는 민원공무원 보호를 위해 적정 휴게시간을 부여하고 폭언·폭력 등으로 인해 피해를 입은 공무원에 대한 신체적·심리적 안정을 도모하는 내용도 담고 있다.
  - 민원공무원이 폭언, 반복 등의 특이민원으로 심적 고충이 클 경우에는 60분 이내의 범위에 서부서장이 휴게시간을 부여할 수 있도록 규정하였다.
  - 각 행정기관에서 민원공무원 안전을 위하여 민원실과 상담부서 내에 민원응대 장면을 촬영할 수 있는 영상정보처리기기(CCTV)를 설치하고 전화녹음이 가능한 시스템을 갖추도록 하였다.

• 행정안전부는 "폭언과 폭행 등 민원을 가장한 무책임한 행동은 진정한 국민의 목소리와 구분 되어야 한다."라며, "앞으로도 민원공무원 여러분들께서 따뜻한 마음으로 국민 한분 한분의 이야기에 귀 기울이고 고민을 함께 해결하는 본연의 업무에 충실할 수 있도록 계속 노력해 나가겠다."라고 밝혔다.

8 빅데이터전문가를 꿈꾸는 아이들에게 날개를 달다
– "빅데이터전문가 첫 번째 job 토크쇼"추진 –

• 미래의 주역인 아이들이 자신의 꿈과 끼를 발견하고 가슴 뛰는 일을 찾을 수 있도록 국가정보 자원관리원의 빅데이터전문가들이 소매를 걷고 나섰다.

• 행정안전부 책임운영기관인 국가정보자원관리원은 4차 산업혁명 시대 유망 직업으로 떠오른 빅데이터전문가 직업을 소개하고 체계적인 준비를 지원하기 위해 "빅데이터전문가와의 첫 번째 Job토크쇼"를 10일 운영한다.

• "첫 번째 Job토크쇼"는 대전 둔산중학교 2학년 25명을 대상으로 운영되며, 주요 내용은 우리가 몰랐던 흥미로운 빅데이터 이야기, 생활 속 인공지능 이야기와 빅데이터전문가 선배와의 소그룹 대화 등으로 진행될 계획이다.

• 한편, 국가정보자원관리원은 부처 및 지자체 공무원을 대상으로 빅데이터 활용 인식 제고를 위 한 '빅데이터 공통기반 혜안' 교양 교육과 빅데이터 분석역량을 높이기 위한 실습 위주의 전문 교육을 추진하고 있다.
  - 이러한 노력에도 불구하고 공무원 조직 내 빅데이터 분석인력 및 전문성은 아직까지는 부족 한 실정으로 빅데이터를 활용한 공공서비스 품질 제고 등을 위한 공무원의 빅데이터 분석 실무능력 강화가 절실한 상황이다.

• 이에, 국가정보자원관리원은 빅데이터 지식 심화과정과 기관의 빅데이터 분석 과제 수행으로 구성된 '빅마스터 교육'을 신설하여 운영한다.
  - 우선, 빅데이터 기획, 분석, 시각화 전 과정에 대한 수준 높은 맞춤형 집중교육을 실시한다. 또한, 이를 바탕으로 올해 연말까지 1:1 분석컨설팅(자문상담)을 통해 기관의 빅데이터 분석 과제 수행을 지원함으로써 기관의 분석능력을 실질적으로 강화하고자 한다.

• 국가정보자원관리원장은 "이번 빅데이터전문가와의 Job토크쇼를 계기로 아이들의 꿈과 끼를 찾을 수 있도록 지원하여 작지만 지역사회 공헌 프로그램의 일환으로 지속적으로 추진하고자 한다."라며, "10만 명에 달하는 빅데이터 공통기반 '혜안'을 활용한 심화교육인 '빅마스터' 교육으로 빅데이터 분석을 실제 수행할 수 있는 핵심인재를 양성할 수 있을 것으로 기대한다."라 고 말했다.

9 전자정부 해외진출 전문가 양성 확대 추진
– 한국의 전자정부 벤치마킹 수요 증가에 따른 인적기반 확충 –

• 행정안전부는 전자정부 구축·운영 경력의 전문 IT 기업인, 정부·공공기관 국제협력 담당자를 대상으로 전자정부 해외진출 전문가 양성 5개 교육과정을 총 7회 개설한다.
  - 교육인원도 작년 101명에서 올해 140명으로 확대 양성한다.

> **전자정부 해외진출 전문가 양성 개요**
>
> (목적) 우수한 한국형 전자정부 구축·운영 모델을 해외 개도국에 체계적으로 전수할 수 있는 국제 협력 전문가를 양성·배출
> (설립) 전자정부 국제(글로벌) 아카데미 신규 설립('13.1월)
> (성과) 해외 개도국 전자정부 자문관 활동(42개국, 102명), 해외 전자정부 사업 자문상담(컨설팅) 및 수출사업 등 참여: 39개국, 67명

• 행정안전부 글로벌전자정부과장은, 5개 교육과정 별로 교육 내용이 상이함에 따라 참여 희망자는 본인에게 적합한 교육과정을 선택할 것을 조언했다.

- '전자정부 해외진출 전문가 과정'은 전자정부 구축·운영 경력자, 민간 IT업계 종사자를 대상으로 6월, 8월, 10월에 걸쳐 총3회 2주간 운영한다.

- 또한, 정보통신기술(ICT), 국제개발협력을 전공한 취업준비생, 대학원생을 대상으로 '전자정부 영 프런티어(Young Frontier) 과정'을 신설하여 7월, 9월 2회에 걸쳐 일주일 과정으로 운영한다.

- 이 밖에도 정부·공공기관의 국제협력 담당자를 대상으로 '정부·공공기관 맞춤형 과정'을 신설하여, 개도국 대상 국제협력 방법에 대한 교육을 실시한다.

- 행정안전부 글로벌전자정부과장은 "전자정부 해외진출 전문가 양성 과정을 통해, 우수한 IT 인재들이 급변하는 IT 환경 속에서 빠르게 발전하고 있는 전자정부와 전자정부 해외진출 분야에 대한 시야를 확대하고 참여할 수 있는 계기를 제공하도록 하겠다."라고 말했다.

10 출생신고, 이제 온라인으로 신청하세요
– 5월 8일부터 전국 18개 병원에서 출산한 경우 인터넷으로 신고 가능 –

- 행정안전부와 법원행정처는 8일부터 전국 18개 병원에서 출생한 아이 부모는 주민센터를 방문하지 않고도 온라인으로 출생신고가 가능하다고 밝혔다.

- 이번 온라인 출생신고와 관련하여 8일 행정안전부는 법원행정처, 보건복지부, 건강보험심사 평가원(이하 심평원)과 공동으로 서울성모병원에서 '온라인 출생신고 캠페인'을 실시한다.

- 온라인 출생신고는 가족관계등록시스템과 심평원 시스템을 행정정보공동이용망을 통해 연계하여 출생정보(산모성명 및 생년월일, 출생자 출생일시 및 성별)를 전송할 수 있게 되면서 가능해졌다.

- 이날 행사에 참석한 법원행정처 차장은 "대법원은 출생신고뿐만 아니라 각종 가족관계등록신고에 대한 온라인 서비스를 확대하여 국민이 보다 편리하게 이용할 수 있도록 노력하겠다."라고 말했다.

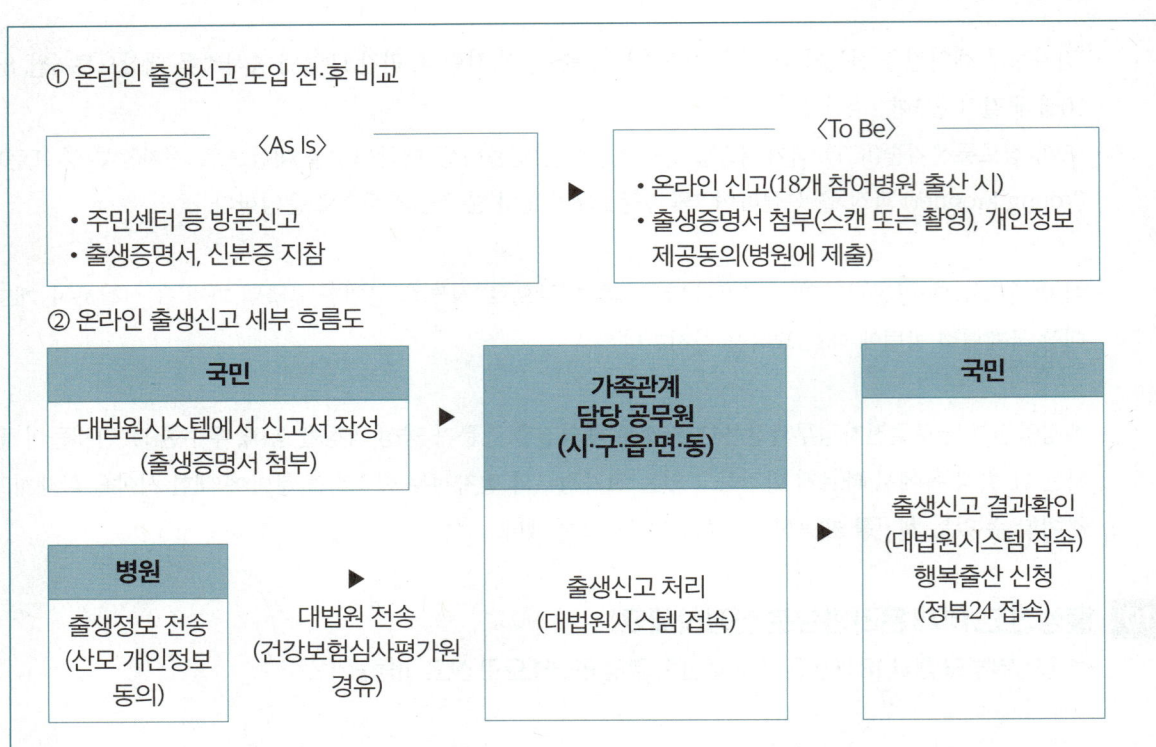

① 온라인 출생신고 도입 전·후 비교

〈As Is〉
- 주민센터 등 방문신고
- 출생증명서, 신분증 지참

▶

〈To Be〉
- 온라인 신고(18개 참여병원 출산 시)
- 출생증명서 첨부(스캔 또는 촬영), 개인정보 제공동의(병원에 제출)

② 온라인 출생신고 세부 흐름도

국민		가족관계 담당 공무원 (시·구·읍·면·동)		국민
대법원시스템에서 신고서 작성 (출생증명서 첨부)	▶	출생신고 처리 (대법원시스템 접속)	▶	출생신고 결과확인 (대법원시스템 접속) 행복출산 신청 (정부24 접속)

병원		
출생정보 전송 (산모 개인정보 동의)	▶ 대법원 전송 (건강보험심사평가원 경유)	

---

1 6차 산업

1 개념

농·임업 등 농·산촌 자원(1차)과 농·임산물 가공, 외식, 유통, 관광·레저 등 2,3차 산업의 융·복합을 통해 새로운 상품과 시장을 창출하여 부가가치를 높이고 일자리를 창출하는 경제 활동

1차 산업		2차 산업		3차 산업
농·임산물 생산 특산물 생산 기타 유·무형 자원	▶	**식품제조·가공** 특산품 제조·가공 공산품 제조 등	▶	**유통·판매, 체험·관광·축제** 외식·숙박·컨벤션 치유·교육 등

2 필수요소

① 농·임업인 등 농·산촌 지역주민 주도

② 지역 부존 자원 활용

③ 창출된 부가가치·일자리가 농·임업 및 농·산촌으로 내부화

---

3 유형

추진주체, 핵심수익모델, 협력네트워크정도에 따라서 다양한 유형으로 구분

구분	1차 중심형	2차 중심형	3차 중심형
농가주도형	생산	가공	관광 · 체험
마을주도형			외식
법인주도형		유통	치유 · 힐링
지역(지자체)주도형			

2 임업성공스토리 – 산양삼

<일반 현황>
- 경력: 30년 규모: 19.8ha
- 주요 시설: 포장 창고(66m²), 냉동 창고(99m²), 산양삼 샘플 전시장, 임산물 교육센터
- 연 매출액: 1억 1천만 원

<9월의 임업 멘토: 산양삼 재배자협회 이사>

드림이   이사님은 인삼의 고장인 풍기에서 태어나 커가면서 자연스럽게 산양삼을 접하게 되었다고 들었습니다. 어렸을 때 이사님이 궁금합니다.

이사   저는 고등학교 다닐 때 인삼농사를 짓는 부모님들이 너무 힘들어 보여서 산에 심고 가꾸면 힘이 덜 들겠다는 단순한 생각을 했습니다. 그래서 친구들과 같이 심고 남은 인삼을 산에다 심은 적도 있었습니다.

일찍이 이사는 20여 년 전에 산양삼 재배에 뛰어들어 자신만의 노하우로 산양삼을 재배하여 마침내 10년에서 15년 사이의 산양삼을 길러내는 데 성공하였습니다. 그러나 약 13년 전에 산에 큰불이 나서 한 뿌리도 건져내지 못하고 실패를 한 적도 있었습니다.

어려웠던 시기를 슬기롭게 잘 넘기고 오랜 연구를 거듭한 끝에 주위의 산양삼 전문가로부터 기술을 인정받았습니다. 산림의 경영규모는 산양삼이 비교적 큰 편이지만 복합경영으로 산도라지와 산 더덕을 같이 생산하면서 고소득을 올리고 있는데 20년 넘게 산양삼을 비롯한 산더덕, 산도라지를 재배한 경력을 바탕으로 임업인으로서 탄탄한 기반을 쌓고 있습니다.

인삼재배에서는 재배환경이 50%, 지배 종자가 30%, 재배기술이 20% 정도의 비중을 차지하는데, 산양삼은 재배환경이 80% 이상 차지할 정도로 중요합니다. 그래서 재배 적지를 찾는 데 많은 시간이 필요합니다.

이사는 어떻게 하면 우량 종묘를 키울지 고심하다가 유기물이 많고 습도가 적당한 종묘밭을 선택하여 1~1.5cm 간격으로 넓게 파종하고 이식 작업을 할 때는 종묘의 크기가 중요하다고 보고 0.7g 이상의 산양삼을 옮겨 심었습니다.

이사 경쟁력을 갖기 위해서는 산삼에 가까운 산양삼을 재배할 필요가 있습니다. 산양삼은 햇빛 투과량 조절이 매우 중요한 과정이라고 보고 방향에 따라 다르게 솎아 내는 작업을 하고 있습니다.

햇빛이 많이 드는 곳은 상대적으로 약하게 솎아 내고 음지 지역은 중간 간벌을 하며 성장과정 중에 2차로 겨울에 다시 솎아 낼 계획을 세워 운영하고 있습니다. 산양삼을 재배하고 유휴 공간에 장생 산더덕과 장생 산도라지를 재배하여 안정된 복합 경영으로 높은 부가가치를 창출하고 있습니다.

이사 수출을 목적으로 5년 전 중국에 상표 식용 두건, 약용두건(산천지, 삼전곡)을 등록한 뒤 2015년 재등록하였습니다. 지금은 일본과 왕래를 하고 있는데 조만간 수출 길이 열릴 것으로 전망됩니다. 또 형제의 나라인 터키에 대량 식재를 하기 위해 정부 차원에서 준비하고 있습니다.

현장체험의 장은 임산물의 직거래 장터와 연계하여 판매를 할 수 있는 효과가 있습니다. 찾아오는 많은 지인들이 주요 고객으로 또다시 새로운 고객과 연결해 주고 있으므로 판로에 대한 고민은 하지 않아도 되며 직판 물량이 계속 증가해 안정된 소득기반을 마련해주고 있습니다. 경북농민사관학교 현장 교육을 담당하면서 전국 각지의 단골 고객을 확보하여 신뢰성 있게 산 양삼을 비롯한 임산물 판매를 주도하고 있습니다.

이사는 경북농민사관학교 산양삼 재배과정 교육을 2년 지도하였고, 한국임업진흥원 산양삼 재배과정 6기를 현장에서 담당하고 있습니다. 또 전국 시군에서 현장학습을 많이 오면서 산양삼과 임산물을 재배하고자 하는 귀농·귀촌자들에게 현장 위주의 교육으로 모든 경험과 재배기술을 공유해 줄 생각입니다.

드림이 인삼의 경쟁력이 점점 줄어들고 있다던데 어떻게 생각하십니까?
이사 10년 전의 인삼 가격과 현재의 인삼 가격은 같은데 자재비나 인건비는 배로 뛰었습니다. 그래서 상대적으로 산양삼에 경쟁력이 있다고 봅니다. 산양삼의 효능이 인삼보다 높다는 사실이 과학적으로 입증되면 경쟁력은 충분합니다.

산삼에 가까운 품질의 산양삼을 재배할 필요가 있을 것입니다.
우리나라는 산양삼의 종주국이면서도 다른 나라에 비해 제도화 등이 미흡합니다.

3 임산물이야기 – 곰취

<곰취의 특장>

곰취는 한국, 중국, 일본 등에 나타나며, 고산지대의 습지에 주로 분포합니다. 비옥하고 그늘진 곳을 좋아하는 곰취는 포기나누기와 씨앗으로 번식합니다.

곰취의 생김새를 살펴보자면 높이는 1~2m이며, 뿌리줄기가 굵고 털이 없습니다. 뿌리에 달린 잎은 길이가 9cm에 이르며 큰 심장 모양으로 톱니가 있고 잎자루가 깁니다.

곰취꽃은 7~9월에 줄기 끝에 지름 4~5cm의 노란색 설상화가 총상꽃차례로 핍니다. 꽃차례 길이는 50cm 이상이고, 꽃자루는 길이 1~9cm이며 포가 1개 있습니다.

<곰취의 효능>

곰취는 항산화, 항암, 혈액순환 개선,
기침/천식 치료, 요통/관절통 완화에 효과가 있습니다.

<곰취 이용법>

곰취는 크기가 크며 부드럽고 연한 녹색을 띠는 것이 좋습니다. 신문지에 싸서 냉장고 신선실에 보관합니다. (0~5℃ 보관일: 5일)

흐르는 물에 깨끗이 씻어서 물기 제거 후 이용해 주시기 바랍니다. 식용으로 어린잎을 따서 고기에 싸 먹는 쌈, 무침, 나물 등으로 이용되며, 김치로 만들어 먹을 수 있으며 무치거나 튀겨 먹을 수도 있습니다. 억세진 곰취는 장아찌를 담가 먹기도 합니다.

4 임산물 이야기 – 오배자

<오배자는?>

옻나무과의 붉나무 잎에 진딧물의 자상에 의해 생겨난 벌레집을 말합니다. 오배자를 반으로 쪼개보니 안쪽에 진딧물이 가득 차 있습니다.

<오배자 활용법>

오배자에서 나온 진딧물은 천연염색이 가능하기 때문에 임산물 중에서도 공업용으로 분류되어 있기도 하며 우리나라에 자생하여 생산되는 유일한 동물성 염료입니다. 오배자로 염색된 옷감의 색깔이 정말 은은하고 예쁩니다.

<오배자의 효능>

오배자는 염색용 이외에도 다양한 약리적 효능이 있어 한약재로 사용합니다.

오배자의 효능으로는 수렴효과, 항미생물작용, 간기능보호작용, 항산화작용이있습니다. 오배자 내부의 진딧물에 탄닌이 많이 함유되어 있기 때문에 아래 사진처럼 벌레가 구멍을 내고 벌레집을 탈출하기 전에 채취하여 찌고 말려서 한약재로 사용합니다.

이 외에도 오배자에는 지방분화를 억제하는 물질도 함유되어 있고, 항주름효과 및 미백효과까지 있어 화장품 소재로도 활용 가능합니다.

오배자를 끓인 물로 씻으면 무좀이나 습진에도 효과가 있고, 비누로 만들어 사용합니다.

5 임산물이야기 – 고사리

<주요특징>

고사리는 여러해살이 양치식물로 높이가 1m입니다. 어린 순은 잎이 말려 있고 흡사 주먹을 쥔 듯한 형상을 하고 있어 '권두채(拳頭菜)'라는 별명을 갖고 있습니다. 잎은 달걀상 삼각형이며 넓이가 50cm나 됩니다. 잎이 깃털 모양으로 돋는데 수평으로 3회 우상복엽으로 나며, 다소 두꺼운 혁질로 털이 없어요. 잎 빛은 녹색이지만 줄기는 녹색인 것과 갈색인 것도 있습니다.

<수확 및 이용>

새순이 올라와 어린잎이 피기 직전에 수확합니다. 고사리는 단기간 내에 성장하고, 잎이 펴지면서 어린 싹이 나오는 시기가 일정하지 않아 시기를 놓치기 쉽습니다. 시기를 놓치지 않기 위해서는 2~3일에 한 번씩 수확을 해야 합니다.

순은 삶아서 말렸다가 나물로 먹고, 뿌리에서 추출한 전분은 떡을 만들어 먹기도 합니다. 어린 잎은 궐, 뿌리 줄기는 궐근이라 하며 약용하기도 합니다.

<성분 및 효능>

고사리의 효능은 식이섬유소질을 다량 함유하여 변비 예방 및 부기를 내리는 작용을 합니다.

<이용법>

고사리 TIP

건조된 상태에서 짙은 밤색을 띠며 대가 통통하며 쭈글거리지 않은 것이 좋아요. 삶은 고사리는 약간 밝은 갈색인 것이 좋습니다.

보관온도는 1~5℃(보관일: 3개월), 끓는 물에 소금을 넣고 데쳐서 냉동 보관합니다. 건조된 상태에서는 밀봉하여 냉장 보관해주세요.

고사리를 손질할 때는 이물질을 골라낸 뒤 물에 불려 이용하거나 한 번 삶아서 사용합니다. 어린잎은 삶은 뒤 볶아서 나물로 먹으며, 국이나 전골에 넣어 먹기도 하는데요. 고사리 뿌리에는 전분이 43%나 함유되어 있어서 옛날에는 보릿고개 때나 전쟁 혹은 기근이 심할 때 녹말을 내어 구황식량으로 활용하기도 했습니다.

6 임산물이야기 - 어수리

<어수리는..>
어수리(Heracleum moellendorffii)는 미나리과의 여러해살이풀로 우리나라 산에서 자라는 청정 임산물 중의 하나입니다. 어수리는 예전에 임금님의 수라상에 올라갈 정도로 독특한 향과 맛이 특징이고, 어수리의 명칭은 수라상에 올랐던 나물이라 해서 붙여진 이름이라고 합니다.

<어수리의 미백효과>
현재까지 연구된 어수리의 효능은 미백효과, 통증완화, 항산화, 노화방지, 항당뇨 효과 등이 보고되어 있는데요. 이런 효능을 가지는 이유는 여러 생리활성 성분을 다량 함유하고 있기 때문이에요.
박설아 등의 연구에 의하면 멜라닌 합성된 세포에 어수리 추출물을 농도별로 처리 했을 때 농도가 높아질 수록 멜라닌 함량이 현저하게 감소하였고, 육안으로도 세포 현탁액 색깔이 밝아지는 것을 확인하였는데요. 특히, 미백효과가 있는 것으로 알려진 Kogic acid보다 미백효과가 뛰어난 것으로 보고되었습니다.

<어수리 섭취 정보>
어수리는 고산지대에 집단 재배하고, 눈 속에서 싹을 틔운 후 4월 말까지 어린 순을 채취할 수 있고 잎, 어린 순, 열매, 뿌리 등을 모두 먹을 수 있습니다.

<섭취방법>
생으로 쌈을 싸서 먹거나 초고추장에 무쳐 먹는다.
어수리의 어린잎과 줄기는 데쳐서 다른 산나물과 섞어 나물무침으로 먹는다.
부침개나 장아찌를 만들어 먹는다.

7 산림정보 다드림

1 산림정보 다드림이란?
개인산주, 임업인은 물론 산림에 관심이 있는 일반국민 모두가 다양한 산림정보를 필지단위로 통합 조회할 수 있을 뿐만 아니라, 특정 조건에 맞는 산림의 위치를 보다 손쉽게 찾아볼 수 있도록 지원하는 맞춤형 산림정보 서비스 시스템입니다.

2 필지별 산림정보 서비스

한 번의 주소 입력만으로 해당 필지에 대한 산림정보를 상세히 조회할 수 있는 서비스입니다. (서비스 대상 정보: 토지, 임목, 지형, 토양, 적지, 재배 기술, 항공사진 등)

3 내게 맞는 산 찾기

사용자의 목적에 따라 특정조건을 만족하는 산림이 어느 곳에 분포하는지 각종 산림정보를 선택적으로 분석하여 확인할 수 있는 서비스입니다.
(서비스 대상 정보: 나무정보 4개 항목, 토양정보 12개 항목, 임지생산능력 1개 항목)

4 임업컨설팅 서비스

사용자가 직접 내방하거나 전화 또는 교육 시에 컨설팅 신청을 통해서만 이루어지던 활동을 온라인으로 신청하고 결과확인이 가능한 서비스입니다. (로그인 필요)

5 산림정보 다드림 모바일웹 서비스

언제 어디서나 스마트폰이나 테블릿PC를 이용하여 현장에서도 다드림 서비스를 받을 수 있습니다.

8 임업기계장비 인증

1 임업기계장비 인증제도란?

임업기계장비의 품질향상 및 작업자 안전보호 위한 우수한 품질의 장비에 부여하는 인증제도

2 임업기계장비의 인증제 필요성

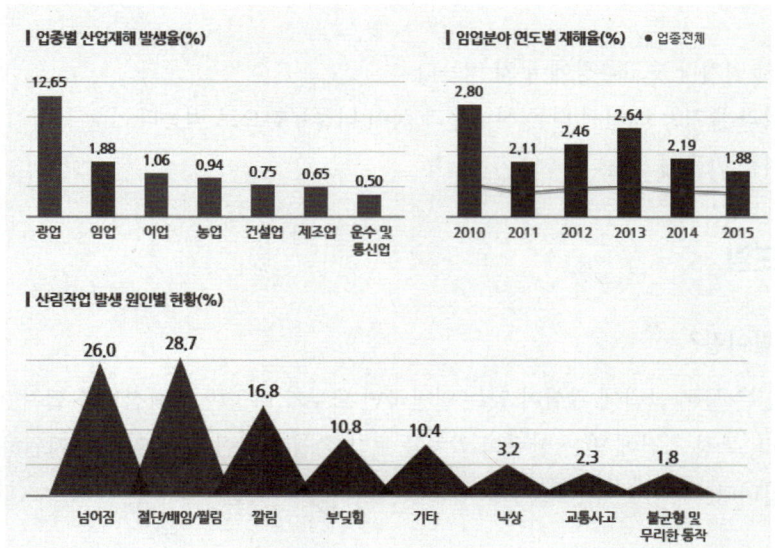

산림작업환경과 작업자의 안전성확보 및 생산성 향상을 위한 임업기계장비의 품질보증 인증제도 도입 필요

3 개인안전 장비 인증대상

 **산림 작업모**
내구성 및 시인성

 산림 작업복 상의
체인톱 절단저항력 및
시인성 측정

 작업복 덧바지
체인톱절단저항력 및
보호영역 수축을 측정

 산림 작업화
체인톱 절단저항력 및
내구성 측정

 산림 작업복 하의
체인톱 절단저항력 및
보호영역 수축을 측정

 벌목용 장갑
체인톱 절단저항력 및
진동흡수력 측정

4 인증절차

인증신청 → 접수 → 테스트 → 평가 → 보고서작성

9 임산물 판로지원 신청

임산물 소비활성화를 위하여 다양한 유통채널 입점지원 및 청정임산물 축제 개최를 통한 판로를 지원하고 있습니다. 신청게시판 양식에 따라 생산정보와 상품정보를 남겨 주시면 맞춤형 판로지원 서비스 제공 상담을 위해 순차적으로 안내 전화를 드립니다.

다양한 유통채널 활용한 청정임산물 판매 확대
• 임산물 특별판매전 개최(대형마트, 백화점 등)
• 유통 MD 품평회를 통한 입점지원
• 온라인 쇼핑몰 입점 및 마케팅 지원(쇼핑몰, 오픈마켓, 소셜커머스, 홈쇼핑 등)

우수 청정임산물 직거래 지원
• 국민에게 산에서 생산되는 제철 임산물의 청정성·기능성 홍보, 판매
• 유통 채널 확보가 어려운 임업인에게 임산물 직거래 기회 제공

10 해외산림정보서비스

<해외산림정보서비스란?>
글로벌 산림동향, 투자대상국의 사회·경제적 투자환경 및 투자절차, 주요 해외조림수종, 해외 산림투자 지원제도 등 해외산림투자와 관련하여 필요한 정보를 제공하는 종합정보서비스입니다.

<기대효과>
해외산림투자를 희망하는 기업 및 개인에게 신뢰도 높은 해외진출정보를 신속하게 제공하여 해외산림투자 활성화에 기여

1 　「혁신성장 보고대회」서 에너지신산업 성과 발표
– 1분기 재생에너지 보급, 전년 동기대비 2.5배 상승 –

- 서울 마곡 연구개발(R&D)단지에서 열린 「대한민국 혁신성장 보고대회」에서 8대 선도사업 중 하나인 에너지신산업 성과가 발표됐다.

- 대통령 주재 「혁신성장 전략회의('17. 11. 28.)」 이후 재생에너지 투자 인센티브 확대와 발전 시설 설치규제 완화로 민간 부문의 태양광 등 재생에너지 투자가 큰 폭으로 증가했다.
  - 재생에너지 보급 실적은 1.19GW를 기록하여 전년 동기대비 2.5배 상승하였으며, 에너지저장장치도(ESS)도 301MWh을 보급하며 전년동기 대비 5.3배 증가했다.
  - 또한, 영암지역에 국내 최대규모(98MW)의 태양광 발전단지가 조성하고 있으며, 삼천포발전소에 국내 최대규모(41MWh)의 태양광연계형 에너지저장장치(ESS)를 준공했다.

- 재생에너지를 활용해 국민이 혜택을 보는 국민 참여형 사업도 추진 중이다.
  - 사회복지시설 기부금을 활용해 상업용발전소 구축을 지원하고 발전수익을 지속 창출하는 태양광 나눔복지 1호 사업이 3월에 착공했고
  - 태양광 발전사업(15MW, 370억원)에 철원지역주민들이 20%(65억원) 지분을 투자하고 20년간 태양광수익금을 배분하는 두루미 태양광 사업이 추진 중이다.

- 또한, 재생에너지의 입지규제 완화 및 사업성 개선을 위한 제도개선도 추진했다.
  - 수상태양광 및 건축물 옥상의 개발행위 허가기준을 완화하였으며, 농업진흥구역 내 설치시 건축물 제한('15년 이전 준공 건물만 허용)을 폐지했다.
  - 농업인의 태양광 사업시 농지보전부담금을 50% 감면하도록 했고 자가용 태양광의 상계 처리시 현금정산 허용을 위한 소규모 전력거래 지침도 개정했다.

- 향후, 재생에너지의 보급 확대를 위해 재생에너지 3020 이행계획을 차질 없이 이행하고 지속적인 규제·제도개선을 통해 민간투자 확대 및 성공 사례를 창출해 나갈 계획이다.
  - 특히, 상반기 중으로 한국형 발전차액지원제도[19]를 도입하여 소규모 사업자의 안정적 수익 확보를 지원하고, 금년 중으로 염해농지에서의 태양광 발전설치 허용을 위한 제도개선을 추진하기로 했다.

---

19) 소규모 사업자가 생산한 전력에 대해 발전사가 20년간 정해진 가격으로 의무구매

2 국민의 곁으로 날아간 드론, 혁신성장 성과 체감도 높여

- 산업통상부, 국토교통부, 과학기술정보통신부는 마곡 R&D 단지(서울 강서구)에서 대통령이 주재하는 「대한민국 혁신성장 보고대회」를 통해 드론산업 육성성과를 발표했다.
  - 이날 보고대회는 정부에서 역점적으로 추진 중인 혁신성장 8대 선도사업에 대한 성과를 시연하고 논의하기 위하여 개최되었다.

- 대통령은 이날 3차원 공간정보 구축, 시설물 점검, 대기환경 모니터링 등 드론 시연을 참관하고 드론산업 육성 성과를 보고받았다.
  - 첫 번째로 이륙한 고정익 드론은 미리 입력된 경로를 따라 약 3분간 마곡지구 일대(약 300m)를 연속 촬영하면서 획득한 사진을 이용해 스마트 입체도시 모델을 구현[20]했으며,
  - 이어서 출발한 회전익 드론은 건축물 주변을 비행하면서 광학·열화상 카메라를 통해 건축물 외벽 균열 여부를 확인했다.

[보도해명자료]

3 한전의 한숨... 유가 뛰는데 원전8기는 놀고 있다

1 기사내용

- 정부는 누구나 아는 경제 원칙과는 반대 방향으로 움직이고 있다. 우리나라에서 전기를 생산하는 3대 원료 중 원가가 급상승한 LNG와 석탄의 발전 비중은 늘리고 가장 값싼 원료인 원자력 발전 비중은 줄이고 있다.

2 동 보도내용에 대한 산업부의 입장

- 해당 기사는 정부가 에너지전환정책 때문에 인위적으로 원자력 발전 비중을 줄이고 LNG와 석탄 발전 비중을 늘리고 있는 것으로 보도하고 있으나, 이는 사실과 다름
  - 또한, 전체 원전의 3분의 1을 동시에 정비하는 건 이례적... "보통 원전 예방정비는 두 달 안에 끝난다", "탈원전정책 때문으로 보인다"라는 것도 사실과 다름

- 현재 전체 원전 24기 중 8기가 정비 중인 것은 정부의 에너지전환 정책과는 관련이 없음
  ① 특정 시기에 전체 원전 대비 정비 원전 비중이 상대적으로 크고 작을 수는 있으나, 이는 원전의 계획예방정비를 일정 주기별로 수행함에 기인함
    - 즉, 관련 규정과 절차에 따라 경수로형 원전의 경우엔 18개월을 주기로, 중수로형 원전의 경우엔 15개월을 주기로 계획예방정비를 수행하는데,
    - 일부 원전에서 비정상적인 문제가 발견되어 정비기간이 늘어날 경우까지 함께 감안할 경우 시기별 정비원전비중은 유동적일 수밖에 없음
      ☑ 최근 5년간 정비원전의 수는 정비주기 및 정비사유에 따라 3기~8기로 다양

---

20) 드론영상을 활용한 3D 모델링 구현 시 기존 항공기 촬영 대비 해상도 10배, 위치·사물 정확도 3배, 소요시간은 절반 수준으로 단축 가능

② 통상적인 계획예방정비는 별다른 문제가 발생하지 않을 경우 2달 내외가 소요되나, 정비과정에서 안전 관련 주요 설비에 문제가 발견될 경우 정비기간이 늘어나는 것이 일반적임

③ 일부 원전의 경우 정비기간이 1년 가까이 늘어나고 있으나, 이는 통상적인 계획예방정비가 아니라 국민 안전에 직결된 설비에 비정상적인 문제가 발견되어 이를 원자력안전법 등 관련 기준과 절차에 따라 철저히 정비함에 기인한 것임

즉, 원전의 안전 점검은 국민의 안전을 최우선으로 하여 철저한 정비를 통해 안전성을 확인한 이후 재가동하는 것이 원칙이며 정비기간의 길고 짧음이 이에 우선할 수는 없는 것임

4 에너지 효율향상, 한전 등 에너지공급자가 앞장선다
– 에너지공급자 효율 향상 의무화(EERS) 제도 시범사업 추진 –

• 산업통상부는 한국전력공사 등 에너지 공급자의 효율향상 투자를 활성화하기 위해 '에너지 공급자 효율 향상 의무화제도(EERS: Energy Efficiency Resource Standard)'를 올해부터 시범 사업으로 도입한다고 밝혔다.

• 에너지공급자 효율향상 의무화제도(EERS)는 에너지공급자에게 에너지 판매량(GWh)과 비례하여 에너지 절감목표를 부여하고, 다양한 효율향상 투자를 통해 목표를 달성하도록 의무화하는 제도이다.

• 올해 시범사업은 한국전력공사부터 시작하며, 한전의 절감 목표량은 전전년도 전력 판매량의 0.15%가 된다.

EERS 에너지 절감목표

에너지 절감목표(GWh) = 전전년도 에너지판매량(GWh) × 목표비율(%)
시범사업 기간 연도별 에너지 절감 목표비율(%)

구분	'18	'19
한국전력공사	0.15	0.2

- 한전은 프리미엄 전동기 등 고효율기기 보급 지원을 직접 수행하거나 또는 에너지절약전문 기업(ESCO)의 투자대행 등을 통해 이를 달성하여야 한다.
- 산업부는 스마트 가전, 제로에너지빌딩 등 새로운 효율향상 투자수단(품목, 방식 등)을 발굴하고, 향후 가스·열 분야로 제도를 확산할 계획이다.

• 에너지공급자 효율향상 의무화제도(EERS)의 도입은 다양한 사회적 편익을 유발할 것으로 기대된다.

① 에너지공급자는 다양한 에너지 소비정보와 전문인력, 전국 조직망을 보유하고 있어, 보다 비용-효과적인 투자가 가능하다. 따라서 효과적으로 에너지 효율 개선이 이루어질 수 있다.

② 에너지 효율 개선은 발전소 확충 부담을 감소시키고, 피크 수요 및 온실가스 감축을 가능케 하여 에너지 공급자에게도 혜택이 있다.

③ 에너지소비자는 고효율 기기 구입 등에 소요되는 비용의 절감이 가능하며, 효율 개선으로 에너지 요금이 절감될 수 있다.

④ 효율향상 투자는 발광다이오드(LED), 인버터 등 제조기업 및 에너지서비스 산업(ESCO)의 성장을 촉진하고, 실적검증 관련 전문인력 등의 일자리 창출에도 기여할 것으로 기대된다.

• 산업부 신재생에너지정책단장은 "그간의 에너지 효율향상 정책이 기기 제조사, 소비자 등에 집중했던 반면, 에너지공급자 효율향상 의무화제도(EERS)는 에너지 공급자가 주도한다는 점에서 다르다"며, "앞으로 새로운 효율자원(Efficiency Resource)을 지속 발굴하고, 이를 통해 깨끗하고 안전한 에너지로의 전환을 가속화하겠다."라고 말했다.

5 "에너지신산업 일자리 불확실한데…정부 목표치 15만 명 '쏠림'"
(5.12, 서울신문)

1 기사내용

• 5대 신산업에서 창출되는 일자리 20만개 중 기업들의 구체적인 일자리 창출 계획이 없는 에너지 분야 일자리가 전체의 76%인 14만 9,200명에 달함

2 동 기사에 대한 산업부 입장

• 에너지 분야 일자리는 △재생에너지 3020 이행계획에 따른 재생에너지 신규 설비 투자규모, △美에너지부가 발표한 고용계수[21], △우리나라의 과거 재생에너지분야 일자리 개수[22]를 고려하여 산출
  - 현재 재생에너지 보급 실적(1.4GW(추정), 5.11일 기준) 및 계통연계 신청 용량
  (8.2GW, 5.4일 기준)을 고려할 때 재생에너지 3020 이행계획에 따른 신규 설비 투자[23]는 달성 가능할 것으로 전망됨

• 또한, ESS 보급 확대, 전기차 충전 인프라 확산, 에너지 빅데이터를 활용한 신서비스 다양화 등 에너지 신산업 활성화를 통해 향후 양질의 일자리 창출이 확대될 것으로 전망됨

• 한편, 금번 로드맵은 기본적으로 민간과 공기업의 투자계획이 양질의 일자리로 현실화되도록 정부가 적극 지원하며 민관이 함께 실현해 나가는 것으로, 제시된 목표를 '정부 목표치'라 하는 것은 정확한 표현이 아님

---

21) 에너지부(US Energy and Jobs Report, '17.1월): (태양광) 25.6명/MW, (풍력) 12.4명 /MW
22) '16년 국내 재생에너지분야 일자리 13,750명
23) '30년 재생에너지 발전비중 20% 달성을 위해 재생에너지 신규설비를 단기적으로 12.4GW('18~'22), 장기적으로 36.3GW('23~'30) 설치

6 제3차 에너지기본계획 수립을 위한 본격적인 의견수렴 개시
– 3차 에기본 온라인 사이트 개설 및 권역별 설명회 개최 –

- 산업통상부는 2040년까지의 에너지 전환 종합 비전을 포함할 제3차 에너지기본계획의 수립 과정을 대내외에 투명하게 공개하기 위해 제3차 에너지기본계획 온라인 사이트를 에너지 전환정보센터(www.etrans. go.kr)내에 5. 10.(수)부터 개설한다고 밝혔다.

- 에너지기본계획은 저탄소녹색성장기본법에 따라 20년을 계획기간으로 5년 주기로 수립하는 에너지 분야 최상위 행정계획으로서, 정부는 올해 말까지 제3차에 기본('19~'40) 수립을 목표 로 하고 있다.
  - 지난 3월 70여 명 규모의 워킹그룹을 구성해 제3차 에너지기본계획 수립에 착수한 이래, 현재 각 분과별로 활발한 논의를 진행하고 있다.

- 한편, 이번 온라인 사이트 개설을 계기로 제 3차 에너지기본계획 수립을 위한 대(對) 국민·이해관계자 의견수렴을 진행할 계획이다.
  - 우선, "제3차 에너지기본계획에 바란다"를 주제로 영남권, 충청권, 호남권에서 권역별 설명회를 개최하고, 지역의 의견을 수렴한다.
  - 또한, 5월 말부터 각 분과별로 검토한 분야별 정책과제에 대한 국민들의 관심도를 조사하는 온라인 의견수렴을 진행하기로 했다.
  - 권역별 설명회 참가 신청과 온라인 의견 수렴은 모두 제3차 에너지기본계획 온라인 사이트를 통해 진행한다.

- 산업통상부는 제 3차 에너지기본계획수립과정에서 객관성·전문성·투명성을 최대한 확보하기 위해 다각적인 의견수렴 활동을 지속적으로 추진하기로 했다.

[보도해명자료]
7 "남북 접경지에 '평화발전소' 건설 추진"
(5.8, 경향신문)

1 기사내용

- 정부, 북한 전력난 해소 위한 '중장기 협력방안' 수립
  - 접경지역 및 북한 지역 내 신재생에너지 및 화력 발전소 건설 등 발전설비 중심의 협력방안 추진

2 동 기사에 대한 산업부 입장

- 동 기사내용은 동서발전이 남북경협 여건이 충족되었을 때를 대비하여, 아이디어 차원에서 자체 검토한 자료임
- 정부는 동 내용을 검토하거나 동서발전과 협의한 적이 없으며,
  - '전력 분야 중장기 협력방안'을 수립한 바도 없음

8 4차 산업혁명시대 대한민국 최고기술을 찾습니다.
– "대한민국 기술대상" 신청·접수(5.9~6.11) –

- 산업통상부는 대한민국 최고 권위 기술상인 '2018 대한민국 기술대상'을 빛낼 자랑스런 기술과 기술인 발굴을 위해 5. 9.(수)부터 신청서를 접수받는다.
  - '대한민국 기술대상'은 우리나라 산업기술의 우수성을 널리 알리고 산업기술인이 우대받는 국민적 공감대를 형성하기 위한 정부포상(시상)이다.
  - 포상은 산업기술 진흥에 공이 큰 기술인에게 포상하는 '산업기술진흥 유공' 부문과 우수 신기술·신제품 개발에 공헌한 기업·기관에게 시상하는 '기술대상' 부문으로 나누어 수여한다.
  - 특히, 작년부터 별도로 포상해 온 '신기술실용화 진흥 유공' 부문을 산업기술진흥유공[24] 부문에 통합하여 수여하고 있다.

- 신청대상 분야는 자동차, 항공, 반도체, 정보기술(IT), 기계, 소재, 에너지 효율향상, 신재생 에너지 등 모든 기술영역이며, 신청마감일 전까지 상용화에 성공한 기술이다.
  - 신청서가 접수되면 분야별 전문가로 평가위원회를 구성하여 요건 심사, 서면평가, 공개검증, 기술이 구현된 현장평가 및 기술개발자의 발표평가 등 엄정한 심사를 거쳐 포상 대상 후보자를 결정한다.

- '산업기술진흥 유공'은 첨단·혁신 기술개발과 기술혁신 기반조성, 산학협력 촉진, 신기술실 용화 등을 위해 헌신한 기술인(기관)에게 산업훈장, 산업포장, 대통령표창, 국무총리표창, 산업통상부 장관표창을 수여한다.
  - '기술대상'은 기술적 성과가 뛰어나고 국내 산업에 파급효과가 큰 우수 신기술·제품을 개발한 기업·기관에 대통령상, 국무총리상, 산업통상부 장관상을 수여한다.

9 전기·자율주행차 국제표준과 세계적인 기술이 한자리에
– 국표원, 전기·자율주행차 국제표준포럼, 5.3(목), 제주 개최 –

- 전기·자율주행차 산업의 표준화 동향을 업계에 전파하고 표준화 관련 이슈 논의와 표준화 전략 발표를 위한 '전기·자율주행차 국제표준 포럼'이 5. 3.(목) 제주 국제컨벤션센터에서 열렸다.

- 국가기술표준원(이하 국표원)은 이번 포럼에서 4차 산업혁명의 핵심 동력인 전기차와 자율주행차의 기술경쟁력 강화 및 보급확산 지원을 위해 '전기·자율주행차 표준화 전략'을 발표했다.
  - 국제표준을 선점하기 위하여 우리나라가 기술우위에 있는 자율주행차 시뮬레이션 시험방법 및 전기자동차 무선충전 상호 호환성 등 5개의 전기차 및 자율주행차 국제표준안을 올해 제안하고, 10개의 자율주행 국제표준 대응위원회 구성해 국제표준화 활동을 강화하기로 했다.

---

24) 신기술(NET), 신제품(NEP), 우수재활용제품(GR) 인증을 받은 기업 중 신기술개발 및 실용화로 국가경쟁력 강화에 기여한 사람 또는 기업·단체 포상

- 자율주행차 성능평가는 실주행 시험에 의존해야 했으나, 우리나라가 국제표준으로 제안하는 모의시험(시뮬레이션)을 통한 가상주행시험이 가능해, 향후 자율주행차 시험 비용과 시간이 대폭 감소할 전망이다.
- 또한 400kW급 초고속 충전시스템 표준화 등을 통해 충전시간을 획기적으로 감소해 전기차 보급을 촉진하는 기반을 마련할 계획이다.

- 포럼에는 현대차, 폭스바겐, 르노 등 전기·자율차 글로벌 제조업체가 참여해 업계의 기술개발 동향과 표준화 대응 현황을 공유하고, 현재 개발 중인 표준화 이슈에 대해서 논의했다.

- 또한 한국전지산업협회 및 한국전기연구원에서는 전기차의 배터리·모터·충전에 대하여 연구개발 및 표준화 동향을 설명하였으며, 자동차부품연구원과 국민대학교는 저속구간 자율주행 표준개발과 차간의 통신을 활용한 자율주행의 상용화 촉진 방안을 논의했다.

- 국표원은 이번 포럼을 통해 국내외 전문가에게 전기·자율주행차의 기술 개발 및 국제표준화 동향을 공유하고 국제전기기술위원회(IEC)·국제표준화기구(ISO)의 국제표준화 활동에 적극 참여하여 미국·일본·독일 등 주요국가와 전기·자율차 분야의 표준화 협력을 강화하기로 했다.

[보도설명자료]

10 "미세먼지 원인 뿜어댄 발전소...배출허용기준도 '깜깜'"

1 기사내용
- 미세먼지 주요 원인은 발전소로 황산화물의 56%, 질산화물의 39.5%를 배출 (600개 굴뚝 원격감시체계(TMS) 배출량 기준)

- 발전부문의 규제가 느슨하고 발전사들이 배출허용기준을 제대로 준수하고 있지 않고 있어, 환경부가 질산화물 부과금을 도입할 예정

- 미세먼지 저감 대책이 수송 분야에 집중되어 발전소 대책은 소홀

2 동 보도내용에 대한 산업통상부의 입장
- 발전사는 질소산화물 부과금 여부와 무관하게 배출허용기준을 철저히 준수하기 위해 최선의 노력을 다하고 있음
  - 한편, 환경부는 발전부문 뿐 아니라 전 산업에 대하여 배출허용기준 강화와 질소산화물 부과금 도입을 검토하는 것으로 알고 있음

- 또한 노후 경유차 교체 등 수송분야에 대책이 집중되어 발전소 대책은 소홀하다는 보도는 사실과 다름

- 제8차 전력수급기본계획 수립시 발전부문의 미세먼지를 '22년까지 44%, '30년까지 62% 감축하는 목표를 수립하였음
- 이를 위해 노후석탄 발전소는 봄철(3~6월) 가동중지 시행 후 '22년까지 폐지하고, 향후 도래하는 30년 이상 노후 발전소의 봄철 가동중지도 정례화하기로 하였음
- 운영 중인 석탄발전의 경우, 예방정비기간을 활용해 환경설비를 개선하는 한편, 30년까지 12조 원 규모의 환경설비 및 성능개선에 투자하여 미세먼지 배출을 대폭 감축할 예정
- 기존 석탄 4기와 신규 석탄 2기 등 총 6기를 LNG로 전환하고, 환경비용의 급전순위 결정시 반영, 발전연료 세제 조정 등을 통해 석탄발전의 발전량을 감축해 나갈 계획
- 또한, 미세먼지 주의보 발령시 석탄발전의 상한을 제약하는 제도 마련을 위해 관계 부처 간 협의를 진행 중이며, 하반기 중 시범 시행을 계획하고 있음

16 출제예상 출입국관리직 10대 이슈정리

1 출입국관리사무소, 60년 만에 명칭 바뀐다
– 인천공항 등 6곳은 『출입국·외국인청』으로, 13곳은 『출입국·외국인사무소』로 개칭 –

• 출입국 업무를 담당하는 법무부 소속 19개 「출입국관리사무소」의 명칭이 「출입국·외국인청」과 「출입국·외국인사무소」로 변경하였다.

• 법무부(와 행정안전부는 출입국관리사무소에서 제공하는 행정서비스를 국민들이 쉽게 알 수 있도록 출입국관리사무소의 명칭을 60년 만에 개편한다.
  - 비교적 기관 규모가 크고 업무량이 많은 인천공항·서울·부산·인천·수원·제주출입국 관리사무소 등 6개 출입국관리사무소는 「출입국·외국인청」으로,
  - 서울남부·김해·대구·대전·여수·양주·울산·김포·광주·창원·전주·춘천·청주출 입국관리사무소 등 13개 출입국관리사무소는 「출입국·외국인사무소」로 각각 변경한다.

• 법무부와 행정안전부는 이 같은 내용을 담은 '법무부와 그 소속기관 직제 일부 개정령안'을 지난 5월 1일 열린 국무회의에서 심의·확정하고, 5월 10일 시행한다.

• 국내 체류하는 외국인 수가 200만 명을 넘어서면서 출입국 업무는 단순 출입국 심사뿐만 아니라 체류관리, 난민 업무, 사회통합, 국적 업무 등으로 업무 수행 범위가 보다 확대되고 다양해졌다.
  - 특히, 60년대에 '관리' 중심으로 만들어진 출입국사무소 명칭은 외국인을 관리하고 통제한다는 부정적 이미지를 심는다는 지적과 함께 다양해진 외국인 업무를 포괄하는데 한계로 지적되어 왔다.

- 이에, 이번 명칭 변경안을 통해 출입관리사무소 명칭에 '관리'를 빼고 '외국인' 용어를 사용함으로써 외국인과 관련한 적극적인 행정 서비스 향상을 기대할 수 있을 것으로 보인다.

• 법무부장관도 "출입국 60여 년 역사에 있어 매우 뜻깊은 일임과 동시에 새로운 출발을 예고하는 것이며, 명칭 변경에 걸맞은 선진적이고 수준 높은 출입국·외국인 행정을 구현하여 국가경쟁력 강화에 기여하겠다."고 말했다.

• 행정안전부장관은 "이번 직제 개정은 단순히 출입국관리사무소의 명칭을 바꾸는 것에 그치는 것이 아니라, 수요자 중심의 새로운 출입국 서비스의 첫걸음을 내딛는 것"이라며, "앞으로 국민과 외국인에게 한 발 더 다가가는 출입국·외국인 행정서비스를 제공할 것으로 기대한다."고 말했다.

2 해외우수인재·관광객 유치.. '전자비자센터'가 이끌겠습니다.
– 법무부에서 전자고용추천·단기취업전자비자 제도 선보여 –

• 해외우수인재와 외국인 단체관광객에게 비자를 온라인으로 신속하게 발급하고, 국내체류 외국인의 출입국·체류 민원을 원격으로 처리하기 위해 설립된 '전자비자센터'가 업무를 수행하고 있다.
- 각종 전자비자 발급, 온라인 체류민원 처리를 담당하고 있는 '전자비자센터'는 최근 2년간 연평균 전자비자 약 110만 건 및 체류외국인 전자민원 약 19만 건을 처리하였습니다.

• 법무부는 전자비자센터 개소 3주년을 맞아 전자비자의 활성화와 해외우수인재 유치경쟁력 강화를 위하여 '정부·공공기관 초청 과학자에 대한 전자비자 발급제도'와 '전자고용추천제도'를 시행합니다.
- 4월부터 시행 중인 외국인 과학자 단기(C-4) 전자비자 발급제도는 국내 정부출연연구기관 등이 주관하는 프로젝트 참여를 위해 입국하는 외국인이 비자신청에 필요한 각종 서류 없이도 신속하게 90일 체류 가능한 비자를 신속하게 발급받을 수 있는 제도입니다.
- 오는 하반기 시행 예정인 전자고용추천제도는 대학교, 민간 연구소·기업 등 우수인재를 초빙하려는 민간기관이 외국인 초청을 위해 필요한 중앙행정기관의 고용추천서를 행정기관 방문 없이 전자적으로 발급받는 제도입니다.

• 이번 '단기취업(C-4) 전자비자'와 '전자고용추천제'를 통해 해외우수인력이 보다 편리하게 대한민국 비자를 발급받을 수 있을 것으로 예상되며, 전자비자센터는 앞으로도 전자비자 발급대상 확대를 통해 IT기술을 활용한 혁신적 비자정책을 주도할 계획입니다.

• 출입국·외국인정책본부장은 "우수 해외인재 초빙과 관광객 유치를 위한 글로벌 경쟁이 어느 때보다 치열한 오늘날, 전자비자센터는 대한민국의 우수한 IT 기술력을 바탕으로 외국인의 입 국 편의 증진에 기여해왔다"고 격려하며,

- "향후 한국을 찾는 외국인의 수요는 계속 증가할 것으로 예상되므로 전자비자 시스템 안정화와 심사인력 확충 등 면밀한 준비를 통해 전자비자센터가 해외 우수인재의 견인차 역할을 하도록 힘쓰겠다."고 말했습니다.

3 법무부, 국가인권위 외국인보호시설 개선권고 적극 수용
– 외국인보호소 시설 인권 친화적 환경으로 개선 추진 –

• 법무부는 국가인권위원회가 외국인보호시설 내 보호외국인의 인권이 증진될 수 있도록 개선 방안을 마련할 것을 권고한 것과 관련하여 이를 적극 수용하기로 결정하였습니다.
  - 세부 내용은 다음과 같습니다.
  ① 쇠창살 등 구금적 형태의 외국인보호소 수용거실 및 화성외국인 보호소 내 특별계호실을 인권 친화적으로 개선
    ⇒ (수용) 우선 연내 외국인보호소별로 1실씩 환자·임산부·노약자 등을 위한 특별보호방의 쇠창살을 없애는 등 인권 친화적 보호환경 조성을 위한 시범사업을 추진하고, 화성외국인보호소의 특별계호실 환경개선을 마칠 예정임
  ② 보호외국인이 외부교통권을 실질적으로 향유할 수 있는 수준의 인터넷 사용이 가능하도록 구체적 방안을 마련
  ③ 보호외국인의 보호기간 등을 감안하여 충분한 운동시간이 주어지도록 하고, 거실 밖에서 보다 많은 시간을 보낼 수 있도록 조치
    ⇒ (수용) 보호외국인이 보호실 외부에서 충분한 시간을 보낼 수 있도록 야외운동을 확대 실시하는 등 보호외국인의 처우를 개선하여 보호외국인 들로부터 좋은 반응을 얻고 있음
  ④ 화성외국인보호소 내 보호외국인에 대한 격리보호(독방격리)시 실질적·절차적 통제가 이루어졌는지 점검하고 격리보호가 남용되지 않도록 구제적 방안을 마련
    ⇒ (수용) 특별계호통고서를 한국어, 영어, 중국어 등 다양한 언어로 만들고, 의견을 진술할 수 있음을 명시하는 등 관련 규정을 정비할 계획임
  ⑤ 외국인보호소 업무와 일반 출입국관리 업무와의 특수성을 고려하여, 보호소 직원의 전문역량을 높일 수 있는 방안을 마련 시행
    ⇒ (수용) '외국인보호실무 및 고충처리유형' 사이버 강의 수강을 독려하고 있으며, 보호 시설 내 응급상황 발생에 대비하여 응급구조사 2급 과정 위탁교육을 실시하고 있음
  - 아울러, 외국인보호소를 포함하여 지방출입국·외국인관서별로 고충상담관 및 고충담당자를 지정·운영하여, 보호외국인의 고충을 신속하게 처리하는 등 보호외국인의 권익을 보호하기 위하여 노력하고 있습니다.

4 **탑승자 사전확인제도 전면 시행 1년**
　　– 승객은 안전하게, 국경관리는 철저하게, 대한민국의 파수꾼 –

- 우리나라에 입국하려는 우범 외국인에 대하여 출발지 공항에서 사전에 항공기의 탑승을 차단 하기 위하여 실시한 「탑승자 사전확인제도[25]」가 시행 1년을 맞이하였습니다.
    - 출발지 외국공항 항공사로부터 승객정보를 전송받아 탑승자의 국제테러범, 입국규제, 분실 여권 등의 정보를 확인하여 해당 승객의 탑승가능 여부를 실시간으로 항공사에 전송하면서 우범자의 탑승을 사전에 차단

- 「탑승자 사전확인 제도」는 평창 동계올림픽 기간 동안 테러 위험인물 등의 항공기 탑승을 원천 차단하여 안전 올림픽 개최에 크게 기여하였습니다.

- 「탑승자 사전확인 제도」는 과거 국내에서 살인, 성범죄, 마약, 폭력 등의 중범죄를 저지른 외 국인의 탑승도 차단하여 대한민국의 국경을 관리하는 파수꾼의 역할을 수행하였습니다.

5 **이주여성의 '외칠 수 있는 미투', 법무부가 함께 합니다.**
　　– 법무부, 이주여성 성폭력 피해자들을 위한 종합 대책 발표 –

- 법무부는 문화·예술·교육 분야를 막론하고 사회 전반에 확산되고 있는 미투 운동에서 이주 여성들도 당당히 목소리를 낼 수 있도록 이주여성 성폭력 종합 대책을 마련해 추진해 나가겠다고 밝혔다.

- 법무부는 기존 이주여성 성폭력 실태조사들을 분석한 결과 이주여성 성폭력 피해자들의 소극적 대응의 주 원인이 ① 한국어 부족, ② 정보 부족, ③ 불법체류신고의 두려움 등에 있는 점에 착안하여 관계 부처 대책 회의를 거쳐 기존 제도를 점검·보완하는 한편 새로운 정책을 마련하 였다.

- 구체적으로 이주여성 피해자들의 신고를 활성화하기 위해
    - 외국인종합안내센터(1345)[26]를 활용해 20개 다국어 서비스를 기반으로 성폭력 피해자들에게 정보제공 및 피해 신고를 지원하고, 이를 위해 관계기관과의 연계[27]를 강화하며,
    - 출입국관리사무소별 지정된 '인권·고충 상담관'을 활용하여 인권 상담 전담 창구로서 활성화하고,
    - 외국인 권익 옴부즈만 제도를 도입해 외국인 권익 분야에 민간 전문가의 역량을 활용하는 토대를 마련하는 한편,
    - 전국 사회통합프로그램 운영기관(295개) 중 성폭력 상담 지원 기관을 파악해 사회통합 교육생과 이주여성들이 사회통합프로그램 운영기관의 상담 지원을 받을 수 있게 한다.

---

25) 「탑승자 사전확인제도」는 법무부 출입국관리정보시스템에 항공사의 예약 및 발권시스템 을 연계하여 대한민국을 오가는 항공기와 탑승자의 안전을 확보하고 국경관리를 강화하는 제도
26) 재한 외국인 적응 지원을 위해 설치된 다국어 민원안내창구로 전용 상담번호(1345)를 통 해 민원 안내는 물론 공공기관에 '제3자 통역서비스' 제공
27) 다누리콜센터(이주여성 긴급전화), 경찰청, 경찰서 등

- 또한, 이주여성 피해자들을 보호하기 위해
  - 통보의무 면제 공무원 범위를 확대[28]해 성폭력 피해 이주여성이 체류상태에 상관없이 법적 구제절차를 받을 수 있게 하며, 통보의무 면제의 법적 근거를 출입국관리법 시행규칙에 신설하고,
  - 성폭력 피해자의 체류를 적극 허용하여 체류불안이 더 이상 범죄피해를 신고하려는 민원인에게 장애물이 되지 않게 하며,
  - 전국 각지에서 활동중인 '외국인을 위한 마을변호사(188명)'를 통해 법률지원을 강화하고,
  - 예술·흥행 체류자격 외국인 여성 고용 사업장에 대해 사업장점검 및 계도를 강화하는 한편 '인신매매 피해자 식별 및 보호지표'를 활용하여 피해자를 보호하며,
  - 성폭력 고용주의 외국인 고용을 제한할 수 있도록 법적 근거를 마련하겠다고 밝혔다.

- 나아가 이주여성 성폭력 예방을 위해 사회통합프로그램상 한국어교육을 강화하는 것과 별개로 ▲외국인을 위한 조기적응 프로그램이나 사회통합프로그램, ▲국제결혼안내프로그램 전 반에 걸쳐 성폭력 예방을 위한 교육콘텐츠나 인권교육을 강화할 예정이다.

- 법무부는 이번 대책 수립을 통해 여성 중에서 소수자인 이주여성들도 자유롭게 미투를 외칠 수 있는 환경을 조성함으로써, 이주여성은 물론 나아가 우리 사회의 모든 여성을 대상으로 하는 성폭력이 근절되는데 기여할 수 있도록 할 방침이다.

6 법무부, '외국인 숙련기능인력 점수제 비자' 선발기준 바꾼다
– 선착순 접수/허가 방식에서 고득점자 우선 선발 방식으로 전환 –

- 법무부는 금년도 2분기 '외국인 숙련기능 점수제 비자(E-7-4)' 허용 대상을 선발(100명)하기 위해 3일간 체류지 관할출입국관리사무소에서 신청을 접수하기로 하였습니다.
  - 외국인 숙련기능 점수제 비자는 국내에서 비전문취업(E-9), 선원취업(E-10), 방문취업 (H-2) 비자로 5년 이상 근무 중인 외국인 중 숙련도 등 일정 요건을 충족할 경우 장기 취업할 수 있도록 체류 자격을 변경하는 제도입니다.
  - 금년 1분기 시행결과, 쿼터(분기별 100명)가 3일 만에 소진될 만큼 산업계의 호응이 높았으나, ▲기존의 선착순 접수에 따른 형평성 논란 ▲높은 점수에도 불구하고 신청 기회를 얻지 못해 선발되지 못하는 등 일부 불합리한 점이 있었습니다.

- 이에, 법무부는 선발기준의 형평성 제고와 제도 도입 취지에 부합하는 고숙련 기능 인력을 우선 선발하기 위해 금년 2분기부터 선발 방식을 다음과 같이 개선하여 시행합니다.
  - 접수/허가 방식을 선착순에서 고득점자 우선 선발 방식으로 변경

---

28) (현행) 경찰, 검찰, 국가인권위 공무원만 ⇒ (개선) 성폭력 피해 외국인에 대해 업무수행 중인 모든 공무원

* 외국인 근로자 중 일정 점수요건*을 충족한 자에게 선착순으로 접수·허가하다 보니 조기에 쿼터가 마감되어 상대적으로 접근성이 불편하거나 정보력 부족 등에 따라 신청기회를 얻지 못한 경우가 있고, 고득점자임에도 신청기회를 얻지 못해 불합리 하다는 지적이 있었습니다.

* 이에 일정기간(3일간) 동안 신청·접수 받은 자들의 숙련 점수 등을 일괄 채점하여 고득점자순으로 우선 선발하기로 하였습니다.

- 고득점자 우선 선발에 따른 동점 시의 선발기준 마련

* 고득점자 순으로 우선 선발하는 과정에서 동점자 발생 시 업무처리에 대한 투명성 확보와 시시비비 방지를 위해 한국어 능력, 체류 만료일, 연령순으로 선발하기로 하였으며 또한, 동점자 발생 시 국내법 위반자는 우선 제외하기로 하였습니다.

• 법무부는 이번 선발 절차의 합리적인 개선을 통해 보다 우수한 숙련기능인력 확보로 인력난을 겪고 있는 중소 제조업 등 관련 산업분야 발전에 도움을 줄 것으로 기대하고 있습니다.

7 영주자격 외국인, 10년마다 영주증 갱신해야

– 영주증 갱신제도, 보호 일시해제 직권 심사제도 도입,
외국인의 긴급 출국정지 제도 신설 등 「출입국관리법」 개정안 국회 통과 –

• ▲영주권 갱신제도 도입 및 영주자격 취득요건 규정 ▲보호 일시해제 직권심사 도입 ▲외국인 '긴급 출국정지 제도' 신설 등을 주요 내용으로 하는 「출입국관리법」 개정안이 2018. 2. 28. (수) 국회 본회의를 통과하였습니다.

• 이 법의 개정안은 공포 후 6개월이 경과한 날부터 시행될 예정이며, 개정안의 주요 내용은 다음과 같습니다.

<영주자격 외국인에 대한 영주증 갱신제도 도입>

- 앞으로 영주자격을 취득하는 외국인은 10년마다 영주증을 재발급 받아야 합니다. 또한 이 법 시행 당시 이미 영주증을 가지고 있는 외국인도 일정 기한 내에[29] 체류지 관할 출입국관리 사무소(출장소)에서 영주증을 재발급 받아야 합니다. 기한 내에 영주증을 재발급 받지 않은 외국인에게는 200만원 이하의 과태료가 부과됩니다.

* 이 법 시행으로 영주자격 소지 외국인의 사망, 체류지 변경 여부 등을 파악할 수 있게 되어 이들에 대한 체계적 관리가 가능해질 것으로 기대됩니다.

☑ (해외 사례) 미국의 경우 영주권자에게 발급하는 그린카드의 유효기간이 10년이며, 일본은 7년, 캐나다는 5년으로 규정하고 있음

---

29) ① 영주자격을 취득한 날부터 10년이 경과한 사람은 법 시행일부터 2년 이내
② 영주자격을 취득한 날부터 10년이 경과하지 아니한 사람은 10년이 경과한 날부터 2년 이내

<외국인의 보호 일시해제에 대한 직권심사 제도 도입>

- 외국인보호소 등에 보호되어 있는 외국인의 보호를 일시해제하는 경우, 현재는 반드시 본인이나 신원보증인 등의 청구가 있어야 하나, 앞으로는 이러한 청구가 없더라도 외국인을 보호하고 있는 출입국관리사무소장 등 보호기관의 소장이 직권으로 심사하여 보호를 일시해 제 할 수 있도록 하였습니다.

  * 이에 따라 보호외국인 등이 보호해제 절차를 잘 모르거나 신원보증인 등이 없어 청구를 못하는 경우에도 보호기관의 소장이 직권으로 보호를 일시해제 할 수 있게 되어 보호 외국인의 신속한 권리구제 및 인권보호가 가능하게 되었습니다.

  ☑ (보호 일시해제) 외국인보호소 등에 보호된 외국인에게 질병 치료 등 인도적 사유 또는 신속한 출국준비 필요 등의 사정이 있을 경우 보호를 일시적으로 정지하고 보호된 상태를 해제하는 제도

<외국인의 '긴급 출국정지 제도' 신설>

- 사형·무기 또는 장기 3년 이상에 해당하는 죄를 범하였다고 의심되고 도주할 우려가 있는 외국인에 대해 긴급한 필요가 있는 때에는 수사기관이 출입국관리공무원에게 '긴급 출국정지'를 요청할 수 있도록 법적 근거를 마련하였습니다.
- 이 제도는 외국인 범죄 피의자의 국외 도주 방지 및 범죄예방에 기여할 것으로 기대됩니다.

  * (긴급 출국정지) 일반적인 출국정지와 달리 수사상 긴급한 필요가 있는 때에 먼저 출입 국관리공무원에게 긴급출국정지를 요청하고 사후에 법무부장관에게 승인받도록 하는 제도

<외국인의 체류자격을 체계화하고, 영주자격 취득요건 등을 규정>

- ▲외국인의 체류자격을 일반체류자격과 영주자격으로 분류 ▲일반체류자격을 단기체류자 격과 장기체류자격으로 구분 ▲영주자격의 법적지위 및 취득요건[30] 등에 관한 기본 사항을 법률에 명시하였습니다.

  * 이는 종전에 대통령령에 있던 내용을 법률로 상향시킨 것이며, 이로 인해 외국인들에게는 국내 체류에 따른 법적 지위를 명확히 알려주고, 정부의 외국인 관리체계 개선에 도움을 줄 것으로 기대됩니다.

- 또한, 영주자격을 가지고 있는 외국인의 영주자격 취소사유[31]를 일반체류 자격을 가진 외국인보다 요건을 강화하고 구체화함으로써, 영주자격 외국인이 보다 안정적으로 체류할 수 있게 되었습니다.

---

30) ① 형법, 성폭력처벌법 등의 죄를 범하여 2년 이상의 징역 또는 금고 확정 ② 최근 5년 이내에 법을 위반하여 징역 또는 금고의 형을 선고받고 확정된 형기의 합산기간이 3년 이상 ③ 국가안보, 외교관계 및 국민경제 등에 있어서 대한민국의 국익에 반하는 행위를 한 경우 등

31) ① 대한민국의 법령을 준수하는 등 품행이 단정할 것 ② 본인 또는 생계를 같이하는 가족의 소득, 재산 등으로 생계를 유지할 능력이 있을 것 ③ 한국어능력과 한국문화에 대한 이해 등 대한민국 에서 계속 살아가는데 필요한 기본소양을 갖추고 있을 것

8 **귀화필기시험이 사회통합프로그램 종합평가로 새롭게 태어납니다.**

• 현행 귀화 필기시험은 문항 수가 적어 국민으로서의 기본소양을 평가하는 데 한계가 있고, 인터넷 신청이 안 되며 학습교재가 없어 불편하다는 지적이 있습니다.

• 사회통합프로그램 종합평가는 기본소양을 체계적으로 평가할 수 있도록 다양한 문항으로 구성되어 있으며, 인터넷(사회통합정보망/www.socinet.go.kr)을 통해 본인이 희망하는 날을 정해 신청할 수 있습니다.

☑ 사회통합프로그램 종합평가에 응시하려면 사회통합정보망 홈페이지(www.socinet.go.kr)에 회원가입을 해야 하고, 종합평가시험 일정 중 원하는 날짜를 선택하여 응시 가능
- 신청인이 사회통합프로그램 학습교재로 공부할 수 있어 편리하고, 종합 평가에 합격하는 순서대로 귀화허가 심사가 진행되므로 보다 빠르게 귀화 허가를 받을 수 있을 것으로 기대됩니다.

<달라지는 점 비교>

구분	귀화 필기시험		사회통합프로그램 종합평가
문항 구성	총 20문항(객관식)		총 45문항(객관식36, 작문4, 구술5)
시험 시간	총 20분		총 70분(객관식50, 작문10, 구술10)
응시 방법	• 출입국사무소 일괄 지정 • 지정 일에 출입국사무소에서 응시 (서울은 이민재단)	▶	• 사회통합정보망(socinet.go.kr) 가입 • 희망 시험 일자를 본인이 선택 • 각 지역 시험기관에서 응시
응시 기회	2회		1년 이내 3회
심사 방법	접수일 순으로 심사		종합평가 합격일 순으로 심사 (능력에 따라 심사기간 단축)
학습 방법	학습교재 없음		사회통합프로그램 교재 이용하여 개별학습 및 사회통합프로그램 참여

9 **법무부 사회통합프로그램, 집에서도 들어요**
– 법무부, 사회통합프로그램 인터넷 학습 기반 구축 –

• 법무부는 2018년 2월 12일부터 사회통합프로그램 5단계 강의를 인터넷을 통해 집에서도 학습할 수 있도록 개선했다고 밝혔습니다.
- 그 동안 법무부의 사회통합프로그램을 수강중인 이민자들은 본인이 신청한 학습기관에 출석하여 집합교육을 들어야 하고, 정해진 시간 외에는 학습을 할 기회가 없었습니다.
    * 임산부나 장애인처럼 거동이 불편하거나, 학습기관이 집에서 멀리 떨어져 있는 이민자들이 교육을 100% 참석하기에는 다소 어려운 점이 있었습니다.

* 또한, 몸이 아프거나 갑작스런 이유로 교육에 참석하지 못한 경우에 별도 보충 학습 과정이 없어서 해당 교육내용을 혼자서 공부해야 했습니다.
- 법무부는 이런 불편을 해소하고자 사회통합프로그램 교육과정을 동영상으로 별도 제작하여 사회통합프로그램 홈페이지(www.socinet.go.kr)나 유튜브("사회통합프로그램"으로 검색) 등 온라인으로 스스로 보충 학습을 할 수 있도록 개선하였습니다.
    * 참여자들은 최종 이수 요건인 80%만 출석한 후 나머지 부분은 동영상 강의를 통해 학습 내용을 보충할 수 있고, 본인이 부족하다고 생각하는 부분은 선택적으로 반복 학습을 할 수 있게 되었습니다.
    * 이민자가 이해하기 쉽도록 강의진행을 비교적 쉬운 언어로 사용하였고, 강의 내용도 베트남어·중국어·캄보디아어·러시아어·필리핀어 등 5개 언어로 자막 처리하여 이해 도를 높였습니다.
    * 또한, 참여자들은 개인 스마트기기를 통해 공간적 제약 없이 원하는 시간에 동영상을 시청할 수 있게 되어 학습효과가 더욱 커질 것으로 기대됩니다.
- 출입국·외국인정책본부장은 "임산부나 원거리 거주자들이 앞으로 집이나 회사에서 원하는 시간에 강의를 들을 수 있게 되어 영주권이나 국적취득에 큰 도움이 될 것이며, 앞으로 사회통합프로그램을 더욱 활성화하여 이민자들의 국내 적응을 도울 것"이라고 밝혔습니다.

사회통합프로그램이란

• 이민자가 우리사회 구성원으로 적응·자립하는데 필수적인 기본소양(한국어와 한국문화, 한국사회이해)과 정보를 체계적으로 함양시키는 프로그램
  - 이수자에게 체류허가 가점 부여, 영주권 한국어시험 면제 등 혜택 부여

10 바이오정보(얼굴사진·지문) 분석으로 위험인물 입국 막는다

– 개명여권 사용한 사증·국적신청자 4,790명 적발 –

– 위험인물 입국 차단으로 안전한 평창 동계올림픽 개최 지원 –

• '바이오정보전문분석시스템(BASE)' 개발·운영 경위
  - 법무부는 국제테러분자, 위·변조여권행사자 등 우범외국인 입국을 차단하기 위하여 입국하는 외국인의 얼굴 및 지문 정보를 제공받아 본인 확인을 실시하고 있습니다.
  - 이 과정에서 불법체류 등으로 자국으로 강제송환된 외국인들이 이름을 바꾼 여권으로 입국하는 사례 등이 적발되어, 얼굴 사진을 비교·분석하는 '바이오정보전문분석시스템(BASE)[32]' 개발을 2013년부터 시작하여 2015년 12월 완료하였습니다.
  - 바이오정보전문분석시스템은 대상자의 얼굴 사진 및 지문을 그 간 법무부가 입국 시 수집한 외국인의 데이터와 비교·분석하여 동일인물을 찾아내는 프로그램입니다.

---

32) BASE: Biometrics Analysis System for Experts

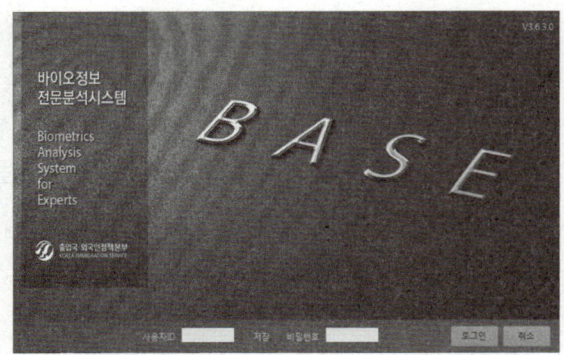
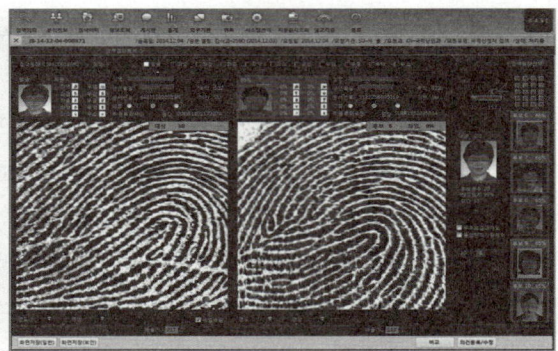

- '바이오정보전문분석시스템(BASE)' 운영 성과
  - 법무부는 바이오정보전문분석시스템을 이용하여 과거 추방 전력 등의 사유로 개명여권을 이용하여 한국 사증 및 국적을 신청한 외국인 4,790명을 적발하고 사증 및 국적 취득을 불허, 불법체류를 사전 차단하였습니다.
  - 또한, 검·경 등 유관기관이 마약·폭력 등 외국인 사범의 신원을 특정하지 못한 건에 대하여 사진(3,301건)만으로 외국인 사범의 구체적인 신원을 특정하여 유관기관 의 내·수사를 지원하였습니다.

17 출제예상 토목·건축직/산림직 10대 이슈정리

1 국토정책 일반

1 국민체감형 지역균형발전 정책 추진

- 투자선도지구, 지역수요 맞춤지원사업 등 경쟁력 있는 지역개발사업 발굴
- 혁신도시 시즌2 추진, 행복도시 자족기능 강화, 속도감 있는 새만금 개발 등을 통한 지역 성장거점 육성
- 영호남이 인접한 섬진강변을 '동서통합지대로 조성'
- 동서남해안 및 내륙권 발전사업, 해양관광진흥지구 등을 통해 지역관광을 활성화

2 산업단지를 지역혁신성장의 인큐베이터로 조성

- 신산업 육성 및 창업·혁신생태계 조성을 위한 산업입지 중점 지원
- 도심 내 신산업 입지를 위한 소규모 산업공간 조성
- 우수 인재를 산업단지로 유치하기 위해 산업단지 정주환경 개선

3 국토의 미래 방향 제시 및 효율적인 관리

- 국토의 장기 발전 방향을 제시하는 국토종합계획 수립
- 수도권의 질서 있는 정비 및 균형발전 유도를 위한 수도권정책 수립
- 지속 가능한 국토관리를 위한 국토계획 평가제도 운영
- 환경과 조화로운 국토개발을 위한 국토계획과 환경계획의 통합관리

2 국토종합계획

1 계획의 성격

- "국토 전역을 대상으로 하여 국토의 장기적인 발전 방향을 제시"하는 20년 단위의 법정계획 (국토기본법)
- 국토정책위원회와 국무회의의 심의를 거쳐 대통령의 승인을 받아 확정하는 국토와 공간에 대한 최상위 계획

2 국토종합계획 연혁

<국토종합계획 차수별 주요내용>

차수별(계획기간)	주요내용
1차 (1972~1981)	고도경제성장을 위한 기반시설 조성을 목표로 수도권과 동남해안 공업벨 트 중심의 거점 개발을 추진
2차 (1982~1991)	인구분산의 지방정착과 생활환경 개선을 목표로 수도권 집중억제와 권역 개발을 추진
3차 (1992~2001)	국민복지 향상과 환경보전을 목표로 서해안 산업지대와 지방도시 육성을 통한 지방분산형 국토개발 추진
4차 (2001~2020)	국토균형발전, 동북아중심국가 도약을 위한 연안축, 동서내륙축 구축 → 개방형통합국토 구축
4차 수정 (2006~2020)	약동하는 통합국토 실현을 위한 개방형 국토발전축(π) 및 다핵연계형 국 토구조(7+1) 제시
4차 수정 (2011~)	대한민국의 새로운 도약을 위한 글로벌 녹색국토 실현 → 개방형 국토축과 광역연계형 녹색국토 추진

3 향후계획

제5차 국토종합계획 수립 연구용역

3 행복도시 산학연 클러스터

<행복도시 행복도시 산학연 클러스터 구축>

기업, 대학, 연구기관 등을 공간적으로 통합하여 「R&D·인력양성→창업·성장→재투자」의 생태계 구축

- 사이언스파크(産, 研): BT·IT·ET 관련 기업 및 연구소로 구성
  - 벤처파크: 벤처기업, 강소기업 등 산업체 입주
  - 리서치코어: 산학연 협력센터(지식산업센터, 테크노파크 등) 입주
  - 리서치파크: 연구소, R&D기업, 과학·산업기술 관련 정부출연연 입주
- 창조형캠퍼스(學): 인력, 연구개발, 창업보육 등 산학협력 중심 캠퍼스
- 캠퍼스 타운: 소통·교류·활력의 공간(상업업무·생활편익시설 입주)

4 지역개발사업

<지역수요맞춤지원사업>

1 지역수요맞춤지원사업 제도개요

- (목적) 기존의 성장촉진지역에 대한 대규모 SOC 사업 위주에서 탈피, 주민 실생활과 밀접한 소규모 H/W-S/W 융·복합 사업을 지원하여 지역주민의 생활 불편 해소 및 삶의 질 제고 기대
- (근거) "지역개발 및 지원에 관한 법률" 제11조 제1항 제2호에 따른 (소규모)지역개발사업구역으로 지정하여 사업시행
  - ☑ 수요응답형 교통서비스 개선사업·BIS사업 등 지역개발사업
- (재정지원) 국가균형발전특별법 제34조, 지역개발 및 지원에 관한 법률 제53조 및 시행령 제58조에 근거하여 재정지원

2 지역수요맞춤지원사업 공모

- (대상지역) 성장촉진지역으로 지정된 70개 시·군 대상
- (대상사업) 기반시설(H/W)과 문화 콘텐츠 등 S/W(타 부처 사업 연계가능) 융·복합을 통해 새로운 부가가치를 창출하는 사업으로서 지역경제 활성화·지역역량 제고 등 창조경제 실현에 이바지하는 사업 위주로 선정
  - ☑ 사업유형: 지역산업, 지역경관, 지역생활복지, 지역관광·체험 등
- 지역활성화지역에 대해서는 공모 가능한 유형 추가, 공모 시 가점 등 인센티브 부여
  - ☑ 성장촉진지역 시군 중 도별 낙후도 상위 30% 시군

3 투자선도지구

- (목적) 발전잠재력이 있는 지역전략사업을 투자선도지구로 지정, 패키지 지원함으로써 지역 성장거점으로 육성하고 민간투자 활성화
- (적용대상) 수도권·제주를 제외한 지역개발사업 중 발전잠재력이 있고 경제적 파급효과가 큰 지역 전략사업
  - ☑ 산업단지, 물류·유통단지, 관광단지, 관광휴양시설, 역세권개발사업 등
- (인센티브) 발전촉진형·거점육성형으로 구분, 유형별로 인허가 의제 등 규제특례, 재정지원, 세제·부담금 감면 등 인센티브 제공
  - ☑ 재정지원은 발전촉진형 중 성장촉진지역에 한해서만 사업당 100억원 이내 지원 중

5 도시첨단산업단지

1 도시첨단산업단지 개요

- 소규모 면적(1만m² 이상) 지정 가능(일반산업단지의 경우 3만m² 이상)
- 산업시설용지 의무확보비율(40%) 완화(국가 및 일반산업단지의 경우 50%)
- 행정중심복합도시, 혁신도시 등 기존 개발사업지구 일부에 대하여 중복하여 지정 가능
- 의무 녹지율 완화, 임대목적 도시첨단산업단지의 경우 기반시설 지원 등

2 도시첨단산업단지 개발절차(산업단지 인·허가 절차 간소화를 위한 특례법)

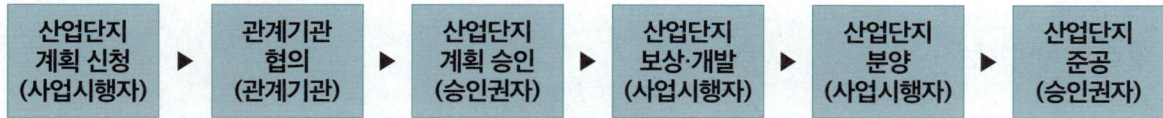

산업단지 계획 신청 (사업시행자) ▶ 관계기관 협의 (관계기관) ▶ 산업단지 계획 승인 (승인권자) ▶ 산업단지 보상·개발 (사업시행자) ▶ 산업단지 분양 (사업시행자) ▶ 산업단지 준공 (승인권자)

3 시첨단산업단지 특성

- 소규모 면적(1만m² 이상) 지정 가능(일반산업단지의 경우 3만m² 이상)
- 산업시설용지 의무확보비율(40%) 완화(국가 및 일반산업단지의 경우 50%)
- 행정중심복합도시, 혁신도시 등 기존 개발사업지구 일부에 대하여 중복하여 지정 가능
- 의무 녹지율 완화, 임대목적 도시첨단산업단지의 경우 기반시설 지원 등

4 도시첨단산업단지 선도 사업: 판교 제2테크노밸리

- 국토교통부에서 지정한 대표적인 도시첨단산업단지는 판교 제2테크노밸리로서 정부의 중점 추진과제인 혁신성장을 위하여 "아이디어만 있으면 누구나 창업에 도전할 수 있는 공간 → 세계 최고 수준의 창업·혁신 생태계로 조성"한다는 목표로 추진 중이고,
- 이를 위해 2017.12.11. 확대 경제관계장관회의를 통해 "혁신·창업 생태계 조성을 위한 판교 제2테크노밸리 활성화 방안"을 발표하여 조성중

> **활성화 방안 주요 내용**
>
> • 목표: 아이디어만 있으면, 누구나 창업에 도전할 수 있는 공간 → 세계 최고 수준의 창업·혁신 생태계로 성장
> • 세부과제
>   ① 혁신창업 종합지원 프로그램
>   ② 언제든 소통·교류할 수 있는 환경
>   ③ 혁신인재 유입을 위한 문화·교통·거주환경
>   ④ 스마트시티·자율주행차 실증 메카
>   ⑤ 판교 혁신모델 확산체계 구축
>   - 판교 제2테크노밸리 혁신창업 지원 체계

6 수도권 정책

▌수도권 정비의 목표와 추진전략

1 기본방향

인구 안정화를 전제로 수도권의 「질적 발전」 추구
높은 국제 경쟁력을 갖추고 지방과 상생 발전하는 수도권을 지향

2 4대 정비목표

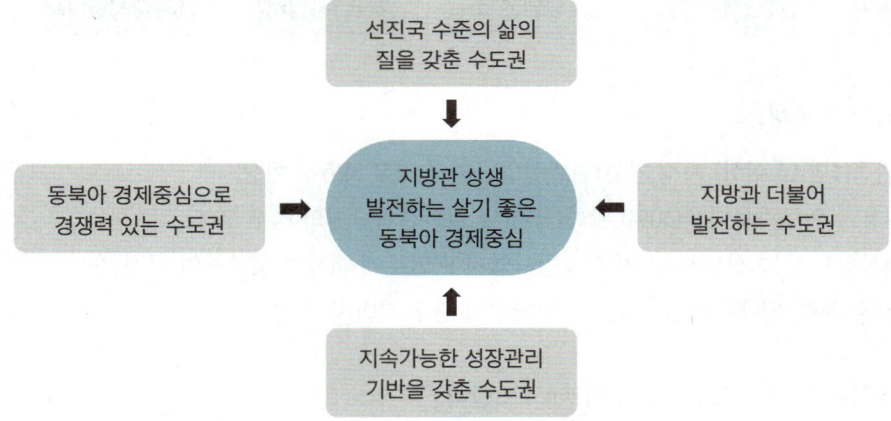

3 추진전략

① 수도권 인구 안정화
② 수도권 주민의 삶의 질 개선
③ 수도권의 경쟁력 강화
④ 수도권 규제의 합리적 개선

7 새만금 사업 추진

| 새만금 사업 추진

1 새만금사업 개요

- 목표: 새만금 방조제 내부의 새만금지역을 6대 용지(국제협력·농생명·관광레저·산업연구·환경생태·배후도시)로 개발하여 "환황해 경제권을 선도하는 글로벌 복합도시"로 조성
- 국토정책위원회와 국무회의의 심의를 거쳐 대통령의 승인을 받아 확정하는 국토와 공간에 대한 최상위 계획
  - 광활한 수변공간을 적극 활용하는 명품 수변도시 개발
  - 천혜의 자연환경 및 세계 잼버리를 활용하여 관광·레저 허브 조성
  - 4차 산업혁명 시대를 대비한 전진기지 육성
  - ☑ 명칭 유래: 만경평야와 김제 평야를 합쳐 '만금평야'라 했으며, 새로운 만금평야가 조성 된다는 뜻으로 '새만금'이라 명명
- 총면적: 409km²(서울시 면적의 2/3, 여의도의 140배)
- 총사업비(기본계획상): 22.19조원

토지이용계획: 6대 용지 조성

① 산업연구(41.7km²): 첨단산업 유치
② 국제협력(52.0km²): 경협특구
③ 관광레저(36.8km²): 휴양시설 연계 관광거점
④ 농생명(94.3km²): 첨단농업 육성
⑤ 환경생태(42.0km²): 생태환경 보전 기능
⑥ 배후도시(10.0km²): 주거거점 기능

---

8 토지/국토정보 정책

1 부동산 산업을 부가가치 높은 서비스 산업으로 육성

- 네트워크형 부동산종합서비스 기반마련 등 경쟁력 강화
- 부동산 거래 안전성 강화 및 정보공개 확대 등 신뢰성 제고
- 상장 활성화 등을 통한 리츠산업 육성

2 합리적 토지이용과 개발을 위한 선진 토지정책 구현

- 건전하고 투명한 부동산 거래 질서 정상화를 위한 제도 지원
- 보상제도 합리적 개선 및 생활보상 확대 등 국민불편 해소
- 개발이익 환수 제도의 탄력적 운영을 통한 투기방지 및 효율적 이용 촉진

3 부동산가격정보 내실화

- 토지·주택 등 가격공시 효율화
- 감정평가의 객관성·공정성 강화
- 지가변동, 상업용부동산 동향 등 부동산 시장정보 적기 제공

4 환경변화에 대응하는 부동산 개발

- 2기 신도시의 차질없는 개발 및 부진사업지구 사업성 개선
- 제도개선을 통해 최근 주택수요와 부동산 여건 변화에 대응
- 체계적·효율적인 부동산 개발을 위해 다양한 개발방안 모색 및 사업방식 다각화

9 국가인터넷지도(바로e맵) 서비스

1 「국가인터넷지도」 개요

- (국가인터넷지도) 국가기본도에 각종 공간정보를 융·복합하여 인터넷 환경에서 이용할 수 있도록 가공한 지도

  바로e맵 홈페이지: http://emap.ngii.go.kr
- (국가관심지점정보) 국가 고유업무 수행으로 축적된 각종 DB(주소정보 포함)를 위치기반 서비스 목적으로 통합·가공하여 POI형태로 구축한 데이터

2 추진배경

공공기관 및 민간업체에서 국가기본도를 인터넷 환경에서 이용하기 위해 추가적으로 수행해야 하는 변환 및 가공 작업 불편을 해소하고 중복구축 문제 해결

3 추진내용

- 국가기본도와 연계한 2주 단위 갱신을 통하여 최신성과 정확성을 확보하고 공공데이터 연계 제공을 통한 신뢰성 확보
- 정부3.0 가치실현 및 공간정보 이용 활성화를 위하여 국민 누구나 국가인터넷지도 및 국가관 심지점정보를 부담없이 활용할 수 있도록 무상 제공
- 정부3.0 가치실현 및 공간정보 이용활성화를 위하여 국민 누구나 국가인터넷지도 및 국가관 심지점정보를 부담 없이 활용할 수 있도록 무상으로 제공할 계획
  - ☑ 제공시기: 2015년 3월 ~

4 기대효과

- 인터넷 지도 구축에 소요되는 예산 절감
- 위치기반서비스 산업에서의 스타트업, 중소업체 및 1인기업의 시장진입 용이

10 스마트국토정보

1 개요

(정의) 전국의 부동산정보를 언제 어디서나 모바일 단말기(스마트폰 및 태블릿컴퓨터)를 활용하여 편리하게 검색할 수 있으며, 위치정보(GPS)를 이용하여 현재 위치의 부동산정보를 지적도 및 항공사진 등의 공간정보를 기반으로 조회할 수 있는 시스템

2 주요 기능

- 부동산정보 검색: 연속지적도, 항공사진, 부동산정보조회 및 실거래가 정보 제공
- 국토이용 현황분석: 분석지역에 대한 토지, 건축물, 거주자(인구수, 세대수), 중개업자 지역 정보 등을 제공
- 국토통계: 부동산현황, 부동산거래, 부동산가격별 11종 통계 제공

11 공적 가치

1 2020년부터 공무원 면접 시 가장 중요한 평가 가치 항목

사회적 가치란 사회·경제·환경·문화 등 모든 영역에서 공공의 이익과 공동체 발전에 기여할 수 있는 가치

사회적 가치	주요 의미
인간의 존엄성을 유지하는 기본 권리로서 인권의 보호	행복추구권, 평등권, 알권리, 직업의 자유, 안정적 주거생활 보장 등 헌법상 보장되는 기본권 보장
재난과 사고로부터 안전한 근로, 생활 환경의 유지	시장에서 해결할 수 없는 국민의 안전을 지키기 위한 공공의 적극적 조치 필요
건강한 생활이 가능한 보건복지의 제공	인간다운 생활의 기본조건으로서 건강한 생활을 영위할 수 있는 보건·의료서비스를 국가에 요구하고 국가는 이를 제공
노동권의 보장과 근로조건의 향상	생계를 유지하기 위해 일할 수 있는 권리보장, 노동3권, 안정적인 근로조건 유지, 고용안정 등
사회적 약자에 대한 기회제공과 사회 통합	여성, 노인, 청소년, 신체장애자, 기타 생활능력이 없는 국민도 인간으로서의 존엄과 가치를 보장받을 수 있는 사회보장 정책 추진
대기업·중소기업 간의 상생과 협력	시장의 지배와 경제력의 남용을 방지하고, 경제주체 간의 조화를 통한 경제의 민주화를 위하여 필요한 규제·조정
품위 있는 삶을 누릴 수 있는 양질의 일자리 창출	민간·공공부문 일자리 창출, 노동시간 단축을 통한 일자리 나누기, 비정규직 축소 등 좋은 일자리 확대
지역사회 활성화와 공동체 복원	자치와 분권의 원칙을 지역 공동체 차원에서 보장하는 지방자치 실현
경제활동을 통한 이익이 지역에 순환 되는 지역경제 공헌	지역 간 균형있는 발전을 위한 지역경제 육성, 수도권 과밀화로 인한 부작용 해소

윤리적 생산과 유통을 포함한 기업의 자발적인 사회적 책임 이행	사회적 존재로서 기업의 사회적 책임 이행. 인권, 노동권, 환경, 소비자 보호, 지역사회 공헌, 좋은 지배구조 형성
환경의 지속가능성 보전	국민이 쾌적한 환경에서 생활할 권리를 보장하기 위한 국가의 의무
시민적 권리로서 민주적 의사결정과 참여의 실현	민주적 의사결정과 시민 참여를 통한 국민주권 국가 실현을 위한 정부 운영방식 개선, 참여 기제 확보, 참여 수준 심화
그밖에 공동체의 이익 실현과 공공성 강화	경제적 양극화 등으로 파괴된 사회 공동체 회복 추구, 시민사회 등 제3섹터의 지원 및 육성

출처: 정부혁신 추진계획(행안부, ′18.3)

2 사회적 가치 추진 필요성

- (삶의 질) 낮은 수준에서 정체되고 있는 국민체감 삶의 질 수준을 제고하고, 경제적 성과와 삶의 질 간의 격차 완화 필요
- 국제비교 시 한국의 총 GDP 규모는 세계 11위 수준(′18년)인 반면, 삶의 질 관련 국제지표는 상대적으로 크게 낮은 수준
  - 특히, 공동체(사회관계망 질), 대기오염, 자살률 등은 최하위 수준

> ### 사회적 가치 관련 주요 국제지표
>
> ① (OECD Better Life Index) 한국은 OECD 국가 중 하위 25%, 세부지표 중 교육, 시민참여는 양호, 공동체(지원관계망), 환경, 건강, 일·삶균형은 취약
>   * ′18년 (40개국): (전체)30 (공동체)40 (교육)11 (환경)40 (참여)2 (건강)36 (균형)37
> ② (UN World happiness Index) 상위 35%, 건강(기대수명) 관련 지표 순위는 최상위 수준, 사회적 자유, 부패, 사회적 지원 지표는 평균 이하로 부진
>   * ′19년 (156개국): (전체)54 (기대수명)9 (관용)40 (사회적자유)144 (부패)100 (사회지원)91
> ③ (TI Corruption Perceptions Index) 공무원과 정치인이 얼마나 부패해 있다고 느끼는지를 비교한 것으로 180개국 중 45위로 상위 25%

- (기업 경쟁력) 기업의 장기성장과 위험관리에 중요성[33]이 높아지고 있는 CSR 활동 지원으로 기업 경쟁력 제고와 지속성장 여건 강화
- 글로벌 기업 중심으로 지속가능경영을 거래기업의 선결 이행요건으로 반영, 무역장벽으로 적용하는 사례[34] 증가
- 개도국[35]도 점차 CSR을 강조하면서, 비용절감 등을 위해 개도국에 진출한 중소기업들에게도 사회적책임 이행의 중요성 증가

---

33) 전세계 CEO 75% 이상이 지속가능성에 대한 투자가 비교우위와 성장기회 확보에 중 요하다고 대답(CSR Europe 설문조사)
34) • ′국내 수출기업 54%가 글로벌 기업 납품시 CSR 평가를 받았고, 미흡시 협력사 선정배제· 조건부 납품 등 불이익 → 컨설팅·교육, 정보공유, 인증비용 등 정부지원 필요
• ′미국 대표기업 CEO 181명이 고객, 직원, 납품업체, 지역사회 등 이해관계자를 고려한 포 용적 번영(inclusive prosperity), 사회적 책임 강조 성명서 발표
35) 인도네시아(′07)·인도(′14) CSR 의무화 법제정, 중국 100대 CSR 우수기업 발표 등

- 신용평가 기관, 투자은행 등은 기업의 지속가능 경영 여부 등을 고려하여 기업 가치 평가를 진행
  - ☑ S&P, Moody's는 환경, 사회 등 평가, Goldman Sachs 등은 CSR을 평가모델에 반영
- (사회통합과 경제성장) 양극화, 고실업, 사회갈등 등 주요 문제 해결·완화로 사회통합을 제고하고, 경제의 지속적 성장 보완
  - ☑ 韓 사회신뢰가 북유럽 수준으로 향상되면 경제성장률 1.5%p↑
- 외환위기 이후 양극화, 고실업, 저성장 고착화 등 문제 심화
  - ☑ '00~16년 기업소득은 255% 증가한 반면, 가계소득은 138% 증가(ECOS)
  - ☑ '17년 OECD 국가 중 임금소득 10분위 배율 기준 불평등도 3위(OECD, '18.3)

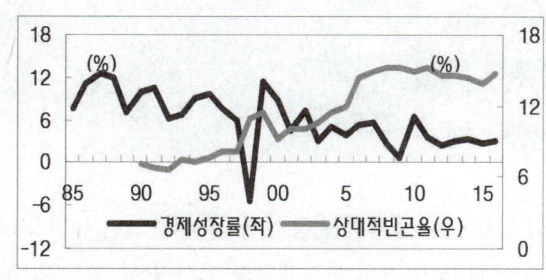

경제성장 - 소득분배

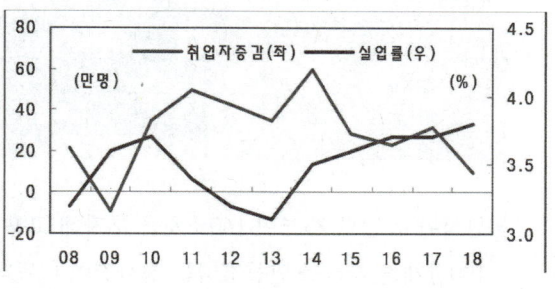

취업자 - 실업률

자료: 국가데이터처

1 내용

- 한국판 뉴딜로 2025년 160조원을 투자해 고용·사회 안전망을 강화하는 동시에 디지털·그린 뉴딜을 추진해 190만개 일자리를 만들겠다는 청사진이 나왔다. 지난 6월 '하반기 경제정책방향'에서 밝힌 76조원 투자보다 두 배 이상 늘었다.

- 14일 기획재정부가 공개한 '한국판 뉴딜 종합계획'을 보면, 한국판 뉴딜은 안전망 토대 위에 디지털·그린 뉴딜이 추진된다. 정부는 한국판 뉴딜에 대해 "위기 극복과 코로나 이후 글로벌 경제 선도를 위한 국가발전 전략"이자 "우리 경제·사회를 새롭게(New) 변화시키겠다는 약속(Deal)"이라고 설명했다. 이를 통해 추격형 경제에서 선도형 경제로, 탄소의존 경제에서 저탄소 경제로, 불평등 사회에서 포용 사회로 전환하겠다는 비전도 제시했다.

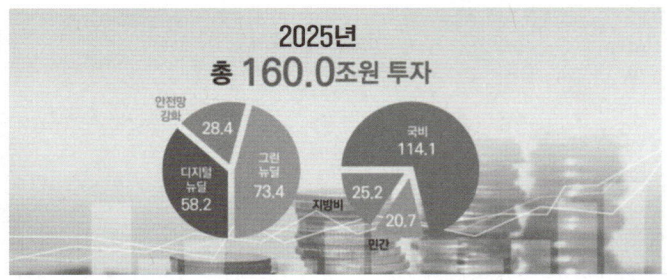

- 그린 뉴딜은 녹색산업 생태계 지원과 향후 탄소 배출 사회를 구축하기 위해 73조 4천억 원이 투입된다. 주요 사업으로는 공공임대주택, 어린이집 등 노후건축물의 그린 리모델링을 비롯해 생활 인프라 시설의 녹색 전환(30조1천억원), 태양광·풍력·수소 등 신재생에너지 보급 확대 등을 통한 저탄소·분산형 에너지 확산(35조8천억원), 생물소재 산업 육성과 스마트 생태공장 구축 등을 통한 녹색산업 혁신 생태계(7조6천억원) 등이 있다.

- 정부는 한국판 뉴딜의 성공적인 추진을 위해 대통령을 중심으로 한 한국판 뉴딜 전략회의를 발족한다. 문재인 대통령이 매달 1~2회 전략회의를 주재하고, 이를 뒷받침하기 위한 한국판 뉴딜 당정추진본부도 신설돼, 홍남기 부총리 겸 기획재정부 장관과 조정식 더불어민주당 정 위의장이 공동으로 추진본부장을 맡는다.

- 한국판 뉴딜은 협업과 실행이 관건과 범국가적 역량을 결집해 강력한 추진력 확보

출처: 한겨레, 이정훈 기자

13 최저임금제

- 최저임금위원장은 기자들을 만나 "올해는 예상할 수 없는 불확실성이 지난해보다 훨씬 높은 상황에서 노동시장과 지속가능한 일자리를 지키는 것이 가장 중요한 정책적 우선순위에 놓아야겠다고 판단했다"며 "마지막에 근로자 위원들과 소상공인 위원들이 퇴장해 아쉬움이 남지만, 국가적으로 극복해야 할 위기상황에서 노·사·공익 위원들이 지혜를 모으기 위해 최선을 다했다"고 말했다. 또 공익위원 간사인 권순원 숙명여대 교수(경영학)는 "올해 경제성 장률 전망치 0.1%와 소비자물가상승률 0.4%, 그리고 생계비 개선분 1.0%를 합산한 것"이라고 이번 결정의 근거를 설명했다.

- 전날 오후 일찌감치 퇴장한 민주노총에 이어, 낮은 수준의 최저임금 인상에 반발해 이날 오전 1시 20분 퇴장한 이동호 한국노총 사무총장은 "이런 참담한 최저임금안이 나온 사례는 없었다. 공익위원 스스로 대한민국 최저임금의 사망선고를 내린 것"이라고 평가했다. 사용자위원 가운데 소상공인연합회 오세희·권순종 부회장은 삭감안이 아니라는 이유로 퇴장했다. 최저 임금법에 따라 최저임금위가 이날 의결한 내년도 최저임금안을 고용노동부 장관에게 제출하면, 노동부 장관은 다음 달 5일까지 이를 고시해야 한다. 최저임금이 고시되면 내년 1월 1일부터 효력이 발생한다.

출처: 한겨레신문

http://www.korea.kr/main.do
- 정책 브리핑 사이트 -

지금 **대한민국은?**

전국 구도심 250곳, 청년 스타트업 혁신 허브로

'황사·미세먼지 줄이자'...중국에 40만 그루 심는다

미세먼지가 몰고 온 마스크 전성시대

봄과 함께 찾아온 3월 '문화가 있는 날'

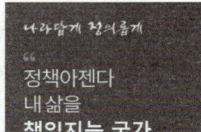

산림청은 2007년부터 지난해까지 쿠부치사막에 약 400만 그루의 나무를 심었으며 초창기에 심은 나무는 현재 10m 이상 높이로 자라 숲을 이뤘다.

산림청이 모래 이동으로 황사가 발생하던 지역에 조림을 하고 위성영상을 분석한 결과, 숲이 모래 이동의 저지벽 역할을 하며 황사를 줄이는 효과가 있는 것으로 나타났다.

조림 지역에서 식생 지수는 20~80%까지 지속해서 증가했고 일부 이전 조림 지역은 사실상 식생이 없는 상태에서 출발해 주변 비사막 지역의 70% 식생 밀도까지 도달했다.

조림 지역의 사구(모래) 이동량은 사막 지역의 1~5% 정도에 불과했다.

조림 지역이 여타 사구 이동 지역의 저지벽 역할을 하면서 다른 사막화 방지 활동 인근 지역의 사구 이동도 크게(사막 지역 대비 30~50%) 감소했다.

산림청은 중국 산림당국과 양자협력 관계를 바탕으로 대기질 개선을 위한 다양한 숲 조성사업을 벌이고 동북아 사막화방지 네트워크(DLDD-NEAN)를 통한 공동 모니터링과 연구도 강화할 계획이다.

고기연 산림청 국제산림협력관은 "사막지역 나무심기로 황사와 미세먼지 저감에 기여하고 환경문제 해결에 앞장설 계획"이라며 "우리나라 대기질 개선을 위해 중국정부, 민간단체와 지속적으로 협업하고 국민들이 체감할 수 있는 정책 성과를 거두기 위해 노력하겠다"고 밝혔다.

문의: 산림청 국제산림협력관실 042-481-4236

'황사·미세먼지 줄이기'...중국에 나무 40만 그루 심는다

산림청, '중국 쿠부치사막 나무심기' 프로젝트 진행

산림청 | 2018.03.27

산림청이 사막 확산을 방지하고 황사·미세먼지 등으로 인한 피해를 줄이기 위해 주요 발원지인 중국 쿠부치사막에 올해 40만 그루의 나무를 심는다고 27일 밝혔다.

이번 사업은 중국 지방정부와 협조해 이뤄지며 나무 심기 외에 종 다양성을 높이기 위한 초류 종자 파종과 지역주민 대상 인식조사도 같이 진행된다.

이 사이트가 좋은 이유: 위 자료를 보면 알 수 있듯이

1. 시사 이슈를 공부할 수 있다.
2. 문제점이 뚜렷하게 드러나 있다.
3. 자료의 출처가 깔끔하다(위 주제에서는 산림청이 자료의 출처다.).
4. 해결 방안이 들어가 있다.

    토의 주제로 사용하기엔 매우 활용가치가 높은 사이트라고 볼 수 있다. 또한, 키워드로 보는 뉴스도 활용하면 배경지식을 늘리는 데 좋다.

1. 9급 서울시 면접 후기

001. 과학과 기술의 발전으로 사회가 빠르게 변화하고 있는데, 이에 대해서 서울시 교육 청 공무원으로서 가져야 할 태도는?
 - 적극행정의 태도입니다. 법과 제도의 미흡한 부분에 있어서 전문적 지식을 가진 공무원의 적극행정의 태도가 필요하다고 생각합니다.

002. 진상 부리는 민원인은 어떻게?
 - 먼저 차라도 드리면서 진정을 시키고 왜 안되는지 설명하고 그래도 계속 행동 지속 시 직근 상관님께 보고 후 조치를 기다리겠습니다.

003. 인공지능을 서울시 교육청의 업무에 어떻게 접목시킬 수 있을 것인가?
 - 작년에 개정된 행정기본법 개정사항에는 공무원의 재량행위가 개입되지 않는 처분에 있어서 인공지능을 이용한 처분이 가능하도록 한 것으로 알고 있습니다. 이 와 마찬가지로 서울시교육청의 업무에서도 공무원의 재량행위가 개입되지 않는 업무에 접목 시킬 수 있을 것이라고 생각됩니다.

004. Chat GPT 접목시 생길 수 있는 문제점은?
 - 그것은 정보 유출입니다. 현재 Chat GPT의 서버는 외국에 있습니다. 따라서 작업을 위해 정보값을 Chat GPT에 입력하게 된다면 교육청의 정보가 해외로 유출될 우려가 있습니다. 따라서 한국만의 별도의 Chat GPT를 만들 필요가 있다고 생각합니다.

005. 저출산 고령화가 교육에 가져올 영향은?
 - 저출산 고령화로 인해 학생의 수가 감축되고 있고, 이에 따라 관련 예산이 남는 상황이 발생하고 있습니다. 이에 대학교에서는 교육청의 예산을 가져오려고 하고 있습니다. 따라서 교육청은 이에 대응하여(면접관 중 한 분 얼굴 일그러짐 → 당황) 아..아니 맞대응(그 면접관 오만상 → 당황×500)..아아닙니다 예산을 유지할 수 있도록 디지털 기기 등에 대한 투자를 하는 것이 맞다고 생각합니다.

006. 질문이 기억나지 않습니다. (멘붕 왔던 부분)

007. 지역 간 교육불균형에 대해서 이에 대한 해결책은?
 - 지역 간 교육불균형에 대해서 일부 학생들의 배정을 조정하고 디벗사업과 같이(이 말을 했던 것 같기도 합니다. 근데 디벗 사업에 대해 설명하지는 않음) 디지털 기기에 대한 투자나 교수방식에서의 혁신을 통해 해결해야 한다고 생각합니다.

008. 기억나지 않습니다.

마무리 답변
비록 아 마지막으로 교원 학부모 지역사회에 충실하고 성실하게 임하는 공무원이 되겠습니다. 감사합니다! 채한태박사님 수업 들으면서 다방면으로 디테일하게 공직 가치 윤리관 시사 모두 착실하게 준비할 수 있었습니다. 처음에 준비할 때 방향성에 대해서 고민했는데, 그러한 방향성을 제시해 주셔서 덕분에 면접을 잘 준비할 수 있었던 것 같습니다. 그동안 열심히 가르쳐주셔서 감사합니다.

2. 9급 국가직 면접 빈출 기출문제

《5분 발표》 전직렬 공통

본인의 담당 부처는 쓰레기 매립장 설치를 계획 중인 중앙부처 주무관이다. 지역 주민 A집단은 악취, 유해가스 등의 이유로 설립을 반대, B집단은 지역 발전을 위해 설립을 찬성한다. 본인은 주민들의 다양한 의견을 수용하고 진행 과정을 전부 공개하였다. 이와 관련된 공직가치를 발표하시오.

Q. 5분 스피치 관련 보충 질문내용

1. 다양한 국민의 의견을 수용하는 과정에서 신속성이 저해되면 어떻게 대처할 것인가?
2. 본인이 찾은 공직가치 중 공무원에게 더 중요한 것?
3. 본인이 설명하는 과정에 공직가치 중 하나인 공정성이 중요한 이유를 설명했는데 이와 충돌하는 공직가치가 있다면?
4. 투명성이 실현되면서 다양한 불만들이 있어 정책 집행이 늦어지면 어떻게 대처할 것인가?
5. 애국심을 제시한 이유가 무엇인가?

《경험형》 일반행정직

Q. 질문 정리

1. 행정안전부 민원실을 지원한 이유가 있다면?
2. 자격증을 취득하면서 어려웠던 점과 쉬웠던 점?
3. 본인이 능력을 발휘할 수 있는 직무와 그 이유는?
4. 행정안전부 홈페이지를 보고 느낀 점은?

《상황형》 전직렬 공통

본인은 노동자 지원 관련 담당자이다. 현재 저임금 노동자들이 지원을 받고 있는 상황인데 일부 노동단체가 자기 계발이 가능한 프로그램을 실시하여 지원할 것을 요구, 동시에 지원 시 기존에 지원받던 근로자들의 지원금이 줄어든다. 어떻게 대처할 것인가?

Q. 상황형 보충 질문내용

5. 상황 요약하여 설명해 보세요.
6. 본인의 판단과 판단의 중요한 판단기준을 설명하시오.
7. 동시에 지원하게 된다면 누가 더 우선순위인가?
8. 진행하는 과정에서 상관이 반대한다면?
9. 진행 과정에서 문제가 발생한다면?
10. 기존에 지원받던 근로자가 불만을 말한다면?
11. 결정한 내용이 법규와 충돌이 있다면 어떻게 대처할 건가?

《개별질문》 전직렬 공통

12. 지원동기 말하시오.
13. 본인이 공무원이 되어야 하는 이유는?
14. 타인을 위해서 헌신한 사례?
15. 공직에 입직하여 맡고 싶은 직무?
16. 공직에 입문하기 위해서 준비한 것을 말하시오.
17. 열정적으로 일한 사례를 말하시오.
18. 마지막으로 하고 싶은 말?

1. 5분 스피치 – 내부고발 시 내부고발한 공무원 보호 대책 및 인식 방안

1) 해결 방안으로 공무원 내 교육을 제시
   ① 교육 목적: 내부고발은 같은 팀원을 배신하는 게 아닌 좀 더 청렴하고 민주적인 공무원 사회를 만드는 것이 중요
   ② 교육 효과: 공무원은 국민에 대한 봉사자로서 청렴성과 공정성을 지켜서 국민들의 신뢰를 얻는 것의 중요성을 피력
   → ① 5분 스피치 주제가 좀 저에겐 어려워서 같은 말을 반복하는 경우도 있었고 약간 논리에 맞지 않게 억지로 얘기하는 경우가 있었습니다. 예를 들어서 "민주성이란 행정가치를 얻기 위해 어떻게 해야 하나요?"라는 질문에 (자 세히 기억은 안 나지만) 계속 교육을 얘기했던 것 같습니다. 좀 더 다양한 답변을 했어야 했는데 교육만 얘기하니까 면접관들이 보셨을 땐 제가 고집부리는 것처럼 보이지 않았나 이런 생각이 듭니다.
   → ② 면접관이 저에게 "본인이 내부고발을 하게 되어서 동료나 상사로부터 미움을 받게 된다면 어떻게 해결할 것인가요?"라고 물으시자 제가 "우선 제가 소명할 수 있는 한 최선을 다해 소명을 할 것입니다. 내부고발은 단순히 동 료를 배신하는 게 아닌 사회적 입장에서 봤을 때 우리는 국민에 대한 봉사 자로서 국민 분들과 신뢰를 지켜야 하며 더 나아가서 공정한 사회를 우리 가 만들고 지켜야 한다는 소명의식을 가지는 것이 중요하다고 생각합니다."

2. 자기소개서 – 근무하고 싶은 부처 및 업무

1) 외국인 대상 봉사활동 에피소드: 한국을 잘 모르는 외국인 친구들이 있어서 한국 노래 소개하고 한옥에 대해서 설명해주고 게임을 좋아하는 외국인 친구에게 게임사이트를 추천해줬습니다.
2) 고용노동부 2023 업무 계획 간단히 설명
3) 이 부처를 선택한 이유: 노동의 중요성 말하면서 노사관계의 중요성을 얘기했습니다.
4) 고용노동부 홈페이지 관련: 신속한 업데이트 칭찬하고 외국인 접근성 아쉽다 설명하고 이모티콘을 메뉴 옆에 그리면 좀 더 친근감 있을 것이라고 해결방안으로서 얘기했습니다. 홈페이지 관련 얘기하셨을 때 공무원인 것 같은 면접관분이 표정이 좋았습니다.

3. 상황형 문제 – MZ세대 공무원 이직률에 대한 해결방안

1) 교육
2) 서로 역할바꾸기 프로그램을 통해서 소통과 공감을 말했습니다.
   서로 태어난 사회문화적 배경이 다르므로 이런 프로그램을 통해 서로 이해하는 데 도움이 될 것 같아서 상황형 문제에 적어봤습니다.
3) MZ라는 단어 사용을 최대한 줄이기 캠페인: 이 캠페인을 제시한 목적은 이름을 붙인 순간 선입견이 생길 수 있으므로 이 단어를 줄이는 방안을 제안하는 식으로 얘기했었습니다.
   → 역할바꾸기 프로그램에 대한 질문
      ① 제가 역할바꾸기라는 프로그램을 제안했을 때 젊어 보이는 면접관(연구원)께서 크게 고개를 끄덕이셨습니다.
      ② 이 프로그램에 대해 "본인이 이 업무를 제시했을 때 그 효과가 미비할 경우 어떻게 대처할 건가요?"라고 질문이 들어와서 제가 "문화를 갑자기 바꾸는 건 힘들다는 것을 저와 제 팀원들이 서로 먼저 인지해야 할 것 같고 그래도 조금이라도 변화가 있어서 도움이 된다면 좋을 것 같습니다.
      ③ "공무원들이 각자 업무가 있는데 이럴 경우 어떻게 참여시킬 건가요?"라고 저에게 물으시자 제가 "우선 급한 업무를 제가 먼저 파악하고 급한 업무가 있으신 분들은 제외하고 다른 공무원들의 스케줄을 제가 파악해서 계획을 짤 것 같습니다. 제가 현직에 들어가게 된다면 저보다 먼저 행정 업무와 행정 상황을 잘 아시는 선배님과 상관님의 의견을 경청하고 제 아이디어와 다른 부분은 수정하거나 타협하는 식으로 일을 할 것 같습니다."라고 대답했습니다.
   → MZ단어 줄이기 캠페인과 관련된 에피소드
      ① 제가 상황형에 MZ단어 줄이기라고 적어서 공무원처럼 보이는 면접관께서 (제 추측이지만, 좋은 쪽으로 웃으시면서) 신세대라고 바꿔서 말씀하셨습니다.

4. 서울시 9급 면접 후기

안녕하세요 박샘님, 박샘님 덕분에 서울시 7급 준비로 정신없는 와중에도 면접 잘 치르고 나온 것 같아서 감사드려요. :)

질문 한두 가지 답변이 조금 마음에 걸리긴 하지만 이미 끝났으니 겸허히 결과를 기다려야겠죠.

지난번 조언주신대로 국가직 1지망은 국토교통부로 지원했고, 오늘 해수부에서 합격 문자왔네요. 감사드립니다. :)

서울시 7급도 꼭 합격해서 면접 강의 때 뵜으면 좋겠습니다. 진심으로 감사드립니다 박샘님^^

5분 스피치 주제: 서울시 인구 감소 해결을 위해 아이 키우기 좋은 서울시를 만들기 위한 방법은 뭐가 있을까?

스피치 개요 간략하게 말씀드린 뒤 문제지에 나온 내용 간략하게 말씀드렸는데 가운데 위원장님이 그런 거 다 나온 내용이니까 해결책만 말하라고 자르심. 문제점이 해결책이랑 이어지는 부분이라 이것만 짧게 말씀드려도 되냐고 여쭤본 뒤 장기적 대책 없어서라고 말씀드리고 다음 해결책 말씀드림

1. 새롭게 시행된 엄마아빠행복프로젝트처럼 친인척이 아이를 돌볼 때 재정지원 해주는 정책 좋다고 생각함. 도우미 아주머니 싫어하는 가구들도 있으니

2. 돌봄 프로그램 다양화: 돌봄 프로그램은 이미 시행되고 있지만 그 안의 프로그램 등을 다양화하면 관심이 증가될 거라고 생각함

3. 키즈카페, 도서관 등 육아 친화적인 인프라 구축 필요. 서울시에서 키즈카페 새롭게 열어서 좋다고 생각. 중구청 온라인 정책 제안 사이트 온통중구에서 청구역에 도서관이 없어서 옆 동까지 땀을 뻘뻘 흘리며 도서관 투어 다니는 아이들을 위해 도서관 지어달라고 한 제안을 봤는데 이를 볼 때 이런 인프라가 중요하다고 생각함

아이 안낳는 이유 뭐라고 생각?

아이를 낳는 게 문제가 아니라 키우는 데도 여러 가지 돈도 많이 들고 요즘 맞벌이가 많아서 더 그렇다고 생각

결혼도 안하는데? 안하는 이유는 뭐라고 생각? 서울시가 이걸 지원해주면 갑자기 결혼을 할까? 이런식으로 다른 답변을 원하심

결혼 안하는 이유는 두 가지일 것 같다고 말씀드림. 젊은 사람들의 라이프 스타일이 바뀌어서 예전처럼 굳이 가족을 만들지 않고도 혼자 사는 것이 자연스러워졌고 그게 아닌 사람들은 경제적인 이유가 클 것 같다고 함

정책 시행할 때 여러 가지 반대도 많을거고 어려운 점 있을 텐데 어떤 걸 가장 중점적으로 볼 건지?

사회적 약자에게 가장 혜택이 많이 돌아가는 정책을 우선적으로 고려할 거라고 말씀 드림. 아이 키우는 것도 다들 어렵지만 중산층 이상 가구보다 저소득층이 훨씬 더 어려울 거라고 생각해서 사각지대가 없도록 저소득층이나 차상위계층에 가장 혜택이 많이 갈 정책으로 채택할 거라고 말씀드림(굳이 이분법 쓰지 말라고 하셨는데 실수로 함ㅜ 듣자마자 면접관님들이 뭔갈 메모하시던 것 같았음)

국가직이랑 서울시, 사기업도 다 붙으면 어디 갈 건지?

주저 없이 서울시라고 답변

자기소개(성장 과정, 커리어 쭉 다 말해달라고 하심)

커리어를 좀 쌓았는데 왜 갑자기 공무원 되려고 했는지?

자기소개 말씀드린 대로 사회적 기업, 공익에 항상 관심이 있었고 코로나 상황에서도 현장에서 애쓰시는 공무원들 보면서 제가 가진 전문성으로 현장에서 더 도움이 되는 사람이 되고자 지원했다고 말씀드림

공무원 비리 사건이 많은데 원인이 뭔인 것 같냐고 물어보심. 법도 제정되고 맨날 교육도 받고 그러는데 아직도 있는데 어떻게 생각하냐고(국가직 때도 받았던 질문이라 비슷하게 대답)

첫 번째는 내부적으로는 공무원 개인의 도덕성 문제가 있을 것이고 외부적으로는 비리가 발생해도 잘 드러나지 않는 시스템상의 허점이 있을 수 있을 것 같다고 말씀드림.

공직자가 되면 공무원 헌장, 선서도 자주 읽고 새롭게 제정되어 시행되고 있는 이해충돌방지법도 자주 읽을 것이라고 말씀드림. 질문하신 면접관님은 너무 공자님 같은 얘기라고 생각하시는 듯 웃으심

현직에서는 정책 만드는 업무, 주민 응대업무... 등등 여러 종류가 있는데 뭐가 잘 맞을 것 같냐고 하셔서 학부모님들과 소통을 많이 해봤기 때문에 주민응대 업무 잘할 것 같다고 말씀드림

초심 잃지 않았다고 평가되는 경험이 있었나? 어학원에서 일하면서 여러 가지 어려움들이 있었는데 어머님들께 끝까지 열심히 맡아줘서 고맙다고 평가 들은 적 있다. 어떤 어려움이 있었냐고 물어보셔서 좀 고민하다가 원어민 선생님이 어학원에 커리큘럼 티칭과 안 맞는 부분이 있어서 좀 갈등이 있었었는데 잘 해결됐다고 말씀드림(이 부분에서 시간 끌면서 너무 눈알을 굴려서 급하게 지어낸 게 티났을까봐 걱정ㅜ)

25분 타이머(?)가 울려서 급하게 마무리 지으시길래 마지막 한마디 요청했는데 다른 면접자도 있고 형평성 때문에 안된다고 가차없이 하셔서 네 알겠습니다 감사합니다 하고 인사드리고 나옴

5. 경기도 지방직 일반행정 9급

1. 강의 전 준비기간에 지역 사랑을 실천하기

나는 지방직 시험일 약 7일 후 채한태 선생님의 면접 설명회를 들었다. 채한태 선생님의 지방직 면접 설명회에서 '면접 준비기간을 주는 이유는 지역에 대한 사랑을 보여 달라는 뜻이다.' 선생님의 말씀을 들었다. 그리하여 지역 공공기관에서 봉사활동도 하고 지역 문화재 탐방을 하는 등 강의 한 달 전부터 면접 이야깃거리를 쌓아갔다.

2. 믿고 따라가는 면접 강의

국가직 면접위원이셨던 채한태 선생님의 노하우를 담아 면접의 A~Z까지 알려주셨다. 공직가치의 9개 요소부터 무엇을 중요시해야 하는지 예를 들어 애국심을 표현하려면 어떻게 해야 하는지, 창의성을 기르려면 어떻게 해야 하는지 포인트 별로 알려 주셨다. 또한 면접위원으로 지원자의 인상도 중요하게 생각하셔서 수업 시간에 인사하는 방법, 남성 지원자라면 넥타이, 코로나 시국에 맞추어 마스크까지 세심하게 살펴 주셨다.

3. 신속한 피드백

면접 강의가 끝나고, 지역별로 각 조를 나눠서 활동을 이어갔다. 조별로 활동을 하면서, 조별 활동을 통해 모의 면접을 한 후 피드백을 선생님께 요청하면 선생님께서는 신속하게 피드백을 해 주셨다. A4용지에 피드백을 해 주셨으며, 개선점을 말씀해 주시는 모습은 지금도 잊을 수 없다.

또한 모의면접을 통해 통찰력 있는 질문을 해 주셔서 본 면접을 대비하는 데 도움이 되었다. 신속한 피드백은 수험생 입장에서 매우 도움이 되며 채한태 선생님의 가장 큰 강점이다.

6. 경남교육청 면접 후기

Q1. 지원동기와 포부

A1. 저의 창의성과 성실함을 통해 경상남도 교육에 기여하고 싶습니다. 저의 창의성의 예시 하나와 성실함의 예시 2가지를 들겠습니다. 저는 교육학을 전공하여 학부생 때 부산 서구의 고등학교에 교생실습을 나갔습니다. 학생들이 좋아하는 연예인과 운동선수들을 포함한 교안을 작성하여 교생실습 마지막 주에 가장 수업이 재미있는 교생 선생님이라고 불렸습니다.

저의 성실함의 첫 번째 예시는 고등학생 때부터 헌혈을 36번 한 것입니다. 올해 1월 3일에는 헌혈 횟수 30회를 달성하여 대한적십자사로부터 헌혈유공장 은장을 받았습니다. 두 번째 예시는 제가 2017년부터 2018년까지 해군 군사경찰로 복무하면서 자격증을 5개 취득한 일입니다. 일본어자격증, ITQ정보기술자격증, 한국사능력검정 1급 등을 취득하였습니다. 이러한 저의 능력을 통해 4차 산업혁명 시대를 주도하는 경상남도 교육청의 비전에 기여하고 싶습니다.

Q2. 경남교육청의 미래교육 아는 대로 말하라

A2. 현재 경상남도교육청은 4차 산업시대를 선도하는 교육을 위해 빅데이터 AI 플랫폼 아이톡톡을 전국 최초로 개발하여 현재 서울시교육청과 협업하여 학생들의 개성을 살려주는 자립의 교육을 실현하고 있습니다. 그리고 자라나는 미래의 어린이들을 위해 2024년까지 도내 전 유치원 안심유치원 지정을 추진하고 있으며, 지정유치원 1곳당 최대 천만 원의 지원금을 지원하고 있습니다.(이후 더 이야기했는데 기억안 남)

Q2-1. 빅데이터 관련 자격증을 취득하였는지?

A2-1. 학부생 시절부터 관심이 있는 분야라 취득하기 위해 정보를 찾아보았습니다. 그러나 빅데이터 자격증이 관련학과 석사 이상 취득자부터 응시가 가능해서 안타깝게 취득을 못 하였습니다. 근무하면서 통계학과 석사 학위를 취득하게 된다면 제가 관심 있는 분야이기도 하니 취득해 볼 생각입니다.

Q3. 지역민들과 함께 협업하는 것이 중요하다. 본인만의 고유한 아이디어가 있는지?

A3. 현재 경남교육청은 지역과 협업하여 직업교육특별지구를 조성하였습니다. 거창의 승강기고등학교, 밀양의 한국나노마이스터고등학교, 거제의 조선산업을 특화한 경남산업고등학교와 거제공업고등학교가 있습니다.

저는 이러한 지역 협업을 경남 내 다른 지역에도 활발히 진행하면 좋겠다고 생각합니다. 직업교육특별지구 추가 지정을 통해서 지역 경제도 활성화되고, 지역 강점도 챙기는 일석이조의 효과를 누릴 수 있으리라 생각합니다.

Q4. 현직엔 다양한 직렬들이 있어서 업무 시 충돌이 발생할 수 있음. 갈등 시 대처 방안?

A4. 모든 갈등의 원인은 소통 부족에서 온다고 생각합니다. 제가 입직하게 된다면 저는 역지사지의 마음으로 소통에 전념하겠습니다. 서로의 입장에서 생각해보며 "이 부서에 급한 일이 있는 줄 모르고 제가 너무 했네요", "아닙니다. 저도 사정을 알아보고 부탁할 걸 그랬습니다." 같이 서로가 상대방의 입장에서 이해한다면 갈등의 해결법을 지혜롭게 찾을 수 있을 것입니다.

실제 면접장이 훨씬 긴장감이 심하다 보니 준비한 답변들이 현장에선 잘 생각이 나지 않아서 아쉬웠습니다. 그래도 교수님께서 가르쳐주신 덕분에 무사히 답변 잘할 수 있었습니다! 추후 합격하면 보고하겠습니다 교수님. 감사합니다!

7. 경남 지방직 9급 면접 후기

안녕하세요 교수님! 지도해주신 대로 잘 준비하여 합격하였습니다. 늦은 시간에도 항상 신속히 답변해 주셔서 감사드립니다!

1. 간략한 자기소개서

저는 맡은 일에 열정을 가집니다. 유아교육을 전공하였는데 대학교 3학년 전공 시간에는 조원들과 90p 분량의 자료를 조사하고 정리하여 제출하였습니다. OO시의 관광 명소들을 탐방하면서 OO 시민들과의 인터뷰도 진행하였습니다. OO시에 큰 자부심이 있었습니다.

2. 자신의 인생관

저는 봉사의 가치를 가슴속에 새기고 있습니다. 어렸을 때부터 부모님께서는 봉사 정신을 강조하셨습니다. 대학교 때는 1년 동안 경상남도대학생봉사단에 참여하였습니다. 가장 기억에 남는 활동은 발달 장애인 체육대회에서 몸이 불편한 친구를 도와주었던 것입니다. 체육대회가 끝나고 그 친구에게 고맙다는 말을 들었을 때 정말 기분이 좋았던 기억이 납니다. 봉사의 기쁨은 어떤 기쁨보다도 마음속에 더 오래 남는다는 것을 느꼈습니다. 공직에서도 저의 봉사 정신을 마음껏 펼치고 싶습니다.

3. 공무원 지원동기 및 포부

저의 강점은 창의성과 전문성입니다. 2023 국민 아이디어 공모제에 참여하였습니다. 어린이안전관리에 관한 법률 시행령 제8조에 대한 개정을 제안하였습니다. OO 군 고향사랑기부제 기금사업 아이디어 공모전에도 참여하였습니다. 저출산 문제 해결을 위해 아이와 산모를 위한 재정 지원 증대를 제안하였습니다. 저는 밀양시 사회 복지과의 아동복지, 보육시설 관리 분야에서 저의 강점을 활용하고 싶습니다. 아이디어가 필요한 곳이라면 어떤 분야에도 열심히 참여하겠습니다. OO시를 위해 공무원 헌장을 적극적으로 실천하는 공직자가 되겠습니다.

8. 경남 지방직 창원시 일반기계직 9급 면접 후기

안녕하십니까. 이번에 채한태 법학박사님 면접특강을 듣게 된 공시생 최00라고 합니다. 일반기계직렬로 이번 창원 특례시에 필기합격하였습니다.

1. 간략한 자기소개

저의 강점은 책임감과 꾸준함입니다. 초등학교부터 고등학교까지 개근으로 졸업하였고 대학교 생활에서 수업 30분 전 일찍 도착했습니다. 육군으로 있었을 때 조교 활동과 행정업무를 도맡아 했으며 ROTC 후보생들의 성적기입 및 관리를 주로 하다 보니 실수가 없는지 여러 번 검토하는 습관을 가지게 되었습니다. 단점이라고 한다면 너무 꼼꼼한 탓에 업무를 수행하는데 있어 빠르지 않을 수 있지만 실수 없이 일을 처리할 수 있다는 장점이라고 생각됩니다. 항상 맡은 일을 완벽하게 해내며, 지역 주민들을 따뜻하게 대할 수 있는 공직자가 되겠습니다.

2. 자신의 인생관

저희 집의 좌우명은 진인사대천명입니다. 영어를 돌같이 보던 나에게 TOEIC이란 너무나도 올리기 힘든 과목이었습니다. 제자리만 맴도는 점수 탓에 우선 영어에 대 한 두려움을 없애야겠다고 생각했습니다. 틈이 나는 대로 영어단어를 외웠고 음악 대신 LC를 들었습니다. 나만의 노하우로 꾸준히 공부한 결과 3개월 만에 400점에서 800점까지 올리는 성과를 얻었습니다. '하면 된다'라는 자신감을 가지게 되었고 기사시험 또한 한 번에 합격할 수 있었습니다. 공무를 수행함에 있어서 어떠한 어려움이 발생하더라도 해결하는 참다운 공직자가 되겠습니다.

3. 공무원 지원동기 및 포부

'이상한 변호사 우영우'란 드라마 방영 후 창원 특례시에 있는 팽나무가 천연기념물이 된다는 소식을 듣고 22년 11월 팽나무를 보러 갔습니다. 평야지대에 우뚝 선 팽나무를 보면서 웅장하고 아름답다고 느끼면서 내심 뿌듯했지만 하루 2천명에 육박하는 관광객들이 드나들다 보니 드라마에 나오는 모습과는 달리 팽나무 주변이 흙바닥으로 변해있었습니다. 팽나무에 관심이 늘어날수록 밤낮없이 찾아오는 관광객들로 주민들도 불변함을 겪는다고 들었습니다. 공무원은 국민 전체에 대한 봉사자로서 갈등 속에서 좋은 해결책을 제시하는 현명한 공직자가 되겠습니다.

이번 채한태 법학박사님 면접특강을 듣게 되어 영광입니다. 감사합니다.

8-1. 서울 지방직 일반행정 9급 면접 후기

안녕하세요. 오늘 오전 경북지방직 문제 복원하여 공유합니다. 합격의 그날까지 파이팅입니다.

1. 지원동기
2. 행정규제란?, 긍정적 영향
3. 신뢰를 준 경험
4. 과중한 업무 받을 시 어떻게 할 것?
5. 서울 교통 정책을 설명하시오.
6. 살면서 뿌듯했던 경험, 아쉬웠던 경험
7. 악성이나 진상손님 대응했던 경험
8. 저출산 원인, 해결방안
9. 어르신들은 말을 잘 못 알아들으시는 분이 종종 계실 텐데 어떻게 할 것인지
10 .봉사활동 경험
11. 서울시 관광정책을 설명하시오.
12. 마지막 하고 싶은 말

8-2. 부산 지방직 일반행정 9급 면접 후기

1. 자기소개 1분
2. 인구소멸대응 3분 스피치 + 꼬리질문
3. 봉사활동 사례를 말해보시오.
4. 갈등상황 + 해결경험?
5. 본인 인생에서 꼭 지키는 신념?
6. 공직에서 챗gpt 어떻게 활용?(자소서)
7. 자기발전을 위해서 자기관리 하고 있나?
8. 살아오면서 시스템의 관행이나 프로그램을 변경시킨 경험?
9. 마지막 하고 싶은 말

8-3. 대전 지방직 일반행정 9급 면접 후기

1. 자기소개 1분
2. 최근에 봉사활동 한 경험 / 참여 이유
3. 갈등상황 경험 / 해결 방법
4. 자기 자신에게 있어서 지키고자 한 것
5. 창의성 발휘 사례
6. 봉사활동에서 얻은 경험
7. 대전시 축제에 대해 설명하시오.
8. 전문성을 발휘한 사례
9. 4차 산업에 대해 설명하시오.
10. 마지막 하고 싶은 말

9. 국회직 8급 면접 후기

안녕하세요, 교수님! 늦었지만 국회직8급 면접 후기 작성해서 보냅니다. 이번 면접에서 다소 변수는 있었지만 그럼에도 학원에서 면접 보는 자세와 팁들을 알고 간 것이 도움이 많이 되었습니다. 다시 한 번 감사합니다.

<집단면접>

학원에서 짜 준 스터디로 1~2주간 연습을 했습니다. 시의성 있는 주제들을 20개 정도 뽑아서 그 중 출제가능성이 높은 주제 위주로 정리하였고, 5~6명으로 진행하는 찬반토론 포맷으로 연습하였습니다.

면접 당일에는 작년과 달리 추첨을 통해 한 조에 3~4명으로 조를 정하고, 준비시간 20분 동안 토의에서 맡을 역할에 따라 발언을 준비하였습니다. 이 부분에서 굉장히 당황 했던 점이, 학원에서 연습했던 찬반토론 형식이 아니라 각자 어떤 과의 주무관 역할을 맡아 협력해서 예산 배분을 결정하여야 하는 롤플레이 형식에 가까웠다는 겁니다. 20분 동안 당황하면서 겨우 자료에 있는 핵심 과제나 수치 같은 것들만 정리해서 들어갔습니다.

면접장에 들어가니 별도의 사회자 지정 없이 30분 카운트를 시작해서 토의를 시작하였습니다. 너무 정신없이 흘러가서 잘 기억은 나지 않지만 저희 조는 각 과에서 협력하여 공통으로 처리할 업무를 먼저 정하고, 그다음 과에서 확보할 핵심예산을 논의하는 순서로 갔습니다. 처음에 서로의 현황을 공유하는데 시간을 많이 써서 예산배분의 결론은 내지 못했는데, 이 점은 다른 조도 마찬가지였던 것 같습니다. 중요한 것은 토론 때 보인 태도가 아니었나 합니다. 저희 조는 서로 너무 양보하려고만 해서, 질의시간에 '각 과의 이익을 가져가야 하는 입장인데 너무 이기심이 없어 보인다. 과원들의 반발에 어떻게 대처할거냐'라는 질문을 받았습니다. 저희는 4명 모두 비슷하게 '상위 목표를 달성하는 게 중요하다고 설득하겠다.'라는 식으로 답변했는데, 지금 생각하면 다른 이익을 제시한다든가 하는 답변도 괜찮았을 것 같습니다. 어쨌든 정확한 평가 기준은 모르겠지만 토의에서 평가한 것은 기본적인 예절, 협조성과 적극성, 논의의 핵심을 잡는 능력 등이었을 듯합니다.

<개별면접>

1. 본인이 희망하는 부서와 그 지원동기
2. 왜 다른 진로 대신 공무원을 선택했나?
3. 소통 측면에서 본인의 장단점 어필
4. 예산과정 4가지를 말해보시오.
5. 예산과정 중 정치적인 부분
6. 인이 책임감이 있는 편이라고 생각하는가?
7. 올바른 절차 vs 좋은 결과 중 무엇이 중요한가?
8. 규칙을 준수했는데 그 결과 본인이 문책받게 된다면?
9. 국회 슬로건이 무엇인지 아는가?
10. 공직가치 중 중요하다고 생각하는 것
11. 국회 신뢰도가 떨어져 있는데 그 이유와 개선방안
12. 마지막 하고 싶은 말

지원동기와 예산과정 질문은 거의 공통적으로 물어봤던 것 같고, 나머지는 수험생에 따라 다르게 질문한 듯합니다. 제 답변을 보면 지식형 문제는 거의 답변을 제대로 하지 못했음에도 끝까지 사과드리고 성실하게 임하려는 태도가 면접관분들께 좋게 보였던 것 같습니다. 토론이나 면접태도 관련한 부분에서 학원에서 배운 팁들이 많은 도움이 되었습니다.

후기는 여기까지입니다. 한 달간 동기들과 면접 준비하면서 보람찬 시간 보낼 수 있어 좋았습니다. 이 후기 보시는 분들도 꼭 원하는 결과 얻으시길 바랍니다.:)

10. 국가직 9급 우정직 면접 후기

<5분 스피치 발표 후>

1. 민주성, 책임성, 공정성에 대해서 말씀해 주셨어요? 그럼 이런 가치들을 어떻게 우체국 창구업무에 적용할 수 있을까요?
2. 동아리 회장을 맡았던 경험이 있으시네요? 그 때 갈등상황이 발생한 적이 있었나요? 있었다면 어떻게 해결했는지 말해주세요.
3. 개인의 방향과 조직의 방향이 다르다면 어떻게 하실 건가요?
4. 구체적으로 어떻게 해결했는지 말씀해 주실 수 있으신가요?

<개별면접>

1. 만약 우체국 창구 업무를 하다 보면 악성민원인이 올 수도 있는데 어떻게 대처할 건가요?
2. 상황형으로 넘어가겠습니다. 여기에 설문조사 하겠다고 적어주셨는데 설문조사는 어떻게 하실 건지?
3. 여기에 부처와 협력해야 한다고 써 주셨는데 어떤 부처와 협력해야 한다는 건가요?
4. 우체국이 왜 존재해야 할까요?

11. 국가직 9급 검찰직 면접 후기

<5분 스피치>

5분 스피치에서는 책임성과 적극성, 공익성을 유추했고 집중하고자 하는 가치는 책임성과 적극성으로 발표를 했습니다. 면접관님들이 저를 쳐다보기 시작하면 눈을 마주쳤고 시선을 거두시면 다시 종이 보기를 반복했습니다. 식사했냐는 질문에 식사하면서 오늘 면접 준비를 잘하기 위해 고민했다고 우선 서두를 열었고 준비를 많이 했기에 그게 면접관들을 가르치려 들고 지식 자랑하는 모습이 보이지 않도록 최대한 태도, 말투에 신경 썼습니다. (질문은 공격적이었습니다.)

<개별면접>

1. 적극성과 책임성이 검찰에서 중요한 이유가?
2. 형사부와 범죄수사를 희망했는데 여기를 쓴 이유는?
3. 형사부를 위해서 어떤 노력을 했는가?
4. 지원자께서 발령을 받으면 사무국에 배정받을 텐데 그냥 형사부도 아니고 지청 형사부라고 경험형에 기재하셨어요? 하필 지청이고 형사부도 반부패, 외사부, 강력부, 공공수사부도 있는데 왜 형사부인가요? 또 어떤 노력을 기울이셨나요?
5. 여러 명의 수사관 저서를 읽으셨는데 인상 깊었던 일화와 거기서 느낀 점을 하나만 말해보라.
6. 익명성 보장을 위해 설문조사의 보완책을 실현 가능한 방안으로 말해보실래요?
7. 마지막 하고 싶은 말

12. 국가직 9급 농업직 면접 후기

총평(분위기/과제작성 등)
5분 과제도 수월했습니다. 그리고 왼쪽에 계신 면접관님은 질문 하나도 하지 않으셨고 오른쪽 분만 질문해 주셨는데 왼쪽 분도 답변하며 쳐다보기 위해 노력했습니다.

면접후기(입장 후~)
[5분 : 한글이 익숙지 않은 외국인을 위해 안전 담당 주무관의 5개 국어 동영상 제작]

Q. 적극성, 공익성 공직에서 중요한 이유?

Q. 외국인처럼 사회적 약자는 누구라 생각하는가?

Q. 그들을 제외한 사람들 역차별이라고 불만 가지지 않겠나?

Q. 개선해야 할 정책?

[경험: 희망업무&노력경험]
- 지원 부서/업무 : 국립농산물품질관리원 품질관리과 친환경인증관리
- 관심 정책 : 친환경농산물 비의도적 농약 오염에 대한 재심사 확대
- 관련 경험
  - 농업경영학 전공
  - 친환경인증팀과 협업
  - 식품분석 및 시험성적서 발행
  - 행정업무 경험 - 공문 작성, 개정법안 모니터링 등
  - 민원인 응대 경험 - 식품분석 담당자로서 관내 농민 질문 응대
- 관련 노력
  - 농산물품질관리원 지원 및 사무소 인턴업무 - 농관원 조직 이해 및 친환경 업무 이해
  - 농촌 봉사활동적극적인 참여
  - 농림축산식품부 홈페이지 가입
  - 농림축산식품부 공모전에 참여
- 관련질문
  Q. 홈페이지를 보고 느낀 점?
  Q. 민원인 응대 시 느낀 점?
  Q. 행정업무 할 때 어려운 점은?

13. 대구시 일반행정 면접 후기

- 장소: 대구스타디움 (대구광역시 체육시설관리사무소)
- 시간: 첫날 오전 첫 번째 순서 (7월 24일 오전 8시~12시)
  전 시작하기 1시간 이상 일찍 도착했는데...별로 좋지 않았습니다. 워낙 더운 날씨라 지쳐버려서...20~30분 전에 도착해서 긴장을 푸시는 게 좋을 듯합니다.
  우황청심환은 전날 한 병 마시고 당일 면접 장소에 들어가서 한 번 마시는 게 좋은 듯합니다. 단 절대 커피랑 같이 먹지 마세요.
- 사전 조사서 주제:
  1. 대구 여름(?)축제 활성화 방안: 연계 상품을 통한 수익성 극대화 쪽으로 적음.
  2. 공무원이 지녀야 할 마음가짐과 봉사자로서 공무원이 지녀야 할 마음자세: 능동적 봉사라는 점을 강조.

14. 대구시 9급 지방직 면접 후기

- 토론 미실시

<개별 면접>

1. 살면서 겪은 갈등과 그것을 해결한 적이 있는지
2. 저출산 원인 해결 방안
3. 살면서 갑질을 당한 적이 있는지
4. 대구시가 주목하는 4차 산업
5. 학창시절 봉사 경험이 있는지와 그 경험으로 깨달은 점

Q. 업무 지원동기?

Q. 실험 경력 활용 분야?

Q. 힘들었던 경험?

Q. 나의 가치가 조직 방향과 다르다면?

- 상황 : 화장터 설치 준비를 주민들이 반대, 설득방안을 제시
- 나의 대처
  - 다른 지자체 또는 해외에서 비슷한 상황에서 성공적으로 해결한 사례 조사해 보고 참고
  - 관련 법규 파악
  - 지자체와 협의하여 추가적으로 보상해 줄 수 있는지 확인
  - 간담회 열어 전문가 소견, 지자체 회의
    → 결과, 화장터 설치 계획에 대해 주민분들께 설명드리며 설득
- 판단근거 : 행정절차법 등
- 사후관리
  - 화장터 환경 점검 및 교육
  - 이후 사례를 남기기 위해 관련 내용, 처리 과정 문서화하여 작성해 둠

Q. 상황요약 A. 화장터 설치 반발

Q. 어떻게 하기로 했으며 가장 중요하게 생각했던 것?

Q. 주민들 어떻게 설득할 것인지

Q. 어떤 자료를 찾아봐야 할까?

Q. 민원인이 무리한 요구를 한다면?

Q. 사후관리?

Q. 경력을 공직에 어떻게 활용하겠는가?

<개별 면접>

1. 지원동기
2. 행정규제란? 긍정적영향
3. 문제 해결한 경험
4. 과중한 업무 받을 시 어떻게 할 것?
5. 경북도 정책 하나, 고령군 정책 하나씩 소개
6. 살면서 뿌듯했던 경험, 아쉬웠던 경험
7. 악성이나 진상손님 대응했던 경험
8. 저출산 원인, 해결방안
9. 어르신들은 말을 잘 못 알아들으시는 분이 종종 계실텐데 어떻게 할 것
10. 하고 싶은 말, 준비했지만 못한 말
11. 작년과 달리 이번 시험은 합격한 이유
12. 마지막 하고 싶은 말

<영천시 개별 면접>

• 저는 경상북도 영천시 환경직 지원자입니다. 선생님 수업을 촬영하면서 수업을 들을 수 있어서 정말 좋았습니다. 자기소개서와 모의 면접도 봐주셔서 정말 감사합니다.
• 경상북도 안동의 경북도청에서 면접을 봤고, 8조 6번째 면접 봤습니다.
• 전체적인 내용은 인적성과 상황형 질문이 대부분이었고, 전공에 대한 질문은 거의 없었습니다.

생각나는 질문을 정리해 보면

1. 공무원 + 직렬지원동기?
2. 상관이 휴가가기 전 업무를 맡기고 갔는데 어떻게 해결할 것인가?
3. 저출산 대책
4. 장점
5. 단점
6. 불가능한 일을 해결했던 경험?
7. 하기 힘들었던 일을 극복
8. 영천시의 장단점을 말해보라
   - 여기서 전공과 엮어서 장점에는 생태공원, 단점에 낙동강 녹조 문제를 언급하며, 원인과 문제점, 해결 방안을 말했습니다.
9. 오염현장 발견하면 어떻게 할 것인가?
10. 중요한 내용을 전달해야 하는데 어떻게 전달할 것인가?
11. 세상의 모든 법이 없어진다면 어떤 법을 만들고 싶은가?
12. 스트레스 해소방법?
13. 긴급 출동할 일이 생기거나 어려운 업무 괜찮은가?
14. 임용되어 일하다가 퇴직할 때 어떤 공무원으로 기억되고 싶은가?
15. 마지막 할 말?

이렇게 질문받았습니다.
너무 떨리고 긴장되는 시간이었습니다.
선생님 덕분에 좋은 결과 얻게 되었습니다. 정말 감사합니다!!!

<전산직>

1. 지원동기

2. 학연지연에 얽매여서 부당한 지시를 내리는 상사에 대해 어떻게 대처?

3. 술자리에 모욕적인 발언을 하는 상사에 대한 대처

4. 스마트팜에 대한 기초자료 작성 어떻게?

5. 살면서 위기의 순간 어떻게 대처?

6. 스마트팜의 정의와 장점

7. 클라우드

8. 전산직 하는 업무

9. 본인은 무슨 업무 하고 싶은지

10. (자소서)ICT 실제 적용 사례

11. 김영란법에 대한 설명

12. 명령과 행정규칙에 대해 설명

13. 공무원 지원율 저조한 이유에 대해 설명

14. 하고 싶은 말 마지막으로

16. 경남 9급 지방직 면접 후기

<토목직>

1. 지원동기

2. 토목직 공무원은 무슨 역할을 하는 공무원이냐?

3. 정약용 선생의 목민심서에 어떤 덕목이 있냐?(질문이 맞는지 모르겠음)

4. 요즘 꼰대라는 말을 쓰는데. 꼰대를 어떻게 생각하나?

5. 토목직 공무원으로 어떻게 일하는 게 중요하다고 생각하나?

6. (자기소개) 자기소개에 신뢰가 중요하다고 작성하였는데 신뢰가 떨어지는 사람이랑 일을 할 경우 어떻게 할 거냐?

7. (자기소개, 경력) 자기소개서에 이토변 관련 사건을 작성하셨던데 모르는 사람들에게 이토변을 설명해 봐라.

8. (자기소개, 경력) 이토변 개방 사건에 대해서 자세히 설명해 줄 수 있냐

9. 경상남도에 부족하다고 생각한 점 있냐

10. (자기소개, 경력) 공공기관에서 어떤 업무를 주로 맡았냐

11. 부산, 경남, 울산 통합 관련해서 어떤 정책을 하면 좋을까

12. 요즘 한복이나 한옥과 관련해서 한류가 유행인데. 경북에서는 어떻게 한류를 유행시키면 좋을까

13. 보조기층이란 무엇인가

<일반행정직>

1. 지원동기

2. 본인장점

3. 공무원의 자질 중 중요하게 생각하는 것

4. 실패했던 경험과 극복 방법

5. 경남창원현안과 생각해 본 방법

6. 입직 후 하고 싶은 업무

7. 야근할 때 집에서 급한 일이 생겼을 때

8. 동료와 갈등있을 때 해결한 경험

<진주시>

1. 중앙부처 지방부처간의 소통 어떻게 할건지

2. 과도한 업무에 시달린 적 있는지, 어떻게 해결했는지

3. 녹조현상 어떻게 할 건지?

4. 야근 과도한 업무 어떻게 할 건지

5. 악성민원 어떻게 할건지

6. 공무원 장단점

7. 팀원 중에 의견 안 맞을때 어떻게 할 건지

8. 실험 연구 업무했을 때 원하는 결과 안나오면 어떻게 할 건지

9. 스트레스 해소법

10. 살면서 가장 힘들었던 일 언제인지

11. 자기계발 하는지

12. 자소서 관련 질문 어디서 근무했는지

13. 저출산 해결방안 어떻게 할 건지

14. 기성세대와 신세대갈등 어떻게 해결할 건지

15. 귀농귀촌의 활성화 방안

16. 마지막 하고 싶은 말

17. 경남교육청 9급 지방직 면접 후기

- 기업 : 경상남도교육청 공무원(경력경쟁)
- 직무 : 조리
- 면접시간 : 타이머 7분
- 면접관 : 3명

<면접관 질문>

1. 공무원의 6대 의무 중 하나인 친절공정의 의무 실천한 사례

2. 조리사는 어떤 업무를 하는지?

3. 경남 인구 유출을 막기 위하여 학교급식에서는 어떻게 해야 할 건지?

4. 저출산 해결 방안

<면접후기>

- 필기합격점수 컷트라인에 걸린 것 같아 불안한 마음이 들어서 면접에 올인해야겠다 라고 생각하며 채한태 박사님의 열정적인 강의를 듣고 난 뒤 면접의 유형이나 방식을 조금 더 상세하게 배웠습니다.
- 또한 면접 예상 질문에 대한 답변을 작성하여 메일로 보내드려 피드백을 얻을 수 있었습니다.
- 그래서 면접을 잘 보아 합격이라는 큰 결실을 맺을 수 있었다고 생각합니다. 다시 한번 감사드립니다^^

<사서직>

1. 지원동기

2. 사적이익으로 인한 부당지시나 갑질하는 경우 어떻게 대처? 그리고 후배가 갑질로 신고하면 어떻게 대처?

3. 도서관 업무 중에 본인의 전문성을 살릴 수 있는 업무는?

4. 경상남도교육청의 기억에 남는 교육정책을 말해봐라

5. 마지막 할 말

18. 대구 9급 지방직 면접 후기

<사서직>

1. 저희 면접관 3명에게 자신을 어필해보세요. 순간 자기소개 준비멘트로 말했습니다.
    → 작은도서관에서 봉사활동을 했다고 했는데 혹시 불편한 점은 있었는가?
       → 그 작은도서관의 주 이용자들은 누구였나?
       → 혹시 이용자의 의견을 반영한 사례가 있는지?
2. 내년부터 대구광역시 공무원 필기시험의 거주지 제한이 없어진다. 이에 대한 의견은?
3. 대구광역시의 공공도서관을 방문해 본 적이 있는가? 해당 도서관의 특징과 아쉬운 점?
4. 대구광역시 도서관끼리 협업한 사례가 있는가?
    → 달서구 구립도서관 6개가 연합으로 독서마라톤 프로그램 시행 중이라고 답변
    → 다른 구에도 이런 사례가 있나?
5. 전국의 도서관끼리 협업한 사례?
    → 얘기해준 책바다 외에도 책나래, 책이음, 사서에게 물어보세요도 있다. 이 셋의 특징을 말해보라.
6. 혹시 사서공무원이 된다면 어떤 업무를 하고 싶은가?
7. 공공도서관이 앞으로 나아가야 할 방안은?
8. 대구광역시의 공공도서관의 개수는?
    → 대구광역시의 작은도서관의 개수는?
9. 개인 업무를 더 선호하나? 단체 업무를 더 선호하나?
10. 요즘 공공도서관에 야간연장개관을 많이 하는 경우가 있다. 이에 대한 장단점?
11. 대구광역시의 광역대표도서관이 무엇인가? 광역대표도서관은 무슨 역할을 하는가?
12. 스트레스 어떻게 푸는가?

<일반행정직>

1. 공무원 4대 금지 의무
2. 고향사랑기부제를 설명하시오.
3. 대구경북 통합에 대해 설명하시오.
4. 대구시 고령화 정책
5. 대구시 저출산 대책에 대해 설명
6. 가장 의미있었던 봉사활동
7. 헌법 제1조 말해봐라
8. 대구시를 홍보해보시오.
9. 상관님의 위법한 지시에 대해 어떻게 대처할 것인가?
10. 마지막으로 첫 월급으로 뭘 하고 싶나
11. 마지막으로 하고 싶은 말

<복지직>

1. 중앙부처 지방부처간의 소통 어떻게 할 건지
2. 과도한 업무에 시달린 적 있는지, 어떻게 해결했는지
3. 복지공무원에게 필요한 덕목?
4. 야근 과도한 업무 어떻게 할 건지
5. 악성민원 어떻게 할 건지
6. 공무원 장단점
7. 팀원 중에 의견 안 맞을 때 어떻게 할 건지

8. 실험 연구 업무했을 때 원하는 결과 안 나오면 어떻게 할 건지

9. 스트레스 해소법

10. 살면서 가장 힘들었던 일 언제인지

11. 자기 계발 하는지

12. 자소서 관련 질문 어디서 근무했는지

13. 저출산 해결방안 어떻게 할건지

14. 기성세대와 신세대 갈등 어떻게 해결할 건지

15. 마지막 하고 싶은 말?

19. 경기 9급 지방직 면접 후기

<행정직>

1. 지원동기

2. 메타버스의 정의와 예시를 들어보세요.

3. 경기도의 브랜드화 전략을 말해보세요.

4. 입직한다면 맡고 싶은 직무는?

5. 틀을 벗어난 사고를 한 경험을 말해보세요.

6. 상사가 나와 생각이 다른 지시를 한다면?

　　추가 질문 : 생각이. 다른 정도가 아니라 위법 부당한 지시를 한다면 어떻게 할 건가?

7. 고독사를 예방하기 위한 방안은?

8. 경기도의 축제에 대해 말해보시오.

9. 경기도의 귀농귀촌 정책에 대해 말해보시오

10. 마지막으로 하고 싶은 말

<복지직>

1. 지원동기 or 자기소개서

2. 자소서 내용 (2개~3개)

3. 전통시장 방문 경험, 개선방안, 누구랑 갔는가? 홍보방안은?

4. 자기 지역 축제 경험 - 전통 시장 개선/홍보

5. 공무원의 6대 의무, 본인이 잘할 수 있는 의무

6. 친구와의 갈등 해결 방안, 교우 관계

7. 경기도의 복지정책을 말해보시오.

8. 저출산 해결방안

9. 빈집 활용 방안

10. 복지공무원과 일반행정공무원의 차이점을 설명해 보세요.

11. 남을 설득한 사례

12. MZ와 기성세대 마찰 많은 이유

13. 복지 공무원의 가장 중요한 덕목을 말해보세요.

14. 마지막 하고 싶은 말

20. 인천 9급 지방직 면접 후기

<일반행정직>

1. 본인의 단점 및 개선 방안
2. 4차 산업
3. 디지털 격차 해소 방안
4. 봉사활동 사례
5. 인천시를 홍보해보세요.
6. 귀하가 김선태 주무관이라면 어떤 점을 벤치마킹할 것인가?
7. 축제 성공 방안
8. 열대, 폭서에 관한 해결방안
9. 인구 감소
10. 지원동기
11. 4차 산업 (AI, 드론, 로봇)
12. 인천의 축제, 해당시 축제
13. 고향 사랑 기부제
14. 폐교 활용 방안
15. 인천 청년 고용 정책을 말하시오.
16. 마지막 하고 싶은 말

21. 강원 9급 지방직 면접 후기

1. 지원동기
2. 강원도의 관광정책을 말해보세요.
3. 창의성을 발휘한 사례
4. 과중한 업무 받을시 어떻게 할 것?
5. 강원도의 정책 하나, 고령군 정책 하나씩 소개
6. 살면서 뿌듯했던 경험, 아쉬웠던 경험
7. 악성이나 진상손님 대응했던 경험
8. 저출산 원인, 해결방안
9. 강원도의 사회적 약자 보호 정책
10. 마지막 하고 싶은 말

22. 전남 9급 지방직 면접 후기

1. 지원동기
2. 봉사활동의 사례
3. 재난지원금 지급에 대한 본인의 견해
4. 이상기후 농작물피해 재난종류 대응방안
5. 탄소중립 정책
6. 광주전남 통합에 대한 생각
7. 군수가 된다면 어떤 정책?
8. 마지막 하고 싶은 말

23. 광주광역시교육청 9급 지방직 면접 후기

<운전직>

1. 운전직을 지원한 동기가 무엇인가?
2. 운전경력에 대해 말해보라.
3. 교육청 운전직 업무는 주로 어떤 것인지 알고 있는가?
4. 운전직의 장, 단점은 무엇이라고 생각하는가?
5. 운행 중 운전자가 가져야 할 마음가짐은 무엇이라고 생각하는가?
6. 큰 사고든 작은 사고든 상관없으니 경험한 교통사고 사례와 당시 어떻게 대처했었는지?
7. 공직자로서의 자세는 어떠해야 한다고 생각하는가?
8. 공무원의 전문성을 제고하기 위한 방안에는 어떤 것이 있다고 생각하는가?
9. 공무원 6대 의무와 4대 금지 의무를 아는 대로 말해보라

<일반행정직>

1. 공무원은 업무량에 비해 박봉에 속한다. 이에 대해 어떻게 생각하는가?
2. 업무를 시작하고 나서, 이 일이 본인에게 맞지 않다고 느껴진다면 어떻게 할 것인가?
3. 직장 상사가 불합리한 지시를 내린다면 어떻게 하겠는가?
4. 직장 내에서 상사 또는 동료의 부정과 비리를 목격했다면 어떻게 하겠는가?
5. 근무 중 급한 일이 생겨 갈 수밖에 없는 상황이 생긴다면 어떻게 하겠는가?
6. 운행 중 성희롱 등 오해받을 만한 상황이 생겼다면 어떻게 대처할 것인가?
7. 민식이법 또는 윤창호법에 대해 아는 대로 말해보라
8. 지원동기
9. 마지막으로 하고 싶은 말

24. 제주 9급 지방직 면접 후기

<일반행정직>

1. 자기소개
2. 지원동기
3. 지역 특산물
4. 고향사랑 기부제
5. 제주의 관광 정책
6. 인공 지능에 대한 제주 정책
7. 연고지가 어디냐
8. 저출산 대책
9. 제주 제2공항 신설에 대한 본인의 생각
10. 마지막 하고 싶은 말

법학박사 채 한 태

≫ 약력

- 중앙대학교 대학원 법학박사
- 한국법과인권교육학회 부회장
- 중앙대학교 헌법교육담당 역임
- 대전대학교 헌법교육담당
- 원광디지털대학교 헌법교육담당
- 법무부 교정지 헌법출제위원 역임
- 공무원 면접 위원 역임
- 법제처 심사위원 역임
- 대전일보 칼럼 위원
- 현 서울특별시 동작구 산하 주민자치위원
- 경기남부경찰청 광명경찰서 경미범죄심사위원회 전문위원 역임
- 경기북부경찰청 연천경찰서 경미범죄심사위원회 전문위원 역임
- 경찰종합학교 경찰간부생 헌법교육 역임
- 경찰청 법교육 역임
- 법무부 산하 남부교도소 연수교육 역임
- 국무총리 산하 국민권익위원회 공무원 연수교육 역임
- 부산 공무원교육원 고위정책과정 공무원 연수교육 역임
- 경남 공무원교육원 고위정책과정 공무원 연수교육 역임
- 제주특별자치도 탐라 공무원교육원 공무원 연수교육 역임
- 문화체육관광부 국책방송 ktv 7급 국가직 문제해설 역임
- 현 영남지방자치교육원 지방의회 의원 지방공무원 연수교육 담당
- 경북 칠곡군 · 고령군 · 영천시 등 영남지역 지방의회 의원 연수교육 & 지방공무원 연수교육 담당

≫ 사회적 기여

- 홍익인간 모임 회장 : 휴전선 근처 중학교 장학사업 및 멘토링(경기도 연천군 6개 중학교 / 강원도 철원군 지역(철원중) / 경기도 파주시(어유중)

2026 초단기에 끝내는
공무원 면접

발행일 2026년 3월 30일(초판)

발행처 인성재단(지식오름)

발행인 조순자

편저자 채한태

디자인 홍현애

※ 낙장이나 파본은 교환해 드립니다.
※ 이 책의 무단 전제 또는 복제행위는 저작권법 제136조에 의거하여 처벌을 받게 됩니다.

정 가 39,000원

ISBN 979 - 11 - 7491 - 109 - 4